Zeitkritische Romane des 20. Jahrhunderts

Die Gesellschaft in der Kritik der deutschen Literatur

Herausgegeben
von Hans Wagener

Philipp Reclam jun. Stuttgart

Alle Rechte vorbehalten. © Philipp Reclam jun. Stuttgart 1975
Gesetzt in Linotype Garamond-Antiqua. Printed in Germany 1975
Herstellung: Reclam Stuttgart
Umschlaggestaltung: Alfred Finsterer
ISBN 3-15-010255-3

Inhalt

Vorwort 7

Ulrich Weisstein
Heinrich Mann. Besichtigung eines Zeitalters 9

Joseph Strelka
Alfred Döblin. Kritischer Proteus in protäischer Zeit 37

Klaus Weissenberger
Leonhard Frank. Zwischen sozialem Aktivismus und persönlicher Identitätssuche 54

Hartmut Steinecke
Hermann Broch. Zeitkritik zwischen Epochenanalyse und Utopie 76

Jürgen C. Thöming
Hans Fallada. Seismograph gesellschaftlicher Krisen 97

Egon Schwarz
Erich Kästner. Fabians Schneckengang im Kreise 124

Cornelius Schnauber
Hermann Kesten. Zuerst der Mensch, dann die Gesellschaft 146

Alexander Stephan
Anna Seghers. Künstlerische Anschauung und politischer Auftrag 167

Thomas Koebner
Ernst Glaeser. Reaktion der »betrogenen« Generation 192

Hans Wagener
Stefan Andres. Widerstand gegen die Sintflut 220

Klaus Haberkamm
Wolfgang Koeppen. »Bienenstock des Teufels« – Zum natur-
haft-mythischen Geschichts- und Gesellschaftsbild in den
Nachkriegsromanen   241

Reinhold Grimm in Verbindung mit Carolyn Wellauer
Max Frisch. Mosaik eines Statikers   276

Klaus Jeziorkowski
Heinrich Böll. Die Syntax des Humanen   301

Rainer Nägele
Martin Walser. Die Gesellschaft im Spiegel des Subjekts   318

Franz Schonauer
Günter Grass. Ein literarischer Bürgerschreck von gestern?   342

Heinrich Vormweg
Uwe Johnson. Bestandsaufnahmen vom Lauf der Welt   362

Die Autoren der Beiträge   381

Namenregister   386

Vorwort

Die in diesem Band zusammengefaßten Aufsätze behandeln Romane von Autoren, die in ihrem Œuvre eine kritische Einstellung zu ihrer Zeit und zur Gesellschaft in der Zeit bezogen haben. Der Herausgeber geht dabei von der Prämisse aus, daß Literatur nicht in dem vielzitierten elfenbeinernen Turm von der Zeit abgeschieden ist, sondern daß sie, in der Zeit entstehend und lebend, den – oft kritischen – Kommentar der Autoren zu Zeit und Gesellschaft darstellt, daß sie Zeit und Gesellschaft den Spiegel oder Zerrspiegel vorhält, Antwort ist auf eine bestimmte Zeitsituation.

Für eine Autorenauswahl unter dem Gesichtspunkt von Zeit- und Gesellschaftskritik schien sich die Gattung des Romans besonders gut zu eignen, da, poetologisch gesehen, je nach Erzählintention Raum, Figur oder – Zeit zum Thema des Romans werden; ja, die breite epische Form ermöglicht es, mehr an Einzelheiten zur Zeit, an Bezügen, Anklagen, Untersuchungen, Reflexionen, direkter und indirekter Kritik, Darstellung des Statischen als auch von Entwicklungen zu geben als andere literarische Gattungen. Daß die konventionelle Gattung des Romans gerade im 20. Jahrhundert unter dem Eindruck der besonderen Zeitverhältnisse modifiziert, gesprengt oder radikal aufgehoben wurde, ist oft gesagt worden.

Bei der Auswahl der behandelten Autoren wurden mehrere Kriterien zugrunde gelegt:

1. Zeit- und Gesellschaftskritik sollten im Mittelpunkt stehen, und zwar nicht als Gegensätze oder im Prinzip unterschiedliche Ansätze, sondern als zusammengehörig und einander ergänzend, aus der Einsicht, daß Zeit(geschichte) die Gesellschaft prägt und umgekehrt die Gesellschaft eine ›Zeit‹ charakterisiert und im Endeffekt auch politisch determiniert; ferner aus der Beobachtung, daß sich Zeit- und Gesellschaftskritik infolgedessen bei den meisten behandelten Autoren vereint finden und eine genaue Trennung innerhalb ihrer Werke weder ratsam noch möglich wäre.

2. Mit dem Primat von Zeit und Gesellschaft vor ästhetischer Wertung ergab sich, daß der Herausgeber die deutsche Gesellschaft in verschiedenen historischen Zeitabschnitten des 20. Jahrhunderts von den Romanautoren kommentiert sehen wollte, und zwar die Gesellschaft des Kaiserreichs, die der Weimarer Republik, des ›Dritten Reiches‹, der ersten Nachkriegsjahre und die folgende Wohlstandsgesellschaft. Hierdurch wurde es notwendig, ein gewisses Gleichgewicht von Vor- und Nachkriegsautoren herzustellen, denn die Versuchung war groß, die deutsche Literatur nach 1945 allzusehr in den Vordergrund zu rücken, so daß die zeitkritische Tradition der modernen deutschen Literatur dadurch aus dem Blickfeld gerückt worden wäre.

3. Der Herausgeber hat sich – mit Ausnahme des leicht ›übertragbaren‹ Max Frisch – bewußt auf die *deutsche* Gesellschaft und Zeitgeschichte unseres Jahrhunderts be-

schränkt und damit z. B. Autoren wie Bruno Traven ausgeklammert, der zumindest an Publikumswirksamkeit mehrere der hier behandelten Autoren übertrifft; auch die historischen Romane der Exilschriftsteller, z. B. Lion Feuchtwangers oder Heinrich Manns, werden nur behandelt, wenn ihre Verfasser durch ihr sonstiges Werk einbezogen wurden. Dieser Abgrenzung fielen auch bedeutende Autoren wie Robert Musil und Joseph Roth zum Opfer, da sich ihre Kommentare und Kritik weniger auf die deutsche als auf die österreichische bzw. galizische Gesellschaft beziehen.

4. Mit dem Wunsch, *konkrete* Zeit- und Gesellschaftskritik zu besprechen, wurde selbst ein Autor wie Thomas Mann nicht eingeschlossen, da z. B. sein *Zauberberg* bewußt in die Zeitlosigkeit des Sanatoriumslebens gerückt ist und sein *Doktor Faustus* als paradigmatisch-philosophische Interpretation der deutschen Kulturentwicklung zur Unkultur aufgefaßt werden muß und nicht als konkrete Zeitkritik. Ähnliches gilt für die Romane Kafkas, in denen zwar Gesellschaftskritik geübt wird, aber nicht am konkreten Hier und Jetzt, und für Kasacks modellhaft-utopische Umsetzung der Zeitgeschichte.

Zugegebenermaßen ist jede Auswahl, auch die vorliegende, von subjektiven Vorzügen und Werturteilen gefärbt, und man könnte gewiß lange streiten, ob Musil und Mann mit ihrem Verständnis für die tieferen Ursachen von Zeiterscheinungen nicht doch mehr zur Zeit ausgesagt haben als die vordergründigeren Kästner oder Kesten. Wichtiger schien es zu demonstrieren, daß deutsche Schriftsteller unseres Jahrhunderts nicht im Wolkenkuckucksheim der Dichter und Denker existieren, sondern ihre Gegenwart und jüngste Vergangenheit, sei es in bezug auf Gesellschaft oder Zeitgeschichte, kritisch-analytisch vor Augen stellen, durchleuchten und reflektieren.

Die Mitarbeiter dieses Bandes sind alle keine – oder zumindest nur im Nebenfach – Literatursoziologen, sondern Germanisten und/oder Literaturwissenschaftler bzw. -kritiker. Infolgedessen wurden die Werke der behandelten Autoren nicht nur als historische Quellenobjekte nach dem ›Was‹ ihrer faktischen Aussage befragt, sondern möglichst auch nach dem ›Wie‹, d. h. danach, welche Rolle die zeit- und gesellschaftskritischen Aspekte im Einzel- und Gesamtwerk des Autors spielen, inwiefern Gattung und Stil durch sie mit geprägt werden usw. Daß Rezeptionsprobleme und Fragen der Wirkungsgeschichte mit berücksichtigt wurden, war bei der Themenstellung selbstverständlich.

Ferner wurden die Mitarbeiter bei ihrer Verpflichtung nicht nach ihrer politischen Überzeugung gefragt und nicht nach einem literaturkritischen Credo. Es ergaben sich deshalb bei den Aufsätzen trotz allgemeiner Richtlinien verschiedene Ansätze je nach eigener Entscheidung des Mitarbeiters oder nach Natur des behandelten Autors. Der Herausgeber ist der Ansicht, daß diese Vielfalt der Ansätze den Band bereichert hat.

Hans Wagener

ULRICH WEISSTEIN

Heinrich Mann. Besichtigung eines Zeitalters

> Durchweg sind meine Romane soziologisch.
> H. M. an Paul Hatvani am 3. April 1922[1]
>
> Die Wirklichkeit ist eine Stütze und eine Last.
> H. M. an René Schickele am 18. Juli 1913[2]
>
> Man sollte Märchen schreiben.
> H. M. an Kurt Tucholsky am 12. Mai 1924[3]

Nach dem Willen des Herausgebers nennt sich der vorliegende Sammelband *Zeit-kritische Romane des 20. Jahrhunderts: Die Gesellschaft in der Kritik der deutschen Literatur*. Dieser Titel bedarf der Erläuterung. Einleitend sei deshalb programmatisch festgestellt, daß Zeitkritik dem Wortsinn nach als Sonderform der Zeitspiegelung zu gelten hat. Sie ist, genauer gesagt, distanziert-kritische Wiedergabe der unmittelbar erlebten Wirklichkeit aus der Perspektive eines bestimmten Individuums. Aus diesem Grunde können wir im folgenden darauf verzichten, solche Werke oder Teile von Werken, die bloßer Abklatsch, d. h. mimetische Reproduktion der gegebenen Zustände (der Sachenstände, wie sie Hermann Bahr neologistisch den Seelenständen entgegensetzte[4]) sind oder zu sein vorgeben, zu behandeln. Nun fragt sich natürlich, ob es bei Heinrich Mann überhaupt Beispiele naturalistischer Nachahmung gibt. Grundsätzlich lautet die Antwort: Nein; denn dieser Dichter war nun einmal ein geborener Stilkünstler – was keineswegs heißen soll: Ästhet –, für den die Mimesis, wo er einmal auf sie verfiel, nur ein literarisches Mittel unter vielen war, keinesfalls aber ein Prinzip. So ist die Novelle *Die arme Tonietta*, dem Verismus als Ableger des Zolaesken Naturalismus à la Italienne verpflichtet, ein literarhistorischer Exkurs – ein Giovanni Verga nachgebildetes Gegenstück zur Opernfassung des gleichen Sujets aus der Feder Dorlenghi/Puccinis in der *Kleinen Stadt* (1909).[5] Und bei den *Armen* (1917), wo der Autor sich vorübergehend dem Stil der Käthe Kollwitz, die das Umschlagbild zur Originalausgabe schuf, zu nähern scheint, spürt man die Absicht bald und wird verstimmt.

Im Jahre 1926 schrieb Heinrich Mann, auf seine Anfänge als Romancier zurückblickend: »Mit fünfundzwanzig Jahren sagte ich mir: ›Es ist notwendig, soziale Zeitromane zu schreiben. Diese deutsche Gesellschaft kennt sich selbst nicht. Sie zerfällt in Schichten, die einander unbekannt sind, und die führende Klasse verschwimmt hinter Wolken‹.«[6] Soweit die guten Intentionen des kaum flügge gewordenen literarischen Kükens. Daß auch hier der Weg zur Hölle mit guten Vorsätzen gepflastert war, beweist das Werk des folgenden Lustrums. So schrieb der Verleger Albert Langen nach der Lektüre des ihm zur Veröffentlichung vorliegenden Manuskripts *Im Schlaraffenland* (1900): »Haben Sie den Boden der Wahrscheinlichkeit häufig mit Absicht verlassen, um burlesk zu werden? Glauben Sie z. B., daß das Kapitel ›Familienrath‹ der Wirklichkeit entspricht? Mir gefällt das *Freche* in Ihrer Arbeit sehr, vielleicht auch dies Springen aus der Wirklichkeit in das Burleske.«[7] Und nach der Publikation des Buches, das nolens volens den Ruf eines deutschen *Bel-Ami* erwarb, weil es dem Maupassantschen Muster in etwa nachgebildet ist,[8] beichtete Heinrich Mann, schon mitten in der Arbeit an seinen *Göttinnen* steckend, dem gleichen Mentor: »Denn aus der beobachteten Wirklichkeit hervor wächst bei mir doch sehr viel Karikatur und Excentrizität. Soll ich das abstreifen? Ich weiß nicht. Möglicherweise ist es gerade das Entwicklungsfähige?«[9] Und in einer knappen Selbstcharakteristik, die in der *Wiener Tageszeitung* vom 13. Januar 1903 erschien, bezeichnete er *Im Schlaraffenland* als einen Roman, der da sei, »um zu zeigen, daß ich die glatte Realistik nicht aus Mangel an Wirklichkeitssinn liegen lasse, sondern aus Geringschätzung«.[10] Im schlimmsten Falle führte diese Geringschätzung, wie bei Flaubert, zur Flucht in den Stil, und im günstigsten Fall (auch wie bei Flaubert) zur Flucht in die Satire.

Das gleiche Spiel wiederholte sich, lebhafter und mit größeren Kontrasten, während der Arbeit an den *Göttinnen* (1903), – einem Roman, der uns Heutigen als Inbegriff der Fin-de-siècle-Kunst erscheint. Heinrich Mann verfaßte hierzu einen für den Waschzettel bestimmten knappen Text, in dem es heißt: »Realistischen Grundlagen und genauem Studium von Kultur, Kunst und Leben Italiens entsteigen in der *Minerva*, wie in den beiden anderen Bänden, so phantastische Ereignisse und Stimmungen, wie moderne Romane sie selten bieten.«[11] Und in dem bereits zitierten Brief an Langen verstieg er sich sogar dazu, die »Drei Romane der Herzogin von Assy« (= Die Göttinnen) ein »modernes Märchen« zu nennen, dessen Handlung er wie folgt umriß: »Zu Anfang mißlingt eine romantische Revolution in einem Reiche, das es garnicht giebt, und am Schluß beabsichtige ich einen Wirbel von Heidenthum, modernen Gaunereien, wollüstigen Raffinements, antiken Mysterien usw.« Dieser Katalog von Selbstzeugnissen ließe sich, mehr oder minder konsequent im gleichen Tenor, bis hin zum *Henri Quatre* (1935) und zu den ins Private bzw. Allegorische ausweichenden Altersromanen *Der Atem* (1949) und *Empfang bei der Welt* (1956) fortführen; doch *sapienti sat!* Soweit zum Thema ›Heinrich Mann und der platte Realismus‹.

Auf Heinrich Mann anwendbar wird die Realismustheorie erst dann, wenn man unter Realismus mehr versteht als die bloße »objective representation of contemporary social reality«[12] bzw. simple Deskription. Angebracht wäre z. B. ein Hinweis auf die Doktrin der Franzosen Jules Champfleury (Verfasser des Essaybandes *Le Réalisme* [1857]) und Edmond Duranty (Herausgeber der kurzlebigen Zeitschrift *Réalisme* [1856/57]), die weit über das hinausging, was man unter *objectivité, impersonnalité* und *vraisemblance* versteht. Zu ihren Schlag- und Schlüsselwörtern gehörten nämlich auch Begriffe wie Selektivität und Typik, die – wie zu zeigen ist – bei Heinrich Mann eine sehr entscheidende Rolle spielen. So begegnete Champfleury dem u. a. von Baudelaire erhobenen Vorwurf, der von ihm lancierte Realismus sei veraltet, weil nur die Photographie naturgetreu zu arbeiten verstehe,[13] mit dem Hinweis, er habe keineswegs mit der Daguerreotypie konkurrieren wollen. Sobald sie von menschlicher Hand auf ein bestimmtes Objekt eingestellt sei, sei nämlich die Kamera nicht in der Lage, eine Auswahl der zu reproduzierenden Gegenstände zu treffen. Die Literatur als Sprachkunst hingegen sei ihrem Wesen nach gegenüber der Masse der Erscheinungen selektiv, und es sei Aufgabe des Dichters, die notwendigen Folgerungen aus diesem Sachverhalt zu ziehen:

»La vie habituelle est un composé de petits faits insignifiants aussi nombreux que les brindilles des arbres; ces petits faits se réunissent et aboutissent à une branche, la branche au tronc; la conversation est pleine de détails oiseux qu'on ne peut reproduire sous peine de fatiguer le lecteur. Un drame réel ne commence pas par une action saisissante; quelquefois il ne se dénoue pas, de même que l'horizon, aperçu de nos faibles yeux, n'est pas la fin du globe. Le romancier choisit un certain nombre de faits saisissants, les groupe, les distribue et les encadre. A toute histoire il faut un commencement et une fin. Or la nature ne donne ni agencement, ni coordonnement, ni encadrement, ni commencement, ni fin. N'y a-t-il pas dans la distribution du conte le plus court une méthode d'une difficulté extrême? Et la machine à daguerreotyper se donne-t-elle tant de peine?«[14]

Die gleichen oder ähnliche Voraussetzungen gelten für die Darstellung charakteristischer Zustände und exemplarischer Figuren, wie H. Thulié in seiner vierteiligen Studie über den Roman in der Zeitschrift *Réalisme* zu verstehen gibt:

»Dans toute classe il est un certain nombre d'individus qui rendent complètement l'esprit de toute la classe. Il arrive au moins observateur de dire: ›cet homme est le type du bourgeois, de l'homme du monde, de l'épicier, du notaire, du bottier, etc.‹ On ne dit cela que parce que l'individu en question résume les allures, les idées, les préjugés des différents bottiers, épiciers, etc., qu'on avait vus précédemment. L'observateur doit découvrir ces caractères typiques, les étudier et les décrire; en décrivant un homme on en décrit dix mille. Le reste n'en est que le reflet, ce sont des caractères secondaires qui, dans le roman comme dans la vie, doivent rester au second plan.«[15]

Der hier vorwiegend auf die Norm des *homme moyen sensuel* bezogene Begriff des Typischen, der im Vorwort zu Balzacs *Comédie humaine* entscheidend vorgebildet ist,[16] wurde fünfundsiebzig Jahre später bekanntlich zum Felsen, an den sich die Theorie des sozialistischen Realismus klammerte. Dabei muß freilich beachtet werden, daß dessen Praxis in Reinkultur weit über das von Champfleury und Duranty gesteckte Ziel hinausschießt, wird doch vom Sowjetschriftsteller verlangt, er solle »eine wahre, historisch konkrete Darstellung der Wirklichkeit *in ihrer revolutionären Entwicklung*« (Hervorhebung U. W.) anstreben und so »zum ideologischen Wandel und zur Erziehung der Arbeiter im Geiste des Sozialismus« beitragen.[17] Der mit dieser Begriffsbestimmung 1934 offiziell lancierte Realismus ist also ein utopisch-teleologischer, weil zeitgenössische Zustände, einem Wunschbild folgend, in die ungewisse Zukunft projiziert werden (im Gegensatz zu derjenigen Spezies des historischen Romans, die vergangene Zustände auf die Gegenwart überträgt).

Übrigens wurde auch Heinrich Mann wiederholt vorgeworfen, er habe in seinem *Untertan* (1918) nicht die wirklich herrschenden Zustände abgebildet, sondern habe ein durchdemokratisiertes Deutschland vorweggenommen. So Thomas Mann in den berühmt-berüchtigten *Betrachtungen eines Unpolitischen*: »Das vollkommene und künstlerisch wünschenswerte Objekt der Satire ist erst die durchpolitisierte, die demokratisierte Gesellschaft – und der Satiriker nimmt sie für Deutschland vorweg. Er satiriert also nicht ein wirkliches Deutschland, sondern ein ideales, amüsantes, sondern eines, das so ist, wie er möchte, daß es schon wäre, ein Deutschland mit ›politischer Atmosphäre‹. Er antizipiert die Demokratie, und er ist schöpferisch insofern; seine Satire ›lebt euch vor, was ihr werden sollt‹.«[18]

Der enragierte Bruder weitete seine paradoxale Kritik an diesem Roman ferner mit der Behauptung aus, die Zustände, die im *Untertan* geschildert würden, habe es damals (um 1890 bis 1895) längst nicht mehr gegeben, ließ also durchblicken, der Satiriker Heinrich Mann sei gleichzeitig Utopist und Anachronist (im weiteren Sinn) gewesen: »Ein sozialkritischer Expressionismus ohne Impression, Verantwortlichkeit und Gewissen, der Unternehmer schilderte, die es nicht gibt, Arbeiter, die es nicht gibt, soziale ›Zustände‹, die es allenfalls ums Jahr 1850 in England gegeben haben mag, und der aus solchen Ingredienzien seine hetzerisch-liebenden Mordgeschichten zusammenbraute – eine solche Sozialsatire wäre ein Unfug, und wenn sie einen vornehmeren Namen verdiente, einen vornehmeren als den der internationalen Verleumdung und der nationalen Ehrabschneiderei, so lautete er: Ruchloser Ästhetizismus.«[19]

Bei aller Bewunderung für die im deutschen Sprachraum einmalige Leistung des Satirikers Heinrich Mann kann man in der Tat nicht umhin zu bemerken, daß dieser Dichter, wenngleich in bester Absicht, das Typische im deutschen Charakter der Wilhelminischen Epoche herauszuarbeiten, statt der konzentrischen Regel gern die exzentrische Ausnahme anvisierte und karikaturistisch verzerrte. So ist es mehr als fraglich, ob *Der Untertan* wirklich und wahrhaftig die »Geschichte der öffentlichen Seele unter Wilhelm II.«[20] bzw. der »Roman des bürgerlichen Deutschen unter der Regierung Wilhelms II.«[21] ist, wie sein Verfasser vorgibt. Wie verbreitet war eigentlich »dieser widerwärtig interessante Typus des imperialistischen Untertanen, des Chauvinisten ohne Mitverantwortung, des in der Masse verschwindenden Machtanbeters, des Autoritätsgläubigen wider besseres Wissen und politischen Selbstkasteiers«?[22] Man beachte, was das Nesthäkchen Viktor Mann in seinen Memoiren zu diesem Thema an der Stelle zu sagen hat, wo er die Wirkung des Kapitels »Die Neuteutonen« (das schon 1912 im *Simplicissimus* zu lesen war) auf seine Kommilitonen schildert: »Die karikierende Übertreibung hatte mit der ›Neuteutonia‹ das Bild einer lächerlichen ›Blase‹ geschaffen, einer minderwertigen

Verbindung von Minderwertigen also und der Nachäffung eines Korps, bei der gerade die Unsitten aufs gröbste verstärkt in Erscheinung traten. So etwas gab es. [...] Und da Heinrichs Neuteutonia alle Zeichen solchen Mißgewächses trug, entstand der Eindruck, der Autor bekämpfe ausschließlich die Blasen.«[23] Schreibt man aber gute Satiren, wenn man Verhältnisse und Verhaltensweisen schildert, die vom Kenner als extreme Auswüchse gebrandmarkt werden?

Positiver im Bezug auf die Allgemeingültigkeit der Aussage urteilte Viktor Mann über Heßling:

»Die Impression wurde verstärkt durch Diederich Heßlings Charakter, der ja von Anfang an recht abscheulich schien. So ein Kerl, meinten wir, konnte sich natürlich nur in einer Blase halten. [...] Wir wußten, daß es Tausende dieses Typs gab und daß ihr Hochkommen eine Gefahr war. Wir haßten sie wie der Autor. Also vivat, crescat, floreat der Autor!

Nur im stillen war ich mir auch damals schon bewußt, daß die Dinge nicht ganz so lagen und daß mit dem übelsten Spießertyp der bürgerliche Untertan Wilhelms II. schlechthin gezeichnet, mit der Blase Neuteutonia aber die dunklen Seiten des Couleurwesens überhaupt aufgezeigt werden sollten. Verzerrung gehört zur Karikatur, aber sie war die krasse Verdeutlichung vorhandener, nicht erfundener Schwächen.«[24]

Wie aus der widersprüchlichen Beurteilung des Romans durch die beiden altersmäßig durch eine halbe Generation (fünfzehn Jahre) getrennten Brüder des Verfassers erhellt, fällt es bei der Lektüre von Satiren selbst den Zeitgenossen schwer auszumachen, wo das »Überwahre und überaus Wirkliche« ins »Willkürliche, Falsche, Widerwirkliche und Absurde« umschlägt, ganz zu schweigen von den Nachfahren. Die in Anführungsstriche gesetzten Termini stammen aus den *Betrachtungen eines Unpolitischen*, wo Thomas Mann dem Zivilisationsliteraten vorwirft, er habe im *Untertan* den Boden der Realität verlassen und sich in einen luftleeren Raum begeben: »Einen Künstler, der jede Verantwortlichkeit vor dem Leben leugnete; der den Abscheu gegen die Impression so weit triebe, daß er sich jeder Verpflichtung gegen die Lebensformen des Wirklichen praktisch entschlüge und nur die herrischen Emanationen irgendeines absoluten Kunstdämons gelten ließe: einen solchen Künstler dürfte man den größten aller radikalen Narren nennen.«[25]

Daß Heinrich Mann in der Tat mitunter nicht willens oder fähig war, die Grenze zwischen Wirklichkeit und Phantastik zu ziehen, geht aus einzelnen Bemerkungen zum Exilroman *Lidice* (1943) in seiner Korrespondenz hervor. (Wobei zu beachten ist, daß der nach Kalifornien verschlagene Romancier die geschilderten Zustände diesmal nicht aus eigener Anschauung kannte.) So schrieb er am 9. Juli 1944 an F. C. Weiskopf: »Nun übertreiben diese Deutschen sich selbst. Ich bin es nicht, der übertreibt, sie sorgen dafür.«[26] Und an Karl Lemke berichtete er am 30. Mai des gleichen Jahres: »Mir selbst – es stehe sonst um den Roman wie immer – habe ich den Beweis seiner Echtheit gegeben. Er schrieb sich sozusagen ohne mein Dazutun. Die Szenen folgten einander zwingend, die Personen handelten, wie sie vor mir gewußt hatten.«[27] Nun ist aber *Lidice* (wer wird das zu bestreiten wagen?) ein ziemlich abstruses Machwerk mit verquältem Humor und mit so wenig Realitätsgehalt, daß von satirischer Zeitkritik zu sprechen verfehlt wäre.

Zerlegt man das breite Spektrum literarischer Darstellungsweisen im Hinblick auf ihr Verhältnis zur Wirklichkeit, so ergibt sich eine Reihe, die mit dem konsequenten Naturalismus (der erstrebten Objektivität in Reinform) eines Arno Holz[28] am einen Ende beginnt und mit der unverhüllten Subjektivität der Phantastik am anderen aufhört. Genau in der Mitte liegt die Stelle, an der sich Ich und Welt die Waage halten. Bei Heinrich Mann liegt der Schwerpunkt des Schaffens eindeutig »rechts« von der Mitte. Doch muß betont werden, daß der Dichter das Phantastische – es erscheint bei ihm, abgesehen von der Novelle *Liliane und Paul* (1926), eigentlich nur in der Früh- und Spätphase seines Schaffens – gern in ein symbolisch-allegorisches Gewand kleidet, d. h. nach Möglichkeit objektiviert. Sein Bestes gab er, weiter »links«, im Bereich des Satirischen und Grotesken.

Über das Wesen der Satire und das bei ihrem Urheber vorauszusetzende soziale Verantwortungsbewußtsein hat sich Heinrich Mann wiederholt geäußert, am stichhaltigsten wohl in dem Essay »Gustave Flaubert und George Sand« (1905). Dort findet sich die (wie so vieles in dieser Studie) autobiographisch gefärbte Stelle: »Gute Satiren schrieb nie jemand, er hätte denn irgendeine Zugehörigkeit gehabt zu dem, was er dem Gelächter preisgab: ein Apostat oder ein Nichteingelassener. In Satiren ist Neid oder Ekel, aber immer ein gehässiges Gemeinschaftsgefühl. Einem Fremden gelingt keine.«[29] Die als Spielart der Satire für diesen Dichter symptomatische Grotesksatire setzt zwar ein ähnliches Maß von gesellschaftlichem Engagement voraus, ist aber stilistisch und handlungsmäßig dadurch gekennzeichnet, daß sie den Boden der Wahrscheinlichkeit verläßt und ins Absurde vorstößt. Als Beispiel diene die möglicherweise als Expressionismusparodie konzipierte Novelle *Kobes* (1924), die Heinrich Mann in einem Brief an Tucholsky ironisch untertreibend »eine Art Stinnes-Verklärung« nennt und als »Hymnus der Inflation« bezeichnet.[30]

Wir erwähnten die Mitte des Spektrums, wo sich Ich und Welt, Beschreibung und Urteil, Beobachtung und Erklärung überschneiden. Die dieser zentralen Position, der Schwebe von Subjektivität und Objektivität, gemäßeste Ausdrucksform ist, literarisch gesehen, die Ironie, also eine Haltung, die gleichzeitig bejahend und verneinend ist. Mit ihr, die ihm Flaubert so schmackhaft gemacht hatte, durchsetzt Heinrich Mann so manches bedeutende Werk, so vor allem *Die kleine Stadt* (1909), wo das Urteil ausgespart (oder bestenfalls impliziert) wird, *Eugénie* (1928) und *Henri Quatre* (1935/38), wo die Gegensätze allerdings nur in der Figur des Skeptikers Montaigne aufgehoben, sonst aber so stark polarisiert sind, daß Einfühlung und Verfremdung, Bewunderung und Verachtung bzw. Mitleid alternieren. Aber auch bei der Lektüre der, Heinrich Mann zufolge, sozusagen auf Sparflamme gekochten Romane der neusachlichen zwanziger Jahre (besonders der *Großen Sache* [1930]) wird man den Eindruck nicht los, es werde hier nichts recht ernst genommen, dies seien Produkte eines Mannes, der mit großer Selbstüberwindung Askese treibe, aber kein geborener Hungerkünstler sei und recht gern heimlich Nahrung zu sich nehmen möchte.

Ende 1927 äußerte Heinrich Mann dem französischen Journalisten Frédéric Lefèvre gegenüber: »Il me parait difficile de faire aujourd'hui du roman social et du vrai roman. Le monde est très changé par les événements. Nous le reconnaissons à peine. Trop de faits nouveaux embarrassent le regard. Les vues d'ensemble ne s'organiseront que plus tard, lorsque nous nous trouverons à une plus grande distance. – Pour le moment, contentons-nous d'établir les détails de ce temps-ci et d'en démontrer les caractères. Aussi, nos romans sont plus courts qu'ils n'étaient naguère ou bien ils occupent une surface sociale plus restreinte.«[31]

Schon zwei Jahre vorher hatte er festgestellt: »Romane und Komödien erschließen allenfalls die Idee des gegebenen Tages. Zukunft, Ferne und was nicht jetzt und hier geschieht, bekommt schwerlich jemals greifbaren Sinn für dies Geschlecht. Wer begreift Utopien? Der Gebildete, der an sie nicht glaubt. Oder Vergangenes? Gewiß nicht der Gedächtnislose.«[32] So versteht und erklärt sich Heinrich Manns zeitweise Hinwendung zum Film *(Der blaue Engel)*, zum Kabarett *(Bibi)* und zum Feuilleton. Als Prototyp des von ihm konzipierten und propagierten Zeitromans mag *Die große Sache* gelten, deren Thema – so will es der Dichter – der Bewegungsrausch ist, der den Jungen über ihre Existenzangst hinweghilft.[33]

Kehren wir nochmals zum Titel des vorliegenden Bandes zurück und richten wir unser Augenmerk auf das zweite Schlüsselwort: Gesellschaft. Hier liegt ein Begriff vor, der so umfassend und vielseitig ist, daß es schwerfällt, ihn eindeutig zu bestimmen und gegen andere Sachbereiche abzugrenzen. Das Soziale umfaßt nämlich alles Zwischenmenschliche, d. h. das, was über das bloß Individuelle hinausgeht. Es umschließt nicht nur die Erziehung *(Professor Unrat)*, die Wirtschaft bzw. Industrie *(Im Schlaraffenland, Kobes, Der Kopf)* und die Politik *(Die kleine Stadt, Der Untertan)*, sondern auch das im eigentlichen Wortsinn Gesellige *(Die Göttinnen, Die Jagd nach Liebe)*. Auch Religion und Kunst gehören zum Thema, allerdings nur insofern sie institutionalisiert sind (die Kirche, das Theater usw.). Das rein Ästhetische *(l'art pour l'art)*, wie es in Heinrich Manns Künstlernovellen – *Pippo Spano, Schauspielerin, Die Branzilla* – zur Darstellung kommt, wäre prinzipiell auszuschließen, genau so wie das Individual-Psychologische *(Das Wunderbare)* und Pathologische *(Abdankung)*. Die Betonung liegt aber auf dem Wort prinzipiell; denn es zeigt sich, daß bei Heinrich Mann Psychologie oft exemplarisch ist und sich meist früher oder später in soziale Typik umsetzt.

So findet der private, in seiner Wirkung auf einen kleinen Kreis von Mitschülern beschränkte Sado-Masochismus des Knaben Butt in der Novelle *Abdankung* (1905) eine Entsprechung im konservativen Anarchismus des mittelstädtischen Schultyrannen Raat, der eine Gemeinde an den Rand des Abgrunds bringt, und im kriecherischen Streber bzw. herrischen Untertanen Diederich Heßling, den Heinrich Mann später als unbewußten Vorgriff auf die autoritäre Persönlichkeit des Nationalsozialisten verstanden wissen wollte.[34] Und die von diesem Dichter in immer neuen Varianten umspielte antithetische Thematik von Geist und Tat kulminiert in der Polarität des Träumers Arnold Acton und des raubtierhaften Präfaschisten Pardi, die im Mittelpunkt des autobiographisch gefärbten, von der Kritik noch immer unterschätzten Romans *Zwischen den Rassen* (1907) steht.[35] Der aus dem Familien-, Kleinstadt-, Großstadt- und Weltstadtmilieu mit dem *Untertan* endlich ins Nationelle vorstoßende Dichter (der sich literarisch erst im *Henri Quatre* wahrhaft weltpolitischen Problemen zuwandte) sah sich nach anderthalb Jahrzehnten vorwiegend literarischen Erfolgs mit der Publikation des *Untertan* plötzlich als Prophet im eigenen Lande, eine Rolle, die ihm viele günstig gestimmte Leser zuschrieben, die ihn aber, wie Lorenz Winter treffend bemerkt, zum Gefangenen seiner eigenen Legende machte.[36] Heinrich Mann mag sich übrigens in dieser ihm unversehens zufallenden Rolle zum Teil wohl auch deshalb gefallen haben, weil sie der seines großen Vorbilds Frank Wedekind entsprach, von dem es in einer am 13. März 1928 im Münchner Schauspielhaus gehaltenen Ansprache heißt: »[Er] hatte schon längst eine Welt nackten Kampfes in seinen Stücken hingestellt, als man sich allgemein noch vollauf gesittet fühlte. Er hatte im voraus furchtbar und stark gestaltet, was die Lebenden in sich selbst und im Lande erst noch heranwachsen ließen.«[37]

Was die Position der Kunst im erzählerischen Werke Manns anbetrifft, so läßt sich verallgemeinernd sagen, daß sie einerseits im krassen Widerspruch zum Leben steht, andererseits jedoch eng mit ihm verknüpft ist und zum gesellschaftlichen Faktor wird. Im Widerspruch mit dem Sozialen stehen fast durchwegs die einzelnen Künstler, ganz gleich ob Schauspieler (Ute Ende in *Die Jagd nach Liebe* [1903], Leonie in *Schauspielerin*), Sänger (*Die Branzilla*, Flora Garlinda in der *Kleinen Stadt*), Komponisten (Enrico Dorlenghi im gleichen Roman), Maler (Mario Malvolto in *Pippo Spano*) oder Bildhauer (Properzia Ponti in *Die Göttinnen*) männlichen oder weiblichen Geschlechts. Als Katalysatoren und Brennspiegel anfangs privater und später öffentlicher Vorgänge dienen die zahlreichen Schauspiel- und Opernaufführungen in den Romanen, die stets irgendwie zur Veränderung des Status quo beitragen: vom *Tannhäuser* im eklektischen Jugendwerk *In einer Familie* (1894) über *Rache* (= *Die Weber*) in *Im Schlaraffenland* bis hin zum *Lohengrin* des *Untertan* und der *Eugénie* des gleichnamigen Romans. Im Falle der *Armen Tonietta* in der *Kleinen Stadt* wird das Theater sogar zur Hauptmetapher, und die nach vielen Proben endlich erfolgende Aufführung dieser Oper beweist schlagkräftig, daß die ästhetische Erziehung weitreichende moralische, und letzten Endes sogar politische, Folgen zeitigt.[38]

Die Beurteilung der Rolle Heinrich Manns als Zeitkritiker wird – so muß am Schluß dieser längeren Präambel ausdrücklich betont werden – dadurch erschwert, daß dieser Dichter das gesellschaftskritische Material, das sich in seinen Romanen findet, vielfach nicht direkt aus dem Leben, sondern auf dem Umweg über die Kunst bezog. So stammen viele Bewohner des *Schlaraffenlandes* aus Maupassants Presseroman *Bel-Ami*; und auch die Dramen Frank Wedekinds und Carl Sternheims (man denke an Charaktere wie Panier und von Eisenmann in *Die Jagd nach Liebe* und Claudius Terra in *Der Kopf* [1925], von dem sein Schöpfer später sagte, er habe ihn »so sehr an Wedekind angenähert, daß er seine Sprache und Sätze aus seinen Stücken spricht«[39]) mußten herhalten. Daß er bei der Suche nach Vorbildern in der deutschen Literatur nicht auf Romanciers, sondern auf zwei Dramatiker stieß, erklärt sich aus dem von Heinrich Mann klar erkannten und schmerzlich empfundenen Mangel an gesellschaftskritischen Romanen in seiner Muttersprache: »Le roman social, je veux dire le roman écrit en bonne connaissance de la société entière n'existait guère alors, en Allemagne, et n'était du reste pas facile à faire.«[40] Ausführlicher äußerte er sich zu diesem Thema in einem 1927 in der Zeitschrift *Les Nouvelles Littéraires* abgedruckten Interview mit Frédéric Lefèvre: »Ne croyez pas que la formule du roman social fait si facile à faire accepter. On ne connaissait pas cette manière. Il y eut surtout une résistance de *mentalité*. En Allemagne aux alentours de 1848 une tentative de roman social s'était manifestée avec les revolutionnaires d'alors, Freytag et Spielhagen *(Les natures problématiques)* mais personne ne les avait continués. D'ailleurs, s'ils faisaient du roman social, c'était plutôt par conviction car ils se connaissaient peu en homme et leur conception de la société était plutôt ingénue.«[41]

Über Heinrich Mann als Zeit- und Gesellschaftskritiker zu schreiben – und das ohne Überschreitung des vorgeschriebenen Höchstmaßes und Ausweitung ins Monographische – erfordert Mut, um nicht zu sagen Unverfrorenheit, allein schon deshalb, weil diese Aufgabe die gründliche Kenntnis aller achtzehn vollendet vorliegenden Romane und der mit diesen verknüpften Novellen[42] und essayistischen Arbeiten[43] voraussetzt. Wenn wir trotz aller Bedenken im folgenden eine Art Gesamtschau aus der Vogelperspektive zu geben versuchen, so geschieht das im Wissen darum, daß bislang, von einigen Dissertationen[44] abgesehen, verhältnismäßig wenig Vorarbeit geleistet worden ist, etwa durch Essays zu Spezialthemen.[45] Einfach aus Platzmangel, und weil dies keine philologische Studie sein soll, werden wir kaum Gelegenheit haben, aus der Sekundärliteratur zu zitieren, was aber nicht heißen soll, daß wir ihr keinen Wert beimessen oder, alles über einen Kamm scherend, tabula rasa machen wollen.[46] Auch detaillierte Einzelinterpretationen werden wir uns wohl oder übel versagen müssen; sie sind für einzelne Romane schon geleistet worden,[47] stehen aber besonders bei denen der zwanziger Jahre noch aus. Wichtiger erschien es uns, Heinrich Manns Aussagen über sein Werk und zur Theorie des Romans einzubeziehen, zumal ein entsprechendes Kapitel in dem von Reinhold Grimm edierten Band *Deutsche Romantheorien* (Frankfurt a. M. 1968) fehlt.

Überblickt man das literarische Gesamtwerk Heinrich Manns aus der Perspektive der gesellschaftlichen Relevanz, so zeigt sich, daß nur ein Teil desselben – freilich ein quantitativ und qualitativ entscheidender – Gegenstand der folgenden Betrachtungen und Überlegungen sein kann. Grob gesagt handelt es sich dabei vor allem um die Produktion der Jahre 1900 bis 1938 (von *Im Schlaraffenland* bis hin zum *Henri Quatre*), die Roberts bekanntlich seiner Studie *Artistic Consciousness and Political Conscience* zugrunde legt. Was die Frühzeit seiner Tätigkeit als Romancier anbetrifft, so hätte der Dichter sie später gern verleugnet. So fehlt *In einer Familie* in den *Ausgewählten Werken*, und als dieser Paul Bourget zugeeignete Roman 1924 in einer stilistisch überarbeiteten Neuauflage im Verlag Ullstein erschien, versah ihn Heinrich Mann mit einem Nachwort, dessen Anfang lautet: »Diesen Roman schrieb ich so früh, daß ich unmöglich noch zu ihm stehen kann wie ein Autor zu seinem Buch. Während der Bearbeitung für die neue Ausgabe war es mir oft, als beschäftigte ich mich mit dem Werk eines jungen Menschen, der einst meinesgleichen gewesen, mir aber schon längst aus den Augen gekommen wäre. Um die Beziehungen wieder herzustellen, war ich versucht, ihm einen Brief zu schreiben. Antwort ist nicht erfolgt. Man verständigt sich so schwer mit seiner Vergangenheit.«[48]
Der im Zitat erwähnte Brief über den frühreifen Roman der *leisure class*, die weder Zeit noch Lust hat, sich gesellschaftlich zu engagieren, schließt mit den Worten: »Der abgehetzte Nachfahre müßte Ihnen für die Verklärung der Väter dankbar sein. Wer weiß, vielleicht würde er Sie durch das Sekretariat anrufen lassen. Aber selbst drahtlose Verbindung wird nicht dorthin hergestellt werden, mein junger Freund, wo Sie sind. Und Sie werden nicht wiederkommen.« Man vergleiche dieses väterlich-herablassende Postskriptum mit dem entsprechenden Nachwort zur Neuausgabe von *Im Schlaraffenland*, die ungefähr gleichzeitig auf den Markt kam: dort wird zwar auch der zeitliche Abstand von der Urfassung betont, doch wird die zeitlose Aktualität des Parvenütyps gewissermaßen unterderhand bestätigt.[49]
Wie sehr der literarische Adept Heinrich Mann in seiner Fin-de-siècle-Phase Ästhet war – wenn auch nicht unbedingt ein ruchloser – erhellt aus der egozentrischen, wenn nicht gar snobistischen, »Mein Plan« titulierten Eintragung ins Tagebuch vom 11. November 1893: »Ich glaube, wenn ich überhaupt zur Analyse gemacht bin, nur auf diejenige der haute vie oder doch auf diejenige eines einigermaßen eleganten Lebens angewiesen zu sein. Die moralischen Dispositionen, die ich meinen eigenen entsprechend aufsuche, finden sich nur dort. Ein kosmopolitisches, durch die letzten kulturellen Erzeugnisse der alten Welt gebildetes und getragenes Dasein muß ich auf alle Fälle kennen, um für die Formung und Verausgabung dessen was ich jetzt mehr ahne als weiß, einen Rahmen und einen Vorwand zu haben. Ich erinnere mich des Wortes, das Papa mir einmal wiederholte, und worin ein berühmter Schauspieler versicherte, daß er nicht Hamlet Prinz von Dänemark spielen könnte, wenn er am Abend Kartoffeln und Häring gegessen habe.«[50]

Auch wenn man die kulturpolitischen Beiträge Manns zu der von ihm redigierten Monatsschrift *Das zwanzigste Jahrhundert* auf ihren gesellschaftskritischen Gehalt hin untersucht, wird man zu dem Ergebnis kommen, daß – psychologisch, ästhetisch, soziologisch und politisch gesehen – seine »konservative Periode« (wie Thomas Mann anläßlich des sechzigsten Geburtstages seines Bruders bemerkte) in der Jugend lag.⁵¹

Am Ende der Laufbahn Heinrich Manns (d. h. nach 1938) steht ein literarisch durch den Abschluß des *Henri Quatre* und biographisch durch die Auswanderung nach den USA markierter Abschnitt. Im letzten Jahrzehnt seines fruchtbaren und bewegten Lebens sah sich der Dichter immer mehr in die Isolation gedrängt und von der Um- und Mitwelt abgeschnitten. Er wurde zum Einsiedler inmitten einer der belebtesten und dichtest besiedelten Gegenden im südlichen Kalifornien; und in der Schlußphase seines Schaffens war seine Ausrichtung (und die seiner Werke) ausgesprochen retrospektiv. Schon am 30. November 1938 schrieb er, noch aus Nizza, an Klaus Pinkus: »Mit diesem Roman *[Henri Quatre]* habe ich, soweit ich bis jetzt sehe, meine Erfahrungen so ziemlich ausgegeben. Ich finde noch keinen anderen vor mir liegen. Um einen historischen täte es mir, nach diesem, leid; aber auf Romane aus dieser Zeit lasse ich mich nicht ein. Was geht einen Schriftsteller, der in menschlichen Dingen einigermaßen belehrt ist, der krampfige Unfug dieses Geschlechts noch an?«⁵² Und seine Mitteilungen aus Amerika verschärften diese Aussage bis hin zur völligen Resignation ins Unvermeidliche: »Ici on traîne sa vie sans grande nécessité. Personne ne vous demande de manifester votre présence, si ce n'est le receveur; et à force de produire à vide on a presque honte de travaux qui pourtant, dans d'autres circonstances, auraient pu toucher les vivants.«⁵³ Auch als Essayist und Zeitkritiker kämpfte um diese Zeit Heinrich Mann im Grunde nur mit Windmühlen.

Lorenz Winter traf wohl ins Schwarze, als er, auf die Wirkung der Altersromane bezüglich, die Ansicht äußerte: »Mehr als eine Flaschenpost an eine mögliche Nachwelt, als ein Lebenszeichen an eine Gemeinde von Kennern, die Verständnis für die bisherige Produktion Manns und Interesse an der noch ausstehenden mitbrachte, durften die beiden Bücher ohnehin nicht zu sein beanspruchen. So wurde der aphoristische Kommentar zur Zeitgeschichte im *Empfang* und im *Atem* ironisch einer Auslese zugeeignet.«⁵⁴

Und wenige Jahre später schrieb Heinrich Vormweg: »Weit davon entfernt, Welt wie schlichte Garderobenspiegel zu reflektieren, bleiben [*Der Atem* und *Empfang bei der Welt*] durchaus realistisch. Sie regen nur an, etwa auch die Bedeutung der Halluzination als eines Mediums der Vergegenwärtigung für den Realismus in der Literatur zu erwägen. Wenn schon Spiegelung, dann ist es in ihrem Fall die eines üppigen und kunstvoll geschliffenen, jedoch schon erblindeten Kronleuchters aus Kristall in einem Saal, in dem nur noch die Schatten einer einst von Leben erfüllten Gesellschaft umgehen.«⁵⁵

Daß das Abbrechen der Verbindung zwischen Heinrich Mann und seinem Publikum auch über das Exil hinaus, d. h. posthum, rezeptions-ästhetisch verheerende Folgen haben würde, war vorauszusehen; denn »wie immer das mögliche Publikum geartet sein mochte, das er bei seiner erhofften Rückkehr nach Deutschland nach dem Kriege antreffen würde, ein literarischer Neubeginn [...] wäre ihm keinesfalls vergönnt gewesen. Obwohl sein Name dem Publikum vielleicht sogar noch geläufig gewesen wäre, bestand zwischen diesem Namen und dem mittlerweile vorliegenden Werk für die Leser kein lebendiger Zusammenhang mehr.«[56] Analog zur Entwicklung von Heinrich Manns Kunst und deren poetologischen Voraussetzungen läßt auch die persönliche Anteilnahme des Dichters am zeitgenössischen Geschehen und an den jeweiligen gesellschaftlichen Gegebenheiten und Entwicklungen scharfe Einschnitte um die Jahrhundertwende und in den dreißiger Jahren erkennen, wobei zunächst – etwa bis zum Erscheinen des *Untertan* (1918) – die künstlerische Tätigkeit im Vordergrund steht, anschließend aber ein gewisser Ausgleich erfolgt. Sieht man von der heute fast anekdotisch anmutenden Episode seiner redaktionellen Tätigkeit beim *Zwanzigsten Jahrhundert*,[57] jener kurzlebigen reaktionären bzw. erzkonservativen Zeitschrift, um die Mitte der neunziger Jahre ab, so beginnt das öffentliche Leben Heinrich Manns eigentlich erst mit der Weimarer Republik in den Jahren zwischen Waffenstillstand und Machtergreifung – Jahre, in denen das künstlerische Niveau seiner Romane und Novellen erheblich sank. Politisch gesehen war Heinrich Mann anfangs Optimist; denn sonst wäre er wohl kaum Gründungsmitglied des Rates geistiger Arbeiter Münchens geworden, der dazu beitragen wollte, Kurt Eisners Position als bayrisches Regierungsoberhaupt zu festigen.[58] Freilich dauerte es nicht lange, bis auch dieser unermüdliche Festredner der Republik, dessen Stimme bei keiner Verfassungsfeier fehlen durfte, die Flinte ins Korn warf. Wenigstens behauptete er aus einem Abstand von zwanzig Jahren (leicht retuschierend) im Rückblick auf die ›goldenen‹ zwanziger Jahre: »Ich sah jeden ›Kampf‹ um eine wirkliche demokratische Republik von Anfang an verloren. Publizistisch tat ich was ich konnte.«[59] Daß sein publizistischer Beitrag zur Stabilisierung des durch die Inflation wirtschaftlich geschwächten und in politischer Turbulenz befindlichen Landes bedeutend war, wird niemand leugnen. Vor allem als Präsident der Sektion Dichtkunst innerhalb der Preußischen Akademie der Künste (seit 1930) tat er sein Bestes, dem verunsicherten Staat kulturpolitisch den Rücken zu stärken. Auch beteiligte er sich unermüdlich am Kampf gegen Justizmißbräuche und für die Meinungsfreiheit (Abschaffung der Zensur).

Heinrich Manns öffentliches Leben fand seine Fortsetzung im französischen Domizil (nicht: Exil), als der Dichter, neben der stetig voranschreitenden Arbeit am *Henri Quatre*, Leitartikel für die Provinzzeitung *Dépêche de Toulouse* schreiben durfte. (Welches Echo sie fanden, ist nicht zu ermitteln.) Zudem war er seit 1935 für die Volksfront im antifaschistischen Sinne tätig und spielte exilpolitisch eine keineswegs unbedeutende Rolle. In den Vereinigten Staaten brach Heinrich Mann seine aufklärerische und agitatorische Tätigkeit zwar nicht ab, war aber keine Größe mehr, mit der man rechnen mußte. Er konnte die Lage einfach nicht mehr übersehen und war zum Teil wohl auch so einseitig und unzureichend informiert, daß er uns Heutigen – etwa mit seiner Auslegung der Moskauer Schauprozesse – reichlich naiv erscheint. Das beweisen große Partien des *Zeitalters* (1946), in dem er sich selbst als Ix vorstellt – als ob allein dadurch Objektivität gewährleistet wäre.

Wir haben oben zu begründen versucht, warum in einer Arbeit über den Zeitkritiker Heinrich Mann der Zeitabschnitt 1900 bis 1938 Mittel- und Schwerpunkt der Analyse zu sein hat. Bei näherem Hinsehen verringert sich aber diese Spanne um weitere sechs Jahre, weil *Henri Quatre* ein historischer Roman ist, solche Werke aber im Prinzip und ihrem Wesen nach höchstens post festum Kritik an der Gesellschaft vergangener Epochen üben. Wir sagten »im Prinzip«; denn es gibt bekanntlich zwei Arten des historischen Romans, von der die eine durchaus mit unseren Absichten konform geht. Die am häufigsten vertretene Grundgestalt wurde von Guido List wie folgt charakterisiert:

»In vorderster Reihe muß die Forderung stehen, daß der Dichter für sich genau dieselben Gesetze anerkenne und befolge, welchen er unterworfen wäre, wenn er als Historiker arbeiten würde; er hat nicht das Recht, Handlungen, Ereignisse zu verschieben, umzuschichten und einer Zeitepoche, einer historischen Persönlichkeit andere, ihr fremde Tendenzen und Leitbegriffe unterzuschieben.«[60]

Diese historisierende Art des Geschichtsromans hat Heinrich Mann niemals praktiziert. Nur in den Novellen und Dramen aus der Zeit der Französischen Revolution und des italienischen Freiheitskampfes versuchte er, einen Hintergrund zu schaffen, der die Datierung und Lokalisierung der Handlung ermöglicht, ohne jedoch dem Detail als solchem viel Beachtung zu schenken. Anachronismen suchte er zu vermeiden. Der zweite, uns interessierende Typus wäre, im Gegensatz zum ersten, nicht so sehr historisierend als verfremdend und aktualisierend. Dies war eine den deutschen Exulanten besonders genehme und geläufige Form, die sich gut dazu eignete, als Vehikel ihrer Ansichten und Meinungen zu dienen. So liebte es Lion Feuchtwanger, Ausschnitte aus der geschichtlichen Vergangenheit auf solche Art wiederzugeben, daß Bezüge zur unmittelbaren Gegenwart transparent werden. Heinrich Manns *Henri Quatre* stellt eine Mischform dar, da bei aller Kenntnis der Epoche und dem zuweilen akribischen Versuch, sie für den Leser lebendig zu machen, der Dichter sich von Zeit zu Zeit der Technik des *updating* bedient, etwa indem er eine bewußte Parallele zwischen zwei Organisationen zieht, die durch Jahrhunderte getrennt sind. So heißt es im Bezug auf den Führer der katholischen Liga: »Tu Arbeitsdienst und leiste ihm Deine Wehrpflicht! Zahl ihm Abgaben, sei tagelang auf den Beinen trotz Deinen Krampfadern, bei allen Kundgebungen der Partei, sooft er ihre Massen aufruft!«[61] Und genauso, wie der Herzog von Biron im Roman selbst als »kerniger Marschall« (= Göring) auftritt und von »Gauleitern« umgeben ist, sagte Heinrich Mann im *Zeitalter* vom König Heinrich, er habe revolutionär gehandelt und »seither wäre er Bolschewik genannt worden«.[62]

Man mag solche bewußten Entgleisungen verdammen oder sie als bloße Schönheitsfehler gelten lassen; sie beweisen im Grunde nur, daß der an einem Angelpunkt der Weltgeschichte postierte Dichter der Versuchung, die Lehren der Vergangenheit auf die Gegenwart anzuwenden, nur schwer zu widerstehen vermochte.

Eine weitere Spielart des zeitkritischen Romans ist der Schlüsselroman, in dem zeitgenössische Ereignisse und Zeitgenossen mit anderen Vorzeichen bzw. unter anderen Namen verhüllend dargestellt werden, und zwar entweder aus Gründen des Feingefühls oder weil der Autor – etwa wenn er als Satiriker fungiert – der Zensur bzw. der Justiz keine Handhabe bieten will. Aus Diskretion verschlüsselte Heinrich Mann so manche Gestalt in der *Jagd nach Liebe* (seiner Mutter zufolge nur sehr mangelhaft[63]), und analog hierzu erscheint die Figur Gerhart Hauptmanns – den Thomas Mann später als Mynher Peeperkorn persiflierte – einmal als Diederich Klempner *(Im Schlaraffenland)*, ein andermal als Hummel *(Der Kopf)*. Eine solche Maskierung mag hingehen; freilich erschwert sie späteren Generationen von Lesern, die nicht mehr au courant sind, weil ihre Aktualität eine andere ist, den Zugang zu dem betreffenden Werk, dessen Zeitbezüge mühsam rekonstruiert werden müssen, will man die beabsichtigte Zeitkritik verstehen.

Am politischen Schlüsselroman großen Stils, der zweiten Spielart, hat sich Heinrich Mann nur einmal versucht: in *Der Kopf*, wo ausgesprochen fiktive Charaktere mit historischen, unter leicht durchsichtigen Decknamen eingeführten Persönlichkeiten konfrontiert werden.[64] So erscheint Bülow als Lannas, Tirpitz als Fischer, die Graue Eminenz Holstein als Gubitz usw. Das ist, literarisch gesehen, eine Schwäche, die im *Untertan* vermieden ist, weil dort mit Ausnahme des Kaisers (dessen Quasi-Identität mit Heßling zum Witz der Sache gehört) alle auftretenden Figuren erfunden sind und nur ein paar mehr oder minder beiläufig erwähnte Politiker (wie Karl Stöcker und Eugen Richter) echt. Da uns in diesem Fall Herbert Jherings scharfsinnige Kritik ins Schwarze zu treffen scheint, sei sie im folgenden ausführlich zitiert:

»Heinrich Mann hat sieben Jahre [an diesem Roman] gearbeitet. Der Plan wuchs, als das Kaiserreich, in Zuckungen liegend, noch bestand und Heinrich Mann nicht wußte, wievieler Masken er bedürfe, um die Kritik durchzusetzen, ohne ihre Deutlichkeit zu verstecken. Vielleicht kommt daher die Zwiespältigkeit des Buches. [...] Nun übernehmen erfundene Gestalten in erfundenen Situationen historische Funktionen, und dazwischen schreitet in seiner wirklichen Gestalt der Kaiser einher. [...] Ich glaube aber, hier kann es nur ein Entweder-Oder geben. Entweder stehen die Figuren eines Romans stellvertretend für die, die das Schicksal einer Epoche bestimmt haben; dann müssen auch die Ereignisse stellvertretend für die historischen Vorkommnisse stehen, das Ganze also nicht Realität, sondern episches Sinnbild einer Zeit sein, satirisch oder den Gegenstand erweiternd und erhöhend. Heinrich Mann selbst hat im *Untertan* das Beispiel geschaffen. [...] Die Zeiten sind hier nicht durch ihre führenden Exponenten, sondern durch typische Durchschnittsmenschen charakterisiert. [...] Im anderen Fall aber müssen die Figuren für sich selbst eintreten, mit eigenem Namen und in einer Fabel, die die wirklichen Ereignisse gestaltet und zusammendrängt, episch übersichtlich macht und künstlerisch motiviert. Diese beiden Methoden aber zu vermischen, wie es hier geschehen ist, scheint mir zu verwirren statt zu klären, teils Schlüsselroman, teils Zeitsatire, teils realistisches Epos zu sein. Wilhelm der Zweite, umgirrt von einem Reichskanzler Lannas, das stimmt nicht, weder politisch noch künstlerisch.«[65] Auch Kurt Tucholsky, dem der *Untertan* so viel bedeutet hatte, wußte mit diesem Roman nichts anzufangen und gab seiner Verwunderung in einem Brief an den Verfasser in folgender Weise höflich Ausdruck: »Den *Kopf* habe ich bekommen. Ich habe ihn sorgfältig gelesen, und es ist mir nicht leicht gefallen, zu verstehen. Ich weiß, daß hier etwas Neues gemacht ist: die Geschichte, wie sie *nicht* gewesen ist – eine andere Welt [...], aber sobald etwas von der Realität fort ist, in politicis, dann macht mir das Kummer. Das ist kein Urteil – sondern eine Inkompetenzerklärung. (Ich schreibe Ihnen das so, weil ich weiß, daß Sie es so auffassen, wie es gemeint ist.)«[66] Anders formuliert: Im Gegensatz zum *Untertan*, zu dem Material seit 1905 gesammelt wurde und der eine Wilhelminische Wirklichkeit spiegelt, die noch immer existierte, wirkt *Der Kopf* wie eine fiktionalisierte Prophetie im Rückblick. Daß Thomas Mann – dessen Urteil in bezug auf das dichterische Werk seines Bruders und langjährigen Rivalen wir in Lob und Tadel leider nicht trauen können – diesen Zwitter als ein Meisterwerk begrüßte, sei hier nur als Kuriosum registriert. »This new volume is the novel of the leaders«, schrieb er kurz nach Erscheinen des Romans in der amerikanischen Kulturzeitschrift *The Dial*, »and my judgement is free from personal bias when I say that it marks by far the highest point in this series of social criticisms. Further it belongs among the strongest and most beautiful attainments of this brilliant and, in the best sense of the word, sensational author, ranking in my mind with his masterpieces *Die kleine Stadt* and *Professor Unrat*.«[67]

Auch nach der von uns aus methodologischen und ökonomischen Gründen vorgenommenen Reduktion der anfallenden Stoffmasse durch die Beschränkung auf den Zeitraum 1900 bis 1938 und durch die Ausklammerung der historischen bzw. Schlüsselromane Heinrich Manns ist die im Rahmen unserer Darstellung zu behandelnde Materie umfangreich. Eine angemessene Lösung der uns gestellten Aufgabe wäre unter diesen Umständen überhaupt nur dann möglich, wenn man das dichterische Werk des Lübecker Großbürgersohnes auf einen gemeinsamen Nenner bringen oder auf bestimmte, eng begrenzte und zahlenmäßig geringe Kategorien abziehen könnte. Gerade das aber ist bei Heinrich Mann schon deshalb utopisch, weil dieser Künstler seinem ganzen Habitus nach beweglich war und sich gern proteushaft gebärdete. (Klaus Schröter nennt ihn in seiner Biographie »den ohnehin wandlungsreichsten Stilisten und Formkünstler unter den [deutschen] Prosaisten«.)[68] Daß er – auch hierin dem Bruder entgegengesetzt – kein Perfektionist war, wußte er selbst sehr genau, gesteht er doch im *Zeitalter* ein wenig reumütig: »Ich habe, um oft vollkommen zu sein, zu oft improvisiert, ich widerstand dem Abenteuer nicht genug, im Leben oder Schreiben, die eines sind.«[69] Stereotypisch klischeehafte Aussagen über das Schaffen Heinrich Manns sind selbst für begrenzte Schaffensperioden selten gültig; doch gibt es immerhin, wie noch zu zeigen ist, eine gewisse Anzahl von Konstanten, die den Rahmen für die variablen Faktoren bilden. Bei Durchsicht der kritischen Äußerungen zu den Romanen – nur von diesen soll hier die Rede sein – fällt auf, wie sehr sich die Geister scheiden. Zwar gibt es einen harten Kern von Enthusiasten, die alles, was aus des Dichters Feder floß, fast ohne Rückhalt akzeptieren,[70] doch neigen die meisten Leser (und Kritiker) dazu, je nach Geschmack eine mehr oder minder rigorose Auswahl aus dem Angebot zu treffen. So pries Tucholsky den *Untertan*,[71] Benn *Die Göttinnen*,[72] Rilke *Zwischen den Rassen*,[73] Hesse *Die kleine Stadt*[74] und Georg Lukács sowie Arnold Zweig den *Henri Quatre*,[75] während Thomas Mann nicht nur dem *Kopf*, sondern auch dem *Atem* ein überschwengliches Lob zuteil werden ließ.[76] Auch die populäre und literaturwissenschaftliche Wirkungsgeschichte des Mannschen Œuvres bestätigt unsere Vermutung. Es stieß und stößt besonders bei den Germanisten, wie Klaus Schröter in einem nachdenklich stimmenden Aufsatz eruiert, auf recht erheblichen Widerstand – oder zumindest auf Unverständnis.[77]

Um auf die soeben erwähnten Konstanten zurückzukommen, so wäre z. B. darauf hinzuweisen, daß, obgleich Heinrich Mann als Satiriker selbstverständlich nicht ohne Realien auskam und diese zuweilen selbst herbeischaffte, indem er Vorstudien trieb und Unterlagen sammelte,[78] er die gegebenen Fakten selten für sich sprechen ließ, sondern sie je nach Lust und Laune aus dem Zusammenhang riß, verzerrte, kombinierte oder mit fiktiven Einsprengseln durchsetzte. Wie eigenmächtig er, wenn es ihm in den Kram paßte, mit den Quellen schaltete und waltete, läßt sich an der parodistischen Wiedergabe der Handlung von Hauptmanns *Webern* und der absichtlichen Verballhornung der Reden Wilhelms des Zweiten im *Untertan* anschaulich erläutern.[79]

In der Ablehnung des Dokumentarischen, wie es in zwei Romanen bedeutender Zeitgenossen – Alfred Döblins *Berlin Alexanderplatz* und Lion Feuchtwangers *Erfolg* – montagehaft als durchgängiges Kompositionsprinzip Verwendung findet, war Heinrich Mann sich völlig mit Georg Lukács einig,[80] dessen Ansichten über didaktische Kunst er gleichfalls teilte. Im Mittelpunkt seiner Kunstauffassung stand vielmehr die Überzeugung, das wirkliche Leben sei »im Durchschnitt nur mäßig begabt«.[81] Von ihr ließ er sich sein Leben lang kein Jota rauben. Der im Jahre 1931 verfaßte Aufsatz »Die geistige Lage« enthält eine Stelle, die sie exemplarisch wiedergibt. Sie sei trotz ihrer Länge angeführt:

»Wir haben die verschiedensten Methoden, um ein Bild dieser miterlebten Zeit zu geben, den Sinn der Ereignisse fühlbar zu machen, wie wir selbst ihn fühlen, und zu zeigen, was für Menschen jetzt da sind. [...] Denn das ist doch der Zweck aller

Romane, aller Lebensbeschreibungen: wir wollen erfahren, wer wir sind. [...]
Überaus wirksam ist ein gelungener Bericht. Ein Roman dieser Art macht Anspruch sowohl auf Vollständigkeit wie auf Richtigkeit. Die Ereignisse, die wirklich
stattgefunden haben, sind grundsätzlich nicht übertrieben und auch nicht abge-
schwächt, die Personen weder verschönt noch verhäßlicht. Wenn sie es trotzdem
sind, weiß der Verfasser es nicht. Dabei sind es nicht ganz dieselben Personen und
Ereignisse, die in den Tagesberichten verzeichnet standen, sondern sie sind übertragen. [...] Statt der geschichtlichen Vorgänge ist eine Parallelhandlung erfunden,
die aber genau so gut geschichtlich sein könnte – immer vorausgesetzt, daß man die
Auffassung und die Gesinnung des Verfassers teilt. Es ist bloßer Zufall, wenn
nicht dies, sondern etwas anderes die historische Wirklichkeit ist. Wahr bleibt es
in seiner Weise trotzdem.
Die Methode selbst hat, wie mir scheint, Vorteile und Nachteile. Der Romancier
kann, wie hier, sein Gebäude menschlichen Schicksals und Verschuldens errichten
mit demselben Material und in den gleichen Maßen, die er aus der Wirklichkeit
schon kennt, und die jeder sofort wiedererkennt. Der Aufbau ist von vorneherein
gesichert, und der wird dann nachher auch von Kennern besonders gerühmt. [...]
Überaus wirklich ist ein gelungener Bericht; die Kunst liegt hier vor allem in der
Echtheit. Es gibt nichts Sensationelleres als das Leben – sobald ein Roman uns mit
Glück daran erinnert, daß wir diese ungeheuerlichen Dinge selbst erlebt haben.
Der Berichterstatter braucht wahrhaftig nichts hinzuzufügen, um seiner Wirkung
sicher zu sein – auf die Zeitgenossen, die ihn kontrollieren können, die alles selbst
mitgemacht haben und es nur nicht so übersichtlich beisammen halten.
Andrerseits erwecken Berichte doch immer nur den Eindruck des beiläufigen
Einzelfalles und Zwischenspieles – nie aber beschwören sie den Sinn des Lebens
selbst. Der Sinn des Lebens verhält sich bei weitem nicht so wirklichkeitsgetreu, er
ist überrealistisch. In einem noch so gewissenhaften Gerichtsbericht zum Beispiel
liegt er nicht [...] und auch die vollkommen richtig und gut aufgebaute Geschichte
verschiedener Zustände und Menschen in ihrem Lande und ihrer Zeit fängt den
Sinn des Lebens, unseres Lebens in allen Zeiten, nicht ein. So einfach ist das nicht,
und die bloße Richtigkeit sagt noch nichts. Die großen Romane sind immer und
ausnahmslos übersteigert gewesen – weit hinausgetrieben über die Maße und
Gesetze der Wirklichkeit.«[82]
Wie konsequent Heinrich Mann zeitlebens diese Auffassung vertrat, geht aus
unzähligen, über Jahrzehnte verstreuten poetologischen Aussagen hervor, die um
Begriffe wie Steigerung, Intensität und Konzentration kreisen. So heißt es im
Hinblick auf *Die Göttinnen* in der schon erwähnten Selbstcharakteristik aus dem
Jahre 1903: »Ich habe keine blaue Romantik erfinden wollen, sondern eine Wirk-
lichkeit intensiver gesehen als man sie sieht.«[83] Und acht Jahre später verkündet
eine autobiographische Skizze: »Kunst ist die Eroberung des Ganzen. Sie ist das
Leben selbst; und sie ist ein genauer genommenes Leben als das gewöhnliche, ein
tiefer ermessenes, stärker erlittenes und ein viel verantwortlicheres.«[84] Schließlich

bekennt 1930 der Verfasser eines unter dem Titel »Dichtkunst und Politik« an die
Preußische Akademie der Künste gerichteten Berichts: »Aber niemand lehrt das Wissen um das gesellschaftliche Leben und um das Leben schlechthin wie unsere Kunst,
die Dichtkunst. Denn sie lehrt es auf dem Weg der Erfahrung, da Dichtung das
Leben selbst, vermehrt durch Erkennbarkeit, ist.«[85]
Das gelungenste Beispiel dichterischer Gestaltung eines solchen, durch Erkenntnis
vermehrten Lebens ist *Die kleine Stadt*, ein Werk, das schon deshalb als exemplarisch gelten muß, weil es Heinrich Manns Ideal des gesellschaftskritischen Romans
verkörpert, d. h. bewußt idealisierend angelegt ist, ohne die kleinlichen und wahrhaft menschlichen Schwächen der Charaktere (eines Belotti, Dorlenghi usw.) zu
leugnen. Das Buch ist, wie der Autor im Dezember 1909 an René Schickele schrieb,
»politisch zu verstehen als das Hohe Lied der Demokratie«,[86] eine Art fiktiven
Beitrags zur erotisch-ästhetischen Erziehung des Menschengeschlechts. Heinrich
Mann befolgte hier wörtlich das von ihm selbst entworfene Gesetz der Zusammenfassung und Steigerung, indem er die politische Entwicklung Italiens von
Napoleon bis Garibaldi in einem Brennspiegel kondensierte. »Meine Schwierigkeit war«, so schrieb er an Lucia Dora Frost, die den Roman in der *Zukunft*
wohlwollend besprochen hatte, »daß ich diesen Vorgang von hundert Jahren in
wenige Tage zu drängen hatte.«[87] Uns scheint im Rückblick, hier liege ein Irrtum
vor und Heinrich Mann habe genau den Fehler begangen, den er bei anderer
Gelegenheit Ernst Barlach vorwirft: »[Die Darstellung der Gesellschaft] ist künftig
das Einzige, was Sinn und Berechtigung hat: nicht mehr das ›Zeitlose‹, das heute
noch immer höchster Zweck scheint. (Soeben hat Barlach von dem Münchener
Professor Strich den Kleist-Preis bekommen wegen vorgeblicher Zeitlosigkeit,
Überzeitlichkeit oder wie der Unsinn heißt.«[88] Denn die Figuren der *Kleinen
Stadt* sind weniger Typen im Sinne Balzacs als allegorisierende Umschreibungen
von Aspekten der südlichen Mentalität oder leicht individualisierte Masken der
Commedia dell'arte, deren Gefühle und Handlungen so sorgfältig aufeinander
abgestimmt sind, daß sie eine Gemeinschaft – oder besser: ein Kollektivum – ergeben. In der Tat war der Roman für Heinrich Mann das »erreichte Gesamtkunst-
werk«, das hier zur literarischen Oper wird.
Dieses Werk, das am Ende des Weges steht, »der, durch sechs Romane hindurch,
von der Behauptung des Individualismus zur Verehrung der Demokratie geführt
hat«, wurde von seinem Urheber bewußt »dem Volk erbaut, dem Menschen-
thum«.[89] Daß Heinrich Mann, der jahrelang in Italien gelebt hatte und dieses
Volk aus eigener Anschauung kannte, auch die Kehrseite dieser glänzenden Me-
daille kannte, versteht sich von selbst. Das beste Zeugnis dafür bieten zwei Aufsätze zu einem sensationellen Mordfall, die er 1906 in der *Zukunft* bzw. der *Neuen
Gesellschaft* publizierte. Der eine von ihnen schließt mit dem Hinweis:
»Dies Volk ist entsetzlich einmütig. Wie oft habe ich seine Einmütigkeit glänzend
gefunden, das kräftige Fluidum dieser öffentlichen Meinung bewundert, kraft
dessen in Italien kein fremder Revolutionär ausgeliefert werden kann und der

Verbrecher aus Leidenschaft Nachsicht findet. Hier ist die Gegenprobe. Eine verführte Menge gibt sich einem Taumel stupider Grausamkeit hin, dessen Aufhören eine Erleichterung wäre für alle, die auf die Menschheit noch hoffen.«[90] Als gleichermaßen modellhafte Gegenstücke zur *Kleinen Stadt* ex negativo haben auch die Romane der Kaiserreich-Trilogie die Funktion, durch Verknüpfung des Allgemeinen mit dem Besonderen bzw. von Historie und Geschichtsphilosophie die Physiognomie eines Zeitalters herauszuarbeiten. Beim *Untertan* geschieht dies vordringlich mit Hilfe von Karikatur und Satire, d. h. in verhältnismäßig engem Kontakt mit der dargestellten zeitgenössischen Wirklichkeit, während im *Kopf* grotesk-satirische und phantastische Elemente vorherrschen. Dem gröbsten Mißverständnis von seiten der Kritik ausgesetzt war der Roman *Die Armen* (1917), dessen Verfasser die linken Rezensenten vorwarfen, er habe seinen Helden, den um die Erwerbung von Lateinkenntnissen selbstisch bemühten Proletarier Balrich, zu positiv gesehen oder sich sogar mit ihm identifiziert. Das ist aber, wie folgende Stelle am Ende des Romans beweist, keineswegs der Fall:
»Aber träge floß das Leben. Des Kampfes, der doch beendet und verloren ist, vergißt du nicht und rufst ihn zurück im Sommer und Frieden. Er ist noch da, eine geheime Unruhe erfüllt die Luft. Was fern liegt, rückt herbei und läßt dich auffahren, als wollte dir einer an Weib und Kind. Rußland! das ist der Feind. Frankreich! England! das ist er. Wer fragt noch nach Heßling. An Heßling konnten wir nicht hinan – mit ihm denn gegen die, die uns überfallen! Dort winkt der Sieg. Krieg muß sein, damit endlich wir Armen das Glück erraffen, das kein Kampf des Lebens uns bringen wollte. Heßling zahlt bis 80 Prozent unserer Löhne an die Familien der Einberufenen. Was Proletarier, was Bourgeois – das Vaterland! Dem Generaldirektor lag es schon längst im Sinn, beizeiten hat er seine neuen Maschinen aufgestellt. Jetzt machen sie Munition.«[91]
Übersehen wurde im sozialistischen Lager, daß die Komposition des Romans *Die Armen* aus, einem ganz bestimmten Blickwinkel erfolgte. Heinrich Mann glaubte nämlich zu erkennen, daß trotz aller ins Auge springenden Widersprüche ein jedes Zeitalter letzten Endes in sich geschlossen sei. So bemerkte er im Essay »Kaiserreich und Republik«: »Ein Zeitalter scheidet sich nicht, es ist eins. Klassenkämpfe geschehen an der Oberfläche, in der Tiefe sind alle einig«,[92] eine These, die schon der Arbeiter Matzke durch seine, wenn auch vorübergehende, Verwandlung zum Kapitalisten und Genießer zehn Jahre vorher im *Schlaraffenland* verfochten hatte. Was die Rolle der Sozialdemokraten im Wilhelminischen Deutschland anbetrifft, erklärte Heinrich Mann im gleichen Essay: »Ihr gefühlsmäßiger Nationalismus kannte sich selbst nicht. Die Arbeiter hatten ihn im selben Maß wie die Bürger: auch sie überzeugt vom Recht der Macht, auch sie durchdrungen, die Macht sei hier.«[93] Im Grunde sind nämlich Balrich und der politisch korrupte Gewerkschafter Napoleon Fischer aus dem *Untertan* eines Geistes. Unter den wenigen Kritikern, die die wahren Absichten Heinrich Manns erkannten, befand sich – wohl kaum zufällig – ein Franzose, der im *Mercure de*

France berichtete: »Le second roman de la série nous présente une critique du socialisme allemand, autant que du capitalisme. [...] Car le prolétariat allemand, lui aussi, a été corrompu par la *Macht*. Il a rompu avec l'idéologie démocratique d'autan. Les doctrines du matérialisme historique ont développé en lui un egoïsme de classe qui ne parle plus guère que le langage de la Force.«[94]

Wie kritisch Heinrich Mann selbst denjenigen Teilen der Gesellschaft, mit denen er ideologisch sympathisierte, gegenüberstand, kommt ganz konkret unter anderem darin zum Ausdruck, daß nur ganz wenige Figuren in seinem Romanwerk – der Delegato in der *Jagd nach Liebe*,[95] der Kriminalkommissar Kirsch in *Ein ernstes Leben* (1932)[96] und, leicht ironisch verbrämt, der Ingenieur Birk der *Großen Sache* – soziales Verantwortungsgefühl haben, die überwiegende Mehrzahl der Charaktere aber asozial oder antisozial sind und entweder offen oder versteckt ihren eigensten Interessen leben.

Daß es Heinrich Mann im Grunde immer nur darum ging, die Materie zu vergeistigen, Stoff zu verarbeiten bzw. aufzulösen und vom Anschauen zur Anschauung vorzustoßen, beweist der Kontext, dem wir unser zweites Motto entnommen haben, der Brief an Schickele mit folgendem Wortlaut:

»Lieber Herr Schickele!

nehmen Sie meinen herzlichen Dank für Ihr schönes, lebensvolles Buch *[Schreie auf dem Boulevard]*. Das kommt in Deutschland zu selten vor: Angelegenheiten der Welt, die in wirkliche Literatur umgesetzt sind. Der Roman, an dem ich schreibe *[Der Untertan]* verlangt etwas Ähnliches – und er verlangt sehr viel. Eine ganz naheliegende Zeit, wenigstens all ihr Politisch-Moralisches, in ein Buch bringen, das überschwemmt einen mit Stoff. Die Wirklichkeit ist eine Stütze und eine Last. Sie, der Sie diese Dinge so gut verstehen, werden mir, wenn ich einmal fertig werde, einer der werthvollsten Beurtheiler sein.«[97]

Aus diesem entscheidenden Punkt berührt sich die Auffassung Heinrich Manns eng mit derjenigen Bertolt Brechts, wie sie aus einem bislang in der Sekundärliteratur viel zu wenig beachteten Ausspruch zum gleichen Thema erhellt. Es handelt sich um einen Satz aus dem Protokoll von Gesprächen über *Trommeln in der Nacht*, die am 18. und 24. November 1928 in Berlin stattfanden und an denen neben Brecht Erwin Piscator und der Soziologe Fritz Sternberg teilnahmen. Zur Sprache kam der Plan einer aktualisierenden Bearbeitung des Heimkehrerstücks für die Piscatorbühne; und der bedeutende Regisseur, zu dessen Dramaturgenteam Brecht zeitweilig gehörte, betonte – wie zu erwarten – die Notwendigkeit einer dokumentarischen Untermauerung der im Drama nur teichoskopisch geschilderten Vorgänge. Brecht hörte geduldig zu, gestand aber schließlich (resignierend oder kopfschüttelnd?): »Sobald ich Schauplätze habe, die nicht mit Wirklichkeit übereinstimmen, geht es mir gut«,[98] was alle weitere Diskussion ein für allemal abschnitt. In der Tat verfaßte der Dramatiker Brecht – hierin dem Romancier Heinrich Mann vergleichbar – nur wenige wirklich realistische Werke, so die auf Synges *Riders to the Sea* basierenden *Gewehre der Frau Carrar* und die quasi-dokumentarische Szenenfolge *Furcht und Elend des Dritten Reiches*. (Gerade diese Dramen bewunderte Georg Lukács, der Brecht sonst nicht eben wohl gesinnt war, als wahre Meisterleistungen.) Ihm lag das Parabolisch-Modellhafte entweder in Reinkultur – wie in den Lehrstücken und den *Rundköpfen und Spitzköpfen* – oder mit realistischen Ingredienzien (wie bei fast allen Dramen der Reifezeit, einschließlich der *Mutter Courage* und des *Galileo Galilei*) – mehr am Herzen. Soweit – auf Heinrich Mann bezogen – die Theorie und Praxis der Widerspiegelung. Doch wäre es, so sei abschließend betont, verfehlt, den Dichter, das intuitive Moment vernachlässigend, erkenntnistheoretisch und poetologisch auf diese Linie festzulegen, es sei denn, man beschränke sich auf die ausgesprochen satirischen Aspekte seines Œuvres. Aber eine für Heinrich Mann letzthin gültige Kunstauffassung aus dieser Hypothese abzuleiten verbietet sich, wie jetzt zu zeigen ist, von selbst. Auch in diesem Bereich gebührt nämlich, wie überall sonst bei diesem heimlichen ›Romantiker‹, ätiologisch dem Fühlen der Vorrang vor dem Denken. Auf diese unumstößliche, weil tief in seiner Persönlichkeit verankerte Tatsache hat Heinrich Mann selbst in seinen Essays und Romanen konstant und unermüdlich hingewiesen, so daß gar keine Täuschung möglich ist.

Gerade im Hinblick auf Stendhal, der – wie Heinrich Mann sehr genau wußte – den Roman als Spiegel, den man die Landstraße entlang trägt, definiert hatte, verwundert die Feststellung, das, was der französische Autor in *Le Rouge et le Noir* geschildert habe, sei entsprungen aus einem »Empfinden, das romantisch war«. Daran schließt sich die auf den ersten Blick verblüffende Aussage: »Solche Dinge sind weder unmittelbar gesehen noch vernünftig erdacht. Wie sollte es anders sein, der Sinn einer darzustellenden Epoche wird immer mit dem Gefühl erfaßt, unsere Träume, unsere Ängste erkennen ihn allein. Äußerlich mag alles wahr gewesen sein. Ein junger Ehrgeiziger von geringer Herkunft hat wirklich so gelebt, im Priesterseminar ging es so zu, im Palais de La Mole, in der Rênalschen Sägemühle. Ein realistischer Roman von lückenloser Anschaulichkeit [...]. Zugrunde indessen liegt ein Empfinden, das ahnungsvoll, vielleicht auch dem, den es heimsucht, nicht ganz bekannt ist.«[99]

»Der Sinn einer darzustellenden Epoche [wie der des Lebens] wird immer mit dem Gefühl erfaßt« – hier liegt tatsächlich des Pudels Kern, ganz gleich, in welcher Gestalt das Tier erscheint. Und für Heinrich Mann war das Gefühl stets auch körperlich. Dementsprechend heißt es vom guten König: »Bei Henri war der Antrieb zu denken ein Gefühl; es ging aus von der Mitte des Körpers, aber mit äußerster Schnelligkeit erreichte es die Kehle, die sich krampfte, und die Augen, sie wurden feucht. Solange dies Gefühl in ihm aufstieg, begriff der junge Henri das Unendliche und die Vergeblichkeit dessen, was enden muß.«[100] Wohlgemerkt: er begriff während und weil er fühlte.

Und wie sich das Denken zum Fühlen verhält, so verhält sich bei Heinrich Mann auch die Erkenntnis zur Anschauung (besser gesagt: zur intuitiven Schau). Im

Kapitel »Gut und böse« des *Zeitalters* stehen die Worte: »Die Auffindung der Moral, ihre überlegte Geburt für das einzelne Gewissen, geschieht durch Anschauung und vermöge Erkenntnis. In Laufbahnen wie meiner ist das erste die Anschauung. Ich habe gesehen und gestaltet, bevor ich den Sinn der Dinge begriff. Die treue und hochgespannte Darstellung erwirbt zuletzt auch Geist. Wer die Geste von Menschen nachahmt, erlebt ihren Charakter.«[101]

Ein Dichter, der davon überzeugt ist, daß wir »durch das Gefühl [...] unvermeidlicher als durch unsere Ideen mit dem gegebenen Zeitabschnitt« zusammenhängen,[102] hat wahrhaft Grund zur Behauptung, »daß jemand, der schließlich nur Erfindungen schreibt, eine Art Mitschuld fühlen kann am Gang der wirklichen Welt«.[103] Und wer, wie Heinrich Mann, auszog, ein Zeitalter zu besichtigen, muß und wird, bei aller Skepsis gegenüber dem Irrationalen, auf Kräfte bauen, die, aus dem Unbewußten aufsteigend, das Bewußtsein formen und ihm das Material für die Bewältigung der von diesem apperzipierten Wirklichkeit liefern. Heinrich Manns zeitkritische Romane sind also, ihrem psycho-somatischen Ursprung nach, nicht so sehr Produkte eines eingefleischten Rationalisten als rationalisierte Gefühlsergüsse.

Anmerkungen

1. Abgedruckt in *Text + Kritik*, (1971). »Heinrich Mann«. S. 11. Heinrich Mann fährt fort: »Den menschlichen Verhältnissen, die sie darstellen, liegen überall zu Grunde die Machtverhältnisse der Gesellschaft. Die am häufigsten von mir durchgeführte Idee ist eben die der Macht.« In dem Anfang 1930 vor dem Verband Preußischer Polizeibeamter gehaltenen Vortrag »Die Kriminalpolizei« (in: *Das öffentliche Leben*. Berlin 1932. S. 205) heißt es ferner: »Sodann haben Sie sich an mich vielleicht auch darum gewandt, weil ich gewohnt bin, zu beobachten, mir über die verschiedenen Organe der Gesellschaft meine Gedanken zu machen und sie, meistens in sozialen Romanen, mitzuteilen.«
2. Der Brief ist abgedruckt im Bande *Heinrich Mann 1871–1950. Werk und Leben in Dokumenten und Bildern*. Hrsg. von Sigrid Anger. Berlin u. Weimar 1971. S. 181.
3. abgedruckt ebd., S. 212.
4. »So lange der Naturalismus der *états de choses*, der Sachenstände, an der Herrschaft war, der *roman de moeurs* mit Ausschluß aller *états d'âmes*, aller Seelenstände [...]« (aus dem Essay »Die Krisis des Naturalismus«. In: Hermann Bahr, *Die Überwindung des Naturalismus*. Berlin u. a. 1891).
5. Siehe hierzu meinen Aufsatz »Die arme Tonietta. Heinrich Mann's Triple Version of an Operatic Plot«. In: *Modern Language Quarterly*, 20 (1959). S. 371–377.
6. »Theater der Zeit«. In: *Sieben Jahre. Chronik der Gedanken und Vorgänge 1921–1928*. Berlin 1929. S. 267.
7. Brief Langens vom 18. November 1899 in: *Heinrich Mann 1871–1950* (= Anm. 2). S. 81 f.
8. Zum Verhältnis Maupassant/Heinrich Mann siehe meine Studie »Bel-Ami im Schlaraffenland«. In: *Weimarer Beiträge*, 7 (1961). S. 557–570.
9. Brief vom 24. Februar 1901 in: *Heinrich Mann 1871–1950* (= Anm. 2) S. 84.
10. abgedruckt ebd., S. 75.
11. ebd., S. 94.
12. Diese Minimal-Definition aus der Feder René Welleks findet sich in dessen Aufsatz »The Concept of Realism in Literary Scholarship«. In: R. W., *Concepts of Criticism*. New Haven 1963. S. 240.

13. »Dans ces jours déplorables, une industrie nouvelle se produisit, qui ne contribua pas peu à confirmer la sottise dans sa foi et à ruiner ce qui pouvait rester de divin dans l'esprit français. Cette foule idolâtre postulait un idéal digne d'elle et approprie à sa nature, cela est bien entendu. En matière de peinture et de statuaire, le *Credo* actuel des gens du monde, surtout en France [. . .], est celui-ci: ›Je crois à la nature et je ne crois qu'à la nature [. . .]. Je crois que l'art est et ne peut être que la reproduction exacte de la nature [. . .]. Ainsi l'industrie qui nous donnerait un résultat identique à la nature serait l'art absolu.‹ Un Dieu vengeur a exaucé les voeux de cette multitude. Daguerre fut son messie. Et alors elle se dit: ›Puisque la photographie nous donne toutes les garanties désirables d'exactitude (ils croient celà, les insensés!), l'art, c'est la photographie.‹« (*Œuvres complètes*. Ed. Y.-G. Le Dantec, rev. C. Pichois. Paris 1963. S. 1033 f.).
14. aus dem Essay »L'Aventurier Challes«. In: Jules Champfleury, *Le Réalisme*. Paris 1857. S. 96.
15. zitiert bei H. U. Forest: »*Réalisme*, Journal de Duranty«. In: *Modern Philology*, 24 (1927). S. 470 f.
16. Im *Avant-Propos* zur *Comédie humaine* heißt es u. a.: »Ce n'était pas une petite tâche que de peindre les deux ou trois mille figures saillantes d'une époque, car telle est, en définitive, la somme des types que présente chaque génération et que la *Comédie Humaine* comportera.«
17. Ich übernehme diese kanonische Formulierung aus dem bekannten Essay von Abram Terz (Pseudonym für Andrej Sinjawski): »Über den sozialistischen Realismus«.
18. Thomas Mann: *Betrachtungen eines Unpolitischen*. Frankfurt a. M. 1956. S. 555.
19. ebd., S. 558.
20. So lautete der ursprünglich vorgesehene Untertitel des Romans.
21. *Ein Zeitalter wird besichtigt*. Stockholm 1946. S. 201.
22. Diese Formulierung entstammt dem Essay »Reichstag« (1911). Siehe Heinrich Mann: *Ausgewählte Werke in Einzelausgaben* [im folgenden zitiert als: AW]. *Essays*. Bd. 2. Berlin [Ost] 1956. S. 11.
23. Viktor Mann: *Wir waren fünf. Bildnis einer Familie*. Konstanz ²1964. S. 339.
24. ebd., S. 339 f.
25. *Betrachtungen eines Unpolitischen* (= Anm. 18). S. 557.
26. abgedruckt in: *Heinrich Mann 1871–1950* (= Anm. 2). S. 334.
27. *Briefe an Karl Lemke und Klaus Pinkus*. Hamburg 1963. S. 105.
28. Holzens berühmte Formel lautet bekanntlich: »Die Kunst hat die Tendenz, wieder die Natur zu sein. Sie wird sie nach Maßgabe ihrer jeweiligen Reproductionsbedingungen und deren Handhabung.«
29. AW. *Essays*. Bd. 1. Berlin [Ost] 1954. S. 106. Zur Bedeutung Flauberts für Heinrich Mann siehe meinen Aufsatz »Heinrich Mann und Gustave Flaubert. Ein Kapitel in der Geschichte der literarischen Wechselbeziehungen zwischen Frankreich und Deutschland«. In: *Euphorion*, 57 (1963). S. 132–155.
30. Brief vom 12. Mai 1924, abgedruckt in: *Heinrich Mann 1871–1950* (= Anm. 2). S. 212. Heinrich Manns Einstellung zum Expressionismus erhellt aus dem Aufsatz »Deutsche Literatur um 1920. Bericht nach Amerika«. In: AW. *Essays*. Bd. 2. S. 69–73.
31. *Les Nouvelles Littéraires*, 24. Dezember 1927.
32. »Die neuen Gebote« (1926). In: AW. *Essays*. Bd. 1. S. 252.
33. Der diesem Werk gewidmete Essay »Mein Roman« (in der *Vossischen Zeitung* vom 15. Oktober 1930 erschienen) zeigt Heinrich Mann, was seine Romantheorie betrifft, allerdings schon wieder »auf dem Wege zur Besserung«. So heißt es: »Der Roman ist durchaus in keiner Krise, wenn er zeitgemäß bleibt und den Weg der Gesellschaft mitgeht. Das erfordert nicht immer Kinotechnik, aber es gebietet auch nicht sachliche Berichte, die am meisten verwandt der statistischen Wissenschaft sind. Wir wollen eine scheinbare Aktualität nicht übertreiben – und wollen die große Kunst des Romans, die zuletzt gekommene Kunst, erst in diesen hundert Jahren auf die Höhe der andern Künste geführt, wir wollen sie nicht leichtsinnig behandeln« (*Das öffentliche Leben*. Berlin 1932. S. 331 f.).
34. Siehe hierzu die Ausführungen Heinrich Manns im Kapitel »Skepsis« der Autobiographie (*Zeitalter* [= Anm. 21]. S. 201), wo allerdings der Begriff »Faschismus« verwendet wird.
35. In einer autobiographischen Skizze vom 3. März 1943 – zuerst abgedruckt in Herbert Jherings Kurzmonographie *Heinrich Mann* (Berlin [Ost] 1951) – heißt es: »Wenn dieser Roman [*Der Untertan*] die Vorgestalt des Nazi enthält, dann zeigt ein anderer, *Zwischen den Rassen*, ge-

schrieben 1905 bis 1907, schon den Fascisten (ohne daß ich es wußte; ich hatte nur Fühlung für die Erscheinungen).«

36. Lorenz Winter: *Heinrich Mann und sein Publikum. Eine literatursoziologische Studie zum Verhältnis von Autor und Öffentlichkeit.* Köln 1965. Das zweite Kapitel heißt »Im Schatten der Legende (1910–1925)«.

37. »Wedekind und sein Publikum«. In: *AW. Essays.* Bd. 1. S. 415. In den »Erinnerungen an Frank Wedekind« (ebd., S. 396 f.) findet sich die Stelle: »Wenn im Jahre 1900 jemand schon so schrieb, als sei es 1914; wer sollte den mit offenen Armen empfangen! Eine Welt nackten Kampfes hinstellen, während man sich noch vollauf gesittet glaubte! Alles anders, drohender auffassen, als man sich selbst damals auffaßte; alles entkleiden, zuerst von den schönen Worten, den sittlichen Vorwänden, endlich beinahe vom Fleisch! Den Tod eines Zeitalters im voraus heraufbeschwören!«

38. Zu diesem Thema siehe meinen Aufsatz »Die kleine Stadt. Art, Love and Politics in Heinrich Mann's Novel«. In: *German Life and Letters,* 13 (1960). S. 255–261. Dem politischen Aspekt widmete Rolf N. Linn seine Studie »Garibaldi, das Volk und Don Taddeo. Bemerkungen zu Heinrich Manns *Die kleine Stadt*« im Sammelband *Heinrich Mann 1871–1971. Bestandsaufnahme und Untersuchung, Ergebnisse der Heinrich-Mann-Tagung in Lübeck.* Hrsg. von Klaus Matthias. München 1973. S. 111–124.

39. Aus einem in der Düsseldorfer Zeitschrift *Kulturaufbau* im Jahre 1950 erschienenen Aufsatz. Abgedruckt in: *Heinrich Mann 1871–1950* (= Anm. 2). S. 215. Wie eng sich Heinrich Mann mit Wedekind und Sternheim verbunden fühlte, zeigt eine Stelle aus dem Essay »Deutsche Literatur um 1920« (*AW. Essays.* Bd. 2. S. 70): »Wer anders dachte, stand beiseite und war, solange die Sinnesart des Kaiserreiches unbestritten blieb, für die ganz große Öffentlichkeit nicht vorhanden. Als ein Beispiel dieser wenigen gelte Frank Wedekind. Ein anderer [Sternheim] enthüllte in Komödien den Typ des gottverlassenen Geldmachers und Snobs, der dem Zeitalter als Held diente. Wieder ein anderer [Mann selbst] zeigte in Romanen den sozialen und sittlichen Verfall, der den Zusammenbruch des Reiches bedingte.«

40. Aus dem »Discours tenu à la Ligue des Droits de l'Homme et à l'Union Feminine pour la Société des Nations« (1927). Siehe *AW. Essays.* Bd. 2. S. 358.

41. *Les Nouvelles Littéraires* vom 24. Dezember 1927.

42. So gehört z. B. *Gretchen* zum *Untertan*-Komplex, und *Die Ehrgeizige* ist eine Fortsetzung der *Kleinen Stadt.*

43. Von den spezifischen Aussagen zu *Die große Sache* und den Nachworten zu den Neuausgaben von *In einer Familie* und *Im Schlaraffenland* abgesehen, handelt es sich u. a. um den Essay »Kaiserreich und Republik« (zur Kaiserreich-Trilogie) und um die Beiträge zum *Zwanzigsten Jahrhundert*, deren Relevanz zu *Im Schlaraffenland* und zum *Untertan* außer Frage steht.

44. Beachtenswert sind vor allem die Arbeiten von David L. Gross (*Heinrich Mann. The Writer and Society 1890–1920. A Study of Literary Politics in Germany.* Wisconsin 1969), David Roberts (*Artistic Consciousness and Political Conscience. The Novels of Heinrich Mann 1900–1938.* Bern 1971) und Henry H. Warder (*The Writer and His Country. Heinrich Mann's Response to Events in Germany 1894–1949.* Kingston, Ontario 1971). Auch Herbert H. Sussbachs Dissertation *Kritik am Jugendwerke Heinrich Manns* (University of Southern California, 1959) bringt interessantes Material zur Rezeption der gesellschaftskritischen Romane in der deutschen Presse.

45. so u. a. die Arbeit Rolf N. Linns »Heinrich Mann and the German Inflation« (in: *Modern Language Quarterly*, 23 [1962]. S. 75–83) und Mieczyslaw Urbanowiczs recht unzulängliche Studie »Das Bürgertum und die Arbeiter in den Romanen von Heinrich Mann« (in: *Germanica Wratislaviensia*, 6 [1960]. S. 97–113).

46. Grundlegend für die Heinrich-Mann-Philologie sind, von meiner recht skizzenhaften Monographie (Tübingen 1962) abgesehen, die Bücher von Klaus Schröter (*Heinrich Mann in Selbstzeugnissen und Bilddokumenten.* Hamburg 1967) und André Banuls (*Heinrich Mann. Le Poète et la politique.* Paris 1966). Auch Hanno Königs Studie (*Heinrich Mann. Dichter und Moralist.* Tübingen 1972) ist beachtenswert. Zur Bibliographie der Sekundärliteratur siehe jetzt das Literaturverzeichnis (S. 211–225) des Forschungsberichts von Hugo Dittberner: *Heinrich Mann. Eine kritische Einführung in die Forschung.* Frankfurt a. M. 1974.

47. Zu erwähnen wären in diesem Zusammenhang Nikolai Serebrows Essay »Heinrich Manns Antikriegsroman *Der Kopf*« (in: *Weimarer Beiträge*, 8 [1962]. S. 1–33), Wolfdietrich Raschs »Décadence und Gesellschaftskritik in Heinrich Manns Roman *Die Jagd nach Liebe*« (in: *Heinrich*

Mann 1871–1971 [= Anm. 2]. S. 97–110), mein Aufsatz »Satire und Parodie in Heinrich Manns Roman *Der Untertan*« (ebd., S. 125–146) und Klaus Schröters Ausführungen zum gleichen Thema: »Zu Heinrich Manns *Untertan*« (urspr. in der Zeitschrift *Etudes Germaniques* erschienen, jetzt zugänglich in Schröters Buch *Heinrich Mann. »Untertan«–»Zeitalter«–Wirkung.* Stuttgart 1971. S. 9–38).

48. Die Handlung des Romans (wenn man überhaupt von einer solchen sprechen kann) ist so ausschließlich auf Seelenanalyse abgestellt, daß der Bereich des Sozialen fast völlig ausgespart bleibt. Nur einmal (auf S. 96 der Ullstein-Ausgabe) ist von sozialer Verantwortung die Rede – aber in welchem Ton und mit welcher Herablassung: »Wie wäre es, wenn wir einmal eine Vorlesung hörten oder ein Hospital, ein Gefängnis besuchten? Ich würde mir schon die nötigen Empfehlungen verschaffen, und ein wenig ›soziale Studien‹ könnten nicht schaden – wie?«

49. Die Neuausgabe erschien 1929 im Sieben-Stäbe-Verlag. Im Nachwort, das als Brief des Helden Andreas Zumsee an den Autor kaschiert ist, heißt es: »Sie dürfen nicht damit rechnen, daß Ihr neuaufgemachtes Opus mir noch ebenso unerwünscht kommt wie damals. Im Gegenteil, heute lasse ich mich an meine Jugendstreiche nicht ungern und niemals ohne Nutzen erinnern, überhaupt habe ich zum Leben eine andere Einstellung gewonnen. Wer lebt, stellt sich ein. [...] Ich bin ein in Stürmen gereifter Mann, bin vielfach Vater und Großvater sowie Besitzer einer der schönstgelegenen, meistbesuchten Betriebe am Rhein. Wir halten uns Ihnen empfohlen.«

50. Der umfängliche und äußerst detaillierte Plan ist im Bande *Heinrich Mann 1870–1951* (= Anm. 2), S. 55–57, wiedergegeben. Man vergleiche dazu die Umkehrung der Sachlage in Arno Holzens *Papa Hamlet.*

51. »Vom Beruf des deutschen Schriftstellers in unserer Zeit. Am 27. März 1931 gehaltene Ansprache«. In: Thomas Mann/Heinrich Mann: *Briefwechsel.* Hrsg. von Hans Wysling. Frankfurt a. M. 1968. S. 127.

52. Brief vom 30. November 1938 in: *Briefe an Karl Lemke und Klaus Pinkus* (= Anm. 27). S. 137.

53. Brief an Pinkus vom 5. April 1942. Ebd., S. 148 f.

54. Winter (= Anm. 36). S. 86.

55. Heinrich Vormweg: »Eine sterbende Welt. Heinrich Manns Altersromane«. In: *Akzente*, 16 (1969). S. 409.

56. Winter (= Anm. 36). S. 87.

57. Heinrich Manns Beiträge zu dieser Zeitschrift (nur zum Teil signiert bzw. mit Initialen versehen) sind bisher nicht zusammengestellt und als Dokument veröffentlicht worden. Manfred Hahn hat in seinem Aufsatz »Heinrich Manns Beiträge in der Zeitschrift *Das zwanzigste Jahrhundert*« in: *Weimarer Beiträge*, 13 [1967]. S. 996–1018) ziemlich eingehend analysiert.

58. Am 13. November 1918 unterzeichnete er einen u. a. im *Münchener Morgenblatt* vom 15. d. M. publizierten Aufruf »Organisation der geistigen Arbeit«. Wie dieser Aufruf als Auftakt von Heinrich Manns politischer Tätigkeit in der Weimarer Republik gelten mag, so ist das von ihm und Käthe Kollwitz mitunterzeichnete Wahlplakat »Dringender Appell« aus dem Jahre 1932, in dem die Zusammenarbeit zwischen Kommunisten und Sozialdemokraten befürwortet wird, deren Koda. Übrigens führte letzterer Akt zum Anschluß bzw. erzwungenen Austritt der Signatoren aus der Preußischen Akademie der Künste. Siehe hierzu die Darstellung bei Inge Jens: *Dichter zwischen rechts und links. Die Geschichte der Sektion für Dichtkunst der Preußischen Akademie der Künste, dargestellt nach Dokumenten.* München 1971.

59. aus dem schon erwähnten, bei Jhering abgedruckten Brief an Alfred Kantorowicz vom 3. März 1943.

60. aus dem Heinrich Mann zweifellos bekannten Aufsatz »Der historische Roman der Gegenwart und Frau Jenny Dirnböck-Schulz in Wien« im *Zwanzigsten Jahrhundert*, 5 (1895). S. 559–574.

61. *AW. Die Jugend des Königs Henri Quatre.* Berlin [Ost] 1952. S. 581.

62. *Ein Zeitalter wird besichtigt.* (= Anm. 21). S. 164 ff.

63. Julia Mann schrieb am 20. November 1904 an ihren Ältesten: »Daß Du in der *Jagd n. Liebe* in zu gewagter Weise Münchener bekannte Persönlichkeiten hineinzogst, ist Löhr in seiner Stellung etwas unangenehm...« Zitiert im Anmerkungsteil (257) des *Briefwechsels* 1900–1949. Frankfurt a. M. 1968.

64. Im *Zeitalter* (= Anm. 21), S. 240, heißt es: »Für meinen ersten Entwurf des Romans *Der Kopf* fand ich es noch geraten, die Handlung in ein Land mit ausgedachtem Namen zu verlegen.«

65. *Heinrich Mann* (= Anm. 35). S. 74 f.

66. Brief Tucholskys vom 7. November 1925. Abgedruckt in: *Heinrich Mann 1871–1950* (= Anm. 2). S. 213 f.

67. *The Dial*, 89 (1925). S. 335.
68. Schröter (= Anm. 46). S. 144.
69. *Zeitalter* (= Anm. 21). S. 197 f.
70. Symptomatisch für diese »Verwirrung der Gefühle« ist die Kontroverse, die sich aus Anlaß der Lübecker Zentenarfeier und der Veröffentlichung der Acta entspann. So wurde dem Herausgeber des Tagungs-Protokolls vorgeworfen, er habe in seinem Nachwort das Andenken Heinrich Manns geschändet und seine Dichtung diffamiert, weil er deren Schwächen nicht verheimlichte.
71. Er nannte den Roman in seiner in der *Weltbühne* veröffentlichten Rezension u. a. »das Herbarium des deutschen Mannes«.
72. In der bekannten »Rede auf Heinrich Mann« wird dieser Dichter als der wahre Erbe von Flaubert und Nietzsche gefeiert, als Vermittler der absoluten Kunst, dessen Werk den »Einbruch der Artistik« in die deutsche Literatur bedeutete. Siehe Gottfried Benn: *Gesammelte Werke* in acht Bänden. Hrsg. von Dieter Wellershoff. Wiesbaden 1968. Bd. 4. S. 974 ff.
73. Im Jahre 1916 schrieb Rilke an Lou Albert-Lasard: »Die wunderbare Sättigung dieses ganz in die Sprache gelösten Lebens ist wohl nie vorher im Deutschen dagewesen, es muß die jungen Leute, die von der Natur unabhängig werden wollen, hinreißen, in Heinrich Manns Büchern alles Geschaute so längst geschaut zu gewahren, so von jeher geschaut. Wann hat dieser große Künstler seine Lehrzeit gehabt?. – Darin übertrifft er selbst Flaubert: wenn der etwas vom Sammler hat, so ist Heinrich Mann schon wieder Ausgeber und Vergeuder.« Zitiert bei Klaus Schröter (= Anm. 68), S. 167. Die französische Fassung des Briefes, aus der ich auf S. 91 meiner Monographie zitiere, erschien am 27. April 1950 in der Zeitschrift *Les Nouvelles Littéraires*.
74. »Am liebsten war mir stets die *kleine Stadt*, die ich sehr hoch schätze, manche der frühen Romane waren mir damals etwas zu unbedenklich sensationell« (Hesse an Kurt Wolff am 30. Dezember 1916. Siehe Kurt Wolff: *Briefwechsel eines Verlegers 1911–1963*. Frankfurt a. M. 1966. S. 270).
75. Siehe hierzu Georg Lukács' keineswegs unkritische Ausführungen in seinem Buch *Der historische Roman*. In seiner 1935 in der *Neuen Weltbühne* veröffentlichten Rezension der *Jugend des Königs Henri Quatre* sagt Arnold Zweig: »Mit diesem Roman besetzt sich wieder die Stelle im europäischen Schrifttum, die frei wurde durch den Tod von Anatole France, jener Sessel am Tisch der Unsterblichen, in welchem ein Mensch sitzt, den langes Leben und der Anblick vieler Schicksale zu gleicher Zeit zum Wissenden, zum Gütigen und zum unbedingten Wegweiser gemacht haben ... Hier ist ein Meisterwerk und das eines hohen Menschen« (zitiert bei Schröter [= Anm. 46]. S. 169 f.).
76. Am 14. Juli 1949 schrieb Thomas an den Bruder: »Unnütz zu sagen, daß [dieses Buch] etwas Einziges und Unvergleichliches darstellt in moderner Literatur oder besser: den modernen Literaturen, über die es sich, nicht mehr national, erhebt, sodaß man erfährt: Über den Sprachen ist die Sprache. Man hat da, in äußerster Weitergetriebenheit einer persönlichen Linie, einen Greisen-Avantgardismus, den man von bestimmten großen Fällen her [...] kennt, der aber doch hier und so als ganz neues Vorkommnis wirkt« (*Briefwechsel* [= Anm. 51] S. 241).
77. »Deutsche Germanisten als Gegner Heinrich Manns«. In: *Text + Kritik*, (1971). »Heinrich Mann«. S. 141–149.
78. Siehe hierzu vor allem den Aufsatz von Edgar Kirsch u. Hildegard Schmidt: »Zur Entstehung des Romans *Der Untertan*«. In: *Weimarer Beiträge*, 6 (1960). S. 112–131. So besichtigte Heinrich Mann, wie er seinem Jugendfreund Ludwig Ewers brieflich mitteilte »eine große Papierfabrik und auch die Bruckmannsche Kunstanstalt eingehend [...].: Alles für meinen neuen Romanhelden [Diederich Heßling]« (Brief vom 12. Juni 1907 in *Heinrich Mann 1871–1950* [= Anm. 2]. S. 126).
79. Siehe meinen Beitrag zu *Heinrich Mann 1871–1971* (= Anm. 38), S. 143 f.
80. Siehe vor allem Lukács' Essay »Es geht um den Realismus« (in: G. L., *Essays über Realismus*. Neuwied 1971), der in vielen Einzelheiten der Rede Karl Radeks beim 1. Kongreß der Sowjetschriftsteller (1934) verpflichtet ist. Übrigens leistete Heinrich Mann kurz vor seinem Tode an Lion Feuchtwanger, seinen Freund im Exil, geistige Wiedergutmachung. Man lese seinen Aufsatz »Der Roman, Typ Feuchtwanger« in *AW. Essays*. Bd. 3. S. 497–508, bes. S. 500.
81. *Zeitalter* (= Anm. 21). S. 159.
82. *AW. Essays*, Bd. 1. S. 350 ff.
83. »Eine Selbstcharakteristik«, veröffentlicht in der Wiener Tageszeitung *Die Zeit* vom 13. Januar 1903 (zitiert in: *Heinrich Mann 1871–1950* [= Anm. 2]. S. 75).

84. Diese Autobiographie, in Florenz entworfen, datiert vom 21./22. Februar 1911. Siehe ebd., S. 465.
85. *AW. Essays.* Bd. 1. S. 317.
86. zitiert in: *Heinrich Mann 1871–1950* (= Anm. 2). S. 121.
87. *»Die kleine Stadt.* Brief an Lucia Dora Frost«. In: *Die Zukunft,* 70 (1910). S. 265.
88. aus einem Brief an Felix Bertaux vom 24. November 1924, abgedruckt in *Akzente,* 16 (1969). S. 392.
89. autobiographische Vorbemerkung zu »Frankreich. Aus einem Essay« [»Voltaire und Goethe«]. Siehe *Heinrich Mann 1871–1950* (= Anm. 2). S. 122.
90. »Tullio und Linda«. In: *Die Neue Gesellschaft,* 2 (1906). S. 165. Als Pendant hierzu dient der Aufsatz »Der Fall Murri« in *Die Zukunft,* 55 (1906). S. 161–168.
91. Heinrich Mann: *Die Armen.* Leipzig 1917. S. 292 f.
92. *AW. Essays.* Bd. 2. S. 39.
93. Ebd. Siehe hierzu die folgende Stelle aus dem 1911 verfaßten Aufsatz »Reichstag«: »Der Mann [. . .] muß genau wissen, daß diese Leute [die Sozialdemokraten] sich von ihm selbst höchstens durch ein paar historische Redensarten unterscheiden, daß sie maßvolle kleine Bürger sind, die nichts wollen, als Kindern und Enkeln ein spießiges Wohlleben verschaffen, und daß sie zum Generalstreik so stehen wie die Jungtürken zum heiligen Krieg, nämlich selbst die größte Angst davor haben« (ebd., S. 8).
94. *Mercure de France,* 184 (1925). S. 256.
95. »Ich bitte Sie, mein Herr, machen Sie ihr [der Franchini] ihre Pflichten gegen die Gesellschaft klar«, sagt der Delegato zu Claude Marehn (*Die Jagd nach Liebe.* Berlin [Ost] 1957. S. 411).
96. Kirsch, der Schutzengel Maries, bedenkt am Ende des Romans, »daß keine Marie unschuldig gewesen wäre, wenn man von dem Geheimnis, das sie alle sind, nur so viel gekannt hätte wie üblich. Zufällig wußte jemand, er selbst, mehr von dieser« (*Ein ernstes Leben,* in: *AW.* Bd. 5. Berlin [Ost] 1954. S. 470). Übrigens heißt es in dem schon zitierten Vortrag »Die Kriminalpolizei« (*AW. Essays.* Bd. 2. S. 230): »Sie könnten auch fragen: ›Und die Gesellschaft? Gefällt sie dir so sehr? In dem, was du schreibst, kommt sie nicht gerade glänzend weg.‹ Nein, kommt sie auch nicht.«
97. *Heinrich Mann 1871–1950* (= Anm. 2). S. 181.
98. Bertolt Brecht: *Schriften zum Theater.* Frankfurt a. M. 1963. Bd. 2. S. 293.
99. Aus dem Essay »Stendhal« (1931), in: *AW. Essays.* Bd. 1. S. 53. Auf Balzac bezogen heißt es in Essay »Die geistige Lage«: »In Europa ist jeder soziale Romancier an seinem Ursprung ein Romantiker. Er erlebt die soziale Wirklichkeit, wie eine Geliebte« (ebd., S. 364).
100. *Die Jugend des Königs Henri Quatre. AW.* Bd. 6. Berlin [Ost] 1952. S. 351.
101. *Zeitalter.* (= Anm. 21). S. 169.
102. »Stendhal«. In: *AW. Essays.* Bd. 1. S. 44.
103. aus dem Essay »Was ist eigentlich ein Schriftsteller?« (1926). In: *AW. Essays.* Bd. 1. S. 309.

Literaturhinweise

Zitierte Werke

In einer Familie. München 1894.
Im Schlaraffenland. Ein Roman unter feinen Leuten. München 1900.
Die Göttinnen oder Die drei Romane der Herzogin von Assy. München 1903.
Die Jagd nach Liebe. München 1903.
Professor Unrat oder Das Ende eines Tyrannen. München 1905.
Zwischen den Rassen. München 1907.
Die kleine Stadt. Leipzig 1909.
Die Armen. Leipzig 1917.
Der Untertan. Leipzig 1918.
Der Kopf. Berlin, Wien u. Leipzig 1925.
Mutter Marie. Berlin, Wien u. Leipzig 1927.
Eugénie oder Die Bürgerzeit. Berlin, Wien u. Leipzig 1928.

Sieben Jahre. Chronik der Gedanken und Vorgänge (1921–1928) [Essays]. Berlin, Wien u. Leipzig 1929.
Die große Sache. Berlin 1930.
Ein ernstes Leben. Berlin, Wien u. Leipzig 1932.
Das öffentliche Leben [Essays]. Berlin, Wien u. Leipzig 1932.
Die Jugend des Königs Henri Quatre. Amsterdam 1935.
Die Vollendung des Königs Henri Quatre. Amsterdam 1938.
Lidice. Mexiko 1943.
Ein Zeitalter wird besichtigt. Stockholm 1946.
Der Atem. Amsterdam 1949.
Empfang bei der Welt. Berlin [Ost] 1956.
Die traurige Geschichte von Friedrich dem Großen. Fragment. Berlin [Ost] 1960.

Heinrich Mann: Briefe an Karl Lemke [1930–49] *und Klaus Pinkus* [1935–49]. Hamburg 1963.
Thomas Mann – Heinrich Mann: *Briefwechsel.* Hrsg. von Hans Wysling. Frankfurt a. M. 1968.

Ausgewählte Werke in Einzelausgaben. Hrsg. im Auftrag der Deutschen Akademie der Künste zu Berlin von Alfred Kantorowicz (Bd. 13 hrsg. von der Dt. Akad. d. Künste, besorgt von Heinz Kamnitzer). 13 Bde. Berlin [Ost] 1951–62. (Zitiert als: AW.)

Forschungsliteratur (Auswahl)

Banuls, André: *Heinrich Mann. Le Poète et la politique.* Paris 1966.
– *Heinrich Mann.* Stuttgart 1970. (Gekürzte, neubearbeitete Fassung des obigen Buches.)
Dittberner, Hugo: *Heinrich Mann. Eine kritische Einführung in die Forschung.* Frankfurt a. M. 1974.
König, Hanno: *Heinrich Mann. Dichter und Moralist.* Tübingen 1972.
Heinrich Mann 1871–1950. Werk und Leben in Dokumenten und Bildern. Hrsg. von Sigrid Anger. Berlin u. Weimar 1971.
Heinrich Mann 1871–1971. Bestandsaufnahme und Untersuchung. Ergebnisse der Heinrich-Mann-Tagung in Lübeck. Hrsg. von Klaus Matthias. München 1973.
Mann, Thomas: *Betrachtungen eines Unpolitischen.* Frankfurt a. M. 1956. (Originalausgabe 1919.)
Mann, Viktor: *Wir waren fünf. Bildnis einer Familie.* Konstanz ²1964.
Roberts, David: *Artistic Consciousness and Political Conscience. The Novels of Heinrich Mann 1900–1938.* Bern 1971.
Schröter, Klaus: *Anfänge Heinrich Manns. Zu den Grundlagen seines Gesamtwerks.* Stuttgart 1965.
– *Heinrich Mann in Selbstzeugnissen und Bilddokumenten.* Hamburg 1967.
Text + Kritik. Sonderband Heinrich Mann (1971).
Weisstein, Ulrich: *Heinrich Mann. Eine historisch-kritische Einführung in sein dichterisches Werk.* Tübingen 1962.
Winter, Lorenz: *Heinrich Mann und sein Publikum. Eine literatursoziologische Studie zum Verhältnis von Autor und Öffentlichkeit.* Köln 1965.

JOSEPH STRELKA

Alfred Döblin. Kritischer Proteus in protäischer Zeit

Heftigkeit und Härte, gegeneinanderprallende Extreme, der Wunsch auszubrechen in wogende, wallende Fernen in Raum und Zeit einerseits und die nicht
zu durchbrechende Mauer von »preußischer Strenge, Sachlichkeit, Nüchternheit,
Fleiß«, ein Schwanken zwischen beiden Polen, ein gelegentliches Zusammenfassen im erkennbar werdenden Paradox der Allmacht des Lebens, das kennzeichnet Döblins Grundhaltung durch alle Entwicklungen und Wandlungen hindurch.
Die »Gesellschaft«, wie sie der vaterlose Zehnjährige, aus der Provinz nach Berlin
Verschlagene zunächst wahrnimmt und erlebt, das ist die brausende und tosende
Großstadt, das ist im Kleinen die bewunderte, hart arbeitende Mutter, die Zimmer vermietet und deren Forderungen sich mit jenen der Lehrer am Gymnasium
nach Tüchtigkeit, Leistung und Pflichtbewußtsein treffen. »Mosaisches Gesetz und
preußischer Imperativ trafen sich in ihrer Verdüsterung«, urteilt Robert Minder,[1]
und in der Schule kommt es auch gelegentlich zu den krankhaften Überspitzungen
sadistischer Jugendpeinigung. Der Eindruck und der Einfluß der Gesellschaft auf
den heranwachsenden Döblin sind tief, so tief, daß er seiner heimlich entdeckten
und verborgengehaltenen Liebe zu Hölderlin und Kleist nicht nachzugeben wagt,
sondern Naturwissenschaft und Medizin studiert. Dies führt zu einem weiteren
gesellschaftsgeschichtlichen Einfluß, nämlich dem der medizinischen Ausbildung.
In einem Lebensabriß aus dem Jahr 1928 schildert sich Döblin selbst mit klini-
scher Sachlichkeit und Präzision.[2] Wie in einer industriellen Statistik wird das
Persönliche in Zahlen und in ein Netz von Beziehungen aufgelöst. Das Mensch-
lichste noch ist ein dreimaliger psychoanalytischer Ergründungsversuch des eigenen Innern, der das Trauma freilegt, das nach der Flucht des Vaters mit einem
jungen Mädchen nach den USA geblieben war. Dazu kommt als wesensbildend
das Großstadterlebnis der wimmelnden Massen und des Tosens der Technik sowie
nicht zuletzt das Bewußtsein, zu den Armen zu gehören.
Als Döblin 1902/03 während seiner Assistentenzeit an der Regensburger Irrenanstalt seine frühen literarischen Versuche wiederaufnimmt und seinen ersten
Roman *Der schwarze Vorhang* (erschienen erst 1919) schreibt, da wendet er sich von
all dem ab und schreibt von der Einsamkeit und Liebe des jungen Johannes, der
sagt: »Monaden sind wir und haben keine Fenster«, und der nur gelegentlich
vergißt: »es gibt keine Brücken in der Welt«.[3] Es gibt keine Großstadt und keine
Armut in diesem Roman, und die »Gesellschaft« ist auf die geliebte Irene beschränkt, und allenfalls ein einziges Mal erscheint die Gesellschaft in den Reden
der Leute – nicht zufällig in verächtlicher Weise als ein »Fliegensummen«[4] apostrophiert – als öffentliche Meinung über die Liebe des Johannes, die für sie

unverständlich bleibt, obwohl diese öffentliche Meinung doch auch eine Art Trotz-
reaktion in Johannes auslöst. Aber das Innerste seiner Liebe erreichen diese Reden
natürlich nicht, denn ihnen ist diese Liebe nur eine »artige Kinderei wie Puppen-
spielen, Wettlaufen, Kuchenbacken«,[4] während sie für Johannes doch Durchbrechen äußerster Einsamkeit, höchste Ekstase, eine Angelegenheit auf Leben und
Tod bedeutet. Dennoch gerät die ganze Darstellung in Döblins Händen aus
neuromantischer Traumekstase heraus in eine von klinischen Einsichten begleitete
Darstellung, die über die Liebesekstase hinaus einen psychopathischen, sado-
masochistischen Fall beschreibt, der in Mord und offenem Wahnsinn endet.

Dann beginnt sich die literarische Szenerie um 1904 zu ändern, wobei die Begegnung mit Herwarth Walden und dem »Sturm-«Kreis eine wesentliche Rolle
spielt. Den wichtigsten Ausdruck findet diese Änderung zunächst in der berühmt
gewordenen Erzählung *Die Ermordung einer Butterblume*, die eine »Pionierleistung des Expressionismus« genannt worden ist.[5] Hier scheint zusammen mit
dem Stilwechsel auch eine Wandlung des Gesellschaftsbildes einzusetzen, scheint
Gesellschaftskritik plötzlich in den Vordergrund zu treten, denn der Antiheld
der Erzählung ist eine vollkommene und tiefreichende Darstellung des Spießers,
wie er die gesellschaftstragende Schicht der Zeit darstellte und im Mittelpunkt
sozial- und zeitkritischer Dichtungen von den Frühexpressionisten bis zu Hermann
Broch steht. Dieser Michael Fischer, der die Lehrlinge ohrfeigt, wenn sie »nicht
gewandt genug die Fliegen im Kontor fingen und, nach der Größe sortiert, ihm
vorzeigten«,[6] ist ebenso erpicht darauf, versklavt zu werden wie zu versklaven.
In seltsame Phantasien solcher Art verstrickt, »ermordet« er mit seinem Spa-
zierstock eine Butterblume, indem er sie abschlägt. Diese seltsame Art von Grausamkeit führt zu ähnlich phantastischen Schuldgefühlen, und Herr Michael Fischer möchte die getötete Pflanze wieder gesundpflegen, schreibt ihr in den
Rechnungsbüchern zehn Mark gut, ja legt ein eigenes Konto für sie an, beginnt
in einem Übertragungsakt eine andere Butterblume zu pflegen, ja treibt geradezu
eine Art Gottesdienst mit ihr, indem er Speise und Trank opfert.

Die Gesellschaftskritik tritt hier jedoch nur scheinbar in den Vordergrund, und
die sozialkritische Analyse des Spießers par excellence stellt lediglich eine Art
Nebenprodukt dar. Im besten Fall läßt sich als ein Sinn der Erzählung erweisen,
daß der außer Rand und Band geratene Spießer zuletzt von der Elementarkraft
der Natur, versinnbildlicht im Wald, als der Allmacht des Lebens, verschlungen
wird. Die bedeutendsten Interpreten der Erzählung hatten allen Grund, sie nicht
als sozialkritisch engagiert, sondern als medizinisch distanziert dargestellte Geschichte einer individuellen Neurose zu sehen.[7]

Die allgemeine Typisierungstendenz des Expressionismus mag zu einer verallge-
meinernden und damit gesellschaftlich orientierten Deutung verleiten, doch als
Döblin diese Tendenz schließlich in *Die drei Sprünge des Wang-lun* (1915) aufgenommen hatte, da hatte er mit den ästhetischen Grundsätzen des »Sturm-«Krei-

ses und des Expressionismus im engeren Sinn in anderer Weise bereits wieder längst gebrochen.

Wang-lun, der Held des 1912/13 geschriebenen Romans, mag als allgemeiner Typus des sinnsuchenden Menschen, als Begründer der Lehre des »wahrhaften Schwachseins« noch einzelne expressionistische Züge tragen, die äußere historische Anregung durch den Boxeraufstand mag nicht mehr als Zufall sein. Aber vom Verkündigungsethos gleichviel ob religiöser, nationaler oder sozialer Ideen, wie sie vor allem den späteren Expressionismus kennzeichnen, ist hier nichts zu finden. Es geht um epische Wirklichkeitserfassung und nicht um abstrakte Ideologie, es öffnen sich zum erstenmal die Katarakte Döblinschen Fabuliervermögens.

Der historische Held Wang-lun, ein armer Fischersohn, der als Dieb und Räuber aufwächst, macht seinen ersten »Sprung«, als er durch die Begegnung mit einem buddhistischen Einsiedler zum Führer einer Sekte der Armen, einer Sekte der Masse, wird, die das Nicht-Widerstreben gegen Schicksal und Gewalt zum Hauptpunkt ihrer Lehre hat. In einem zweiten »Sprung« verwandelt sich Wang-lun in einen Dämon der Rache, der an der Spitze seiner Sekte die Mandschukaiser stürzen will und der in die wahre Raserei eines bewaffneten Aufstandes verfällt. In seinem dritten »Sprung« eines neuerlichen Widerrufs bricht die Einsicht in seine Niederlage vor den Mächten dieser Welt durch, und er endet im Kampf und Untergang seiner Sekte. Dieses wandernde Heer der wahrhaft Schwachen hat einzelne verdeckte Bezüge zum Volk Israel in der Wüste, wie Döblin selbst sich in einzelnen Zügen mit der Armut Wang-luns identifiziert.

In geradezu erbittertem Streben nach Wahrheit und Darstellung der Lebenswirklichkeit mit all ihren Paradoxien ergibt es sich mit eherner Konsequenz, die sich mit Phrasen nicht abspeisen läßt, daß Wang-lun, der Initiator und Führer der »Wahrhaft Schwachen«, schließlich zum Berserker mit dem Schwert in der Faust wird und daß sich der auch für ihn inhärente Widerspruch zwischen der Durchsetzung seiner Lehre des reinen Weges, das Nichtwiderstrebens und der reinen Liebe und dem blutigen Massenschlachten erst löst, indem er sich selbst auslöscht.

Mit dem Wang-lun war neben anderen Durchbrüchen auch der Schritt von der engbegrenzten Darstellung von Einzelschicksalen zur Darstellung von Massenbewegungen vollzogen, denen der einzelne in verschiedener Weise gegenübertritt. In indirekter und gewiß nicht zentraler Weise spielen schon in diesem frühen Roman gesellschaftskritische Probleme eine gewisse Rolle, denn die historische Kulisse der jahrhundertelangen Aufstände der Armen und Schwachen gegen die Mandschukaiser gibt wesentliche Teile des Handlungsgerüsts ab. Aus diesem Grund jedoch Döblins Anliegen auf ein ökonomistisches oder sozialkritisches System reduzieren zu wollen stellte die ärgste Beleidigung seines epischen Künstlertums dar.

Wenn Döblin in seinem nächsten 1913/14 geschriebenen Roman *Wadzeks Kampf mit der Dampfturbine* (1918) das Berlin seiner Gegenwart und die neuen Industrieprobleme zum Gegenstand der Darstellung erhob, so ist damit gleichfalls keineswegs ein gesellschaftskritisches Moment in den Vordergrund getreten, obwohl dies bereits einer der ersten Rezensenten des Romans von sich aus hineinzuprojizieren versuchte: »dieser Spiegel kann auch eine Fahne sein...« schrieb er.[8] Es ist aber schon ein Spiegel, es geht wieder um die Wirklichkeit, wenngleich in einer ins Grotesk-Phantastische spielenden Weise. Der Fabrikant Wadzek, ein »Mann der Menge«, unterliegt gegenüber einem tüchtigeren Konkurrenten und geht zuletzt, um eine kleine Rache zu haben, mit der Freundin des Konkurrenten nach Amerika durch. Ein Verlierer, ein Psychopath, dessen Scheitern vor dem Hintergrund der kleinen Leute der Gesellschafts- und Industriestadt Berlin vorgeführt wird. Es sollte nur eine Art erster Teil sein, dem ein Roman über den Ölmotor folgen sollte, doch unterbrach der Kriegsbeginn 1914 wohl nicht nur die von Döblin angestellten naturalistischen Hintergrundstudien der Berliner Maschinenwelt bei Siemens & Halske, sondern auch die weitere Verfolgung und Verwirklichung dieser Pläne.

Wie fast alle bedeutenden deutschen Autoren wurde auch Döblin von der Massenpsychose zu Kriegsbeginn ergriffen. Auch meldete sich das preußische Pflichtbewußtsein, und er begrüßte den Krieg. Als Militärarzt in einem Seuchenlazarett in Saargemünd tätig und seit 1917 in Hagenau, schrieb er teils unter dem wirklichen Eindruck des Kriegsgeschehens, teils unter dem literarischen Eindruck von Charles de Costers *Ulenspiegel* seinen großen historischen Kriegsroman *Wallenstein* (2 Bde., 1920). Hier könnte nun ein oberflächlicher Betrachter, besonders wenn er die Ganzheit des Werkes unberücksichtigt läßt und sich auf die Deutung der beiden Führergestalten Wallenstein und Kaiser Ferdinand beschränkt, »moderne Zeitkritik« im Gewand des historischen Romans erblicken: nach Döblins Deutung nämlich ist Wallenstein ein Kriegsgewinner, den die Habsburger nicht als Verräter, sondern als ihren Hauptgläubiger ermorden lassen. Aber auch hier wäre es allzu einseitig und falsch, aus diesem Einzelzug den Roman als Ganzes verstehen zu wollen. Eher wird man ihm umgekehrt gerecht, wenn man auch diesen Einzelzug als Teil jenes Ganzen betrachtet, worum es Döblin in diesem Roman tatsächlich ging. Natürlich wollte er ebensowenig einen historischen Roman als historischen Roman schreiben. Es ging ihm vielmehr auch hier wiederum um epische Wirklichkeitserfassung, um die Erfassung der Allmacht des Lebens, hier des Kriegslebens, ja des Krieges als solchem, den er fühlbar, sichtbar, erlebbar machen wollte, ohne eine bestimmte Partei zu ergreifen, weder zwischen den Parteien des Krieges noch auch überhaupt für oder gegen den Krieg. Nicht Gesellschaftskritik oder Pazifismus lagen ihm am Herzen, sondern nur die Methode der epischen Darstellung.

Döblin hat rückblickend berichtet, wie es ihm erging, ehe er den *Wallenstein-Roman* begann: »[...] ich kann in einem dumpfen Drang Akten wälzen, Briefwechsel durchblättern, dahin fassen, dahin fassen. Das, was bei mir in Bereitschaft ist, nippt davon, nippt davon, und plötzlich steht das Bild der Flotte vor mir, keine Vision, etwas Umfassenderes, Gustav Adolf fährt über das Meer. Aber wie fährt er über das Meer? Da sind Schiffe, Koggen und Fregatten, hoch über dem graugrünen Wasser mit den weißen Wellenkämmen, über der Ostsee, die Schiffe fahren über das Meer wie Reiter, die Schiffe wiegen sich über den Wellen wie Reiter auf Pferderücken, sie sind altertümlich beladen mit Kanonen und Menschen, die See rollt unter ihnen, sie fahren nach Pommern. Und das ist ein herrliches Bild, eine vollkommene Faszination. Ich fühle, das widerfährt mir; es ist, als ob ich einen wirren Knäuel in der Hand gedreht habe, und jetzt habe ich das Ende gefaßt. Um dieser prangenden Situation willen bin ich entschlossen und weiß: hiervon werde ich schreiben und berichten, eigentlich zur Feier, zum Lob und zur Verkündigung dieser Situation will ich ein Buch schreiben.«[9]

Das richtige Bild, der richtige Ton, der richtige Rhythmus zur epischen Darstellung, zur epischen Verlebendigung des Krieges, darum ging es ihm. Als er nach dem Zweiten Weltkrieg als französischer Offizier der Kulturbehörde im französisch besetzten Sektor Deutschlands literarische Zensur ausüben sollte, da war es kein Zufall, daß er zuerst sein eigenes großes Kunstwerk, den *Wallenstein*, verbot. Dies aber, obwohl auch hier zum Schluß eine Art Abtun der Welt, ein in sehr vagem mystischen Sinn Aufgehen des von einem koboldartigen Waldwesen umgebrachten Kaisers Ferdinand in der Anonymität der Natur den Ausgang bildet.

In der Zeit, als er den *Wallenstein* schrieb, begann sich im Hinblick auf Gesellschafts- und Zeitkritik eine Wandlung in Döblin anzubahnen. Hatte ihm Politik zunächst nichts gegolten und war er zunächst für den Krieg eingetreten, so begann er 1917 »zur Besinnung zu kommen«, obwohl er noch auf dem nationalen Standpunkt verharrte. Die Ideen der Russischen Revolution begannen ihn zu interessieren, er trat der USPD, später der SPD bei, wurde zu einem Kritiker der Schwächen der Partei und war nach dem Krieg plötzlich überzeugt, daß es andere als politische Schriftsteller gar nicht gäbe.[10]

Döblin begann in einer ganzen Reihe von Zeitschriften und Zeitungen politische und kulturpolitische Essays zu schreiben,[11] und einige der wichtigsten, die unter dem Pseudonym »Linke Poot« in der *Neuen Rundschau* erschienen waren, brachte S. Fischer als Buch mit dem Titel *Der deutsche Maskenball* (1921) heraus. Mit Witz und Ironie, Aggressivität und Klugheit schrieb er über innen- wie außenpolitische Probleme, aber auch über kulturkritische Fragen ganz allgemein, von der Gefahr der Überwältigung alles Humanistischen und Humanen durch die fortschreitende Technisierung, über die Kirche und den Klerus, den kastrierten Eros, Literatur und Theater.

Im Politischen bekämpfte er vor allem die demokratische Unreife, den fanatisierten Extremismus von rechts wie von links: »Es hat sich bei diesen notleidenden Völkern als zweckmäßig erwiesen, bestimmte Parteien für Pogromzwecke bereit zu stellen; unter Umständen kann es die Reihe herum gehen; Abwechslung erhöht die Gemütlichkeit. Zurzeit stehen in Deutschland zur Verfügung: Konservative, Juden, Spartakus, Bourgeois, sie sind auf Wunsch auch zu gegenseitigen Pogromen bereit ... Es gibt einen Entwurf zu einem anderen Völkerbundvertrag. Darin steht an einer Stelle, auch belanglos nebenbei: für unentwickelte Völker, so am Äquator oder dicht dabei, plane man Mandatare zu bestellen.«[12] Er vergleicht seine Glossen mit der Poesie Walt Whitmans: »[...] o Demokratie, dir zu dienen [...] rufe ich diese Lieder«,[13] und er kritisiert die Schwächen und Mißbräuche der Demokratie, nicht um diese selbst anzugreifen, sondern um sie zu stärken. Er liest Marx und Lassalle, besucht Arbeiterversammlungen der Sozialdemokratischen Partei und fühlt dabei doch, daß seine Liebe platonisch bleiben muß, daß man ihn als Fremdling betrachtet.[14]

Döblin ist nach dem Ersten Weltkrieg so sehr journalistisch tätig, daß er einmal sogar die Behauptung aufstellt, ohne das Theaterreferat beim *Prager Tageblatt* wäre er finanziell verloren. Seit 1928 Mitglied der Preußischen Akademie, bildete er mit Heinrich Mann und einigen anderen den radikalen, republikanischen Flügel. Er nimmt mit dem damals führenden Berliner Germanisten Julius Petersen Verbindung auf, um direkte Kontakte zwischen Studenten und lebenden Autoren anzuregen. Er schlägt gemeinsam mit Heinrich Mann dem sozialdemokratischen Kultusminister Grimme ein Literatur-Lesebuch für Schulen vor, das die in Preußen herkömmliche nationalistisch-militaristische Tendenz durch demokratische Ideale ersetzte.

All dies gesellschaftskritische Engagement und all diese politische Aktivität hielt er jedoch grundsätzlich von seinem Romanschaffen getrennt. Das Pseudonym »Linke Poot« sollte in erster Linie darauf hinweisen, daß er diese Glossen gleichsam mit der ›linken Hand‹ schrieb, und diese Art hingeworfener Bemerkungen aus seiner ›Westentasche‹ hatten ebensowenig wie seine eigene aktive politische Haltung als Staatsbürger mit seinem epischen Schaffen etwas zu tun.[15] Höchstens indirekt und in sublimierter Form gingen sie in den folgenden utopischen Roman einer übertechnisierten Zukunftswelt *Berge, Meere und Giganten* (1924) ein. Gewiß, in dieser Zukunftswelt, die ohne Landwirtschaft ausschließlich in Stadtschaften wohnt, gibt es in abgewandelter Form soziale Probleme dadurch, daß die Maschine den Käfig der alten Besitzer und ihrer Staaten, in dem sie gehalten worden war, durchbrochen hatte. Der gigantische Versuch, die Vulkane Islands zu sprengen, um ganz Grönland zu enteisen, gelingt, aber die scheinbaren Sieger und Aktivisten haben mit dem schmelzenden Feuer auch eine unbekannte Urkraft geweckt. Die schrecklichsten Untiere einer neuen Kreidezeit wälzen sich über die materialistischen Vertreter technischer Großtaten. Marduk, ihrem Repräsentanten und Führer im erfolglosen Kampf gegen die Untiere, tritt Kylin, der geläuterte frühere Großphysiker gegenüber, der nach Zusammenbruch und Katastrophe die Überlebenden eine neue Lebensform lehrt. Hinter dieser neuen Lebensform jedoch steht keinerlei besondere ökonomische oder soziale Idee, sondern die Liebeserfahrung der weiblichen Gestalt Venaska, die symbolhaft als Erlöserin auftritt. Die neuen Menschen, die »Siedler« gegenüber den »Städtern« von früher, besitzen die Kraft, das wirkliche Wissen und die Demut, das Leben zu meistern.

Die Phase, in welcher Döblin die unbändigen, ozeanisch flutenden Massenbewegungen und Massenschicksale dargestellt hatte, im *Wang-lun* wie im *Wadzek*, im *Wallenstein* wie in dem 1921–23 geschriebenen Roman *Berge, Meere und Giganten*, ist damit zu Ende, und eine neue Phase beginnt, in welcher das Einzelschicksal stärker als vorher alles bedeutet. Keineswegs treten damit Gesellschafts- und Zeitkritik, politisches Engagement und soziales Bewußtsein in seinem Werk stärker hervor. Döblins episches Werk öffnet sich lediglich mehr als bisher dem Religiös-Mystischen, und die unmittelbare Auslösung dieser Wende war die Begegnung mit der jungen Yolla Niclas, ohne deren Beteiligung keines seiner folgenden Werke bis 1940 entstehen sollte. Eine neue Art von Frauengestalten stellt sich in den Romanen ein, die Frau nicht mehr als Erlöserin im Tod, sondern als Gebärerin neuen Lebens. Dazu kam das Erlebnis seiner *Reise in Polen* (1926) auf der Suche nach der verlorenen Vergangenheit der eigenen Herkunft. Für den assimilierten Westjuden Döblin ist die Begegnung mit dem religiösen Ostjudentum Polens ein bestürzendes Gewahrwerden verlorener Kräfte. Sein Großvater mütterlicherseits hatte noch besser Jiddisch als Deutsch gesprochen, seines Vaters Affinität zu Musik und Dichtung war noch aus direkter Deszendenz der jüdischen Tradition der Schrift und des Geistes zu verstehen. Aber es ist nicht nur die jüdische Religiosität, die den »Großinquisitor des Atheismus« plötzlich zu bewegen beginnt, sondern auch die christliche Religiosität. Im Dom von Krakau entdeckt er seinen Christus, den Leidenden, den Hingerichteten, den toten Mann, den Menschen. Er geht dreimal täglich in den Dom. Der große Rebbe in Gura Kalwarja nimmt ihn nicht an, doch ein anderer Rebbe empfängt ihn, ißt mit ihm, spricht über die Tradition mit ihm.

Döblins Gesamtreaktion ist nicht passiv, sie drängt zum Leben. Er faßt zusammen: »Tapfere Menschenherden habe ich gesehen. Bedrückte Menschenherden. Daß man nicht im Anbeten erliegen darf, ist mir unendlich klar. Daß man verändern, neusetzen, zerreißen darf, zerreißen muß, ist mir klar. Der Geist und der Wille sind legitim, furchtbar und stark. – Es gibt eine gottgewollte Unabhängigkeit. Beim Einzelmenschen. Bei jedem einzelnen. Den Kopf zwischen den Schultern trägt jeder für sich.«[16]

Ist das eine Art Gesellschaftskritik? Ist es eine allgemeine gesellschaftskritische Reaktion, wenn Döblin sich entschließt, um der Kinder willen seine innerlich beziehungslose, ja qualvolle Ehe mit Erna Reiß weiterzuführen, ohne die enge seelische Bindung an Yolla Niclas aufzugeben, und damit ein Leben innerer Spaltung auf zwei Ebenen zu führen? Für denjenigen Leser, für den sich Gesellschaftskritik auf ökonomistische Glaubensbekenntnisse, pazifistische Rhetorik, soziales Gerechtigkeitspathos beschränkt, ist es das nicht, und er wird hilflos vor dem nächsten Werk Döblins stehen, dem indischen Epos *Manas* (1927).

Der erfolgreiche, lebensfrohe Fürst und Feldherr Manas wird in einer Schlacht beim Anblick von Schmerzen so getroffen, daß er aufbricht, um das unbekannte Reich der Schmerzen und des Todes am Himalaja zu erobern. Unter den Qualen der Lebensschicksale, die ihm die Schatten dort entgegenbringen, bricht er zusammen und wird schließlich erschlagen. Die Liebe Sawitris erweckt den Toten zu neuem, strahlendem Leben, dem Leben eines Halbgotts. Zuletzt wird er noch einmal überwunden, aber nicht durch Menschenschicksale und Menschenleid, sondern durch den Gott Schiwa.

Unter den wenigen, welche die Größe dieses Werkes sogleich erkannten, war Robert Musil, der schrieb: »[...] es gibt nicht viele Fragen, welche für die Dichtung so wichtig sind, wie diese, auf welche Weise man ihr den Rausch, die Götter, den Vers, das Überlebensgroße wiedergeben könnte, ohne gipserne Monumentalität und ohne die erreichte Helle unseres Geistes künstlich zu verfinstern«.[17]

Mit seinem nächsten epischen Werk erreichte Döblin Weltruhm. Es ist *Berlin Alexanderplatz* (1929). Nur der Hintergrund und die Figur des Helden haben gewechselt, das Thema ist gleichgeblieben. An die Stelle des indischen Fürsten Manas tritt der Proletarier Biberkopf, an die Stelle der indischen Landschaft und Mythologie das Steinmeer des Berlin der Gegenwart Döblins, an die Stelle Sawitris die Berlinerin Mieze. Wie Manas bricht Franz Biberkopf zuletzt, mit einem Übermaß an Leiden und mit dem Tod konfrontiert, zusammen, und wie Manas erlebt er einen Akt der Wiedergeburt.

Franz Biberkopf, aus dem Gefängnis entlassen, versucht anständig zu werden, wird Straßenverkäufer und Hausierer am Alexanderplatz, kommt jedoch in Verbindung mit dem Verbrecher Reinhold, der ihn dazu bringt, bei einem Einbruch Schmiere zu stehen, und der ihn schließlich zum Hehler macht. Die Prostituierte Mieze, die Biberkopf wirklich liebt, will ihn retten, doch verstrickt er sich mehr und mehr in die Abhängigkeit von Reinhold. Als dieser ihn dann des Verrates verdächtigt und ihm zuvorkommen will, ermordet er Mieze und gibt Biberkopf als Täter aus. Dem beginnt langsam zu dämmern, daß er am Tod seiner Lichtgestalt Schuld trägt, auch wenn er sie nicht direkt ermordet hat. Konfrontiert dazu mit der Gefahr der eigenen Verurteilung zum Tode, bricht er in der Gefängnisabteilung einer Irrenanstalt zusammen und erlebt hier, selbst physisch zwischen Tod und Leben schwebend, einen inneren Wiedergeburtsakt. Als Reinhold gefaßt und Biberkopf aus der Haftanstalt entlassen wird, beginnt er ein neues Leben als Portier einer Fabrik, der nicht nur äußerlich ein anderes, positives Verhältnis zur Gesellschaft besitzt, sondern auch ein anderes inneres Verhältnis zu seinen Mitmenschen.

Die von manchen Futuristen und Expressionisten angestimmten Hymnen auf die Großstadt einerseits und die – auch von Döblin selbst durchlebte – Dämonisierung des Großstadtlebens andererseits, werden hier in einer breitangelegten, grandiosen Wirklichkeitsschilderung der Großstadt jenseits aller partiellen Wertungen zusammengefaßt. Der Mensch wird als kollektives Wesen im tosenden Mechanismus der Großstadt gezeigt, abhängig und bestimmt von zahllosen Impulsen und Kräften und dennoch im Letzten und Innersten vom Individuellen her auf allerpersönlichste Selbstverwirklichung hin angelegt, der Proletarier Biberkopf nicht weniger als der Fürst und Übermensch Manas. Die Gesellschaft dieser Großstadt – und ganz besonders die Gesellschaft des Armenviertels in Berlin-Ost rings um den Alexanderplatz, das Döblin als Kassenarzt durch und durch kannte – wird bestürzend lebendig, in geradezu dynamischer Weise lebendig dadurch, daß Döblin nicht nur die Techniken der Darstellungsweise, sondern auch die Perspektiven dauernd sprunghaft wechselt.

Zwar findet sich auch hier keine direkte Gesellschaftskritik, jedoch allerlei indirekte. Fetzen von Naziliedtexten und Nazisprechchören, das Ausrufen des *Völkischen Beobachters* sind als Montage eingeblendet, auf den ersten Blick neutral und ohne Stellungnahme dafür oder dagegen. Bei genauerem Hinsehen zeigt sich jedoch, was Döblin mit diesem Stil bezweckt: Die einzelnen Dokumente solcher Montage dienen der gesamtheitlichen epischen Wirklichkeitserfassung und sollen die Verkürzung und Reduktion dieser Wirklichkeit durch nebulose Ideologiebildung, durch hohle Phrasen, unmöglich machen, durch Entlarvung aufheben. Wiederum geht es nicht um einen bestimmten aktivistischen oder sozialkritischen Standpunkt und seine Verkündigung. Wieder geht es um epische Wahrheit, doch diese impliziert das gesellschaftskritische Element des Abtuns falscher Phrasen.

Erbittert über die Annahme des »Schund- und Schmutzgesetzes« durch die Sozialdemokratie, verläßt Döblin die Partei, doch nehmen seine kulturkritischen und politischen Abhandlungen und Manifeste zu und beginnt sein politisches Engagement nun auch direkt in die wenigen Dramen einzudringen, so in *Die Nonnen von Kemnade* (1923) und in *Die Ehe* (1931). Er nimmt nach wie vor Frontstellung gegen den Totalitarismus von rechts wie von links. In dem Essayband *Wissen und Verändern* (1931) zeigt er, wie bei den Marxisten des 20. Jahrhunderts die Marxsche Lehre zu »Zentralismus, Wirtschaftsgläubigkeit, Militarismus« erstarrt und wie sie im »menschlichen Mißwuchs der unerbittlich straffen Großstaaten« gipfelt. Der »schauderhaften Lobpreisung der Aktion« durch die Marxisten setzt er eine »entschiedene Lobpreisung des Denkens« entgegen.[18] Der kommunistische ›Bund proletarisch-revolutionärer Schriftsteller‹ hatte schon vorher durchgesetzt, daß *Berlin Alexanderplatz*, der bis dahin einzige deutsche Großstadt- und Proletarierroman von Weltformat, vom Verlagsprogramm des Moskauer Verlages Semlja i Fabrika wieder abgesetzt wurde.[19]

Der große Epiker ist kein ebenso großer politischer Taktiker. Im Juli 1932 wird er von einer Gruppe junger Leute und Anhänger zu einem politischen Aufruf an die Öffentlichkeit gedrängt und schreckt zurück. Am Tag nach dem Reichstagsbrand im Februar 1933 ist er klug genug, sofort in die Schweiz zu fliehen. Aber in unglaublich unrealistischer Einschätzung der Verhältnisse erwägt er wenige Wochen später, aus der Sicherheit des Züricher Exils nach Berlin zurückzukehren und wie Zola in Frankreich öffentlich zu sprechen und anzuklagen. Er will es einfach nicht wahrhaben, daß Deutschland auf solche Weise verloren sein soll.

In sein Romanschaffen dringt direktes gesellschaftskritisches oder gar aktives politisches Engagement noch immer nicht ein. Ja die beiden ersten im Exil entstandenen Romane *Babylonische Wandrung* (1934) und *Pardon wird nicht ge-geben* (1935) sind eher als Abwendung von solch direkter Gegenwartsbezogenheit angelegt. Der erste ist die Geschichte eines altorientalischen tyrannischen Gottes, der stürzt, im modernen Europa aufwacht und den Aufstieg zu einem armen Menschen durchmacht, der zweite Roman behandelt ein eigenes Familienerlebnis und wurde trotz des Hereinspielens von Armut, Konjunktur und Krise von Döblin absichtlich nicht als extensive Darstellung der Zeit angelegt.

Auch das dritte Romanwerk des Exils, die Amazonas-Trilogie *Das Land ohne Tod*, ist zunächst als eine Art Abwendung von der Zeit begonnen worden, und erst im Verlauf der Arbeit an den drei Romanen begann zunächst eine indirekte und schließlich eine ziemlich direkte Gestaltung der Zeitverhältnisse, und damit trat, vom gesellschaftsgeschichtlichen Aspekt her gesehen, eine unerhört wichtige Wandlung im Schaffen Döblins ein. Diese Wandlung läßt sich allerdings nur verfolgen, wenn man die Trilogie in der von Döblin selbst besorgten Originalausgabe liest,[20] und die Parallelen zur Zeitgeschichte werden erst dann besonders deutlich, wenn man die gleichzeitigen politischen Ideen und Schriften Döblins vergleichsweise mit heranzieht.

Es war Döblin klar gewesen, daß er nicht lange in Zürich bleiben wollte, und die Wahl zwischen den beiden Großstädten London und Paris als Aufenthaltsort – denn es mußte eine Großstadt sein – wurde ihm durch die großzügige Hilfsbereitschaft des französischen Botschafters in Berlin, François-Poncet, leichtgemacht. Er saß 1935 in der Pariser Nationalbibliothek und stieß auf Atlanten und Ethnographien:

»Die Südamerikakarten mit dem Amazonasstrom: was für eine Freude. Ich hatte immer etwas für das Wasser, für das Element der Ströme und Meere.«[21] Er vertiefte sich in dieses Wunderwesen Strommeer des Amazonas, dieses urzeitlichen Dinges: den Strom, seine Ufer, die Flora, die Fauna, die Menschen, die dazugehörten. »Wo war ich hingeraten? Wieder das alte Lied, hymnische Feier der Natur, Preis der Wunder und Herrlichkeiten dieser Welt? Also wieder eine Sackgasse?«[22]

Aber es blieb nicht beim alten Lied, und es wurde keine Sackgasse. Gewiß, im ersten Band der Trilogie, *Die Fahrt ins Land ohne Tod* (1937), gab er dem Flußmeer, »was des Flußmeers war«. Aber schon am Ende dieses ersten Bandes beginnt der Dominikaner und Indiofreund Las Casas in den Vordergund zu treten. Der erste Band ist Vorspiel, und im zweiten Band kommt es nach mehr als drei Jahren Exilschicksal zum erstenmal zu einer indirekten Gestaltung der Zeitverhältnisse.

Schon der Titel liefert einen ersten Hinweis: *Der blaue Tiger* (1938). Er weist auf den indianischen Mythos hin, wonach in gewissen zyklischen Abständen der blaue Tiger vom Himmel herabkommt und die Welt zerreißt. An die Stelle der Naturvision des ersten Bandes tritt ein historischer Roman, der wie so viele historische Romane von Exilautoren nur nebenbei und zu allerletzt auch ein historischer Roman ist, in erster Linie aber ein gegenwartsbezogenes weltgeschichtliches Gleichnis darstellt. Das historische Szenario dafür liefert die Gründung des jesuitischen Indianerstaates in Paraguay. Eine geschichtsphilosophische Theorie, welche diesen Staat und seinen Untergang als Erscheinung der Weltwende der Renaissance sieht, wird eingeführt. Diese Weltwende führt mit unerhört neuen Gedanken und Erfahrungen auch eine ungeheure neue Barbarei herauf, deren Ausdruck die Verfolgung, Versklavung und das Massenmorden der Indianer Südamerikas ebenso ist wie das Heraufkommen eines neuen Urwalds und einer neuen Barbarei in Hitler-Deutschland.

Der neue Urwald (1948) ist auch der Titel des dritten Bandes der Trilogie, die trotz des bunten Wandels der Szenen und der Verschiedenartigkeit der Lokalität eine fest ineinander verschmolzene innere Einheit darstellt. Aus der grandiosen Naturschilderung des Strommeeres wächst zunächst der historische Roman des zweiten Bandes organisch heraus. Nicht nur ist die geschichtliche Szene ins sinnbildlich Allgemeingültige und damit auch Gegenwartsbezogene transponiert, sondern auch die historische Katastrophe wird als eine Art Naturkatastrophe dargestellt: Las Casas, überwältigt von der Welt des Urwalds und seiner Naturkinder, findet hier auch sein Ende und sinkt zuletzt zu Sukuruja, der Mutter des großen Wassers, hinab, geht in typisch Döblinscher Weise wieder ein in die Natur. Aber auch die grausamsten und größten Menschenschinder, etwa die Figur des Ambrosius Alfinger, werden gleichsam als ein Naturereignis, jenseits von Gut und Böse dargestellt: der Naturschilderung des Amazonas im ersten Band folgt die »Naturschilderung« der Gründung und des Untergangs des Indianerstaates im zweiten Band. Wie aber das Historisch-Menschliche organisch aus der Naturschilderung hervorwächst, so ergibt sich nun gleichfalls aus innerer Konsequenz heraus die Wende des dritten Bandes: So viele Greuel und neue Greuel sind einfach nicht mehr als hinzunehmendes Naturgeschehen zu bewältigen, die alte, medizinisch-biologische Betrachtungsweise Döblins wandelt sich in eine humanistische, die naturhaft-amoralische Geschichtsbetrachtung weicht einem direkten humanen und humanistischen Engagement, das alle anderen Überlegungen zurückdrängt und zugleich auch die alte, grundsätzliche optimistische Zivilisationsbejahung in Frage stellt. Im *Deutschen Maskenball* hatte Döblin noch Einwände gegen Gerhart Hauptmanns *Weißen Heiland*, die jetzt für ihn nicht mehr so gültig waren.

Gab es im zweiten Band der Trilogie die indirekte Beziehung zwischen dem urchristlich-kommunistischen Indianerstaat und der Entartung der kommunistischen Staatsgründungen im zwanzigsten Jahrhundert, so sind die Gegenwartsbeziehungen im dritten Band direkter und zugleich mehrschichtig: nicht nur wird der durch einen Umsturz in Deutschland ausgebrochene neue Urwald direkt geschildert. Einige Verbrecher werden in einem Gefangenentransport nach einer südamerikanischen Strafkolonie gebracht, und die Greuel der Konquistadorenzeit beginnen sich direkt zu wiederholen.

Es gibt aber noch mehr aktualisierende und zeitkritische Querbeziehungen. Schon in seinem noch in Deutschland 1933 erschienenen Essayband *Unser Dasein* hatte

Döblin in die zionistische Diskussion eingegriffen. Er trat für die Errichtung eines israelischen Staates ein, allein nicht in Palästina, sondern in einem wenig bevölkerten Rückzugsgebiet, und er nannte neben Madagaskar und Angola auch das südamerikanische Peru. Er wiederholt seine Vorschläge, die mehr utopisch als realistisch sind,[23] und es ergibt sich eine direkte Parallele zwischen seinen aktuellen politischen Ideen über die Gründung eines religiösen Judenstaates, unter Außerachtlassung aller historischen und mythischen Tradition, und der epischen Gestaltung der rein religiösen Staatsgründung als weltfremder Utopie durch die Jesuiten in Paraguay.

In jenen Pariser Jahren – seit 1936 war er auch französischer Bürger – traf sich Döblin einige Zeit hindurch öfter mit Arthur Koestler und Manès Sperber, um politisch zu diskutieren. Die beiden durch vieljährige angestrengte politische Aktivität und durch noch mehr Enttäuschungen realistisch gewordenen Leidensgefährten im Exil nannten ihn unter sich in gutmütigem Spott den Konfusionsrat, sowohl wegen seiner oft unrealistischen Anschauungen als auch wegen des häufigen Wechselns seiner Anschauungen.

Im Mai 1938 rief eine Reise nach Hagenau bei Straßburg in Döblin alte Erinnerungen aus den Kriegsjahren 1917/18 wach, und er begann mit der Arbeit an seiner Trilogie *November 1918*. Er mußte jedoch die Arbeit daran unterbrechen, mußte an Stelle von gegenwartsbezogener historischer Epik wieder zum politischen Journalismus zurück. Der Zweite Weltkrieg hatte angefangen, und Döblin begann in der deutschen Sektion des neuen Informationsministeriums zu arbeiten, das man im Hotel Continental untergebracht hatte. Geleitet wurde das Ganze von Jean Giraudoux. Die deutsche Sektion bestand vor allem aus einigen Germanisten, unter denen Döblins Freund Robert Minder der weitaus bedeutendste war. Auch der Philosoph Paul Landsberg und Kurt Wolff steuerten Ideen bei. Die Aufgabe war die Entfaltung einer Gegenpropaganda gegen die Bestrebungen von Goebbels. Döblin entwarf eine ganze Serie satirischer Glossen mit dem Titel *Fliegende Blätter*, die von Künstlern wie Eduard Thöny und Frans Masereel illustriert wurden. Döblin schrieb Satiren auf Hitler, Göring und Goebbels und verfaßte Parodien zu Liedern wie »Lippe-Detmold« und »Steh ich in finstrer Mitternacht«. Die »Fliegenden Blätter« sollten nach ihrer jeweiligen Fertigstellung von französischen Flugzeugen hinter den deutschen Linien und in Deutschland abgeworfen werden. Später berichtete ein französischer Luftwaffengeneral Döblin und Minder, daß man sie nie abgeworfen habe.

Als das ganze Ministerium im Juni 1940 beim Heranrücken der deutschen Truppen nach Südfrankreich verlagert werden soll und sich schließlich alles in wilde Flucht aufzulösen beginnt, da schleppt Döblin das Manuskript des zweiten Bandes seiner neuen Trilogie mit sich und dazu die Unterlagen für die weitere epische Arbeit: die Briefe Rosa Luxemburgs und die Predigten des Mystikers Johannes Tauler. »Das war Döblin«, schrieb Robert Minder darüber: »Berliner Zungenfertigkeit, Berliner Mutterwitz und in der Tasche visionäre Utopie.«[24]

Schließlich allein auf der Flucht und zugleich auf der Suche nach Frau und Kind, erweckt er Verdacht und wird in Mende interniert. Hier hat er in der Kathedrale sein Konversionserlebnis. Die Nationalsozialisten haben inzwischen gesiegt, und Döblins Name ist der erste auf der Auslieferungsliste. Dank französischer Hilfe gelingt es ihm aber, seine Familie in Toulouse zu finden und nach Lissabon zu entkommen, von wo er nach den USA geht.

Hier, in der amerikanischen Emigration, beendete er die Trilogie *November 1918* (1948–50), und hier fließt nun Zeitkritik in direktester Weise in sein Romanwerk ein. Der äußere Zusammenbruch des Kaiserreichs und die innere Zerrüttung der neuen Republik schon im Revolutionswinter 1918 sind seine Themen. Alles ist vorgebildet, was sich so verhängnisvoll entwickeln sollte: die teils bürokratisch beschränkte, teils kleinbürgerlich verspießerte Sozialdemokratie, die Drahtzieher von gestern und morgen: Generalität und Schwerindustrie. Und ihnen gegenüber die Kommunisten, ein Gegengewicht, das keines ist. Die zwei Hauptgestalten aber sind »Visionäre«: Rosa Luxemburg, deren Hysterieanfälle Döblin frei in Verzückungen ausweitet, und der ehemalige Oberlehrer und Reserveoffizier Friedrich Becker. Becker, gestaltet nach dem lebenden Urbild des sozialdemokratischen Unterrichtsministers in Preußen, beweist schon allein, daß es nicht nur um 1918 geht, sondern auch um die darauffolgende Zeit, die mitten hineinführt in den Nationalsozialismus. Aber es wäre kein Romanwerk Döblins, wenn es ausschließlich um politische und gesellschaftliche Entwicklungen ginge. Da sind nicht nur die beiden Hauptfiguren vor ihrem politischen Hintergrund, die beide redlich sind und beide untergehen, da sind vor allem auch ihre Visionen, die negativ-dämonischen der Rosa Luxemburg und die an Tauler anknüpfenden positiven Erleuchtungen Beckers. Ja, zu allerletzt ist es nichts weniger als der politische Kampf oder Sieg, der zählt, sondern etwas ganz und gar anderes: Friedrich Becker trägt sein gewonnenes Christentum durch den letzten Band. Ein altes Weib versenkt schließlich den Leichnam des vagabundierenden Gottsuchers in einem Kohlensack im Hafen. Äußerlich war er verkommen, innerlich ward er zerfressen: »Aber – er wird aufgehoben.«[25]

Auch die in den USA erschienene Erzählung *Sieger und Besiegte* (1946), die Tragik der zu neuem Unheil verführten deutschen Besiegten nach dem Ersten Weltkrieg wie die des weitblickenden, die neuen Gefährdungen erkennenden Siegers Präsident Wilson ist durchdrungen von direktem zeitkritischem Anliegen.

Durch Döblins Konversion, die nach Gesprächen mit Jesuitenpatres vom Wilshire Boulevard in Los Angeles schließlich formal erfolgte, änderte jedoch sein Engagement etwas seine Richtung. An die Stelle des politisch-geistigen Engagements tritt ein religiös erweitertes. 1945 nach Europa zurückgekehrt und als französischer Offizier der Militärregierung nach Baden-Baden geschickt, schreibt Döblin erneut seine kulturkritischen Aufsätze. Die Bücher *Der unsterbliche Mensch* (1946) und *Unsere Sorge, der Mensch* (1948) nehmen die alten Themen auf, erweitert um eine neue Perspektive: die religiöse. Er fragt nach der Stellung der Armen, nach der

Natur, nach Aufbau und Einsturz der Gesellschaften, aber, was zählt, ist: »Wenn Du weißt: Not und Krieg und Krankheit, Plage, ja Tod, dies alles gehört zu Dir und ist nicht alles und nicht das Letzte [. . .]«[26] Das Ästhetische allein, das Politische allein genügen ihm nicht mehr. Er hat erkannt, daß den Gefahren des modernen Totalitarismus von rechts wie von links nur ein Transzendieren, ein Durchbrechen des verabsolutierten materiellen Endlichen gegenübergestellt werden kann, und er fand seinen Weg dazu in der christlichen Tradition.

Aber nicht nur als Verfasser kulturkritischer Essays versucht Döblin Zeitkritik zu treiben. Er gründet eine literarische Zeitschrift, *Das Goldene Tor* (1946–51), benannt nach jener herrlichen Hafeneinfahrt in der Geburtsstadt der Vereinten Nationen, San Franzisko. »Das *Goldene Tor*«, schrieb er in seinem Programm, »durch das Dichtung, Kunst und die freien Gedanken ziehen, zugleich Symbol für die menschliche Freiheit und die Solidarität der Völker.«[27] Er wird zum Anreger und Mitbegründer der Akademie der Wissenschaften und der Literatur in Mainz. Großer Erfolg jedoch bleibt ihm versagt. Manche seiner Landsleute tragen ihm nach, daß er in der Uniform der französischen Armee Abteilungsleiter in der französischen Kulturstelle in Baden-Baden ist. Manche seiner früheren Freunde wenden sich von ihm seiner Konversion wegen ab. Aber neue Freunde hat er durch diese Konversion auch nicht gefunden: sein Christentum ist weiträumig und undogmatisch. Katholische Verleger lehnen Essaybände mit religiös-kulturkritischen Themen darum ab. Als er das Programm zu seiner Zeitschrift entwirft, nennt er als Leitbild Gotthold Ephraim Lessing, den Kämpfer um Wahrheit. Robert Minder bemerkt über Döblins Christentum, es sei von »einer freien schweifenden Art geblieben, die ihn stets auch nach Asien zurückkehren ließ«.[28] Seine Abneigung gegen Freidenkertum und Klerikalismus zugleich, sein Auftreten gegen das nationalsozialistische Erbe, seine Frontstellung gegen die marxistische Orthodoxie beließen ihm kaum eine eigene Basis und trugen ihm viel Ablehnung ein.

Ja, als er als Epiker zu einem letzten großen Wurf angesetzt hatte und als ihm in seinem *Hamlet oder Die lange Nacht nimmt ein Ende* (1956) die Verschmelzung seiner neuen zeitkritischen Anliegen mit der alten künstlerischen Höhe vor der Zeit des Exils gelungen war, da konnte der Autor des *Berlin Alexanderplatz* ein Jahrzehnt keinen Verleger dafür finden.

Die großangelegte Zeitkritik rings um das Geschehen des Zweiten Weltkriegs wird darin durch die hartnäckige Frage eines verkrüppelten Kriegsheimkehrers nach dem Sinn des Geschehens und damit im Grunde des Daseinsinnes überhaupt ausgelöst. Diese Schulderkenntnis und Sinnerkenntnis führt zum Problem der Selbsterkenntnis der Überlebenden als Voraussetzung zum Weiterleben. Durch eine Kette der großartigsten, selbst für Döblinsches Fabuliervermögen ungewöhnlich bunten, faszinierenden, tiefsinnigen Geschichten, erfabelten und erfahrenen, führt die stets erneut gestellte Frage, führt in ihrem hartnäckigen Bohren nach der unverschlüsselten Wahrheit zur Zerstörung der konventionellen Ehe seiner Eltern, ja zu deren Tod: Bis zu allerletzt der Heimkehrer in seiner Hamlet-Rolle die Rache für beendet erklärt, durchstößt zu jener für Döblin selbst so charakteristischen Mitschwingungsfähigkeit und seine Mit- und Nebenmenschen als Mitmenschen erfaßt, dadurch auch sich vor drohender Selbstzerstörung rettet, sich einfügt und ein neues Leben, das Leben beginnt.

Als Döblin fünfundsiebzig Jahre alt war, schrieb er rückblickend: »Was wollen meine Bücher? Ich erinnere mich noch. Ich, der ich mich noch als ›Ich‹ fühle, wollte nichts mit ihnen.« Ludwig Marcuse aber fügte gerade anläßlich einer Besprechung des *Hamlet* diesem Zitat hinzu: »Dieser Mann, der sich eindeutiger engagierte als alle, die nur immer vom Engagieren reden, aber im Grunde nichts tun als unterkriechen [...].«[29]

Das Problem reduziert sich zu der Frage, was mit Engagement gemeint ist. Denkt man an ein fertiges Rezept zur Weltbeglückung, den Lesern unter streng erhobenem Zeigefinger zur Befolgung in Romanform vorgehalten, dann hat Döblin recht. Denkt man aber an den tiefen Ernst, das Ringen um Wahrheits- und Wirklichkeitserfassung, die persönliche Hingabe an das Werk, den »Einsatz«, wie Nossak sagen würde, dann hat Marcuse recht. Denn es ging dem zutiefst einsamen Döblin wahrhaftig niemals um das Reiten einer Konjunktur, das Aufnehmen einer ›Masche‹, sei es die rechter, linker oder anderen ›Engagements‹. Er konnte nur schreiben aus unmittelbarer innerer Notwendigkeit heraus. Sie war wichtiger als alle äußere Technik. Es ging nicht anders für ihn: dazu war er ein zu großer Künstler.

Anmerkungen

1. Robert Minder: »Alfred Döblin zwischen Osten und Westen«. In: R. M., *Dichter in der Gesellschaft*. Frankfurt a. M. 1966. S. 159.
2. *Im Buch – Zu Haus – Auf der Straße*. Döblin 50 Jahre. Vorgestellt von A. Döblin und O. Loerke. Berlin 1928.
3. Alfred Döblin: *Der schwarze Vorhang*. Berlin 1919. S. 93 u. 112.
4. *Der schwarze Vorhang* (= Anm. 3). S. 77.
5. Joris Duytschaever: »Eine Pionierleistung des Expressionismus: Alfred Döblins Erzählung ›Die Ermordung einer Butterblume‹«. In: *Amsterdamer Beiträge zur neueren Germanistik*. Hrsg. von Gerd Labroisse, Bd. II (1973). S. 27.
6. Alfred Döblin: *Die Ermordung einer Butterblume*. Ausgewählte Erzählungen 1910–1950. Hrsg. von Walter Muschg. Olten u. Freiburg i. Br. 1962. S. 43.
7. Robert Minder (= Anm. 1), S. 163, nennt sie schlechtweg eine »psychiatrische Studie«, Joris Duytschaever (= Anm. 5), S. 33, nennt sie die »exakte Beschreibung einer Zwangsneurose«, und auch Ernst Ribbat weist in diese Richtung. Vgl. Ernst Ribbat: *Die Wahrheit des Lebens im frühen Werk Alfred Döblins*. Münster 1970. S. 54–60.
8. Oskar Maria Graf-Berg in: *München-Augsburger Abendzeitung* vom 25. August 1918.
9. Alfred Döblin: »Der Bau des epischen Werks«. In: *Aufsätze zur Literatur*. Hrsg. von Walter Muschg. Olten u. Freiburg i. Br. 1963. S. 119 f.
10. Eine sehr gute Zusammenfassung dieser Wandlung gibt Heinz Graber in seinem Nachwort des Bandes *Alfred Döblins Briefe*. Olten u. Freiburg i. Br. 1970. S. 667–671. Die Briefe selbst dokumentieren diese Entwicklung nur teilweise. Sie hat sich vielfach deutlicher in den politischen Aufsätzen und Essays Döblins niedergeschlagen.

11. Döblin schrieb politische und kulturkritische Glossen für die *Neue Rundschau*, den *Neuen Merkur*, das *Tagebuch*, die *Weltbühne*, die *Literarische Welt*, die *Vossische Zeitung*, das *Berliner Tageblatt*.
12. Linke Poot: *Der deutsche Maskenball*. Berlin 1921. S. 26.
13. ebd., S. 50.
14. Vgl. Alfred Döblin: »Die Vertreibung der Gespenster«. In: *Der Vorläufer*. Sonderheft des *Neuen Merkur* 1919. S. 11 ff.
15. Ein knapper, aber genauer Bericht über Döblins wechselnde Haltung gegenüber der Sozialdemokratischen Partei Deutschlands in der Zeit der Weimarer Republik findet sich bei Robert Minder: »Hommage à Alfred Döblin«. In: *Allemagne d'aujourd'hui*, (1957). H. 3. S. 8 f.
16. Alfred Döblin: *Reise in Polen*. Berlin 1926. S. 366.
17. Robert Musil: »Manas«. In: *Prosa, Dramen, Briefe*. Hamburg 1957. S. 616.
18. Alfred Döblin: *Wissen und Verändern*. Berlin 1931. S. 19 f.
19. Vgl. dazu wie überhaupt zu Döblins politischer Haltung 1930–33 das Kapitel »Was tun«. In: Leo Kreutzer, *Alfred Döblin*. Stuttgart, Berlin u. a. 1970. S. 134–147.
20. Der dritte Band erschien erstmals als eigener Roman 1948 in Baden-Baden. In einer durch nichts entschuldbaren Weise, den Autorwillen durch einen geradezu ungeheuerlichen Willkürakt vergewaltigend, hat Walter Muschg in der Döblin-Ausgabe des Walter-Verlages die Trilogie zu einem Doppelroman zusammengestrichen (Alfred Döblin: *Amazonas*. Olten u. Freiburg i. Br. 1963) und hat lediglich Teile des dritten Romans als einzelne Erzählungen in anderem Zusammenhang abgedruckt (»Die Statistin«, »Geistergespräch«, »Flucht in den Urwald«. In: *Die Ermordung einer Butterblume*. Olten u. Freiburg i. Br. 1962. S. 267–324). Die Hinwendung zur Gestaltung direkter Zeitkritik in Döblins Romanwerk vollzog sich aber gerade in diesem dritten Roman.
21. *Alfred Döblin zum 70. Geburtstag*. Hrsg. von Paul E. H. Lüth. Wiesbaden 1948. S. 169.
22. ebd.
23. Alfred Döblin: *Unser Dasein*. Berlin 1933. Vgl. dazu: *Jüdische Erneuerung* (Amsterdam 1933) und *Flucht und Sammlung des Jugendvolkes* (Amsterdam 1935).
24. Minder (= Anm. 1). S. 184.
25. *Alfred Döblin zum 70. Geburtstag* (= Anm. 21). S. 170.
26. Alfred Döblin: *Unsere Sorge: der Mensch*. München 1948. S. 66.
27. Alfred Döblin: Geleitwort zur Zeitschrift »Das Goldene Tor«. In: *Aufsätze zur Literatur* (= Anm. 9). S. 378.
28. Minder (= Anm. 1). S. 187.
29. *Alfred Döblin im Spiegel der zeitgenössischen Kritik*. Hrsg. von Ingrid Schuster u. Ingrid Bode. Bern u. München 1973. S. 437.

Literaturhinweise

Zitierte Werke

Die Ermordung einer Butterblume. München 1913.
Die drei Sprünge des Wang-lun. Berlin 1915.
Wadzeks Kampf mit der Dampfturbine. Berlin 1918.
Der schwarze Vorhang. Berlin 1919.
Wallenstein. 2 Bde. Berlin 1920.
Der deutsche Maskenball. Berlin 1921.
Berge, Meere und Giganten. Berlin 1924.
Reise in Polen. Berlin 1926.
Manas. Berlin 1927.
Im Buch – Zu Haus – Auf der Straße. Berlin 1928.
Berlin Alexanderplatz. Berlin 1929.
Unser Dasein. Berlin 1933.
Jüdische Erneuerung. Amsterdam 1933.
Babylonische Wandrung oder Hochmut kommt vor dem Fall. Amsterdam 1934.
Flucht und Sammlung des Judenvolkes. Amsterdam 1935.

Pardon wird nicht gegeben. Amsterdam 1935.
Das Land ohne Tod.
  Bd. I: *Die Fahrt ins Land ohne Tod.* Amsterdam 1937.
  Bd. II: *Der blaue Tiger.* Amsterdam 1938.
  Bd. III: *Der neue Urwald.* Baden-Baden 1948.
November 1918. Eine deutsche Revolution.
  Vorspiel und Bd. I: *Verratenes Volk.* München 1948.
  Bd. II: *Heimkehr der Fronttruppen.* München 1949.
  Bd. III: *Karl und Rosa.* München 1950.
Hamlet oder Die lange Nacht nimmt ein Ende. Berlin 1956.

Forschungsliteratur (Auswahl)

Huguet, Louis: *Bibliographie Alfred Döblin.* Berlin [Ost] 1972.

Casey, Timothy Joseph: »Alfred Döblin«. In: Wolfgang Rothe [Hrsg.], *Expressionismus als Literatur.* Bern u. München 1969. S. 637–655.

Döblinheft des *Neuen Merkur*, 6 (1922).

Graber, Heinz: *Alfred Döblins Epos Manas.* Bern 1967.

Huguet, Louis: *L'Œuvre d'Alfred Döblin ou la Dialectique de l'Exode. 1878–1918.* Diss. Paris 1970 [masch.].

Kort, Wolfgang: *Alfred Döblin. Das Bild des Menschen in seinen Romanen.* Bonn 1970.

Kreutzer, Leo: *Alfred Döblin.* Stuttgart 1970. (Sprache und Literatur. 66.)

Martini, Fritz: »Alfred Döblin«. In: Benno von Wiese [Hrsg.], *Deutsche Dichter der Moderne.* Berlin 1965. S. 329–360.

Minder, Robert: »Alfred Döblin«. In: Hermann Friedmann u. Otto Mann [Hrsg.], *Deutsche Literatur im XX. Jahrhundert.* Bd. 2. Heidelberg [4]1961. S. 140–160; [1]1954. S. 249–268.

– »Hommage à Alfred Döblin«. In: *Allemagne d'aujourd'hui* (1957). H. 3. S. 5–19.

– »Alfred Döblin zwischen Osten und Westen«. In: R. M., *Dichter in der Gesellschaft.* Frankfurt a. M. 1966. S. 155–190.

Müller-Salget, Klaus: *Alfred Döblin* (mit Bibliographie). Bonn 1972. (Bonner Arbeiten zur deutschen Literatur. 22.)

Muschg, Walter: »Zwei Romane Alfred Döblins«. In: *Von Trakl zu Brecht.* München 1961. S. 198 bis 243.

Prangel, Matthias: *Alfred Döblin.* Stuttgart 1973. (Sammlung Metzler. 105.)

Ribbat, Ernst: *Die Wahrheit des Lebens im frühen Werk Alfred Döblins.* Münster 1970.

Schmidt-Henkel, Gerhard: »Der Dichter als Demiurg. Alfred Döblin«. In: G. S.-H., *Mythos und Dichtung.* Bad Homburg 1967. S. 156–187.

Schöne, Albrecht: »Döblins Berlin Alexanderplatz«. In: Benno von Wiese [Hrsg.], *Der deutsche Roman.* Bd. 2. Düsseldorf 1963. S. 291–325.

Schröder, Hans Eggert: »Geist und Kosmos bei Alfred Döblin«. In: *Preußische Jahrbücher*, 233 (1933).

Schuster, Ingrid u. Ingrid Bode [Hrsg.]: *Alfred Döblin im Spiegel der zeitgenössischen Kritik.* Bern u. München 1973.

Strelka, Joseph: »Der Erzähler Alfred Döblin«. In: *The German Quarterly*, 33 (1960). S. 197–210.

Text + Kritik, 13/14 (1966). »Alfred Döblin«.

Vater, Hilde: »Nachlaß Alfred Döblin«. In: *Jahrbuch der Deutschen Schillergesellschaft*, 14 (1970). S. 646–657.

Weyembergh-Boussart, Monique: *Alfred Döblin.* Bonn 1970.

Ziolkowski, Theodore: »Alfred Döblins Berlin Alexanderplatz«. In: T. Z., *Dimensions of the Modern Novel.* Princeton, N. J. 1969. S. 99–137.

Žmegač, Viktor: »Alfred Döblins Poetik des Romans«. In: Reinhold Grimm [Hrsg.], *Deutsche Romantheorien.* Frankfurt a. M. u. Bonn 1968. S. 297–320.

KLAUS WEISSENBERGER

Leonhard Frank. Zwischen sozialem Aktivismus und persönlicher Identitätssuche

Die im Titel ausgesprochene These steht im Widerspruch zu der marxistischen Forschungsrichtung der DDR, die Leonhard Frank für seinen Beitrag »zur Entwicklung des kritischen Realismus in Deutschland«[1] gebührende Achtung zollt. Höchstens in seiner mittleren Schaffensperiode von ungefähr 1930 bis 1945 sieht man dort eine Phase der Resignation, die aber durch eine erneute Zuwendung zur Sache des Sozialismus überwunden worden sei, so daß das Alterswerk den vielversprechenden Anfängen des Autors in nichts nachstehen, wenn nicht sogar deren Höhepunkt darstellen soll.[2] Eine derartige Beurteilung scheint sowohl durch die aktivistische Selbstdeutung Franks als »eines kämpfenden deutschen Romanschriftstellers in der geschichtlich stürmischen ersten Hälfte des 20. Jahrhunderts« bestätigt zu werden als auch durch sein gleichzeitiges sozialistisches Glaubensbekenntnis, »daß die Haben-haben-haben-Wirtschaftsordnung auch ohne Atomkrieg im Jahre 2000 abgelöst sein wird durch die sozialistische Wirtschaftsordnung« (*Links*. S. 641 und 643). Franks so über jeden Zweifel erhabene aktivistische Überzeugung, die er gegen Ende seines Lebens vertritt, wird dabei nur rein äußerlich durch sein Werk belegt, in dem er zu allen deutschen Gesellschaftsformen vom Wilhelminischen Kaiserreich bis zur Bundesrepublik in ein kritisches Verhältnis tritt. Jedoch die außerliterarischen Maßstäbe, die zum überwiegenden Maße von der marxistischen Forschung und von Frank in seiner Selbstdeutung an das Werk herangetragen werden, unterbinden eine echte literarische Interpretation von Franks Gesellschaftskritik und eine damit verbundene Wertung.

Franks Werk kann gerade als ein Musterbeispiel dafür gelten, daß eine Würdigung nicht nach dem Maßstab der sozialen Engagiertheit erfolgen, sondern die Zeitbezogenheit erst aus ihrer Transformation in literarästhetische Kategorien Kriterium für eine Wertung werden kann. Dabei kommt man zu dem für die literarische Entwicklung eines Autors seltenen Ergebnis, daß nämlich Leonhard Frank mit seinem ersten Roman *Die Räuberbande* von 1914, mit dem er gleichsam über Nacht seinen literarischen Ruhm begründete, auch seine schriftstellerisch höchste Leistung vollbracht hat.[3] Der Grund dafür liegt in der später nie wieder so sehr geglückten Verschränkung von sozialem Aktivismus und einer persönlichen Identitätssuche als den beiden Gestaltungspolen, durch die die Zeit- und Wirklichkeitsbezogenheit in zeitlose ästhetische Kategorien umgesetzt worden sind. Später ist diese Tatsache Frank selber als das »entscheidende Kunstgesetz«, das er intuitiv beim Schreiben der *Räuberbande* befolgt hat, bewußt geworden, daß nämlich darin »alles anders ist, als es in Wirklichkeit gewesen war, und dennoch alles so wie in Wirklichkeit« (*Links.* S. 540). Das Unvermögen, die erfahrene Wirklichkeit getreu wiederzugeben, führt Frank zur Darstellung der »inneren Wahrheit«: »Nur das innere Bild, das man von der Romangestalt, dem Schauplatz, der Situation hat und gestaltet, ist wahr, und da erscheint auf geheimnisvolle Weise alles so, wie es in Wirklichkeit gewesen ist« (*Links.* S. 541).

Leider hat Frank in seinen späteren Werken diesen Grundsatz nicht immer befolgt, so daß Reinhold Grimm, einer der wenigen objektiven Kritiker Franks, hinsichtlich der Wirklichkeitsbezogenheit feststellen muß, »daß mehrmals in Franks Werken die geschichtliche Wirklichkeit, die nackte Welt der Tatsachen, den Raum des Ästhetischen völlig sprengt«.[4] Dies ist sogar so weit gegangen, daß Frank den Ausgang des Zweiten Weltkrieges abwarten mußte, um seinen Roman *Mathilde* abschließen zu können.[5] Doch Leonhard Frank ist auch ins andere Extrem verfallen und hat sich in der bereits erwähnten mittleren Schaffensperiode in einer so wenig durchgestalteten Weise der persönlichen Identitätssuche gewidmet, daß die davon betroffenen Romane bemerkenswerte Qualitätseinbußen davongetragen haben. Bezeichnenderweise können dagegen die Romane, die noch auf einen Ausgleich zwischen den beiden Gestaltungspolen zielen, in die thematische Abhängigkeit der *Räuberbande* gestellt werden, so daß der Leitbildcharakter dieses Romans für das Schaffen Leonhard Franks, wenn auch mit abnehmender Tendenz, feststeht.[6]

Der in der *Räuberbande* erreichte Ausgleich zwischen sozialem Aktivismus und persönlicher Identitätssuche hat seine literarische Konkretisierung in der Durchdringung der zwei Themenkreise gefunden, der Würzburg- und der Michaelthematik, die das gesamte Werk Franks kennzeichnen und von ihrem Ursprung her aufeinander bezogen sind. Fast alle gesellschaftsbezogenen Werke spielen vor dem Hintergrund Würzburgs,[7] und fast alle Individuationsprobleme besitzen autobiographischen Charakter und sind an die Gestalt Michael Vierkants oder Michaels gebunden. Für den gebürtigen Würzburger Leonhard Frank stellt diese Wechselbeziehung das künstlerische Urerlebnis dar, das allerdings in seiner Wiederholung immer mehr an literarischer Überzeugungskraft einbüßt. Während es in den späteren Romanen oft zu einer schematischen Unterscheidung zwischen Allgemein- und Individualsphäre kommt, läßt Frank in der *Räuberbande* die Gegensätze noch ineinander übergehen, so daß seine Gesellschaftskritik weniger dogmatisch und propagandistisch wirkt. Dieser Umstand ist sogar von der marxistischen Forschung negativ vermerkt worden.[8] Es fehlt auch der direkte Bezug zu Franks Herkunft aus armseligsten Verhältnissen als ›soziologisch‹ naheliegende Erklärung für die Deprivationen der Mitglieder der Räuberbande und besonders des Haupthelden Oldshatterhand, alias Michael Vierkant.[9] Diese Tatsache muß um so mehr ins Auge fallen, als die autobiographischen Parallelen sonst eindeutig sind. Wie Oldshatterhand ist Frank von seinem Lehrer mißhandelt worden, hat eine Lehre bei einem Schlossermeister angefangen und wegen der demütigenden Behandlung aufgegeben und hat sich durch ungelernte Arbeit so viel Geld verdient, daß er an der Münchener Kunstakademie sein malerisches Talent ausbilden konnte, und wie der Hauptheld macht auch Frank mit dieser Laufbahn abrupt Schluß. Statt den Beweis für einen Tendenzroman zu liefern, dient der autobiographische Gehalt dazu, gerade die Überwindung einer pointiert aktivistischen Haltung anzuzeigen. Das geht bereits aus der Darstellung Würzburgs hervor.

Zwar fällt Frank ein vernichtendes Urteil über das sich aus Frömmlern und Heuchlern zusammensetzende Provinzlertum Würzburgs, aber dies erfolgt nicht programmatisch am Anfang des Romans sondern erst im Schlußteil.[10] Denn in direktem Gegensatz zu dieser Aburteilung steht Franks Grundtendenz, die Reize Würzburgs, die sich aus dem Zusammenspiel von Stadt und Landschaft ergeben, besonders lebendig werden zu lassen.[11] Diese zwiespältige Haltung kennzeichnet selbst die Repräsentanten der gesellschaftlichen Sphäre, die, obwohl sie die Kinder an ihrer Identitätssuche hindern, von Frank im Grunde bedauert werden, weil sie ihre Eigenbestimmung an das herrschende Gesellschaftssystem verloren haben.[12]

Frank gestaltet diese Vertreter der Gesellschaft als fixierte Typen, die durch ihre Eingliederung in den Mechanismus des gesellschaftlichen Systems zur vorgeschriebenen Funktionalität erstarrt sind. Der soziale Konformismus, den Staat und Stand bewirken, besitzt sein Korrelat im psychischen Bereich, der die mitmenschlichen Beziehungen aller Anteilnahme und natürlichen Kommunikationsweisen beraubt und zur Konvention erstarren läßt. Deshalb hat Frank bei solchen Charakterdarstellungen die sozialen Determinanten mit den psychischen zum allgemeinen Typ der ›Ich-Leiche‹ verschwimmen lassen.[13] Der »moralische Selbstmord« (*Links*. S. 641) hat zur Folge, daß alle, die ihre Eigenbestimmung noch nicht verloren haben oder wiedererringen wollen, als Bedrohung der eigenen Existenz angesehen und deshalb mit Brutalität und Haß gezüchtigt und verfolgt werden. Der Typus der ›Ich-Leiche‹ kommt aus allen Ständen und Kreisen, und mit ihm bildet sich das einschränkende oder sogar tödliche Ursachengeflecht gegenüber dem Individuum auf seiner Ich-Suche. Das treibende Element hinter der bereitwilligen Unterwerfung unter das konformistische Joch der Gesellschaft muß in dem Anerkennungs- und Achtungsdrang des einzelnen gesehen werden. Die Anpassung an die Gesellschaft erfolgt aus Angst vor der Einsamkeit und der Konfrontation mit der Ungewißheit des eigenen Schicksals. Die Selbstverleugnung erhält die pervertierte Funktion des Schutzes, und zwar vor sich selbst, und wird deshalb so fanatisch gegenüber allen Anfechtungen verteidigt.

Mit diesen stereotypen Charaktermerkmalen kennzeichnet Leonhard Frank die Gesellschaftsträger vom Kaiserreich bis zur Bundesrepublik. Keineswegs will er damit andeuten, daß das Kaiserreich die gesellschaftliche Voraussetzung für die Bundesrepublik darstellt, oder die Kontinuität der kapitalistischen Gesellschaftsordnung während dieser Zeitspanne in Deutschland unterstreichen.[14] Seine Darstellung der unterschiedlich bedingten »Repräsentanten der Seelenmord-Gesellschaftsordnung« (*Bürger*. S. 143) besitzt prinzipiell keinen soziologischen Eigenwert, sondern dient ihm als negativer Bezugspol für die Gestaltung einer außergesellschaftlichen Sphäre und als Bestätigung seiner Überzeugung vom archetypischen Verhältnis zwischen Individuum und Gesellschaft, wie er es persönlich erlebt und zum erstenmal in der *Räuberbande* ausführlich beschrieben hat.

Deshalb hat Frank auch an dem einmal aufgestellten Spektrum von Gesellschaftsträgern bis ins Spätwerk festgehalten. Die gesellschaftliche Repression des einzelnen setzt bereits bei der Familie ein. Dort ist es grundsätzlich der Vater, durch den der Einbruch der Gesellschaft in den Individualbereich erfolgt, sei es, daß der Vater im täglichen Lebenskampf des Kleinbürgers oder Proletariers gegenüber seiner eigenen menschlichen Bestimmung und den natürlichen Rechten seiner Kinder abgestumpft ist – diese Charakterisierung von Michael Vierkants Vater in der *Räuberbande* ist von Franks eigener Familiensituation inspiriert worden –, oder sei es, daß ein höheres soziales Prestige zu einem direkten Anpassungszwang und einer psychischen Zerstörung der Kinder führt, um damit ihre Einordnung in die Gesellschaft zu garantieren. Den sich daraus ableitenden Untertanengeist hält Frank für gesellschaftsbestimmend im Kaiserreich und assoziiert deshalb im Frühwerk alle Erziehungs- und Autoritätsinstanzen mit diesem Vaterbild.

Es ist vor allem die Figur des Lehrers, die von Frank eine bis zur Unmenschlichkeit gesteigerte Ausgestaltung erfahren hat; die Mischung von Brutalität und Sadismus, die alle Lehrergestalten bis ins Spätwerk auszeichnet, läßt sich auf entsprechende Schulerinnerungen Franks zurückführen.[15] Weitere Abwandlungen der Vatergestalt sind auf beruflicher Ebene der Meister und auf der religiösen die Vertreter der Kirche. Sogar die Kirchtürme verkörpern dieses System, indem sie »Achtung gebieten«.[16] Ebenso repräsentieren der Beamte und der Bankier die Unantastbarkeit und Rücksichtslosigkeit der patriarchalischen Ordnung. Die letzte Instanz wird vom Staatsanwalt vorgestellt; denn dieser ist sogar bereit, den unbedingten Autoritätsanspruch der Gesellschaft, wenn nötig, bis zur letzten Konsequenz durchzusetzen.[17] Diese Perversion der menschlichen Sinngebung reicht bis in die Freizeitgestaltung und ist an der Mitgliedschaft des Vaters in einem Männergesangverein oder, im Falle von höhergestellten Kreisen, an dem Besuch von Animierlokalen oder Bordellen zu erkennen. Letztere Gewohnheit zeigt, wie einer der natürlichsten Triebe des Menschen durch das von der Gesellschaft unterdrückte Verständnis auf die Ebene des Gewerbes herabgedrückt wird.[18]

In einem ursächlichen Gegensatz zu der so gekennzeichneten Gesellschaft steht der in der *Räuberbande* von Kindern vorgestellte Individualbereich. Die Jungen haben sich zu einer Bande zusammengeschlossen, um sich gegenüber der Erwachsenenwelt, die in ihren Augen die Gesellschaft ausmacht, zu behaupten. Der Generationskonflikt wird somit für Frank zum archetypischen Modell seiner Gesellschaftskritik und umgekehrt die Bande zu dem zeitlosen Modus des gesellschaftlichen Außenseitertums, in dem sich die Vermischung von sozialem Aktivismus und persönlicher Identitätssuche vollziehen kann und der deshalb noch weitere Ausgestaltungen erfährt. In Anlage und Ethos der Bande scheint Frank sogar auf die christliche Urgemeinde zurückgreifen zu wollen.

Alle Mitglieder der Räuberbande leiden unter den Qualen, die Elternhaus und Schule ihnen zufügen. Die Entehrungen und Demütigungen in Form von Prügelstrafen und sadistischen Mißhandlungen führen zu psychischen Schäden: Oldshatterhand ist von Minderwertigkeitskomplexen erfüllt und stottert deshalb in seiner Kindheit. Auch Frank hatte aus Furcht vor dem Lehrer gestottert, später darin die psychologische Erklärung seines Sprachfehlers erkannt und es als ein Wunder empfunden, von seinem Lehrer Dürr nicht psychisch vollkommen erdrückt und abgetötet worden zu sein (*Links.* S. 406 und 478). Einer seiner Auswege bestand in unbewußten Selbstmordversuchen, die sowohl zur Überkompensation der Komplexe dienten als auch vom Gefühl getragen waren, im Tod den Qualen entrinnen zu können. Wie Oldshatterhand ist auch Frank auf dem Geländer der Mainbrücke entlanggelaufen und hat ähnliche halsbrecherische Wagnisse unternommen. Erst durch die Niederschrift der *Räuberbande* gelang es Frank, sich in der Bewußtwerdung des sozio-psychologischen Ursachengeflechts, in das er als Kind verwickelt war, von dem Trauma der Jugenderlebnisse zu befreien (*Links.* S. 466).

Seine psychoanalytischen Erkenntnisse verdankt Frank der Begegnung mit dem Freud-Schüler Otto Groß während seiner Münchener Bohèmejahre von 1905 bis 1910.[19] Die wesentlichen Punkte, in denen Groß von Freuds Lehren abweicht, betreffen die Entstehung der psychischen Komplexe; sie ist auch für Frank bestimmend gewesen. Groß leitet die seelischen Konflikte aus dem Einfluß ab, den Familie und Milieu ausüben, und ersetzt somit die libidinösen Erfahrungen als Grundlage der psychischen Entwicklung durch soziale Erlebnisse. Abgesehen von dieser grundsätzlichen Abwandlung der Psychoanalyse hat Frank von Freuds Lehre die Determination der Psyche durch Kindheitserlebnisse beibehalten, ihre Realisation im Konflikt mit dem Vater und der Väterreihe und die Erkenntnis, daß die dadurch entstandenen Komplexe ihren Niederschlag bis in die Traumwelt des Erwachsenen finden, von daher dem Bewußtsein zugänglich gemacht werden und in der künstlerischen Gestaltung ihre Sublimierung erfahren können (*Links.* S. 534). Diese Lösung hat selbstverständlich für die jugendlichen Mitglieder der Räuberbande noch nicht bestanden und ist auch von Oldshatterhand später als Künstler nur bedingt realisiert worden. Doch die Kinder haben in der Bande eine ihnen gemäße Kompensation für diesen Prozeß gefunden.

Einerseits wendet sich die Bande auf Grund ihrer natürlichen Selbstachtung direkt gegen die Unterdrücker. In knabenhaftem Aufbegehren gegen die gesellschaftliche Versklavung planen die Bandenmitglieder, Würzburg in die Luft zu sprengen, und noch als junger Mann überlegt Oldshatterhand, ob er sich am Lehrer Mager rächen und ihm dieselbe Behandlung zuteil werden lassen soll, die er von ihm erlitten hatte. Auch die Enteignungsaktionen und Streiche der Bande beruhen zum Teil auf den antiautoritären Tendenzen, die in den Jungen aufkeimen. Doch die eigentliche Rechtfertigung der Bande sieht Frank andererseits in der Identitätssuche, die die Bewahrung der ursprünglichen menschlichen Natürlichkeit voraussetzt. Dabei kommt Franks Überzeugung zum Ausdruck, daß der Mensch von Ursprung und Bestimmung her gut sei und nur durch die Gesellschaft von der Verwirklichung seiner Anlagen abgehalten werde. Die Bande ist ihrem Wesen nach deshalb nicht so sehr antisozial als gesellschaftskritisch und soll die Freiheit ihrer Mitglieder von allen beengenden sozialen Faktoren ermöglichen. Dies kommt bereits bildlich zum Ausdruck durch den Gegensatz zwischen dem ärmlichen, erstickenden Milieu, dem die Bandenmitglieder in Würzburg angehören, und dem Versammlungsort der ›Räuber‹ auf dem Festungsberg, wo bei nächtlichem Lagerfeuer ihren Wunschträumen keine Grenzen gesetzt sind. Den Kontrast zur Gesellschaft unterstreicht Frank weiterhin mit Bildern, die das nächtliche Treiben der ›Räuber‹ in Einklang mit dem All stellen und ihre Naturverbundenheit zum Kriterium ihrer Menschlichkeit erheben.[20]

Von diesem Gesichtspunkt her verlieren auch die Streiche ihren ›anarchistischen‹ Charakter; denn sie stammen aus dem jugendlichen Aufbegehren gegen Autorität schlechthin und dem Wunsch, einem natürlichen Freiheitsdrang Ausdruck zu verleihen. Die Streiche stellen nur eine Vorstufe für die Verwirklichung der alle verbindenden Sehnsucht nach dem Wilden Westen dar, die von der Lektüre Karl Mays genährt wird und durch das Annehmen der Heldennamen zu einer solchen Identifikation mit diesen führt, daß die Vision der Freiheit in der Phantasie der Jungen bereits Realitätscharakter gewinnt.[21]

Leonhard Frank hat die Bande nicht als Ersatz für die gesellschaftliche Ordnung gesehen; sie ist nur eine Form des menschlichen Zusammenschlusses, in der jedes Mitglied seine Individualität bewahrt, weil ein vager pantheistischer Glaube an den »guten Menschen« die Sehnsucht nach der eigenen Identität zum höchsten Ziel erklären läßt. Außerdem ist die Existenzberechtigung der Bande auf das Alter der Indianerromantik begrenzt. Deshalb kommt es zu der ironisch-humoristischen Pointe, daß bis auf Oldshatterhand und Winnetou fast alle anderen Bandenmitglieder zu Spießern werden, sobald sie anfangen, Geld zu verdienen. Auch die aufkeimende Sexualität, die sich mit den knabenhaften Prinzipien der Bande nicht vereinigen läßt, sieht Frank von der humoristischen Seite. Schon hier deutet sich Franks spätere Lösung an, in der Vereinigung von Sexus und Eros einen von aller sozialen Determination freien Bereich zu schaffen. Die Jungen allerdings werden nach dem Vorbild der Gesellschaft zwischen den beiden Polen hin- und hergerissen.

Nur auf dem Einzelweg läßt sich für Frank das Ethos der Verschränkung von sozialem Aktivismus und persönlicher Identitätssuche weiterverfolgen, wie er an Hand der Entwicklung von Winnetou zum Mönch und von Oldshatterhand zum Künstler demonstriert. Im Gegensatz zur Kirche stellt das Mönchstum mit seinen Gelübden keine gesellschaftliche Organisation dar. Seine Wesensverwandtschaft mit der Bande wird auch bildlich unterstrichen: Winnetou ist dem Mönchsorden im Käppele beigetreten, dem Würzburger Wallfahrtsort, der ebenso wie der Festungsberg, der Versammlungsort der Bande, hoch über Würzburg liegt. Doch Winnetous Entscheidung zur Askese und Barmherzigkeit ist letztlich eine Flucht vor der Realität, deren Sinngebung gemessen an Oldshatterhands Schicksal sogar fragwürdig wird.

In Anlehnung an Franks Autobiographie geht Oldshatterhand seiner Sehnsucht, »*etwas* zu werden«,[22] nach, erkennt seine Neigung zur Malerei und schlägt sich mit Hilfsarbeiten durch, bis er genügend Geld verdient hat, um in München an der Kunstakademie sein Talent voll zu entwickeln. Ebenfalls autobiographisch ist Oldshatterhands enge Beziehung zur Münchener Bohème, die Frank als seine »Universität« bezeichnet hat, »wo die Schablonen des Lebens gründlich zerstört und beseitigt wurden« und wo er gelernt hat, »die Dinge des Lebens neu und von sich aus zu sehen« (*Links.* S. 444). Frank läßt seinen Helden – wie es ihm selber durch die Übermittlung der Freudschen Lehren widerfahren war – in der gesellschaftlichen Deprivation die Ursache seiner Qualen erkennen und dafür im künstlerischen Schöpfungsprozeß Sublimation suchen. Die Welt der Bohème übernimmt in diesem speziellen Fall die Funktion, die die Bande besessen hat, sozialen Aktivismus und persönliche Identitätssuche in wechselseitiger Beziehung miteinander zu gewährleisten. Allerdings romantisiert Frank die Welt der Bohème – nicht unähnlich seiner unreflektierten Übernahme von Karl-May-Idealen – und leugnet deren zwielichtigen Charakter, die eigenartige Mischung aus sozialem Parasitentum und sozialer Unabhängigkeit, die nur bedingt als Nährboden für ein produktives Künstlertum und wirkliche menschliche Erkenntnisse fungiert. Mit solchen Vorbehalten jedoch hätte Frank die Basis für seine Gesellschaftskritik verloren.

Oldshatterhands Reifungsprozeß ist daran zu erkennen, daß an die Stelle der Indianerromantik das Bild des Floßes getreten ist, das flußabwärts zieht und dem Sehnsuchtsdrang nach Selbstverwirklichung als greifbares Bild dient.[23] Es gelingt Oldshatterhand zwar, in der Darstellung der Hurengasse von Frankfurt sein eigenes Leid in den größeren Zusammenhang der fehlenden mitmenschlichen Liebe der Gesellschaft zu stellen, doch kann er sich nicht von dem Verlangen nach gesellschaftlicher Anerkennung befreien. Er erliegt einer gemeinen Künstlerintrige und sieht wegen der sozialen Schande als einzigen Ausweg aus dieser Demütigung nur den Selbstmord. Dennoch hat er auf diese Weise die Reinheit seines Ideals bewahren können. Diese Ambivalenz des Scheiterns faßt Frank in das Bild des Helden, der im Sterben noch ein Fenster öffnet; es entspricht auch Franks persönlicher Entscheidung, als er in einem ähnlichen Stadium seiner künstlerischen Entwicklung wie Oldshatterhand seine Laufbahn abrupt aufgab und ohne definitives Ziel die Münchener Bohème mit der Berliner vertauschte. Die von Frank gewählte Alternative hat dann in der Gestalt des »Fremden«, der Oldshatterhands ›alter ego‹ und gewissermaßen Franks idealisiertes und abgeklärtes Selbstporträt darstellt, Eingang in den Roman gefunden.

Seine distanzierte Haltung bewahrt den Fremden davor, in den Sog des Konflikts zwischen Individuum und Gesellschaft zu geraten. Statt dessen kann er die Frage nach der Ursache dieses Konflikts stellen: »Ich denke darüber nach, warum eine junge Blüte vom Baum fallen muß, bevor sie zur Frucht wird, während neben ihr eine andere ungehindert zur Frucht reifen darf« (*Räuberbande*. S. 139 f.). Als einzige Lösung dieses Konflikts sieht der Fremde die Vergebung der sozialen Schuld am Individuum und im Weg der Einsamkeit die Möglichkeit, sich über die Gesellschaft zu erheben.[24] An diesem Gebot zur prinzipiellen Nachfolge Christi zerbricht jedoch Oldshatterhand, so daß die Verwirklichung des von Leonhard Frank propagierten Ideals im Ungewissen bleibt.

Eine sehr viel eindeutigere, aber deshalb literarisch auch weniger überzeugende Position bezieht Frank mit seinem nächsten Werk *Die Ursache* von 1915, das den Anfang einer rein aktivistischen Phase des Autors markiert. Die Problematik entspricht ganz der in der *Räuberbande*, doch wird sie tendenziös zugespitzt präsentiert. Der Dichter, Anton Seiler – wieder Sohn eines Schreinergesellen –, ist ein Opfer des Lehrers Mager geworden. Noch als Dreißigjähriger erlebt er im Traum in übersteigerter Form die Demütigungen des Lehrers, die das Trauma seiner Unzulänglichkeit ausgelöst haben. Die seelische Zerstörung ist so tief, daß die Erinnerung an die Mißhandlungen ihn wieder zum Schulknaben werden läßt. Sein Schicksal steht wieder stellvertretend für die sozio-psychologische Determination des Individuums und dessen »ursächliche« Verknüpfung mit der Gesellschaft.[25] Seine Selbstanalyse treibt ihn zur Konfrontation mit dem Lehrer, um in der Versöhnung mit ihm seine Eigenwürde wiederzuerlangen. Doch Seiler wird Zeuge, wie Mager immer noch mit den alten Methoden Schüler züchtigt, so daß die Versöhnungsbereitschaft in Haß umschlägt, der ihn zum Mord am Urheber seiner psychischen Qualen treibt.

Der zweite Teil der Erzählung beschreibt Seilers Verurteilung zum Tode, das langsame Warten auf den Tod und die blutige Hinrichtung und bringt den Beweis, daß diese Gerichtsbarkeit in konsequenter Fortführung der Erziehungsmethoden durch Eltern und Schule von der psychischen zur physischen Eliminierung führt. Die Geschlossenheit der patriarchalischen Gesellschaftsordnung wird durch Seilers psychoanalytische Selbstdeutung vor Gericht in Frage gestellt. Deshalb fühlt sich der Staatsanwalt in seiner sozialen Funktionalität bedroht und argumentiert für Seilers Verurteilung mit den bezeichnenden Worten »Da könnte ja jeder Mensch mit Recht seinen Lehrer ermorden und jeder Sohn seinen Vater!« (*Ursache*. S. 71). Der einzige Ausgleich für die Sinnlosigkeit und Grausamkeit der Hinrichtung entsteht in der Person eines Geschworenen, der sein Urteil innerlich widerruft, im Selbstmord seine Schuld sühnt und mit dem Dichter zu einer mystischen Vereinigung findet.

Daß Anton Seilers Schicksal repräsentativ für das des Individuums gegenüber der Gesellschaft sein kann, hat sich für Frank im Ersten Weltkrieg bewahrheitet. Im Krieg sah er nur eine Weiterführung der Justiz und die letzte Konsequenz der gesellschaftlichen Selbstherrlichkeit auf noch unpersönlichere und sinnlosere Weise verwirklicht. Aus Protest emigrierte er in die Schweiz, bevor man ihn als Kriegsgegner verhaften konnte. In seiner Autobiographie stellte er selber die Beziehung zwischen dem Erziehungssystem, der Kriegsbereitschaft der Schüler und dem Konsum dieser Menschen durch den Staat her (*Links*. S. 484). Von der Schweiz aus versuchte Frank, diese Überzeugung dem deutschen Leserpublikum in einzelnen Erzählungen, die zuerst in René Schickeles *Weißen Blättern* erschienen und dann zu dem Zyklus *Der Mensch ist gut* zusammengeschlossen wurden, mitzuteilen. Die erste Auflage in Buchform erschien 1917 in der Schweiz, und da das Buch in Deutschland verboten wurde, mußte es hineingeschmuggelt werden. Frank war der Überzeugung, damit zur Beschleunigung der Revolution in Deutschland und des Kriegsendes beigetragen zu haben (*Links*. S. 499).

Die Intention, »ein aufwühlendes, direkt wirkendes Manifest gegen den Kriegsgeist« zu schaffen (*Links*. S. 491), hat zu dem aktivistischen Charakter der Erzählungen geführt und ihnen das einheitliche Konzept eines Zyklus verliehen. Die fünf Erzählungen haben jeweils zum Mittelpunkt das Schicksal eines Menschen, der die Brutalität und Sinnlosigkeit des Krieges am eigenen Leib erfährt und durch das Leid zur Selbstbesinnung gezwungen wird. Dadurch erkennt jeder dieser zum Typischen stilisierten Menschen seine eigene Schuld an diesem Krieg, die in einem »Leben der Lüge, Gedankenlosigkeit und Selbstsucht« (*Mensch*. S. 39) zu suchen ist. Das öffentliche Eingeständnis dieser Schuld und das daraus resultierende Bekenntnis zum Ethos von der ursprünglichen Güte des Menschen wirken als Beispiel und zwingen immer mehr Leute zur Umkehr, bis sich schließlich das ganze Volk gegen den Krieg und seine Anstifter erhebt.

Die Deutung des Krieges als Folge des in der *Räuberbande* und der *Ursache* dargestellten sozialen Chauvinismus wird immer wieder ausgesprochen, doch wird sie nicht auf die spezifische Zeitsituation – zumindest nicht in der ersten Fassung – eingeengt, sondern Frank stellt den Krieg in das archetypische Verhältnis von Individuum und Gesellschaft und führt ihn auf die Mechanisierung des menschlichen Lebens durch die Zivilisation und letztlich auf das Fehlen der mitmenschlichen Liebe zurück. In der späteren Überarbeitung ist diese Argumentation zugunsten einer eindeutiger sozialistischen verlorengegangen, ebenso die dadurch bedingte literarische Überzeugungskraft der visionären Bilder von der durch Liebe erlösten Welt. Das pazifistische Pathos, das als Übersteigerung von Franks sozialem Anliegen zu verstehen ist, erhält seine literarische Rechtfertigung als Reaktion auf den Krieg, nicht spezifisch den Ersten Weltkrieg und das deutsche Kaiserreich. Doch während in der ersten Fassung in prophetischer Weise die »Revolution der Liebe« proklamiert wird, die durch ihren messianischen Heilscharakter als eine, wenn auch extreme, Verwirklichungsform des Bandenethos gelten kann, gipfelt die überarbeitete Fassung in der Nennung Liebknechts, wodurch das Werk von der prophetisch-fiktiven auf die parteilich-propagandistische Ebene verwiesen wird.[26]

Die Tendenz in der Überarbeitung ist durch Franks Begegnung mit dem spanischen Sozialisten und späteren Außenminister der spanischen Republik, Del Vayo, in der Schweiz ausgelöst worden. Die so entstandene Vertrautheit mit dem Marxismus hat dann 1924 zu Franks nächstem Roman, *Der Bürger*, geführt, mit dem der Autor beabsichtigte, seine frühere These von der sozio-psychologischen Determination des Individuums mit Hilfe des marxistischen Gedankenguts zu untermauern. Daß dies nicht ohne literarische Einbußen vonstatten ging und selbst vom marxistischen Standpunkt her nicht die erwünschten Konsequenzen erbrachte, hat die Forschung in beiden Lagern festgestellt.[27] Der Roman ist ein Beispiel dafür, daß Frank seine undogmatische Haltung des »rebellischen Gefühlssozialisten« (*Links.* S. 480) schwer aufgeben und dafür einen konsequenteren sozialistischen Kurs einschlagen konnte.

Wie in der *Räuberbande* steht im Mittelpunkt die Frage nach der Sinnhaftigkeit der sozio-psychologisch bedingten Existenz: »Mancher Dummkopf wird Professor; manch kluger Kopf muß sich eine Kugel in den Kopf schießen.« Doch die Einengung auf die marxistische Klassentheorie geht aus der Weiterführung des Gedankenganges hervor: »So ist das heutzutage. Und so wird es auch noch einige Zeit bleiben. Man muß sich überlegen, ob man Hoffnungen wecken soll, denen von vornherein die Armut schwer im Wege liegt [. . .]. Da eröffnen sich verschiedenerlei wüste Perspektiven.«[28] Im Gegensatz zur *Räuberbande* ist der Held nicht mehr ein Vertreter der unteren Klassen sondern der Bourgeoisie. Diese Wahl ist ebenfalls tendenziös bedingt; denn Frank sieht zu dieser Zeit in der Bourgeoisie die »historische Gegnerin« des Proletariats und hat den Roman daraufhin angelegt, die Entwicklung eines Bürgersohns von seiner herkunftsmäßigen Bindung zur Identifikation mit dem Proletariat aufzuzeigen und darin den einzig möglichen Weg der Identitätssuche und Verwirklichung des »guten Menschen« zu fordern, da nur diese Klasse »das optimistische Element der Lebensverbesserung« in sich trage.[29]

Gegen das Bürgertum bringt Frank nicht so sehr die kapitalistische Ausbeutung als die Spießerhaftigkeit vor, die der Wohlstand erzeugt habe und die unter Vorgabe der bürgerlichen Ideale der Achtung und der damit verbundenen Pflichterfüllung die Unterdrückung der hoffnungsvollen idealistischen Jugend bewirke. In dieser Gesellschaftskritik überschneiden sich Franks sozio-psychologisches Ursachengeflecht mit dem marxistischen Prinzip der ökonomischen Determination; deshalb ist es Frank auch möglich, den marxistischen Klassenkampf in einen Generationskonflikt umzubiegen.[30] Diese Vermischung der zwei gesellschaftskritischen Ansätze hat eine Abschwächung ihrer logischen Stringenz mit sich gebracht. Wahrscheinlich hat Frank aus diesem Grunde versucht, durch eine schematische Entwicklung des Helden Jürgen Kolbenreiher innerhalb des Spannungsfeldes von Bourgeoisie und Proletariat den Verlust an logischer Beweisführung durch einen konsequenten Aufbau wettzumachen. Doch dadurch ist auch die Ambivalenz von Franks Wirklichkeitsverhältnis, die die *Räuberbande* auszeichnet, verlorengegangen.

Der Entwicklungsprozeß von Jürgen Kolbenreiher verläuft in vier Stufen. Seine Jugend steht unter dem Zeichen der Unterdrückung durch den Vater, der ihm die Scheinwerte seiner Klasse aufzwingt.[31] Er steigt die Stufen der bürgerlichen Erfolgsleiter empor, bis er durch die Liebe zu Katharina, einer Agitatorin, die den Bürgerstand bereits verlassen hat, seinen gesellschaftlich bedingten Ich-Verlust erkennt. Er lernt, sich mit dem Proletariat zu identifizieren; denn »die Proletarier kommen aus dem Protest nie ganz heraus, können folglich ihr Ich nie ganz verlieren und sind auch aus diesem Grunde als Klasse schöpferisch dazu bestimmt, im Gange der Geschichte über die unschöpferisch gewordene bürgerliche Klasse hochzusteigen« (*Bürger*. S. 257). Diese Affiliation Jürgens in die sozialistische Bewegung, die die Verwirklichung des »reinen Ichs« zum Ziel hat (*Bürger*. S. 258), führt wie von selbst zur Erlösung Jürgens von seinen Traumata, die die Jugenderziehung in ihm hinterlassen hat. Doch Jürgen kann der Versuchung nicht widerstehen, die ihm die Gesellschaft in Form des Wohlstands darbietet. Allerdings erkauft er sich die soziale Achtung durch den erneuten Verlust seines Ichs, hat Alpträume und Visionen und leidet schließlich an Schizophrenie, weil er nicht mehr die Forderung seines Ichs unterdrücken oder mit seiner Realität vereinbaren kann. In dieser Lage wissen auch die gesellschaftlichen Instanzen keinen anderen Rat, als Mittel und Wege vorzuschlagen, die die vollkommene Abtötung des psychischen Bereichs zur Folge haben würden. Allein durch seine Hinwendung zur Natur kann sich Jürgen vor dem Untergang retten und den Weg zu Katharina und zu sich zurückfinden.

Damit hat Franks Identitätssuche einen tendenziösen Aspekt erhalten, in dessen Dienst selbst die früheren Motive der Ich-Suche, wie das Floßbild, treten und nur die Funktion von Requisiten besitzen.[32] Trotzdem kann ein Mangel an »politischer Zielsicherheit« beanstandet werden,[33] weil Sozialismus und Partei zu keiner eindeutigen Realisation gefunden haben – ein vom Künstlerischen her vielleicht begrüßenswerter Umstand, der aber die echten literarischen Mängel nicht aufwiegt.

In die Zeit nach Abschluß des *Bürgers* fällt Franks beginnende Enttäuschung über den Verlauf des Sozialisierungsprozesses in der Weimarer Republik. Seine Resignation kann bereits an den Novellen aus dieser Zeit abgelesen werden. Denn obwohl er zugeben mußte: »Der Untertanengeist war nicht mehr vorherrschend wie im Kaiserreich. Der Beamte hatte den Göttermantel abgelegt und war menschenähnlich geworden« (*Links*. S. 526), bestimmt in der Novelle *Der Beamte* (1925) die Kontinuität des vom Kaiserreich in die Weimarer Republik hinübergeretteten Beamtengeistes das Schicksal des Magistratsangestellten Höfer. Bezeichnend dabei ist vor allem der Schluß der Fassung von 1925 im Vergleich zum *Fragment aus einem Revolutionsroman* von 1919, das als Vorform angesehen werden kann. Während in der Novelle dem Beamten Höfer nach dem Zusammenbruch seines Beamtendaseins nur noch der Ausweg in den Tod bleibt, schließt er sich in dem Fragment der revolutionären Bewegung an.[34]

Aus dieser Zeit stammt auch Franks Beitrag zur Diskussion um den Paragraphen 218 des Strafgesetzbuchs. Franks resignierende Haltung ist an der fast unbeteiligten Berichterstattung über die gesellschaftliche Hoffnungslosigkeit zu erkennen und an dem Verzicht auf aktivistische Tendenzen zur Besserung der sozialen Zustände. In diesem Sinne kontrastiert er das Schicksal der »Zwei Mütter«

in der gleichnamigen Novelle, von denen eine ihr Kind abtreiben läßt, weil die gesellschaftlichen Umstände sie dazu zwingen. Damit bringt Frank die Identitätssuche desselben Menschen, die in der handlungsmäßig vorausgehenden Novelle *Schicksalsbrücke* noch ungewiß geblieben war, zu einem aller Illusion beraubten Ende. Nicht einmal die unmöglich scheinende Rettung aus dem zu Tal rasenden Eisenbahnwagen in der Novelle *Der letzte Wagen* vermag die in sich erstarrten Spießer und Heuchler, deren Lebenslüge durch die Todesgewißheit aufgedeckt worden ist, zur Umkehr zu bewegen. Frank hat auch das frühere Sehnsuchtsmotiv des Floßes in das der Todesgewißheit umgewandelt[35] oder durch das Motiv des Fallens ersetzt[36]. Auch fehlt dem Selbstmordmotiv jeglicher versöhnlicher Charakter der Identitätsbewahrung, den es z. B. im Schluß der *Räuberbande* besitzt.

Unter den Novellen ragt allein *Karl und Anna* (1926) mit einer spezifischen Lösung hervor, die in der Absolutsetzung der Liebe, die alle Realitätsgebundenheit übersteigt, besteht. Hier hat Frank zum erstenmal das Modell für seine »Traumgefährten« geschaffen, die in der Verbindung von Sexus und Eros die Naturhaftigkeit des Menschen verwirklichen und frei von aller sozialen Determination sein können. In *Karl und Anna* hat Frank den Durchbruch zu dieser Lebensform noch überzeugend als Grenzform der menschlichen Sehnsucht nach Freiheit gestalten können, indem die soziale Wirklichkeit als Kontrast zu der Entwicklung und als ihr Ausgangspunkt immer gegeben ist. Doch in den folgenden Werken, die als Verwirklichung der Identitätssuche die Extremsituation des Erotischen proklamieren, hat Frank Gesellschaft und Wirklichkeit als Bezugspunkt vollkommen aufgegeben, wodurch *Bruder und Schwester* (1929), *Traumgefährten* (1936) und Teile von *Mathilde* (angefangen 1939 und beendet 1945) in die bedenkliche Nähe zum Kitsch geraten sind.[37]

Doch bevor sich Frank ausschließlich dem Thema der Identitätssuche im erotischen Bereich gewidmet hat, sind am Ende der Weimarer Republik noch zwei Romane entstanden, die auf einen Ausgleich zwischen den beiden ursprünglichen Gestaltungspolen von Franks Schaffen abzielen, die Würzburg-Thematik wieder aufgreifen und speziell die Atmosphäre der *Räuberbande* wieder aufleben lassen.

Im *Ochsenfurter Männerquartett* (1927) haben sich vier Mitglieder der ehemaligen Räuberbande unter dem Druck der sozialen Verhältnisse – damals war es die Erziehungsmethode, jetzt ist es die Arbeitslosigkeit – zusammengeschlossen, um sich gemeinsam zu behaupten. Ihr Entschluß, öffentlich als Gesangsquartett aufzutreten, hat nichts mehr gemein mit den früheren aktivistischen Plänen und Sehnsuchtsvorstellungen. Es scheint ein grotesker Versuch zu sein, gerade das Sinnbild des Spießertums, den Gesangverein, zur Basis eines antigesellschaftlichen Bündnisses zu machen, und gerade darin kommt die Hoffnungslosigkeit ihres Unterfangens und zugleich Franks Resignation gegenüber allen aktivistischen Bestrebungen zum Ausdruck. Aber dennoch hat Frank versucht, seinem ursprünglichen Gestaltungsprinzip der Verschränkung von sozialem Aktivismus und persönlicher Identitätssuche treu zu bleiben, allerdings nur dadurch, daß er der Forderung nach Verwirklichung des »guten Menschen« ihren progressiven Aspekt genommen und auf das Individuum allein beschränkt hat; anarchistische Bestrebungen werden sogar kritisiert. Dieser Verlust an deklamatorischer Allgemeinverbindlichkeit soll durch die Erfassung der Einzelsituation, in der die Vermischung von Tragik und Humor als objektives Prinzip der menschlichen Existenz offenbar wird, kompensiert werden (*Links*. S. 540). Doch der Roman hat dadurch seine Zielgerichtetheit verloren und droht, ins Episodenhafte zu zerfallen.

Selbstverständlich ist die Gesellschaft mit ihren erstarrten Repräsentanten als negativer Bezugspol geblieben, ebenso die Natur als Manifestation einer ursprünglich heilen Weltordnung. Durch die Einschränkung der aktivistischen Haltung ist auch die Kritik an Würzburg aus der *Räuberbande* verlorengegangen, und die Stadt als solche wird zum Bild für die mögliche Einheit zwischen Mensch und Natur.[38] Franks Verlust eines konsequenten Engagements und sein Unvermögen, statt dessen zu einer übergesellschaftlichen Deutung des Menschen zu finden, wird durch die rein zufällige Lösung des Problems der Arbeitslosigkeit für drei aus dem Quartett nur noch hervorgehoben: Nach dem Debüt in Ochsenfurt erbt der eine, der andere heiratet, und der dritte bekommt einen Kredit, um seine alte Gastwirtschaft wieder übernehmen zu können. Von daher erhält die Nebenhandlung – die wechselvolle Beziehung zwischen zwei Liebenden, deren endgültige Vereinigung den Abschluß des Romans bildet – die Funktion, die sinngebende Lösung des menschlichen Schicksals aufzuzeigen. Doch die Absolutsetzung der Vereinigung von Sexus und Eros steht bei Frank in keiner Relation zu der sozialen Problematik, so daß das Glücksgefühl der körperlichen Vereinigung zweier füreinander bestimmter Liebenden letzte Aussage wird. Diese Haltung hat auch dazu geführt, daß gerade die Abschnitte der Nebenhandlung kitschige Passagen aufweisen.[39]

Den letzten Teil von Franks sogenannter »Würzburger Trilogie« bildet der 1932 veröffentlichte Roman *Von drei Millionen Drei*, der am Schicksal von zwei Mitgliedern des Männerquartetts und eines Neuhinzugekommenen das Elend der durch die Weltwirtschaftskrise ausgelösten weltweiten Arbeitslosigkeit aufzeigt. Wieder hat sich eine kleine Gruppe von Menschen zusammengeschlossen, um ein von der Gesellschaft bedingtes Los zu meistern: Die erstrebte Lösung besteht in der Auswanderung nach Südamerika, von wo zwei des Trios schließlich, aller Illusionen beraubt, nach Würzburg zurückkehren. Gerade dadurch unterstreicht Frank wie noch nie zuvor die Fruchtlosigkeit aller Bemühungen im Kampf des Individuums gegen die Gesellschaft. Mit diesem Roman hat er alle Hoffnungen auf eine fortschrittliche Entwicklung der Gesellschaft aufgegeben: Die Helden werden sogar wegen ihrer Beteiligung an einer Revolution in Südamerika nach Europa deportiert. Der Mensch ist zum Opfer des ökonomischen Räderwerks und der damit zusammenhängenden Zivilisation geworden. Er kann sich höchstens durchschlagen und von der Hand in den Mund leben. Die Gruppe dient dann nur mehr dazu, das Vagabundendasein zu erleichtern und sich gegenseitig in der ursprünglichen, aber ohnmächtigen Idealität zu bestätigen. Das Problem des Ausgleichs zwischen sozialem Aktivismus und persönlicher Identitätssuche ist auf das des nackten Lebenskampfes eingeengt worden, bei dem es keine Alternativen mehr gibt. Die Natur stellt nur noch einen nicht mehr nachvollziehbaren idealen Zustand dar. Angesichts der Unbarmherzigkeit, mit der die Weltwirtschaftskrise wie eine Naturkatastrophe um sich greift,[40] findet auch der Humor keinen Lebensraum mehr; er wird durch das Wunder ersetzt, das nur dazu dient, den Gang der Handlung weiterzutreiben, und keinen Realitätswert besitzt. An der Stelle des früheren Aktivismus macht sich ein Fatalismus geltend, der auch die Identitätssuche bestimmt. Die durchgängig pikareske Gestaltung[41] entspricht dem Verlust einer zielgerichteten Weltanschauung und signifiziert zugleich einen Endpunkt für Franks sozialkritisches Schaffen. Er selber hat diesen Sachverhalt erkannt und später als Grund dafür angegeben, daß er keine sozialkritischen Romane mehr schreibe: »Mit Romanen ist doch nichts anzustellen – ist doch nichts zu ändern«.[42] Allerdings hat er dies geäußert, als er bereits nach Amerika emigriert war und am eigenen Leib die Verfolgungsaktionen der Nationalsozialisten und seine Ohnmacht diesem totalitären System gegenüber erlebt hatte.

Frank war bald nach dem Reichstagsbrand in die Schweiz geflohen. Sein zweites Exil markierte das Ende seines literarisch ruhmvollsten Lebensabschnitts. Für den Zyklus *Der Mensch ist gut* war ihm 1920 nach seiner Rückkehr aus seinem ersten Exil nach Berlin der Kleist-Preis zuerkannt, 1928 war er zum Mitglied in der Preußischen Dichterakademie gewählt worden. Jedoch seine sozialkritischen Schriften und seine entsprechende kompromißlose Einstellung zum Nationalsozialismus machten es ihm unmöglich, nach der Machtergreifung in Deutschland zu bleiben. Von der Schweiz ging Frank über London schließlich nach Paris, wo er bei Ausbruch des Krieges sechs Wochen lang in einem Lager interniert war. Nach erneuter Internierung beim Einmarsch der Deutschen in Frankreich konnte er mit knapper Not aus einem Lager in der Bretagne mit drei anderen Gefangenen fliehen, bevor deutsche Kommandos das Lager besetzten. Zu viert schlugen sich die Flüchtlinge nach Südfrankreich durch, von wo Frank mit Hilfe des von amerikanischer Seite gegründeten ›Emergency Rescue Committees‹ die Möglichkeit erhielt, nach Amerika ins Exil zu gehen.[43]

Bereits vor seiner Flucht aus Frankreich hatte Frank mit der Arbeit an einem Roman begonnen, der die spezifische Situation des Exilschriftstellers zur Voraussetzung hat, aber eigentlich schon durch Franks früher einsetzende Resignation gegenüber dem literarischen Engagement bestimmt ist. Das Exil hatte ihm nur die Ohnmacht des aktivistischen Schriftstellers mehr bewußt gemacht, so daß er beschloß, nur »seiner selbst wegen [zu schreiben], sich selbst zur Freude und Qual, und weil er schreiben [mußte]. Es sollte ein umfangreicher Liebesroman werden, der Lebensweg eines Mädchens von ihrem dreizehnten Lebensjahr bis zu dem Alter, da ihre Tochter dreizehn ist« (*Links*. S. 579). Wieder hatte Frank mit diesem Roman *Mathilde* zum Thema der Liebe gegriffen, um in der Beschränkung auf diesen Bereich der persönlichen Identitätssuche vor der Realität zu flüchten. Das unfertige Manuskript hatte er in das französische Lager mitgenommen und auch bei der Flucht nicht aufgegeben; er klammerte sich daran wie an eine letzte Rettungsmöglichkeit. Er selbst hat seine Arbeit an dem Roman als »gesunden Wahnsinn« bezeichnet, der ihm erlaubte, im Lager, »in dieser stinkenden, von Dreck starrenden eiskalten Hölle, das Paradies [zu beschreiben]« (*Links*. S. 582). Die bewußte Intention, der historischen Realität durch die Gestaltung einer anderen Herr zu werden, hat Anlage und Aussage des Romans bestimmt.

Bezeichnenderweise spielt der Roman in der Schweiz, die zum zweitenmal dem Exilierten für kurze Zeit als Gastland gedient hat. Die Darstellung von Mathildes Lebensweg bis zu ihrer zweiten Heirat erfolgt unter vollkommenem Ausschluß der Zeitgebundenheit und eigentlich auch des Umwelteinflusses; denn Frank hat seine Heldin als einen »weiblichen Franz von Assisi« (*Mathilde*. S. 300), als die Verkörperung der reinen Weiblichkeit konzipiert, die in ihrer Selbstbewahrung vor der Umwelt zur vollen Entfaltung gelangt. In klischeehafter Untermalung demonstriert ihr Lebensweg die Gewißheit, daß nur in der Abgeschiedenheit von der Gesellschaft und dem durch sie bedingten Zeitgeschehen, im Einklang mit der Natur, der Mensch zu seiner Erfüllung gelangen kann. Es versteht sich von selbst, daß dieses bestimmende Element des Unwirklichen den Roman in die Nähe zum Märchen rücken mußte, und Frank hat diese Tendenz noch durch märchenhafte Einlagen und Anspielungen – allerdings ohne Rücksicht auf die Gefahr der Verkitschung – verstärkt. Mathildes mißglückte erste Ehe bestätigt ihre frühe Identifikation mit dem Märchen vom »Mädchen ohne Hände«, und dementsprechend erscheint der Engländer Weston, der ihr Wesen bereits früh erkannt hat, aber dessen Werbung sie vorerst abgeschlagen hatte, als der Märchenprinz und die Ehe mit ihm, die zu der ersehnten Tochter führt, als die Überwindung der menschlichen Tragödie, die in der Trennung von Mann und Frau begründet liegt (*Mathilde*. S. 224). In diesem Zusammenhang erhält die bewußte Einheit von Sexus und Eros die Bedeutung der Wiedergewinnung des paradiesischen Urzustands (*Mathilde*. S. 216).

Eigentlich ist durch Mathildes Vereinigung mit Weston die Märchenhandlung zu ihrem intendierten Abschluß gekommen. Doch der bekenntnishafte Charakter des Romans hat die märchenhafte Selbstbewahrung dem Zeitgeschehen gegenüber nötig gemacht. Deshalb bricht die historische Wirklichkeit in die ahistorische Handlung unvermittelt ein, und dabei stellt Frank eindeutige Parallelen zu seinem eigenen Schicksal her: die durch den nationalsozialistischen Terror bedingte Emigration der deutschen Intelligenz, darunter Westons älterer Doppelgänger – auch er ein Selbstporträt Franks –, und der Zweite Weltkrieg, genauer gesagt die deutsche Invasion in Frankreich. Die Beschreibung der Flucht von Westons Doppelgänger aus einem französischen Lager in der Bretagne bis nach Südfrankreich deckt sich bis in den Wortlaut mit Franks autobiographischem Bericht. Franks Abhängigkeit von der realen Wirklichkeit ist dann so weit gegangen, daß er, wie eingangs erwähnt, das Kriegsende abwarten mußte, um den Roman fertigstellen zu kön-

nen.[44] Frank hat auch seine eigene positive Einstellung zur Sowjetunion nicht ge-
heimgehalten, das Zögern der Alliierten und besonders Amerikas bei der Errichtung
einer ›Zweiten Front‹ kritisiert und von seiner sozialistischen Warte aus, »auf der
linken Seite der Barrikade« den Zweifel geäußert, »ob unter der bestehenden
Wirtschaftsordnung die Kriegsursachen beseitigt werden können« (*Mathilde.*
S. 396). Angesichts der drohenden Gefahr des Atomkriegs kann der Autor nur
seinen Glauben an den »guten Menschen« anbieten, der in dieser Form, wie so
vieles in dem Roman, wie ein Requisit klingt: »Das Geschöpf Gottes, wenn es vor
der letzten Entscheidung steht, wird nicht die Schöpfung Gottes vernichten«
(*Mathilde.* S. 396). Bis in die Realitätsschilderung ist die konfessionelle Intention
des Autors bestimmend gewesen, so daß auch vom sozialkritischen Aspekt her das
Buch nicht über die Ebene der »kathartisch-therapeutischen Bedeutung für den
Verfasser« hinauskommt.[45] Diese Kritik trifft aber keineswegs auf die *Deutsche
Novelle* zu, deren Entstehung mit dem Abschluß von *Mathilde* zusammenfällt.
Mit der *Deutschen Novelle* (1954) kehrt Frank wieder zu der Gestaltung der
Würzburg-Thematik zurück, in der er sich zu Hause fühlte. Hier ist dem Autor
zum letztenmal ein Ausgleich zwischen sozialem Aktivismus und persönlicher
Identitätssuche gelungen, auf den man die im Vergleich zu dem anderen Alterswerk ungewöhnlich hohe Bedeutung des Werkes zurückführen kann. Zwei Dinge
haben einer objektiven Wertung der *Deutschen Novelle* im Wege gestanden: das
Urteil Thomas Manns und die damit verbundene Kontroverse über die Beziehung
zum *Doktor Faustus* einerseits und zum anderen die wegen des Titels naheliegende
allegorische Interpretation. Selbstverständlich will der Titel programmatisch verstanden sein, aber es ist gerade die Verschränkung dieser aktivistischen Tendenz
mit der Identitätssuche der Baronesse Josepha von Uffendorf, die die Allegorie
nicht zur antifaschistischen Tendenzliteratur absinken läßt. Indirekt liegt ja in
diesem Ausgleich die Kritik der sozialistischen Forschungsrichtung an diesem Werk
begründet.[46]
In sehr kunstvoller Weise hat Frank das Schicksal der Baronesse vor dem Hintergrund der ihm so vertrauten Kleinstadtatmosphäre Rothenburgs ›aufgebaut‹ und
sich selbst sowohl in die Haupthandlung als auch in die vierzig Jahre später
spielende Rahmenhandlung einbezogen. Durch diesen Erlebnisgehalt gewinnt das
Werk eine über die Ebene der Allegorie hinausreichende Dimension der Identifikation des Autors mit dem Stoff. Wieder handelt es sich um das Problem der
menschlichen Steigerung in der Vereinigung von Sexus und Eros, doch dieses Mal
werden die psychischen Störungen, die durch die Nichterfüllung dieser ursprüng-
lichsten Verheißung ausgelöst werden, in direkter Beziehung zur Gesellschaft gesehen. Die Traditionsgebundenheit von Josephas Stand und das ihr entgegenge-
brachte Ansehen der Gesellschaft verhindern die Verwirklichung ihres natürlichen
Anrechts: »in der Vereinigung mit dem Erwählten die Einheit von Körper und
Seele gewinnen zu können, war Josepha [...] nicht verstattet gewesen« (*Novelle.*
S. 453 f.). Statt dessen wird sie von sexuellen Wahnvorstellungen gequält, die von

ihrem Diener geschürt werden, um sie seinen sexuellen Wünschen dienlich zu machen. Wegen ihrer gesellschaftlich bedingten isolierten Stellung und Unerfahrenheit ist sie den diabolischen Verführungskünsten des Dieners wehrlos ausgesetzt und weiß schließlich nur in der Selbstaufgabe, der Hingabe an den Diener und dessen und ihrer anschließenden Ermordung – nicht unähnlich dem Ende Oldshatterhands –, ihre Identität zu bewahren.

Die Frage nach dem Sinn dieses Todes greift Franks frühere Fragen nach der anscheinenden unbeantwortbaren Ambivalenz des Schicksals auf. Über das Bekenntnis Michael Vierkants »Ich hätte sie geliebt« (*Novelle*. S. 371) und den Selbstmord seines Onkels gewinnt das Schicksal der Baronesse seinen überindividuellen Charakter. Als Bestätigung dafür dienen die Kleinstadtatmosphäre Rothenburgs und besonders der Handwerksgeist, der Fleiß und Entsagung zu einer verengten Traditionsbewußtheit vereint, die der ständischen entspricht. Die Gestaltung dieses Ursachengeflechts vereint die Deutung von Hitlers Machtergreifung als der Verführung Deutschlands mit der Mahnung und Aufforderung zu einer neuen Identitätssuche Deutschlands. So, wie die mögliche Verbindung zwischen Josepha und dem Malergehilfen Michael Vierkant die Lebensunfähige in den Strom des Lebens und der Natürlichkeit zurückgeführt hätte, müßte Deutschland seine Identität in dem aktivistischen Engagement von Traditionsbewußtheit und Fortschritt, Kultur und Zivilisation, Innerlichkeit und Demokratie erkennen und verwirklichen.[47] Doch in dieser Aufforderung verbinden sich nicht nur sozialer Aktivismus und persönliche Identitätssuche, sondern bestimmend ist auch Franks Exilsituation. Seine Verwurzelung in Deutschland, die durch das Exil in Hollywood besonders hervortritt,[48] hat zur Darstellung seiner persönlichen Anteilnahme am Schicksal Deutschlands geführt, die Thomas Mann sogar als »verfrühten Patriotismus«[49], doch Frank als natürliche Sentimentalität empfindet (*Novelle*. S. 479).

Diese literarische Dichte ist bereits mit Franks nächstem größeren Werk, *Die Jünger Jesu*, einem Nachkriegsroman von 1949, der allerdings noch in New York geschrieben worden ist, verlorengegangen. Zum letztenmal hat Frank dabei auf die Würzburg-Thematik in Verbindung mit dem Motiv der Bande zurückgegriffen; doch die Enttäuschung über den Fortbestand der sozialen Wertordnung sowie der nationalsozialistischen Anschauungen haben Frank eine eindeutig aktivistische Position beziehen lassen. Mehrere Handlungsstränge, die episodisch nebeneinander herlaufen, lassen die konkrete Würzburger Gesellschaft der Nachkriegszeit als den Gesellschaftstypus erscheinen, der dem Individuum sein natürliches Anrecht auf Selbstverwirklichung abspricht. Die Schule wird einmal sogar als »Dachau für Kinder« bezeichnet. (*Die Jünger Jesu*. S. 294). Durch diese aktivistische Einengung eines archetypischen Konflikts auf eine historische Situation hat Frank die ästhetische Komponente seines Schaffens genauso aufgegeben wie bei der einseitigen Identitätssuche im Bereich des Erotischen.

Die Bande hat die Funktion übernommen, durch Diebstahl an den Wohlhabenden und Gaben an die Notleidenden Abhilfe für die sozialen Mißverhältnisse zu schaffen. Da die Wohlhabenden ohnehin auf unethische Weise zu ihren Gütern gekommen sind und die Bande nichts für sich behält, scheint ihr Treiben gerechtfertigt. Aller Zweifel daran soll durch die Identifikation mit den ›Jüngern Jesu‹ behoben werden, die Franks Vorstellung vom Wesen der Bande schon in der *Räuberbande* bestimmt hat, durch diese grobe Gleichsetzung aber überheblich wirkt. Der erhalten gebliebenen sozialen Ordnung entspricht die Justiz im Nachkriegsdeutschland, die die Naziverbrechen nicht bestraft und statt dessen die Naziopfer weiter verfolgt. Ausgesprochen peinlich wirkt in diesem Zusammenhang die melodramatische Darstellung des Schicksals eines jüdischen Mädchens, das von den Nationalsozialisten in ein Wehrmachtsbordell deportiert worden ist, nach ihrer Rückkehr nach Würzburg als Ausgestoßene behandelt wird und wegen der öffentlichen Nachsicht gegenüber dem Mörder ihrer Eltern zur Selbstjustiz greift. Die durch die sexuellen Mißhandlungen bedingte psychische Deformation, die den akuten Grad einer Psychose besitzt, soll als Spiegel der nationalsozialistischen Greuel dienen. Doch Franks bereits klischeehaft angewandte Deutung, die die Greuel als ein Auseinanderfallen von Sexus und Eros konzipiert, ist wegen der mangelnden literarischen Verarbeitung der konkreten Wirklichkeit nicht gewachsen.

Das andere Extrem der Wirklichkeitshörigkeit zeigt sich in dem Fall Kabus, den Frank als ein Beispiel des Neofaschismus direkt übernimmt. Der Umschlag in die Propagandistik vollzieht sich am Schluß, wenn sich die Bande auflöst, um in der ›sozialistischen Jugend‹, speziell als deren ›linker Flügel‹, ihre Ideale verfechten zu können. Diese Gleichsetzung einer politischen Organisation mit dem Ethos der christlichen Urgemeinde entbehrt des literarischen Geschmacks. Zusätzlich wird der Leser mit einer theatralischen Projektion vom Jahr 1947 auf das Jahr 1957 aufgefordert, die befürchtete Entwicklung Deutschlands selber aufzuhalten.

Von dieser Verengung auf die aktivistische Komponente ist auch Franks letztes umfangreicheres Werk, die Autobiographie *Links wo das Herz ist* (1952), betroffen. Der Darstellung fehlt das literarische Prinzip der Verschränkung der beiden Gestaltungspole ebenfalls. Frank rechtfertigt sein Leben durch das eingangs zitierte und im Titel proklamierte sozialistische Bekenntnis und drückt auch seiner Identitätssuche den Stempel des konfessionellen Rechenschaftsberichts auf, so daß das Werk nur als biographische Dokumentation von Bedeutung ist. Dagegen hat bei der marxistischen Literaturkritik der DDR diese eindeutige Verwirklichung eines sozialistischen Engagements zu der überschwenglichen Aufwertung des Alterswerks, speziell dieser Autobiographie und des Romans *Die Jünger Jesu*, geführt.

Die Relation der beiden Gestaltungspole bei Leonhard Frank zur Grundlage einer literarischen Wertung zu machen ist von der marxistischen Forschung nie betrieben worden. Allerdings gilt dies auch für Martin Glaubrecht, der sich zwar bewußt von jedem soziologischen Doktrinarismus absetzen will, aber die Gestaltungspole nicht in ihrer Relation zueinander erkennt. Deshalb fehlt seiner Darstellung trotz überzeugender Einzelergebnisse die synthetische Erfassung dieses Zusammenhangs, auf den besonders Reinhold Grimm in seinen Arbeiten bereits hingewiesen und der ihm ebenfalls als Kriterium der Wertung gedient hat.[50] An Hand dieses methodologischen Ansatzes läßt sich Franks Modell der Gesellschaftskritik, das er zum erstenmal mit der *Räuberbande* vorgelegt hat, auf ein Prinzip zurückführen, das die Zeitgebundenheit übersteigt. Es handelt sich dabei um die archetypische Haltung des Schöpferischen aus dem Gegensatz zu Tradition und Gesellschaft, die den Expressionismus charakterisiert und auch Frank mitbestimmt hat.[51] Etwas zu verallgemeinernd reduziert Wilhelm E. Mühlmann das Problem auf »anthropologische Grundgegebenheiten«; doch behauptet er zu Recht, daß es sich nicht allein auf »soziologische oder sozio-ökonomische Determinanten zurückverweisen« läßt.[52] Einige Werke Franks sind ein gutes Beispiel dafür, daß Gesellschaftskritik aus der Haltung des Außenseiters schlechthin, nicht nur des einseitig ökonomisch bedingten, erwachsen kann und der Drang nach Selbstverwirklichung, der Drang, »*etwas* zu werden«,[53] zur schöpferischen Selbststeigerung über das soziale Außenseitertum führen kann. Für diesen Zusammenhang bezeichnend sind auch die Romanformen, die als Entwicklungs-, Künstler- und Kindheitsromane – unter letztere fallen die Gestaltungen des Bandenmotivs – angelegt sind, aber auf die Überwindung und Überhöhung des gesellschaftlichen Bezugs abzielen. Allerdings hat Frank selbst in der Verschränkung von sozialem Aktivismus und persönlicher Identitätssuche diese literarische Implikation nicht voll verwirklichen können, da er zu sehr der historischen Wirklichkeit – speziell in der Abhängigkeit von seiner Autobiographie – verpflichtet geblieben ist.

Anmerkungen

Zitate aus Franks erzählerischen Werken werden im Text durch Kurztitel und Seite identifiziert. Der Einheitlichkeit wegen wird nach der im Aufbau-Verlag erschienenen Ausgabe *Gesammelte Werke* (6 Bde. Berlin 1957) zitiert. Allerdings wird, wenn nötig, auch auf andere Fassungen zurückgegriffen. Benutzte Kurztitel:

Die Jünger = Die Jünger Jesu
Links = Links wo das Herz ist
Mensch = Der Mensch ist gut
Novelle = Deutsche Novelle
GW = *Gesammelte Werke*

1. Heinz Neugebauer: »Leonhard Frank«. In: H. N. u. I. M. Lange: *Leonhard Frank. Hans Fallada*. Berlin [Ost] 1955. (Schriftsteller der Gegenwart.) S. 7. Diese populärwissenschaftliche Würdigung kann als stellvertretend für die übrige Frank-Forschung der DDR gelten.
2. Vgl. Günter Caspar: »Zum Spätwerk Leonhard Franks«. In: *Aufbau*, 12 (1956). S. 596; Gustav Schröder: *Die Darstellung der bürgerlichen Gesellschaft im Werk Leonhard Franks*. Diss. Potsdam 1957 [masch.]. S. 182 f.; Gustav Schröder: »Zwischen Resignation und Hoffnung. Zur mittleren Schaffensperiode von Leonhard Frank«. In: *Aufbau*, 13 (1957). S. 256.
3. Für die *Räuberbande* erhielt Frank 1914 den Fontane-Preis.
4. Reinhold Grimm: »Zum Stil des Erzählers Leonhard Frank mit einem Anhang über Franks Verhältnis zur Mundart«. In: *Jahrbuch für fränkische Landesforschung*, 21 (1961). S. 181.

5. Vgl. *Links*, S. 604, und Thomas Mann: *Die Entstehung des Doktor Faustus. Roman eines Romans.* Frankfurt a. M. 1949. S. 84.
6. Vgl. diesbezüglich auch Reinhold Grimm: »Leonhard Frank. 1882–1961«. In: *Fränkische Klassiker. Eine Literaturgeschichte in Einzeldarstellungen.* Hrsg. von Wolfgang Buhl. Nürnberg 1971. S. 660.
7. Bei der Darstellung von anderen Städten hat Frank nur ein stereotypes Stadtbild gezeichnet.
8. Vgl. Schröder: *Die Darstellung der bürgerlichen Gesellschaft* ... (= Anm. 2). S. 52 f. Schröder hält Frank vor, daß dieser vor dem Ersten Weltkrieg noch nicht in der Lage gewesen sei, ein soziales Engagement als notwendige Konsequenz seiner sozialkritischen Erkenntnisse zu gestalten und auch selber einzugehen.
9. Im Anfang seiner Autobiographie gibt Frank ein klares Bild von den ärmlichen Verhältnissen, in denen er aufgewachsen ist – vgl. *Links*. S. 404 f. –, doch vermeidet er im Roman eine einseitig sozio-ökonomische Deutung des Schicksals seines Helden.
10. *Räuberbande*. S. 232 f.: »Der Katholizismus, die Klöster, Mönche und Priester, die engen Kurven der Gassen mit den feuchten Schatten, die gotischen Kirchen, die hohen, grauen Mauern, aus denen unvermittelt gotische Fratzenbildwerke springen, all dies zusammen wirkt auf den Menschen von Jugend an [...]. So eine Stadt bringt Böse hervor, die schon als siebenjährige Kinder Sünden beichten mußten, Verblödete, religiös Irrsinnige, Ehrgeizige, bucklig Geborene, heimliche Mörder, Krüppel, Asketen, Kinderschänder [...].«
11. Vgl. diesbezüglich die Eingangssätze zur *Räuberbande*, S. 9, in denen Frank die ganze Fülle der sinnlichen Reize Würzburgs einzufangen sucht.
12. Sogar Mörder und den Lehrer Mager kann Frank »entschuldigen«; vgl. S. 230 und 233.
13. Der Begriff der »Ich-Leiche« ist von Martin Glaubrechts Darstellung übernommen worden: *Studien zum Frühwerk Leonhard Franks.* Bonn 1965. (Abhandlungen zur Kunst-, Musik- und Literaturwissenschaft. Bd. 34.) S. 47 ff.
14. Diese tendenziöse Schlußfolgerung zieht Günter Caspar (= Anm. 2), S. 592. Vgl. dagegen Reinhold Grimm (= Anm. 4), S. 185; bezüglich der Wiederholung von Charakteren und Motiven bei Frank läßt Grimm nur den einzigen Schluß gelten: »die Rückbeziehung auf ein erlebendes Ich, die Verankerung im Biographischen des Autors.«
15. Vgl. die autobiographischen Hinweise in *Links*. S. 405 f.
16. *Räuberbande*. S. 284 f.; ähnlich S. 283.
17. Diesem Thema ist Franks nächstes Werk *Die Ursache* gewidmet; die Mitglieder der Bande werden nur wegen Diebstahls von Weintrauben vor Gericht geladen, wobei die Absurdität des Verfahrens eher die Gesellschaft anzuklagen scheint.
18. Dieser Aspekt des Spießertums wird in der *Räuberbande* weniger, dafür aber im *Bürger* um so stärker deutlich.
19. Vgl. Schröder: *Die Darstellung der bürgerlichen Gesellschaft* ... (Anm. 2). S. 17–27. Schröder hat als erster Franks Verhältnis zu Groß und den Freudschen Lehren untersucht. Vgl. auch Glaubrecht (= Anm. 13). S. 25–46.
20. Vgl. *Räuberbande*. S. 26: »Wieder lösten sich Sternschnuppen an mehreren Himmelsstellen und schwebten langsam und lautlos zu den im Mondlicht bebenden Bergen nieder. Vom funkelnden Nachthimmel gehalten, hing der Erdball, und als einzige Bewohner schien der Räuberkreis auf seiner stillsten und letzten Höhe zu sitzen.«
21. Vgl. *Räuberbande*. S. 55: »Die Räuber saßen stumm, mit glänzenden Augen, die den Wilden Westen sahen, die Höhle, in der Winnetou verschieden war. – Oldshatterhand sah eine endlose Reihe wildbemalter Siouxindianer durch die sonnenfunkelnde Prärie galoppieren – aber am äußersten Ende, da, wo Prärie und Himmel sich berührten, stand die Räuberbande, ein kleiner schwarzer Punkt – schußbereit.« Diese Identifikation mit Karl-May-Helden muß als ein Zeichen für Franks undefinierte Gesellschaftskritik im Frühwerk angesehen werden; denn Karl May repräsentiert den Idealtypus der Wilhelminischen Bourgeois-Vorurteile und kann höchstens mit einem naiv-oberflächlichen Anarchismus in Zusammenhang gebracht werden.
22. Vgl. *Links*, S. 407, und *Räuberbande*, S. 142.
23. Vgl. *Räuberbande*. S. 134 f., 167 f., 299.
24. Vgl. *Räuberbande*. S. 285: »Sieh, ich stehe auf einem hohen Land und sehe auf alle Kirchtürme hinunter. Die Stadt dunstet und stinkt da unten. Ich wende mich um, da ist die Luft dünn und blau. Und ich bin allein.« Und direkt auf Oldshatterhands Schicksal Bezug nehmend fährt der Fremde fort: »Erst wenn du dich den Weg, der zu dir führt, zu Ende geschleppt hast und aufgerichtet stehst, schreien sie dir alle ihr lügenhaftes Hosianna zu und sagen zu-

einander: ›Den haben wir niemals verachtet.‹ Und der Vater ruft: ›Das ist mein Sohn!‹ Jesus Christus trug sein Kreuz der Einsamkeit beschimpft und verhöhnt bis zum hohen Gipfel. Heute schreien die Lügner ihm ihr Hosianna zu und ihre Verachtung dir, der du dein Kreuz der Einsamkeit noch nicht zu Ende geschleppt hast.«

25. Vgl. *Ursache.* S. 71 f.: »Der Dunst der Schulen, der falschen Erziehung, Frömmelei, des ganzen stinkenden europäischen Moralgeschwürs bildet furchtbar drohend das Wort Ursache weithin sichtbar am Himmel.«

26. Vgl. die erste Auflage von 1917, S. 205, mit der dritten von 1919, S. 193. Diese Änderung ist auch für die Ausgabe der *Gesammelten Werke* Bd. 6, S. 134, beibehalten worden. Bezeichnenderweise ist auch der Begriff »Revolution der Liebe« (1. Aufl., S. 71) der Überarbeitung zum Opfer gefallen.

27. Vgl. Glaubrecht (= Anm. 13), S. 40–46, und Grimm (= Anm. 6), S. 664, als Beispiele für eine literarästhetische Beurteilung des Romans; für die Kritik aus dem Lager der marxistischen Literaturbetrachtung vgl. Schröder: *Die Darstellung der bürgerlichen Gesellschaft* ... (= Anm. 2), S. 92–94.

28. *Bürger.* GW III, 134. Diese Feststellung wird ziemlich propagandistisch zu Anfang des Romans gemacht.

29. Franks Äußerungen zum *Bürger* sind dem Vorwort zur 2. Aufl. entnommen (Berlin 1929. S. 7 f.).

30. Vgl. folgendes Zitat aus der 1. Aufl., das in der Gesamtausgabe fehlt: »Es gibt nicht nur eine herrschende Klasse und unterdrückte Klassen; es gibt auch eine jeweils herrschende Generation, die durch alle Klassen durchgeht: Alle Erwachsenen nämlich, die, machtstrotzend, mit Hilfe der bestehenden Seelenmord-Gesellschaftsordnung, in der sie selbst tödlich verstrickt und untergegangen sind, die heranwachsenden Generationen abwürgen, entselbsten« (143). Diese These ist unvereinbar mit der offiziellen marxistischen Kritik an der Generationsproblematik im Expressionismus und ist wohl deshalb von Frank in der späteren Ausgabe ausgelassen worden (vgl. auch Glaubrecht [= Anm. 13]. S. 41).

31. Nach dem Tod des Vaters übernimmt Jürgens Tante die Vaterstelle und vertritt dieselben Prinzipien, obwohl sie in ihrer Jugend auf kurze Zeit ihrer eigenen Bestimmung gefolgt war.

32. Vgl. GW III, 246, 430.

33. Vgl. Horst Denkler: »Auf dem Wege zur proletarisch-revolutionären Literatur und zur Neuen Sachlichkeit. Zu frühen Publikationen des Malik-Verlags«. In: Wolfgang Rothe [Hrsg.], *Die deutsche Literatur in der Weimarer Republik.* Stuttgart 1974. S. 160.

34. Diesen Hinweis verdanke ich Martin Glaubrecht (= Anm. 13), S. 54 f.

35. Vgl. *An der Landstraße.* In: GW VI, 225.

36. Vgl. das Bild der »Todesbrücke« in *Schicksalsbrücke* (GW VI, 161 f.); dazu gehört auch das Bild des zu Tal rasenden Wagens in *Der letzte Wagen.*

37. Vgl. eine ähnliche Kritik an diesen Romanen bei Glaubrecht (= Anm. 13), S. 177–197, und bei Grimm (= Anm. 6), S. 664.

38. Vgl. *Männerquartett.* S. 385 f. und 502 (dort allerdings auf Ochsenfurt bezogen).

39. Vgl. *Männerquartett.* S. 343, 448, 508.

40. Vgl. in Franks Roman *Von drei Millionen Drei* die Ausdrücke »Pestwolke der Weltwirtschaftskrise« (GW II, 70,75) und »Das Riesengeschwür der Arbeitslosigkeit« (104).

41. Vgl. dagegen Jürgen C. Thöming: »Soziale Romane in der Endphase der Weimarer Republik«. In: Rothe (= Anm. 33). S. 220. Thöming spricht von dem Märchencharakter des Romans, doch scheinen Anlage und Aussage des Romans stark vom Schelmenroman beeinflußt zu sein.

42. Vgl. Harold von Hofe: »German Literature in Exile. Leonhard Frank«. In: *The German Quarterly,* 20 (1947). S. 126.

43. Für die Dauer eines Jahres hatte Frank einen Anstellungsvertrag bei Warner Brothers erhalten, wo er sich an Drehbüchern versuchte. Nach Ablauf dieser Zeit war er auf die Unterstützung des von Emigranten geleiteten und geförderten ›Writers Fund‹ angewiesen. Allerdings erwarb Metro-Goldwyn-Mayer 1945 die Verfilmungsrechte an *Karl und Anna,* so daß Frank von diesem Geld nach New York übersiedeln konnte. 1950 kehrte er nach Deutschland zurück.

44. Vgl. Anm. 5.

45. Diese Ansicht vertritt Otto F. Best in seinem Beitrag zu Franks Exilzeit in Amerika, in: John Spalek u. Joseph Strelka [Hrsg.], *Die deutsche Exilliteratur ab 1933 in Kalifornien.* Bern 1975. (Der Aufsatz war mir durch das Entgegenkommen der Herausgeber in Manuskriptform zugänglich.)

46. Vgl. Schröder: *Die Darstellung der bürgerlichen Gesellschaft* ... (= Anm. 2). S. 146–158.

47. Vgl. diesbezüglich auch Otto F. Best, in dessen Darstellung die *Deutsche Novelle* eine ähnlich begründete Aufwertung erfahren hat.
48. In seiner Autobiographie gibt Frank einen guten Einblick in die Situation des europäischen Emigranten in Hollywood; vgl. *Links.* S. 597–603.
49. Thomas Mann: *Die Entstehung des Dr. Faustus.* S. 45.
50. In seiner Analyse von Franks Stil hat Grimm (= Anm. 4) den Nachweis erbracht, daß dieser auf zwei Stilformen beruht, dem »realistischen der verdichteten Wirklichkeit und der expressiven Schau« (175). »Verdichtete Wirklichkeit und innere Schau verharren hier durchaus nicht im Widerstreit miteinander, sondern durchdringen einander auf mancherlei Weise. Wie die expressiven Visionen zu realistischer Anschaulichkeit neigen, so streben die Schilderungen der Realität ihrerseits nach suggestiver Kraft« (179 f.). Diese Ergebnisse können als Bestätigung für die thematischen Gestaltungspole bei Frank angesehen werden.
51. Franks Verwandtschaft zum Expressionismus ist wahrscheinlich überbetont worden. Reinhold Grimms verdienstvolle Stilanalyse hat das Verhältnis klargestellt.
52. Wilhelm E. Mühlmann: *Bestand und Revolution in der Literatur. Ein Versuch.* Stuttgart 1973. S. 43.
53. Vgl. Anm. 22.

Literaturhinweise

Zitierte Werke

Die Räuberbande. München 1914. (Zitiert nach: GW I.)
Die Ursache. München 1915.
Der Mensch ist gut. Zürich 1917. (Zitiert als: *Mensch.*)
Der Bürger. Berlin 1924.
Die Schicksalsbrücke, drei Erzählungen. Berlin 1925.
Im letzten Wagen. Berlin 1925.
Karl und Anna. Potsdam 1926. (Zitiert nach der Ausgabe: Berlin 1927.)
Das Ochsenfurter Männerquartett. Leipzig 1927. (Zitiert nach: GW I.)
Bruder und Schwester. Leipzig 1929.
Von drei Millionen Drei. Berlin 1932.
Traumgefährten. Amsterdam 1936.
Mathilde. Amsterdam 1948. (Zitiert nach: GW V.)
Die Jünger Jesu. Amsterdam 1949. (Zitiert als *Die Jünger* nach: GW II.)
Links wo das Herz ist. München 1952. (Zitiert als: *Links.*)
Deutsche Novelle. München 1954. (Zitiert als *Novelle* nach: GW VI.)
Gesammelte Werke. 6 Bde. Berlin [Ost] 1957. (Zitiert als: GW.)

Forschungsliteratur (Auswahl)

Best, Otto F.: »Leonhard Frank« [Arbeitstitel]. In: John Spalek u. Joseph Strelka [Hrsg.], *Die deutsche Exilliteratur ab 1933 in Kalifornien.* Bern 1975.
Caspar, Günter: »Zum Spätwerk Leonhard Franks«. In: *Aufbau,* 12 (1956). S. 589–607.
Frank, Charlotte u. Hans Jobst: *Leonhard Frank. 1882–1961.* München 1962.
Glaubrecht, Martin: *Studien zum Frühwerk Leonhard Franks.* Bonn 1965. (Abhandlungen zur Kunst-, Musik- und Literaturwissenschaft. Bd. 34.)
Grimm, Reinhold: »Zum Stil des Erzählers Leonhard Frank mit einem Anhang über Franks Verhältnis zur Mundart«. In: *Jahrbuch für fränkische Landesforschung,* 21 (1961). S. 165–195.
– »Leonhard Frank. 1882–1961«. In: *Fränkische Klassiker. Eine Literaturgeschichte in Einzeldarstellungen.* Hrsg. von Wolfgang Buhl. Nürnberg 1971. S. 658–666.
Schröder, Gustav: *Die Darstellung der bürgerlichen Gesellschaft im Werk Leonhard Franks.* Diss. Potsdam 1957 [masch.].
– »Zwischen Resignation und Hoffnung. Zur mittleren Schaffensperiode von Leonhard Frank«. In: *Aufbau,* 13 (1957). S. 242–256.
Sokel, Walter H.: *Der literarische Expressionismus.* München 1959. S. 205–210.

HARTMUT STEINECKE

Hermann Broch. Zeitkritik zwischen Epochenanalyse und Utopie

Während der Arbeit an seinem ersten Roman *Die Schlafwandler* (1931/32) äußerte Hermann Broch wiederholt die Überzeugung, in einer Zeit der zunehmenden politischen Gewaltherrschaft habe jeder Dichter die Pflicht, in seinen Werken über den »Ungeist« der Zeit aufzuklären und für eine humane Gesellschaft zu kämpfen.[1] Eine solche »Einflußnahme auf die Zeitereignisse« müsse, wolle sie wirksam sein, »in Gestalt von Zeitkritik vor sich [...] gehen« (GW X, 279). In den *Schlafwandlern* versuchte er, diese Konzeption zu verwirklichen und durch eine zeitkritische Dichtung »ethische Wirkung« (GW IX, 45) auf die Zeit auszuüben. In den folgenden Jahren wandelte sich Brochs Romanverständnis zwar in verschiedenen Einzelheiten, aber an den Prinzipien hielt er stets fest: In Selbstkommentaren zu dem kurz vor seinem Tod erschienenen Roman *Die Schuldlosen* (1950) gebrauchte er nahezu die gleichen Formulierungen wie in der *Schlafwandler*-Zeit, um die Aufgaben des Romans zu beschreiben; auch dieses Werk war als zeitkritischer Epochenroman konzipiert.

Überblickt man die umfangreiche Broch-Forschung der fünfziger und sechziger Jahre, so wird man feststellen, daß die große Mehrzahl der Beiträge sich mit philosophischen und metaphysischen Problemen, mit Fragen der Erzählstruktur und der Darstellungstechnik, mit Sprache und Stil der Romane beschäftigte; die Zeitkritik hingegen fand nur wenig Beachtung. Als Ursache dafür, daß »dem Autor Broch, der selbst seiner Produktion eine politisch-aufklärerische Funktion beigemessen hat, eine so unpolitische Rezeption widerfuhr«, wurde zu Recht die allgemeine Tendenz der literaturwissenschaftlichen Forschung dieser Jahrzehnte angeführt:[2] bekanntlich richtete sich ihr Interesse weit mehr auf innerliterarische, formal-ästhetische Fragen der Dichtung als auf zeitkritische oder politische Bezüge. Allerdings scheint mir diese Erklärung allein nicht zu genügen. Wenn die Bedeutung der »zeitkritischen Intention« und der »gesellschaftskritischen Implikationen«[3] der Romane erst in den letzten Jahren allmählich klarer erkannt wird, dann liegt das vielleicht auch an Brochs besonderem Verständnis von ›Zeitkritik‹; es stimmt nur zum Teil mit dem heute weithin üblichen, relativ engen Verständnis des Begriffs überein, geht in der Substanz jedoch wesentlich darüber hinaus.

Was verstand Broch unter ›Zeitkritik‹? Wie versuchte er, sie in seinen Romanen zu verwirklichen? Eine erste Antwort auf diese Fragen kann sein Weg zum Roman geben.

Die schriftstellerischen Anfänge Brochs liegen in den Jahren vor dem Ersten Weltkrieg. Bereits seine frühesten Aufzeichnungen in den Notizbüchern *Kultur 1908/09* beschäftigen sich mit Kultur- und Zeitkritik. Diese noch sehr allgemeinen, in vielem epigonalen und in sich widersprüchlichen Ansätze konkretisierten sich noch vor dem Ausbruch des Krieges unter dem Einfluß von Karl Kraus zur scharfen Kritik an der Gesellschaft seiner Zeit. In den *Cantos 1913* greift Broch ihre Oberflächlichkeit, Gedankenlosigkeit und politische Gleichgültigkeit an. Er konfrontiert ihren Optimismus und ihre Fortschrittsgläubigkeit mit der noch immer vorhandenen, ja wachsenden Unmenschlichkeit und Grausamkeit der Zeit. Für einen Fortschritt, der sich in der Perfektionierung von Mordinstrumenten und Kriegswaffen zeigt, hat Broch tiefe Verachtung; »wirklicher Fortschritt« ist seiner Überzeugung nach nur da gegeben, »wo Menschenleid [...] verringert wird«.[4] Da die Gesellschaft das nicht erkennt und nicht erkennen will, treibt sie ausweglos dem Krieg und damit ihrer Vernichtung entgegen. Der Krieg – so spottet Broch zynisch – sei angesichts der Grausamkeiten, deren die Menschen fähig seien, vielleicht »nicht der Übel ärgstes«, aber »jedenfalls deren dümmstes«.[5] Daher prangert er »die zum Kriege hintreibende Dummheit [...] einschließlich die der Philosophen und Dichter« aufs schärfste an: »Wehe über die unpolitische Dummheit, die auch die politische ist!«[6]

Broch veröffentlichte die *Cantos* erst Jahrzehnte später in einer fast völlig neuen Fassung im Rahmen seines Romans *Die Schuldlosen.* Sie dienen hier unter anderem zur Kennzeichnung des Jahres 1913, das in diesem Werk als eine erste Etappe auf dem Weg zum Jahre 1933 hin erscheint. Die Tatsache, daß Broch an seiner Charakterisierung und Beurteilung der Epoche kaum etwas ändern mußte, spricht gewiß für die Prägnanz der Zeitanalyse. Bereits in diesem frühen Werk wird deutlich, daß Broch ein scharfsichtiger Beobachter seiner Zeit war, daß er ihre Schwächen erkannte und schonungslos aufdeckte und daß er rigoros für eine Humanisierung der Welt eintrat. In dieser Haltung ließ sich Broch auch nicht, wie so viele berühmte Zeitgenossen, durch den nationalistischen Rausch und die Kriegsbegeisterung jener Jahre irritieren. Seine Zeitkritik bestand die erste Probe vor der Wirklichkeit.

Nach Kriegsende bewies Broch, daß er bereit war, seine ethischen Theorien in konkretes gesellschaftspolitisches Handeln umzusetzen. Er stritt in Artikeln und Aufrufen für das austromarxistische Modell eines demokratischen Rätesystems, für die Mitbestimmung der Arbeitnehmer und für eine Friedenspolitik; er entfaltete eine rege Tätigkeit am Schlichtungsamt des österreichischen Arbeitsgerichts und beim staatlichen Arbeitsamt zur Bekämpfung der Arbeitslosigkeit.

Noch immer stand die literarische Arbeit im Hintergrund. Die einzige Dichtung, die Broch in diesen Jahren veröffentlichte, war die Erzählung *Eine methodologische Novelle* (1918), in der er satirisch kleinbürgerliche Verhaltensweisen porträtierte. Jahrzehnte später ging auch dieses Werk in veränderter Form in den Roman *Die Schuldlosen* ein; wie die *Cantos* hat es die Funktion, die Verbindung zwischen der Spießermentalität der Zeit unmittelbar vor dem Ersten Weltkrieg und der präfaschistischen Gesinnung zu zeigen.

Bereits in diesen frühen dichterischen Versuchen wird deutlich, daß Broch bei aller Kritik an konkreten Mißständen der Zeit über die Anprangerung von Symptomen hinausgelangen wollte, daß er nach den Gründen für ihren Zustand fragte. Daher beschäftigte er sich in den nächsten Jahren zunehmend mit geschichts- und wertphilosophischen Studien. Diese theoretische Arbeit bedeutete jedoch keineswegs eine Abwendung von den konkreten Problemen der Zeit. Broch selbst wies immer wieder sehr nachdrücklich auf die Zusammengehörigkeit zwischen den philosophischen Arbeiten und seiner generellen Intention der Zeitkritik hin. Für ihn stand fest, daß »jede Zeitkritik [...] auf einer fundierten Wert- und Geschichtsphilosophie« beruhen müsse (GW X, 279), wolle sie nicht punktuell bleiben, sondern die eigentlichen Ursachen erfassen. In der Erkenntnis dieser Ursachen sah Broch ein Hauptziel der Zeitkritik: denn erst sie gab die Möglichkeit und die Berechtigung, Wege aus der Situation der Zeit heraus in eine humanere Zukunft zu zeigen. Wenn ein derartiger Entwurf – das war für Broch nach dem Ergebnis der Zeitanalyse unzweifelhaft – auch nur in Form der Utopie angedeutet werden konnte, war er seiner Ansicht nach doch unbedingt notwendig: Es wäre ihm zutiefst verantwortungslos, ja inhuman erschienen, die Situation der Zeit zu erkennen und der Kritik zu unterziehen, ohne den Versuch zu unternehmen, sie zu überwinden.

Im Laufe der zwanziger Jahre, den Zerfall der Weimarer Republik und das Vordringen des Faschismus vor Augen, erkannte Broch immer deutlicher, daß er, wollte er die erstrebte politische Wirkung erzielen, seine zeitkritischen Überlegungen möglichst rasch einem größeren Publikum vermitteln mußte. Diese Einsicht wurde zum entscheidenden Motiv seiner endgültigen Wendung zur Dichtung. In seiner Schrift *Autobiographie als Arbeitsprogramm* erklärte er später: »Das Europa von 1928 stand unter einer politischen Hochspannung [...]. Wer gehört werden wollte, mußte sich kürzere und direktere Wege wählen als jene, welche durch die Philosophie gegeben waren. Ethische Wirkung ist zum großen Teil in aufklärender Tätigkeit zu suchen, und für eine solche ist das Dichtwerk ein weitaus besseres Mittel als die Wissenschaft« (GW IX, 46). In diesen Sätzen ist noch einmal thesenhaft die Begründung des Brochschen Dichtungsbegriffs zusammengefaßt. Sie machen deutlich, daß die Wendung zur Dichtung nicht etwa einen Rückzug aus der Zeit und von ihren Problemen bedeutet; sie entspringt vielmehr der Überzeugung, Dichtung könne in besonderer Weise der Aufklärung, der Zeitkritik und dem Kampf für die Humanität dienen. Der Roman schien Broch für diese Aufgabe besonders geeignet, weil er die Zeit in ihrer ganzen Totalität fassen kann und damit die beste Voraussetzung für ihre Analyse und Kritik bietet.

Brochs Vorstellungen vom Roman und seine Forderungen an die Gattung können eine zweite Antwort auf die Frage geben, was er unter ›Zeitkritik‹ verstand und wie er sie im Roman verwirklichen wollte. Da der erstrebte Roman[7] – Broch nennt ihn den »polyhistorischen Roman« – »Spiegel des Zeitgeistes« (GW VI, 185) sein soll, besteht seine Aufgabe zunächst in der Darstellung der Zeit und der »äußeren«

empirisch erfaßbaren Wirklichkeit. Dieses sogenannte »Naturalistische« muß nach Brochs Ansicht der »Nährboden« aller Literatur sein, die ihre Zeit spiegeln will (GW X, 346). So wichtig diese Darstellung der Außenwelt, der konkreten sozialen und gesellschaftlichen Verhältnisse auch ist, so notwendig ist jedoch nach Brochs Überzeugung zu ihrer Ergänzung die Beschäftigung mit der »Innenwelt«, der »Sphäre der traumhaft erhöhten Realität« (GW VI, 227). Der Roman darf sich nach seiner Ansicht also nicht mit einem »Photographennaturalismus« (GW VI, 226) begnügen, er muß die Dimension einer künftigen Realität mit einbeziehen. Dieser »erweiterte Naturalismus«, der Außen- und Innenwelt zugleich erfaßt, zeigt die Welt nicht nur, »wie sie ist«, sondern auch, »wie sie gewünscht und wie sie gefürchtet wird« (GW VI, 227, 232). Die Sehnsüchte und Befürchtungen der Menschen bilden einen wesentlichen Teil des »Zeitgeistes« und damit einen zentralen Gegenstand der Zeitkritik.

Ein Roman, der Spiegel der Zeit sein will, muß die Merkmale dieser Zeit nach Brochs Ansicht jedoch nicht nur in den Gegenständen der Darstellung erfassen, sondern auch in den Darstellungsformen und der gesamten Art der Darstellung. Da ein wesentliches Kennzeichen das Streben der Zeit nach Wissenschaftlichkeit ist, wird die Synthese von Roman und Wissenschaft ein Hauptziel; sie drückt sich nicht zuletzt in der Darstellungsmethode aus. Auch hier muß der »polyhistorische« Roman nach Brochs Meinung über den »naturalistischen« Roman hinausgehen. Die Erfüllung der Zolaschen »Forderung: ein Stück Natur zu sehen durch ein Temperament«, genüge nicht mehr, denn durch die moderne Physik sei deutlich geworden, daß es ein solches ›objektives‹ Beobachten nicht gebe (GW VI, 197). Daher könne der Romanschreiber der heutigen Zeit »das Objekt nicht einfach in den Beobachtungskegel stellen«; »das Darstellungssubjekt, also der ›Erzähler als Idee‹ und nicht minder die Sprache, mit der er das Darstellungsobjekt beschreibt«, gehören »als Darstellungsmedien« zur Darstellung selbst (GW VI, 197).[8] Auf diese Weise wird die Zeit auch noch in der Gestalt des Erzählers, in seiner Haltung gegenüber dem Stoff, in der Sprache, in der erzählt wird, erfaßt. Broch gesteht dem Erzähler sogar eine eigene Darstellungsebene neben jenen des äußeren und inneren Geschehens zu: eine »Ebene des Kommentars« (GW X, 193), auf der er das Verhalten und Denken der Gestalten analysieren sowie seine zeitkritischen und utopischen Reflexionen entwickeln und in größere Zusammenhänge einordnen kann.

Die vier großen Romane, die Broch zwischen 1930 und 1950 schrieb, versuchen auf sehr unterschiedliche Weise, diese »Theorie eines zeitkritischen Romans«[9] zu verwirklichen. Am konsequentesten ist sie in den *Schlafwandlern* realisiert, da sie in ihren wesentlichen Bestandteilen während und unmittelbar nach der Niederschrift des Romans entstand, zum Teil als eine Art fortlaufender Kommentar an ihm entwickelt wurde. Schwerer läßt sich die Umsetzung der theoretischen Vorstellungen im *Bergroman* verfolgen; zum einen, weil der Roman in keiner zur Veröffentlichung bestimmten Form vorliegt, zum anderen, weil sich Brochs Ansichten von der Aufgabe des Romans, vor allem jedoch von der zu ihrer Erfüllung geeigneten Darstellungsweise in dieser Zeit geändert hatten. Dieser Gesichtspunkt gilt auch für den *Tod des Vergil*, der am weitesten vom Konzept des zeitkritischen Romans abweicht. Das während des Krieges im Exil entstandene Werk unterliegt als historischer Roman ohnehin eigenen Gesetzen. Brochs letzter Roman, *Die Schuldlosen*, bedeutet in vielem ein Anknüpfen an *Die Schlafwandler* – inhaltlich, strukturell, aber auch in der Weiterführung des in der Trilogie eingeschlagenen Weges der Zeitdarstellung und Zeitkritik. So sind an den *Schlafwandlern* und den *Schuldlosen* die Möglichkeiten und die Probleme, die Stärken und Mängel der Brochschen Konzeption eines Zeitromans besonders deutlich zu erkennen. Die drei Bücher der *Schlafwandler*[10] legen Epochenquerschnitte durch die Jahre 1888, 1903 und 1918. Die Trilogie umspannt also die Regierungszeit des letzten deutschen Kaisers, sie endet in dem Jahr, das mit dem Ende des Ersten Weltkriegs zugleich zum Abschluß einer Epoche europäischer Geschichte wurde. Wenn man die Linie der Epochenquerschnitte abermals um 15 Jahre weiterführt, erkennt man die politische These, die hinter dem Roman steht: auf 1918 wird 1933 folgen. Die Herrschaft der Gewalt, die sich ein Jahr nach Erscheinen des Romans, 1933, in der Diktatur des Nationalsozialismus konkretisierte, ist ein historischer Schritt, der sich als Konsequenz aus der Analyse des Romans ergibt. Auch in den *Schuldlosen* rollt das Geschehen in drei Epochenquerschnitten ab, diesmal 1913, 1923, 1933. Der Roman umfaßt also die Zeitspanne vom Vorabend des Ersten Weltkrieges bis zum Beginn der nationalsozialistischen Ära. Bereits die Jahreszahlen geben über zweierlei Auskunft: Das Jahr der Hitlerschen Machtergreifung ist der Zielpunkt beider Epochenquerschnitte, beides sind Romane, die sich bewußt mit dem Phänomen des Faschismus auseinandersetzen wollen. Und als zweites wird deutlich: Broch führt diese Auseinandersetzung nicht in einer Beschreibung oder Analyse der nationalsozialistischen Zeit und ihrer Herrschaftsstrukturen selbst, sondern durch eine Beschäftigung mit der deutschen Geschichte der vorangegangenen Jahrzehnte. Der Faschismus ist für Broch also nicht ein Verhängnis, das unerwartet über Deutschland hereingebrochen ist, sondern er hat Ursachen, die ihn bedingen, und Wurzeln, die sich zurückverfolgen lassen. Ihnen gilt das Interesse der beiden Romane. In den *Schlafwandlern* ist – so formuliert Broch selbst – die Frage »nach den seelischen Gründen« gestellt, »welche ein ganzes Volk in eine von ihm nicht gewollte, katastrophale Aggression hineintreiben können«.[11] Und der Roman *Die Schuldlosen* sucht Antwort auf die gleichen Fragen: »Wie konnte ein hochgesittetes, tüchtiges Volk in solches Unheil taumeln? Woher stammt die plötzlich ausgebrochene, schlechterdings perverse Grausamkeit?«[12] Die drei Jahrzehnte, die das Geschehen der Trilogie umspannt, stellen nach Brochs Auffassung die Endphase eines großen historischen Prozesses dar, den er schlagwortartig als »Zerfall der Werte« bezeichnet. Im 3. Teil des Romans entwickelt Broch auf der Ebene des Autorkommentars in einer Essayfolge die Grundlinien dieses Prozesses. Dabei faßt er die Einsichten seiner früheren geschichts- und wertphilosophischen Studien zusammen. Er geht davon aus, daß es im Mittelalter noch ein einheitliches hierarchisches Wertsystem gegeben habe. Mit der Entdeckung des Ichs in der Renaissance und der Reformation begann sich dieses System aufzulösen, die verschiedenen Gebiete, ihres obersten Wertes beraubt, setzten sich selbst als Wert. In der letzten Phase der Entwicklung, seit dem späten 19. Jahrhundert, stehen die Einzelwertgebiete immer beziehungsloser nebeneinander. Die Trilogie zeigt in den drei Epochenquerschnitten die Auswirkung des Zerfallsprozesses auf die Menschen, die in dieser Zeit leben. In den einzelnen Teilen ist jeweils der Name eines ›Helden‹ mit einer Jahreszahl und mit einem zeitsymptomatischen Begriff zusammengestellt; dadurch wird von vornherein deutlich, in welchem Maße die Helden Repräsentanten zeittypischer Verhaltensweisen sind.

1888 – Pasenow oder die Romantik lautet der Titel des ersten Romans. Romantik – das bedeutet hier, »sich an die absterbenden Wertformen zu halten« (GW VIII, 18), bedeutet Rückwärtsgewandtheit, Konservatismus. Die scheinbar so festgefügte Welt überkommener Ordnungen wird dem preußischen Adligen Pasenow im Laufe des Romans immer problematischer. Er wehrt sich gegen den Einbruch des »Irrationalen« in sein geordnetes Dasein und sehnt sich zurück in eine Welt der »Festigkeit, Sicherheit und Ruhe« (GW II, 31). Aber eben dies ist eine Scheinwelt, Pasenows Sehnsucht ist auf etwas unwiderruflich Vergangenes gerichtet. Die »kastenmäßige Abgeschlossenheit seines Lebens« (GW II, 34), die soziale Isolation des Adels, führt dazu, daß er ein Fremder in seiner eigenen Zeit geworden ist.

Broch zeigt in diesem Roman die Überlebtheit und die Unzeitgemäßheit einer gesellschaftlichen Schicht, die zwar noch die Machtpositionen im Lande einnimmt, sich aber bereits als unfähig erwiesen hat, die Probleme der Zeit zu erkennen und zu lösen. Pasenow steht mit seiner Realitätsferne, mit seinen Ängsten und Verdrängungen auch noch stellvertretend für seinen obersten Herrn, für Wilhelm II. Broch hat eine Reihe von Charaktermerkmalen des Kaisers auf Pasenow übertragen.[13] Allerdings besteht ein entscheidender Unterschied: Während Pasenow seine Ängste vor der Zeit ins Innere, in Träume und Wunschbilder, verdrängt, projizierte Wilhelm II. sie nach außen, in die Restauration längst überholter Konventionen und Privilegien, in leere Rhetorik; schließlich schlug die innere Unsicherheit in Aggression um. Bereits in den *Cantos 1913* hatte Broch Wilhelm II. als den Romantiker schlechthin dargestellt; im Roman wird die Kritik am Wilhelminismus und dem Geist, der diese Epoche prägte, wesentlich subtiler, aber auch präziser formuliert.

Dem Helden des zweiten Teils, Esch, ist der Zeitbegriff der »Anarchie« zugeordnet. In der Epoche, die er repräsentiert, haben sich die Risse im festen Gefüge der Welt bereits zu tiefen Spalten erweitert, die Welt stellt sich Esch als ein Chaos dar, in das er verzweifelt, jedoch erfolglos Ordnung zu bringen versucht. Eschs Kampf gegen die Anarchie, sein Wunsch nach Ordnung, ist nicht nur sein persönliches Problem, er erweist sich im Verlaufe des Romans immer deutlicher als Ausdruck einer zeitspezifischen Haltung. Esch ist Repräsentant des Kleinbürgertums, das nach der Jahrhundertwende immer stärker in den Vordergrund getreten ist. Die soziale Zwischenstellung dieser Gesellschaftsschicht zwischen Bürgertum und Proletariat spiegelt sich in Eschs Verhalten gegenüber Angehörigen dieser Klassen. Die Orientierungslosigkeit und Unsicherheit wird bei ihm dadurch verstärkt, daß er zu Beginn des Romans seine Arbeitsstelle verliert; so lebt er in einer Welt, die er immer weniger versteht und die sich ihm daher als »anarchisch« darstellt. In der Gestalt Eschs werden die Ängste und Sehnsüchte des Kleinbürgertums geschildert, das kaum noch durch überkommene Werthaltungen gebunden ist, aber auch noch keine neuen Bezugspunkte gefunden hat, an denen es sich orientieren könnte. So hat Esch zwar das Gefühl, er müsse dem zu Unrecht verhafteten Gewerkschaftsfunktionär Geyring helfen, weil dessen Notlage für ihn Ausdruck des anarchischen Zustandes der Welt ist; aber den Bemühungen Geyrings, die Verhältnisse der Arbeiter durch den Kampf für die Verbesserung ihrer ökonomischen Situation und für ihre Rechte zu ändern, bringt er wenig Verständnis entgegen. Er flüchtet sich lieber in seine utopischen Träume nach einem anderen Dasein jenseits dieser chaotischen Welt. Seine Sehnsuchtsvorstellungen richten sich nicht nur wie die Pasenows auf die Vergangenheit mit ihren festgefügten Ordnungen; daneben und dagegen steht bei ihm stets der Traum von einer fernen Welt der Freiheit und der Menschlichkeit. Eschs Utopien sind weniger negativ gesehen als die Pasenows; bei ihm ist der Kampf gegen die ungerechten Verhältnisse in der Welt und der Wunsch, sie zu verbessern, stets Ausgangspunkt seiner Träume. Allerdings scheitert auch Esch schließlich; als er die Hoffnungslosigkeit seiner Sehnsucht einsieht, endet er in einem irrationalen Mystizismus und in Sektierertum.

In den beiden ersten Teilen der Trilogie bleibt die Zeitgeschichte im Hintergrund. Die Darstellung der gesellschaftlichen Verhältnisse ist zwar scharf und treffend bis in die soziale Kritik hinein, aber der konkrete Bezug zum historischen Geschehen der Jahre 1888 und 1903 fehlt fast ganz. Das ändert sich auch im dritten Band, *1918 – Huguenau oder die Sachlichkeit*, nur scheinbar. Zwar spielen die Ereignisse des letzten Kriegsjahres ständig in den Roman hinein, aber im Grunde ist der Krieg nur ein besonders deutliches Symptom dieser Zeit, der »Sachlichkeit«. Die Auflösung aller Ordnungen und Bindungen ist in diesem Jahr auch äußerlich in Erscheinung getreten, das Chaos herrscht überall, die Anarchie hat sich durchgesetzt; jede Orientierung an übergeordneten Werten ist verlorengegangen. Die Militärs handeln nach der Logik ihres Einzelwertgebietes »Krieg ist Krieg«, die »Wirtschaftsführer« nach den Prinzipien des Konkurrenzkampfes und der Ausbeutung, der »bürgerliche Faiseur« setzt »mit gleicher Konsequenz und Radikalität den Leitspruch des Enrichissez-vous in Geltung« (GW II, 474 f.). Huguenau, der Held des dritten Romans, ist ein solcher »bürgerlicher Faiseur«, als Kaufmann handelt er nach der inneren Logik seines Sachgebietes »Geschäft ist Geschäft«.

Huguenau ist damit ein »adäquates Kind seiner Zeit« (GW VIII, 26), mit ihm triumphiert das Bürgertum über den Adel (Pasenow wird geisteskrank) und über das Kleinbürgertum (Huguenau ermordet Esch). Er verkörpert die negativen und unmoralischen Seiten des Bürgertums, das vom Krieg ebenso profitiert wie vom Friedensschluß. Dieses Bürgertum ist inhuman und materialistisch, doch diesem »sachlichen« Typ gehört die Zukunft – eine nicht eben erfreuliche Perspektive. Huguenau ist der Typus Mensch, der, abermals 15 Jahre später, zum willfährigen Träger des nationalsozialistischen Regimes wurde: Er ist der Diener jeder Obrigkeit und sorgt zugleich für sich selbst, er ist Opportunist durch und durch, ohne Schwierigkeiten fähig, Verbrechen und gutes bürgerliches Gewissen zu vereinbaren. In einem Selbstkommentar wies Broch darauf hin, daß in der Person Huguenaus die neue Situation des Menschen dieser Zeit gestaltet sei, »eine Situation des nackten Verbrechens, die Situation der völligen Vereinsamung des Individuums [...], die Situation der vollkommenen Verbindungslosigkeit zwischen Mensch und Mensch, die mitleidlose Situation der zwischen ihnen herrschenden völligen Gleichgültigkeit, so daß ihnen nur noch ein einziges Verständigungsmittel geblieben ist: die nackte Gewalt«.[14] Hier werden Symptome genannt, die bei den Protagonisten der drei Teile des Romans in wachsender Deutlichkeit hervortreten. Der Zerfall der Wirklichkeit und der Werte hat zur Folge, daß die Menschen in die Vereinsamung getrieben werden. Sie verlieren den Kontakt zum Nebenmenschen, sie geraten in Gleichgültigkeit, sie werden unfähig zur Kommunikation. Gleichgültigkeit und Verantwortungslosigkeit führen – das zeigt der Roman auch an einer großen Fülle von Einzelfiguren und Lebensläufen, besonders in den »Parallelgeschichten« des letzten Bandes – zum Egoismus und schließlich zur Grausamkeit; hier sieht Broch eine der seelischen Ursachen dafür, daß das deutsche Volk für die Gewaltpolitik in besonderem Maße empfänglich war.

Die Personen in der Endphase des Geschichtsprozesses, den der Roman umfaßt, sind »Schlafwandler«.[15] Sie leiden an der realen Welt und versuchen, aus ihr zu fliehen, sich in Sehnsüchte, Träume, Wunschvorstellungen zu retten. Diese Entfernung aus der Wirklichkeit kann in zwei Richtungen erfolgen: in die Vergangenheit und in die Zukunft; in der immer wieder gebrauchten leitmotivischen Metaphorik des Romans: in die »Heimat« und in die »Ferne«. Rückwärtsgewandte und vorwärtsweisende Utopien stehen bei diesem Prozeß – dem Schlafwandeln – nebeneinander, gehen häufig ineinander über. Das Schlafwandeln umschließt beide Möglichkeiten: der Aufbruch aus der als schlecht erkannten Welt kann in Ideologien münden, kann aber auch – wie im Ansatz bei Esch, ausgeprägter bei dem Erzähler des *Huguenau*-Teiles, Bertrand Müller – positive Akzente tragen, ein »Schlafwandeln« sein, »das ins Helle führt« (GW II, 608 f.). Das Schlafwandeln ist also ein Kennzeichen des »Zwischenstadiums« dieser Epoche, in dem »die Verwirrung des Untergangs sich mischt mit der Verwirrung des Suchens« (GW II, 678). Auch am Ende des Romans stehen die beiden Möglichkeiten nebeneinander: der Weg in das Chaos und die Hoffnung, daß sich die Sehnsucht nach einer besseren, humaneren Welt dennoch erfüllt. Als Zeitdiagnostiker und Zeitkritiker stellt Broch die Gefahren des ersten Weges in den Vordergrund. Die regressive Sehnsucht der Schlafwandler, ihre Unsicherheit läßt sich nur zu leicht mißbrauchen. Ihre Sehnsucht nach Sicherheit und nach einem »Führer« aus der anarchischen Gegenwart macht sie nicht nur für konservative Ideologien und für religiöse Sektiererei anfällig, sondern auch für politische Verführer. Broch entlarvt die Hoffnungen vieler Zeitgenossen auf einen »Führer« und »heroischen Diktator«, von dem das »Heil« kommen soll, als eine gefährliche Selbsttäuschung, die dem »verbrecherischen Charakter dieser Zeit« gemäß selbst verbrecherisch ist.[16]

Wenn eine Zeitdiagnose zutreffend ist, wenn eine Zeitkritik die wesentlichen Momente der gesellschaftlichen Verhältnisse erfaßt, dann sind auch Voraussagen über die weitere Entwicklung möglich. Deutschlands Weg in den Faschismus ist in diesem Roman in aller Klarheit vorgezeichnet: im Hinweis auf die Gefahren, die aus der Anfälligkeit der »Schlafwandler« für Ideologien, für falsche Propheten, für Mythen und Führergestalten entstehen; und ebenso in der Gestalt Huguenaus, Repräsentant des Menschentyps, der Vorläufer und Wegbereiter des Nazitums ist und später dann sein willfähriger Träger wurde. »Der soziale Querschnitt, der in den drei Bänden gezogen ist«, offenbare »fast in allen Charakteren sich als Nazi-Nährboden«, schrieb Broch später; »alle Elemente des Nazitums, das romantische wie das mystische wie das anarchische wie das pfiffig-beutelüsterne« seien hier bereits erkannt und bloßgestellt worden; so habe die Trilogie »die Prädestination des deutschen Menschen zur Hitlerei« gezeigt.[17]

Als Zeitkritiker entlarvte Broch den verbrecherischen Charakter der Epoche und prophezeite, daß sie auf die im *Huguenau* vorausgesehene Situation des Chaos und der Unmenschlichkeit zutrieb. Aber Kritik war, wie bereits betont, für Broch undenkbar ohne den Versuch der Hilfe. Daher sah er in der »Warnung vor bevorstehendem Unheil« nur eine Seite der prophetischen Aufgabe des Dichters (GW IX, 299). Als Ethiker setzte Broch der Konsequenz seiner Analyse stets ein ›Dennoch‹ entgegen; er gab die Hoffnung auf eine humanere Zukunft jenseits der Epoche der Grausamkeiten nicht auf und entwarf die Grundzüge einer ›neuen Ethik‹. Da sie utopischen Charakter besitzt, wird sie im Roman nicht auf der Ebene der Handlung, sondern auf der des Kommentars und im Epilog entwickelt. Die neue Ethik der Humanität ist der eigentliche Zielpunkt des Romans.[18]

Hermann Hesse nannte die *Schlafwandler* in einer Rezension zu Recht ein Werk, in dessen Mittelpunkt die »Zeitkritik« stehe; aber er wies mit gleichem Recht darauf hin, daß es daneben auch die »Keime [...] zu einer neuen Menschlichkeit« enthalte.[19]

Weniger als ein Jahr nach Erscheinen des letzten Bandes der Trilogie war die Machtergreifung der Nationalsozialisten in Deutschland bereits zur Tatsache geworden. Brochs Warnungen wurden von den politischen Ereignissen überholt. Allerdings kann man bezweifeln, daß das Werk seine selbstgewählte Aufgabe, sich der Entwicklung entgegenzustellen, wesentlich besser erfüllt hätte, wäre der

Roman früher erschienen. Eine Voraussetzung für eine solche Wirkung wäre gewesen, daß die Rezensenten die zeitkritischen Implikationen des Romans erkannt hätten; das war zwar bei einigen wenigen der Fall – darunter Hermann Hesse, Werner Richter und Elias Canetti[20] –, aber die große Mehrzahl kam nicht über »formal-ästhetische Vergleiche [...] bzw. über ein etwas vages ›Untergangs‹- oder ›Zusammenbruchs‹-Gerede hinaus«.[21] Eine zweite Voraussetzung wäre gewesen, daß das Werk den Weg zu den Lesern gefunden hätte. Der Roman war jedoch für das breite Lesepublikum eine viel zu komplizierte und anspruchsvolle Lektüre, selbst die Kritiker, die literarischen Neuerungen aufgeschlossen gegenüberstanden, hatten zum Teil große Verständnisschwierigkeiten. Hier wird ein Dilemma des »polyhistorischen« Romans deutlich: die Fülle der Aufgaben, mit denen er belastet wird, macht ihn zu einem hochartifiziellen komplexen Gebilde; der Wechsel der Wirklichkeitsebenen, die Einführung eines »Erzählers als Idee« und die Aufnahme kommentierender Essays wirkte auf viele Leser verwirrend und leistete Mißverständnissen Vorschub.

Broch mußte schon bald erkennen, daß der Roman zwar literarische Anerkennung fand, aber sein eigentliches Ziel, die ethische Wirkung, weitgehend verfehlte.

Die politischen Vorgänge im benachbarten Deutschland führten Broch zu grundsätzlichen Zweifeln daran, ob in einer Zeit der Gewaltherrschaft nicht alles Literarische wirkungslos bleiben müsse, mithin überflüssig geworden sei. Diese Zweifel belasteten seine Arbeit immer stärker. Von vier Romanprojekten, an denen er in den Jahren nach Abschluß der *Schlafwandler* arbeitete, führte er nur eines zu Ende: den weniger bedeutenden Kurzroman *Die unbekannte Größe*, der 1933 erschien. Der *Filsmann*-Roman blieb Fragment und ebenso der *Tierkreis*-Roman, aus dessen Umkreis Broch 1933 fünf Einzelerzählungen veröffentlichte, den er dann jedoch beiseite legte. Das Dilemma zwischen der ethischen Wirkungsabsicht und den selbstgestellten künstlerischen Anforderungen zeigte sich seit der nationalsozialistischen Machtergreifung noch deutlicher als zuvor: Broch mußte seine zeitkritischen und politischen Intentionen nun verschlüsseln, wenn er wollte, daß seine Arbeiten in Deutschland gedruckt wurden. Nur der aufmerksame Leser, der Anspielungen und Gleichnisse zu deuten versteht, erkennt z. B. in der Erzählung *Vorüberziehende Wolke* eine Parabel der politischen Situation Österreichs Anfang 1933, als die Austrofaschisten immer mächtiger wurden. Die politische Stoßrichtung wurde den meisten Lesern erst später deutlich, als die Erzählung wie drei weitere *Tierkreis*-Novellen ihren Platz in den *Schuldlosen* fand.

Da Broch sich bewußt war, wie sehr diese verdeckte Art der Zeitkritik seinem ursprünglichen Ziel ethischer Wirkung widersprach, brach er auch die Arbeit an diesem Werk ab. Noch gab er allerdings die Hoffnung nicht auf, durch das Medium des Romans aufklären und damit das politische Geschehen beeinflussen zu können. In den folgenden Jahren konzentrierte er sich ganz auf die Arbeit an einem vierten Romanprojekt, dem *Bergroman*.[22] Anfang 1936 hatte er die erste Fassung fertiggestellt und machte sich an die »Nacharbeitung und Umarbeitung« (GW VIII,

146). Daraus wurde bald eine neue Fassung, die neben die ursprünglich religiöse Grundkonzeption die dichterische Darstellung des Mythos stärker in den Vordergrund rückte. Inzwischen waren Brochs Zweifel am Sinn der Dichtung jedoch übermächtig geworden; noch vor seiner Emigration 1938 brach er die Arbeit an dem Roman ab. Wenige Jahre später betonte er: »In diesem Roman habe ich versucht, das deutsche Geschehen mit all seinen magischen und mystischen Hintergründen, mit seinen massenwahnartigen Trieben, mit seiner ›nüchternen Blindheit und nüchternen Berauschtheit‹ in seinen Wurzeln aufzudecken« (GW IX, 46). In dieser Beschreibung stellt Broch die zeitkritische Intention in den Mittelpunkt. Die enge Verbindung des Religiös-Mythischen mit dem Politischen war zwar von Beginn an vorhanden,[23] aber erst die im Exil aufgenommenen Studien über den Massenwahn führten Broch dazu, diese Aspekte in einer 3. Fassung des Romans klarer herauszuarbeiten, die er 1949 begann und die durch seinen Tod 1951 Fragment blieb.[24]

Wie bereits in den *Schlafwandlern* sieht Broch auch in diesem Roman ein Hauptmerkmal der Zeit in der »Mythosbereitschaft« der Menschen (B IV, 260). Auch hier dominiert der negative Aspekt: sie macht ihn anfällig für falsche Propheten und für den Massenwahn. Die Verführung einer an sich rational denkenden Bevölkerung durch einen Fanatiker ist das zentrale politische Thema des Romans. Die »Behexung und Verhexung« zweier Alpendörfer inmitten der ›aufgeklärten‹ Gegenwart bezeichnete Broch als das Kernthema (B IV, 261).

Der Verzauberer und Verführer, Marius Ratti, taucht eines Tages aus der Fremde in dem abgelegenen Gebirgsdorf Kuppron auf. Er verkündet einen heidnisch-mystischen Glauben an die Heilung der Welt durch die Kraft des Natürlichen, Erdhaften. Er wird verspottet, verlacht, als Phantast abgetan – und doch gewinnt er allmählich Anhänger. So wirr seine Lehren, so primitiv seine Schlagworte sind, zieht er doch suggestiv die biederen Bergbauern in seinen Bann, lockt die einen mit seinen Versprechungen vom Golde, das er im Berg finden will, die anderen mit seinen Visionen einer besseren Zukunft, schüchtert wieder andere mit Drohungen ein. Atavistische Triebe, Selbstsucht, Verblendung mischen sich zu ständig wachsender Besessenheit, der einzelne gibt seine Willensfreiheit widerstandslos an die Masse ab, das Tun wird zum Massentun, der Wahn zum Massenwahn. Er endet in der heidnisch-rituellen Opferung eines jungen Mädchens, die Marius unter dem Beifall der wahnberauschten Menge zelebriert. Auf das Menschenopfer folgt ein zweites Beispiel für die Verführbarkeit der Masse: die Vertreibung des Agenten Wetchy. Wetchy ist ein Ungar unter Österreichern, ein Calvinist unter Katholiken, ein Städter unter Landbauern: er ist also seiner Religion und seiner Herkunft nach ein »Anderer«. Marius bringt eine Front der Ablehnung gegen Wetchy zustande, die schließlich zur Bedrohung, Folterung und Verjagung des »Anderen« führt.

Für Broch ist die entscheidende Frage: Wodurch werden vernünftige Menschen zu einem solchen Handeln gebracht, wodurch werden Individuen zur Masse, was muß geschehen, damit das Kollektivdenken die Verantwortlichkeit des einzelnen ersetzt? Die Skala der Gründe für die Anfälligkeit des Menschen, die der Roman demonstriert, ist weit. Sie beginnt bei äußeren, noch rational faßbaren Gründen: Geldgier, Opportunismus, Feigheit. Sie setzt sich fort in der Demonstration der Macht des demagogischen Wortes, der Verführungskraft von Zukunftsvisionen, der Solidarisierung gegen »Andere«. Sie führt hin bis zu dem Punkt, an dem mythische »Urvorstellungen« von Natürlichkeit, Reinheit, Boden, Blut und Heimat über den Menschen Gewalt erhalten.

Das wird besonders deutlich bei dem Ich-Erzähler des Romans, einem alten Landarzt. Er erscheint zunächst als durchaus objektiver Berichterstatter. Er schildert Marius in überlegen-ironischer Weise, er macht sich über die Primitivität seiner Vorstellungen sogar lustig, er empört sich öfter gegen sein unverschämtes Auftreten und weist ihn zurecht. Doch diese Distanzhaltung schwindet allmählich. Äußerlich wird das nur für einen kurzen Moment deutlich. Bei der Opferung des Mädchens läßt er sich für Augenblicke von dem allgemeinen Taumel anstecken; nach der Tat, vor dem Opfer stehend, fühlt er sich »einen Herzschlag einer verrückten Erlösung teilhaftig, die nun« – nach Marius' Prophezeiung – »über die Welt gekommen sein sollte« (B I, 328). Die Schuld des Gewährenlassens, die Anfälligkeit des Intellektuellen für das Primitive ist hier warnend aufgezeigt. Unter diesem Aspekt muß man die Aufzeichnungen des Arztes besonders aufmerksam lesen: denn ist derjenige, der, wenn auch nur »einen Herzschlag« lang, selbst verzaubert wurde, noch ein ›objektiver‹ Erzähler?

Als Broch an den beiden ersten Fassungen des Romans arbeitete, war er noch der Überzeugung, die religiösen und mythischen Kräfte könnten den Wahn überwinden. Der negativen Mythosbereitschaft der Menschen, die von dem Verführer Marius ausgenutzt wird, stehen daher positiv gesehene »Mythen des Heiles« gegenüber. Sie werden in erster Linie von der greisen Mutter Gisson verkörpert. Ihr Name deutet auf ihr Wesen: Er ist ein Anagramm von Gnosis, Wissen. Doch ihr Wissen ist nicht ein Verstandeswissen, sondern ein »Herz-Wissen«. Im Herzen findet sie die Mitte des Menschen, denn »das Wirkliche ist der Mensch, und im Menschen ist das Herz das Wirklichste« (B II, 387). Mutter Gisson bleibt allein unberührt von den Verzauberungskünsten des Marius. *Demeter oder die Verzauberung* – dieser von Broch ebenfalls erwogene Titel zeigt die Entscheidung an, vor die der Mensch gestellt ist: der Mythos der Natur und der Frömmigkeit steht gegen seine Pervertierung durch den falschen Messias.

Die gleichen Phänomene, die Broch in der Lenkung der Bergbauern durch Marius demonstriert und analysiert, führt er auch in seinen massenpsychologischen Schriften an, um den Erfolg Hitlers zu erläutern: Seine Genialität habe in der »Massen-Einfühlung« gelegen, in seiner Fähigkeit, die Wünsche und Triebe der Massen zu erkennen und zu lenken, sich unter ihnen willige Werkzeuge zu schaffen.[25] Doch es wäre eine Verengung, Marius ohne weiteres als Präfiguration Hitlers zu nehmen: es ging Broch nicht um politische Allegorien, er wollte vielmehr die Strukturen und die Arbeitsweise der politischen Verführung darstellen. Er zeigte, daß die Verführten zu jedem Verbrechen fähig sind, wenn sie durch Pseudomythen motiviert werden. Am Schicksal Wetchys machte er die Entstehung und die massenpsychologischen Ursachen des Antisemitismus deutlich, ohne daß das Wort ›Jude‹ fällt.[26]

Broch war, ähnlich wie Thomas Mann, der Ansicht, man müsse den Pseudomythen des ›Dritten Reiches‹ einen »Gegenmythos« entgegenstellen. Die Ambivalenz der Mythosbereitschaft bringt es allerdings mit sich, daß die Grenze zwischen den »Mythen des Heiles« und den »Mythen der Verführung« oft kaum zu sehen ist. Die Sprache ist ein untrügliches Indiz dieser ungelösten Problematik. Beide Protagonisten benutzen die gleiche Sprechweise – nur zu oft ein dunkles Raunen oder ein ekstatisches Psalmodieren – und gebrauchen dieselben Vokabeln: Gefühl, Führer, Heil, Reinheit, Erde.

Broch brach die Arbeit am Bergroman ab, weil er diese Probleme erkannte und weil seine Zweifel wuchsen, ob die propagierten Mythen des Heiles und die »neue Frömmigkeit« eine Gegenkraft gegen die politischen Realitäten darstellen könnten. Dazu kam die Einsicht – und das war wohl das Entscheidende –, daß eine parabolische Darstellung von Gewalt und Mord angesichts der Wirklichkeit von 1937 kaum noch »erzieherische Wirkung« ausüben konnte. Broch gewann die Überzeugung, daß gegen »die täglich deutlicher werdende Kriegsdrohung [...] mit Beeinflussung eines Lesepublikums nichts mehr auszurichten war« (GW IX, 47).

Bereits im letzten Jahr vor seiner Emigration (Mitte 1938), dann verstärkt in den ersten Jahren des Exils, wandte sich Broch Projekten zu, von denen er glaubte, sie könnten die Aufgabe des Schriftstellers, »das Humane zu verteidigen«, besser erfüllen als die Abfassung von Dichtungen. Neben Studien zum Massenwahn und zum Faschismus stehen Arbeiten zur Theorie der Demokratie und zur Friedensforschung.[27] Der Titel eines Essays, den Broch 1950 in der *Neuen Rundschau* veröffentlichte, gibt eine schlagwortartige Zusammenfassung seines politischen Denkens: *Trotzdem: Humane Politik. Verwirklichung einer Utopie.* Im Mittelpunkt steht das Ziel, an dem Broch in allen seinen Schriften, politischen Arbeiten wie Dichtungen, festhielt: Humane Politik, d. h. Politik, die den Menschen in das Zentrum stellt, die Freiheit und Würde des Menschen als höchste Werte setzt. Solche Politik hält Broch zwar für utopisch, aber das vorangestellte »Trotzdem« zeigt die Hoffnung auf eine Wendung, auch wenn die Macht der Tatsachen noch so übermächtig erscheint. Die Utopie ist kein Wahngebilde, es ist eine konkrete Utopie, die sich verwirklichen läßt. An dieser Verwirklichung zu arbeiten ist die Aufgabe, der sich Broch zeit seines Lebens gestellt hat.

Im ersten Jahrzehnt der Exilzeit brach Broch nur einmal sein Schweigen als Dichter: 1945 veröffentlichte er den Roman *Der Tod des Vergil.* Wie so viele der unter den deutschen Exulanten sehr beliebten historischen Romane reflektiert dieses Werk im Spiegel der Geschichte Probleme der eigenen Epoche und der Exilsituation; aber diese Spiegelung ist weit verdeckter als etwa bei Heinrich Mann oder Feuchtwanger. Die Zeitbezüge sind zwar vorhanden, sie sind jedoch wesentlich indirekter als bei den früheren Romanen, die Beschäftigung mit allgemeinen erkenntnistheoretischen und metaphysischen Problemen und die Auseinandersetzung mit dem Phänomen des Todes stehen im Mittelpunkt des Werkes. So kommt der Roman für eine Beschäftigung mit der Zeitkritik im Werk Brochs nur am Rande in Betracht.[28]

Auch nach dem Kriege lag das Schwergewicht von Brochs Arbeit zunächst noch auf seinen wissenschaftlichen Studien. Erst in den letzten Jahren seines Lebens wandte er sich wieder der Dichtung zu. Mit der Hoffnung auf einen künftigen Sieg der »humanen Politik« war auch seine Hoffnung zurückgekehrt, die Dichtung könne einen Beitrag, und sei er noch so bescheiden, zu diesem Sieg leisten.

Die Schuldlosen[29] gingen aus dem Plan eines Verlegers hervor, die früheren Novellen Brochs gesammelt herauszugeben. Als diese Novellen – vier der *Tierkreis*-Erzählungen und die *Methodologische Novelle* – Broch vorlagen, beschloß er, »zur Hebung des gemeinsamen Stimmungs- und Sinnzusammenhanges« weitere Novellen und einen lyrischen Rahmen ›hinzuzukomponieren‹ (GW V, 359). Diesen Zusammenhang sah er im »Zeitgeist-Phänomen«, in der »Grundstimmung, die das Hochkommen Hitlers ermöglicht hat« (GW VIII, 406). Auch dieses Werk beschäftigt sich also mit dem Nationalsozialismus, dessen Entstehung und Ausbreitung Broch wiederum zu erklären versucht. Im Mittelpunkt des Romans steht das Problem der Schuld. Broch fragt – und damit knüpft er an die geschichtsphilosophischen Überlegungen der früheren Zeit an –, ob die Neigung zum Totalitarismus »eine allgemein menschliche Anlage oder eine spezifisch deutsche Schuldhaftigkeit« sei.[30] Der Titel des Romans beantwortet diese Fragen keineswegs. »Schuldlos« sind die Personen des Romans, denn »keiner von ihnen ist an der Hitler-Katastrophe unmittelbar ›schuldig‹« (GW V, 361). Doch gerade aus dieser unpolitischen, passiven Haltung, aus der Gleichgültigkeit gegenüber den Verbrechen hat der Faschismus – das ist, wie bereits in den *Schlafwandlern*, die Grundthese des Romans – »seine eigentlichen Kräfte gewonnen«: »Politische Gleichgültigkeit nämlich ist ethischer Gleichgültigkeit und damit im letzten ethischer Perversion recht nahe verwandt. Kurzum, die politisch Schuldlosen befinden sich zumeist bereits ziemlich tief im Bereich ethischer Schuld« (GW V, 361).

Die Schuld der Schuldlosen zeigt sich karikaturistisch überspitzt in Zacharias, dem Helden der *Methodologischen Novelle* von 1918. In welchem Maße Zacharias Züge eines »Prä-Nazi«[31] trägt, wird insbesondere in der Erzählung *Die vier Reden des Studienrats Zacharias* deutlich, die dem Epochenquerschnitt von 1923 zugeordnet ist. Diese Erzählung ist eine ätzende Satire auf das Kleinbürgertum und den Spießergeist. Großsprecherei und Kriechertum, engherzige Moral, Chauvinismus und Aggressivität sind die Merkmale des ›Untertanen‹ Zacharias und darüber hinaus »jener ganzen Zacharias-Rasse, die allüberall im gleichen Nebel von Opportunismus und Moralschlagworten lebt«.[32] Im Roman entwirft Broch an späterer Stelle, in den *Stimmen 1933*, ein Porträt des Spießers, das die in Zacharias enthaltenen Züge analysiert und damit zur schonungslosen Anklage wird: »Der

Gestrigkeit entstiegen, romantisierend dem Gestrigen zugetan, doch heutigen Vorteil witternd und auf ihn bedacht, [...] blutrünstig in schier haßloser Sachlichkeit, erpicht auf Dogmen, erpicht auf geeignete Schlagworte und drahtpuppig von ihnen bewegt [...], immer aber feigmörderisch und durch und durch tugendboldisch, das ist der Spießer [...]« (GW V, 297).[33] Es wird deutlich, wie hier die früheren Bestimmungen dieses Menschentyps – aus den *Cantos* und der Erzählung von 1918, vor allem jedoch aus der Huguenau-Charakteristik von 1932 – aufgegriffen und zusammengeführt werden: Sie alle weisen auf den Spießer voraus. Schärfer noch als früher sind die faschistischen Merkmale der »Zacharias-Rasse« herausgearbeitet; unerbittlicher noch trifft die Anklage auch diejenigen, die deren Eigenschaften ins Große projizieren: Wilhelm II., der auch hier wiederum als »Spießer-Kaiser« verspottet wird, vor allem jedoch Hitler, in dem Broch die »Rein-Inkarnation« des kleinbürgerlichen Spießergeistes sieht (GW V, 297, 361). Auch die Grausamkeiten des Nationalsozialismus werden als eine konsequente Weiterführung der Spießermentalität angesehen: »Die Konzentrationslager im Erdenrund [...] sind des Spießers Herrschaftsform, da er Sklaverei ausüben und erleiden will« (GW V, 299).[34]

Die Schuld der Schuldlosen zeigt sich verdeckter, damit aber keineswegs weniger entlarvend in einer zweiten Hauptperson des Romans, die zunächst nur mit ihrer Initiale A. genannt wird. A. ist Zacharias zwar geistig überlegen, aber er überläßt diesem das Reden und das Handeln. Er durchschaut zwar die Entwicklung, aber er tut nichts, sie zu ändern. Die Erzählungen zeigen ihn als »schicksalsgläubig« und »entscheidungs-schüchtern« (GW V, 129), er flieht vor dem Leben und vor der Verantwortung in eine Scheinwelt; ein verlassenes Jagdhaus wird sein Elfenbeinturm. Die Schuld, die in der Verantwortungslosigkeit und in der Gleichgültigkeit liegt, wird an A. besonders deutlich: An ihm wird gezeigt, daß Gleichgültigkeit gegen den Nebenmenschen auch politische Gleichgültigkeit und damit politische Lähmung ist. Hierin liegt die konkrete Schuld des Jahres 1933: »[...] wir haben Hitler gewähren lassen, den Nutznießer unserer Lähmung« (GW V, 332).

In den Erzählungen, in deren Mittelpunkt A. steht, überwiegt eine symbolische Darstellungsweise, das Geschehen hat, wie in den früheren *Tierkreis*-Novellen, teilweise Parabelcharakter. In diesen Erzählungen werden Menschen in der Epoche vor Hitlers Machtantritt dargestellt. Ihre Situation ist im Huguenau-Typus angelegt: sie ist bestimmt von Einsamkeit, Gleichgültigkeit, Grausamkeit. Dies wird im Roman an den verschiedenen Personen in vielfacher Abwandlung gezeigt: Liebe ist nur noch in pervertierter Form möglich, Haß beherrscht das Zusammenleben, die Menschen versuchen, sich gegenseitig zu versklaven, sie sind zu jeder Gewalt fähig. »Potentiell«, bemerkte Broch, sind alle Menschen des Romans »ausnahmslos vorbestimmt, all die kommenden Greuel der Welt, all die Nazi-Greuel gleichgültig zu dulden, [...] ja gutzuheißen, und wenn nur Zacharias wirklicher Nazi geworden ist, so ist das eigentlich bloß Zufall.«[35]

Auch in diesem Roman steht neben der Zeitdiagnose und der Zeitkritik der Versuch, einen Weg der »Heilung«, der »Läuterung« zu zeigen. A. erkennt seine Schuld und ist zur Sühne bereit. Symbolisch gibt ihm ein mythischer Richter[36] seinen Namen zurück: der Geläuterte wird wieder zum benannten Individuum, er ist bereit zu einer »neuen Humanität«. Die mythische Dimension, in die auch dieser Roman hineinreicht, wird ebenso in den lyrischen Zwischenstücken, den *Stimmen*, deutlich. Sie sind als eine Art Kommentar und Überhöhung des Geschehens gedacht. Nicht jeder Leser wird Brochs hohe Einschätzung der mythischen Passagen des Romans teilen. Die Sprache ist hier nicht mehr, wie in der »Ebene äußeren Geschehens« »naturalistisch«, sondern stilisiert, teilweise ins Hymnische oder Pathetische überhöht.[37] Das erschwert, wie bereits in den früheren Romanen, das allgemeine Verständnis und beeinträchtigt die Klarheit in der Formulierung der ›humanen‹ Gegenwelt. So ist der gelegentlich erhobene Vorwurf erklärlich, Broch verliere sich hier in Mystizismen und Spekulationen. Um diesem Vorwurf zu entgehen, versuchte Broch, das Mythische und Utopische stärker als früher in seinen gleichzeitigen kritischen Arbeiten zu begründen: zentrale Gedanken der *Schuldlosen* entstammen, zum Teil wörtlich, den politischen Schriften der Zeit.[38] Obwohl dieses Vorgehen das Problem einer überzeugenden Darstellung der ›Gegenwelt‹ kaum befriedigend löst, macht es doch noch einmal deutlich, in welchem Maße das Werk als politischer Roman verstanden werden muß.

Broch hatte gehofft, daß sein Roman ein besonderes Echo fände, weil er glaubte, für die Deutschen sei eine Auseinandersetzung mit dem Nationalsozialismus und mit der Schuldfrage von größtem Interesse. Er erkannte aus der räumlichen Entfernung des Exils nicht, daß dieses Problem seit Beginn der Adenauerschen Restaurationsperiode mehr und mehr verdrängt worden war. Die Rezeption des Romans spiegelt diesen Prozeß: Einige Besprechungen wiesen zwar auf die zeitkritische Schärfe hin,[39] aber die große Mehrzahl beschäftigte sich fast ausschließlich mit ästhetischen Fragen. Die allgemeine Entpolitisierung der literaturwissenschaftlichen Diskussion prägte auch die Aufnahme des wenig später, 1953, postum erschienenen *Bergromans*: auch hier gingen lange Zeit nur wenige Kritiker auf den politischen Kern des Werkes ein.[40]

Die nähere Betrachtung der Romane hat deutlich gemacht, was Broch unter ›Zeitkritik‹ verstand und wie er sie in seinen Werken verwirklichte. Sein Verständnis von Zeitkritik ist wesentlich umfassender als das allgemeine Verständnis des Begriffs, seine Darstellung demzufolge nur im Ansatz der in Romanen dieses Typus bekannten ähnlich.

Die Aufgabe des zeitkritischen Romans beginnt für Broch mit der Darstellung der »äußeren Welt«. Wie zahlreiche Passagen, vor allem in den *Schlafwandlern*, zeigen, verstand Broch es durchaus, Zeitereignisse und konkrete gesellschaftliche Verhältnisse genau zu beschreiben.[41] Trotzdem drängte er diese »naturalistische Basis« in seinen Romanen zum Teil erheblich zurück; der Hauptgrund dafür lag in seiner Überzeugung, daß »naturalistische« Schilderungen von Phänomenen und

Zeitereignissen »gewissermaßen leere Behauptungen« sind, weil sie bloß etwas über deren Existenz sagen, »jedoch alles über deren eigentliche Funktion und Wirksamkeit« verschweigen (B IV, 257).

Diese zu untersuchen ist Aufgabe der Zeitanalyse. Broch versuchte, die Ursachen der Zeitentwicklung und die historischen und philosophischen Gesetzmäßigkeiten, die sie bestimmen, zu ergründen. Er wollte die Bedingungen erfassen, unter denen es möglich war, daß 1918 ein jahrhundertealtes Staaten- und Kultursystem zusammenbrach; er wollte vor allem jedoch analysieren, wie es zum Aufstieg des Faschismus kam und warum gerade das deutsche Volk so anfällig für seine Verführungen war. Broch suchte die Ursachen für diese Vorgänge vornehmlich im geistigen und seelischen Bereich, in der Anlage und der Entwicklung der Menschen dieser Zeit. Andere Gründe erörterte er zwar gelegentlich, sie schienen ihm jedoch sekundärer Natur. So war er der Überzeugung, daß auch politische Vorgänge oder die ökonomischen Verhältnisse aus der geistigen Situation der Zeit heraus erklärbar sind. Für Broch bestimmt das Bewußtsein das Sein; daher galt sein Interesse primär den geistigen Kräften der Zeit. Einen »der verhängnisvollsten Fehler des Marxismus« nannte Broch den Versuch, »das Ethische im Ökonomischen begründen zu wollen« (GW X, 366). Diese Einstellung führte dazu, daß er von der marxistischen Literaturwissenschaft in Ost und West als spätbürgerlich-idealistischer Schwärmer abgetan und praktisch totgeschwiegen wurde.

Brochs Überzeugung vom Primat des Geistigen und des Ethischen hat zur Folge, daß für ihn Zeitkritik nicht allein Kritik an konkreten sozialen und gesellschaftlichen Mißständen bedeutet. Broch versucht stets zugleich, die dahinter stehenden allgemeineren Phänomene zu treffen und die geistigen und seelischen Hintergründe der Entwicklungen aufzudecken. Darin sah er die »sozial-analytische Aufgabe« des Romans.[42] So trifft die Kritik an der Ausbeutung kapitalistische Praktiken, aber zugleich auch die Inhumanität der Menschen untereinander. Die Kritik am Militarismus ist nicht nur gegen die verblendete Kriegsbegeisterung von 1914 gerichtet, sondern gegen die »Ideologie des Krieges« überhaupt (GW II, 402). Der Kampf gegen den Faschismus ist nicht nur ein Kampf gegen den Nationalsozialismus, sondern auch gegen die politischen Verführer, die falschen Mythen, vor allem jedoch gegen die Bedrohung des Menschen durch totalitäre Systeme, die Broch auch nach dem Ende des Nationalsozialismus unverändert groß schien. Die Kritik gilt in jedem Falle einer Entwicklung des »Schlafwandler«-Geschlechtes, die zur Kommunikationsunfähigkeit, zur Gleichgültigkeit gegenüber dem Nebenmenschen, zur Aggressivität, schließlich zum Streben, sich den Mitmenschen zu versklaven, führt. Es wäre natürlich zu fragen, ob Broch nicht der aktuellen, auf konkrete Verhältnisse zielenden Zeitkritik einiges von ihrer Wirkung nimmt, indem er sie stets in diese allgemeineren Probleme münden läßt. Wie die Antwort auf diese Frage auch ausfällt, es bleibt festzuhalten, daß Brochs Verständnis von Zeitkritik in erster Linie auf eine Auseinandersetzung mit dem »Zeitgeist«, den geistigen Grundlagen der Zeit, zielte.

Zeitkritik war für Broch nie ein Selbstzweck, sie hatte für ihn, wie bei jedem der näher betrachteten Romane deutlich wurde, nur dann Sinn und Existenzberechtigung, wenn sie dazu führte, die kritisierten Verhältnisse zu verbessern, Hilfe zu bringen. Deswegen ist der Hinweis auf eine Gegenwelt, eine bessere, menschenwürdigere Zukunft für die Romane ebenso konstituierend wie die Zeitanalyse und die Zeitkritik. Der Entwurf der Gegenwelt ist am überzeugendsten, wo er als konkrete Utopie gegeben wird. Broch versuchte, diese Utopie in das Romangeschehen zu integrieren, ohne sie als bloße Zukunftsvision auf der einen, als durch die Analyse nicht gerechtfertigten Optimismus auf der anderen Seite erscheinen zu lassen. Die Betrachtung der Romane hat gezeigt, welche Probleme dabei auftreten können. Gerade bei der Darstellung der Gegenwelt eines »neuen Mythos« oder einer »neuen Humanität« ist die Möglichkeit von Mißverständnissen gegeben, zumal sich Broch bei der Beschreibung der utopischen Sphäre weitgehend eines religiösen und mythischen Vokabulars bediente. Wie auch immer man die Überzeugungskraft dieser Zukunftsutopien einschätzt: in ihrem Entwurf sah Broch eine zentrale Aufgabe seiner Werke.

Brochs Auseinandersetzung mit der Zeit hatte das Ziel, die Menschen aufzuklären, sie zur Erkenntnis des Zustandes ihrer Epoche zu führen und ihnen ihre Verantwortung für die künftige Entwicklung bewußtzumachen. Zeitkritik in diesem umfassenden Sinne umschließt die Epochenanalyse, die Kritik an den Mißständen und an der geistigen Situation der Zeit und den Entwurf der Utopie einer »humanen Welt«. In ihr sah Broch die ethische Aufgabe des Romans, die nach seiner Überzeugung der Dichtung in einer Zeit der Gewaltherrschaft allein noch einen Sinn und eine Berechtigung geben kann.

Anmerkungen

Die Studie stützt sich teilweise auf meine früheren Arbeiten über Broch, vor allem auf den Essay »Hermann Broch als politischer Dichter« (s. Lit.). Zitate aus Brochs Werken und aus seinem Briefwechsel mit Daniel Brody werden im Text belegt. Benutzte Abkürzungen:

GW I–X = *Gesammelte Werke*. Bd. I–X.
B I–IV = *Bergroman*. Bd. I–IV.
BB = Broch/Brody: *Briefwechsel 1930–1951*.

1. Vgl. dazu Steinecke 1968 (s. Lit.). S. 30 ff.
2. Lützeler 1973 (s. Lit.). S. 9.
3. ebd.
4. *Neue Deutsche Hefte*, 110/XIII (1966). S. 4.
5. ebd., S. 8.
6. ebd., S. 8 f. – Den zeit- und gesellschaftskritischen Gehalt der *Cantos* arbeitet Lützeler in seiner Analyse besonders deutlich heraus (1973, s. Lit. S. 20 ff.).
7. Vgl. zum folgenden bes.: Steinecke 1968 (s. Lit.). S. 43 ff.; Lützeler 1973 (s. Lit.). S. 67 ff. (»Brochs Theorie eines zeitkritischen Romans«) sowie Lützeler 1974 (s. Lit.).
8. Vgl. dazu ausführlich Kreutzer (s. Lit.). S. 40 ff.
9. Lützeler 1973 (s. Lit.). S. 67.

10. Zur Interpretation des Romans vgl. bes.: Karl Robert Mandelkow: *Hermann Brochs Roman-trilogie »Die Schlafwandler«. Gestaltung und Reflexion im modernen deutschen Roman.* Heidelberg 1962; Kreutzer (s. Lit.); Dorrit C. Cohn: *»The Sleepwalkers«. Elucidations of Her-mann Broch's Trilogy.* Den Haag 1966; Steinecke 1968 (s. Lit.); die Beiträge in dem Materialienband von Brude-Firnau (s. Lit.). Auf die zeitkritischen und politischen Aspekte gehen besonders ein: Paul Konrad Kurz: »Hermann Brochs ›Schlafwandler‹-Trilogie als zeitkritischer Erlösungsroman«. In: *Stimmen der Zeit*, 91 (1966). S. 25–45; Steinecke 1970 (s. Lit.). S. 141 ff.; am ausführlichsten Lützeler 1973 (s. Lit.). S. 67 ff.

11. Selbstkommentar zu den »Schuldlosen« (s. Lit.). S. 394.

12. ebd., S. 389.

13. Vgl. dazu ausführlich: Gisela Brude-Firnau: »Wilhelm II. oder die Romantik. Motivübernahme und -gestaltung bei Hermann Broch«. In: *Zeitschrift für deutsche Philologie*, 93 (1974). S. 238 bis 257.

14. Selbstkommentar zu den »Schuldlosen« (s. Lit.). S. 394.

15. Vgl. dazu Hartmut Steinecke: »Das Schlafwandeln. Zur Deutung des Motivs in Hermann Brochs Trilogie«. In: Durzak 1972 (s. Lit.). S. 69 ff.

16. Vgl. dazu GW II, 403. 685 f.; GW X, 281.

17. Broch an Kurt Wolff am 11. August 1946. In: *Kurt Wolff, Briefwechsel eines Verlegers 1911 –1963.* Hrsg. von Bernhard Zeller u. Ellen Otten. Frankfurt a. M. 1966. S. 464.

18. Vgl. dazu ausführlich: Lützeler 1973 (s. Lit.). S. 85 ff.

19. *Dresdener Neueste Nachrichten* vom 29. Mai 1932; *Neue Zürcher Zeitung* vom 15. Juni 1932. Zitiert nach BB. Sp. 345, 354.

20. Hesse s. Anm. 19; Richter in: *Berliner Tageblatt* vom 1. März 1931, 13. September 1931, 23. Oktober 1932; Canetti in: Durzak 1972 (s. Lit.). S. 11 ff.

21. Lützeler 1973 (s. Lit.). S. 9.

22. Zur Interpretation des Romans vgl. bes. Durzak 1967 (s. Lit.). S. 594 f.; Götz Wienold: »Hermann Brochs ›Bergroman‹ und seine Fassungen: Formprobleme der Überarbeitung (mit bisher ungedruckten Quellen)«. In: *Deutsche Vierteljahrsschrift für Literaturwissenschaft und Geistesgeschichte*, 42 (1968). S. 773–804; Beate Loos: *Mythos, Zeit und Tod. Zum Verhältnis von Kunsttheorie und dichterischer Praxis in Hermann Brochs Bergroman.* Frankfurt a. M. 1971; Timothy J. Casey: »Questioning Broch's ›Der Versucher‹«. In: *Deutsche Vierteljahrsschrift für Literaturwissenschaft und Geistesgeschichte*, 47 (1973). S. 467–507 (bes. S. 468 ff. »A political novel?«).

23. Vgl. z. B. GW VIII, 104: die »Darstellung der inneren und äußeren mythischen Vorgänge des Menschen« erfordere stets auch zugleich die Darstellung der »politischen Bewegung dieser Zeit«.

24. Der Roman wurde postum 1953 unter dem von Broch nie gebrauchten Titel *Der Versucher* in einer Mischfassung veröffentlicht (GW IV); erst 1969 wurden die Fassungen gesondert ediert (s. Lit.).

25. Vgl. GW IX, 77 ff.

26. Über den Juden als Prototyp des »Anderen« vgl. ebd., S. 193 ff.

27. Vgl. dazu ausführlich: Götz Wienold, Nachwort zu Broch, *Zur Universitätsreform.* Frankfurt a. M. 1969. S. 117 ff.; Paul Michael Lützeler: »Hermann Brochs politische Pamphlete«. In: *Literatur und Kritik*, 54/55 (1971). S. 198–206.

28. Diese Aspekte erörtert ausführlich Durzak 1973 (s. Lit.).

29. Zu den *Schuldlosen* vgl. bes. Gerda Utermöhlen: *Hermann Brochs Novellenzyklus »Die Schuld-losen«.* Diss. Heidelberg 1965; Durzak 1969 (s. Lit.); Steinecke 1970 (s. Lit.). S. 161 ff.

30. Selbstkommentar zu den »Schuldlosen« (s. Lit.). S. 389.

31. ebd., S. 390.

32. ebd., S. 390 f.

33. Vgl. dazu auch: Hinrich Siefken, »Heinrich Manns ›Der Untertan‹ und Hermann Brochs ›Die Schuldlosen‹. Zur Satire und Analyse des ›Spießers‹ als ›Untertan‹«. In: *Zeitschrift für deutsche Philologie*, 93 (1974). S. 186–213.

34. In einem Selbstkommentar spricht Broch von der »blutlechzenden Spießerhaftigkeit des Nazitums« (s. Lit. S. 390).

35. Selbstkommentar zu den »Schuldlosen« (s. Lit.). S. 395.

36. Dieser »uralte Mann« repräsentiert »den nach Überwindung der terroristischen Menschheitsperiode vielleicht doch noch kommenden neuen Geist [. . .], den Geist einer neuen Welteinsicht« (ebd., S. 394).

37. Vgl. dazu ebd., S. 390 u. 397.
38. Nachweise s. Steinecke 1970 (s. Lit.). S. 182.
39. z. B. Franz Norbert Mennemeier: »Zeitkritik im totalen Stil«. In: *Frankfurter Allgemeine Zeitung* vom 5. März 1951.
40. z. B. Rudolf Hartung: »Roman vom politischen Scharlatan: Der Versucher«. In: *Süddeutsche Zeitung* vom 13. Februar 1954.
41. In verschiedenen neueren Arbeiten wird gerade diese Seite der Romane als »meisterhaft« gerühmt (so Lützeler 1974, [s. Lit.]. S. 237 f.).
42. Selbstkommentar zu den »Schuldlosen« (s. Lit.). S. 394.

Literaturhinweise

Zitierte Werke

Gesammelte Werke. 10 Bde. Zürich 1952–61. (Zitiert als: GW I–X.)
GW II   *Die Schlafwandler. Eine Romantrilogie.* 1952. (Erstdruck: München u. Zürich 1931/32.)
GW III   *Der Tod des Vergil.* 1952. (Erstdruck: New York 1945.)
GW V   *Die Schuldlosen. Roman in elf Erzählungen.* Mit einer Einführung von Hermann J. Weigand. 1954. (Erstdruck: München u. Zürich 1950.)
GW VI   *Dichten und Erkennen.* Essays Bd. I. Hrsg. u. eingeleitet von Hannah Arendt. 1955.
GW VII   *Erkennen und Handeln.* Essays Bd. II. 1955.
GW VIII *Briefe. Von 1929 bis 1951.* Hrsg. u. eingeleitet von Robert Pick. 1957.
GW IX   *Massenpsychologie. Schriften aus dem Nachlaß.* Hrsg. u. eingeleitet von Wolfgang Rothe. 1959.
GW X   *Die unbekannte Größe. Und frühe Schriften.* Hrsg. u. eingeleitet von Ernst Schönwiese. *Briefe an Willa Muir.* Hrsg. von Eric W. Herd. 1961.
»Cantos 1913«. In: *Neue Deutsche Hefte,* 110/XIII (1966). S. 3–10.
Bergroman. Die drei Originalfassungen textkritisch hrsg. von Frank Kress u. Hans Albert Maier. 4 Bde. Frankfurt a. M. 1969. (Zitiert als: B I–IV.)
Zwei Selbstkommentare zu den »Schuldlosen«. In: Durzak 1969 (s. Lit.). S. 388–398.
Hermann Broch – Daniel Brody: Briefwechsel 1930–1951. Hrsg. von Bertold Hack u. Marietta Kleiß. Frankfurt a. M. 1971. (*Archiv für Geschichte des Buchwesens.* Bd. 12. – Zitiert als: BB.)
Barbara und andere Novellen. Eine Auswahl aus dem erzählerischen Werk. Hrsg. mit Nachwort u. Kommentar von Paul Michael Lützeler. Frankfurt a. M. 1973.

Forschungsliteratur (Auswahl)

Eine umfassende Bibliographie der Forschungsliteratur bis 1970 gibt Klaus W. Jonas in: BB. Sp. 1105–68.
Brude-Firnau, Gisela [Hrsg.]: *Materialien zu Hermann Brochs »Die Schlafwandler«.* Frankfurt a. M. 1972.
Durzak, Manfred: *Hermann Broch in Selbstzeugnissen und Bilddokumenten.* Reinbek bei Hamburg 1966. (rowohlts monographien.)
– *Hermann Broch.* Stuttgart 1967. (Sammlung Metzler. 58.)
– »Zur Entstehungsgeschichte und zu den verschiedenen Fassungen von Hermann Brochs Nachlaßroman«. In: *Zeitschrift für deutsche Philologie,* 86 (1967). S. 594–627.
– *Hermann Broch. Der Dichter und seine Zeit.* Stuttgart 1968.
– »Die Entstehungsgeschichte von Hermann Brochs ›Die Schuldlosen‹. Mit bisher ungedruckten Quellen«. In: *Euphorion,* 63 (1969). S. 371–405.
– [Hrsg.]: *Hermann Broch – Perspektiven der Forschung.* München 1972. (20 Beiträge der Forschung.)
– »Zeitgeschichte im historischen Modell. Hermann Brochs Exilroman ›Der Tod des Vergil‹«. In: M. D. [Hrsg.], *Die deutsche Exilliteratur 1933–1945.* Stuttgart 1973. S. 430–442.
Krapoth, Hermann: *Dichtung und Philosophie bei Hermann Broch.* Bonn 1971.
Kreutzer, Leo: *Erkenntnistheorie und Prophetie. Hermann Brochs Romantrilogie »Die Schlafwandler«.* Tübingen 1966.

Literatur und Kritik, H. 54/55 (1971). Sonderheft zum 20. Todestag von Hermann Broch.

Lützeler, Paul Michael: »Die Kulturkritik des jungen Broch. Zur Entwicklung von Hermann Brochs Geschichts- und Werttheorie«. In: *Deutsche Vierteljahrsschrift für Literaturwissenschaft und Geistesgeschichte*, 44 (1970). S. 208–228.

– *Hermann Broch – Ethik und Politik. Studien zum Frühwerk und zur Romantrilogie »Die Schlafwandler«*. München 1973.

– »Erweiterter Naturalismus: Hermann Broch und Emile Zola«. In: *Zeitschrift für deutsche Philologie*, 93 (1974). S. 214–238.

Menges, Karl: *Kritische Studien zur Wertphilosophie Hermann Brochs*. Tübingen 1970.

Osterle, Heinz D.: »Hermann Broch: ›Die Schlafwandler‹. Kritik der zentralen Metapher«. In: *Deutsche Vierteljahrsschrift für Literaturwissenschaft und Geistesgeschichte*, 44 (1970). S. 229–268.

Steinecke, Hartmut: »Hermann Broch«. In: Benno von Wiese [Hrsg.], *Deutsche Dichter der Moderne*. Berlin 1965. S. 454–478; ²1969. S. 482–506.

– *Hermann Broch und der polyhistorische Roman. Studien zur Theorie und Technik eines Romantyps der Moderne*. Bonn 1968.

– »Hermann Broch als politischer Dichter«. In: *Deutsche Beiträge zur geistigen Überlieferung*, 6 (1970). S. 140–183.

Ziolkowski, Theodore: *Hermann Broch*. New York u. London 1964.

JÜRGEN C. THÖMING

Hans Fallada. Seismograph gesellschaftlicher Krisen

> Schreibe ich denn diese Bücher? Es schreibt sie in mir.
> Fallada: *Wie ich Schriftsteller wurde.* 1946.

Fallada artikuliert seine Gesellschaftskritik nicht abstrahierend und entwickelt keine Zukunftsperspektive. Ein ›unkritischer‹ Leser wird seine gewissenhaften Aufzeichnungen zur gesellschaftlichen Praxis der zwanziger bis vierziger Jahre aus der Sicht des irritierten und betrogenen Objekts der Geschichte als ein zeitloses Geschichtenausbreiten nehmen, indes der ›kritische‹ die erzählerisch manifest gewordene Gesellschaftskritik herausarbeiten wird. Da es für die Werke eines ›Volksschriftstellers‹ wichtiger ist festzustellen, wie sie gelesen werden, als ihre Wirkung auf kritische Berufsleser niederzuschreiben, soll hier anfangs ein Rekonstruktionsversuch der Rezeption nach 1950 unternommen werden.

Im zweiten Drittel geht es um Falladas literarische Anfänge: um das Vorbild Romain Rolland als sozialkritischer pazifistischer Autor und um eine Rehabilitierung der vergessenen ersten Romane mit ihrer massiven Kritik an der bourgeoisen Erotik-Tabuierung.

Das letzte Drittel wird sich – weil genügend Literatur über den *Kleinen Mann* vorliegt – nicht mit der stärksten Schicht in dem von Fallada beschriebenen Kleinbürgertum, mit den Angestellten, beschäftigen, sondern mit der zweitstärksten, den Bauern.

Stationen der Literaturkritik

Die deutschsprachige Literaturwissenschaft hat die Werke Hans Falladas noch nicht entdeckt. In der kurzen Liste der Kommentarliteratur fehlen die bekannten Germanistennamen der fünfziger und sechziger Jahre. Auch die plötzliche Entdeckung der Massenliteratur durch die Germanistengeneration der siebziger Jahre hat diesen Zustand bisher nicht ändern können, denn Fallada läßt sich nicht einordnen in die Literatur der Intellektuellen und des Großbürgertums (von Mann bis Musil), nicht in die der sozialistischen Arbeiter und Intellektuellen (von Brecht bis Bredel) und auch nicht in die ›Trivialliteratur‹ des Kleinbürgertums und der Leser ohne Klassenbewußtsein in der Großbourgeoisie und in der Arbeiterklasse (von Vicki Baum bis Hedwig Courths-Mahler). Entsprechend sehen auch die beiden Fallada-Bücher von Jürgen Manthey (1963) und Alfred Gessler (1972) davon ab, seine Werke im Zusammenhang mit der literarischen Tradition abzuhandeln, was etwa teilweise versucht wird in der französischen (Toulouse), den zwei deutschsprachigen (Fribourg, Wien) und den drei amerikanischen Dissertationen zu Fallada.

Bemerkenswert ist, daß Schriftstellerkollegen die Werke häufiger analysiert und gewürdigt haben als Hochschullehrer für Literaturwissenschaft. Hervorzuheben ist die Gedenkrede Johannes R. Bechers, daneben sind Beiträge Albert Ehrensteins, Wolfgang Johos, Heinz Reins, Max Schroeders, Kurt Tucholskys, Carl Zuckmayers zu nennen.

In der öffentlichen Resonanz auf Fallada zeichnen sich fünf Schwerpunkte ab:
– Reaktion auf Falladas ersten realistischen Roman
– Weltweites Echo auf *Kleiner Mann – was nun?*
– Reaktion der Emigranten auf Falladas Resignation
– Faschistische Kritik
– Würdigung durch die DDR-Kritik.

Zu *Bauern, Bonzen und Bomben* finden sich überwiegend linke Besprechungen. Die wichtigsten Beiträge bringen 1931/32 die *Linkskurve,* die *Rote Fahne* und die *Weltbühne.*

Am bekanntesten wurden die zustimmenden Rezensionen des in 20 Sprachen übersetzten *Kleiner Mann – was nun?.*

Die nächsten Werke des Autors werden sehr kritisch begleitet von Beiträgen in den Emigrantenzeitschriften *Das Wort* und *Internationale Literatur.*

Den vierten Schwerpunkt bilden Stellungnahmen der Schreiber im Faschismus in der Art des 1974 emeritierten Münsteraner Professors Ter-Nedden, der 1941 sich aussprach gegen die Schilderung »einer gemeinen, widerlichen Welt«, gegen »die Sphäre übelster und gemeinster Sexualität«, gegen Falladas Nichtberücksichtigung der »Erkenntnisse der modernen Biologie«, gegen sein stillschweigendes Ignorieren desjenigen »Elements, das damals die Umwelt deutscher Menschen aufs penetranteste bestimmte, nämlich die Juden«.[1]

Indes die westdeutsche Germanistik keine Eile zeigte, solche Urteile über einen weltberühmten Schriftsteller zu widerrufen und die Werke zum Forschungsobjekt zu machen, nutzte die ostdeutsche Kulturarbeit die Chance der Anwesenheit Falladas in Mecklenburg und Berlin, um sich seiner Mitarbeit für eine antifaschistische Kultur zu versichern. Bis auf die scharfen Urteile des Literaturkritikers Heinz Rein (1948, 1950) hat die DDR-Kritik sehr ausgewogene und wohlbegründete Einzelanalysen und Gesamtwürdigungen veröffentlicht, die etwa mit dem Essay von Ruth Römer 1957 zu einem Höhepunkt kamen und ab 1962 sich in der Praxis fortsetzten mit der Herausgabe der Werke im Aufbau-Verlag durch den vorzüglichen Kenner Günter Caspar.

Auflagenhöhe der ersten realistischen Romane

Die Entwicklung innerhalb der Verbreitung der Fallada-Bücher soll statistisch durch einen Querschnitt 1935 und durch eine Skizze zum Absatz der Taschenbuchausgaben seit 1950 verdeutlicht werden.[2] Die jährlichen Verkaufsziffern der vier

Auflagenhöhen von Fallada-Texten im Taschenbuch in 1000

	Kleiner Mann – was nun?	Wolf unter Wölfen	Wer einmal aus dem Blechnapf frißt	Damals bei uns daheim	Heute bei uns zu Haus	Der Trinker	Bauern, Bonzen und Bomben	Jeder stirbt für sich allein	Kleiner Mann, Großer Mann – alles vertauscht	Ein Mann will nach oben
1950	80									
1951	—									
1952	28	50	50							
1953	25	25	50							
1954	25	1,9	25							
1955	24	1,9	25	80						
1956	25	1,9	6,5	38						
1957	25	1,9	6,5	37	50					
1958	24	1,9	12	38	38					
1959	24	1,9	13	37	25	50				
1960	19	1,9	12	25	12	13				
1961	19	1,9	10	15	10	10				
1962	12	1,9	10	15	10	5				
1963	15	1,9	13	10	13	5				
1964	15	1,9	10	13	10	10	30	30		
1965	15	1,9	5	12	10	5	—	—		
1966	13	1,9	5	13	5	5	4	5		
1967	15	1,9	10	7,5	5	7	4	8		
1968	12,5	27	10	7,5	6	10	3,5	3,5		
1969	12,5	8	10	10	6	5	3,5	3,5		
1970	15	8	10	10	8	5	8	10	30	20
1971	17	10	15	7,5	6	10	5	3,5	—	8
1972	15	10	15	7,5	7	10	5	3,5	10	7
1973	15	7	12	10	—	8	20	8	8	8

seit 1931 erschienenen Romane stellen sich 1935 im Vergleich zu 1960 und 1970 folgendermaßen dar:

	1935	1960	1970
Bauern, Bonzen und Bomben	2 600	–	10 000
Kleiner Mann – was nun?	36 000	19 000	15 000
Wer einmal aus dem Blechnapf frißt	15 000	12 000	10 000
Wir hatten mal ein Kind	12 000	–	–

Der sehr schlechte anfängliche Absatz des Bauernromans von 1931, der große Vorsprung des berühmtesten Buches und seine durch die gesamten sechziger Jahre bis heute konstante Auflagenhöhe um 15 000 jährlich sowie der ebenfalls konstante Absatz des Strafgefangenen-Romans zwischen 10 000 und 12 000 fallen auf.

Die öffiziöse Vernebelung der Faschismusursprünge und der Kleine Mann

Der Welterfolg des Johannes Pinneberg und der Emma Mörschel bewogen Ernst Rowohlt, seine ›Rotationsromane‹ 1950 mit dem *Kleinen Mann* zu beginnen. Zuerst wurden monatlich 10 000 Exemplare verkauft; innerhalb von zwei Jahren zusammen 80 000. Der Verkauf lag während der gesamten fünfziger Jahre bei jährlich 25 000. Das Buch repräsentiert die Ratlosigkeit der getäuschten und verarmten Mittelschichten, die Erneuerung der schädlichen Trennung der Lohnabhängigen in Angestellte, Arbeiter, Beamte (die Siegermächte verhinderten z. B. die Gründung einer Einheitsgewerkschaft) und fügte sich in seiner apolitischen Gesamthaltung in den beginnenden antihistorischen Mythos von der ›Nullpunkt‹-Situation 1945. Zudem wuchs der potentielle Leserkreis der ›kleinen Leute‹ ständig: Die Zunahme der Lohnarbeit und die Abnahme der Selbständigen entwickelte sich zwischen 1950 und 1970 schneller als in den vorherigen 70 Jahren. 1882 betrug der Anteil der Angestellten innerhalb der Lohnabhängigen 5 %, 1932, bei Erscheinen des Romans, 19 %. Indes der Anteil der Arbeiter an den Erwerbstätigen 1971 auf 46,7 % gesunken war, erhöhte sich derjenige der Beamten und Angestellten auf 36,8 %.[3]

Rowohlts Interesse mußte es sein, die 15 bis 20 lesbar gebliebenen Werke sukzessive an den Leser zu bringen, um einen relativ festen Bestand an autororientierten Interessenten zu schaffen, denen etwa alle zwei Jahre – entsprechend ungefähr dem originalen Schreib- und Distributionsprozeß – ein ›neuer‹ Fallada zu präsentieren war. Der Verlag konnte aus dem Erfolg des ersten Taschenbuchs noch nicht ablesen, ob diese Erzählung als gesellschaftskritischer historischer Text gelesen wurde – wie man ihn lesen *kann* – oder als rührendes Unterhaltungsmärchen aus der endgültig vergangenen schlechten alten Zeit. Es soll hier als These vertreten werden, daß das erstere nicht der Fall war. Die konkreten Voraussetzungen für diese Leserentscheidung nach 1950, in Fallada nicht primär den unterhaltend analysierenden Gesellschaftskritiker zu sehen, müssen für jüngere Leser kurz zusammengefaßt werden.

Die nach dem Krieg drohende amerikanische Wirtschaftskrise konnte nur durch Expansion, die auf den europäischen Markt zielte, abgefangen werden. Westdeutschland mußte – mit einem Bruch des völkerrechtlich gültigen Potsdamer Abkommens und nach anfänglichem englischen und französischen Zögern – die amerikanische Staats- und Wirtschaftsordnung importieren, die konsequent zur Aufrüstung führte. Die Sozialisierungsgesetze Hessens und des Nordrhein-Gebiets, die z. T. mit der CDU gegen die Liberalen und extreme Rechtsparteien durchgesetzt worden waren, konnten wegen des Verdikts der westlichen Alliierten nicht angewandt werden. Die Vergesellschaftung der Schlüsselindustrie, Entflechtung der Konzerne, Mitbestimmungsrechte wurden verhindert. Die klassenkampfähnlichen Auseinandersetzungen durften nicht so bezeichnet werden, sondern wurden wie in den vorangegangenen Epochen kriminalisiert und mit dem Verbot der kommunistischen Partei 1956 beendet. Die Restauration mußte als demokratischer Neubeginn am Nullpunkt stilisiert werden. Der Faschismus durfte nicht als kapitalismusinhärentes Krisenproblem erscheinen, das aus den ökonomischen Daten der zwanziger Jahre erklärbar ist, sondern mußte als Zufallserfolg geistesgestörter Demagogen dargestellt werden. Die zwanziger Jahre durften nicht als historisches Anschauungsmaterial antidemokratischer Wirtschaftspolitik aufgefaßt werden, sondern wurden nostalgisch als ›golden‹ verfälscht.

Die Restaurationszeit lehnt Wolf unter Wölfen ab

Falladas großer Roman aus der Zeit der Beendigung der Revolutionsphase 1918–23 wurde von der westdeutschen Gesellschaft zwischen 1954 und 1967 zurückgewiesen. Die realistische Schilderung, die so viele Parallelen mit der Zeit nach 1945 aufwies und zur Auseinandersetzung mit der Weimarer Zeit zwang, wurde der größte verlegerische Mißerfolg aller bisherigen Fallada-Taschenbücher. Zwar wurde die übliche Startauflage 1952 an alte und neue Fallada-Freunde sogleich verkauft, und auch der erste Nachdruck erreichte während der oben gekennzeichneten Übergangsphase vor der völligen Entpolitisierung in Westdeutschland nochmals mit 25 000 Stück einen guten Absatz; die gleich hohe Auflage von 1954 jedoch blieb – anders als sämtliche späteren Werke, die im 1-2-Jahresrhythmus nachgedruckt werden – 14 Jahre lang, bis 1968, liegen. Die Wirtschafts- und Bewußtseinskrise hatte es mit sich gebracht, daß ein gesellschaftskritischer Reflexionsprozeß begann, der die historischen Grundlagen der Gegenwart in den zwanziger Jahren anders als durch Kino und schlechtausgebildete Lehrer kennenlernen wollte: 1968 wurden in vier Monaten die nachgedruckten 25 000 Exemplare verkauft, für die die vorhergehende Zeit 14 Jahre gebraucht hatte. Jetzt pendelt sich das Jahresverkaufsmaß auf 7000 – 10 000 ein, das Fünffache der fünfziger und mittleren sechziger Jahre.

Bevorzugung ahistorischer Erzählungen

Der Rowohlt Verlag hatte ebenfalls 1952 den gesellschaftskritischen, aber unhistorischen, tendenziell zeitlosen Roman *Wer einmal aus dem Blechnapf frißt* veröffentlicht und – wie vom *Kleinen Mann* gewohnt und von *Wolf unter Wölfen* wiederholt – die Startauflage von 50 000 innerhalb eines halben Jahres an die Fallada-Anhänger verkauft. Dieser Erfolg blieb mehrere Jahre gleich und übertraf währenddessen noch den ständigen Erfolg des *Kleinen Manns*. Während der politischen Stagnation nach der Entmachtung der organisierten Arbeiterbewegung 1956 und der absoluten Mehrheit der restaurativen Partei 1957 sank zwar auch der Verkauf des *Blechnapf*-Buchs wenige Jahre auf ein Viertel, spielte sich aber dann wieder bis heute auf 10 000–15 000 ein.

Der Mißerfolg des Romans *Wolf unter Wölfen* veranlaßte den Rowohlt Verlag, das 2-Jahresintervall um ein Jahr zu vergrößern; dann entschloß er sich folgerichtig, der entpolitisierten westdeutschen Öffentlichkeit ab 1955 zunächst die unpolitischen Bücher Falladas anzubieten. Die so eingängig erzählten Erinnerungen *Damals bei uns daheim* »aus der sorglosen Epoche vor dem ersten Weltkrieg« (wie der Waschzettel die preußische Diktatur nennt) erwiesen sich als größter Verkaufserfolg. Während vom berühmten *Kleinen Mann* in den ersten zwei Jahren 80 000, vom *Blechnapf* 100 000 Stück verkauft wurden, waren es hier 113 000. Der Erfolg hielt 6 Jahre an: Der jährliche Verkauf von 37 000–38 000 Exemplaren lag 50 % höher als beim *Kleinen Mann*, dessen gesamter Jahresdurchschnitt von 1950 bis 1975 ebenfalls 10 % niedriger liegt. Es bot sich an, zwei Jahre darauf den Band autobiographischer Gegenwartserzählungen herauszubringen, der entschieden apolitisch konzipiert ist; was 1943 als politische Intention gelten mußte, wirkte 1957 als unpolitisches Zeitbild, das dem offiziösen Bild vom verflogenen faschistischen Alptraum, der auch ›seine guten Seiten gehabt‹ hatte, entsprach.

1959 wurde der 1944 spielende *Trinker* als Taschenbuch veröffentlicht, dessen Wirkung als unpolitisches Buch für Westdeutschland wahrscheinlicher ist als das von Alfred Gessler versuchte Interpretationskonstrukt: »Im *Trinker* wird kein zeitloses isoliertes Kleinbürgerschicksal dargestellt, der Roman steht symbolisch für die ganze Schicht, der Sommer entstammt. In der bewußten Selbstzerstörung Sommers offenbart sich die nahende Apokalypse des faschistischen Systems.«[4] Es gehörte 1959 nicht zu den westdeutschen Rezeptionsvoraussetzungen, das Kleinbürgertum als die tragende Schicht des Faschismus anzusehen. Vermutlich hat wie bei den vorhergehenden Büchern der autobiographische Inhalt primär interessiert. Doch der Erfolg blieb hier gering. Der erste Zweijahresverkauf mit nur 63 000 lag noch unter dem von *Wolf unter Wölfen*; allerdings erreichte er während der sechziger Jahre nicht dessen Tiefstand von unter 2000 Exemplaren pro Jahr, sondern bewegte sich schwankend zwischen 5000 und 10 000.

Als 1960/61 die Nachfrage allgemein zurückging und 1962 *Kleiner Mann – was nun?* sogar den tiefsten Punkt der Verkaufskurve zwischen 1950 und 1975 erreichte, wurde der Verlag unsicher und unterbrach die Fallada-Neuerscheinungs-reihe längere Zeit. Indessen gab er eine Monographie in Auftrag, die 1963 er-schien. 1964 wurden *Bauern, Bonzen und Bomben* und *Jeder stirbt für sich allein* mit einer Startauflage von 30 000 statt der üblichen 50 000 herausgebracht. Der westdeutsche Leser war weiterhin nicht bereit, sich mit seiner unmittelbaren Ver-gangenheit – 1929 und 1942 – auseinanderzusetzen; der erste Zweijahresverkauf erreichte mit 30 000–31 000 je Buch nur noch die halbe Höhe des schlechten Starts der *Trinker*-Erzählung.

Horizontwechsel während einer Kapitalismuskrise

Als 20 Jahre nach Kriegsende die Überproduktionskrise mit einer allgemeinen Bewußtseinskrise einherging, wurde allmählich offenbar, daß sich der kunstvoll geleugnete kapitalistische Krisenzyklus wiederhergestellt hatte; der Mythos von der krisenfesten ›sozialen‹ Marktwirtschaft löste sich auf. Die großen bürgerlichen Parteien schufen die grundgesetzlichen Voraussetzungen dafür, daß eine mögliche faschistoide Regierung in kapitalistischen Krisenzeiten den Notstand erklären und den demokratischen Widerstand der Lohnabhängigen legal ersticken kann.
Die Bewußtseinskrise manifestierte sich auch in einem Horizontwandel der Fallada-Rezeption 1966/67. Der Absatz sämtlicher Werke ging wesentlich zurück, so daß Rowohlt 5¹/₂ Jahre mit der nächsten Taschenbuchausgabe wartete und 1970 einen Titel mit 30 000, den zweiten im selben Jahr nur noch mit 20 000 Startauf-lage brachte. Während die überwiegend problemarm unterhaltenden Fallada-Bücher sich nach dem Tiefstand wieder auf einen Jahresumsatz zwischen 3000 und 10 000 Stück einspielen, ragen einige Werke besonders aus dem Kurvenbündel hervor.
Nimmt man einmal Brecht als Vergleichsgröße, dessen gesellschaftskritische Inten-tionen unbestritten sind, und bemerkt den verblüffend steilen Anstieg des Verkaufs von Brecht-Büchern 1968 bis 1970, so ist als mögliches Kennzeichen des besagten Horizontwandels die Bevorzugung gesellschaftskritischer Literatur zu konsta-tieren. Dieses Kennzeichen wäre dann bei den ab 1968–70 bevorzugten Fallada-Büchern zu vermuten. Das gilt besonders für den überraschenden Absatzerfolg von *Wolf unter Wölfen* 1968, der für alle Fallada-Bücher in den sechziger Jahren einzigartig ist. Sehr markant heben sich weiter der Anstieg des *Kleinen Mannes* zwischen 1969 und 1971 und der etwas geringere, aber deutlich von den übrigen Werken abgehobene des *Blechnapf*-Buchs zwischen 1968 und 1972 heraus. Eine heute noch nicht entschiedene Sonderrolle spielen *Bauern, Bonzen und Bomben*. Der Verkauf war nach 1966 auffallend mäßig und stieg erst 1970 auf Falladas Normalmaß. Als ›Buch zum Fernsehfilm‹ schnellte die Absatzkurve 1972/73 – wahrscheinlich vorübergehend – über alle Fallada-Bücher hinaus.

Falladas literarische Anfänge und Kontakte mit Rolland

Der siebzehnjährige Rudolf Ditzen – als Schriftsteller nannte er sich später Hans Fallada – hatte einen Selbsttötungsversuch unternommen und unternahm, nachdem die erziehungsunfähige Juristenfamilie den Sohn aus dem Haus geschickt hatte, einen zweiten. Die Schwester des Vaters, Adelaide Ditzen, die sich durch Ehelosigkeit und das Leben im Ausland vor der psychischen Verrohung und der bigotten zwischenmenschlichen Hilflosigkeit des Wilhelminischen Bürgertums gerettet hatte, nahm sich des seelisch todkranken Jungen an, paukte mit ihm Englisch, Französisch, Italienisch und las mit ihm die europäische Literatur. Mit dem letzteren setzte sich zwar nur eine selbstverständliche Gewohnheit fort, aber die Kartons der väterlichen Reclam-Bändchen-Sammlung waren in bloß rezeptiver Haltung konsumiert worden, während die neue Erzieherin ein aktives Moment einüben wollte. Sein Lesen als Schüler kennzeichnet Fallada 1946 so: »[...] ehe ich noch was vom Leben wußte, lernte ich das erdichtete Leben erdichteter Gestalten kennen. Das ist keine gute Reihenfolge, und wenn ich auf diesem Wege etwa zur Literatur gekommen wäre, so hätte ich nur nach den Mustern von Büchern wiederum Bücher geschrieben, und hätte vom wirklichen Leben nichts gewußt.«[5] Aus dieser falschen Reihenfolge heraus entstanden 1917 ein von Verlagen abgewiesener Gedichtband und zwei romanartige Erzählungen, die Rowohlt 1920 und 1923 druckte. Erst nach weiteren sieben Jahren war die Fallada gemäße Reihenfolge hergestellt, so daß *Bauern, Bonzen und Bomben* (1931) geschrieben werden konnte.

Adelaide Ditzen hatte ein anderes aktives Erarbeiten von Literatur mit dem jungen Mann vor. Sie ließ ihn fremde Werke übersetzen. Fallada schilderte diese neuen Lebenswillen fördernde Arbeit in einem Brief an Romain Rolland, mit dem ihn Frau Ditzen in Verbindung gebracht hatte, so: »Gestern habe ich den ganzen Tag an Ihrem Michel-Ange gearbeitet, durchgearbeitet und immer wieder durchgearbeitet, was ich schon fertig hatte, es in die Schreibmaschine dictiert und es ist wunderbar, dass doch Ihr Original bei dieser intensiven und manchmal doch beinahe geisttoetenden Beschaeftigung mit ihm nichts verliert.«[6] Der Diederichs Verlag lobte die Übersetzungsprobe und wollte das Buch drucken, doch Hachette hatte die Rechte inzwischen verkauft. So blieb dieser Weg – mit einem für den Rekonvaleszenten sehr negativen Enttäuschungserlebnis – versperrt; Fallada ging 1913 in die Landwirtschaft.

Die Vorliebe für Rolland ist in zweierlei Hinsicht aufschlußreich. Der in Wilhelminisch-bürgerlichen Erziehungsmühlen zerriebene junge Mensch suchte sich aufzurichten an Rollands heroischen Künstlergestalten. Am 3. November 1912 schreibt er: »So wie Ihr Michelange ringt und kaempft und unterliegt und wieder ringt und kaempft und unterliegt, so habe auch ich und Sie und wir alle, die wir Kuenstler sind oder werden wollen, gerungen, gekaempft und sind unterlegen.«[7] Rollands Vorstellung ist es, daß ›Helden‹ nicht durch Überlegenheit an Kraft oder Verstand sich auszeichnen; er nennt Helden »ceux qui furent grands par le cœur«. Kämpfe

und Leiden kennzeichnen solche Menschen; das bestärkt Fallada darin, sich zum Künstler berufen zu fühlen und seine eigenen ›Helden‹ später ähnlich zu gestalten.
Der andere Punkt ist ein gesellschaftsbezogener. Rollands leitender Gedanke einer *amour des hommes* richtete sich konkret gegen die chauvinistische Entwicklung der europäischen Vorkriegszeit. Das Jahr 1912 ist in Deutschland von einer abflauenden Konjunktur geprägt. Die Sozialdemokraten verdoppeln ihre Sitze im Reichstag, werden stärkste Partei. Ein Rechtskartell aus Konservativen, Rechtsliberalen, Centralverband Deutscher Industrieller, Flottenverein, Wehrverein, Mittelstandsbewegung, Bund der Landwirte, Alldeutschem Verband radikalisierte die öffentliche Meinung und die Politik Bethmann Hollwegs. Die außenpolitische Isolation hatte sich in der Marokkokrise gezeigt; es gibt Spannungen mit England wegen der Flotte, mit Rußland wegen der Getreidezölle. Das Rechtskartell befürwortet den Griff nach der Weltmacht und veranlaßt die Presse zur psychologischen Kriegsvorbereitung.
Das erweist sich an Falladas erstem Kontakt mit der Presse. In einem Leserbrief vom November 1912 kritisiert er die Auffassung zweier Artikel der Berliner *Täglichen Rundschau*, in denen behauptet wird, daß die französische Gegenwartsliteratur die Deutschen nur negativ darstelle. Fallada wendet ein, die Beispiele seien nur »von Kitsch und Schmarren« genommen, man möge dagegen halten Rollands *Jean-Christophe*, der in Frankreich weit verbreitet sei, »trotzdem er Deutschland und Deutsche schilderte und vielleicht gerade, weil er sie schilderte ohne jede Gehässigkeit, mit ruhigen Augen und gleichmässig wägend«.[8] Deutlich konfrontiert er die chauvinistische Presse mit dem Bekenntnis Rollands: »Les braves gens de tous les pays se ressemblent. Je me trouve chez moi partout en Europe.«[9] Seine pazifistische Grundeinstellung, die er selbst unter Aufsicht der faschistischen Zensur im *Eisernen Gustav* 1938 noch beibehält, faßt er am Schluß so zusammen: »Wer das Buch gelesen hat, wird anders von unseren Nachbarn jenseits des Rheins denken und ihnen über alle Streitigkeiten unserer Tage hinweg die Hand schütteln.«[10] Daß die *Rundschau* »vergaß«, wie sie antwortet, den Brief abzudrucken, läßt auf das kriegsbereite Klima in der gelenkten öffentlichen Meinung von 1912 schließen. Auf Meinungsfabrikation wird Fallada achtzehn Jahre später in *Bauern, Bonzen und Bomben* ausführlich zurückkommen, wo z. B. ein Journalist über die Manipulierbarkeit von Augenzeugen den klassischen Satz formuliert: »Die Leute wissen erst, was geschehen ist, wenn sie es bei uns lesen. Bis dahin ist nichts geschehen« (158).

Perspektivlose Angriffe gegen die eigene Herkunftsschicht

Mit sechs Jahren Abstand sucht Fallada 1917/18 seinen ersten Selbsttötungsversuch mit einer stilisierten Vorgeschichte poetisch zu gestalten. Inzwischen hat er auf Gütern in Sachsen und Pommern, auf Büros in Stettin und Berlin gearbeitet und eine Entziehungskur gegen Morphium- und Alkoholsucht hinter sich gebracht. Man hat die eng zusammengehörenden Bücher *Der junge Goedeschal* (1920) und *Anton und Gerda* (1923) gekennzeichnet als »unecht nachempfunden und künstlich«, als »konventionell und deklamatorisch«, in »unorigineller expressionistischer Manier« geschrieben (Manthey, Römer). Fallada selbst legt durch seine spätere entschiedene Distanzierung von diesen Werken eine solche Interpretation nahe. Die genannten Schwächen sind keineswegs zu leugnen; die Bücher sind im ganzen außer für den Literarhistoriker nicht mehr lesbar, so wie das meiste aus dem Strom der Literaturproduktion nicht mehr von vielen gelesen wird. Aber der Autor hat es für lesbar gehalten, und eine bestimmte Rezipientenschicht sah sich mit ihren Problemen und Sehnsüchten in solchen ›expressionistischen‹ Werken repräsentiert. Der Rowohlt Verlag hat das Werk gedruckt und hat daran verdient, sonst hätte er das zweite Werk nicht mehr verlegt.[11] *Der junge Goedeschal* hatte bei Erscheinen von *Anton und Gerda* 1923 bereits seine 4. Auflage. Wenn man diese Werke nicht auf ihre bleibenden poetischen Qualitäten hin sichtet und auch nicht primär die sublimierenden befreienden Bekenntnisse eines zufälligen Autors in den Blick rückt, sondern die Funktionsgeschichte solcher Werke betrachtet, wird man die Tagträume, die Denk- und Gefühlsmodelle, die latent beim Publikum einer Zeit vorhanden waren, präziser darstellen können, als die großmaschigen Raster der Geschichtswissenschaft es erlauben. Ob etwas nur wie selbstverständlich gefühlt wird oder ob die gleiche Komplexion kommunizierend oder gar verbalisierend gefühlt und der Nachprüfbarkeit unterstellt wird, macht Entwicklungspunkte in der Selbstverwirklichung der Gattung Mensch aus.

Es stellt sich vielleicht heraus, daß Gefühlsprobleme, die Fallada in *Goedeschal* thematisiert, gar nicht im ›realistischen‹ Stil tradierbar sind; daß sie entweder nur banal mit eingeschliffenen Klischee-Auslösern reproduzierbar sind oder in wissenschaftlichen Abhandlungen. Wie will man erste Ejakulationen sechzehnjähriger Jungen beschreiben, ohne daß der nur subjektiv erfahrene, sehr komplexe Gefühlsanteil, der in bestimmten Epochen bei den Angehörigen bestimmter Schichten darein verflochten sein mag, völlig verlorengeht? Was Rilke 1908/09 abstrahierend und zusammenfassend ›realistisch‹ skizziert in der faszinierenden Beschreibung des nicht mehr vorhandenen Pariser Proletariermietshauses im *Malte*, bleibt im Detail angewiesen auf das vorausgesetzte Verständnis einer Leserschicht mit vergleichbaren Sozialisationserlebnissen. Dabei sind entsprechende Gefühlsresonanzen impliziert, werden abgerufen, ohne differenziert oder erst erzeugt zu werden: »Der süße, lange Geruch von vernachlässigten Säuglingen war da und der Angstgeruch der Kinder, die in die Schule gehen, und das Schwüle aus den Betten mannbarer Knaben.« Wenn Fallada zehn Jahre später den letzten Beispielsatz differenzieren will, um vielleicht nicht nur ein Gefühlsklischee, sondern eine Art tradierbarer und entfaltbarer Gefühlsabbreviatur zu gestalten, so formuliert er: »In den Gliedern, außen ruhend, regt es sich endlos. Von allen Teilen des Körpers sind Armeen aufgebrochen, Legionen strebsamfüßiger, durchscheinend roter Ameisen, ihre Kohorten durchziehen das Rückenmark, in den Adern wälzen sich kribbelnd die Scharen

[...]. Die Schultern spannen den Bogen, stoßen den starrenden Pfeil aus dem Zentrum des Leibes, bis er springt, speit, wirft [...]. Er rüttelt den Leib, schüttelt kleine Juchzer aus ihm, die Ellbogen hüpfen auf, lässige Tauben. [...] Und der Leib wird lang, lang, dehnt sich endlos über die Welt hin – – –« (*Goedeschal.* S. 213 f.). Falladas spätere Verleugnung seiner ersten beiden Bücher muß den Leser nicht irritieren; seine Gründe brauchen hier nicht zu interessieren. Es läßt sich gegen Jürgen Manthey, der die *Goedeschal*-Erzählung für »unecht nachempfunden«[12] hält, weil sie Motive des Expressionismus enthält und sich expressionistischer Sprachformeln bedient, die Hypothese aufstellen, daß das Buch subjektiv durchaus wahr ist, daß die Details so nicht erfindbar sind, sondern Erlebtes stilisieren, daß ein monologisierendes, nicht primär auf Kommunikation bedachtes Sprechen, das zu dem Erlebten keine genügende Distanz zu setzen vermag, zu diesem Sprachstil führt. Vermutlich hat Fallada, der auf der Literatur des 19. Jahrhunderts basiert, kaum expressionistische Bücher gekannt. Er hat sich dem Literatenjargon seiner Zeit zunächst an der Oberfläche angepaßt; hinter der expressionistischen Erscheinung liegt indessen real erlebte Substanz. Fallada war finanziell von seinem Vater abhängig. Er schreibt in einem Brief 1919 sein ›politisches Glaubensbekenntnis‹ an die Eltern und bittet um weiteres Geld. Der Vater antwortet: »Wir beklagen tief, daß Du so ganz anderer Ansicht bist als wir.« Eine weitere Erörterung erscheint ihm »zwecklos, ja schädlich«. Auch rät er ihm vom »Schriftstellern« ab, will aber noch für ein halbes Jahr zahlen.[13] Der Sohn hatte also durch sein erstes Buch nicht eine Dichterbegabung zu erweisen, sondern einen Verlagsvertrag nötig, das Sujet mußte publikumswirksam sein und der Stil ›modern‹. Hier liegen die Gründe einer oberflächlichen Expressionismusanpassung. Fallada ist nicht willens oder nicht imstande, die biographischen Details der Fabel so weit abzuändern, daß die Familie sich nicht sofort wiedererkennt; nur gerade, daß der Reichsgerichtsrat zu einem Staatsrat wird. Die Wahrhaftigkeit war also größer als der Opportunismus, sich dem geldgebenden Vater angenehm zu machen.

Zudem hat Rudolf Ditzen sich gerade für die erste Veröffentlichung einen Künstlernamen zugelegt, um seine Familie zu schonen, nicht um seine Werke vor ihr verstecken zu können, wie er später schreibt, denn in diesem Fall hätte er das Pseudonym ändern müssen, nachdem der Vater den Namen Fallada noch vor der Buchveröffentlichung identifiziert hatte. ›Fallada‹ aber war nicht nur ein Einfall, sondern ein Programm: Das Grimmsche Pferd von hoher Abkunft, mißbraucht, kann sich nicht auf direkte Weise wehren und aktiv eingreifen. Es registriert lange Zeit passiv: »Aber Falada sah das alles an und nahm's wohl in Acht.« Dieser kritische Zeuge soll durch falsche Beschuldigungen beseitigt und getötet werden. Aber die Wahrheit ist nicht zu unterdrücken. Die schlicht und wie absichtslos stetig wiederholte Wahrheit spricht weiter durch Falada und wird Katalysator für weitere Wahrheiten.

Indem man schwerwiegende gesellschaftliche Widersprüche auf archetypische Vater-Sohn-Konflikte reduziert, hilft man, Lösungsstrategien zu vereiteln. Daß die Ex-

pressionisten Vater-Sohn-Konflikte hypostasierten, verringert nicht den Wert von
Falladas massiver Kritik an den menschenunwürdigen Praktiken seiner Herkunftsschicht.
Die Probleme des jungen Goedeschal sind viel simpler als die weiter ausholende
Problematik vergleichbarer Erzählungen über Sechzehnjährige. Durch völlig falsche
Erziehung, Abkapselung, lange Krankheit ist sich Kai Goedeschal, ein sensibler
Gymnasiast und Wilde-Leser, nicht über die Möglichkeit und die Funktionen von
Pollutionen und Ejakulationen bewußt. Die Mutter hat zwar ihrerseits die Anfänge der Erotikerziehung versäumt, plädiert aber nachdrücklich für die geschlechtliche Aufklärung des Sohns. Die Lehrer lehnen ab; in Oberprima ist der Vortrag
eines Medizinalrats vorgesehen. Der pointiert autoritäre Vater lehnt ab. Der Erzähler formuliert dessen Begründung als satirische Verurteilung der bourgeoisen
Angst und Borniertheit: »Warum sind die jugendlich Bestraften immer aus den
unteren Volksschichten? Weil die Kinder dort sexuell aufgeklärt sind!« (*Goedeschal*. S. 62). Die kleinbürgerliche Tabuierung der Sexualität geht einher mit
Sexualneid gegenüber den Praktiken in der Arbeiterklasse. Die im aufsteigenden
Bürgertum offensive Ideologie der kanalisierten Askese angesichts feudalistischer
Erotikperversionen ist in der allgemeinen Desorientiertheit der hier betroffenen Bürgerschichten zur defensiven, christlich gestützten Ideologie sexueller Enthaltsamkeit
als Selbstzweck geworden und geht am Jahrhundertanfang zusammen mit der Angst
vor der mächtig werdenden unteren Klasse.
Die konzedierte sexuelle Initiation durch Hausangestellte und Prostituierte, die im
Roman thematisiert ist, lehnt Kai Goedeschal ab, weil seine erotische »Überreiztheit, die ans Pathologische grenzt« – wie der Hausarzt diagnostiziert – in unerträgliche Schuldgefühle verwoben ist; der Leib erscheint ihm als Versucher und
Feind, wie die spätchristliche Ideologie es vorschreibt. Das Versagen der bürgerlichen Erziehung führt hier zur Pornographomanie, die im Roman ausführlich vorgeführt wird. Diese Erotikprobleme werden so ausführlich angesprochen, weil sie
– entgegen weitverbreiteter Meinungen – keine überwiegend privaten sind, sondern
wesentlich die gesamte gesellschaftliche Praxis von Staaten betreffen. Die Zusammenhänge zwischen Sanktionen im Sexualverhalten und autoritärer Faschismusanfälligkeit sind bekannt genug.
Zudem gehören die Familien Goedeschals und Falladas jener besitzlosen, aber ideologisch einflußreichen Akademiker- und Beamtenschicht an, die den Strafrechtsund Erziehungsapparat des Wilhelminischen und seines ideologisch wenig unterschiedlichen Nachfolgestaats zu interpretieren und anzuwenden hatte. Die engen
Erfahrungen dieser Schicht wurden als Interessen der Allgemeinheit ausgegeben. Zu
dieser Schicht gehören auch die Lehrer, die Fallada in den meisten Büchern überwiegend negativ darstellt. Die erwähnte Faschismusanfälligkeit dieser Schicht sei
am Beispiel von Lehrern an einem Punkt beleuchtet: 1930 betrug ihr Anteil an der
Bevölkerung 0,9 %, ihr Anteil an NSDAP-Mitgliedern 1,7 %; sie waren also
188,8 % überrepräsentiert, während Arbeiter mit 61 % unterrepräsentiert waren

und Selbständige mit 230 % die Spitze hielten.[14] Im ersten Fallada-Roman wird z. B. ein Oberlehrer mit Verfolgungswahn dargestellt, der morgens in die Klasse und in eine sichere Ecke geführt werden muß; ein Gymnasialdirektor wird als Repräsentant militärisch-autoritärer Erziehung, die zugleich jede Sexualaufklärung bekämpft, gezeigt.

Falladas Anklage gegen die antihumanen Erziehungspraktiken der ideologischen Führungsschicht wirkt um so stärker, als die gesamte Problematik sich um die Erotikerziehung konzentriert, die dem Leser als relativ leicht lösbar dargestellt wird. Daß das Erziehungssystem sie zu lösen nicht gewillt ist, muß dem Leser geradezu als gesellschaftskritische Herausforderung erscheinen, die Ursachen dieses Syndroms zu erkunden. Der Selbsttötungsversuch am Schluß, der durch das Erwürgen eines geliebten Stallhasen erzählerisch vorbereitet wird, steht in irritierendem Widerspruch zu der von der Gesellschaft verhinderten Lösung, die sich andeutet, als der Junge ein Sexualaufklärungsbuch stiehlt: »Es war ihm, als hielte er sein bebendes Leben, endlich erkannt und entdeckt, in der Hand. [...] Umsonst also mein Kampf. Soviel Kraft gewendet an den Sieg über's Allgemeine, kaum Verbotene! [...] O, hätte es einer nur gesagt, was es wirklich ist!« (*Goedeschal.* S. 243, 246).

Die weltfremde Vereinzelung des bürgerlich dressierten Individuums stellt Fallada selbstironisch dar, denn inzwischen hat er die Welt anders als im egozentrischen Zimmerdasein kennengelernt; irgendwelche Lösungen der Widersprüche hat er so wenig wie die Gesellschaftsschicht seiner Familie, von der er sich lossagt. Das Verführerische der privaten Abkapselung (»hier im Geborgenen«) und die egoistische Rücksichtslosigkeit solchen parasitären Lebens (»Verantwortungslos«) komprimieren sich in einem einzigen Erlebniskomplex: »Dort arbeiten sie. Die kleinen Pfiffe der Rangiermeister, ihr Laufen nach den Weichen, die zurückfallenden Kuppelungen der Wagen betreffen mich nicht. Sie alle, die dort draußen arbeiten, lachen und schlafen, haben nichts mit mir zu tun. Ich bin frei! Kein Weg führt von ihnen zu mir. Ich kann sie um Hilfe anflehen, Böses kann ich ihnen tun, sie verfolgen mich, aber am Ende bin ich doch immer hier im Geborgenen – allein. Verantwortungslos. Unerreichbar. Unsere Leben sind so getrennt« (*Goedeschal.* S. 46).

Träume einer Flucht aus der bürgerlichen Klasse

Als Anton Färber, mit Fallada gleichaltriger »Paukersproß aus Rostock«, findet sich Kai Goedeschal im folgenden Roman wieder. Obwohl er »primus omnium« ist, erscheinen ihm die Lebensaussichten innerhalb des akademischen Kleinbürgertums wie ein deprimierender Schulalptraum: »[...] und das ist der Sonntag und morgen ist Penne und in drei Wochen ist Penne und Universität ist Penne und Beruf ist Penne und Heiraten ist Penne und Kinder Aufbörnen ist Penne und ... ist Penne und ... ist Penne...« (*Anton.* S. 26). Der Achtzehnjährige hat alsbald Gelegenheit, die vom Sechzehnjährigen gepriesene Freiheit und Geborgenheit als Scheinwerte zu erkennen, indem er mit der vorher verächtlich und desinteressiert beschriebenen

Normalwelt in Kontakt kommt. Dazu verhilft ihm Elfriede Loo, die sich Gerda Danier nennt, proletarisierte Bäckerstochter aus Lebus, eines von vierzehn Kindern, die als Vierzehnjährige mit der elterlichen Ladenkasse verschwand und mit sechzehn ins ›Magdalenenheim‹ gekommen war.

Anton Färber durchschaut plötzlich die Tugenden, die im 18. und frühen 19. Jahrhundert die Emanzipationsphase der aufsteigenden bürgerlichen Klasse begleiteten und die in der Wilhelminischen Zeit als pervertierte Tugenden der nichtbesitzenden Bürgerschichten die Enttäuschung und Desorientiertheit verdecken mußten. Die Diagnose, die Fallada gibt, scheint mit historisch-soziologischen Erkenntnissen übereinzustimmen; die christlich-familiendeduzierte Metaphorik zeigt zugleich die schwer lösbare Verbindung mit dem Bürgertum und die Ausweglosigkeit: »Sieh, daheim hörte ich nur von Pflicht, von Arbeit, Frömmigkeit. Und zu denken, beinahe wär' man sein ganzes Leben zu solchem Betruge verdammt! Ohne es zu wissen. Man hätte mitgemacht, von Treue und Stolz und Arbeit geredet und Pflicht – und die Elenden und die andern verachtet . . . Nun kann man wohl niemand mehr verachten –?« (*Anton*. S. 22). »Habe ich denn nicht erkannt, daß wir alle Brüder seien und Demut vonnöten?« (109).

Niemals später hat Fallada wie hier – versteckt in einem Liebesroman – das systematische Raffinement in der Ideologieverbreitung seiner Herkunftsklasse so markant herausgestellt, das darin besteht, nicht etwa darwinistisch seine Interessen durchzusetzen, sondern durch Erziehungssystem, Gerichtswesen und Massenmedien seine partikularen Interessen als diejenigen der Allgemeinheit zu suggerieren und die Voraussetzungen zur Kritik nicht mitzuverbreiten: »Das haben sie sehr gut gemacht, die sie uns gerade soviel und gerade das lernen lassen, was in ihren Händen Geltung hat, aber nicht einen Schritt draußen. Also eine Verschwörung ist das, eine große, über die ganze Welt erstreckte, die schlecht heißt, was sich zu ihrem Zeichen nicht bekennt, aber vorgibt, Gesinnungen jeder Art zu achten, auf daß sie die Wölfe erkennen . . . So ist das also –?« (*Anton*. S. 27). Die Hauptsachwalter dieser Ideologie läßt der dreißigjährige Fallada den achtzehnjährigen Färber bezeichnen als »die Biester, die die Kirchen, die Schulen, die Gerichtshöfe« füllen (256). Die Kirchenbeamten, die Fallada außer in *Jeder stirbt für sich allein* durchgehend negativ darstellt, werden hier repräsentiert durch einen Superintendenten, der u. a. mit der satirisch-humorvoll erzählten Episode vertreten ist, in der Kinder einfallsreich mit seinen zweckentfremdeten Präservativen spielen. Der Lehrerstand wird von einem Arzt am Beispiel eines Oberlehrers so charakterisiert: »Ein für Lebenszeit sitzen gebliebener Untersekundaner sind Sie, der durch Standesvorrechte und Denkunvermögen vom ganzen Leben fern blieb« (*Anton*. S. 46 f.). Die Juristenkaste ist zunächst mit Rücksicht auf den Vater des Autors ausgespart; sie wird in *Bauern, Bonzen und Bomben*, *Wer einmal aus dem Blechnapf frißt* und *Jeder stirbt für sich allein* als eigenes Thema aufgenommen.

Als Traumbilder faßt der Autor seine Auffassung der absterbenden Bourgeoisie zusammen: »Sie streckten wohl die Hand zum Gruß, aber wollte man sie nehmen, zwickten sie einen in die Wade oder zeigten mit einem glasharten Lächeln ihre immensen Schamteile oder plötzlich fiel ihr Gesicht herunter und zerfloß in einen weichen, kuhdungartigen Brei auf dem glitzernden Granitpflaster« (*Anton*. S. 149). Durch Hinweise auf expressionistische Elemente ist diese Kritik nicht zu diskreditieren. Die gesellschaftlichen Verhältnisse, auf die der Expressionismus in der Vorkriegszeit reagiert, sind 1923, bei Erscheinen des Romans, nicht wesentlich geändert. Falladas stilisierte Momentaufnahmen von Vertretern der Klasse, der er entfliehen wollte, dokumentieren in nuce Verhältnisse der Entstehungszeit und der Zeit der fiktiven Handlung zehn Jahre früher: »[. . .] die Zwicker plinkern, steife Hutlappen höhnen, Ärmelfalten treiben Unzucht, Westen prahlen herrenhaft über schlappen Bäuchen, Hosenkniee höhnen als irrsinnige Wulste. Im tausendsten Teil einer Sekunde sieht er es, er begreift den Wahnsinn, daß er unter Toten sitzt, unter häßlichen, feixenden Toten – und nun schnarren sie alle: ›So ist das Leben!‹« (*Anton*. S. 161).

Gegen die Negativa der in den Städten herrschenden Bürgerschichten sucht der Autor eine Idylle der Dörfer und Meerlandschaft zu setzen, in der sich die Liebe verwirklichen soll. Der Liebes-Strand der Pinnebergs »zwischen Lensahn und Wiek« ist hier vorgebildet. Die in Landschafts- und Ostseebeschreibungen verwobenen Liebesschilderungen, die Fallada in dieser Art später nicht wieder versucht hat, erreichen einen hohen Poetizitätsgrad. An solchen Motiven, die dem realistischen Stil nicht mit solcher Intensität greifbar sind, bewährt sich Falladas früher Stil. Diese Idylle ist nicht naiv dargestellt, sondern als unwiederbringliches Erlebnis eines »mittellosen« Schriftstellers, »der bei Freunden auf dem Lande lebte«. Formal sind die Szenen als Traumerzählung gebracht, was also stark stilisierende Sprachzüge und unrealistische Metaphorik rechtfertigt. Einzig in diesem Stil gelingt es Fallada auch, die Entfremdungen zwischen Liebespartnern, die er in fast allen Romanen thematisiert, dem Leser evident zu machen. Die absterbende Liebe zwischen Johannes Gäntschow und Elise Schütt und dann Christiane von Fidde (*Wir hatten mal ein Kind*), zwischen Max und Karla Schreyvogel (*Kleiner Mann – Großer Mann*), zwischen Erwin und Magda Sommer (*Der Trinker*), zwischen Karl Siebrecht und Rieke Busch (*Ein Mann will nach oben*) ist für den Leser nicht nachvollziehbar.

Dagegen wird das Verhältnis zwischen Anton Färber und Gerda einerseits emphatisch dargestellt (»Du hobest dich als ein Übermenschliches in mein Leben hinein, das sich sonst verloren hätte in den Niederungen des Bürgers.«), anderseits werden implizit die Bruchstellen und Unvereinbarkeiten an vielen Details schon vorbereitet; beide bleiben den Zwängen ihrer Sozialisationsformen verhaftet (»Seine Eltern – er hat sie im Blut, sie sitzen in ihm, sie strammen unter der Haut.«). Das Mißverständnis des Pinneberg-Schlusses, daß das private Refugium familiärer Liebe ungelöste gesellschaftliche Probleme in ihren Auswirkungen in bedeutendem Maße abfangen und mit den Negativa des Lebens versöhnen könne, ist einerseits in *Anton und Gerda* auch vorgebildet: »Aber daß wir einmal, in einer kurzen Sekunde, aus unserm tiefsten Herzen sagen können: ›Wie ich dich liebe!‹ –, das ist unser einziges Glück, unser wahrster Stolz« (*Anton.* S. 190). Anderseits bleibt nicht im Zweifel, daß der Versuch, auf die beiderseitige Deklassierung nur mit verstärkter Liebe zu antworten, negativ enden wird. Theodor Lemmers Feststellung zu dem Roman: »[...] die Anklagen gegen die bürgerlichen Fassaden werden revolutionär«[15] ist sicherlich mit keiner der in der Diskussion befindlichen Definitionen von ›revolutionär‹ vereinbar. Wohl aber dürfte Alfred Gessler zuzustimmen sein, der den »antibürgerlichen Grundzug der Fabel« betont, »der ausgeprägter ist als in seinen späteren Werken«.[16] Daß dieser Grundzug sehr wohl mit spezifisch poetischen Qualitäten vereinbar ist, bestätigt Fallada in einem Interview, worin er – abweichend von der späteren Ablehnung und nach den Erfolgsromanen 1931/32 – *Anton und Gerda* als sein »dichterischstes Werk« bezeichnet.[17]

Zur Beschreibung der Bauern als zweitstärkste Schicht innerhalb des Kleinbürgertums

Die Jugendromane mochten an Gymnasiasten, an Intellektuelle, an Kinder und Ehefrauen des Großbürgertums, an die höhere Bildungsschicht der Beamten und Angestellten gerichtet sein. Zwei weitere an diese Schichten gerichtete Bücher – einen Roman und einen Novellenband – lehnt Falladas Verlag ab. Vorläufig äußert sich der Autor in Zeitschriften (*Literarische Welt, Tage-Buch, Weltbühne*) und Zeitungen (*Generalanzeiger für Neumünster*), bis er 1930/31 in der *Kölnischen Illustrierten* einen mit 9000 RM bezahlten großen Lesererfolg erringt. Alle Anschlagsäulen machen auf den Vorabdruck von *Bauern, Bonzen und Bomben* aufmerksam. Der Titel ließ erwarten, daß der Autor versuchte, über und für Bauern zu schreiben, was er 1925 in der ersten Ausgabe der *Literarischen Welt* den deutschen Schriftstellern nahegelegt hatte. In der Tat gehörte die Landbevölkerung zu den kulturell am meisten vernachlässigten größeren Schichten. 1930 betrug der Anteil der Bauern an der Bevölkerung 10,6 %. Die Bauern bildeten innerhalb des Kleinbürgertums – für das zu schreiben Fallada sich anschickt –, das ein Drittel der Bevölkerung ausmachte und zwischen Proletariat und Bourgeoisie fluktuiert, die stärkste Schicht nach den Angestellten und vor den Handwerkern. Konnte der Schriftsteller die Bauern kennen? Er hatte als Angestellter zehn Jahre auf Gütern und bei Großbauern gearbeitet, zwei bis drei Jahre im Gefängnis und drei bis vier Jahre als Zeitungs- und Verlagsangestellter verbracht, dann elf Jahre als Schriftsteller und Liebhaberlandwirt gelebt. Über die erste Zeit schreibt er 1946 rückblickend, »daß ich aus der Vereinzelung herausgerissen wurde, daß ich mit zu allen gehörte [...]«.[18] Das bezieht sich auf andere Angestellte und Arbeiter, kaum auf selbständige Bauern. Unter den letzteren hatte er nur zu dem Rügener Großbauern Kagelmacher näheren Kontakt, der den Vorbestraften 1924 ohne weiteres eingestellt hatte.

In *Bauern, Bonzen und Bomben* wird nur ein einziger Bauer innerhalb seines privaten Bereichs andeutend geschildert, der mit seinen »vierzig, fünfzig Morgen magersten Bodens« zwischen Klein- und Mittelbauern steht und damit über 72 % der deutschen Bauern vertritt. Die kleinbäuerlichen Landstellen bis zu 10 Hektar machten z. B. 1907 71 %, 1925 72 % aller Bauernstellen aus, die Mittelbauern bis 20 Hektar nochmals zwischen 18 % und 20 %. Die Kinder des Familienbetriebs Banz sind »schweigsame Zwerge mit ungeheuren Händen [...]. Das macht die schwere Arbeit von früh auf und daß sie nicht satt zu essen kriegen« (*Bauern.* S. 100). 1927 hatte Banz sich gegen eine Pfändung gewehrt und einige Monate Gefängnis erhalten. Seitdem konspiriert er mit der Landvolkbewegung; seine abgelegene Scheune dient als Sprengstoffdepot. Bei einer Demonstration schlägt er einen Polizisten nieder und wird selbst schwer verletzt. Besondere Details, die genaue Kenntnisse des Autors über diese Bauernschicht verraten, sind nicht feststellbar. Die Figur ist überwiegend als unsympathisch gezeichnet; der Leser kann aber den rächenden Aktionismus nachvollziehen und die Reaktionsweisen ableiten.

Fallada scheint hier seinem Grundsatz nahegekommen zu sein, den er für diesen Roman so festhält: »Nach meinen ungeliebten Erstlingen, die gar zu persönlich gewesen waren, sollte der Autor diesmal im Buch ganz fehlen. Mit keinem Wort sollte er andeuten, was er selbst über das Erzählte dachte, das war Sache des Lesers« (*Heute bei uns.* S. 23). Mag die intendierte Neutralität bei dem ›kleinen Mann‹ Banz gelungen sein – für den Gesamtroman ist sie das keineswegs. Innerhalb der Kleinbürgerschicht, aus der heraus und für die Fallada schreibt, ist die Darstellung neutral und subjektiv wahr. Durch die Verkürzung um die Relationen zur Großbourgeoisie und zum Proletariat und vor allem im historischen Abstand wird sie falsch und wider Willen im rückschrittlichen Sinne parteilich. Man kann aber gerade im Mediumcharakter von Falladas Schreiben, der oben im Motto angedeutet wurde, eine vergrößerte Authentizität für die Texte als historische Dokumente vermuten, wie das jüngst der polnische Wissenschaftler Jan Hrynczuk getan hat, denn so sei das Bild der Gesellschaft »um ein Vielfaches realistischer, als es durch eine klare politische Einstellung Falladas möglich gewesen wäre«.[19] Zu Recht weist Hrynczuk auf die Parallele Balzac hin, der privat Monarchist war, seine Werke aber mit republikanisch fortschrittlicher Tendenz schrieb, wie Lukács gezeigt hat. An einem Punkt soll hier die These erläutert werden, daß Fallada als Erzählmedium die Durchschnittssichtweise des Kleinbürgertums annimmt und damit Erfahrungen wider besseres Wissen verändert.

Zur Landvolkbewegung

Es war schlechte deutsche Tradition, daß besonders die ostelbischen Gutsunternehmer auf Kosten des Kleinbürgertums und des Proletariats an der Spitze der öffentlichen Wohlfahrtsempfänger standen. Der vom Landbund gestürzte Kanzler Caprivi, der die Agrarsubventionen einschränken wollte, der Putsch durch den ostpreußischen Junker Kapp, der Osthilfeskandal, in den die Familie Hindenburg selbst verwickelt war, sind nur einige Symptome dieser Tradition. Ebenso wichtig ist die Erscheinung, daß eine eigene Landjunkerdemagogie sich entwickelte, die der Landbevölkerung erfolgreich suggerierte, daß die Großagrarier in Verbänden und Parlamenten am besten die Interessen aller vertreten könnten. Die von Fallada behandelte Landvolkbewegung Ende der zwanziger Jahre in Schleswig-Holstein, Oldenburg und Nordhannover ist nicht frei von dieser Tradition. In den nördlichen Gebieten haben sich die Bauern als einzige Schicht des immer mehr verarmenden Kleinbürgertums anders als mit dem Stimmzettel gegen den Niedergang gewehrt. Dabei wurden anarchistische Tendenzen etwa von Claus Heim repräsentiert, während Fallada mit der Figur Reimers den reaktionären völkisch-nationalen Flügel unter Führung von Wilhelm Hamkens ins Zentrum stellt. Die Landvolkbewegung putschte die Menschen auf gegen die ›Judenrepublik‹, gegen Parteien und Parlamentarismus, vertrat letztlich die Interessen der Großbauern und war von den Faschisten schließlich nicht mehr zu unterscheiden. Der in Tetenbüll bei Tönning ansässige, zu den 8 % Großbauern zählende Hamkens war wegen Aufreizung zum Steuerstreik zu einem Monat Gefängnis verurteilt worden und am 1. Juli 1929 in Begleitung Hunderter protestierender Bauern ins Husumer Gefängnis gegangen. Um ähnliche militante Solidarisierungen zu vermeiden, wurde Hamkens ins Gefängnis der Industriestadt Neumünster verlegt. Doch auch hier kam es zu einer Demonstration am 1. August 1929.

Im *Tage-Buch* beschreibt Fallada, wie die Demonstration von der sozialdemokratisch geführten Polizei mehr als normal geschützt werden sollte. »Das war sicher sehr entgegenkommend. Nach den Vorgängen in Husum wäre es rechtlich zulässig gewesen, die Straßendemonstration überhaupt zu verbieten. Aber selbst dieses Entgegenkommen wirkte wenig. Als der Zug sich in Bewegung setzte, bemerkte der anwesende Polizeioffizier, daß die berühmte schwarze Fahne mit dem roten Schwert mitgeführt wurde. Er fürchtete, daß die Arbeiterschaft sich provoziert fühlen könne, und bat, die Fahne ins Lokal zurückzubringen. Das wurde verweigert, der Offizier wandte Gewalt an. Nachdem die Fahne entfernt war, bewegte sich der Zug ungestört weiter. In der Versammlung freilich wurden so aufreizende Reden gehalten, daß ernstlich die Gefahr bestand, die erregten Bauern würden zu Tätlichkeiten übergehen. Man löste das Meeting also auf. In den Gastwirtschaften aber blieben die Leute zusammen, tranken und feierten zufrieden ihren Führer. Sie empfanden den Zwischenfall selbst nicht als sehr erregend [...]. Auch die Presse Neumünsters, zwei bürgerliche Zeitungen und eine sozialistische, erhob keinen Einwand gegen das Vorgehen der Polizei. Allmählich aber kam man dahinter, daß sich aus dieser Sache doch schönster Agitationsstoff herausholen lassen könne. Sie ereignete sich am 1. August. Am 3. August lag erst eine Beschwerde des Schleswig-Holsteinischen Bauernbundes vor, am 5. folgte der Kreislandbund in Plön, am 6. deutschnationale Volkspartei und Landbund. Am 7. aber kam plötzlich die erste Forderung des ›Landvolks‹. Verlangt wurde unter Boykottandrohung an die Stadt sofortige Entlassung sowohl des Polizeioffiziers wie des zuständigen Polizeidezernenten. [...] jedem Bauern wurde immer von neuem eingehämmert, daß er aufs schwerste beleidigt worden sei.«[20] Jeder Leser des Romans sieht leicht die schwerwiegenden Unterschiede. Der Roman stellt ausführlich dar, wie ein naiver und unfähiger Polizeieinsatzleiter die Demonstration angreift wegen einer Fahne mit diffuser Symbolik und wie die Polizei blindlings mit Säbeln auf harmlosen Demonstranten und Passanten herumschlägt. Der Leser ist wie die rechte Lokalpresse, die das Wort ›Blutmontag‹ erfindet, empört über die sozialdemokratische Polizei. Reimers/Hamkens wird durchgehend positiv gezeichnet, der Fahnenträger Walter Muthmann, der als Romanfigur Georg Henning zu den Freikorps-Horden im Ruhrgebiet, zur Brigade Ehrhardt, zum Stab der Liebknecht-Luxemburg-Mörder im Edenhotel gehört hatte, erscheint als von Küchen- und Lyzeumsmädchen gleichermaßen umjubelter jugendlicher Held. Fallada verleugnet seine Kenntnisse der Realität, um bei der »Wiedergabe der Atmosphäre, des Parteihaders, des Kampfes aller gegen alle [...] höchste Naturtreue« zu erreichen (*Bauern*. S. 5).

Um zu zeigen, daß der Schriftsteller durchaus weiter und kritischer als seine Figuren dachte, wurden die Schriften vor 1930/31 ins Zentrum dieser Skizze gestellt, weil hier noch nicht die Erzählerdevise vorhanden war, daß »der Autor im Buch ganz fehlen« solle. Insofern ist die folgende Beschreibung Johannes R. Bechers zu modifizieren: »Von Fallada war immer [...] zuverlässig zu erfahren, wie der kleine Mann denkt. In diesem Sinne konnte er weder über sich noch über seine Figuren sich erheben.«[21] Für die Rezeption bedeutet die genannte Erzählerdevise, daß der Leser weder mit der Voreinstellung ›so war es‹, noch ›so hat Fallada die Verhältnisse gesehen‹ rezipieren kann, sondern mit der Perspektive ›so hat sich dem Kleinbürgertum an jenem historischen Zeitpunkt die Welt dargestellt‹. In diesem Sinn nenne ich Fallada einen Seismographen, der auffallende Fakten unwillkürlich registriert, aber nicht selbst auswertet. Die Auswertung ist Sache des kritischen Lesers, der sich der Suggestivwirkung dieser Erzählkunst nicht entzieht, aber zugleich die überfällige ideologische Abdankung des Kleinbürgertums nach dem Faschismus mit einbezieht.

Während die Bauern so undifferenziert im Roman erscheinen, wie der Bürger sie sich vorstellt, ist das städtische Kleinbürgertum nach einhelliger Meinung der Kritik nuanciert realistisch dargestellt; Tucholsky spricht vom »besten deutschen Kleinstadtroman«.[22] Das hat Fallada bewogen, mit *Kleiner Mann – was nun?* (1932) und *Wer einmal aus dem Blechnapf frißt* (1934) zwei weitere städtische Kleinbürgerromane zu schreiben, die ihn berühmt machten. Die gesellschaftskritischen Konturen sind in diesen beiden Büchern nicht nur implizit vorhanden, sondern mehr als bei späteren deutlich heraustretend, so daß sie sich selbst genügend interpretieren. Im übrigen kann auf die Analyse bei Gessler, Kuczynski, Lethen, Manthey, Römer hingewiesen werden. Doch schon zum Gefängnis-Roman mußte Fallada – eingeschüchtert von elf Tagen Untersuchungshaft im März 1933 bei den Faschisten – ein heuchelndes, widersinniges Vorwort schreiben, das vom ganzen Roman widerlegt wird; das Buch wurde nach einer wütenden Pressekampagne boykottiert. Nach nur drei Jahren Schreibpraxis in der neu gefundenen Form von Gegenwartsromanen muß dieser eigene Weg zwölf Jahre lang unterbrochen werden und kommt nur in dem Roman *Alpdruck* nochmals zur Geltung, der im Todesjahr 1947 erschien.

Fallada flüchtet aufs Land; die Emigration wäre für diesen neurotischen, suchtgefährdeten Menschen einem Selbsttötungsentschluß gleichgekommen. Er schließt wie das Kleinbürgertum die Augen, lehnt aber passiv die Barbarendiktatur ab. Jetzt besinnt er sich auf seine zehnjährigen Erfahrungen mit der Landbevölkerung, von denen er in *Bauern, Bonzen und Bomben* so wenig Gebrauch gemacht hatte, und schreibt drei Bücher über Bauern.

Falladas Bauernromane nach 1933

Sein Rügen-Roman mit dem deplazierten Titel *Wir hatten mal ein Kind* (1934) stößt auf schroffe Ablehnung der meisten nationalsozialistischen Rezensenten. Der *Völkische Beobachter* faßt zusammen: »der Unsere ist er nie gewesen.«[23] Fallada selbst bezeichnet das Buch als »Geschichte von den Fiddichower Kindern« und den weiblichen Part des Kinderpaars als »diese schöne, stolze und wahrhaftige Schwester meines Lämmchens«.[24] In der Tat liegt die Stärke dieses Romans auf der Kinder-Darstellung. Wie eine untertänig denkende, zur Wirtschaft völlig unbegabte Bauersfrau eine elfjährige Freiin empfängt, die mitten im Hausschlachtbetrieb den elfjährigen Sohn besuchen will, prägt sich mit faszinierenden Details dem Leser ein. Die Glücksbeschreibung dieser Kinder, die am Spätnachmittag auf dem Bodden bei Arkona auf Eisschollen springen, eine 23seitige Beschreibung, die von heftigen Glücksgefühlen zu unmittelbarer Todesnähe führt, wird in ihrer Intensität zwischenmenschlicher Erlebensübereinstimmung nirgends sonst bei Fallada erreicht. (»Sie waren unendlich glücklich. Ein Rausch von Springen, Bewegung, Tanz hatte sie erfaßt, der freie, reine Atem der See hauchte sie an. Das geheimnisvolle Wasser gluckste leise und schäumte und glitt dahin unter ihren Füßen. Die Küsten mit ihren Dünenstreifen, ihren dunkel ernsten Fichtenkronen weiteten sich. Der nie betretene Schnee funkelte weiß und bläulich« [*Wir hatten mal ein Kind*. S. 139].) Diese Utopie-Inseln entstehen vor dem Hintergrund des erbärmlichen Elternhauses Johannes Gäntschows, dessen Vater Alkoholiker ist und dessen Mutter den Bauernhof durch heimliches Bargeldsparen ruiniert. Vor diesem Hintergrund ist auch die schon 1931 separat veröffentlichte Episode von der Liebe eines vierzehnjährigen Jungen zu einem Kalb zu verstehen, über die in der *Internationalen Literatur* aus verständlicher Erbitterung, aber unberechtigt sehr gehöhnt wurde.[25] Wenn Fallada eine inhumane Familie diesen Jungen auf Nimmerwiedersehen aus dem Haus vertreiben läßt, weil sie hier fälschlich Sodomie – und wenn schon Sodomie – unterstellt, so zeigt er die inhumane Gesellschaft, die das ununterdrückbare Liebes- und Glücksverlangen des Menschen permanent ersticken will, ein Verlangen, das die Literatur ihrerseits mit wachhält. Unmenschliche Erziehungspraktiken werden hier demonstriert wie schon in den beiden ersten Büchern Falladas oder wie in *Wer einmal aus dem Blechnapf frißt*, wo der 15jährige Kufalt von einem bornierten Pastor aus dem Haus und aus dem Gymnasium getrieben wird, nachdem er öffentlich eine Lyzeumsschülerin angesprochen hat.

Falladas Darstellung entspricht nicht der faschistischen Romantisierung des Bauernlebens als einer sozialethisch besonders wertvollen Daseinsform. Vorfahren werden geschildert, die trinken, Strandgut stehlen, wildern, die sich 30 Hunde halten; in Schwachsinn übergehende Leidenschaften werden hervorgehoben: ein Vater sitzt so lange am Totenbett seiner Tochter, bis er selbst von den Ratten gefressen wird; ein Bauer hortet die Weizenernte von Jahrzehnten im Haus; Gäntschows Mutter sammelt ein Vermögen an Papiergeld, das in der Inflation verfällt. Nun lehnen Jürgen Manthey und Alfred Gessler das Buch entschieden ab, weil es faschistoide Tendenzen zu haben scheint. Dagegen spricht nicht nur die Ablehnung in der deutschen Presse 1934, sondern auch Falladas wiederholte Distanzmarkierung gegenüber dem faszinierenden Scheusal Gäntschow in der Art: »Aber etwas in ihm ist verkorkst, er strahlt gradezu vor Stolz und Menschenverachtung« (*Wir hatten mal ein Kind*. S. 448). – »Er war kein übler Junge gewesen, er hatte Anlagen, er war so uneben nicht, er hatte Aus- und Einsichten, aber es hatte sich alles verbraucht« (ebd., S. 499). Die Negativa überwiegen bei weitem, und Fallada signalisiert das häufig genug.

Die Kritik schüchtert den Autor weiter ein, so daß er 1935 mit dem *Märchen vom Stadtschreiber, der aufs Land flog* ein völlig zeitloses und problemarmes Buch veröffentlichen läßt. Theodor Lemmers These, daß es sich hier um eine antifaschistische Fabel handele, ist für mich nicht nachvollziehbar.[26]

Ein 1936 veröffentlichter Dorfroman gibt Anlaß, eine These Jürgen Mantheys in Zweifel zu ziehen: »Die vermeintliche Intaktheit der Vorkriegswelt bleibt Maßstab und Bezug für sein Panorama des inneren Verfalls.«[27] Widerlegt ist diese Vermutung schon durch die beiden ersten Romane; widerlegt wird sie vielleicht am deutlichsten durch den Zeitungsroman *Ein Mann will nach oben* von 1941, in dem das Berliner Arbeiterelend im ersten Teil eine zentrale Rolle spielt und in dem Fallada eine seiner wenigen markanten Proletariergestalten – die dreizehnjährige Rieke Busch – schafft und dem Kleinbürgerleser nahebringt; widerlegt wird eine Vorkriegsverherrlichung auch im Dorfroman von 1936 *Altes Herz geht auf die Reise*, der 1912 spielt. Kindesmißhandlung und -unterdrückung, inhumane Erziehungspraktiken des Kleinbürgertums sind hier – wie schon in den ersten Romanen, wie in den beiden Büchern von 1934, später im *Eisernen Gustav* von *1938*, im *Ungeliebten Mann* von 1940 – thematisiert.

Als einer der drei bedeutendsten Romane Falladas gilt allgemein *Wolf unter Wölfen* von 1937. Er versucht hier nochmals – erfolgreicher –, die Zweiteilung von *Bauern, Bonzen und Bomben* (Die Bauern; Die Städter) zu wiederholen mit

einer Darstellung des Berliner Ostens 1923 (Die Stadt und ihre Ruhelosen) und
eines Ritterguts in Hinterpommern (Das Land in Brand). Seine kritische Einstellung gegenüber der Wirtschaftsform der Gutsunternehmer, die im Roman
Wir hatten mal ein Kind nur anklang (»Ein Bauer kann nie und niemals Freund
eines Grafen über Tausende von Morgen Land sein. Wer selbst hinter seinem
Pflug geht, [...] muß den verachten, der durch seinen Inspektor 20 Pferde- und
Ochsengespanne zum Pflügen schickt.« [S. 90]), wird hier verdeutlicht, aber nicht
gesellschaftlich-ökonomisch begründet. Nicht vertreten ist wiederum die Schicht
der Landarbeiter und kleinen Bauern; als einzelne Proletarierfigur ragt indessen
die Mamsell Amanda Backs heraus. Ein gewisses Schwergewicht legt der Erzähler
auf die Darstellung der junkerlich-militaristischen Feinde der Republik, die er
schon 1925 in einem *Tage-Buch*-Artikel über eine Stahlhelm-Nachtübung ange-
griffen hatte und die hier in Anlehnung an den Küstriner Buchrucker-Putsch
der schwarzen Reichswehr eine Rolle spielen. Bei Gessler, Goeres, Kersten,
Manthey, Noll findet sich der Roman, in dem Fallada nochmals alle Kräfte zu-
sammennahm, wie Lukács schreibt, ausführlich kritisiert.
Die nächsten Landromane – *Kleiner Mann, Großer Mann – alles vertauscht* (1939),
Der ungeliebte Mann (1940), *Der Jungherr von Strammin* (1943) – sehen von jeglicher Zeitbezogenheit und Darstellung der Arbeitswelt ab. Das ort- und zeitlose
Rittergut, das märkische Gut Mitte der zwanziger Jahre und das vorpommersche
um die Jahrhundertwende erscheinen als Genrekulisse für Intrigen und Liebes-
abenteuer. In den Romanen von 1939, 1940, 1941 stellt Fallada ein offensichtlich
ablenkendes kleinbürgerliches Arbeitsethos als Selbstzweck heraus (*Kleiner Mann,
Großer Mann.* S. 171, 196, 253, 265, 267, 272, 288, 291, 293, 310, 315; *Der
ungeliebte Mann.* S. 127, 196, 230, 259). Die wachsende Resignation und die
Flucht in ziellose Arbeit und Unterhaltung ontologisiert er in jenen Jahren in
einem poetischen Bild; er spricht von »dem Teich ungeheurer, grundloser Traurigkeit, die in jedem Menschen vom Uranfang liegt, von jener Traurigkeit, die in
der Zweifelhaftigkeit all unseres Daseins und Tuns ihren Anfang hat« (*Kleiner
Mann, Großer Mann.* S. 243). Die Resignation konkretisiert sich in einer Bemerkung, in der sich der Schriftsteller selbst gemeint haben mag: »Ich begehre wohl
auf, werde wütend, schreie – aber im Grunde nehme ich Menschen und Verhältnisse als gegeben und scheue jede Veränderung. Das ist einer meiner schlimmsten
Fehler« (ebd., S. 197).
1944, im Jahr des Tiefpunkts mitteleuropäischer Humanität in diesem Jahrhundert,
erreicht Fallada das Ende einer todesbereiten Resignation und gestaltet sie in
dem Buch *Der Trinker* (1950). Nach der Befreiung sucht der zu Tode erschöpfte
Autor nochmals in einer Kleinstadt-Krankheitsgeschichte *Der Alpdruck* (1947) für
den Zeitraum April bis Sommer 1945 festzuhalten, »wie verwildert und verkommen dieses Volk war« (*Der Alpdruck.* S. 226), und in einem Widerstandsroman
Jeder stirbt für sich allein (1947) die Anstrengungen und Verirrungen des Kleinbürgertums und seiner selbst für die Nachgeborenen zu dokumentieren.

Statt eines Schlusses: Anmerkung zu Falladas Schlüssen

Die vielgeliebten und vielgescholtenen Idyllenschlüsse der meisten Fallada-Romane, die in den Werken der Kriegszeit noch verstärkter auftreten, lassen sich durch den *Trinker*-Schluß in ihrer Funktion verdeutlichen: »[...] und ich werde trinken [...]. Und ich werde noch einmal jung werden, und ich werde die Welt blühen sehen mit allen Frühlingen und allen Rosen und den jungen Mädchen von eh und je. [...] und wir werden entschweben, in Rausch und Vergessen, aus denen es nie ein Erwachen gibt! Und wenn mir so geschieht in meiner Todesstunde, werde ich mein Leben segnen, und ich werde nicht umsonst gelitten haben!« (211). Problemverdeckende Selbsttäuschung, aber zugleich utopischer Impetus, die Gesellschaftszustände an die Glückssehnsucht anzupassen, auf daß nicht Liebe nur als isolierender Rausch und Übergang zu Tod erfahren wird. Vorerst muß auch die poetologische Funktionserklärung noch gelten, die der romanschreibende Gutsangestellte Peters im *Ungeliebten Mann* anstelle des früheren romanschreibenden Gutsangestellten Fallada formuliert: »Es ist schon traurig genug, wenn im Leben zwei Liebende nicht zueinander kommen können, ein Roman aber soll doch erheben und erfreuen!« (284). So gibt es entsprechend einen Schluß, der sich seit *Kleiner Mann* bewährt hat: Der junge Landwirt erhält die mehrere Jahre umworbene uckermärkische Gastwirtstochter (352): »Er hatte das Gefühl, als stiege der Himmel höher und höher, als weite sich seine Kuppel, so leicht fiel ihm plötzlich das Atmen.«

Anmerkungen

Zitate aus Falladas erzählerischen Werken werden im Text durch Kurztitel und Seite identifiziert. Benutzte Kurztitel:

Anton = Anton und Gerda
Bauern = Bauern, Bonzen und Bomben
Goedeschal = Der junge Goedeschal
Heute bei uns = Heute bei uns zu Haus
Kleiner Mann, Großer Mann = Kleiner Mann, Großer Mann – alles vertauscht oder Max Schrey-
   vogels Last und Lust des Geldes

1. Eberhard Ter-Nedden: »Ein Wort über Fallada«. In: *Bühnenkunde*, 8 (1941). H. 11. S. 329 und 331.
2. Die Daten über Auflagenhöhen stammen aus älteren Anzeigen des Rowohlt Verlags und aus den Angaben in den Taschenbuchausgaben.
3. *Materialien zur Lebens- und Arbeitssituation der Industriearbeiter in der BRD*. Von Martin Osterland, Wilfried Deppe u. a. Frankfurt a. M. ³1973. S. 27 f. (Studienreihe des Soziologischen Forschungsinstituts Göttingen.)
4. Alfred Gessler: *Hans Fallada. Sein Leben und Werk*. Berlin 1972. (Schriftsteller der Gegenwart. 6.) S. 143.
5. »Wie ich Schriftsteller wurde«. In: H. F., *Lieschens Sieg und andere Erzählungen*. Reinbek 1973. (rororo. 1584.) S. 193.
6. Jean Full: »Hans Fallada et Romain Rolland. Trois lettres inédites de Fallada (1912)«. In: *Recherches Germaniques*, 3 (1973). S. 226.

7. ebd., S. 227.
8. ebd., S. 232.
9. ebd., S. 233.
10. ebd.
11. Vgl. dagegen Jürgen Manthey: *Hans Fallada in Selbstzeugnissen und Bilddokumenten*. Reinbek ²1973. (rowohlts monographien. 78.) S. 50.
12. ebd., S. 51.
13. ebd., S. 49.
14. Walther Hofer [Hrsg.]: *Der Nationalsozialismus. Dokumente 1933–1945*. Frankfurt a. M. 1957. S. 23.
15. Theodor Lemmer: *Hans Fallada. Eine Monographie*. Diss. Fribourg 1961. S. 71.
16. Gessler (= Anm. 4). S. 16.
17. Hans A. Wyß: »Neue Aspekte der deutschen Literatur. Welterfolg Fallada«. In: *Neue Zürcher Zeitung*. Nr. 691 vom 16. April 1933. Bl. 5 f.; engl. auch in: *Littell's Living Age*, Boston, (1933). H. 344. S. 328–332.
18. »Wie ich Schriftsteller wurde« (= Anm. 5). S. 192.
19. Jan Hryńczuk: »Obraz społeczeństwa Republiki Weimarskiej w powieściach Hansa Fallady«. In: *Zeszyty neukowe uniwersytetu Łódzkiego. Neuki humanistyczno-społezne*. Łódź, Seria I (1971) zeszyt 81. S. 36. Ich danke Frau Marga Nabel, Bielefeld, für die Übersetzung des Aufsatzes; Frau Sabine Richrath, Hoberge, danke ich hier zugleich für mehrere Hinweise zu Fallada und für dessen bisher unbekannten Hemingway-Beitrag.
20. »Bauern-Krieg wider Neumünster«. In: *Das Tage-Buch*, 10 (1929). Bd. 2. S. 1517 f. Es bedarf dringend einer stilstatistischen Untersuchung, ob der anonyme Artikel »Die schwarze Bauernfahne« im *Tage-Buch* (10 [1929]. Bd. 2. S. 1311–15), in dem Hamkens mit Napoleons Wort über Goethe »voilà un homme!« begrüßt wird, von Fallada stammt, wie Harry Bergholz (»Hans Fallada's Breakthrough«. In: *The German Quarterly*, 29 [1956]. S. 22) vermutet.
21. Johannes R. Becher: »Was nun? Zu Hans Falladas Tod«. In: Klaus Jarmatz, Christel Berger u. a. [Hrsg.], *Kritik in der Zeit. Der Sozialismus – seine Literatur – ihre Entwicklung*. Halle 1970. S. 125.
22. Kurt Tucholsky: »Bauern, Bonzen und Bomben«. In: K. T., *Gesammelte Werke*. Bd. 3. Reinbek 1961. S. 826.
23. W. Winkler: »Fallada«. In: *Internationale Literatur* (1935). H. 11. S. 110–112.
24. Manthey (= Anm. 11). S. 109.
25. Vgl. S. Dinamow: »Vom schlechten und vom guten Hass«. In: *Internationale Literatur* (1935). H. 12. S. 74–77; Trude Richter: »Der gleichgeschaltete Fallada. Zu seinem neuesten Roman«. Ebd., H. 4. S. 103–106.
26. Vgl. Lemmer (= Anm. 15). S. 30 und 156–159.
27. Jürgen Manthey: »Hans Fallada oder Die unbewältigte Krise«. In: *Frankfurter Hefte*, 18 (1963). S. 197.

Literaturhinweise

Bei der schwierigen Literaturbeschaffung waren mir Frau Echternkamp, Frau Graße und Herr Benstein, Fernleihe der Stadtbibliothek Bielefeld, behilflich, denen ich an dieser Stelle danke. Mehrere versteckte Texte machte mir das Institut für Zeitungsforschung der Stadt Dortmund zugänglich. Der auffallend dürftige Literaturnachweis z. B. bei Gessler und Manthey machte eine genauere Zusammenstellung hier notwendig.

Zitierte Werke

Der junge Goedeschal. Ein Pubertätsroman. Berlin 1920. (Zitiert als: *Goedeschal*.)
Anton und Gerda. Berlin 1923. (Zitiert als: *Anton*.)
Bauern, Bonzen und Bomben. Berlin 1931. (Zitiert als *Bauern* nach der Ausgabe: Reinbek 1964. [rororo. 651.])
Kleiner Mann – was nun? Berlin 1932. (Zitiert nach der Ausgabe: Reinbek 1950. [rororo. 1.])
Wer einmal aus dem Blechnapf frißt. Berlin 1934; Reinbek 1952. (rororo. 54.)

Wir hatten mal ein Kind. Eine Geschichte und Geschichten. Berlin 1934.
Märchen vom Stadtschreiber, der aufs Land flog. Berlin 1935.
Altes Herz geht auf die Reise. Berlin 1936; Stuttgart 1956.
Wolf unter Wölfen. Berlin 1937; Reinbek 1952. (rororo. 1057.)
Der eiserne Gustav. Berlin 1938.
Kleiner Mann, Großer Mann – alles vertauscht oder Max Schreyvogels Last und Lust des Geldes. Ein heiterer Roman. Berlin 1939. (Zitiert als *Kleiner Mann, Großer Mann* nach der Ausgabe: Reinbek 1970. [rororo. 1244.])
Der ungeliebte Mann. Stuttgart 1940.
Ein Mann will nach oben. Die Frauen und der Träumer. Stuttgart 1941; Reinbek 1970. (rororo. 1316.)
Damals bei uns daheim. Erlebtes, Erfahrenes und Erfundenes. Stuttgart 1942; Reinbek 1955. (rororo. 136.)
Heute bei uns zu Haus. Ein anderes Buch Erfahrenes und Erfundenes. Stuttgart 1943. (Zitiert als *Heute bei uns* nach der Ausgabe: Reinbek 1957. [rororo. 232.])
Junger Herr – ganz groß. Stuttgart 1943; Berlin 1965.
Der Alpdruck. Berlin [Ost] 1947.
Jeder stirbt für sich allein. Hamburg 1947; Reinbek 1964. (rororo. 671.)
Der Trinker. Hamburg 1950. (Zitiert nach der Ausgabe: Reinbek 1959. [rororo. 333.])

Kurze Einzeltexte Falladas

»Stahlhelm-Nachtübung«. In: *Das Tage-Buch,* 6 (1925). Bd. 2. S. 1227–29.
»Was liest man eigentlich in Hinterpommern?«. In: *Die Literarische Welt,* 1 (1925). H. 1. S. 4 f.
»Bauern-Krieg wider Neumünster«. In: *Das Tage-Buch,* 10 (1929). Bd. 2. S. 1516–19.
»Landvolkprozeß«. In: *Das Tage-Buch,* 10 (1929). Bd. 2. S. 2007 f.
»Landvolkprozeß«. In: *Die Weltbühne,* 25 (1929). S. 832–835.
»Gespräch zwischen Ihr und Ihm über Ernest Hemingway: ›In unserer Zeit‹«. In: *Die Literatur,* 35 (1932/33). S. 21–24.
»›Vor allem die Jugend retten!‹ Gespräch mit dem Dichter Hans Fallada« [gez.: Gulitz]. In: *Tägliche Rundschau,* Berlin (25. Oktober 1945). S. 4.
»Osterfest 1933 mit der SA«. [Bruchstück aus den geplanten ›Erinnerungen an die Nazis‹.] In: *Tägliche Rundschau,* Berlin (28. November bis 3. Dezember 1945).
»Über den doch vorhandenen Widerstand der Deutschen gegen den Hitlerterror«. In: *Aufbau,* 1 (1945). H. 3. S. 211–218.
»Der tödliche Rausch«. In: *Neue Illustrierte* vom 19. November 1955; auch in: *Rauschgiftesser erzählen.* Eine Dokumentation von Edward Reavis. Frankfurt a. M. 1967. S. 197–212.
»Wie ich Schriftsteller wurde«. In: Fallada, *Lieschens Sieg und andere Erzählungen.* Reinbek 1973. (rororo. 1584.) S. 189–230.

Forschungsliteratur (Auswahl)

Bücher über Fallada

Gessler, Alfred: *Hans Fallada. Sein Leben und Werk.* Berlin 1972. (Schriftsteller der Gegenwart. 6.)
Manthey, Jürgen: *Hans Fallada in Selbstzeugnissen und Bilddokumenten.* Reinbek 1963; 2. erw. Ausg. 1973. (rowohlts monographien. 78.)
Schueler, Heinz Jürgen: *Hans Fallada. Humanist and Social Critic.* Den Haag 1970. (Studies in German Literature. 18.)

Allgemeine Darstellungen

Becher, Johannes R.: »Was nun? Zu Hans Falladas Tod«. In: *Aufbau,* 3 (1947). H. 2. S. 97–101; auch in: Fallada, *Der Alpdruck.* Berlin 1947. S. 237–240; auch in: Klaus Jarmatz, Christel Berger u. a. [Hrsg.]: *Kritik in der Zeit. Der Sozialismus – seine Literatur – ihre Entwicklung.* Halle 1970. S. 122–127.
[Geerdts, Hans Jürgen / I. M. Lange / Heinz Neugebauer:] *Leonhard Frank. Hans Fallada. Hilfsmaterial für den Literaturunterricht an den Ober- und Fachschulen.* Berlin 1955. (Schriftsteller der Gegenwart. 3.)
Heinrichs, Charlotte: »Wirklichkeit und Wirksamkeit des Dichters Hans Fallada«. In: *Berliner Hefte für geistiges Leben,* 1 (1947). H. 4. S. 243–250.

Lemmer, Theodor: *Hans Fallada. Eine Monographie.* Diss. Fribourg 1961.

Manthey, Jürgen: »Hans Fallada oder Die unbewältigte Krise«. In: *Frankfurter Hefte*, 18 (1963). S. 193–198.

Motylewa, Tamara: »Das Schicksal eines deutschen Schriftstellers«. In: *Sowjetliteratur*, (1948). H. 9. S. 137–146.

Rein, Heinz: »Die große Literatur des kleinen Mannes. Der Fall Fallada«. In: *Einheit*, 3 (1948). H. 8. S. 711–716.

Römer, Ruth: »Dichter des kleinbürgerlichen Verfalls. Vor zehn Jahren starb Hans Fallada«. In: *Neue Deutsche Literatur*, 5 (1957). H. 2. S. 120–131.

Wyß, Hans A.: »Weg und Dichtung. Über die Bücher Falladas«. In: *Schweizer Nationale Hefte*, 1 (1934). S. 483–487.

Zu Einzelthemen

Bauer, Heidrun: *Zur Funktion der Gespräche in den Romanen Hans Falladas.* Diss. Wien 1972 [masch.].

Caspar, Günter: »Becher und Fallada«. In: *Die Weltbühne*, N. F. 23 (1968). H. 29. S. 917–920.

Full, Jean: »Hans Fallada et Romain Rolland. Trois lettres inédites de Fallada (1912)«. In: *Recherches Germaniques*, 3 (1973). S. 223–234.

Hryńczuk, Jan: »Obraz społeczeństwa Republiki Weimarskiej w powieściach Hansa Fallady« [Das Bild der bürgerlichen Gesellschaft der Weimarer Republik in Hans Falladas Romanen]. In: *Zeszyty neukowe uniwersytetu Łódzkiego. Nauki humanistyczno-społeczne*, Łódź, Seria I (1971) zeszyt 81. S. 35–41.

Wyß, Hans A.: »Neue Aspekte der deutschen Literatur. Welterfolg Fallada«. In: *Neue Zürcher Zeitung*. Nr. 691 vom 16. April 1933. Bl. 5 f.; engl. auch in: *Littell's Living Age*, Boston, (1933). H. 344. S. 328–332.

Zu *Bauern, Bonzen und Bomben*

Bergholz, Harry: »Hans Fallada's Breakthrough«. In: *The German Quarterly*, 29 (1956). S. 19–24.

Fischer, H.: »Bauern, Bonzen, Bomben«. In: *Die Rote Fahne*, Nr. 136 (27. Juni 1931). S. 11.

Liersch, Werner: »Die dritte Dimension. Hans Fallada: Bauern, Bonzen und Bomben«. In: *Neue deutsche Literatur*, 13 (1965). H. 7. S. 167–172.

Melnik, Josef: »Zwei Dichter der deutschen Wirklichkeit«. In: *Neue Revue*, 2 (1931). S. 225–228.

Tucholsky, Kurt [1931 als Ignaz Wrobel]: »Bauern, Bonzen und Bomben«. In: *Die Weltbühne*, 27 (1931). H. 14; auch in: K. T., *Gesammelte Werke*. Bd. 3. Reinbek 1961. S. 820–826.

Wittfogel, Karl August: »Bauern, Bonzen, Faschisten – Die Geheimnisse von Neumünster«. In: *Die Linkskurve*, 4 (1932). H. 2. S. 28–32.

Zu *Kleiner Mann – was nun?*

Aust, Hildegard: »Sprache und künstlerische Wirkung«. In: *Neue deutsche Literatur*, 5 (1957). H. 2. S. 131–135.

Brentano, Bernard von: »›Kleiner Mann – was nun?‹ Ein Roman über Angestellte«. In: *Die Rote Fahne* (1933). H. 19.

Heilborn, Ernst: »Roman der Powreteh«. In: *Die Literatur*, 35 (1932/33). S. 20 f.

Kuczynski, Jürgen: »Hans Fallada: ›Kleiner Mann – was nun?‹ – oder: Macht und Idylle«. In: J. K., *Gestalten und Werke. Soziologische Studien zur deutschen Literatur.* Berlin 1969. S. 350–358.

Lethen, Helmut: »Falladas ›Kleiner Mann, was nun?‹ und die bürgerlichen Mittelstandstheorien«. In: H. L., *Neue Sachlichkeit 1924–1932. Studien zur Literatur des ›Weißen Sozialismus‹.* Stuttgart 1970. S. 156–167.

Schirokauer, Arno: »Kleiner Mann – was nun?«. In: *Kulturwille* (1932). H. 9. S. 152.

Zuckmayer, Carl: »Ein Buch«. In: *Vossische Zeitung*, Nr. 430 (7. September 1932). Unterhaltungsbeilage.

Zu *Wer einmal aus dem Blechnapf frißt*

Ehrenstein, Albert: »›Wer einmal aus dem Blechnapf frißt‹. Zu Hans Falladas neuem Roman«. In: *Internationale Literatur* (1934). H. 3. S. 102 f.

Kersten, Kurt: »Kufalt und der Mann in ›seinem Eigenen‹«. In: *Neue Deutsche Blätter*, 2 (1934/35). H. 1. S. 56–58.

Zu *Wir hatten mal ein Kind*

Dinamow, S.: »Vom schlechten und vom guten Hass«. In: *Internationale Literatur* (1935). H. 12. S. 74–77.

Richter, Trude: »Der gleichgeschaltete Fallada. Zu seinem neuesten Roman«. In: *Internationale Literatur* (1935). H. 4. S. 103–106.

Suhrkamp, Peter: »Der Erzähler Fallada«. In: *Die Neue Rundschau*, 45 (1934). Bd. 2. S. 751 f.

Winkler, W.: »Fallada«. In: *Internationale Literatur* (1935). H. 11. S. 110–112.

Zu *Wolf unter Wölfen*

Goeres, Heinrich: »Fallada und seine Grenzen. Zur Neuherausgabe von ›Wolf unter Wölfen‹«. In: *Neue Welt* (1950). H. 24. S. 135–137.

Kersten, Kurt: »Fallada unter den Wölfen«. In: *Das Wort* (1938). H. 2. S. 135–138.

Noll, Dieter: »Unter Wölfen«. In: *Aufbau*, 7 (1951). H. 4. S. 369–371.

Zu *Der eiserne Gustav*

Emigholz, Erich: »Die Wandlungen des ›Eisernen Gustav‹«. In: *Bremer Nachrichten* (22. Juli 1958).

Joho, Wolfgang: »Fallada – Größe und Grenzen seiner Begabung«. In: *Neue deutsche Literatur*, 11 (1963). H. 7. S. 152–155.

Korn, Karl: »Moira und Schuld«. In: *Die Neue Rundschau*, 49 (1938). Bd. 2. S. 603–616.

Schonauer, Franz: »Falladas retuschiertes Morgenrot. Man kennt den eisernen Gustav kaum mehr wieder«. In: *Die Zeit*, 13 (1958). Nr. 26.

Zu *Der ungeliebte Mann*

Ter-Nedden, Eberhard: »Ein Wort über Fallada«. In: *Bühnenkunde*, 8 (1941). H. 11. S. 326–331.

Zu *Der Alpdruck*

Rein, Heinz: *Die Neue Literatur. Versuch eines ersten Querschnitts.* Berlin 1950. S. 326–333.

Zu *Jeder stirbt für sich allein*

Rein, Heinz: *Die Neue Literatur. Versuch eines ersten Querschnitts.* Berlin 1950. S. 217–226.

Zu *Der Trinker*

Andrießen, Carl: »Warum betrinkt sich Herr Sommer?«. In: *Die Weltbühne*, N. F. 9 (1954). H. 3. S. 83–85.

Bächler, Wolfgang: »Kleiner Autor, großer Autor – alles vertauscht«. In: *Frankfurter Hefte*, 6 (1951). S. 597 f.

Schroeder, Max: »Hans Fallada. Zum Erscheinen seines nachgelassenen Romans ›Der Trinker‹«. In: *Neue deutsche Literatur*, 1 (1953). H. 12. S. 124–130.

Schwachhofer, René: »Der Untergang des Kleinbürgers. Zu Hans Falladas Roman ›Der Trinker‹«. In: *Heute und Morgen. Literarische Monatsschrift*, 8 (1954). H. 4. S. 254 f.

[Vgl. die Presse-Rezensionen bei Lemmer, *Hans Fallada. Eine Monographie. Diss. Fribourg 1961*, S. X.]

Zu *Ein Mann will nach oben*

Hühnerfeld, Paul: »Ballade von einem Mann, der hinauf will. Gedanken anläßlich eines ›neuen‹ Fallada-Romans«. In: *Die Zeit*, 9 (1954), Nr. 8.

Vgl. jeweils auch die sehr umfangreichen Kommentare von Günter Caspar in der Ausgabe des Aufbau-Verlags, Berlin 1962 ff.

EGON SCHWARZ

Erich Kästner. Fabians Schneckengang im Kreise

Obgleich Erich Kästner eine Reihe von Romanen geschrieben hat, sowohl für Kinder wie für Erwachsene, kommt als ernsthafte Kritik der Zeit und der Gesellschaft nur sein *Fabian* in Betracht. Denn bei Kästner ist das Horazische *prodesse* trotz der landläufigen Meinung vom *delectare* ziemlich rigoros getrennt. Das Bekehren und Belehren wird im *Fabian* mit satirischem Ernst betrieben, wobei denn der Spaß auf zaghafte Ansätze beschränkt bleibt oder aber in grotesken Auswüchsen entartet, während in den anderen Werken das leichtlebige Unkraut des Amüsements die pädagogischen Pflänzlein der Wahrheit und Wirklichkeit zu überwuchern droht. Man kann das auch anders ausdrücken, indem man darauf hinweist, daß Kästner in den Kinder- und Unterhaltungsbüchern seinen Hoffnungen, Wünschen, Träumen nachhängt, während er im *Fabian* Entrüstung, Zorn und bissigem Hohn freien Lauf läßt. Ein Blick auf sein berühmtestes Werk, *Emil und die Detektive*, wird das schnell verdeutlichen. Die burschikose, mit saloppen Volkstümlichkeiten durchsetzte Sprache, die das Glück dieses Werkes gemacht hat, kann nicht darüber hinwegtäuschen, daß lauter Tugendbolde und -boldinnen, die vor Wohlwollen nur so triefen, die darin aufgebaute Welt bevölkern. Emil selbst ist ein erklärter Musterknabe, und zwar nicht aus Eitelkeit, Ehrgeiz oder Aggression, sondern um seiner schwer arbeitenden verwitweten Mutter das Leben zu versüßen, und Frau Tischbein ist ihrerseits ein Kardinalbeispiel für Fleiß, Liebe, Toleranz und mütterliche Aufopferung. Reibungslos leben Verwandte miteinander, in ihrer grenzenlosen Hilfsbereitschaft nur durch Armut und harte Arbeit ein wenig beeinträchtigt. Mitreisende tragen einander freundschaftliche Grüße an gemeinsame Bekannte auf, deren Existenz sie in heiteren, kommunikationsfreudigen Gesprächen schnell ermittelt haben. Wer kein Geld hat, sich eine Fahrkarte zu lösen, für den springt garantiert ein anderer Fahrgast ein. Taxichauffeure sind Ausbünde der Ehrlichkeit, denen es niemals einfallen würde, einen Unerfahrenen zu übervorteilen. Klassenkämpfe und Generationskonflikte gibt es in dieser harmonischen Welt nicht. Reiche und Arme verkehren miteinander in zutraulicher Eintracht, und das Verhalten zwischen Eltern und Kindern ist von zarter Rücksicht und liebevoller Duldsamkeit bestimmt. Auch die Polizei bedient sich eines zwar rauhen, aber durchaus herzlichen Tones. Sie ist durchaus nur dazu da, die natürliche Ordnung zu schützen und das Recht zur Geltung zu bringen. Bescheidener, freilich völlig unvermuteter materieller Wohlstand krönt die Großstadtidylle. Daß Frauen in Haus und Küche gehören, wird, um jeder möglichen Mißstimmung vorzubeugen, von ihnen selber proklamiert. Symbolisiert wird das schöne Einvernehmen durch die Zusammenarbeit der Kinder, die Mühsal, Geld und

Butterstullen in kameradschaftlicher Uneigennützigkeit teilen und ihren Lohn nur darin suchen, geschehenes Unrecht wiedergutzumachen. Alles Übel in der Welt wird auf den einen, von den Segnungen der Kooperation ausgeschlossenen Dieb gehäuft, der dem Emil das sauer erworbene Geld aus der Tasche stibitzt, nicht etwa aus Not, sondern aus unersättlicher Gier, denn unverbraucht befindet sich der Ertrag des letzten Bankraubs noch in seinem Besitz. Schon äußerlich ist er durch abstehende Ohren und eine widerwärtige Visage als Bösewicht leicht kenntlich. Mit seiner Dingfestmachung verschwinden Roheit, Betrug und Gewalttätigkeit restlos aus der Welt. Das ist keine Gesellschaft mehr, das ist schon die verwirklichte Gemeinschaft. Ich sage nicht, daß in ihrer Darstellung kein erzieherischer Wert liegt. Aber es ist der Wert einer Utopie, und ich bin mir nicht sicher, ob es sich nicht um eine falsche Utopie handelt, denn es wird ja dem Leser mit keinem Wort gesagt, wie man zu ihr gelangen könnte, sondern sie wird ihm ohne jede Anstrengung innerhalb seiner vertrauten Umwelt als Fait accompli angeboten.

Wir müssen aber zum Vergleich noch Kästners Romane für Erwachsene heranziehen, denn daß der Satiriker, enttäuscht, wie er von der Verkehrtheit und Schlechtigkeit der Geschichte ist, seine ganze Hoffnung auf die Kinder verlegt, ist eine altvertraute literarische Erscheinung. Die Verwandlung der großen Satiren der Weltliteratur wie *Don Quijote* und *Gullivers Reisen* in beliebte Kinderbücher kann kein bloßer Zufall sein. Wie sieht also die Welt aus, wenn Kästner sie erwachsenen Lesern beschreibt? Die Antwort muß lauten: Nicht viel anders. In *Georg und die Zwischenfälle* verliebt sich der wohlhabende Protagonist in ein schmuckes Salzburger Stubenmädchen, und die einzige Krise auf dem Wege zur Ehe folgt der Enthüllung, daß sie ihn über ihre persönlichen Umstände beschwindelt hat, weil sie in Wirklichkeit die Tochter eines reichen Grafen ist. Die einzige Kritik am Staate, und es handelt sich immerhin um den nationalsozialistischen Staat, richtet sich gegen den Amtsschimmel, konkretisiert in einer humoristisch aufgelösten Klage über bürokratische Langsamkeit: Die Bewilligung der Devisen kommt erst am Ende des Urlaubs, wofür der Leser aber dankbar sein muß, denn sonst hätten die hübschen, alle Klassengegensätze überspielenden Verwechslungen und Verwicklungen gar nicht erst eintreten können.

Nicht viel anders geht es in dem vielgelesenen Roman *Drei Männer im Schnee* zu. Die modische Lebewelt des Hochgebirgshotels ist dünkelhaft, sexgierig und oberflächlich, aber die drei Zentralgestalten, Diener, Millionär und arbeitsloser Akademiker, repräsentieren jene intakte Gemeinschaft, von der das gleiche kindliche Heil ausstrahlt wie von dem Bund des reichen Pünktchens mit dem armen Anton oder dem Verband von Kindern aller Gesellschaftsschichten im *Emil*. Der reiche Mann ist bescheiden, vorurteilslos und ohne jedes Gefühl für Standesunterschiede. Seine Lieblingsspeise ist gekochtes Rindfleisch mit Nudeln, und nach abgeräumter Tafel ist es ihm ein Bedürfnis, sich mit seinem Diener zu vertraulichem Gespräch an den gleichen Tisch zu setzen. Wenn dem das Dienen nicht in Fleisch und Blut übergegangen wäre, so daß ihm die von seinem instinktlosen Herrn propagierte unnatürliche Gleichheit in der Seele zuwider ist, dann fielen sämtliche gesellschaftlichen Schranken in der Welt zusammen. Auch so schon droht gefährlichste Unordnung: der arbeitslose Herr Doktor wird am Ende Direktor der Werbeabteilung in den berühmten Tobler-Werken und heiratet die Tochter seines steinreichen Chefs. Seine kleinbürgerliche Mutter und seine hochherrschaftliche Braut erzielen schon bei der ersten Begegnung ein jede gesellschaftliche Ängstlichkeit im Keime überwindendes Einverständnis. Der Leser wird mit der Überzeugung entlassen, daß die einzige Macht, die die Welt regiert, Freundschaft ist.

Ein Blick auf die Chronologie belehrt uns, warum so völlig andere Verhältnisse den *Fabian* beherrschen. Die chemisch gereinigten Unterhaltungsromane sind nach 1935 entstanden. Erich Kästner, dessen gesellschaftskritische Werke in den Bücherverbrennungen ein Raub der Flammen geworden waren, hatte während der Nazizeit innerhalb Deutschlands Publikationsverbot. Im Ausland durften seine Schriften zwar weiter erscheinen, aber wenn ihm Leib und Leben lieb waren, dann war vorzuziehen, daß sie keinerlei anstößige Stellen enthielten. Dies erklärt ihren süßlichen Limonadegeschmack. Die Frage, warum ein Schriftsteller unter diesen Umständen nicht lieber seine Unabhängigkeit im Exil gesucht hat, führt in ein weites Feld. Seine eigene Erklärung hat Kästner in einem Epigramm gegeben, worin sich wie in der ganzen Neuen Sachlichkeit, der er literarhistorisch angehört, Präzision und Sentimentalität charakteristisch mischen:

> Notwendige Antwort auf überflüssige Fragen
>
> Ich bin ein Deutscher aus Dresden in Sachsen.
> Mich läßt die Heimat nicht fort.
> Ich bin wie ein Baum, der, in Deutschland gewachsen,
> wenn's sein muß, in Deutschland verdorrt.[1]

Ein Mensch ist kein Baum. Für diesen Vergleich hat Kästner einen hohen Preis entrichtet. Zwölf Jahre des Dörrens sind im Leben eines Schriftstellers eine Ewigkeit. Nach dem Zusammenbruch des Nationalsozialismus gab es in Deutschland eine kurze Zeitspanne des Wiederanknüpfens, in welcher der Schriftsteller, der »recht behalten« hatte, vorübergehend wieder zur Geltung kam. Danach sank Erich Kästner, was die deutsche Öffentlichkeit betraf, in die gewohnte Bedeutungslosigkeit zurück. Die Entwicklung war über ihn hinweggegangen. Das gleiche widerfuhr freilich den Schriftstellern des Exils, wäre also auch durch Auswanderung nicht zu vermeiden gewesen. Es gehört zum tragischen Schicksal der antifaschistischen Linken und Linksliberalen, daß sie den Anschluß verpassen mußten. Kästners großes historisches Verdienst bleibt es, dem Lebensgefühl dieser Weimarer Humanisten unverwechselbaren und unvergeßlichen Ausdruck gegeben zu haben. Er tat dies in den vier Gedichtbänden *Herz auf Taille* (1928), *Lärm im Spiegel* (1929), *Ein Mann gibt Auskunft* (1930), und *Gesang zwischen den Stühlen* (1932), vor allem aber in dem Roman *Fabian. Die Geschichte eines Moralisten* (1931), wo das Fragmentarische der Lyrik durch die Kohärenz eines Gesamtbildes ersetzt wird.

Der *Fabian* ist wahrscheinlich keiner der besten, dafür aber unbestreitbar einer der ehrlichsten deutschen Romane. Daß in diesem Buch die sexuellen, wirtschaftlichen und politischen Zustände der späten, sozusagen in den letzten Zügen liegenden Weimarer Republik mit ungeschminkter Schonungslosigkeit dargestellt werden, ist allein schon ein seltener Vorzug. Seine wahrhaft epochale Bedeutung liegt jedoch darin, daß die kleinen individuellen Schicksale der in die Handlung verwickelten Menschen nicht separat als unabhängige Ereignisse vor der Depraviertheit des zeitgenössischen Hintergrunds abgespult, sondern daß sie als unvermeidliche Auswüchse makabrer sozialer Mächte dargestellt werden. Seele und Geschichte, Psychologie und Soziologie, Einzelner und Gesamtheit bilden in plausibelster Wechselwirkung ein vibrierendes, überzeugendes Ganzes. Wenn das Wichtignehmen der kleinen Leute und ihres Alltags, die Verbindung persönlichen Lebens mit den großen historischen Bewegungen Realismus ist, so gehört der *Fabian* zu den bedeutenden realistischen Gemälden der deutschen Romankunst.

Am besten läßt sich das verwendete Prinzip durch einige eingeschobene Episoden illustrieren, die den Eindruck von sorgfältig in engmaschigen Verbindungen komponierten Etüden machen. So begegnet z. B. der arbeitslose Fabian in einem Park einem alten Vagabunden, der sich im Gespräch als berühmter Erfinder entpuppt. In seiner Tasche trägt er Berechnungen für eine Maschine, die die ganze Textilindustrie revolutionieren würde. Statt aber seine Erfindung bekanntzumachen, verbirgt er sie sorgfältig vor der Öffentlichkeit. Warum? Aus Eigensinn, aus senilem Infantilismus? So würde die harte »realistische« Zeitgenossenschaft, die menschliches Verhalten nur nach psychologischen Motiven zu bewerten versteht, den Fall beurteilen, und so beurteilt in der Tat die Familie des Gelehrten seine Handlungsweise. In Wirklichkeit aber steht seine Weigerung am Ende einer hochlogischen Entwicklung. Der weltbekannte Mann, Ehrenmitglied mehrerer wissenschaftlicher Akademien, hat einmal gesehen, wie ein kleines Mädchen von einem Pferd niedergetrampelt wurde. Dieses Ereignis hat sein Leben von Grund auf geändert. Wie kam es dazu? Der Unfall geschah, als die Polizei auf demonstrierende Arbeiter losritt. Diese wieder waren durch seine Maschinen arbeitslos geworden. Das Kapital war gewachsen, die Produktivität der Betriebe hatte zugenommen, aber die Zahl der beschäftigten Arbeiter nahm ab. Die friedlichen Maschinen des Erfinders entpuppten sich als Kanonen, die den Existenzanspruch von Hunderttausenden zertrümmerten. Das Schicksal des unschuldigen Kindes war nur ein besonders deutliches Symptom für die Entfesselung zerstörerischer Mächte durch eine gutgemeinte Erfindung. Dilemma der modernen Naturwissenschaften! Von moralischem Empfinden statt praktischer Unempfindlichkeit geleitet, schreibt sich der Erfinder die Schuld an allem zu, beginnt sein Geld zu verschenken und will mit Maschinen nichts mehr zu schaffen haben, worauf er von seiner Familie unter Kuratel gestellt wird. Die Begegnung mit Fabian findet statt, als der verarmte Mann aus dem

Irrenhaus, in das er gesperrt wurde, entwischt ist, und endet damit, daß man ihn wieder dahin zurückbringt. Dazwischen schläft er auf Dachböden und in Bahnhöfen und zieht wie ein Strolch durch Berlin, obgleich er ein Vermögen in Form von industriellen Zeichnungen in der Tasche trägt (Kapitel 11 und 12). Vielleicht werden weltbewanderte Leser einwenden, solche Erfinder gäbe es nicht. Und sie haben recht: Im *Fabian* herrscht nicht naturalistische Richtigkeit in dem Sinne, daß die Wahrscheinlichkeit für die geschilderten Personen und Begebenheiten sprechen müsse. Kästner hat diesen Aspekt seines Buches sehr genau durchschaut, jedenfalls nachträglich. In seinem 1950 für die Gesamtausgabe seiner Werke geschriebenen Vorwort zum *Fabian* erklärt er: »Der Moralist pflegt seiner Epoche keinen Spiegel, sondern einen Zerrspiegel vorzuhalten. Die Karikatur, ein legitimes Kunstmittel, ist das Äußerste, was er vermag« (10).[2] Das Überzeugendste an der Episode sind die Zusammenhänge. Wenn der Erfinder von dem Grundsatz ausgeht, daß seine Leistung den Menschen nützen soll, dann ist sein Verhalten von unabweisbarer Logik, selbst wenn es ihn in eine absurde Lage bringt. Immer wieder wird in diesem Buch die moralische Handlungsweise in groteske Situationen führen und dadurch die Unvereinbarkeit von Moral und Welt illustrieren. Diese Verwobenheit von Mensch und Umwelt ist ein durchgehendes Strukturgesetz und wird im ganzen Roman aufrechterhalten. Die beiden voneinander zu trennen widerspricht daher den Intentionen des Autors. Wenn wir vorübergehend diesen Weg dennoch beschreiten, so nur, um in gesonderter Betrachtung jeden der beiden Teile genauer kennenzulernen.

Konzentrieren wir uns zunächst auf die Welt. Es ist die Welt der Weimarer Republik, und Kästners Leser bekommen eine wenig schmeichelhafte Ansicht von ihr vorgeführt. Laster und Verbrechen, Armut und Arbeitslosigkeit, Perversitäten und Konflikte jeder Art bestimmen das Bild. Bettler, Prostituierte und Betrüger bevölkern es. Sofern sie nicht hoffnungslos vereinsamt sind, leben die Einzelmenschen und sozialen Gruppen in aufreibender Spannung nebeneinander. Zwischen Eltern und Kindern, Männern und Frauen, Polizei und Fabrikarbeitern, Linken und Rechten, Wohnungsbesitzern und Mietern droht die latente Gehässigkeit jeden Augenblick in offenen Kampf umzuschlagen. Das vorherrschende System fördert zugunsten seiner Nutznießer die Zerspaltung der Menschheit in unzählige sich befehdende Zellen. Das System ist der krisenhafte Kapitalismus, das zugrundeliegende Prinzip der Krieg aller gegen alle, und die Zeit ist das Ende. Aus der Vielfalt der Erscheinungen greifen wir, indem wir Kästners eigenem Auswahlverfahren folgen, drei Komplexe heraus: das Sexualleben, die Welt der Arbeit und die politischen Fragen der Zeit.

Den breitesten Raum nimmt die Satire gegen den wildgewordenen Sexus der präfaschistischen Jahre ein, und als Überschrift über die weitverstreuten Symptome sexueller Entgleisung könnte der Ausspruch stehen, der tatsächlich einer Gestalt in den Mund gelegt wird: »Die Familie liegt im Sterben« (73). Es wimmelt förmlich von Straßenmädchen jeder Beschreibung, kleinen Schauspielerinnen, die nur dank

der Protektion wohlhabender älterer Herren überleben können, freiwilligen und unfreiwilligen Lesbierinnen, lüsternen Hauswirtinnen, »die es früher nicht nötig gehabt haben«, weder das Vermieten noch das andere, Besuchern von anrüchigen Sexklubs, Männerbordellen und Ateliers, bei denen man nicht weiß, welche Betätigung die vordergründige ist und welche die akzidentelle, die Kunst oder die Kopulation. Weniger aus Lust an der Sache als aus Willenslosigkeit, mehr sich den Verlockungen entziehend als ihnen nachgebend, wechselt der passive Held Jakob Fabian von einem dieser Schauplätze zum anderen. Natürlich begnügt Kästner sich nicht damit, diesen Sachverhalt zu beschreiben und zu bedauern. Auch hier legt die Sonde des Sozialchirurgen Schicht um Schicht bloß, bis sie auf den Grund stößt. Daß er als Idealzustand die intakte Ehe und Familie im Sinne trägt und sich schon dadurch als Konservativer zu erkennen gibt, hindert nicht, die letzte Ursache dieser Auflösungserscheinungen, dieser Emanzipation des Fleisches von der Liebe in der Wirtschaft zu suchen. Ohne dem Leser lange Lebensläufe von belanglosen Nebenpersonen zuzumuten, werden kleine Blitzlichter auf Motivierung und Vergangenheit der Statisten in dieser deprimierenden Walpurgisnacht geworfen, so daß nach und nach in unauffälliger Mosaikform doch ein perspektivenreiches Gesamtbild entsteht. Bei einem der Straßenmädchen fallen rauhe Hände auf: sie war vor kurzem noch Fabrikarbeiterin gewesen und hat nach ihrer Entlassung zunächst versucht, den Fabrikdirektor zu erpressen. Erst als auch diese Einnahmequelle versiegt, wendet sie sich dem Gewerbe zu, in dem wir sie kennenlernen. Es ist ihre letzte Möglichkeit und kommt nach der Kriminalität. In einem Lokal, das als »Viehmarkt« (45) charakterisiert wird, stehen zwei Prostituierte im Begriff, sich Kunden zu kapern, aber über einem Teller mit Aufschnitt »vergaßen sie alles übrige« (45). Auf dem »freien« Kunstmarkt müssen sich junge Bildhauerinnen Aufträge durch sexuelle Gefälligkeiten erkaufen. Von dieser Praxis ist der Übergang zum reinen Sexualgewerbe ohne künstlerische Beigaben fast unmerklich, wenn auch nicht unbedingt gefahrlos: nicht bloß Geschlechtskrankheit wird zur ständigen Drohung, man kann auch an einen Sadisten geraten und mit inneren Verletzungen im Krankenhaus landen. Der Weg junger Schauspielerinnen zum Erfolg, ja in den meisten Fällen zum bloßen Überleben führt durch die Betten einflußreicher Herren. Selbst die Homosexualität ist keineswegs immer etwas Physiologisches, sondern vielfach soziologisch bedingt. Der Leser wird davor gewarnt, alle Besucherinnen einer lesbischen Bar »für gebürtige Abnormitäten« zu halten: »Die Blondine da drüben war jahrelang die Freundin eines Schauspielers, bis er sie ruckartig an die Luft setzte. Dann ging sie ins Büro und schlief mit dem Prokuristen. Sie kriegte ein Kind und verlor den Prozeß. Der Prokurist leugnete die Vaterschaft. Das Kind wurde aufs Land gegeben. Die Blondine bekam eine neue Stellung. Aber sie hat, vielleicht für immer, mindestens vorübergehend, von den Männern genug, [. . .].« Und so geht es mancher: »Sie ist nur lesbisch, weil sie mit dem anderen Geschlecht schmollt« (76).
In dieser Atmosphäre kann die Treue, das Monogamische nicht gedeihen. Wie so

oft verdeutlicht Kästner den allgemeinen Zustand durch ein groteskes Bild. In einem Café gebärdet sich eine junge Frau enorm zärtlich zu ihrem Begleiter und kokettiert zugleich ungehemmt mit einem fremden Herrn am Nebentisch. Das Rätsel löst sich erst durch eine Entdeckung: Ihr Begleiter ist blind! Was Wunder, daß es Frauen gibt, für die die Ehe »nicht die richtige Ausdrucksform« (14) ist. Der Ehe widmet Kästner eingehende Analysen. Er zeigt sie in voller Auflösung. Eine Dame, die den halb widerstrebenden Fabian mit nach Hause schleppt, ist wider Erwarten verheiratet: Während des sich bereits anbahnenden Geschlechtsaktes betritt der Ehegatte das Zimmer, nicht etwa um zu protestieren, sondern um seiner vertraglichen Pflicht zu genügen, die darin besteht, jeden von seiner Frau mitgebrachten Liebhaber zu inspizieren. Der Hausherr ist Rechtsanwalt und liest dem nächtlichen Besucher die betreffenden Paragraphen des sonderbaren Kontrakts vor. Fabian flieht die pervertierte Stätte einer modernen Ehe, aber es ist ihm bestimmt, in jeder Phase seines Lebens dieser Frau von neuem über den Weg zu laufen und ihrer finanziellen und sexuellen Verführung zu widerstehen. Sogar auf seiner Flucht aus Berlin befindet sie sich im gleichen Zug. Auch in ihrem Leben sind Veränderungen eingetreten. Ihr gutgehendes Männerbordell ist von einem der Schlafburschen bei der Polizei verpfiffen worden (169). Ihr Mann ist, wie sie mit widerwilliger Hochachtung berichtet, längst ins Ausland entwichen, weil er seit Jahren Notariatsgelder unterschlagen hat. Dem Schwindel im Geschäft entspricht die Verderbtheit in der Liebe, beide sind kriminell. Es ist ganz passend, daß diese Ehefrau in betrunkenem Zustand ein Lied singt, dessen erste Zeile lautet: »Auch der Mensch ist nur ein Tier« (47). Sie könnte als Motto über dem ganzen Buch stehen.

Zu den Finessen Kästners gehört es, daß er, des Klassencharakters der Gesellschaft eingedenk, sich nicht damit begnügt, menschliche Phänomene als allgemeine Unwandelbarkeiten darzustellen, sondern sie ihre veränderte Seinsweise in mancherlei sozialen Milieus widerspiegeln läßt. So stellt er auch neben die gut bürgerliche die kleinbürgerliche Ehe. Freilich ist sie um nichts solider. Diesmal ist der Mann ein kleiner Geschäftsreisender, und seine Frau betrügt ihn ohne sein Wissen in seiner Abwesenheit. Meisterhaft wird vom Anknüpfen an die geschlechtlichen und kulinarischen Gepflogenheiten über Wohnung und Möblierung bis zur Entdeckung des Ehebruchs durch den frühzeitig heimkehrenden Gatten die Mentalität des Kleinbürgertums entwickelt. In solchen Kabinettstückchen beweist Kästner am eindrucksvollsten seinen satirischen Blick. Die Diagnose ist freilich in beiden die gleiche: Auflösung. Und wie wir später noch sehen werden, erstreckt sich das Urteil auf noch höhere Kreise: das vornehme Großbürgertum. Dem Grundsatz »Alle gegen alle« in der Wirtschaft entspricht in voller logischer Umkehrung der sexuelle Leitspruch »Jeder mit jedem«. Doch das alles ist nur Vorbereitung und Kulisse für die große Liebesbegegnung des Titelhelden. Das Mädchen stammt wie er aus der Provinz, aus kleinen Kreisen, und wurde wie er in den Mahlstrom der Großstadt hineingezogen. Er lernt sie in einem jener Künstlerateliers kennen, die sich so wenig von Bordellen unterscheiden, und findet, »sie passe nicht in das Milieu«. Um diesen Unterschied unmißverständlich hervorzuheben, wird die Frage »Wie kommen Sie eigentlich in diesen Saustall?« (72) oder »Warum sind Sie nach Berlin gekommen?« (74) mit wenig abgewandelter Monotonie immer wieder von neuem gestellt. Aber – und das ist das Merkmal von Kästners Realismus – die Veränderungen, die sich in Moral und Gesellschaft abgespielt haben, sind auch an ihr nicht spurlos vorübergegangen. »Ich bin kein Engel«, drückt sie das aus, »unsere Zeit ist mit den Engeln böse« (73). Gleich weit entfernt sowohl von der Entartung als auch der Promiskuität der anderen, hat sie doch schon zwei mißglückte erotische Bindungen hinter sich.

Auf diesen Erfahrungen basierend, entwickelt sie eine deprimierende, aber dennoch schwer widerlegbare Soziologie der modernen Liebe: »Was sollen wir anfangen? Wenn wir einen Mann liebhaben, liefern wir uns ihm aus. Wir trennen uns von allem, was vorher war, und kommen zu ihm. ›Da bin ich‹, sagen wir freundlich lächelnd. ›Ja‹, sagt er, ›da bist du‹, und kratzt sich hinterm Ohr. Allmächtiger, denkt er, nun hab ich sie auf dem Hals. Leichten Herzens schenken wir ihm, was wir haben. Und er flucht. Die Geschenke sind ihm lästig. Erst flucht er leise, später flucht er laut. Und wir sind allein wie nie zuvor. Ich bin fünfundzwanzig Jahre alt, und von zwei Männern wurde ich stehengelassen. Stehengelassen wie ein Schirm, den man absichtlich irgendwo vergißt« (73). Ihr geschulter Verstand – auch sie ist wie alle Hauptfiguren Akademikerin – erkennt die kommerzielle Verwendung der Liebe, die früher Geschenk war und jetzt zur Bezahlung degradiert ist: »Ihr wollt den Warencharakter der Liebe, aber die Ware soll verliebt sein« (74). Die Ansichten der Gestalt Cornelia Battenberg wurden in extenso wiedergegeben, weil man in ihnen Kästners eigene Meinungen vermuten darf. Sie müssen nur durch den männlichen Gesichtspunkt ergänzt werden, den zu vertreten Fabian übernimmt: »Es geht vielen Frauen so. Wir jungen Männer haben Sorgen. Und die Zeit, die übrigbleibt, reicht fürs Vergnügen, nicht für die Liebe. [In einem Kabarett-Lied hieß es schon früher: »Die Liebe ist ein Zeitvertreib, / man nimmt dazu den Unterleib« (46).] Die Familie liegt im Sterben. Zwei Möglichkeiten gibt es ja doch nur für uns, Verantwortung zu zeigen. Entweder der Mann verantwortet die Zukunft einer Frau, und wenn er in der nächsten Woche die Stellung verliert, wird er einsehen, daß er verantwortungslos handelte. Oder er wagt es, aus Verantwortungsgefühl, nicht, einem zweiten Menschen die Zukunft zu versauen, und wenn die Frau darüber ins Unglück gerät, wird er sehen, daß auch diese Entscheidung verantwortungslos war. Das ist eine Antinomie, die es früher nicht gab« (73).

Damit ist eigentlich schon alles gesagt und der Ablauf dieser Liebesaffäre, noch ehe sie recht begonnen hat, im voraus festgelegt. Denn zu zeigen, daß der Mensch trotz der besten Anlagen, Gesinnungen und Vorsätze sich dem Gesetz der Geschichte *nicht* entziehen kann, ist ja das Ziel des Romans.

Ehe sich aber die unvermeidliche Auflösung auch dieser menschlichen Beziehung bemächtigt, bietet der Erzähler alle Poesie auf, um die Begegnung zweier Menschenkinder in verlorener Zeit zu feiern. Ohne Prüderie und doch mit zartester Behutsamkeit entsteht vor den Augen der Leser eine gefühlsbetonte Großstadtidylle in Untermiete, unbefleckt zunächst von dem sie umgebenden Schmutz, auf einer dem düsteren Zeitstrom auf Augenblicke enthobenen seligen Insel. Was Kästner an Schabernack, Übermut und unbeschwerter Jugendlichkeit besitzt, wird an diese Liebesgeschichte gewendet. Man kann das sentimental nennen, und ich selbst habe es so benannt.[3] Aber das gilt für alle Idyllen vom Altertum bis zum heutigen Tag. Ihre Würde kann nur bemessen werden nach dem Grad der tragischen Bedingtheit, der sie abgerungen sind. Und wenn man eine spätere Reflexion Fabians aus ihrem eigentlichen Zusammenhang reißt und auf das Großstadterlebnis ummünzt, dann muß man die positive Note, den Goldrand der Gewitterwolke, der Liebe zur Referendarin Cornelia Battenberg zuschreiben, die aus der Provinz nach Berlin verschlagen wurde: »Es war manchmal schön gewesen, aber nur trotzdem!« (174).

Das bittere Ende kann freilich nicht ausbleiben. Die Entlassung Fabians erstickt jede noch so geheime Hoffnung auf Permanenz im Keime. Angesichts dieser Unmöglichkeit läßt Cornelia ihren moralischen Halt fahren und ergibt sich einem jener fetten, alternden, zigarrerauchenden, limousinefahrenden Machthaber dieser Welt, einem Filmmagnaten, der ihr den Weg zum Erfolg ebnet. Der dafür zu entrichtende Preis ist der Ruin der Seele. »Mir ist, als hätte ich mich der Anatomie verkauft«, schreibt sie in ihrem Abschiedsbrief. Aber auch der Satz »Es ist nicht zu umgehen« (129) steht darin. Wie auch sonst, wird hier ebenfalls das ganze an der Oberfläche ethisch-moralisch begründete Geschehen auf die ökonomische Unsicherheit bezogen. Fabians erster Impuls ist, sie zurückzuhalten. Der wirtschaftliche Widersinn eines solchen Versuchs lähmt aber seinen Willen. Er weiß, sie wird ihm zurufen müssen: »Was fällt dir ein? Gib mir Geld oder halte mich nicht auf« (124). In seinem Schmerz – der allerdings bald wieder der früheren Willenlosigkeit und Benommenheit Platz macht – schleudert ihr Fabian in einer letzten Aussprache zynische Wahrheiten ins Gesicht. Auf ihre verzweifelte Frage: »Was soll bloß aus mir werden?« weiß er diese Antwort: »Eine unglückliche Frau, der es gut geht [...]. Überrascht dich das? Kamst du nicht deswegen nach Berlin? Hier wird getauscht. Wer haben will, muß hingeben, was er hat. [...] Du kamst mit Absichten hierher, die sich rascher erfüllt haben, als zu hoffen stand. Du hast einen einflußreichen Menschen gefunden, der dich finanziert. Er finanziert dich nicht nur, er gibt dir eine berufliche Chance. Ich bezweifle nicht, daß du Erfolg haben wirst. Dadurch verdient er das Geld zurück, das er gewissermaßen in dich hineingesteckt hat; dadurch wirst du auch selber Geld verdienen und eines Tages sagen können: Mein Herr, wir sind quitt. [...] Du wirst arbeiten, und dann bleibt von einer Frau nicht viel übrig. Der Erfolg wird sich steigern, der Ehrgeiz wird wachsen, die Absturzgefahr nimmt zu, je höher man steigt. Wahrscheinlich wird er nicht der einzige bleiben, dem du dich ausliefern wirst. Es findet sich immer wieder ein Mann, der einer Frau den Weg versperrt und mit dem sie sich langlegen muß, wenn sie über ihn hinweg will. Du wirst dich daran gewöhnen, den Präzedenzfall hast du ja seit gestern hinter dir« (141 f.). Damit ist aber der Unterschied zwischen ihr und ihrer Umwelt beseitigt, und man kann nicht mehr sagen, »sie passe nicht in das Milieu«. Jetzt unterscheidet sie sich nicht mehr von den anderen Verdammten. Für einen Augenblick hat Kästner den Scheinwerfer der Dichtung auf dieses Paar fallen lassen, und in diesem scharfen Licht enthüllten sich die menschlichen Qualitäten, die jedes Individuum besitzt. Sobald der Strahl weiterwandert, breitet sich das geschichtliche Dunkel über sie. Die Individualität wird durch das Gesetz verdrängt. Das Berlin der Weimarer Jahre, so scheint der Autor zu sagen, ist voll von wohlmeinender, sehnsuchtsvoller Menschlichkeit, aber die Verhältnisse lassen sie nicht zur Geltung kommen.

Nachdem schon durch die Analyse der Sexualproblematik die Beschaffenheit der von Kästner gezeigten Welt ziemlich deutlich erkennbar wurde, können wir uns bei der Betrachtung der anderen Aspekte kürzer fassen. Diese Proportion entspricht übrigens durchaus der vom Autor selbst vorgenommenen Raumverteilung. Wir wenden uns zunächst der Arbeits- und Erwerbswelt zu und folgen dabei einem dem bisher verwendeten ähnlichen Verfahren. Arbeitslosigkeit ist das Gespenst, das in ihr entsetzenerregend umgeht. Entweder man ist schon arbeitslos, dann schildert Kästner die Qualen der vergeblichen Arbeitssuche, die Erniedrigungen und Absurditäten der Sozialunterstützung und die seelischen Torturen des Versagens, zu denen außerdem noch die Mißhandlungen durch eine Gesellschaft kommen, der eben nur der Geldverdiener ein vollgültiger Mensch ist. Oder man ist angestellt, dann macht uns der Autor die Furcht vor dem Entlassenwerden und den psychologischen Zustand des Entlassenwerdenkönnens aufs beste glaubhaft. Im übrigen ist aber der *Fabian* keiner der Romane, in denen über die Hauptsache nur geredet wird und wo die Hauptgestalten bloß als ewige Müßiggänger in der Welt herumflanieren, sondern er gestattet dem Leser wenigstens einen Blick in gewisse Arbeitsbereiche. Wahrscheinlich muß man es als weise Beschränkung werten, daß Kästner sich dabei an seiner Erfahrung zugängliche Bezirke hält: die Reklameagentur, die Zeitung und die Universität. Es sei an dieser Stelle gleich gesagt, daß es sich im *Fabian* um einen stark autobiographisch gefärbten Roman handelt. Der Held ist etwa gleichen Alters mit dem schreibenden Verfasser, er entstammt dem gleichen kleinbürgerlichen Milieu, namentlich die Mütter könnten Zwillingsschwestern sein, wie der Autor lebt Fabian in Berlin, ist aber in einer Stadt aufgewachsen, die Dresden zum Verwechseln ähnlich sieht. Die Gemeinsamkeiten ließen sich erheblich vermehren. Sobald man dies festgestellt hat, muß man sich aber selbst Einhalt gebieten. Bei aller Verwandtschaft ist Jakob Fabian natürlich nicht der ganze Erich Kästner, sondern höchstens eine Projektion, etwa wie Werther nicht der ganze Goethe war, sondern nur sein mit der Welt nicht fertigwerdender Teil. Ebenso wie von Werther könnte man etwas überspitzt von Fabian sagen, daß er sterben mußte, damit sein Erfinder leben konnte.

Fabian ist mit seinem Doktor der typische überqualifizierte Akademiker einer Gesellschaft in Krisenlage, der mit seinem Beruf in keiner Weise identifiziert ist. Der Leser lernt ihn als Reklamefachmann kennen. Aber er hat auch schon einen Grünwarenladen gehabt, der Mutter in ihrem Seifenladen geholfen, sein Examen gemacht, ist an der Börse beschäftigt und beim Messeamt als Adressenschreiber angestellt gewesen. Jetzt sitzt er in der Werbeabteilung einer Rauchwarenfabrik und macht »gute Propaganda für schlechte Zigaretten«. Er muß das Ungereimte reimen und den Umsatz eines Produktes, an das er nicht glaubt, durch die Erfindung von Preisausschreiben und die Herstellung von Werbetexten steigern. Bei dieser Tätigkeit darf ihn der Leser eine Weile beobachten. Vor ihm hängt ein Plakat an der Wand, zu dem er sich einen passenden Reklameslogan einfallen lassen soll. Dem von Kästner gewählten Werbebild liegt eine symptomatische Absicht zugrunde: Neben dem Kölner Dom steht in gleicher Größe die angepriesene Zigarette. Das sakrale Monument einer alten Kultur wird auf das Niveau eines fragwürdigen Zivilisationsprodukts herabgesetzt. Diesem Sachverhalt soll Fabian nun Ausdruck verleihen. »Nichts geht über ... So groß ist ... Turmhoch über allen ... Völlig unerreichbar ...« Es ist nicht verwunderlich, daß er nicht recht weiterkommt. »Er tat seine Pflicht«, werden wir informiert, »obwohl er nicht einsah, wozu« (34). Mit diesem Satz ist sein Verhältnis zu Beruf und Arbeit treffend zusammengefaßt. Im übrigen kürzt der Verfasser seine und des Lesers Agonie erheblich ab. Um seinen Eifer anzufeuern, wird ihm zunächst mit Kündigung gedroht. Und nicht lang danach wird er hinausgeworfen, nicht etwa wegen Inkompetenz – an seiner Tüchtigkeit wird im Gegenteil niemals gezweifelt –, sondern wegen Kürzung des Werbeetats.

Zur vollen Entfaltung seiner kritisch-historischen Weltanschauung dient dem Verfasser die Zeitung, in deren Redaktion Fabian, ohne ersichtlichen Grund, mitgenommen wird. Seit der mächtigen Entwicklung des Pressewesens gegen Ende des neunzehnten Jahrhunderts ist die Zeitung vielfach Zielscheibe des literarischen Angriffs geworden, denn viele Schriftsteller erkannten bald, daß die Presse nicht nur die Zustände spiegelt, sondern auch durch mehr oder minder subtile Mittel beeinflußt. Diese Doppelrolle wird im Roman schonungslos entblößt. Charakteristischerweise beginnt schon das erste Kapitel mit der Wiedergabe der Schlagzeilen des betreffenden Abends: »Englisches Luftschiff explodiert über Beauvais, Strychnin lagert neben Linsen, Neunjähriges Mädchen aus dem Fenster gesprungen, Abermals erfolglose Ministerpräsidentenwahl, Der Mord im Lainzer Tiergarten, Skandal im Städtischen Beschaffungsamt, Die künstliche Stimme in der Westentasche, Ruhrkohlenabsatz läßt nach, Die Geschenke für Reichsbahndirektor Neumann, Elefanten auf dem Bürgersteig, Nervosität an den Kaffeemärkten, Skandal um Clara Bow, Bevorstehender Streik von 140 000 Metallarbeitern, Verbrecherdrama in Chikago, Verhandlungen in Moskau über das Holzdumping, Starhembergjäger rebellieren.« Diese Liste wird als das »tägliche Pensum. Nichts Besonderes« (11) bezeichnet. Hier enthüllt sich auch mit einemmal der tiefste Grund für die fortgesetzte

Bedeutsamkeit dieses fast ein halbes Jahrhundert alten Buches für unsere Zeit. Bis ins kleinste Detail ist es auf Ort und Zeit bezogen, Deutschland vor dem Triumph des Nationalsozialismus. Aber historisch gesehen leben wir immer noch in der gleichen Epoche und unter den gleichen Regimes: der Epoche des imperialistischen, parlamentarisch verwalteten Hochkapitalismus. *Mutatis mutandis* – und die nötigen Veränderungen sind eher geringfügiger als einschneidender Art – sind die gemeldeten Geschehnisse repräsentativ für unsere eigene Welt. Dieselbe Fratze, vielleicht ein wenig gealtert, aber gewiß nicht weniger bedrohlich, starrt uns entgegen, wenn wir unsere eigene Abendzeitung entfalten.

Diese abspiegelnde Funktion der Presse wird während Fabians nächtlichen Besuchs der Redaktion um die gängelnde vermehrt. Zynische Verantwortungslosigkeit ist die Grundhaltung der Redakteure. Aus Haufen von Meldungen greift der innerlich abgebrannte politische Redakteur wahllos einige zur Veröffentlichung heraus, der Rest wandert in den Papierkorb; die Rede des Reichskanzlers wird bis zur Entstellung verstümmelt; die Suche nach einer Überschrift wird zum Gesellschaftsspiel; Publikumsanfragen werden mit falschen, die eigene Ignoranz kaum verbergenden Informationen beantwortet: In diesen nebensächlichen Details wird der Mißbrauch des in die Zeitung gesetzten öffentlichen Vertrauens vielleicht am handgreiflichsten. Wo wegen unmäßiger Streichungen freie Stellen im Text entstanden, werden absurde, aber in ihrer Absurdität eben vom Rest keineswegs abstechende Nachrichten eingefügt, nach der Maxime: »Meldungen, deren Unwahrheit nicht oder erst nach Wochen festgestellt werden kann, sind wahr« (26). Diese Unzuverlässigkeit, ja Verderbtheit wird freilich nicht den Journalisten allein zur Last gelegt, sie soll die allgemeine Zweck- und Ziellosigkeit abspiegeln. Die Männer von der Zeitung wissen, daß »das System« falsch ist, aber sie lügen aus Gewohnheit, Feigheit, Impotenz und nicht zuletzt aus Furcht vor Arbeitslosigkeit weiter.

Die Schilderung der ökonomischen Mißstände als letzte Ursache aller gesellschaftlichen Übel wird dem Redakteur des Wirtschaftsteils übertragen. In einer unübertrefflich gemachten Szene verzweifelter Trunkenheit läßt Kästner ihn ein Weltbild entwerfen, das sicherlich mit seinem eigenen übereinstimmt. *In vino veritas.* Einige Kernsätze aus dieser weinseligen Philippika reichen aus. Die Botschaft ist deutlich genug: »Der Staat unterstützt den unrentablen Großbesitz. Der Staat unterstützt die Schwerindustrie. Sie liefert ihre Produkte zu Verlustpreisen ins Ausland, aber sie verkauft sie innerhalb unserer Grenzen über dem Niveau des Weltmarktes. [...] der Fabrikant drückt die Löhne; der Staat beschleunigt den Schwund der Massenkaufkraft durch Steuern, die er den Besitzenden nicht aufzubürden wagt; das Kapital flieht ohnedies milliardenweise über die Grenzen. [...] In Amerika verbrennt man Getreide und Kaffee, weil sie sonst zu billig würden. In Frankreich jammern die Weinbauern, daß die Ernte zu gut gerät. [...] Zu viel Getreide, und andere haben nichts zu fressen!« (30). Dieser Ausschnitt muß genügen; er genügt in der Tat. Ob der Wahnsinn, der sich darin offenbart, tatsächlich Methode hat, wie der Sprecher meint, bleibe dahingestellt. Daß dieser Wahnsinn die pure, ungeschminkte Wahrheit der Weltwirtschaft zwischen den beiden Kriegen war (ja bis heute größtenteils geblieben ist), wird auch dem klar, der nicht über die profundesten Geschichtskenntnisse verfügt. Dies ist der Felsengrund der Realität, auf den alle Geschehnisse des Romans und somit auch die Geschichte des Moralisten Fabian reduzierbar sind.

Die moralische Diagnose des Wirtschaftsredakteurs ist auch die »Doktor« Kästners: Die Menschheit geht »an der seelischen Bequemlichkeit [...] an der Trägheit unserer Herzen zugrunde« (31). Die negative Therapie jedoch, die von der Erklärung ausgeht, »Die Gegenwartskrise ohne eine vorherige Erneuerung des Geistes ökonomisch lösen zu wollen, ist Quacksalberei«, (31) wird, wie sich noch zeigen wird, zur Zentralproblematik des Buches.

Ein satirisches Streiflicht fällt auch auf die Universität. Die Frage, ob philologische Untersuchungen, das Herumkramen eines erwachsenen Menschen in den Mülleimern der Vergangenheit, im zwanzigsten Jahrhundert sinnvoll ist, wird aufgeworfen. Fabian, nach seiner Dissertation befragt, macht sich über die weltfremden auf Akademien behandelten Themen lustig. Zu ihnen gehört die weltumwälzende Frage, ob Heinrich von Kleist gestottert, und der auf Stiluntersuchungen beruhende Nachweis, daß Hans Sachs Plattfüße gehabt hat (35). Der das Zeitalter auszeichnende Schwindelgeist, der Selbstverrat des Geistes an die Materie, hat natürlich längst auch seinen Einzug in die Universität gehalten. Es wird die Szene beschrieben, wie in der Staatsbibliothek ein Professor festgenommen wird, ein Sinologe, der seit einem Jahr seltene Drucke und Bilder der Bibliothek gestohlen und verkauft hat. »Jetzt räubern schon die Philologen« (41), lautet der Kommentar. Diesem Buch verdankt man auch das Porträt eines Typus, dessen volle Entwicklung einer späteren Epoche vorbehalten war, des Großprofessors. Es ist der Geheimrat, »ein Mann von altväterlicher Eleganz« (161), der indirekt den Tod von Fabians Freund Labude verschuldet. Von Konferenz zu Konferenz eilend – im kritischen Augenblick nimmt er gerade an einer Tagung der Shakespeare-Gesellschaft teil (155) –, mit Promotionen, Prüfungen, Vorlesungen, Seminaren und Senatssitzungen beschäftigt (41), findet er jahrelang die Zeit nicht, um Stephan Labudes Habilitationsschrift zu lesen. An dieser vergeblichen Wartefrist scheitert nicht nur das Verlöbnis des Kandidaten, sondern schließlich seine ganze Existenz. Vor der Konfrontation mit dem Freund und den Eltern des Selbstmörders wäscht sich der Geheimrat zunächst die Hände, mit einer in der Literatur von der Bibel bis zu Hochhuths *Stellvertreter* symbolischen Geste heuchlerisch beteuerter Unschuld. Es ist richtig, er hat Labudes Abhandlung schließlich doch noch gelesen und sie als reifste literarische Leistung der letzten Jahre, als einen unschätzbaren Beitrag zur modernen Erforschung der Aufklärung (162) erkannt. Aber sein langes Hinauszögern dieser Lektüre, seine ewigen Abwesenheiten ermöglichten es einem neidischen Assistenten, die Rache des Talentlosen am Begabten auszuüben, indem er dem Kandidaten berichtet, seine Arbeit, an der alles hing, sei eine Blamage und als völlig ungenügend abgelehnt worden. Dieses böswillig von einem »Subalternbeamten des

Mittelhochdeutschen« fabrizierte Mißverständnis scheint der ganzen Affäre einen völlig privaten Anstrich zu geben. Aber wir sind mit Kästners Technik bereits vertraut und erkennen den Verkettungscharakter der Episode. »Die Trägheit des Herzens« ist längst in den akademischen Bereich eingedrungen, die allgemeine Korruption hat auch vor der Pflegestätte des Geistes nicht haltgemacht. Was wie das moralische Versagen eines einzelnen aussieht, ist in Wirklichkeit die vielverzweigte Fäulnis der Gesamtheit.

Den politischen Ausdrucksformen der sozio-ökonomischen Basis widmet Kästner wenig Raum. Zumal mit den extremen Parteien ist er schnell fertig. Der Wirtschaftsexperte, den wir schon in anderem Zusammenhang gehört haben, bewährt auch auf diesem Gebiet seine Fähigkeit der synthetischen Kurzdiagnose. Es gebe zwar zwei große Massenbewegungen, aber sie wollten »die Blutvergiftung heilen, indem sie dem Patienten mit einem Beil den Kopf« abschlügen (32). Über die Vereinfachungen dieser Richtungen macht sich Kästner in einer Szene lustig, deren grotesker Zuschnitt dem karikierenden Vorhaben des Autors in jedem Zug gerecht wird, wenn es auch darin nicht gerade um die Köpfe geht. Ein Nationalsozialist und ein Kommunist – soziologisch treffend ist der eine als etwas besser gekleideter Handlungsgehilfe, der andere als Proletarier gekennzeichnet – verletzten einander in einer nächtlichen Straßenschießerei. Sie werden von Fabian und Labude gemeinsam in ein Taxi gepackt und zum Hospital befördert. Was die Sympathie betrifft, so kommt der Kommunist zwar besser weg: Er wird nur in der Wade, sein Gegner hingegen im Gesäß verwundet. Aber daß keiner von ihnen im Besitz einer praktikablen Lösung sei, daran läßt Fabian-Kästner keinen Zweifel aufkommen: Die faschistische Partei »weiß nur, wogegen sie kämpft, und auch das weiß sie nicht genau« (53). Und wenn die Arbeiterpartei an die Macht käme, würden »die Ideale der Menschheit im Verborgenen sitzen und weiterweinen«. Immerhin wird dem Kommunisten zugestanden: »Daß ihr euer Recht wollt, ist eure Pflicht« (54). Außerdem nimmt für seine Sache die Erkenntnis ein, daß die Polizei bei solchen Zusammenstößen die Proleten einsperrt, weil sie so unverschämt waren, »sich von einem Nazi die Knochen kaputtschießen zu lassen« (51). Trotz des Schabernacks, der in der kleinen Groteske den Ton angibt, spürt der Leser den in diesen Auseinandersetzungen verborgenen Ernst.

Am detailliertesten werden jedoch Labudes politische Reformpläne behandelt. Sein Ehrgeiz ist es, Macht zu gewinnen, das Kleinbürgertum zu sammeln, das Kapital zu kontrollieren, das Proletariat einzubürgern und einen Kulturstaat aufzubauen. Er bemüht sich darum, die bürgerliche Jugend zu radikalisieren, in der Hoffnung, daß sie den kapitalistischen Ruin des Kontinents aufhalten wird. Durch gute Führung, internationale Abkommen, Kürzung des privaten Profits, Zurückschrauben von Kapitalismus und Technik auf ein vernünftiges Maß, Steigerung der sozialen Leistungen, Vertiefung der Erziehung und des Unterrichts, kurz durch das, was man heute einen Wohlfahrtsstaat nennt, will er den kapitalistischen Ruin des Kontinents aufhalten. Zu diesem Ziel sucht er eine Querverbindung der Klassen, indem

er die bürgerlichen Studenten radikalisiert und die sozialistischen für seine Ziele
gewinnt, in der Annahme, daß die Jugend noch am ehesten hemmungslosen Egoismus verabscheut und vernünftige Zustände dem Zusammenbruch vorzieht (43, 64
und 65). Mit diesen Plänen und Hoffnungen erweist sich Stephan Labude ebenso
als Abbild Kästners wie Fabian. Und es ist bezeichnend, daß Fabian keine politischen Einwände gegen sie vorbringt, sondern solche des Temperaments. »Was nützt
das göttlichste System«, fragt er, »solange der Mensch ein Schwein ist?« (66). Und
mit deutlichem Anklang an eine Büchnersche Formulierung[4] sagt er voraus: »Noch
in deinem Paradies werden sie sich die Fresse vollhauen!« (44). Stephan Labude
geht von der Voraussetzung aus, daß Vernunft durch Macht zur Geltung kommen
kann; für Jakob Fabian sind Vernunft und Macht Antinomien.

Damit sind wir aber bereits weit in die zwischen den beiden Hauptfiguren sich ab-
spielende Dialektik vorgedrungen. Es ist nun an der Zeit, sich zu fragen, wie sie
sich, namentlich Fabian, aus dessen Bewußtsein heraus sie geschildert ist, in die
Welt des Romans fügen bzw. die letzte, lebensnotwendige Anpassung verweigern.
Fabian und Labude sind Gegensätze, die aber gleichzeitig auch miteinander identisch sind. Vielleicht kann man sie am besten begreifen, wenn man in ihnen die dia-
logische Verkörperung von Kästners innerem Monolog erblickt. Für das Verständnis der Handlung ist es wohl noch aufschlußreicher, wenn man sie nach der Manier
allegorischer Romane als Personifizierungen gewisser Prinzipien erklärt. Demnach
wäre Labude die Versinnlichung der *vita activa*, Fabian der *vita contemplativa*.
Beide suchen das gleiche Ziel, ein säkularisiertes, niemals genauer bestimmtes
»Heil«, das man wohl am besten mit »der gerechten Gesellschaft« gleichsetzt, aber
sie suchen es auf verschiedenen psychologischen Wegen. Beide sind mit der Welt,
wie sie ist, zerfallen, beide scheitern an den fundamentalen menschlichen Aufgaben.
Was Labude in seinem Abschiedsbrief von sich selber sagt: »Ich bin [. . .] ein in den
Fächern Liebe und Beruf durchgefallener Menschheitskandidat« (148), das träfe
mit ebenso gutem Recht auch auf Fabian zu. Beide sind Idealisten, aber leider in
einer Welt, wo »nur die Kinder [. . .] für Ideale reif« (148) sind. Und an dieser Unzulänglichkeit, sei sie nun mehr ihre eigene oder die der Welt, gehen alle beide zugrunde. Wenn allerdings ein Autor seinen Optimisten scheitern läßt, der gemeint
hat, es besser machen zu können, so hat das einen noch größeren Aussagewert als
der Untergang des Pessimisten, der ohnehin nie an seiner Niederlage gezweifelt
hat. Fabian weiß das nur zu genau: »Wer ein Optimist ist, soll verzweifeln. Ich
bin ein Melancholiker, mir kann nicht viel passieren« (81).

Hier werden schließlich auch die Unterschiede zwischen diesen Weimaranischen
Dioskuren sichtbar. Labude ist ehrgeizig, er hat Ziele. Er hat, im Gegensatz zu
Fabian, eine langjährige Braut, mit dem durchaus konventionellen Vorsatz, sie zu
heiraten, eine Familie zu gründen, Kinder aufzuziehen. Er ist auch politisch tätig,
er möchte in der Universität Fuß fassen. Fabian, der dieselbe Ausbildung genossen
hat, glaubt nicht an die Möglichkeit, die Gesellschaft zu verbessern, ohne erst die
Menschen zu zivilisieren (in diesem Punkt stimmt er mit dem Wirtschaftsredakteur

überein). Sein Motto ist: »Ich sehe zu und warte. Ich warte auf den Sieg der Anständigkeit« (81). Zeitweilig ist er angestellt, einen wirklichen Beruf hat er nicht. »Wenn ich hier fliege, such ich mir einen neuen Beruf. Auf einen mehr oder weniger kommt es mir nicht mehr an« (35). Das könnte natürlich etwas mit der unterschiedlichen Finanzlage der beiden Freunde zu tun haben. In einem Gedicht – Kästners Lyrik ist ein laufender Kommentar zu unserem Roman, oder, wie ein Parodist boshaft gesagt hat, der *Fabian* bestehe »fast nur aus zu Prosa gewalzten Kästnergedichten«[5] – heißt es: »Wer Geld besitzt, braucht keines zu verdienen.«[6] Labude, als Sohn eines reichen Justizrats, gehört zu den oberen Schichten. Durch diese Abstammung ergänzt er das Kleinbürgertum Fabians. Fabian selbst nennt sich so: »Ich bin ein Kleinbürger, das ist heute ein großes Schimpfwort« (54). Man könnte jetzt die Milieus, in denen die Freunde zu Hause sind, Zug um Zug miteinander kontrastieren, die Villa der Eltern im Grunewald mit der Untermiete Fabians, die Wohlhabenheit des einen mit der Geldknappheit des anderen. Dabei darf man aber auch Faktoren nicht übersehen, welche die Waagschale wieder zur anderen Seite neigen lassen. Labudes Eltern leben getrennt, die Mutter als halbe Neurasthenikerin in einem fernen Haus bei Lugano, der Vater als flotter Lebemann, seine Zeit zwischen lukrativer Verteidigerpraxis und einer endlosen Sukzession von kleinen Schauspielerinnen teilend. Um den Sohn kümmert sich weder die eine noch der andere. Fabians Eltern leben in herkömmlicher, vom allgemeinen Substanzschwund noch nicht angekränkelter Ehe, zwischen Mutter und Sohn herrscht dasselbe vertrauensvolle Verhältnis, das der Kästner-Liebhaber aus seiner Autobiographie und der Gestalt der Frau Grosshennig kennt. Aber man sollte diese Unterschiede zwischen den Milieus, die auch durch die Freundschaft der beiden ausgeglichen werden, nicht auf die Spitze treiben. Zusammen repräsentieren sie nämlich jene breite anonyme Gesamtheit des Bürgertums, in dessen Namen Kästner sprechen möchte. Es handelt sich wieder einmal um einen sorgfältig geübten Akt des gesellschaftlichen Ausbalancierens, der für ihn so charakteristisch ist.

Letzten Endes ist auch Labude nur eine wichtige Nebenfigur. Nach seinem freiwilligen Ausscheiden bleibt Fabian, die Hauptgestalt, allein, verlassen von Freund und Freundin, in der Welt zurück. Die Welt haben wir zur Genüge kennengelernt, und seine Wesensart kann man sich aus dem bisher Erarbeiteten zum Teil auch schon rekonstruieren. Wir sind nicht mehr überrascht, wenn wir in ihm den modernen Mann ohne Eigenschaften wiedererkennen, denn Eigenschaften in einer zerfallenden Kultur bereiten nur Schmerz. Mit jeder von ihnen klammert sich ihr Besitzer an einen Teil des Weltbaus, und wenn dieser wankt oder gar auseinanderbricht, dann droht auch der Persönlichkeit das Auseinandergerissenwerden. Passivität ist Lebensschutz, darum ist Fabian ein Zögerer – wohl absichtlich klingt sein Name an Fabius Cunctator an, den römischen Feldherrn, der allen Schlachten auswich –, ein in äußerster Anomie Lebender, der wie sein großer Vorgänger Malte Laurids Brigge die Großstadt als moderne Hölle erlebt. Nicht nur das Paradox des passionierten Zusehens teilt er mit dem Dänen, sondern nicht minder die dünne, durch gespielte Zynik ungenügend geschützte Haut. Sätze wie »Ihm war, als führen die Straßenbahnen und Autobusse mitten durch seinen Magen« (128), standen schon, höchstens ein wenig vornehmer formuliert, in dem ein Vierteljahrhundert vorher entstandenen Roman Rilkes;[7] nur daß Fabian ein demokratischer Malte und die Großstadt, »dieses hoffnungslose, unbarmherzige Labyrinth« (128), von dem ihm schwindlig wird wie seinem Pariser Vorgänger, Berlin ist. Berlin, dieses Sündenbabel, Sodom und Gomorrha in einem, ist die Quintessenz des Bösen. Es gibt in dieser Stadt auch Mondschein und Blumenduft, Stille und einen kleinstädtischen Kuß im Torbogen (80), aber das sind Illusionen. Wahr ist vielmehr ein ganz anderer Tatbestand: »Im Osten residiert das Verbrechen, im Zentrum die Gaunerei, im Norden das Elend, im Westen die Unzucht, und in allen Himmelsrichtungen wohnt der Untergang« (81). Das sind übertrieben synthetische, aber auf unbestechlich exakten, demographischen Beobachtungen beruhende Kondensationen. Daß Kästner vor allem diesen bevorstehenden Untergang im Sinne hatte, als er den Roman schrieb, geht schon aus dem Titel hervor, den er ihm gab, den aber der Verleger nicht akzeptierte: »Der Gang vor die Hunde«. Im Text von 1931 stehen auch apokalyptische Sätze wie dieser: »[...] nächstens wird ein gigantischer Kampf einsetzen, erst um die Butter aufs Brot, und später ums Plüschsofa; die einen wollen es behalten, die anderen wollen es erobern, [...] und sie werden schließlich das Sofa zerhacken, damit es keiner kriegt« (153).

Was Fabian zu diesen Erkenntnissen befähigt, ist freilich nicht die Realität Berlins allein. Dieselben Mächte, die das komplexe Geflecht der modernen Großstadt erzeugt haben, waren auch in der Psyche des neuzeitlichen Menschen Fabian am Werke, wo sie die seelischen und weltanschaulichen Entsprechungen zur sozio-ökonomischen Außenwirklichkeit herausgebildet haben. Er selbst erkennt diese geheime Zusammengehörigkeit, wenn er erklärt, er sei nicht »unglücklicher als unsere Zeit«. Glücklicher könne er nicht gemacht werden, selbst nicht durch »einen Direktorenposten, eine Million Dollar oder eine anständige Frau« (49). »Ich treibe mich herum«, erklärt er seinem Freund, »wie damals im Krieg, als wir wußten: Nun werden wir eingezogen. [...] Wir schrieben Aufsätze und Diktate, wir lernten scheinbar, und es war gleichgültig, ob wir es taten oder unterließen. Wir sollten ja in den Krieg. [...] Die nächste Zukunft hatte den Entschluß gefaßt, mich zu Blutwurst zu verarbeiten. Was sollte ich bis dahin tun? Bücher lesen? An meinem Charakter feilen? Geld verdienen? Ich saß in einem großen Wartesaal, und der hieß Europa.« Das war das Urerlebnis, seitdem hat sich im Grunde nicht viel geändert, obgleich mehr als zehn Jahre vergangen sind. »Und jetzt sitzen wir wieder im Wartesaal, und [...] wieder wissen wir nicht, was geschehen wird. Wir leben provisorisch, die Krise nimmt kein Ende!« (50).

Daher kommt Fabians Desorientierung. So, wie er damals nicht wußte, »wohin der Zug fuhr«, auf den seine Generation im Wartesaal harrte, so treffen wir ihn am Anfang des Romans in einem Zustand totaler Ratlosigkeit an, von dem das Gespräch mit einem Kellner, dem ersten des Buches, einen Vorgeschmack geben soll:

»›Antworten Sie mir auf eine Frage.‹
›Bitteschön.‹
›Soll ich hingehen oder nicht?‹
›Wohin meinen der Herr?‹
›Sie sollen nicht fragen. Sie sollen antworten. Soll ich hingehen oder nicht?‹
Der Kellner kratzte sich unsichtbar hinter den Ohren. Dann [...] meinte [er] verlegen: ›Das beste wird sein, Sie gehen nicht hin. Sicher ist sicher, mein Herr.‹
Fabian nickte. ›Gut. Ich werde hingehen. Zahlen.‹
›Aber ich habe Ihnen doch abgeraten!‹
›Deshalb geh ich ja hin! Bitte zahlen.‹
›Wenn ich zugeraten hätte, wären Sie nicht gegangen?‹
›Dann auch. Bitte zahlen!‹
›Das versteh ich nicht‹, erklärte der Kellner ärgerlich. ›Warum haben Sie mich dann überhaupt gefragt?‹
›Wenn ich das wüßte‹, antwortete Fabian« (11 f.).
An dieser Wurstigkeit ändert sich nichts mehr. Im Grunde ist der *Fabian* insofern ein analytischer Roman, als er nur dem Zweck dient, diesen schon zu Beginn unmißverständlich gekennzeichneten seelischen Zustand glaubhaft zu begründen. Schon im ersten Kapitel ist das Ende in Sicht: »Da stieß jemand heftig gegen Fabians Stiefelabsatz. Er drehte sich mißbilligend um. Es war die Straßenbahn gewesen. Der Schaffner fluchte« (13). Fabian bekommt zehn Tage Aufschub, während welcher sich das Romangeschehen abspinnt. Tatsache ist, daß er bereits, ehe es einsetzt, die für den Ausgang charakteristische und durch nichts mehr gutzumachende Gleichgültigkeit dem Tode wie dem Leben gegenüber zur Schau trägt, denn »nichts hat Sinn« (43) für diesen Zuschauer und verzweifelten Zaunsteher des Lebens, diesen Chirurgen der eigenen Seele (17). Es wird seiner Mutter überlassen, die Erkenntnis auszusprechen, daß Fabians Anomie tiefere Ursachen hat als den Verlust des Jobs, der Geliebten und des Freundes. »Der Junge hat einen Knacks weggekommen, ich kann mir nicht helfen. Und das hat nichts mit Labude zu tun, und nichts mit der Filmschauspielerin. Er glaubt nicht an Gott, es muß damit zusammenhängen. Ihm fehlt der ruhende Punkt« (172). Es ist das einzige Mal im Roman, daß eine außerhalb der empirischen Immanenz liegende Sphäre berührt wird.
Das Berlin-Erlebnis wird in einem großen apokalyptischen Traum noch einmal in völlig durchsichtiger Symbolik zusammengefaßt. Wenn der Roman einen Fehler hat, so ist es seine übergroße Deutlichkeit, die Tendenz, alle Grundmotive in vielfachen Wiederholungen stets von neuem zu variieren und allzu wenig der Imagination zu überlassen. Und so werden die großen Themen in der gesteigerten Traumwirklichkeit (14. Kapitel) noch einmal vor den Augen des Lesers vorübergeführt, diesmal in einprägsam surrealistischen Bildern: Fabian ist durch eine richtige Glaswand von der Menschheit getrennt, Frauen werden mit Hilfe von Geldangeln geködert, durch die einander widerstrebenden Mächte Geschlechtstrieb und Geldgier zerrissen, auf einer Treppe bilden die Zeitgenossen eine unendliche Reihe, so daß

ein jeder seinen Vordermann bestehlen kann, während ihm seinerseits der Hinter-
mann in den Taschen kramt. Das Ganze gipfelt in einer an eine Szene aus Hesses
Magischem Theater im *Steppenwolf* erinnernden Schießerei. Aber der Handel geht
weiter: zum Schluß werden noch die Kriegsleichen versteigert.

Nach dem Scheitern in der modernen Welt, der für die Neuzeit repräsentativen
Millionenstadt, bleibt Fabian nur noch ein letztes, sein Schicksal besiegelndes Erlebnis vorbehalten: die Flucht in Mutters Schoß, in die kleinere Stadt, wo er aufgewachsen ist. Diese Umkehr kommt zu spät, als daß sie ihm zum Heile gereichen
könnte. Zwar sind die Mädchen hier »nicht so verrückt« (178), alles ist kleiner,
ruhiger, nicht so überspannt, und sogar die Bordelle sind anheimelnd altmodisch.
Aber alles das, so besänftigend es auf die aufgepeitschten Nerven wirken mag, ist
nicht wirklich, gehört einer vergangenen Menschheitsstufe an: »Alles war hier wunderbar und ehemalig« (179)! Wurde Berlin wegen seiner Hektik mit einem Irrenhaus verglichen, so erscheinen Leben und Kultur dieser unschwer als Dresden erkennbaren Stadt als überholt. »Hier hatte Deutschland kein Fieber. Hier hatte es
Untertemperatur« (183). Bei einer rechtsstehenden Zeitung könnte Fabian halb als
Mitarbeiter am Feuilleton, halb als Werbeagent für RM 200 im Monat unterkom-
men. Er nennt es aber bei sich »unterkriechen« und müßte sein Gewissen betrügen,
um so zu handeln. Vielleicht gilt, was die Mutter sagt, tatsächlich für frühere Zeiten, wo Geldverdienen und Heiraten und Kinderkriegen noch ausreichende Lebens-
ziele waren (178). Fabian hat kein Ziel mehr, er ist ausgebrannt, seine Geschichte
ist zu Ende. Und so muß sich der Romancier seiner entledigen.

Es ist keineswegs so, daß aus seiner Welt die Güte verschwunden ist, die in Kästners
Kindergeschichten die Hauptsache der *condition humaine* ausmacht. Auch in diesem
Buch lebt sie als unverwüstliches Erbstück der menschlichen Natur fort, auch hier
ist – um ein letztes Mal mit Rilke zu reden[8] – das Dasein noch an hundert Stellen
verzaubert. Die Liebe, die Fabian mit seiner Mutter verbindet, das Mitleid, das er
für Bettler und Obdachlose aufbringt, die drollige Herzlichkeit in seiner Beziehung
zum ausgestoßenen Erfinder, die zarte Ritterlichkeit, mit der er sich des armen
kleinen Mädchens annimmt, das im Warenhaus zum Geburtstag seines Vaters einen
billigen Aschenbecher gestohlen hat, die innige, auf völlige Gegenseitigkeit abge-
stimmte Freundschaft mit Labude und schließlich die »sachliche« und dennoch rüh-
rende Romanze mit Cornelia, der ganze persönliche und soziale Eros Fabians zeigt
eine auf der Ebene der Innerlichkeit noch intakte Seelenkultur. Selbst in Berlin
nehmen die Sinne Vorgärten wahr, die duften, und Mondlicht, das romantisch flim-
mert. Mehrfach wird sogar versichert, wie schön das Leben sei (91, 95 und 99). Vor
dem finsteren Hintergrund gesellschaftlicher Verderbnis leuchten diese Manifestationen des menschlichen Herzens vorübergehend und effektlos, aber bedeutsam
sehnsuchtsvoll auf. Leben und endliches Versagen Fabians sind also die Folge einer
Begegnung zwischen ihm und seiner Umwelt. Sein Charakter in Wechselwirkung
mit der sozialen Beschaffenheit wird ihm zum Schicksal. Er ist klug, warmherzig,
talentiert und menschenfreundlich. Warum kann er sich mit diesen Eigenschaften in

der Welt nicht einrichten? Ein anderer Akademiker, der Mann mit den Schmissen, der Fabian fälschlicherweise für einen Schulkameraden hält (60), hat es unter ähnlichen Bedingungen geschafft: Er wohnt in einem Zweifamilienhaus mit Garten, lebt, nicht ganz ohne Bargeld, in glücklicher Ehe, erzeugt Badewannen und Kinder – aber er ist kein Moralist, d. h. jemand, bei dem Vernunft und Anständigkeit eine Einheit bilden. Fabian will nicht glücklich werden, ehe das unerreichbare Ziel verwirklicht ist und die Menschen anständig und vernünftig geworden sind. Nach Labudes Tod setzt er sich zum letztenmal mit den Ideen des Freundes auseinander. Labude hatte das System vernünftig gestalten wollen und gemeint, die Menschen würden sich dann von selbst anpassen. Fabian hatte das für unmöglich gehalten, jetzt kommen ihm Zweifel. Vielleicht war es doch nicht nötig, auf die sittliche Hebung der Menschheit zu warten. Vielleicht war das Ziel der Moralisten, wie Fabian einer war, tatsächlich durch wirtschaftliche Maßnahmen zu erreichen? War die Frage der Weltordnung nichts weiter als eine Frage der Geschäftsordnung? Dies ist das zentrale Dilemma der Weltanschauung Erich Kästners und, wie man hinzufügen darf, nicht nur der seinen.

Fabian, sich selbst treu, bleibt bei seiner ursprünglichen Auffassung. In einem bis an die Grenze der Selbsteinsicht gehenden Gedankengang muß er sich eingestehen, daß sein innigster Wunsch nicht der Besserung der Zustände, sondern der Menschen gilt. Was war schon damit erreicht, wenn jeder Mensch pro Tag zehn Hühner im Topf hatte, »ein Wasserklosett mit Lautsprecher« und »sieben Automobile, für jeden Tag der Woche eins«? Würde der Mensch gut, »wenn es ihm gut ginge? Dann mußten ja die Beherrscher der Ölfelder und der Kohlengruben wahre Engel sein! [...] War das Elysium, mit zwanzigtausend Mark Durchschnittseinkommen pro Barbaren, ein menschenwürdiger Abschluß?« (167). Und so bleibt Fabian dabei, daß das Leben erst einen Sinn haben müsse, ehe er sich für irgend etwas einsetzen könne. Mit dieser Entscheidung tritt er, bei allem Abscheu vor den herrschenden Zuständen, wissentlich oder unbewußt, effektiv für den Status quo ein. An dieser Stelle zeigt sich, sofern das gleiche für Kästner gilt, der pessimistische Konservatismus des Autors. »Vernunft könne man nur einer beschränkten Zahl von Menschen beibringen, und die sei schon vernünftig« (125): Dieser Satz, der Eckstein in Fabians philosophischem Weltbau, bedeutet die endgültige Absage an jeglichen Fortschritt; und so könnte man jene Zeichnung von Daumier, die Fabian bereits im dritten Kapitel kommentiert, zum Emblem seiner ganzen defaitistischen Gesellschaftsauffassung erheben: »Was war das für eine komische Kugel, ob sie sich nun drehte oder nicht! Er mußte an eine Zeichnung von Daumier denken, die ›Der Fortschritt‹ hieß. Daumier hatte auf dem Blatt Schnecken dargestellt, die hintereinander herkrochen, das war das Tempo der menschlichen Entwicklung. Aber die Schnecken krochen im Kreise! Und das war das Schlimmste« (33).

Fabians berühmtes Ende – er springt in den Fluß, um einen ins Wasser gefallenen Knaben zu retten. Der Knabe schwimmt ans Ufer, Fabian, der nicht schwimmen kann, ertrinkt – spiegelt das Wesen seines Moralismus. Der Verpflichtung treu, in jedem gegebenen Fall das Rechte zu tun, büßt er sein Leben ein. Damit wird die Moralität zur reinen Abstraktion verurteilt und ad absurdum geführt. Moralisch ist die an den einzelnen gerichtete Forderung, gerecht auf das Allgemeine zu reagieren. Moral ist Sache des Individuums. Wenn aber das Leben unter der Fuchtel nicht-individueller Gewalten steht, dann gerät die vernünftige Moral mit der Unvernunft der Notwendigkeiten in Konflikt. Fabians Tod beweist, daß moralisch handeln in einer von unpersönlichen Gesetzen regierten Welt buchstäblich zum Untergang führt.

Kästner hat uns nicht eine ganze Welt gezeigt. Was er uns vorführt, ist jener Ausschnitt, den ein entfremdeter Akademiker aus dem Kleinbürgertum zu Anfang der dreißiger Jahre wahrnehmen konnte. Vom Leben der Bauern, des konservativen kleinstädtischen oder ländlichen Bürgertums, von der immer noch wichtigen Aristokratie, dem Beamtentum usw. usw. erfahren wir so wenig wie von den Existenzbedingungen des Proletariats. Kein Blick fällt auf die Jugend, kaum einer auf das intellektuelle Leben, die Kunst. Die für die anderen Länder Europas charakteristischen Spannungen treten kaum in Erscheinung, die gesamte sogenannte unterentwickelte Welt bleibt ausgeklammert. Wenn es sich also im *Fabian* auch nur um Segmente des modernen Lebens handelt, so sind sie doch so scharf beobachtet, so ehrlich wiedergegeben und so sehr durch die menschlichen Prismen des Zorns, des Mitleids, des Humors, der Melancholie und – trotz allem – der Liebe facettiert, daß der Eindruck authentischer Wirklichkeit entsteht. Statt der ganzen sehen wir eine einheitliche Welt, eine zwar nur halbfertige Landkarte, die aber bereits die Konturen von Ländern und Kontinenten präzise genug andeutet, daß wir manche der fehlenden Gebiete auf Grund unserer eigenen, nicht minder limitierten Erfahrungen einzeichnen können.

Anmerkungen

1. *Gesammelte Schriften*. Köln 1959. Bd. 1: *Gedichte*. S. 331.
2. Alle Zitate beziehen sich auf Bd. 2, *Romane* der *Gesammelten Schriften*. Köln 1959. Die eingeklammerten arabischen Zahlen sind Seitenangaben.
3. Siehe meinen Aufsatz »Die strampelnde Seele. Erich Kästner in seiner Zeit«. In: *Die sogenannten Zwanziger Jahre*. Hrsg. von Reinhold Grimm u. Jost Hermand. Bad Homburg, Berlin u. Zürich 1970. S. 109–141.
4. Woyzeck sagt: »Unseins ist doch einmal unselig in der und der andern Welt, ich glaub' wenn wir in Himmel kämen so müßten wir donnern helfen« (Georg Büchner: *Sämtliche Werke und Briefe. Historisch-kritische Ausgabe mit Kommentar*. Hamburg o. J. Bd. 1. S. 172).
5. Robert Neumann: *Mit fremden Federn*. Berlin 1961. S. 92.
6. *Gesammelte Schriften*. Bd. 1. »Chor der Fräuleins«. S. 40.
7. »Elektrische Bahnen rasen läutend durch meine Stube. Autobusse gehen über mich hin« (*Die Aufzeichnungen des Malte Laurids Brigge*. In: R. M. R., *Sämtliche Werke*. Frankfurt a. M. 1966. 6. Bd. S. 710).
8. *Die Sonette an Orpheus*. Zweiter Teil, Sonett X: »Aber noch ist uns das Dasein verzaubert; an hundert / Stellen ist es noch Ursprung.«

Literaturhinweise

Zitierte Werke

Herz auf Taille. Leipzig 1928.
Emil und die Detektive. Berlin 1929.
Lärm im Spiegel. Leipzig 1929.
Ein Mann gibt Auskunft. Stuttgart 1930.
Fabian. Die Geschichte eines Moralisten. Stuttgart 1931.
Gesang zwischen den Stühlen. Stuttgart 1932.
Drei Männer im Schnee. Zürich 1934.
Georg und die Zwischenfälle. Zürich 1938.

Forschungsliteratur (Auswahl)

Benjamin, Walter: »Linke Melancholie«. In: *Die Gesellschaft,* 8 (Februar 1931); auch in: Hans Norbert Fügen [Hrsg.], *Wege der Literatursoziologie.* Neuwied 1968. (Soziologische Texte. Bd. 46.) S. 115–119.

Enderle, Luiselotte: *Erich Kästner in Selbstzeugnissen und Bilddokumenten.* [Hamburg] 1966. (Rowohlts Monographien. Bd. 120.)

Horst, Karl August: »Erich Kästner: Naivität und Vernunft«. In: *Merkur,* 13 (1959) Nr. 142. S. 1175–87.

Schwarz, Egon: »Die strampelnde Seele: Erich Kästner in seiner Zeit«. In: Reinhold Grimm u. Jost Hermand [Hrsg.], *Die sogenannten Zwanziger Jahre.* Bad Homburg 1970. (Schriften zur Literatur.) S. 109–141.

Wagener, Hans: *Erich Kästner.* Berlin 1973. (Köpfe des 20. Jahrhunderts.)

Winkelmann, John: *Social Criticism in the Early Works of Erich Kästner.* Columbia, Mo. 1953. (University of Missouri Studies. Bd. 25. Nr. 4.)

CORNELIUS SCHNAUBER

Hermann Kesten. Zuerst der Mensch, dann die Gesellschaft

Hermann Kesten, bekannt vor allem als Kritiker, Essayist, Biograph und Romancier, hat bisher nicht weniger als 14 Romane veröffentlicht. Der überwiegende Teil dieser Romane spielt in unserem Jahrhundert und umfaßt dabei fast kontinuierlich die gesamte Zeitspanne vom ausgehenden Wilhelminischen Reich bis zum Jahre 1972. Aber auch die in der Vergangenheit spielenden Romane *Ferdinand und Isabella* (1936), *König Philipp der Zweite* (1938) und *Um die Krone. Der Mohr von Kastilien* (1952), die in den Neuauflagen unter z. T. veränderten Titeln erschienen, berühren Probleme, die direkt in Beziehung zu entscheidenden Erfahrungen aus der Gegenwart stehen: im *Mohr von Kastilien* u. a. »das asoziale Individuum an der Spitze des Staats«, in *Ferdinand und Isabella* »die Gründer der ersten modernen Diktatur dank einem Zwangsglauben, schematische Gleichmacher« sowie in *König Philipp der Zweite* »die Verteufelung der Bürokratie, des konsequenten Bastards der messianischen Diktatur« (*Filialen*. S. 294 f.).

Es mag bezeichnend für Kestens Wahrheitsliebe sein, daß er zwar in den Romanen der Geschichte die Mächtigen selbst in den Mittelpunkt der Handlungen, der menschlichen Schwächen und der Vernichtung rückt (denn dort erscheint ja alles von vornherein in historischer Perspektive) und daß er dagegen in den Romanen der Gegenwart nur Menschen jener Schichten und Kreise in den Vordergrund stellt, die ihm selbst durch Herkunft und Bekanntschaft vertraut sein dürften. Die wirklich Mächtigen der Gegenwart werden immer nur erwähnt, dafür aber direkt bei Namen und oft mit ihrer Position.

Es ist schwer, von den elf Romanen Kestens, die in unserem Jahrhundert spielen, die einen als mehr und die anderen als weniger passend für das Problem der Zeitkritik zu betrachten; denn zeitkritisch (oder besser: zeitbezogen!) sind sie alle. Da gibt es z. B. den Roman *Ein ausschweifender Mensch* (1929), den Walter Benjamin in einer Rezension aus dem Jahre 1929 zum Anlaß nimmt, um über die »Dialektik der Freiheit« zu meditieren.[1] Da gibt es sogar eine moderne King-Lear-Geschichte, mit dem Titel *Der Gerechte* (1934), wo ein »Mann, der sein Vermögen an seine Kinder verteilt, an Unwürdige die Gerechtigkeit ausliefert und sie und sich zum Spott macht – Symbol einer Demokratie, die sich zugunsten ihrer ungeratenen Söhne und verderbten Töchter aufgab«. Da gibt es außerdem *Die Zwillinge von Nürnberg* (1947), »ein Zeitbild eines aus den Fugen gegangenen Jahrhunderts mit lauter aus den Fugen gegangenen Typen«; für viele Kestens bedeutendster und faszinierendster Roman. Außerdem gibt es noch *Die fremden Götter* (1949), diesen heiteren »Vorschlag zur gegenseitigen Duldung«, wo die »Religion des Friedens« Krieg schafft; denn »ein Gläubiger verfolgt den andern, sein guter Glauben macht ihn böse«. Außerdem gibt es *Ein Sohn des Glücks* (1955), wo ein Mensch so lange »mit seiner seelischen, moralischen, politischen und äußeren Figur spielt, bis er die eigene Identität verliert«.[2] Und schließlich gibt es auch noch *Die Abenteuer eines Moralisten* (1961), wo die Zeitumstände sowie die eigenen inneren Verwirrungen es immer wieder verhindern, daß zwei, die sich lieben, für immer zusammenkommen.

Alle diese Romane sind typisch für Kesten; und sie sind vor allem zeitbezogen. Doch mit dieser Zeitbezogenheit hat es bei Kesten seine eigene und von der Literaturkritik allzuoft übersehene oder mißverstandene Bewandtnis. Es ist deshalb unumgänglich, sich mit einigen der Kestenschen Zeitromane etwas ausführlicher zu befassen. Wir wählen dazu folgende Romane: *Josef sucht die Freiheit* (1927; spielt vor 1918), *Glückliche Menschen* (1931; spielt gegen Ende der Weimarer Republik), *Der Scharlatan* (1932; spielt gegen Ende der Weimarer Republik), *Die Kinder von Gernika* (1939; spielt während des Spanischen Bürgerkrieges), *Die Zeit der Narren* (1966; spielt nach 1945) und *Ein Mann von sechzig Jahren* (1972; spielt Anfang der siebziger Jahre).

Josef sucht die Freiheit ist – von der Handlung her gesehen – eine Familiengeschichte, aus der einige Figuren (z.B. die Hauptfigur Josef Bar sowie Onkel Roß) auch in späteren Romanen wieder auftauchen. Überhaupt liebt es Kesten, Personen früherer Romane in anderen Romanen wieder auftauchen zu lassen, nur daß nicht leicht zu erkennen ist, was sich hinter dieser Fabuliermethode in Wirklichkeit verbirgt. Soll es symbolisch gesehen werden, indem uns Kesten zeigen will, daß es immer wieder dieselben Menschen sind, die das Bild der Zeit und der Gesellschaft prägen, und daß z. B. zwischen Wilhelminischer Zeit und Weimarer Republik zumindest eine personelle Verknüpfung bestand? – Denn schließlich stellt ja auch der gesamte soziale Hintergrund im *Josef*-Roman zwar die Wilhelminische Zeit dar und trifft dennoch in vielem auch die Weimarer Republik. – Oder ist das Ganze nur Freude am Einfall, Freude an der Überraschung mit Hilfe personeller Wiedergeburten und Verknüpfungen? Denn wie so oft, gewinnt man auch hier den Eindruck, der Effekt komme bei Kesten nicht zuletzt aus dem dichterischen (und manchmal fast sadistischen) Vergnügen, mit Menschen, Schicksalen und Begebenheiten nach eigener Fabulierlust zu spielen. Doch auch damit hat es wiederum seine spezielle, in bezug auf die Zeitkritik unbedingt zu klärende Bewandtnis.

Bei allem von Kesten zugegebenem, dichterisch-freiem Spiel mit Menschen, Schicksalen und ihren Verflechtungen in konkrete Zeitfaktoren sowie bei aller Behauptung, er sei »nie ein Realist gewesen«[3], mag Kesten dennoch davon ausgehen, daß zwischen dem, was er schreibt, und der objektiven Wirklichkeit eine Art prästabilierte Harmonie zu herrschen scheint. So behauptet er z. B.: »Nicht ich, der ich diese Romane geschrieben habe, lenkte ihren Verlauf, kommentierte die Aktion und die Figuren, ihre Welt und ihr Leben, sondern meine Figuren taten es selber, kaum daß sie zu leben begannen« (*Filialen*. S. 291), und er siedelt diese Figuren, ihre Gedanken und Schicksale wie als Beweis ihrer Übereinstimmung mit der Realität so an, daß sie uns trotz Übertreibungen, trotz Groteskem und trotz Parodie immer noch irgendwie real erscheinen und sich auch zeitlich und räumlich im konkret Gegebenen und konkret Möglichen bewegen. Ein Oskar Matzerath oder eine Matzerath-Perspektive bleibt für Kesten ausgeschlossen, auch wenn sich gerade das letztere im *Josef*-Roman mit seinem Einfall, die Welt aus einer Matratzennische zu beobachten, direkt anböte. Außerdem sind für Kesten Ironie, Parodie und »die angeblichen Übertreibungen«, die genaugenommen nicht nur zur »zweiten«, sondern auch zur »vierten«, zu der nur Kesten »eigentümlichen« »Ebene« gehören, nicht nur ein »vielfaches Spiel« des Subjektiven. Im Gegenteil, gerade auf dieser Ebene, wo u. a. auch die »psychologischen Gesetze« aufgehoben sind und die allein dem »Wahrheitsmythus« (*Filialen*. S. 287) dient, scheint erst die eigentliche Übereinstimmung mit der Wirklichkeit zu existieren. Denn so heißt es bei Kesten: »Das Unwahrscheinliche, scheinbar Irreale, das Groteske, die angeblichen Übertreibungen sind in der Tat die wahren Charakteristika der Natur [...]. Die übertreibenden Satiriker, die phantastischen Parodisten, sie sind die echten Naturalisten und Realisten, sie schildern die wahre Welt, die eigentliche Menschheit, jene schillernde Ausgeburt einer göttlichen Phantasie, einer tragikomischen Laune eines witzigen Demiurgen.«[4]

Wer demnach in Kestens Figuren und in dessen z. T. kuriosen Zeitbezügen zu viel Übertreibungen, Unwahrscheinlichkeiten oder zu viel Sprunghaftes, Parodistisches sieht, muß davon ausgehen, daß Kesten trotzdem meint, daß er mit seiner Gestaltungsweise und besonders mit seiner »vierten« Ebene nicht etwa bloß ein Spiel des Subjektiven treibt, sondern daß z. B. das »Unwahrscheinliche, scheinbar Irreale, das Groteske« usw. in der Wirklichkeit selbst existieren. Kesten bleibt nicht zuletzt mit seiner »vierten« Ebene der Neuen Sachlichkeit verpflichtet.

Kehren wir jetzt zurück zu Kestens Roman *Josef sucht die Freiheit*. Es ist die Geschichte eines Dreizehnjährigen, der hofft, durch Wahrheit die Freiheit zu finden. Er versteckt sich deshalb an seinem 13. Geburtstag in einer Matratzennische, um von dort aus unbemerkt das Treiben von Mutter, Schwestern und Onkel zu beobachten; denn mit allen diesen lebt er in demselben Raum zur Untermiete. Was er sieht und entdeckt, ist enttäuschend. Am Ende flüchtet er zu seinem Vater, der getrennt von der Familie lebt, und gibt sich der Illusion hin, daß er jetzt frei sei.

Ohne Zweifel kann man schon an Kestens Erstlingsroman fast alle jene Merkmale in bezug auf Zeitkritik, Menschenbild und Gestaltungsweise feststellen, die wir dann auch in fast allen folgenden Romanen wiederfinden; nur erscheinen sie dort ausgeprägter und schwerpunktmäßig – je nach Stoff – variiert. Da es aber anscheinend immer wieder schwer ist, Kestens Zeitkritik und Gestaltungsweise richtig zu verstehen, ohne sich vorher mit gewissen Kestenschen Gestaltungs*eigenheiten* befaßt zu haben, erscheint es angebracht, schon jetzt auf diese Eigenheiten einzugehen.

1. Kesten kritisiert zwar durch Ironie, Satire und Parodie soziale Mißstände, Gesellschaft und Ideologien und gibt uns darin oft einzigartige Beispiele von Anklage, Bildhaftigkeit und Scharfsinn, aber die eigentliche Unvernunft und Widersprüch-

lichkeit, die uns immer wieder aufgedeckt wird, liegt im Menschen selbst. So beginnt zwar der Roman *Josef sucht die Freiheit* mit einer zunächst fast naturalistisch wirkenden Schilderung der ärmlichen Lebensumstände in dem einzigen Wohn- und Schlafzimmer der Familie Bar-Roß, doch sehr bald sind es die Familienmitglieder, Schulkameraden und Wohnungsnachbarn selbst, die mit ihren keineswegs nur sozial oder ökonomisch bedingten Verhaltensweisen in den Mittelpunkt rücken. Denn so erleben wir in den Personen, die uns vorgeführt werden, Egoismus, Lüsternheit, sexuelle Hörigkeit, den Versuch echter Liebe, moralische Scheinheiligkeit, Feigheit usw. als dermaßen stark in den Vordergrund gestellt, daß das Aufbegehren gegen gesellschaftliche und ökonomische Zwänge, wie z. B. in Josefs Ideen über die Freiheit, keineswegs mehr den eigentlichen Schwerpunkt ausmacht. Dennoch wäre der Roman ohne das Hineinspielen dieser gesellschaftlichen und ökonomischen Zwänge völlig undenkbar, denn diese sind für das menschliche Verhalten Hintergrund, Zwischenspiele und Kompaß.

2. Der Mensch steht bei Kesten ständig im Gegensatz zu seinen eigenen Wünschen, Vorsätzen, Idealen und Überzeugungen. Dieses Merkmal ist zwar in einigen der späteren Romane Kestens wesentlich stärker ausgeprägt, findet aber auch schon im *Josef*-Roman deutliche Ansätze. Hierzu gehört z. B. das Verhalten von Josefs Vater, der als überzeugter Parteisozialist und Marxist »sein Leben hindurch den Gott im Busen, das Gewissen im Hirn, die Prinzipien im Herzen, die Maßlosigkeit falscher Konsequenz im Mund und sein Geld in offenen Händen« (32) trug und damit erst Unternehmer, dann Bankrotteur wurde und auf die Frage seines Sohnes, warum er ihn nicht Proletarier werden lasse, antwortet: »Weil ich dein Bestes will, [. . .] weil ich dich liebe!« (55).

In den späteren Romanen sind derartige Widersprüche wie in diesem Fall z. B. zwischen Ideal und Lebenspraxis wesentlich häufiger und oft auch lakonischer dargestellt, wobei diese Widersprüche meistens nur im Menschen selbst liegen und nicht, wie in dem angeführten Beispiel, noch irgendwie mit den sozialen Gegebenheiten motiviert werden könnten.

3. Eng verknüpft mit dem in Punkt 2 aufgeworfenen Menschenbild steht Kestens häufig verwendetes Gestaltungsmittel sarkastischer und lakonischer Umkehrungen, um zu zeigen, wie die Natur des Menschen und die übrige Wirklichkeit Ansprüche, Absichten und Ideale des Menschen (und gelegentlich sogar einer ganzen Gesellschaft) nicht nur negiert, sondern letzten Endes sogar parodiert. Doch auch dieses Gestaltungsmittel finden wir wesentlich ausgeprägter in einigen späteren Romanen (so z. B. im *Scharlatan*), so daß wir im *Josef*-Roman ebenfalls nur – wenn auch bedeutende – Ansätze finden. Ein Beispiel hierzu wäre die Stelle, wenn Josef aus seiner Matratzennische den Geschlechtsakt seiner Mutter mit einem ihm fremden Geldherrn beobachtet. Denn es heißt dann: »Josef glaubte, er sterbe. Er starb nicht. Josef glaubte, er erblinde. Er erblindete nicht. Josef glaubte, er werde vorstürzen und die Mutter und den Teufel, diesen fremden Herrn Eduard mit einem Stuhle oder womit sonst erschlagen, er stürzte nicht vor, ergriff keinen Stuhl oder sonst

etwas, er erschlug nicht. Josef schrie in seinem Herzen zu Gott, er glaubte, Gott würde eingreifen, Gott griff nicht ein. Aber Josef sah die Scham seiner Mutter, das Geschlecht dieses fremden Herrn« (87).

4. Kesten erfindet Handlungsabläufe, menschliches Verhalten und Reflexionen oft recht zufällig und sporadisch, so daß die Motivierung hierzu – wenn überhaupt gegeben – erst *nach* dem Einfall konstruiert wird. Außerdem bevorzugt es Kesten, mitunter ganze Lebensläufe, ganze Entwicklungen oder ganze Epochen in einer kurzen, oft nur einen Abschnitt umfassenden Aneinanderreihung von lakonischen Sätzen oder Bemerkungen einzuschieben, so daß beide Gestaltungseigenheiten auch die Zeitbezogenheit sowie die Zeitkritik etwas sporadisch und für manche Kritiker sicherlich zu leichtgewichtig erscheinen lassen.

5. Kesten parodiert vielfach andere Werke der Literatur sowie literarische Richtungen, Stimmungen und Strömungen, so daß die Kritik an Mensch und Gesellschaft oft auf der Ebene der Literaturparodie geschieht, ohne daß die Parodie als solche vorgestellt wird. Ganz deutlich erleben wir das im *Scharlatan*, wo der Leser ein philosophisches und literarisches Universalwissen haben müßte, um sofort zu erkennen, wo Mensch und Gesellschaft nicht mehr bloß Mensch und Gesellschaft, sondern bereits Literaturparodie sind. Auf jeden Fall bekennt sich Kesten selbst zu dieser Art des Parodierens; und warum auch nicht? Denn wenn Mensch und Gesellschaft ständig zur Parodie ihrer Ideale werden, warum dann nicht die dargestellte Wirklichkeit zur Parodie der Literatur? Im *Josef*-Roman sieht das so aus, daß die Geschichte der Familie Roß zugleich zur kurzen Parodie auf die *Buddenbrooks* wird. Großväter und Urgroßväter mütterlicherseits waren noch aufstrebende und bewahrende Unternehmer gewesen. Doch dann gab es eben das »national-ökonomische Familiengesetz«: »Väter erwerben, Söhne erhalten, Enkel verschwenden« (18 f.), wobei der Enkel ebenfalls wie bei Thomas Mann künstlerisch veranlagt ist, aber diesmal ist er ein genießender und die Mitmenschen ausnützender *Lebens-künstler*. Gemeint ist Onkel Stefan Roß, dessen Beziehung zur Philosophie des Nihilismus vor allem so weit reicht, daß es ihm gelingt, seine egoistischen Lebenskünste philosophisch-nihilistisch zu untermauern. Denn so heißt es in einer seiner Rechtfertigungen, »daß das Leben sinnlos, Gott unbegreiflich und der arbeitende Teil der Menschheit närrisch wäre« (20).

Schlimm ist nur, daß gerade solche Typen wie der Onkel Roß, und davon gibt es bei Kesten einige, uns am Ende sogar noch irgendwie sympathisch erscheinen. Dabei ist Onkel Roß noch am ehesten auch ein Produkt, zumindest aber ein »Kenner unsrer gesellschaftlichen Verhältnisse [. . .], daß Bildung ohne Geld in den Augen der lieben Mitmenschen nichts wert sei, Geld ohne Bildung aber alles« (19). Sein Egoismus ist dennoch in ihm selbst begründet.

Stärker als im *Josef*-Roman und stärker als in den meisten übrigen Romanen Kestens bestimmt die wirtschaftliche Notsituation in Kestens drittem Roman, *Glückliche Menschen*, das Schicksal der Hauptfiguren. Hier wird sie sogar Mittelpunkt und Leitmotiv des Geschehens, auch wenn Charakter, Handeln und Empfindungen der Personen im Vordergrund bleiben. Der Roman erzählt die Geschichte von zwei jungen Menschen, die glauben, so lange nicht heiraten zu dürfen, bis sie dem verschuldeten und egoistischen Vater des Mädchens, dem schon das Zuchthaus droht, das fehlende Geld aufbringen können. Leider bewirbt sich auch noch ein reicher Immobilienhändler um die Hand des Mädchens und könnte somit die Eltern sofort vor dem Untergang retten. Das erhöht natürlich die Gewissensqualen des Mädchens, das Pflichtgefühl ihres Liebhabers und den Druck von seiten der Eltern. Das Ende ist tragisch und zynisch-komisch zugleich. Denn während am Ende der Vater doch noch ins Zuchthaus kommt, die Mutter am Herzschlag stirbt und die Tochter sich das Leben nimmt, beginnt der Aufstieg des Liebhabers zu Geld, Macht und Ansehen. Doch um das zu erreichen, mußte er erst zum Dieb werden, seine Geliebte verleugnen und den Wert des ›echten‹ Glücks kennenlernen; denn das verbindet sich zwar auch mit »Verdienst«, doch ist es diesmal nicht ein ethisches Verdienst, sondern der finanzielle Verdienst. Denn vorher glaubte er, Liebe, ›Herz‹ und vor allem Individualität mache glücklich; zumindest war er davon trotz knurrenden Magens und ausweisloser Trostlosigkeit berauscht. Doch am Ende weiß er, es gibt nur »Unglückliche Menschen – glückliche Menschen, [...]. Das Schicksal ist eine Erfindung der Trägen! [...] Wer ein Bettler ist, verdient es, [...]. Unglück ist Talentlosigkeit, ist ein Charakterfehler, ist der Ruin der Menschheit« (336).

Außerdem sind Hohn und Hohlheit des neuen Max Blattner (so der Name des ›Helden‹) gegenüber dem früheren Max Blattner kaum noch zu überbieten, wenn er zum Schluß »voller Würde [...] und großer innerer Genugtuung« behauptet: »Man soll nur mit glücklichen Menschen leben! [...] Die glücklichen Menschen erkennen einander ohne Zeichen und Male. Darin sind sie den Verliebten ähnlich« (337).

Das Ende ist also Hohn und Ironie. Die Frage ist nur, war das frühere, das ›reinere‹ Glück der sich wirklich Liebenden nicht ebenfalls schon ironisch gesehen? Gibt es in diesem Roman überhaupt ein Glück ohne Ironie? Das Glück am Ende sind Ironie und Parodie auf die Träume am Anfang, und die Träume am Anfang sind Ironie und Parodie auf die Wirklichkeit von Zeit und Mensch. Auf jeden Fall siedelte Kesten seine Liebenden in einer Sphäre an, in der sie, von den Umständen gepeinigt, über diese hinwegzuschweben scheinen, beteuernd, daß sie glücklich seien, und genaubesehen sogar zur Parodie ihrer eigenen Liebe werden. Doch damit teilen sie das Schicksal vieler anderer Kestenschen Romanfiguren, weshalb wir noch einen 6. Punkt der speziell Kestenschen Gestaltungseigenheiten hinzufügen müssen; denn auch diese Eigenheit mag schon zu manchen Mißverständnissen in der Deutung der Kestenschen Romankunst und Zeitkritik geführt haben:

6. Kesten siedelt seine Figuren oft in Sphären an, wo sie nicht nur zu einer neuen, ironisch erscheinenden Wirklichkeit von Empfindungen und Reaktionen werden, sondern sich dabei schon fast selbst parodieren. Und genau das erleben wir in *Glückliche Menschen* mit Max und Else. Sie erheben sich mit ihrer Liebe über den eigenen Zustand des Unglücks; und wie sie es tun, parodieren sie nicht nur ihre

Liebe, sondern dem Eindruck nach auch noch sich selbst. Die Folge ist, daß sie so auch die Kritik an Mensch und Gesellschaft in eine eigene, für viele Leser sicherlich stark abgelenkte Sphäre zwingen. Denn der schon parodistisch wirkende Rausch der Liebenden parodiert jetzt auch deren Not: »Max vergaß das Pflaster der Straßen zu seinen Füßen und seine Füße und sich dazu, Max vergaß sich, als sei er nicht Max Blattner, der Mensch, den Max Blattner am heißesten liebte von allen Menschen der Welt, Max vergaß, daß es Abend war, daß er neunundzwanzig Jahre alt und ein verlorener Mensch, ein Taugenichts war, Max vergaß alle Träume, Sehnsucht und Begierden, alle Schmerzen seines vergangenen Daseins bis zu diesem Moment, er vergaß die Nächte der Liebe mit Else und die Tage der Erwartung, er vergaß buchstäblich alles, [...] er war selig in einem nicht vorstellbaren Maß. Max liebte Else« (181). Und Else? »Max war jung. Max war groß. Max war alles. Max war die Welt. Max war ihr Gott, ihr Schicksal, ihr Glück, ihr Unglück, das Gebot des Lebens, ihr Führer, ihre Entscheidung, ihre Zukunft, ihre Gegenwart, ihr Weg. Max war sie. Sie war ... Max« (311).

Am Ende verleugnet Max sowohl Else als auch seine Liebe; denn er ist nicht bereit, das Opfer eines eventuellen Gefängnisaufenthaltes zu bringen. Der Egoismus triumphiert. Die Natur des Menschen, gelenkt durch die sozialen Verstrickungen, korrumpiert wieder einmal Absichten, Träume und Ideale, sofern sie etwas »Höheres« bedeuten. »Na ja, [...] aber vielleicht hat man das ganze Höhere bloß erfunden und es gibt es gar nicht, und das ist das Glück, daß es einen juckt und der andere kratzt einen, wo es einen juckt« (304). So jedenfalls sieht es die Wirtin von Max, und der Mensch und die Zeitumstände geben ihr recht. Denn schließlich lernen wir in diesem Roman nicht nur den Rigorismus des Kapitalismus der Weimarer Republik auf brutalste Weise kennen, wir erleben auch, wie das Geld sogar das tiefste Ehrgefühl korrumpiert, wie im scheinbar Großzügigen der eigentliche Teufel sitzt und wie die Sprüche der Bibel nur zur Bemäntelung der eigenen, egoistischen Absichten benutzt werden. Armut und Reichtum sind dabei nicht zu übersehende Einflußfaktoren. »Alle Armen sind bestechlich oder käuflich. Das liegt im Wesen der Armut. Charakter fängt erst bei mittleren Gehaltsstufen an und hört bei höheren Gehaltsstufen auf« (293).

Kestens vierter Roman, *Der Scharlatan*, gehört zu den meistdiskutierten Romanen des Autors. Wir finden in ihm die Zuspitzung aller jener Kestenschen Eigenheiten, die wir bereits aufgezählt haben. Kaum ein anderer Roman Kestens ist so aus der Fülle geschaffen worden und enthält so viele Anspielungen, Parodien, Zeitsatiren und Paradoxien, so daß man ganze Bände schreiben müßte, wollte man alles das wieder herausdeuten, was Kesten teilweise zu vielfältig und sprunghaft hineingehäuft hat. Die Geschichte handelt vom Aufstieg des »gewöhnlichste[n] Menschen von der Welt, [...] eigens erfunden, um jenen Normalmenschen darzustellen, den es nicht gibt« (12), der aber den Ehrgeiz hat, in kurzer Zeit alle nach seinem Willen zu zwingen und über allen zu stehen. Anders als in *Glückliche Menschen*, wo Max Blattner, dieser »Kleinbürger des europäischen Pessimismus« (276), nur ganz flüchtig einmal daran denkt, der Welt zu beweisen, »daß er immer noch fähig sei, wenn er nur wolle, Erfolg zu haben« (276), ansonsten aber nicht aus unbeirrbarer Zielstrebigkeit, sondern durch egoistisch-feige Selbstverleugnung und durch das zynisch-ironische Spiel seines Gegners Krummholz in der Gesellschaft nach oben steigt; anders also als in *Glückliche Menschen* sind es im *Scharlatan* gezielter Ehrgeiz, Mord, Hochstapelei und bösartige Berechnung, die die Hauptfigur Albert Stifter nach oben bringen. Die Schwächen der Mitmenschen sowie das Gesellschafts- und Wirtschaftssystem der Weimarer Republik sind dabei nicht zu übersehender Nährboden für diesen Giftpilz, der dann am Ende dem Leser – welch eine Entlarvung unserer selbst – gar nicht mehr so giftig erscheinen will.

Der Roman, der eigentlich auch *Der Hochstapler* heißen könnte, denn als eigentlicher Scharlatan spielt sich Stifter erst gegen Ende des Romans auf, beginnt mit einer Groteske, die die gesamte Verwirrung innerhalb der Zeit, der Menschen und des Romans symbolisieren könnte. Stifter läuft hinter einem falschen Sarg her. Außerdem erkennt er gleich zu Beginn, wer er ist: »Ich befehle: Steh auf! Wandle! Sei wieder lebendig! Sie wird nicht wieder lebendig. Sie wandelt nicht. Sie wird nicht aufstehen. Niemals. Ich bin ein Scharlatan« (9). Trotzdem wird Stifter Erfolg haben. Wieso? Der Hauptgrund liegt neben dem Wirtschafts- und Gesellschaftssystem der Weimarer Republik auch hier wieder im ständigen Widerspruch zwischen dem Verhalten des Menschen und seinen Absichten, Idealen und Selbsteinschätzungen. Da ist z. B. die letzten Endes dominierende sexuelle Triebhaftigkeit fast aller Kestenschen Frauengestalten, so daß z. B. die Mutter einer der Hauptfiguren des Romans, während sie sich den »schamlosen Begierden« (70) und der Sexualität ihres Mannes entziehen will und endlich nach ›Höherem‹ strebend in die Einsamkeit des Spessarts flüchtet, gerade dort im Kult eines sexualfeindlichen Zeitideals ganz und gar der animalischen Sinnlichkeit eines Gastwirtes und Waldbauern verfällt. Kesten gestaltet diese Geschichte nicht nur mit einer Parodie auf Hauffs *Das Wirtshaus im Spessart*, sondern vor allem als Parodie auch auf die ›Waldbauernrealistik‹ und Blut-und-Boden-Schnulzen der damaligen Zeit. Der Mensch wird zur Parodie der Dichtung, und der literarische Zeitgeschmack dient zur Parodie auf den Menschen.

Aber nicht nur die Sexualität erscheint bei Kesten mit irrationaler Dominanz, so daß sie in bezug auf Kestens Zeit- und Menschenkritik nicht übersehen werden darf, die Liebe selbst ist völlig irrational und außer beabsichtigter Kontrolle. Und auch das ist wichtig, um den Menschen in Kestens Zeitromanen zu verstehen. Denn so liebt z. B. die weibliche Hauptfigur des Romanes, Maria Thurn, obwohl sie nicht nur die intelligenteste Frau des Romans ist, sondern auch die Philosophien ihrer Zeit begriffen hat, gegen ihren eigenen Willen den intellektuell und moralisch völlig unter ihr stehenden Stifter so leidenschaftlich, daß sie daran fast zugrunde geht und aus Rache und Verzweiflung ihren eigenen Onkel, den alten, uns schon aus früheren Romanen bekannten Stefan Roß, heiratet.

Außerdem erscheint als ein weiterer, gerade für diesen Roman entscheidender

Widerspruch zwischen der Natur des Menschen und denjenigen Idealen, die auch wir als Leser uns vom Menschen machen, daß der Mensch sehr schnell bereit ist, seine Identität und Ansichten zu vertauschen und sich dessen nicht einmal bewußt wird. So erleben wir z. B., wie der ursprünglich reine, schwärmerische kantianische Idealist und Moralist Karl Ballon, seine neue Erfolgsposition rechtfertigend, zum Skeptiker und zum ›Der Zweck heiligt die Mittel‹-Pragmatiker wird; wie dagegen Josef Bar, der ursprüngliche Skeptiker sich später zum kompromißlosen Verfechter einer reinen Moral und der reinen Ideale erhebt; und wie z. B. Albert Stifter, der rücksichtslose und amoralische Karrieremensch am Ende, nachdem er Geld und Macht besitzt, aus scheinbar völliger Überzeugung den praktischen Idealisten zu verkörpern glaubt. Dabei geschehen diese von den einzelnen Figuren als völlig selbstverständlich hingenommenen Veränderungen und Umkehrungen aber keineswegs als Prozeß einer längeren Entwicklung; nein, sie geschehen infolge der Brüchigkeit und ständigen Vertauschbarkeit von Ansichten und Identitäten, zu denen dann die gesellschaftlichen, ökonomischen und intellektuellen Verhältnisse der Zeit die nötigen Antriebe liefern.

Der Mensch steht also ständig im Widerspruch zu sich selbst. Doch zugespitzt und geradezu lächerlich erscheint dieser Widerspruch bei Kesten vor allem dann, wenn der Mensch nicht nur ›realisierbare‹ Ideale aufstellt, die er dann sowieso nicht verwirklicht, sondern wenn er auch noch ideelle Ansprüche verkündet, die von vornherein im Utopischen bleiben. Ein Beispiel hierzu wäre das Verhalten von Marias Mutter, die, eine Parodie auf alle revolutionären Schwärmerinnen nicht nur der Weimarer Republik, unbedingt einen Sohn und dazu noch den großen, revolutionären Befreier der Menschheit gebären will: »[...], ich habe alles berechnet, es stimmt auf den Tag, und außerdem, ich will es so, ich weiß nicht, wieviel Macht andere Menschen über sich haben, ich werde doch meinen eigenen Körper kommandieren können. Ich werde Joachim am Morgen des 1. Mai gebären. Der rote Festtag des internationalen Proletariats soll sein Geburtstag sein. Karl Marx war der Theoretiker der proletarischen Revolution, Joachim Bar wird sie ausführen. Ich weiß es« (116). Und das Ergebnis? »Um ein Viertel vor zwölf Uhr nachts, am 30. April 1908, [...] gebar Luise ein gesundes, lebendes Kind. Es war ein Mädchen und ward auf den Namen Maria getauft« (117).

Aber nicht nur der Mensch, die Gesellschaft selbst steht bei Kesten immer wieder im Widerspruch zu ihren Vorsätzen, Idealen und Selbsteinschätzungen, so daß schon aus diesem Grunde der einzelne es schwer hätte, seine Ideale zu erfüllen. »In einer Welt, in der niemand die Wahrheit ausspricht, ist der erste, der wirklich die Wahrheit sagt, von der höchsten Unaufrichtigkeit. In einer Gesellschaft, in der niemand nach den Grundsätzen, nach denen jeder handeln sollte, handelt, ist der erste, der moralisch handelt, ein Verbrecher, ein Heuchler, ein Schurke, ein gefährlicher Mensch; denn er rüttelt am Bestand der Welt, er zerstört die Grundlagen der Gesellschaft, er ist, wenn er ohne Macht bleibt, ein Narr und wird, wenn er Macht gewinnt, ein Massenmörder. Der Massenmord war die sichtbarste und blutigste Konsequenz aller Verfertiger neuer Moralen« (*Scharlatan.* S. 68). Dennoch, derartige Gesellschaftsbezüge dürfen nicht darüber hinwegtäuschen, daß selbst im *Scharlatan* das für den Dichter unabhängige Gestalten und Spielen mit menschlichen Figuren im Vordergrund bleibt. Ihre Beziehungen zur Gesellschaft sind dagegen oft nicht einmal frei von gewissen simplifizierten Kausalvorstellungen.

In Kestens menschlich wohl wärmstem Roman, *Die Kinder von Gernika*, geht es wiederum zuerst um den Menschen, und diesmal fast ausschließlich um den Menschen. Wir verfolgen die Geschichte einer Familie, die zunächst wenig mit dem Spanischen Bürgerkrieg zu tun hat, später aber durch rein familiäre und lokale Ereignisse hineingezogen wird und schließlich durch den Bombenangriff der Deutschen Zerstörung und Massenmord erlebt. Alles das wird dem Autor des Romans von einem Überlebenden der Familie in einem Pariser Café berichtet, wobei sich der Autor durch den Erzähler, den fünfzehnjährigen Carlos Espinosa, in die Familienangelegenheiten der übrigen Überlebenden hineinziehen läßt, woraus dann eine Art Satyrspiel entsteht, das dem ganzen Geschehen in Gernika erst die richtige menschlich-tragische Dimension verleiht. Denn was sich in diesem Satyrspiel auf einer zunächst komödiantisch-heiteren und stark erotischen Ebene abspielt, ist genau das, was mit schuld an den Opfern in Gernika war: Feindlichkeit der Brüder, Vergeßlichkeit gegenüber den Grausamkeiten der übrigen Welt, Ehrgeiz nach Rache, erotische Begierde sowie Betrug am Menschen, der gut ist. Es lohnt sich, dies etwas näher zu untersuchen. Denn auch hierin finden wir etwas von Zeit- und Gesellschaftskritik: Das Einzelverhalten erscheint uns stellvertretend für das Verhalten der Gesellschaft gegenüber den Grausamkeiten der Zeit.

1. *Feindlichkeit der Brüder.* Die beiden überlebenden Brüder Carlos und José Espinosa werden zu Feinden, wie schon früher deren Vater und deren überlebender Onkel Pablo zu Feinden geworden waren. Und wie schon damals, ist auch diesmal der eine Bruder (Carlos) gütig und von einer moralischen und idealistischen Ernsthaftigkeit geprägt, die an den Idealismus und an die Güte seines Vaters erinnert, wobei der andere (José) eher dem oberflächlicheren, burleskeren und vor allem skrupelloseren Onkel Pablo ähnelt. Doch nicht nur in der Familie wiederholt sich das Spiel der feindlichen Brüder; der ganze Spanische Bürgerkrieg wird uns als »ein Zank unter Brüdern« (394) dargestellt.

2. *Vergeßlichkeit gegenüber den Grausamkeiten der übrigen Welt.* Einer der entscheidenden Anlässe, die zum offenen Ausbruch der Feindlichkeiten zwischen den beiden überlebenden Brüdern in Paris führte, war der Vorwurf Carlos' gegenüber seinem Bruder José: »Schweig! [...] Anderthalb Millionen Menschen sind im Krieg um Spanien geschlachtet worden, und ihr sitzt da und habt den Mund voll Gelächter und José reißt Possen! [...] Seid ihr Menschen? Seid ihr nicht Mördern nahe?« (478). Denn Vergeßlichkeit ist es, die Carlos am meisten bedrückt. Doch diese gab es auch schon in Gernika bei Onkel Pablo, der in seinem Nihilismus und Pessimismus gegenüber der Menschheit und ihren Revolutionen das Leben nur noch von der leichtfertigen, egoistischen und hochstaplerischen Seite anpackte und mit

seiner Philosophie des Sinnlosen und des augenblicklichen Genießens sogar die rechtzeitige Flucht vor dem Bombenterror verhinderte; und Vergeßlichkeit gibt es sogar bei dem fiktiven Autor des Romans selbst. Denn er ist es jetzt, der, kürzlich noch aus Nazi-Deutschland geflüchtet, berauscht wird von dem neuen, »heitere[n] Leben« (474) in Paris und sich zum ersten Male mit Hiob identifiziert, der den Verlust von Kindern, Vieh und Gesundheit hinnimmt und letzten Endes dankbar ist für den ihm zuerteilten Ersatz. Plötzlich gehört also auch er zu »diese[n] Frommen, die sich von Gott selber betrügen lassen mit des Lebens schalem Ersatz« (475).

3. *Ehrgeiz nach Rache.* Hierzu gehört z. B. der leidenschaftliche Ruf der überlebenden Mutter, ihre Kinder zu Tyrannen und Mördern zu erziehen, um so gegen die anderen Tyrannen und Mörder aufzustehen; denn es geht ihr darum, ihren Mann zu rächen, obwohl sie ihn selbst schon längst mit dessem Bruder Pablo betrogen hatte.

Doch stärker noch als in diesem Beispiel zeigt sich der von Kesten immer wieder gefürchtete Teufelskreis von Rache, Revolution und Tyrannei in dem Verhalten des Fischhändlers von Gernika, der mit einer aufgewiegelten Volksmasse im Sinne der Gleichheit auf Erden und als Verteidiger des Volkes gegen Franco mordet, »rächt« und sich zum Herren über Gut, Leben und Tugend seiner Mitbürger aufspielt, bis er schließlich aus Notwehr von einem Sohn der Familie Espinosa getötet wird.

4. *Erotische Begierde.* Nicht erst in Paris kommt es dazu, daß z. B. die Mutter Espinosa aus erotischer Begierde das Glück ihres eigenen Sohnes aufs Spiel setzen will, auch schon in Gernika wurde ihre Leidenschaft zu dem Schwager Pablo so stark, daß sie bereit war, in der Zeit der höchsten Not Mann und Familie im Stich zu lassen. Am grausamsten zeigt sich allerdings der Egoismus erotischer Begierde wieder in Paris. Denn dort geschieht es, daß der Onkel Pablo die Spannung der übrigen, da es um Leben und Tod seines Neffen Carlos geht, ausnutzt und zusammen mit der Frau des Gastgebers, die selbst den jungen Carlos aus erotischen Überlegungen adoptieren wollte, verschwindet, um sich ihren gegenseitig entflammten Begierden ungestört hinzugeben. Der Eros ist bei Kesten also nicht nur stärker als alle Ideale, er ist sogar stärker als die Not und Sorge um die nächsten Anverwandten.

5. *Betrug am Menschen, der gut ist.* So, wie der soeben erwähnte Gastgeber, der selbst zu den guten und großzügigen Personen des Romans zählt, betrogen wird, so werden fast alle guten Personen bei Kesten betrogen. Am erschütterndsten ist dabei das Schicksal des Vaters Espinosa, dessen Güte und dessen unerschütterliche Liebe zu den Menschen fast mythische Züge annimmt und der nicht nur von der eigenen Frau hintergangen und vom Bruder unehrlich behandelt und erpreßt wurde, sondern auch im Bombenangriff gemordet wird. Bruder und Frau dagegen überleben. Allerdings: Der Vater Espinosa war nicht bereit gewesen, Frau und Kinder sinnlos zu opfern. Er hatte sich gewehrt, ein Hiob zu werden. Und es

sieht so aus, als wollte Kesten in diesem Roman nicht nur Mensch und Gesellschaft anklagen, sondern mit dem Tode des gütigsten Menschen, den er jemals geschaffen hat, auch Gott. Doch ist es ein Gott, den wir uns letzten Endes selbst ausgedacht haben.

Bleibt uns trotz allem noch die Frage: Wie steht Kesten selbst zum Spanischen Bürgerkrieg, an dem doch der deutsche Faschismus ebenfalls beteiligt war? Kein Zweifel, daß Kesten den Aufstand Francos und seiner Anhänger verwirft; kein Zweifel aber auch, daß er mit diesem Roman jede Bewegung zur Tyrannei und Diktatur als menschenunwürdig anklagt. Denn Kesten, dem jeder Eingriff in das Schicksal anderer verhaßt war, wollte gerade mit diesem Roman zum Schutze des Individuums, der Kinder und der Familien aufrufen. Aus diesem Grunde scheint sich Kesten auch mit den Worten des Vaters Espinosa zu identifizieren, der, die Welt um sich herum keineswegs vergessend, jede Richtung eines Bürgerkrieges ablehnt: »Wer siegt in Bürgerkriegen? Der Gemeine! Der Rohe! Und bis zu diesem Sieg des Bruders über Brüder, [...] welchen Schrecken noch sollen wir [...] ins Gesicht sehn?« (416 f.). Doch Kesten scheint auch aus Pablo zu sprechen, wenn dieser sagt: »Hier ist rot, hier schwarz. Rot flammt die Freiheit von verjährten Vorurteilen, die Gleichheit des Besitzes und der Bildung, die Brüderlichkeit mit denen, die dich lenken, dich morden, dich enteignen, und doch auch mit deinesgleichen, ruhigen Biedermännern. Schwarz droht die göttliche Ordnung der Kirche und der weltlichen Millionäre, der sanfte Segen dunkler Gotteshäuser, die erhabene Rangleiter der überflüssigen Ungerechtigkeiten des Lebens, der geregelte Besitz lockt. Kurz, Schatten wie Licht, dort wie hier!« (418). Was Europa noch bevorstand, ahnte Kesten damals genau.

In den Romanen *Die Zeit der Narren* und *Ein Mann von sechzig Jahren* reicht das Geschehen unmittelbar in die Zeit der Bundesrepublik hinein. *Die Zeit der Narren* beginnt im zerstörten München und zeigt anhand einiger Personen, deren Namen bereits symbolisch sein sollen, die Wirren der Nachkriegszeit, die Hast des Aufstieges und das Fertig- bzw. Nichtfertigwerden mit der Zeit des Nationalsozialismus. Und so wirr diese ganze Entwicklung für Kesten in Deutschland verlief, so sprunghaft, ›närrisch‹ und grotesk erscheint dann auch alles in diesem Roman. Dennoch, am Ende haben es alle geschafft: Pomp wurde Industriekönig, Laufer wurde ein berühmter Schriftsteller, Brenner ein angesehener Arzt. Doch was dazwischen lag, sind mit Ironie, Satire, Parodie und gelegentlichem Realismus geschilderte paradoxe und groteske Begebenheiten. Auch die Hauptfiguren selbst (vor allem aber Pomp und Laufer) werden zur Komik ihrer selbst. Sie werden zur Komik der Hast, der Vitalität und des Glücks, auch wenn sie am Ende dieses Romanes in Wirklichkeit schon am Ende sind. Doch bis es soweit kommt, was geschah?

Da begegnen wir z. B. dem Richter Pflaum, der als Nazirichter politische Todesurteile fällte, trotzdem aber zur gleichen Zeit auf Anraten seiner Frau einen Juden bei sich im Schrankzimmer versteckte und sich familiär gegen dessen Tötung

empörte. Später wäre dieser zwischen privaten und öffentlichen Gesetzen unterscheidende Nichtheld fast Bundesjustizminister geworden. Ausführlich begegnen wir natürlich den drei ehemaligen Klassenkameraden Pomp, Laufer und Brenner, wobei zwischen Laufer und Brenner schon während der Gymnasialzeit eine fast groteske Rivalität herrschte. Außerdem erfahren wir viel über die Konzentrationslager der Nationalsozialisten, die auch bei den ehemaligen Insassen Pomp und Laufer moralische Brandwunden hinterlassen haben und in denen es Bestien, Verräter, Helden und Wohltäter gab: »komplett, wie die Welt draußen« (80). Zudem erleben wir die groteske Geschichte eines Rumänen, der heute als Kommunist, morgen als Balkanfaschist und später als deutscher Gestapomann Richter ist und Menschen zum Tode verurteilt, um sie kurz darauf heimlich zu retten. Ferner lernen wir kurz nach dem Kriege einige Amerikaner kennen, die als Entnazifizierungsoffiziere eingesetzt wurden und deren anmaßende Naivität und deren klischeehafter Idealismus den ganzen Bruch zwischen dem gerade untergegangenen Europa und dem die Welt von jetzt an nicht immer taktvoll beglückenden Amerika zeigen. Vor allem aber lernen wir Ruth kennen, diese aus der Hölle entkommene Jüdin, die noch im Konzentrationslager »beschloß, den Frieden der Welt zu erleben« (80), und die jetzt erkennen muß: »Uns foppt alle Welt! [...] Unsere Leiden waren ungerecht. Das nimmt man uns übel« (63). Denn wirklich, so manches scheint in diesem Roman darauf hinzuweisen, daß eine neue Feindseligkeit gegenüber den Juden entsteht, nur weil sie Opfer waren und die Welt nicht an ihrem Gewissen gerüttelt werden möchte. Trotzdem, auch Ruth folgt zunächst dem Aufstieg ihres Mannes Pomp, nur daß sie dann, nachdem sie sogar von ihrem ehemaligen KZ-Schützling Helene mit Pomp betrogen wird, durch Flucht ins Ausland sowie durch Namensänderung und durch Wegoperieren ihrer KZ-Nummer ihre bisherige Identität aufzugeben versucht. Das Paradoxe an der ganzen Sache ist dann nur, daß nicht Ruth, die ihre Identität verlieren möchte, sich am Ende verändert hat, sondern daß die anderen verändert zu sein scheinen, und zwar am stärksten diejenigen, die (wie z. B. Pomp und Laufer) durch die Bundesrepublik jagten, um ihre Identität zu behalten. Dennoch, auch Pomp, Laufer und Brenner sind nicht einfach ein Produkt der Bundesrepublik, nur daß eben diese Bundesrepublik das Streben dieser Herren und ihrer Damen nicht nur begünstigte und gelegentlich auch korrumpierte, sie schickt sich jetzt sogar an, diese Herren, von denen sie doch erst entscheidend geprägt wurde, selbst zu überspielen. Und da heißt es eben mithalten, sich nicht unterkriegen lassen, und sei es, daß man sich zwingt, immer wieder auszurufen: »Was für ein Glück, daß wir leben!« (218).
Fast alles geschieht in diesem Roman rasend, galoppierend, manchmal anekdotenhaft und gelegentlich sogar kafkaesk. Wir erleben eine Steigerung Kestenscher Verfremdungsart, die ohne Zweifel auch Ausdruck der närrischen Entfremdung ist, wie sie Kesten in der Entwicklung der Bundesrepublik beobachten konnte. Dabei wird Kesten, was die konkreten Ereignisse und Personen der Bundesrepublik betrifft, auch wenn er diese immer wieder streift und erwähnt, nur selten direkt

polemisch. Doch wenn er es wird, grenzt die Polemik sogar gelegentlich an vordergründige Unterstellungen. Ein Beispiel hierzu wäre u. a. folgende Behauptung: »Die Todesstrafe wurde ja in der Bundesrepublik abgeschafft, seit der Mord von Amts wegen in [Nazi-]Deutschland dermaßen um sich gegriffen hatte. Jede zehnte größere Familie hatte nach neunzehnhundertfünfundvierzig mindestens einen Mörder in der Verwandtschaft, der eventuell die Todesstrafe hätte erhalten können. Da schaffte man bei uns die Todesstrafe ab, nach dem Krieg, versteht sich« (170). Ohne Zweifel waren das nicht die Überlegungen der Väter des Grundgesetzes. Viele Mitglieder des damaligen Parlamentarischen Rates waren ja selbst Geschädigte der Nazidiktatur gewesen.

Kestens vorläufig letzter Roman *Ein Mann von sechzig Jahren* ist in vielem sein reifster und erotisch wildester Roman. Drei Personen bespiegeln in einem jeweils eigenen Monolog-Kapitel die besonderen Beziehungen zu den übrigen zwei und bespiegeln dabei sich selbst, bis dann zum Schluß noch eine vierte Person hinzukommt, der Autor. Denn dieser steht in einem besonderen Liebesverhältnis zu der Person vom Monolog Nr. 3, die zugleich Ehefrau von Nr. 1 und Geliebte von Nr. 2 ist. Außerdem kennt dieser Autor auch noch den Autor Hermann Kesten, mit dessen Gedanken er keineswegs immer einverstanden ist.

Was geschieht? Ein berühmter Architekt, »ein maximaler Hypochonder« (89) – »Ich habe mein Leben immer nur mit der Vorstellung des Selbstmords ertragen« (21) –, beschließt auf der Höhe seines Ruhmes, Selbstmord zu begehen. Seine fast dreißig Jahre jüngere, erotisch begierige Frau – »Bei vielen Frauen sitzt ihre Seele in der Klitoris« (137) –, beschließt (aber beschließt sie es wirklich?), ihm im Nebenzimmer zu folgen. Beide überlegen es sich am Ende anders, leben, auch wenn jeder vom anderen annimmt, daß er inzwischen tot sei, weiter; und wer sich dafür wirklich tötet, ist der Autor, der sich selbst und dieses alles erst erfunden hat. Dazwischen gibt es noch den Halbbruder des Architekten, von Beruf Frauenarzt, der, am Leben hängend – »Jede Minute ist reine Wollust« (129) –, dennoch bereit ist, zur Rettung anderer sein eigenes Leben aufs Spiel zu setzen.

Mehr noch als in den meisten anderen Romanen Kestens erleben wir hier das Spiel mit privaten Empfindungen, mit privaten Erlebnissen und privaten Begierden; und trotzdem ist gerade dieser Roman auch einer der gelungensten Abrisse der zeitgeschichtlichen Ereignisse und Probleme der letzten fünfzig Jahre. Es wird viel, zu viel in diesem Roman beigeschlafen, es gibt Rivalität, Doppelgängerstreben, das in Paradoxie endet, Untreue, tiefverborgene Unehrlichkeit im Bewußtsein der Ehrlichkeit; es gibt Frustration, Rausch, Angst, Inzucht und immer wieder Sex. Ja, man gewinnt den Eindruck, als sei das ganze Leben in diesem Roman mit all seinen Aneinanderreihungen von Begebenheiten, Beobachtungen und Paradoxien nichts anderes als eine erotisch orientierte, flüchtige und von Angst getriebene Erfindung des Autors und sogar die zeitgeschichtlichen Ereignisse seien auch nur hinzuerfunden. Doch leider sind zumindest diese bitterer Ernst. Denn sie reichen z. B. von den Folterkammern der SS-Schergen, unter denen es auch Akademiker und sogar Lyriker gab, über die Erwähnung von Nixon und Breschnew bis zum unmittelbaren Auftauchen und Sichverstecken der Ulrike Meinhof. Trotzdem, das Private bleibt im Vordergrund, die Geschichte der Zeit spielt eben nur hinein. Und manchmal spielt sie sogar unkorrekt hinein. Das geschieht z. B., wenn die Mutter des 1972 sechzigjährigen Georg noch vor dessen Geburt eine alte Frau besucht und diese alte Frau ihr ganz konkret berichtet, daß ihr jüdischer Jugendfreund im ›Dritten Reich‹ vergast worden sei.[4a] Das Wichtige für Kesten ist eben immer wieder der Mensch. Es ist in diesem Roman sogar speziell der Dichter. Denn der Dichter leidet jetzt an seiner eigenen Existenz, muß mit dem »Terror des Todes« (206) fertig werden und erkennt, daß er, obwohl er doch sich selbst und die Welt immer wieder neu kreiert und damit ein Gott ist, trotzdem nur eine »Karikatur der Götter« bleibt. »Mir hat Gott alles gegeben, Geist Poesie, Vernunft, [. . .] die ganze Menschheit zum Spielzeug meiner Intuition, jeder Mensch, dem ich begegnete, war meine Figur, ich schuf ihn um, und durch mich erst begann er zu leben, das wahre, das eigentliche Leben, das Leben der Kunst. Nur wurde ich selber leider zur Kunstfigur, zum Ersatz eines Schöpfers, zur Karikatur der Götter, zur Imitation, die Imitationen kreierte« (195 f.).

Das Ende dieses Romanes zeigt Kestens moralische Verwandtschaft zu Schiller. Denn indem der fiktive Autor Kestens und somit Kesten selbst einsieht, daß Natur, Gott, Tod und Gesellschaft doch stärker sind als der Dichter, gelingt es Kesten dennoch, sich durch einen intellektuell-komödiantischen Trick darüber hinwegzusetzen. Denn indem der Autor im Roman, der ja den Roman, sich selbst und Kesten erst erfunden hat, durch seinen Selbstmord alles aufhebt, hebt er zwar die Kunst durch die Kunst, den Dichter durch den Dichter, den Tod durch den Tod und die Gesellschaft durch sich selbst auf, doch was bleibt, ist Kesten selbst, der ja der wirkliche Autor ist und nun das überlegene Gefühl haben kann, die Probleme, die ihn bedrängen, zwar durch den Tod seines Autors beseitigt, aber dennoch dessen Tod, den Autor und sich selbst für die Nachwelt erst kreiert zu haben. Er vollzog also einen Salto mortale ins Nichts und in die Kunst zugleich und behielt, indem er den Roman schon im Roman aufhob und zugleich schuf, am Ende Freiheit, Überlegenheit und scheinbare Unabhängigkeit. Und so gesehen, mag es sogar symbolisch sein, daß der Autor im Roman Ulrike Meinhof zwar kurz beherbergt, am Ende aber doch aus seiner Wohnung hinausjagt. Der Dichter läßt sich nicht gefangennehmen. Er will, wie bei Schiller, die Freiheit über alles Bindende, Determinierende und Stärkere behalten, nur daß Schiller »eine Gewalt, die er [der Mensch und der Dichter] der Tat nach erleiden muß, dem Begriff nach zu vernichten«[5] versucht und Kesten dafür die Parodie benutzt; oder wie am Ende im *Mann von sechzig Jahren* einen komödiantischen Salto mortale erfindet, hinter dem das Spiel mit einem halb schizophrenen Trugschluß steckt. Denn Tod, Zeit und Gesellschaft sind eben doch stärker als der Dichter.

Auffallend stark ist gegenüber Kestens Werk die Diskrepanz zwischen Anerkennung von seiten der berühmtesten Dichterkollegen und Nichtanerkennung von seiten der berufsmäßigen Literaturwissenschaft. Wenn das Urteil von Persönlichkeiten wie Heinrich Mann, Thomas Mann, Alfred Döblin, Stefan Zweig, Robert Neumann, Erich Kästner, Friedrich Torberg, Wolfgang Weyrauch, Hans Magnus Enzensberger und Horst Bienek zählen soll, um nur einige zu nennen, so gehört Kesten nicht nur zu den bedeutendsten Essayisten der Gegenwart, sondern auch zu den großen Romanschriftstellern. Wenn es allerdings nach der gegenwärtigen Literaturkritik geht, so steht es mit Kesten wesentlich anders. Meistens wird er sogar übergangen, oder man erwähnt nur den Essayisten, Herausgeber und Biographen.

Es lohnt sich deshalb, der Frage nachzuspüren, worin evtl. die Gründe liegen könnten, daß die berufsmäßige Literaturwissenschaft auch heute noch so wenig Zugang zu den Werken Kestens findet. Denn darin liegt zugleich auch eine weitere Vertiefung in das Verständnis für Kestens Personenschilderung und Zeitkritik.

1. Provozierend gesagt, könnte man behaupten: Kesten verbindet die Ansprüche eines Romantikers mit der Rationalität des Aufklärers und endet trotz (bzw. wegen) seiner Zeitbezogenheit nicht selten im Barock. Wieso?

Kesten geht in seinen Werken davon aus, daß der Schriftsteller und der »liebe Gott« das »gleiche Handwerk« (*Filialen*. S. 12) haben. Er ist zwar meistens nur »Mitautor der Menschheit« (*Filialen*. S. 65), genau genommen schafft er aber erst die Menschheit (und sei es nur für die Nachwelt), indem er die Figuren der Menschheit und Zeit »verwandelte, korrigierte, mischte« (*Ein Mann*. S. 203). »Ich habe die ganze Natur, die ganze Welt, die ganze Menschheit in der Hand, in meiner Feder, ich muß sie nur beschreiben, und sie gehört mir« (*Ein Mann*. S. 198). Denn: »Was wir nicht aufschreiben, hat umsonst gelebt, ist wie nie gewesen. [...] Wir reproduzieren die humane Welt, sogar die Welt der Phantasie, und bis zu einem gewissen Grad produzieren wir sie also« (*Filialen*. S. 65). »Erst in dieser erfundenen Welt sind wir wirklich« (*Lauter Literaten*. S. 14).

Vor allem dieses »Produzieren« und »Reproduzieren« aus dem Geiste des Dichters hat bei Kesten gewisse Ähnlichkeit mit den Ansprüchen unserer Frühromantiker. Auf der anderen Seite ist er der Rationalist, der Aufklärer, Skeptiker und Vernunftmensch, der letzten Endes einsieht, daß der Dichter nur »eine Karikatur der Götter« (*Ein Mann*. S. 196) bleibt und doch nur »eine affenmäßige Imitation, eine Skizze zu einer Scheinwelt« (*Filialen*. S. 300) erreicht. Und genau das bedeutet auch, daß der Dichter die Welt nicht zu ›humanisieren‹ vermag und daß es ihm keineswegs gelingt, »eine zweite, bessere Menschheit auf die Beine [zu] stellen« (*Filialen*. S. 300). Der Ausweg ist dann Parodie, Ironie sowie das Spielen mit dem Pikaresken, das sich zugleich mit einer Art des *carpe diem* verbindet. Bedauerlicherweise wurde gerade dieses barocke und pikareske Element in den Kestenschen Romanen noch keineswegs deutlich genug erkannt, so daß z. B. Walter Seifert, der eine gute Abhandlung über das Exilproblem in Kestens Romanen verfaßt hat,[6] in einer anderen Abhandlung, in der er sich mit dem Pikaresken im deutschen Roman der Gegenwart befaßt,[7] Kesten nicht einmal erwähnt. Der Grund hierfür könnte u. a. darin liegen, daß der eigentliche Pikaro bei Kesten Kesten selbst ist, auch wenn Figuren wie der Onkel Roß, der Onkel Pablo und Pomp in ihrer nihilistischen, z. T. sogar anarchistischen, immer aber Genuß und Vorteile suchenden Lebensart durchaus pikareske Züge tragen. Und Ähnliches gilt auch für das *carpe diem*. Das eigentliche Bekenntnis dazu liegt bei Kesten selbst, der trotz aller Fragwürdigkeiten, ja trotz aller Bösartigkeiten von Zeit, Mensch und Gesellschaft immer wieder ausrufen möchte: »Es ist eine Lust zu leben, [...]. Ist es nicht ein Glück, wenn es schmeckt, wenn wir empfinden, fühlen, sprechen, denken, uns paaren und auseinandergehn?« (*Filialen*. S. 9). »Was nicht dem Tag dient, dient keinem Tag« (*Filialen*. S. 11). Die Frage ist nur, denkt Kesten wirklich so?

Auf jeden Fall ist es trotz aller Bekenntnisse schwer, hinter diesem Gemisch von *carpe diem*, Pikarotum, skeptischem Rationalismus und romantischen Ansprüchen den wahren Kesten zu erkennen. Mit Absicht verbirgt er sich nicht zuletzt auch vor dem Literaturwissenschaftler hinter vielen, hinter zu vielen Masken, so daß ihn viele Literaturwissenschaftler auch als Zeitkritiker nicht ernst genug nehmen.

2. Eng mit dem in Punkt 1 Gesagten verbinden sich Kestens ständiges Parodieren, seine sprunghafte Aneinanderreihung von Motiven, Gedanken und Begebenheiten sowie das bewußte Auflösen der »psychologischen Gesetze«, worauf wir an früherer Stelle schon einmal ausführlich hingewiesen haben und worin ebenfalls Schwierigkeiten für so manchen Literaturwissenschaftler liegen dürften. Die Wirklichkeit parodiert und verfremdet bei Kesten die Ideale, weshalb dann auch der Dichter, der unabhängig bleiben will, Wirklichkeit und Ideale zugleich parodiert. Doch leider vollzieht Kesten in seinem Parodieren, sprunghaften Erfinden von Motiven, Gedanken und Begebenheiten sowie in seinem Auflösen der »psychologischen Gesetze« gelegentlich des Guten zu viel, so daß die Gefahr besteht: »Übertreibung kann zur Entstellung und die Entstellung zur Lüge führen«[8], und der Literaturkritiker gerade hieran gewissen berechtigten Anstoß nehmen könnte. Trotzdem sind die typischen Kestenschen ›Verfremdungseffekte‹ mehr als eine bloße Manier. Denn das geht z. B. schon daraus hervor, daß Kesten dort, wo er das rein Alltägliche, Dutzendhafte und geschichtlich nicht so Bedeutende gestaltet, wie z. B. im *Scharlatan* oder in der *Zeit der Narren*, das Parodistische, Satirische und Verfremdende fast auf die Spitze treibt und daß er dort, wo es wirklich etwas geschichtlich Bedeutendes und menschlich Erschütterndes darzustellen gilt, wie in den *Kindern von Gernika*, auf das Parodistische weitgehend verzichtet, ›realistischer‹ erzählt und als ›Verfremdung‹ die Figuren nur gelegentlich ins Archaische, Mythische steigert. Doch auch das ist eher realistisch; denn in den großen Situationen des Lebens wächst der Mensch selbst schon ins Archaische, Mythische; der Dichter braucht es nur noch zu sehen.

Die Parodie hat bei Kesten also entscheidende Funktion, genaugenommen sogar eine Doppelfunktion. Und gerade darin wird sie noch viel zu wenig begriffen. Denn sie schafft nicht nur dem Dichter dort, wo er es will, spielerisch-schöpferische Überlegenheit, sie hebt auch alles Dutzendhafte, Alltägliche und das dem Geiste sonst Gleichgültige über sich selbst hinaus und macht es intellektuell brisant. In einem Roman wie *Die Kinder von Gernika* war jedoch das eine kaum beabsichtigt und das andere nicht mehr nötig. Die Tragik des Stoffes war überwältigend genug.

3. Kesten verlangt für das Verständnis seiner Parodien eine Fülle von Bildungsfaktoren, wie sie vor allem bei so manchen jüngeren Literaturwissenschaftlern keineswegs mehr als notwendig erachtet wird. Die Folge ist: Man wird Kesten in vielem nicht mehr folgen können. Doch für Kesten, der in dieser Hinsicht durchaus noch als Nachfahre des deutschen Bildungsbürgertums angesehen werden darf, gehören eben Kunst und Bildung zusammen. Andernfalls haben wir es nach seiner Meinung mit »selbstgefällige[m], ja fremdenfeindliche[m] Provinzialismus«[9] zu tun, der mit schuld an Krieg und Völkerhaß ist.

4. Parodie und Ernsthaftigkeit gehen bei Kesten oft eine derartige Verbindung ein, daß er dort, wo es ernst zu werden scheint, nicht ganz frei vom Parodieren ist und daß er dort, wo er deutlich parodiert, oft ganz ernstgemeinte Zusammenhänge zeigen will. Doch gerade diese parodistisch-ernsthafte Zwitterhaftigkeit, auf die wir an anderer Stelle ebenfalls schon eingegangen sind, mag manchen Literaturwissenschaftler im Urteil über Kesten irritiert haben.

5. Obwohl die Menschen Kestens unmittelbar *in* ihrer und *aus* ihrer Gesellschaft heraus operieren, so sind sie dennoch nur sehr bedingt ein Produkt dieser Gesellschaft. Sie sind zuerst ein Produkt ihrer selbst; auch wenn es in dem Roman *Glückliche Menschen* heißt, daß »die Individuen von heute, [...] nur noch Nachbildungen eines degenerierten Typus Mensch sind, [...] die nur noch Glück und Schicksal der Kollektiva darstellen« (329). Im ganzen erscheinen uns Kestens Figuren dennoch als Produkt ihrer eigenen Schwächen bzw. als Geschöpfe des Dichters und des »lieben Gottes«, wobei dann Kesten diesen »lieben Gott im Verdacht hat, daß er uns ständig umschreibt; [...]. Die Menschheit befindet sich immer noch in den ersten Korrekturfahnen; es wimmelt überall von Druckfehlern« (*Filialen*. S. 12).

Wer deshalb im Werk Kestens die Ursachen der menschlichen Misere allein in den gesellschaftlichen oder ökonomischen Verhältnissen sucht, wird enttäuscht werden. Und viele von den jüngeren Literaturwissenschaftlern sind von Kestens Menschenbild enttäuscht worden. Außerdem gibt es in Kestens Romanen auch keinerlei Hoffnung, daß eventuell ein anderes als die von ihm behandelten Gesellschaftssysteme den Menschen in Engel des Paradieses verwandeln könnte. Umgekehrt gibt es aber immer wieder Systeme (vor allem alle Diktaturen), die den Menschen noch mehr versklaven und wo dann unser Leben noch unerträglicher »von den dümmsten und brutalsten Bestien [...] ausgefüllt und geformt wird«[10]. Doch dieser Hinweis ist für viele heutige Literaturkritiker nicht genug.

6. Eng mit dem soeben Gesagten verbindet sich letzten Endes auch die Tatsache, daß man Kesten nicht nur künstlerisch-ästhetisch schwer einordnen kann, sondern auch politisch-ideologisch. Zweifellos ist er in vielem ein sogenannter Linker.

Andererseits bleibt er eben skeptisch gegenüber jeder Revolution und gegenüber jedem Führertum und lehnt vor allem jede Diktatur und jede Art von Blutvergießen ab. Er gehört also nicht zu denen, die die Waffen der einen lautstark verurteilen und die Waffen der anderen offen oder heimlich segnen. Und genau diese Haltung spricht auch aus seinen Romanen, sofern diese Revolutionen und Gewalt ansprechen. Denn einerseits – und so jedenfalls würden wir aus Kestens Menschenbild schließen – schlägt selbst bei den größten Idealisten der Idealismus irgendwann um in weniger humane Qualitäten; und andererseits ist jede Art von Gewalt ein Eingriff in die Rechte des anderen. Und gerade das letztere wird von Kesten auch immer wieder direkt angesprochen. Den meisten Abscheu hat er dabei vor dem Töten:

»Ich lausche ihnen [den Revolutionären] wie einer Sphärenmusik, mit Hoffnung, Liebe und Glauben, mit Skepsis und Begeisterung.

Aber ich bin nicht bereit, ihren unmenschlichen Preis zu bezahlen, auch nicht das Leben eines einzigen Menschen als Opfer für das Himmelreich auf Erden für Millionen, für Milliarden Menschen.

Man hilft nicht der Menschheit durch Menschenopfer« (*Revolutionäre*. S. 13).

Solchen Literaturkritikern, die selbst die Welt verändern möchten, wird diese Konsequenz unbehaglich sein.

Zuerst der Mensch, dann die Gesellschaft – hinter diesem mit Absicht provozierend gewählten Untertitel verbergen sich für uns am Ende drei Gesichtspunkte, die wir rückblickend auf Kestens Zeitromane zusammenfassen wollen.

1. Zuerst ist es der Mensch selbst, der durch sein eigenes inhumanes Verhalten und durch seine Widersprüchlichkeit die Inhumanität und Widersprüchlichkeit der Gesellschaft prägt. Die Gesellschaft ist also keine anonyme Größe, auf die man alle Schuld am Unzulänglichen unseres Daseins abwälzen kann, der Mensch ist selbst für sie verantwortlich. Allerdings bedeutet die vom Menschen geprägte Gesellschaft wiederum Nährboden für neue menschliche Schwächen oder Unmenschlichkeiten, und somit wird der Mensch von ihr auch getrieben. Kesten spricht das zwar alles nicht aus, es läßt sich aber aus seinen Romanen schließen.

2. Auch in Kestens Schaffen selbst kommt zuerst der Mensch, dann die Gesellschaft. »Mich interessieren vor allem in meinen Romanen, wie in meinen Stücken und Essays, die Menschen.«[11] Zeitkritik geschieht deshalb bei Kesten nicht zuletzt durch Kritik am Menschen der Zeit.

3. Ebenso wie im Kunstwerk der Mensch im Vordergrund des Interesses steht, muß für Kesten auch in der Wirklichkeit alles auf den Menschen bezogen sein. Denn man kann zwar – Kestens Hinweise und Besorgnisse logisch weiterführend – eine Gesellschaft der Idee nach verbessern und dennoch Tausende von Menschen morden und Millionen von Menschen versklaven.

Bleibt uns zum Schluß noch die Frage: Gibt es aus Kestens Romanen eine Hoffnung? Die Antwort ist ja, aber antithetisch. Denn so, wie Kestens Menschen durch Begierde und Charakter alle Ideale einer Gesellschaft verraten, wenn diese zu anspruchsvoll und zu menschlich sind, so könnte der Mensch auch die Nichtideale einer Gesellschaft überwinden, wenn diese zu unmenschlich werden. Die Aktion muß dann im einzelnen Menschen selbst beginnen. Kesten, der Skeptiker, nihilistische Optimist und *carpe-diem*-Mensch, gab uns hierzu selbst das beste Beispiel. Denn »in jener Zeit, da in Deutschland Bücher und Menschen verbrannt wurden und manche, die hätten helfen können, es vorzogen, untätig zu bleiben, hat Kesten, selber ein Vertriebener, das Leben vieler deutscher Schriftsteller gerettet«.[12] Für Stefan Zweig war Kesten sogar ein »Schutzvater und geradezu Schutzheiliger aller über die Welt Versprengten«[13], und selbst Bertolt Brecht hatte ihm entscheidende Hilfe zu verdanken, auch wenn er später zu denen gehörte, die sich »wegen seiner [Kestens] feindlichen einstellung«[14] nur noch äußerst unsachgemäß an Kesten erinnern wollten. Kesten hatte Brecht schon zu dessen Lebzeiten gelegentlich einmal kritisiert. Er, der Kritiker am Menschen der Zeit, machte auch vor seinen literarischen Zeitgenossen nicht halt. Geholfen hat er ihnen trotzdem.

Anmerkungen

Zitate aus Kestens Werken werden im Text durch Kurztitel und Seite identifiziert, bei Eindeutigkeit wird nur mit Seitenangabe zitiert. Benutzte Kurztitel:

Filialen = Filialen des Parnaß
Ein Mann = Ein Mann von sechzig Jahren
Revolutionäre = Revolutionäre mit Geduld

1. Walter Benjamin: »Die dritte Freiheit« (s. Lit.).
2. Alle zitierten Stellen aus diesem Abschnitt stammen aus: *Filialen*. S. 285 ff.
3. Horst Bienek: *Werkstattgespräche mit Schriftstellern* (s. Lit.). S. 161.
4. Hermann Kesten: »Das Leben mit unseren Figuren«. Nachwort zu *Der Scharlatan*. S. 396.
4a. In der Ausgabe München: dtv 1975 hat Kesten diese Stelle dann geändert.
5. Friedrich Schiller: *Über das Erhabene*.
6. Walter Seifert: »Exil als politischer Akt. Der Romancier Hermann Kesten«. In: Durzak [Hrsg.] *Die deutsche Exilliteratur 1933–1945* (s. Lit.).
7. Walter Seifert: »Die pikareske Tradition im deutschen Roman der Gegenwart«. In: Durzak [Hrsg.], *Die deutsche Literatur der Gegenwart* (s. Lit.).
8. Marcel Reich-Ranicki: *Deutsche Literatur in West und Ost* (s. Lit.). S. 265.
9. Hermann Kesten [Hrsg.]: *Deutsche Literatur im Exil* (s. Lit.). S. 273.
10. ebd., S. 73.
11. Horst Bienek: *Werkstattgespräche mit Schriftstellern* (s. Lit.). S. 161.
12. Marcel Reich-Ranicki: *Literarisches Leben in Deutschland* (s. Lit.). S. 262.
13. Hermann Kesten [Hrsg.]: *Deutsche Literatur im Exil* (s. Lit.). S. 140 (Brief von Stefan Zweig).
14. Bertolt Brecht: *Arbeitsjournal* (s. Lit.), Eintragung unter dem Datum vom 8. Juni 1942. – Über Brechts Verhältnis zu Kesten vgl. auch H. Kesten: *Lauter Literaten*. S. 423–441 (bes. S. 436 ff.).

Literaturhinweise

Zitierte Werke

Josef sucht die Freiheit. Berlin 1927. (Zitiert nach: *Bücher der Liebe*. München 1960.)
Glückliche Menschen. Berlin 1931. (Zitiert nach: *Bücher der Liebe*. München 1960.)
Die Kinder von Gernika. Amsterdam 1939. (Zitiert nach: *Bücher der Liebe*. München 1960.)

Der Scharlatan. Berlin 1932. (Zitiert nach der Ausgabe: München 1965.)
Filialen des Parnaß. München 1961. (Zitiert als: *Filialen.*)
Lauter Literaten. München 1963.
Die Zeit der Narren. München 1966.
Ein Mann von sechzig Jahren. München 1972. (Zitiert als: *Ein Mann.*)
Revolutionäre mit Geduld. Percha 1973. (Zitiert als: *Revolutionäre.*)

Forschungsliteratur (Auswahl)

Benjamin, Walter: »Die dritte Freiheit«. In: *Die literarische Welt*, 5 (1929). Nr. 23.
Bienek, Horst: *Werkstattgespräche mit Schriftstellern.* München ²1962. S. 152–163.
Brecht, Bertolt: *Arbeitsjournal.* Hrsg. von Werner Hecht. Frankfurt a. M. 1973.
Kesten, Hermann [Hrsg.]: *Deutsche Literatur im Exil. Briefe europäischer Autoren 1933–1949.* Frankfurt a. M. 1973.
Hermann Kesten. Ein Buch der Freunde. Zum 60. Geburtstag. München, Köln u. Frankfurt a. M. 1960.
Reich-Ranicki, Marcel: *Deutsche Literatur in West und Ost.* München 1963. S. 263–268.
– *Literarisches Leben in Deutschland.* München 1965.
Seifert, Walter: »Die pikareske Tradition im deutschen Roman der Gegenwart«. In: Manfred Durzak [Hrsg.], *Die deutsche Literatur der Gegenwart.* Stuttgart 1971. S. 192–210.
– »Exil als politischer Akt. Der Romancier Hermann Kesten«. In: Manfred Durzak [Hrsg.], *Die deutsche Exilliteratur 1933–1945.* Stuttgart 1973. S. 464–472.

ALEXANDER STEPHAN

Anna Seghers.
Künstlerische Anschauung und politischer Auftrag

Im Jahre 1948, unmittelbar nach ihrer Rückkehr aus dem mexikanischen Exil, erinnert sich Anna Seghers anläßlich eines Besuches der Leningrader Eremitage an folgende Geschichte: »Die Eremitage wurde nach der Blockade neu eröffnet [...]. Drei Besucher treffen sich vor dem Portal. Ein Maler, ein Historiker, ein Funktionär. Es war aufschlußreich, sagt der Historiker, zu beobachten, welches Bild jeder Besucher zuerst wiederzusehen wünschte. Der Funktionär gesteht, er sei zuerst zu Velasquez gelaufen [...]. Der Künstler gesteht, daß es ihn vor allem danach verlangt hat, Greco wiederzusehen. Er muß für dieses Geständnis die Kritik des Funktionärs einstecken. Wie kann man Greco neben Velasquez einen großen realistischen Maler nennen? Seine übertriebenen Maße, seine unwahrscheinlichen Farben, seine unklaren extravaganten Gesichter. – [...] Da gibt ihm der Maler eine Erklärung [...]: ›Sie lebten beide, Velasquez und Greco, im Goldenen Zeitalter der spanischen Kunst. In diese Epoche der Geschichte gehörten Erfindungen und Entdeckungen, gehörte die Conquista. Die ungeheure Veränderung des äußeren Weltbildes war ohne Zweifel mit einer Veränderung der Gedankenwelt verbunden. Die geographische Ausdehnung mit der inneren Eroberung von Phantasien und nie gedachten Gedanken. Velasquez hat die Staatsmänner, hat die Hofleute dieser Jahre gemalt, die dem äußeren Tatbestand ihre Namen gaben. Greco hat die Eroberung in das Innere des Menschen gemalt. Das war nichts Idealistisches, das war nichts Abstraktes, das Innere war ebenso konkret, ebenso realistisch, ebenso wahr.‹ Er hätte noch hinzufügen können: Er, Greco, hat also in seiner Zeit den Realismus erweitert, der ihr entsprach, wie der Sowjetschriftsteller heute dem Begriff des ›Sozialistischen Realismus‹ seine Enge und Starrheit nimmt, die man ihm aus Irrtum oder aus Unwissenheit oder aus Böswilligkeit zuschieben will.«[1]
Die Spannung zwischen Kunst und Politik, gefaßt in eine anekdotische Umschreibung der ästhetischen Prinzipien des sozialistischen Realismus, die Metaphern einer anschaulichen Sprache an Stelle von abstrakten und theoretischen Begriffen, die Phantasie, Extravaganz und Farbigkeit einer erweiterten Realismuskonzeption gegenüber der Enge und Starrheit einer dogmatisch angelegten sozialistischen Literaturtheorie: El Greco und der Künstler auf der einen, Velasquez und der Funktionär auf der anderen Seite, damit sind die zentralen Komponenten von Anna Seghers' Werk umrissen.
Thema dieses Werkes waren von Anfang an »die ungeheuren Veränderungen des äußeren Weltbildes«, die selbst handelnd miterlebten Wendepunkte der geschichtlichen Entwicklungsabschnitte des 20. Jahrhunderts, erzählt nicht aus dem Blick-

winkel der Staatsmänner, der Helden, der Funktionäre oder Führer, sondern durch ihre Reflexe im Inneren ganz alltäglicher Menschen. Denn – so stellt Anna Seghers schon für Tolstois *Krieg und Frieden* fest – nur »die Schnittpunkte zwischen dem Ablauf der historischen Handlung und dem Ablauf eines privaten Schicksals wirken wie die Schnittpunkte von Notwendigkeitslinien [...]«.[2] Die ›historischen Handlungen‹, allen voran der Zusammenbruch der Weimarer Republik, das Exil und der Aufbau der DDR, waren es dann auch, die Anna Seghers' Werk in drei Abschnitte gliederten. Da ist zunächst einmal das Frühwerk, Erzählungen, Reportagen und Romane, die vor 1933 und unmittelbar nach der Flucht aus Deutschland entstanden. Konkrete politische und gesellschaftskritische Aussagen treten hier trotz aller revolutionären Verve noch hinter die Auseinandersetzungen mit der künstlerischen Darstellungsmethode, hinter Experiment mit Montage und offener Form, hinter psychologische Analysen und exemplarische Milieustudien zurück. Der Ausgleich zwischen kritischer Gesellschaftsanalyse und Darstellungsmethode sollte Anna Seghers erst mit jenen beiden großen Exilromanen gelingen, die ihre zweite Schaffensperiode bestimmen: *Das siebte Kreuz* (1942) und *Transit* (1944). Hier werden die politischen und militärischen Ereignisse der Zeit in ihrer historischen Einmaligkeit entlarvt. In der parabolischen Prägnanz von Bildern wie dem des leergebliebenen siebten Kreuzes im KZ Westhofen, das die gelungene Flucht eines der Häftlinge anzeigt, oder dem des ziellosen Transit aus der alten, vom Krieg zerrissenen Welt vermögen die konkret geschilderten Schicksale von einzelnen die Wirrnisse und Hoffnungen einer ganzen Epoche zusammenzufassen.

Aber schon das Jahr 1947 mußte mit Anna Seghers' Rückkehr aus dem mexikanischen Exil in die sowjetisch besetzte Zone eine erneute Verschiebung des Gleichgewichts zwischen Poesie und Politik nach sich ziehen, diesmal in Richtung auf eine parteilichere politische Aussage. Immer stärker unterwirft seither die alternde Schriftstellerin, die inzwischen eine führende Position im Kulturleben der DDR eingenommen hat, ihre letzten Romane, *Die Toten bleiben jung* (1949), *Die Entscheidung* (1959) und *Das Vertrauen* (1968), den Darstellungsprinzipien des sozialistischen Realismus. Velásquez beginnt die Farbigkeit und Phantasien Grecos endgültig zu verdrängen.

Der stufenweisen Politisierung der Dichtung Anna Seghers' entspricht die rasch anwachsende Zahl von literaturtheoretischen und ästhetischen Aussagen. Der öffentliche Auftrag zur aktiven kulturpolitischen Arbeit verlangt ein Überdenken der künstlerischen Maxime.

Ausgangspunkt bleiben dabei aber auch hier für Anna Seghers zeit ihres Lebens die von den jeweiligen tagespolitischen Forderungen bestimmten Positionen des Marxismus. Sei es wie in ihren ersten Kurzgeschichten und Romanen in Form der operativen Experimentalliteratur, wie sie in den Jahren unmittelbar vor 1933 am Rande des Bundes proletarisch-revolutionärer Schriftsteller (BPRS) propagiert wurde,[3] sei es nach den bis heute gültigen Vorschriften der offiziellen Realismuskonzeption des sozialistischen Realismus, wie sie Georg Lukács 1931/32 im BPRS-Organ *Linkskurve* und während der ersten Exiljahre in der sogenannten Expressionismusdebatte formulierte – immer versuchte sich Anna Seghers an den Darstellungsprinzipien der marxistischen Ästhetik zu orientieren.

Spätestens im Laufe der Expressionismusdebatte,[4] in der zahlreiche exilierte kommunistische Schriftsteller, geschart um Lukács als den offiziellen Vertreter der Partei auf der einen und die Anhänger Bertolt Brechts mit Ernst Bloch auf der anderen Seite, die Frage nach einer realistischen Abbildung der Wirklichkeit bzw. dem Stellenwert von experimentellen Formen wie Montage, Reportage, Verfremdung und innerem Monolog innerhalb der marxistischen Ästhetik diskutierten, mußte auch Anna Seghers klar geworden sein, daß die Darstellungsmethode ihrer bisherigen Romane, die sie intuitiv aus deren Inhalt und intendierter Wirkung abgeleitet hatte,[5] nicht mehr so ohne weiteres mit den politischen Zielen des parteioffiziellen Kommunismus in Übereinstimmung zu bringen waren. Vor allem das in ihrem Frühwerk praktizierte bedingungslose Anknüpfen an die »sichtbare Wirklichkeit«, an »Gesehenes und Gehörtes«, mit dem sie sich bereits 1932 in einer ihrer ganz wenigen literaturtheoretischen Bemerkungen aus jener frühen Zeit auseinandergesetzt hatte, die Nivellierung der Spannung zwischen »›innen‹ und ›außen‹«[6] also, konnte den Anforderungen des sozialistischen Realismus jetzt nicht mehr genügen.

Den Anstoß zu dieser Einsicht gab ein kleiner, an die Expressionismusdebatte anknüpfender Briefwechsel mit Georg Lukács,[7] dessen Ausgangspunkt Lukács' Vorstellungen von einem zweistufigen Prozeß bei der Umsetzung der Realität in ein Kunstwerk waren: »[...] nämlich erstens das gedankliche Aufdecken und künstlerische Gestalten dieser [tiefer liegenden, verborgenen, vermittelten, unmittelbar nicht wahrnehmbaren, A. S.] Zusammenhänge; zweitens aber, und unzertrennbar davon, das künstlerische Zudecken der abstrahiert erarbeiteten Zusammenhänge – die Aufhebung der Abstraktion. Es entsteht durch diese doppelte Arbeit eine neue, gestaltet vermittelte Unmittelbarkeit, eine gestaltete Oberfläche des Lebens, die, obwohl sie in jedem Moment das Wesen klar durchscheinen läßt (was in der Unmittelbarkeit des Lebens selbst nicht der Fall ist) doch als Unmittelbarkeit, als Oberfläche des Lebens erscheint. Und zwar als die ganze Oberfläche des Lebens in allen ihren wesentlichen Bestimmungen – nicht nur ein subjektiv wahrgenommenes und abstrahierend übersteigertes und isoliertes Moment aus dem Komplex dieses Gesamtzusammenhangs.«[8]

Gerade um diese Unmittelbarkeit, auch wenn sie bis an die Grenze einer emotionalen Spontaneität und eines künstlerischen Subjektivismus zu führen droht, geht es Anna Seghers aber, wenn sie der mechanistischen Konzeption Lukács' die ebenfalls zweiteilige, nun aber von der Anschauung anstatt der Analyse ausgehende Schaffensmethode Tolstois[9] gegenüberstellt: »In seinem Tagebuch gibt Tolstoi an, daß dieser Schaffensprozeß gleichsam zweistufig ist. Auf der ersten Stufe nimmt der Künstler die Realität scheinbar unbewußt und unmittelbar auf, er nimmt sie ganz neu auf, als ob noch niemand vor ihm dasselbe gesehen hätte, das längst Bewußte wird wieder unbewußt, auf der zweiten Stufe aber handelt es sich darum, dieses Unbewußte wieder bewußt zu machen usw.«[10] Nicht der analytisch-intellektuelle (und damit natürlich auch politisch leichter zu steuernde) Prozeß steht also bei Anna Seghers am Anfang, sondern die durchaus subjektive, künstlerische Aufnahme der Wirklichkeit. So kommt es, daß sie es selbst im Exil und der politisch unruhigen Zeit kurz vor dem Ausbruch des Zweiten Weltkrieges noch vorzieht, Gesellschafts- und Zeitkritik künstlerisch zu verschlüsseln, anstatt sie unmittelbar in offene Agitprop umzusetzen.

Als Lukács dann auf Anna Seghers' Stellungnahme hin in seinem Antwortbrief etwas pikiert noch einmal seine Argumente aus der Expressionismusdebatte wiederholt und der Unmittelbarkeit der künstlerischen Anschauung wiederum jene Spontaneität nachzuweisen versucht, die zwar (wie auch bei Bredel, Brecht und Tretjakow) subjektiv ehrlich gemeint und scheinbar richtig sein kann, an den objektiven, unter der sichtbaren Oberfläche liegenden wahren gesellschaftlichen Triebkräften aber notwendig vorbeigehen muß, findet Anna Seghers das alles zwar »sehr schön«, weigert sich aber standhaft, die »›moralisch-intellektuelle Arbeit‹« an den Anfang ihres Schaffensprozesses zu stellen. Und zwar das »nicht aus Widerspruch, sondern aus Angst vor einer bestimmten Art Mißverständnis. Kennen wir doch genug Leute, die verzweifelt an sich selbst arbeiten, wahrhaft ›Ringende‹, intellektuell und moralisch, denen das Eindringen, die Tiefe wirklicher Unmittelbarkeit dann doch völlig mißrät, während manche François Villons, manche Verlaines... Die Unmittelbarkeit mißlang, weil diese Arbeit an sich selbst, dieses Ringen mit sich selbst, daß es knackt, eine Scheinarbeit war, nur ›an sich selbst‹, auf nichts wirklich bezogen«.[11]

Was Anna Seghers nämlich befürchtet, ist, daß Lukács mit seiner Realismustheorie einen Besen liegengelassen haben könnte, mit dem jene »›Zauberlehrlinge‹«, die sich fälschlicherweise im Vollbesitz der Methode des Realismus »glauben«, »die Welt ganz zu *entzaubern*«[12] in der Lage wären. Aufgabe jedes gesellschaftskritischen Schriftstellers sei es dagegen, mit Hilfe der unmittelbaren Anschauung Einblicke in die Struktur der Gesellschaft zu gewinnen, selbst wenn das bedeutet, daß die Abbildung der Brüche, Hohlräume und »Splitterchen«[13] in der sich in ihrem Zerfallszustand befindlichen zeitgenössischen bürgerlichen Welt auch das Kunstwerk sprunghaft, offen und fragmentarisch bleiben läßt. Denn: »Solche Krisenzeiten sind in der Kunstgeschichte von jeher gekennzeichnet durch jähe Stilbrüche, durch Experimente, durch sonderbare Mischformen [...]. Damit meine ich nicht, daß Fehlschläge und Leerläufe unbedingt sein müssen. Ich zweifle nur, ob manche Versuche überhaupt Leerläufe waren.«[14]

Anna Seghers stimmt also mit Bloch, Eisler und Brecht, obwohl letzterer sich ja nie offen an den Auseinandersetzungen um den Expressionismus beteiligt hat, darin überein, daß Lukács »ein wenig wirklichkeitsfremd«[15] sei. Während Brecht aus dieser Einsicht nun aber den Schluß zieht, daß die Vielfalt der Darstellungstechniken nicht ab-, sondern auszubauen sei, und konsequent die Anklage auf Formalismus gegen Lukács selbst kehrt, weil dieser anstatt in die Masse hinein-, »aus der Masse herausgeht«,[16] während Brecht also gerade an der intellektuellen Mitarbeit des Rezipienten interessiert ist, kommt die Realismuskritik der frühen Anna Seghers genau von der entgegengesetzten Seite: nur jener Autor, dem die direkte Abschilderung der elementar-unmittelbaren Triebkräfte im Menschen gelingt, die immer wieder spontan und unvermittelt plötzlich die scheinbar geschlossene, dumpfe, von »tödlicher Langeweile« (*Transit.* S. 18) gekennzeichnete Oberfläche der gesellschaftlichen Realität zu durchbrechen, kann auch die gesellschaftlich-geschichtlichen Bewegungsgesetze sichtbar machen, deren Erhellung allein die Veränderung des Menschen und der Gesellschaft bewirken kann, um die es Anna Seghers ja ebenso wie Lukács und Brecht letztlich geht.

Anschauung und eine farbige, sinnlich-unmittelbare Abbildung des Angeschauten, spontane Eruption von Emotionen und Aktionen und die bis an einen Subjektivismus grenzende Umsetzung von historisch-gesellschaftskritischen Themen in künstlerische Formen sowie schließlich eine Darstellungsmethode, die in Übereinstimmung mit der Problemstellung ausgehend von einzelnen exemplarisch-typischen Ereignissen mehr oder wenig unabhängige novellistische Episoden unvermittelt nebeneinandergestellt zu einem losen Romangeflecht verwebt, das sind die Charakteristika, die Anna Seghers' Werk zumindest bis 1945 auszeichnen.

Wenn dann zu guter Letzt doch noch die von Lukács definierte Realismuskonzeption einen wachsenden Einfluß auf ihr Spätwerk auszuüben beginnt, dann hängt das mit der Entwicklung jenes nach 1945 von Anna Seghers als Heimat gewählten Teiles Deutschlands von einer vorrevolutionären, faschistischen zu einer sozialistischen Gesellschaft zusammen, in der, offizieller Sicht nach zumindest, Sein und Erscheinung wieder so weit zusammengefallen sind, daß es auch für den gesellschaftskritischen Künstler keine Hohlräume und Bruchstellen mehr aufzuzeigen gibt.

Trotzdem sollte sich gerade Anna Seghers im Gegensatz zu vielen ihrer Kollegen auch als Kulturpolitikerin der DDR selbst in Zeiten politischer Abkühlung nie dazu verleiten lassen, formale Neuerungen und selbstkritische Systemanalysen pauschal als Formalismus und Einbruch der westlichen Dekadenz abzustempeln. »Scholastische Schreibart«,[17] »*Schönfärberei*« und »*Schematismus*«[18] sowie eine »kleinbürgerliche, provinzielle Stoffwahl«[19] blieben ihr auch weiterhin die Haupthindernisse für eine auf Anschauung basierende gesellschaftskritische Literatur. Denn: »Anstatt [...] die Wirklichkeit zu studieren, geht er [der schematische Schriftsteller, A. S.] umgekehrt vor: Er sucht in der Wirklichkeit nach Teilen und Teilchen, die ihm geeignet erscheinen, um das unvermeintliche Dogma zu illustrieren. Er denkt: Dann kann mir nichts Schlimmes passieren.« Aber, so fährt Anna Seghers in ihrem Diskussionsbeitrag auf dem richtungweisenden IV. Deutschen Schriftstellerkongreß im Januar 1956 fort, »die scholastische Schreibart ist Gift, wie marxistisch sie sich auch gebärdet, sie ist unserer Idee feindlich. Denn sie bewirkt Erstarrung statt Bewegung, sie bewirkt Faulheit statt Initiative«.[20]

Die literarische Karriere der Anna Seghers setzte im Gegensatz zu der von Schriftstellern wie Bertolt Brecht, Johannes R. Becher, Friedrich Wolf und Ernst Toller, die alle zum Zeitpunkt ihrer ersten Kontakte mit dem Marxismus bereits auf ein zum Teil schon beträchtliches Œuvre zurückblicken konnten, erst parallel mit ihrem Übertritt aus dem Bürgertum ins kommunistische Lager ein. Im Jahre 1928, in dem sie auch für ihre erste Buchveröffentlichung, die Erzählung *Der Aufstand der Fischer von St. Barbara*, den renommierten Kleist-Preis erhielt, wurde sie Mitglied der KPD und trat kurz darauf dem eben erst gegründeten Bund proletarisch-revolutionärer Schriftsteller bei. Zwei Jahre später fuhr sie mit einer Bundesdelegation zur II. Internationalen Konferenz für proletarische und revolutionäre Schriftsteller nach Charkow, knüpfte dort Beziehungen zum Sekretariat der Internationalen Vereinigung revolutionärer Schriftsteller an, schrieb eine Reportage über den damals in der Sowjetunion gerade in großer Aufmachung stattfindenden Industrieparteiprozeß und begann nach ihrer Rückkehr, die Arbeit des BPRS durch Beiträge in dessen Zeitschrift *Linkskurve*, durch Vorträge, die Teilnahme an Kongressen und die Unterzeichnung von Resolutionen und Aufrufen zu unterstützen.

Trotzdem sollte der Klassenwechsel auf lange Jahre hin vor allem auf ihre künstlerische Entwicklung einen entscheidenden und durchaus nicht unproblematischen Einfluß ausüben. So wie zuvor Becher, Wolf und Brecht glaubte nämlich auch Anna Seghers, mit der Zurückweisung ihrer bürgerlichen Erziehung in Elternhaus und Universität, mit einem allgemeinen Protest gegen soziale Ungerechtigkeiten und dem zwar heftigen, aber um so unbestimmteren Wunsch nach einer umwälzenden gesellschaftlichen Erneuerung der Sache des Proletariats schon ausreichend gedient zu haben.

Kennzeichen der ersten Schaffensperiode der Anna Seghers ist deshalb das unvermittelte Nebeneinander von dumpfen Milieuschilderungen mit passiven, von der Chancenlosigkeit des kapitalistischen Systems ausgelaugten und entmenschlichten Randerscheinungen der Gesellschaft und dem ethischen Sozialismus von zwar ungeduldig-revolutionären, gleichzeitig aber auch rasch desillusionierten intellektuellen Mitläufern aus dem Bürgertum, die nur hier und da unmotiviert-plötzlich zu sporadischen Revolten aus ihrer Lethargie gerissen werden und sich – wenn überhaupt – allein aus emotional-zufälligen Motiven heraus in den Gleichschritt der proletarischen Massen einordnen, nur, um schon bald einen mehr oder weniger bewußten Märtyrertod zu sterben. Die Folge ist, daß sich die undialektische Trennung von intellektuellem und instinktiv-emotionalem Klassenbewußtsein in einer – auch formal – schematischen Gegenüberstellung von Opfern und Profiteuren des Kapitalismus niederschlägt. So versucht Anna Seghers schon in *Grubetsch* (1927) und *Die Ziegler* (1930), die zu ihren frühesten Erzählungen gehören, mehr in den psychologischen Zustand als die sozialen Bedingungen einer Reihe völlig entmenschlichter, vereinzelter und in ihrer dumpfen Emotionalität fast bis ans Tierische grenzenden Außenseiter der Gesellschaft vorzudringen, während die zur gleichen Zeit entstandenen Novellen *Der Aufstand der Fischer von St. Barbara*, *Auf dem Wege zur amerikanischen Botschaft* (1930) und vor allem *Bauern von Hruschowo* (1930) genau das entgegengesetzte Extrem, nämlich die Kraft der spontan ausbrechenden, jede Individualität auslöschenden Revolution beschwören. Mit Ausnahme der Erzählung *Bauern aus Hruschowo*, die die Revolte der ruthenischen Waldbauern in der Karpatoukraine um 1920 zum Thema hat, geht es Anna Seghers dann auch in keiner dieser Geschichten, selbst in den Revolutionserzählungen nicht, um die Nachzeichnung historisch belegbarer Ereignisse, sondern vielmehr um eine in inneren Monologen oder einem Bewußtseinsstrom, jedenfalls aber hochartifiziell erzählte Analyse des psychologischen Zustandes der Unterdrückten und Revolutionäre. St. Barbara und die amerikanische Botschaft bleiben geographisch unfixiert. Der namen- und vergangenheitslose Fremde gerät nur zufällig und zunächst widerwillig in den Demonstrationszug zur amerikanischen Botschaft. Und der erfolglose Aufstand, in den die Fischer von St. Barbara, ohne sich über ihre soziale oder politische Lage genauer Gedanken gemacht zu haben, plötzlich geraten, wird von Anfang an ins Zeitlos-Mythische enthoben: »St. Barbara sah jetzt wirklich aus, wie es jeden Sommer aussah. Aber längst, nachdem die Soldaten zurückgezogen, die Fischer auf der See waren, saß der Aufstand noch auf dem leeren, weißen, sommerlich kahlen Marktplatz und dachte ruhig an die Seinigen, die er geboren, aufgezogen, gepflegt und behütet hatte für das, was für sie am besten war« (*Aufstand.* S. 7).

Revolution also nur als Gegenpol zu Bewegungslosigkeit und Langeweile, eine Demonstration gegen die Hinrichtung von Sacco und Vancetti als Anlaß für eine psychologische (und indirekt auch autobiographische) Studie über das Aufgehen des einzelnen in der Masse und Kapitalismuskritik schließlich ohne die Perspektive eines siegreichen Sozialismus, vorgeführt am Beispiel eines dahinvegetierenden Lumpenproletariats; kein Wunder, daß Anna Seghers nicht nur aus dem bürgerlichen, sondern auch aus dem proletarisch-revolutionären Lager mit Kritik bedacht wurde. So sah sich auf der einen Seite Hans Henny Jahnn, der den *Aufstand der Fischer von St. Barbara* mit dem Kleist-Preis ausgezeichnet hatte, dazu veranlaßt, seine Wahl durch die Hervorhebung der formalen Vorzüge der Erzählung zu verteidigen, deren »sinnliche Vieldeutigkeit«, »spannende Handlung« und »fast metaphysische Verklärung« des »Daseinsvorgangs« zu betonen und darauf hinzuweisen, daß hier »die Funktionen des Lebens [...] weniger wichtig als die Tatsache seiner Existenz« seien und »alles, was als Tendenz« erscheinen könnte, in einer »leuchtenden Flamme der Menschlichkeit«[21] verbrenne.

Formalismus anstatt gesellschaftskritischer Tendenz, Menschlichkeit an Stelle von aufklärerischer Kampfwirkung, das waren andererseits nun aber gerade die Ansatzpunkte der Kritik der marxistischen Rezensenten im KPD-Zentralorgan *Rote Fahne* und in der *Linkskurve*. So fragte die *Linkskurve* polemisch: »Für wen schreibt Anna Seghers? Nur zu ihrer eigenen Freude, aus ›Lust am Fabulieren‹ und will sie ›rein künstlerische‹ Eindrücke auslösen? Oder steht auch über ihrem Schaffen die Forderung [...]: ›Kunst ist Waffe im Klassenkampf!‹«[22] Und Otto Biha, der als einer der führenden Theoretiker des BPRS gerade in jenen Monaten zusammen mit Georg Lukács und Johannes R. Becher die Einbrüche der psychologisierenden und dokumentarisch-experimentellen Literatur in die eben erst festgelegten Grundlagen des sozialistischen Realismus abzuwehren versuchte, faßt in seinem Sammelaufsatz über »Die proletarische Literatur in Deutschland« noch einmal zusammen: »Dem gegenüber wollen wir auch gleich betonen [...], daß also die Funktion der Bearbeitung von in Bewegung geratenen Kleinbürgerschichten zweifellos besser der klare und konsequente Marxist durchführen wird, der diesen Entwicklungsprozeß in sich bereits überwunden hat und im Auftrag der Klasse wirkt, nicht aber als schriftstellerische Gestaltung der eigenen Auseinandersetzung, der Zweifel und Hoffnungen im Gärungsprozeß selbst.«[23]

Eben diese aus ihrer biographischen Entwicklung abzuleitende Spannung zwischen der bürgerlichen Intellektuellen, die mit dem klassischen Kulturerbe vertraut ist und über Rembrandt promoviert hat, und dem Parteimitglied, der revolutionären Kämpferin für das Proletariat und proletarisch-revolutionären Schriftstellerin, sollte Anna Segher's Werk fortan bestimmen.

Auch *Die Gefährten* (1932), ihr erster, noch kurz vor der Machtübernahme Hitlers veröffentlichter Roman, stand unter dem Zeichen dieser Gegensätze. Das Thema des Romans, der nicht zuletzt auch die angespannte politische Lage der Weimarer Republik kurz vor deren Zusammenbruch reflektiert, ist die trotz aller Niederlagen unbesiegbare Kraft des Proletariats. Sie wird demonstriert an Hand der alle Bewährungen und Anfechtungen überdauernden Kämpfe von insgesamt zweiundzwanzig Revolutionären, die zwischen 1919 und 1930/31 in Polen, Ungarn, Bulgarien, Italien und China an Aufständen, Streiks und Untergrundarbeit beteiligt waren. Obwohl kaum einer dieser Revolutionäre eine Entwicklung durchmacht und obwohl sie nahezu alle durch die Ausklammerung ihrer bürgerlichen Klassengegner und ihres eigenen Alltagslebens aus der Handlung ihrer psychologischen und gesellschaftlichen Glaubwürdigkeit beraubt werden, lassen sich doch auch die ›Gefährten‹ ohne weiteres nach ihrem Klassenursprung und der daraus resultierenden Problematik in Proletarier und Intellektuelle aufteilen.

Janek, Dombrowski und Wladek, hoffnungslos verarmte polnische Färber, die sich dem Pilsudski-Regime widersetzen, Bordoni und der Rumäne Pali, die in der italienischen Partei arbeiten, und Dudoff, der im bulgarischen Prutkagebirge zum legendären Helden der Holzfäller wird, sind proletarischer Herkunft. Instinktiv und ohne sich zu verändern oder jemals ihre Mission in Zweifel zu ziehen, erfüllen sie die ihnen von der Partei gestellten Aufgaben bis hinein in einen vorbildlichen Märtyrertod. Der vitalen Simplizität ihrer Motivation entspricht dabei die urwüchsige, ans Mythologisch-Symbolische reichende Geschlossenheit der Orte, an denen sie agieren: Holzfällersiedlungen am Rande der Zivilisation, die Dorfgemeinschaft auf dem flachen Land in Polen und die Familie in Italien. Armut, Elend und jener beinahe organische Wechsel zwischen Passivität, Herumlungern und spontaner Gewalttätigkeit, der schon die frühen Milieustudien der Anna Seghers bestimmt hatte, sind hier zum Brutnest der revolutionären Kraft des Volkes geworden – vorerst allerdings noch immer ohne jeden Versuch, auch die Hintergründe für die sozialen Ungerechtigkeiten, gegen die mit solcher Verzweiflung angekämpft wird, analytisch aufzudecken.

Gerade um die Spannung bei der Verbindung von intellektueller und praktischer Arbeit für die Revolution geht es nun aber jener zweiten, aus dem Bürgertum übergetretenen Gruppe von ›Gefährten‹, der vor allem die ungarischen und chinesischen Revolutionäre angehören. Während der Fremde, der sich auf dem Weg zur amerikanischen Botschaft befindet, und Hull, der den Aufstand in St. Barbara organisiert, noch den Wechsel von Passivität und Aktion, von Angst und Lebensgier symbolisch im Aufgehen in der Masse bzw. dem Entfachen des Aufstandes vorstellten, haben sich die Intellektuellen aus dem Roman von 1932 mit einer weitaus komplizierteren Problematik auseinanderzusetzen, die wiederum autobiographisch Anna Seghers' eigene Position reflektiert. Der ungarische Universitätsdozent Dr. Steiner zum Beispiel, der jener Reihe von unentschiedenen intellektuellen Revolutionären angehört, die von Steiners Kampfgefährten Faludi und Bato über Dr. Kreß im *Siebten Kreuz* bis zu dem Ingenieur Riedl und Herbert Melzer in *Die Entscheidung* und Professor Berndt in *Das Vertrauen* reicht, hat seine Zugehörigkeit zur Revolution zwar schon lange unter Beweis gestellt. Bezeichnenderweise ist dann aber gerade er es, der, verschlagen ins deutsche Exil, enttäuscht von der Niederlage des Aufstandes in Ungarn, gelangweilt von seiner wissenschaftlichen Arbeit, abgestoßen vom kleinbürgerlichen Leben mit seiner Familie und unfähig, die revolutionäre Romantik gegen die tägliche Kleinarbeit der Partei einzutauschen, sich selbst und seine Mission radikal in Frage stellt: »Auf was warte ich eigentlich? Was ist das eigentlich für ein Ding, Weltrevolution? Abgesehen von dem Brot, das wir alle genug haben werden – wird der Weg zwischen Leben und Sterben gangbarer sein [...], wird der Tod geringfügiger sein und werde ich weniger allein sein?« (*Aufstand.* S. 108).

Daß trotzdem die Sympathien der Anna Seghers gerade auf Figuren wie Steiner liegen, beweist die Tatsache, daß vor allem Steiner als einer der wenigen ›Gefährten‹ mit einer gewissen Komplexität ausgestattet ist, gegenüber der ein so konfliktloser Revolutionär wie Liau Han-tschi oder der immer vorbildlich handelnde Parteifunktionär Böhm, der auch als Exilierter »förmlich in das Haus hingewachsen« (*Aufstand.* S. 175) ist, in dem er als Zellenleiter tätig ist, nur leblose Typen und Muster für bestimmte Verhaltensweisen bleiben. Schon hier gilt also, was Anna Seghers fast dreißig Jahre später in einem Gespräch mit Christa Wolf über Robert Lohse, den Entwicklungshelden der *Entscheidung* gesagt hat: »Ich habe Lohse gerne, weil er es nicht leicht hat. Menschen, die es immer leicht haben und besonders strahlend sind, mißtraut man etwas, ehe man sie nicht auf die Probe gestellt sieht.«[24]

Der ungelöste Konflikt zwischen den proletarischen und intellektuellen Revolutionären, zwischen aufopferungsbereiter Aktion und passiver Reflektion, zwischen

organisch-exotischen Handlungsschauplätzen und dem bürgerlichen Kleinstadt-
milieu des deutschen Exils schlägt sich dann auch in der unausgeglichenen Form der
Gefährten nieder. So sind die sechs nach geographischen Gesichtspunkten gegliederten Haupthandlungsstränge nach dem Muster von Dos Passos' *Manhatten Transfer*
und *USA* in unzählige, völlig unvermittelt nebeneinanderstehende Episoden zerlegt. Das Ergebnis ist, daß kaum eine dieser Episoden ausreichend motiviert wird
und kaum einer der Handelnden als Persönlichkeit glaubwürdig wirkt. Ganz bewußt stellt sich Anna Seghers damit schon 1930/31 auf die Seite der Opposition im
BPRS, die gerade in jenen Monaten verstärkt eine operativ-dokumentarische Literatur propagierte. Trotzdem mußte ihr Versuch, die positiven Kräfte der Revolution mit Hilfe der Erzähltechnik der zeitgenössischen bürgerlichen Literatur darzustellen, scheitern. Und zwar aus zwei Gründen: Zunächst einmal waren Montage,
episodenhaftes Erzählen und offene Strukturen, die zur Abbildung der Risse und
Hohlräume in der auseinanderbröckelnden bürgerlichen Gesellschaft entwickelt
worden waren, nicht so ohne weiteres auf die Darstellung des zwar im Einzelfall
noch tragisch endenden, grundsätzlich aber als vorbildlich-positiv angesehenen
Kampfes des Proletariats zu übertragen. Und zum anderen verhinderte Anna
Seghers' antiintellektuelle, auf Anschauung basierende Erzählweise, die auch abstrakte Gesellschaftskritik und politische Aufgabenstellung nur in dichterische Bilder und Szenen zu fassen gewillt war, eine funktionelle Auswertung der extremen
Möglichkeiten jener modernen Erzählmittel in Richtung des viel zerebraleren
Brecht etwa.

Erst als Anna Seghers dann in ihren nächsten Romanen wieder zur Abbildung der
Kraft der Schwachen und Unterdrückten zurückkehrte, ohne jetzt aber die von der
Tagespolitik diktierten konkreten politischen Zielsetzungen aus den Augen zu verlieren, sollte es ihr allmählich gelingen, die Lücke zwischen Aussage, Inhalt und
Form ihrer Romane einigermaßen zu schließen.

Der Kopflohn (1933), *Der Weg durch den Februar* (1935) und *Die Rettung* (1937),
alle entstanden in den ersten Jahren nach der Flucht aus Deutschland, sind ganz
bewußt als Gegenstücke zu den *Gefährten* konzipiert. Geographisch begrenzt auf
ein Dorf im Rheinhessischen »im Spätsommer 1932«, das Österreich des Dollfuß-
Regimes und eine oberschlesische Bergarbeitersiedlung zur Zeit der Weltwirtschaftskrise, haben sie das Thema Revolution mit der Darstellung des langsamen Aufstiegs des Faschismus vertauscht. An die Stelle der exotischen, ausländischen Schauplätze ist wieder ähnlich wie in *Grubetsch* und *Die Ziegler* das zähe, langweilige,
jetzt aber soziologisch fixierbare Alltagsleben des deutschen Proletariats getreten,
an die Stelle der revolutionären Märtyrer die unpolitisch-apathische Masse der
Arbeitslosen und Armen.

Aber so, wie Anna Seghers in *Die Gefährten* mit ihrem revolutionären Elan über
das Ziel hinausgeschossen war und mehr eine legendenartige Geschichte als eine
Darstellung des internationalen Klassenkampfes geschrieben hatte, so schlagen ihre
nächsten Romane unter dem Eindruck der selbst miterlebten Niederlagen der Kom-

munisten und der scheinbar unwiderruflichen Besetzung der ehemals eigenen Positionen wie Volksgemeinschaft, Aktion und Solidarität durch die Faschisten in das andere Extrem um. Nirgends, mit der bedingten Ausnahme von *Der Weg durch den Februar*, eröffnet sich in den auch stilistisch nur zäh dahinfließenden Erzählungen eine revolutionäre Perspektive, nirgends tritt ein vorbildlicher Kommunist auf, der die Massen wenigstens momentan aus ihrer Lethargie reißen könnte – Leben und Hoffnung ist in den Figuren der drei Romane ebenso erstorben wie in der sie umgebenden grauen, schmutzigen, unfruchtbaren Welt.

Mehr noch als in den beiden anderen Romanen Anna Seghers' aus dieser Schaffensperiode, in denen die politischen Ereignisse wie Wahlen, Regierungswechsel und Notverordnungen wenigstens noch am Rande des Geschehens mit diskutiert werden, ist die Handlung des *Kopflohns* auf die Milieustudie eines völlig verarmten Dorfes verengt, dessen Einwohner den Versprechungen der Nationalsozialisten auf ein neues Leben, auf Abenteuer und Macht zum Opfer fallen. Gegenkräfte existieren hier noch nicht einmal mehr andeutungsweise. Johannes Schulz, der auf der Flucht nach einem Polizistenmord im Zentrum der novellistischen Haupthandlung des Romans steht, ist weder intellektuell noch auf Grund seines Klassenbewußtseins dazu in der Lage, seine eigene Situation oder gar die ökonomischen Probleme der Bauern zu analysieren. Kößlin, mit dem Schulz sich anfreundet, wird schließlich zu dessen Verräter, allerdings mehr aus Solidarität zu der neuen Gemeinschaft, der er sich aus der subjektiv ehrlichen Hoffnung auf Arbeit heraus angeschlossen hat, als wegen des ausgesetzten Kopflohns. Und der Bauer Ibst schließlich, der als einziger »einen der wenigen« »roten Stützpunkte« (138) in der Gegend gehalten hat, wird ohne Protest von seiten der Dorfbewohner von dem SA-Mann Zillich erschlagen.

Besonders der für ihre Arbeit auf Anschauung und unmittelbares Miterleben angewiesenen Anna Seghers, die sich nun plötzlich auf unbestimmte Zeit aus der Heimat verbannt sah, mußte die hoffnungslos dumpfe, von stickiger Sexualität und sinnloser Brutalität angefüllte Stimmung des *Kopflohns* als realistisches Abbild der Lage in Deutschland erschienen sein. Wie wenig sie allerdings trotz allem Pessimismus gewillt war, die positive historische Perspektive auf lange aufzugeben, beweist gerade die Gestalt jenes Zillich, den sie Jahre später noch einmal unter der KZ-Wachmannschaft im *Siebten Kreuz* auftauchen läßt und dessen Schicksal schließlich nach dem Krieg in der Novelle *Das Ende* (1945) fertigerzählt werden sollte. Ähnlich wie Martin, Castricius und von Klemm aus *Die Toten bleiben jung*, deren Lebenswege in *Die Entscheidung* und im *Vertrauen* fortgeführt werden, und der Spartakist Erwin, der seinen gesellschaftlichen Auftrag nach dem Staffettenprinzip an den Sohn und Enkel weitergibt, soll auch der Aufstieg und Fall des SA-Manns Zillich einen Überblick über einen ganzen Abschnitt zeitgenössischer deutscher Geschichte vermitteln. Denn während zwar der ehemalige Kleinbauer Zillich weder im *Kopflohn* noch im *Siebten Kreuz* etwas dazulernt und sich nach Kriegsende, seinerseits nun zum Gejagten geworden, immer noch dumpf und unverständig in seiner animalischen Todesangst »wie das Vieh« in die Erde wühlt, um zu »verfau-

len wie dürres Laub, das unaufhaltsam die Erde düngte, ja unaufhaltsam und un-
nachweisbar und unbedrohbar« (*Erzählungen* I. S. 321), so deutet sich doch in den
letzten Zeilen der Erzählung mit Zillichs Sohn, dessen Gesicht – zum Schrecken
selbst seines antifaschistischen Lehrers – vor Freude »strahlt« über die Nachricht
vom Tod seines Vaters, schon der nächste Entwicklungsabschnitt der Geschichte
perspektivisch an: »Jetzt mußte ein anderer, ein fremder Vater [...] für ihn sorgen« (334), nämlich jener Lehrer im neuen sozialistischen Staat.

Mit dem *Kopflohn* war Anna Seghers in ihre unmittelbare Heimat im Raume
Mainz-Worms zurückgekehrt. Hier, wo sich im *Siebten Kreuz* auch die Flucht
Georg Heislers abspielen sollte, war sie so vertraut mit den Regungen der Menschen und den Umrissen des Landes, daß sie sich selbst aus dem Exil heraus an
stimmungsgeladene Milieuschilderungen wagen konnte.

Anders bei ihrem nächsten Roman: *Der Weg durch den Februar* (1935). Diesmal
diente eine Reise in das Österreich des Dollfuß-Regimes kurz nach der Niederlage
des Aufstandes vom Frühjahr 1934[25] als Ausgangspunkt für einen reportageartigen
Reisebericht: *Der letzte Weg des Koloman Wallisch* (1934). Obwohl Wallisch selbst
dann im Roman, der aus der Reportage hervorging, nur in einer kurzen Episode
auftreten sollte, blieb doch gerade die damals umstrittene Darstellungsmethode der
Reportage bestimmend für die Erzählweise des *Wegs durch den Februar*. In einer
dem Roman vorgestellten Bemerkung heißt es dazu: »In diesem Buch sind die
österreichischen Ereignisse in Romanform gestaltet. Manche Vorgänge sind verdichtet worden; man suche auch nicht nach den Namen der Personen und Straßen. Doch
unverändert dargestellt sind die Handlungen der Menschen, in denen sich ihr Wesen und das Gesetz der Ereignisse gezeigt hat« (5). Jener Schnittpunkt zwischen
den historischen Ereignissen und dem privaten Schicksal der Menschen, den Anna
Seghers später für Tolstois *Krieg und Frieden* feststellen sollte, findet hier also bereits seinen Ausdruck in der formalen Vermengung von Reportage und Fiktion.
Gerade der Versuch, die abstrakt erarbeitete Analyse der historischen Ereignisse in
epischer Verschlüsselung vorzutragen, mußte dann aber fragwürdig bleiben, denn
so, wie der politische Tenor des Romans, der auch nach der Niederschlagung des
Aufstandes die Hoffnung auf eine kommunistische Einheitsfront noch nicht aufgab,
in scharfem Gegensatz zu der damals gerade in der Kommunistischen Internationalen und der KPD formulierten Volksfrontpolitik stand, so konnte auch das Dar-
stellungsprinzip, das einmal mehr auf Dos Passos zurückgreift, nicht überzeugen.
Wieder stehen wie in den *Gefährten* eine Vielzahl von Handlungssträngen, verbunden allein durch das gemeinsame historische Ereignis, unvermittelt nebeneinander; wieder fällt die Beschreibung der Hauptfiguren reichlich flach aus, und wieder bleibt der Versuch der Autorin, die Motive ihrer Figuren aus szenisch dargestellten Handlungen und Gefühlen anstatt rationalen Analysen abzuleiten, in der
Abschilderung eines stickigen Milieus stecken.

Durchbrochen wird diese Atmosphäre bezeichnenderweise nur dort, wo es einer der
zahllosen Episoden gelingt, auch unabhängig vom Romanganzen für sich allein zu

stehen. *Aufstellung eines Maschinengewehrs im Wohnzimmer der Frau Kamptschick* ist eine solche ablösbare Geschichte (*Der Weg*. S. 152–162)[26], in der am novellistisch zugespitzten Beispiel der durch ihren Mann zu bürgerlichen Tugenden wie Sauberkeit und Ordnung gezwungenen Frau Kamptschik, der beim Aufstellen eines Maschinengewehrs in ihrem blitzblanken Wohnzimmer plötzlich ihre proletarische Vergangenheit einfällt, der spontan-anarchistische Protest des Lumpenproletariats gegen die bürgerliche Ordnung nachempfunden wird. Einmal mehr ist Anna Seghers also mit der Form von Kurzprosa gelungen, was ihr in ihren experimentellen Romanen immer wieder fehlzuschlagen schien: das ungezwungene Durchscheinenlassen von typischen gesellschaftlichen Konfliktsituationen und intellektuell gewonnenen Einsichten in die Bewegungsgesetze der Geschichte durch unmittelbar anschauliche, künstlerisch gestaltete Szenen.

Ein novellistisch-episodenhafter Aufbau kennzeichnet auch Anna Seghers' dritten in der Emigration entstandenen Roman: *Die Rettung* (1937). Obwohl hier die Ereignisse wie im *Kopflohn* einmal mehr auf ein enges Milieu begrenzt sind und mit dem arbeitslosen Bentsch zum erstenmal in einem Roman von Anna Seghers eine lebensechte, dreidimensionale Figur im Mittelpunkt der Handlung steht, die die Auswirkungen der Weltwirtschaftskrise zwischen 1929 und 1933 auf eine von der kriselnden Montanindustrie abhängige Bergarbeitersiedlung minuziös genau nachzeichnet, fehlt immer noch sowohl den einzelnen Handlungssträngen als auch Bentsch selbst jene Entwicklung, die allein dem Roman Spannung und ein einheitliches Gepräge hätte geben können.

Ausgangspunkt und formales Bindemittel der Handlung ist ein Bergwerksunglück, bei dem der bis dahin eher unauffällige Bentsch zum Retter von sechs seiner Kameraden wird. Aber die Katastrophe unter Tage sollte nur den Auftakt zu viel größerem Unheil über Tage bilden. Schon bald werden nämlich im Zuge der Wirtschaftskrise die Gruben in der Gegend stillgelegt; Notverordnungen kürzen das Stempelgeld bis unter das Existenzminimum, und die Faschisten gewinnen so rasch an Raum, daß sie schließlich zur Machtübernahme antreten können. Auch Bentsch, der sich beim Unglück unter Tage durch Mut und Umsicht ausgezeichnet hatte, kann hier nicht mehr helfen, obwohl sich die Nachbarn und arbeitslosen Kumpel in seiner Wohnküche um Rat drängen. Passivität, Mutlosigkeit und die Gleichgültigkeit des Unpolitischen, der lieber aus Streichhölzern einen Dom für seinen Pfarrer bastelt, als sich an den Flugblattaktionen und der illegalen Arbeit seines kommunistischen Untermieters Lorenz zu beteiligen, lassen ihn nutzlos dahindämmern.

Sei es aus Enttäuschung über die falsche Politik der KPD, die ähnlich wie die SPÖ in *Der Weg durch den Februar* gerade in den kritischen Jahren 1932/33 Disziplin der Zentrale gegenüber höher als das zwar selbstmörderische, aber doch wenigstens mutige und subjektiv ehrliche Losschlagen einzelner bewertete, sei es aus der Melancholie der inzwischen auf unbestimmt lange Zeit Exilierten heraus – eine Rettung scheint Anna Seghers ganz im Gegensatz zu dem unverständlichen Optimismus des Titels nirgends mehr zu sehen. Selbst als Bentsch, der sich den ganzen Roman hindurch standfest gegen die politischen Parolen von links und rechts gewehrt hat, nach der Machtergreifung Hitlers plötzlich doch noch seine Familie verläßt, um als Widerstandskämpfer in den Untergrund zu gehen, erscheint sein Entschluß nur noch als ein schlecht motiviertes, wohl aus politischen Erwägungen heraus dem Roman von außen aufgesetztes positives Ende. Nicht die Gründe für den Aufstieg des Nationalsozialismus analysiert Anna Seghers also, sondern sie stellt einmal mehr nur dessen Symptome und Auswirkungen dar, obwohl gerade in diesem Roman eine unbestimmt bleibende Gesellschaftskritik die abstrakt erarbeitete Gesellschaftsanalyse kaum hatte ersetzen können.

Erst als es ihr in ihren letzten beiden Exilromanen, *Das siebte Kreuz* und *Transit*, dann endlich doch noch gelang, eine Verbindung von bildlicher Darstellung und Analyse, von emotionalem Einfühlungsvermögen und politischer Kritik herzustellen, erreichten Anna Seghers' Werke jene Mischung von Spannung, gesellschaftskritischer Aussage und formaler Geschlossenheit, die sie beinahe über Nacht zu Welterfolgen werden ließ.

Das siebte Kreuz, einer der ganz wenigen Exilromane, die sich direkt mit den Verhältnissen in Deutschland auseinandersetzen, gehört jener zweiten Schaffensperiode Anna Seghers' an, in der die Schriftstellerin unter dem Einfluß von Volksfrontpolitik und Exilerlebnis die Spannung zwischen bürgerlicher Herkunft und proletarischem Klassenauftrag zu überwinden scheint. Hier, wie auch in *Transit*, dem anderen Roman aus dieser Zeit, stehen wieder ähnlich wie in den frühen Erzählungen die psychologischen und existentiellen Probleme der Handelnden im Vordergrund, ohne allerdings diesmal die konkrete gesellschaftlich-politische Problematik hinter der Symbolik eines zeitlosen Psychologismus oder der oppressiven Stimmung von soziologisch unbestimmten Milieuschilderungen verschwimmen zu lassen. *Das siebte Kreuz*, die Geschichte der Flucht von Georg Heisler und sechs seiner Mithäftlinge aus dem KZ Westhofen, bietet sich schon von der Anlage der Fabel her als Erfolgsroman an: aufgehängt an sieben spannenden Fluchtgeschichten, bei denen die Sympathien zwischen Flüchtlingen und Verfolgern von Anfang an eindeutig verteilt sind, wird ganz ungezwungen ein repräsentativer Querschnitt durch die Gesellschaft des vom Nationalsozialismus besetzten Deutschland gegeben. Und doch macht es sich die Autorin nicht leicht: Heisler ist durchaus nicht nur ein vorbildlicher kommunistischer Funktionär, sondern – wie zuvor schon Hull und die ›Gefährten‹ – auch ein gutes Stück Abenteurer. Die Kommunisten »draußen« sind nicht nur heroische Widerstandskämpfer, sondern ganz alltägliche Bürger, die um ihre Familien und Freunde besorgt sind; und selbst den brutalen KZ-Wächtern erlaubt Anna Seghers hier und da einen menschlichen Zug. Nicht ein propagandistischer Nachweis für die Weiterführung der kommunistischen Untergrundarbeit soll also erbracht werden, sondern jener durch die Bewährungs- und Entscheidungssituation in der Konfrontation mit den Flüchtlingen geschaffene Raum zwischen

Gleichbleiben und Verändern, zwischen unpolitischer Passivität und neu erwachsendem gesellschaftlichen Verantwortungsgefühl abgesteckt werden. Vor allem die Figur Heislers ist in diesem Zusammenhang aufschlußreich. Worum es geht, wird in folgendem inneren Monolog Heislers während der ersten Stunden seiner Flucht deutlich: »Ein zweiter Anfall von Angst, die Faust, die einem das Herz zusammendrückt. Jetzt nur kein Mensch sein, jetzt Wurzeln schlagen, ein Weidenstamm unter Weidenstämmen, jetzt Rinde bekommen und Zweige statt Arme« (26). Der an das Ende Zillichs erinnernde Versuch, vor den Anforderungen der Zeit in einen vegetativ-geschichtslosen Raum zu flüchten, entspricht dem haltlosen, beinahe asozialen Teil von Heislers Charakter, der ihn schon vor seiner Verhaftung in einem unsteten, ziellosen Leben durch verschiedene Liebschaften und Berufe, am Ende der gelungenen Flucht dann noch einmal (oder schon wieder?) in eine oberflächliche, ausdrücklich mit dem Abschied eines Soldaten verglichene Affäre mit einem unbekannten Mädchen führt. Es ist gerade dieser Zug zum Abenteurer und nicht so sehr sein Scharfsinn oder gar sein moralisches oder politisches Bewußtsein, der Heisler alle Gefahren überwinden läßt, während die anderen Flüchtlinge selbst bei zum Teil politisch reiferem Verhalten an ihrer mangelnden Härte (Pelzer, Füllgrabe), an ihrer Fremdartigkeit (Belloni), Glücklosigkeit (Wallau, Bentler) oder einfach an ihrem Schicksal (Aldinger) zugrunde gehen.

Mit dem labilen Charakter Heislers wird dann aber gerade die gesellschaftskritische Perspektive des Romans in Frage gestellt. Genau hier hakt im Jahre 1946 eine Rezension in der Kulturbund-Zeitschrift *Aufbau* ein, die sich vom Standpunkt der sozialistisch-realistischen Ästhetik aus darüber mokiert, daß »durch die abschließenden Sätze des Buches, die das Ganze mit dem Beginn wie ein schauerliches Perpetuum mobile verbinden«, »ein Gefühl der Hoffnungslosigkeit«[27] entsteht. Daß diese Kritik nicht ganz unberechtigt ist, beweist auch das gleich zu Beginn des Romans in dem Rahmen, der den Novellenkranz der Fluchtberichte umschließt, vorgetragene Geschichtsbild, das die zeitlose, alle historischen Umwälzungen überdauernde Kraft der Natur in einer Idylle komplett mit Schäfer und Stimmungsbild beschwört: »Reiche wie farbige Blasen sind aus dem Land im Rücken des Schäfers Ernst herausgestiegen und fast sofort zerplatzt [...]. Diese Hügel entlang zogen die Römer den Limes. So viele Geschlechter waren verblutet, seitdem sie die Sonnenaltäre der Kelten hier auf den Hügeln verbrannt hatten, so viele Kämpfe durchgekämpft, daß sie jetzt glauben konnten, die besitzbare Welt sei endgültig umzäunt und gerodet. Aber nicht den Adler und nicht das Kreuz hat die Stadt dort unten im Wappen behalten, sondern das keltische Sonnenrad, die Sonne, die Marnets Äpfel reift« (13).

Dauer und Wechsel, die Zeitlosigkeit der künstlerischen Weltsicht und der Wandel der historischen Ereignisse, diesmal gefaßt in der Spannung zwischen dem endlosen Warten auf Konsulaten, Behörden und Abfertigungsbüros und dem Höhepunkt der Abreise aus dem von deutschen Truppen überrannten Europa bzw. der Flucht in das einem organischen Rhythmus gehorchende Landleben, das sind die Pole, um die sich auch die Handlung von Anna Seghers' letztem im Exil abgeschlossenen Roman dreht: *Transit*.

Erzählt wird nach dem bewährten Muster der Rahmenerzählung einem unbekannt bleibenden Zuhörer von einem seinerseits Namenlosen, einem Proletarier ohne politische Bindung oder Klassenbewußtsein, der trotz mangelnder Bildung intellektuelle Beobachtungen von beachtlicher Tragweite anstellt und ähnlich wie Georg Heisler von sich sagen kann, daß er ein »Wegelagerer« (120) sei, der »immer gern auf der Kante« (9) gelebt hat. Dieser Fremde beginnt nun, sich mitten während des Einmarsches der Deutschen in Paris, von einem Anfall ›tödlicher Langeweile‹ getroffen, für die Person und das Werk eines freiwillig aus dem Leben geschiedenen deutschen Exilschriftstellers zu interessieren. Es gelingt ihm beim Lesen von dessen Manuskripten, sich schließlich so weit in das Leben des anderen einzufühlen, daß er schon bald bei dem Versuch, ihr die zur Emigration nötigen Papiere zu verschaffen, sich in die Frau dieses Schriftstellers verliebt und dessen Rolle weiterspielt. Für sich selbst zieht der Fremde allerdings eine Abreise nicht in Betracht, denn für ihn ist dies ohnehin nur »alles ein Spiel« (132) und »Unsinn, Unsinn, Unsinn [...] dieser Kraftaufwand, um eine brennende Stadt mit einer anderen zu vertauschen, das Umsteigen von einem Rettungsboot auf das andere, auf dem bodenlosen Meer« (84).

Nicht der Widerstand der Franzosen gegen die deutschen Besatzer oder die spezifischen materiellen und psychologischen Probleme der deutschen Emigranten im unbesetzten Vichy-Frankreich machen also das Thema des Romans aus, obwohl Anna Seghers noch in Marseille »in den erwähnten Cafés, wahrscheinlich sogar [...] in Wartezimmern von Konsulaten«[28] mit seiner Niederschrift begonnen hatte, sondern die grotesk-kafkaeske Struktur der modernen Welt überhaupt. So ist das Exil nur ein Gleichnis für das ewige »Spiel um den irdischen Aufenthalt« (*Transit*. S. 91), Transit allein jener »Zustand, den man [...] in der gewöhnlichen Sprache Gegenwart« (181) nennt und das ›Drüben‹, das die Emigranten wegen des Untergangs des letzten Schiffes ohnehin nie erreichen können, wird mit dem auf ewig »unbekannten gelobten Land« (37) gleichgesetzt.

Die Furcht zurückzubleiben packt den Fremden deshalb auch nicht in dem Moment, als ihn die deutschen Truppen auf seiner Flucht einholen, sondern erst, als er sich seiner existentiellen Isoliertheit inmitten des apokalyptischen Zusammenbruches der – allerdings bürgerlichen – Weltordnung bewußt wird: »Da sah ich nicht mehr um mich herum die Häuser von Bleibenden [...]; ich sah mich allein, als sei ich auf einer Insel im Ozean, ja auf einem Sternchen im Weltall. Ich war allein mit der schwarzen vierarmigen Riesenkrabbe, dem Hakenkreuz« (167 f.). Einen Ausweg können ihm folglich auch weder die »Türhüter« der an Kafkas Romane erinnernden Konsulate noch die Mitemigranten bieten, die sich entweder wie die Frau jenes Schriftstellers auf der Flucht vor sich selbst befinden, wie sein Freund Paulchen »Imstichlasser« sind oder die wie Heinz, der einzige Kommunist in *Transit*, in einer für den Namenlosen unverständlichen »sinnlosen und langweiligen Treue« (53) für ihre Sache kämpfen. Die Rettung kommt für ihn bezeichnenderweise von ganz anderer Seite: von den mit dem Land und der geschichtslosen Natur verwurzelten Einheimischen. So verläßt der Fremde schließlich seine zeitweilige Bleibe in der Rue de Providence (!), um mit seinen französischen Freunden in einem Dorf, das ähnlich wie der Marnetsche Hof weit von den unruhigen Zeitereignissen abliegt, »Gutes und Böses« zu teilen: »Was sie trifft, wird auch mich treffen. Die Nazis werden mich keinesfalls mehr als ihren Landsmann erkennen [...]. Selbst wenn man mich dann zusammenknallt, kommt es mir vor, man könne mich nicht restlos zum Sterben bringen [...]. Wenn man auf einem vertrauten Boden verblutet, wächst etwas dort von einem weiter wie von den Sträuchern und Bäumen, die man zu roden versucht« (185).

Das siebte Kreuz und *Transit*, die beiden bekanntesten Romane der Anna Seghers, hatten die Gesellschaftskritik zur Epochenkritik ausgeweitet. Politische Ereignisse waren zunehmend wieder zu allegorischen Beispielfällen, individuelle Schicksale zu typischen Verhaltensmustern oder existentiellen Grundeinstellungen überhöht worden, bis in *Transit* in einer merkwürdigen Mischung von politischer Aktualität und Geschichtslosigkeit selbst der Naziterror zum Gleichnis für die Sinnlosigkeit des gesamten modernen Lebens werden konnte. Der Klassenursprung der Autorin scheint sowohl in der Konfliktstellung und Problemlösung wie auch in der Darstellungsweise endgültig über den revolutionären Auftrag gesiegt zu haben.

Doch dieser Eindruck trügt. Noch im Exil beginnt Anna Seghers mit der Arbeit an ihrem anspruchsvollsten und umfassendsten Projekt: der bislang drei Bände umfassenden Darstellung der deutschen Geschichte seit dem Ende des Ersten Weltkriegs. Kennzeichen dieser ›nationalen Zeitgeschichtsromane‹, die jetzt endlich mit einigen Jahren Verzögerung im Anschluß an die Debatte mit Georg Lukács den ästhetischen Prinzipien des sozialistischen Realismus näherzukommen beginnen, sind eine offene sozialistische Parteilichkeit, die realistische Darstellung der Klassenantagonismen in der jüngsten deutschen Geschichte und der Versuch, die neue Wirklichkeit des ersten sozialistischen Staates auf deutschem Boden aufzuspüren. Der enge Ausschnitt der Milieustudien aus den frühen Romanen ist zu dem gesamthistorischen Panorama eines halben Jahrhunderts ausgeweitet worden.

Thema des ersten Teils der Nachkriegstrilogie *Die Toten bleiben jung* sind die Niederlage der Novemberrevolution und deren Auswirkungen bis zum Ende des Zweiten Weltkriegs. Die politische Szene wird hier von Offizieren, Industriellen und adeligen Großgrundbesitzern beherrscht, während die proletarischen Kräfte weiterhin erfolglos gegen die restaurativen Gruppierungen, deren Übermacht schon im Personenverzeichnis durch ihre zahlenmäßige Stärke zum Ausdruck kommt, ankämpfen. So kann der Spartakuskämpfer Erwin, dessen Ermordung durch eine Gruppe von Reichswehroffizieren die Handlung auslöst, sein neugewonnenes Klassenbewußtsein nur noch durch einen einsamen, märtyrerhaften Tod beweisen. Sein Sohn Hans, der instinktiv sicher dem Vorbild des ihm unbekannten Vaters folgt, muß sich als Soldat in Rußland gerade an dem von ihm so sehr bewunderten Volk vergehen, weil ihm der Opfertod sinnloser erscheint als die Vorbereitung der Nachkriegsaufgaben. Und Hans' Sohn schließlich, der die Hoffnung auf eine radikale Veränderung der gesellschaftlichen Gegebenheiten in die Jahre nach dem Kriegsende tragen könnte, ist zum Zeitpunkt der Ermordung seines Vaters noch nicht einmal geboren. Was wie eine ans Fatalistische grenzende Vererbungsstaffette wirkt, will Symbol für die auch in Zeiten absoluter Niederlagen weiterwirkende gesellschaftliche Gesetzmäßigkeit sein: der einzelne Revolutionär bleibt in der immer wieder aufflackernden Revolution ewig ›jung‹.

Trotzdem haftet dem Roman etwas Mechanisches an. Selbst wenn man gewillt ist, Anna Seghers' Glauben an die befreienden Kräfte im Proletariat zu teilen, muß ihr Versuch, die antagonistische Gesellschaftsstruktur und die gegeneinanderstehenden historischen Kräfte in episch verkleideten, exemplarischen Lebensläufen und Verhaltensmustern vorzuführen, problematisch bleiben. Anstatt nämlich die historischen Ereignisse durch die individuellen Schicksale der Handelnden durchscheinen zu lassen, erstarren umgekehrt die meisten Akteure zu exemplarischen Demonstrationsobjekten des geschichtlichen Prozesses. Thema des Romans sind deshalb auch weniger die Menschen als die Bewegungsgesetze der historischen Ereignisse selber. Wenn z. B. ausgerechnet Wenzlow, jener Reichswehroffizier, der Erwins Mörder gewesen war, im Chaos der 1945 zusammenbrechenden Ostfront auch Hans wegen Wehrzersetzung erschießen läßt, dann beruht dieses Zusammentreffen nicht mehr auf der Notwendigkeit der Lebensläufe von Wenzlow und Hans, sondern ist ohne logische Verknüpfung von der Autorin nur konstruiert worden, um die Verantwortung des Preußentums auch für den Zweiten Weltkrieg ›anschaulich‹ zu machen. So werden »die Helden der einzelnen Handlungskomplexe zwar in der Regel in ihren unterschiedlichen Reaktionen auf ungefähr dieselben historischen Ereignisse gezeigt, aber fast nie in der Betätigung am selben Objekt«[29], kritisiert ganz zu Recht die DDR-Rezensentin Inge Diersen. Ebenso hafte der Vererbungsstaffette Erwin-Hans-ungeborenes Kind »etwas Fatalistisches« an, »weil in ihr zu Gunsten einer symbolischen Perspektive zwei Bereiche, der gesellschaftliche und der rein natürlich-biologische, in einen Kausalzusammenhang gestellt werden, den sie in Wirklichkeit nicht besitzen«.[30]

Was in *Die Toten bleiben jung* noch Perspektive und völliger Neuanfang war, also »eintrichtern, was oben, was unten ist; wer Freund ist, wer Feind ist« (*Die Toten.* S. 578), ist in Anna Seghers' nächstem Roman, *Die Entscheidung* (1959), bereits erzählbare Geschichte geworden.

Genau zehn Jahre sind verstrichen seit dem Erscheinen des letzten Romans. Keine Schaffenskrise, doch aber ein gewisses Zögern, eine Pause, in der die Schriftstellerin mit den geschichtlichen Umwälzungen und mit den neuen Themen einer veränderten Gesellschaft fertig zu werden versucht. Kulturpolitische Arbeit, Reden auf Schriftstellerkongressen und ZK-Tagungen, Preisverleihungen und die Teilnahme an internationalen Kongressen stehen in diesem Entwicklungsabschnitt dann auch

im Vordergrund. Anna Seghers wird zur Präsidentin des Deutschen Schriftstellerverbandes gewählt, arbeitet im Präsidium des Weltfriedensrates, erhält zweimal
den hochdotierten Nationalpreis I. Klasse und wird mit der Ehrendoktorwürde der
Universität Jena ausgezeichnet.
Trotzdem sollte die Kulturpolitikerin nie die Schriftstellerin verdrängen. Wie schon
im Verlaufe der Exildebatte mit Lukács bleibt Anna Seghers auch in der DDR bemüht, ihre Schaffensmethode selbst in kulturpolitischen Frostperioden zu verteidigen. Noch 1954 z. B., im selben Jahr, in dem sie mit der Arbeit an der *Entscheidung*
begann, nutzt sie das Tauwetter des ›Neuen Kurses‹, um ausgehend vom Schaffen
Tolstois und den jüngsten Stellungnahmen Ilja Ehrenburgs einmal mehr den für
sie auch in der sozialistisch-realistischen Literatur bestehenbleibenden Vorrang der
Anschauung über die ›Typik‹ zu betonen: »Bei uns haben manche Menschen Angst
(und andere hoffen es), daß Ehrenburg eine Lanze für die ›Intuition‹, ja die ›Spontaneität‹ bricht. Dadurch käme die geplante Arbeit zu kurz, die auf Grund eines
gesellschaftlichen Auftrags entsteht [...]. Wird dem Künstler hier von unserem
Staat ein Auftrag erteilt – zum Beispiel ein Thema, das mit Gewerkschaftsfragen
oder mit einer Fabrik [...] zu tun hat –, dann wird ihm kein Kunstwerk gelingen,
wenn er sich nur aus äußeren Gründen bemüht, einen Auftrag auszuführen, der
seiner Eigenart nicht entspricht.«[31]
Und 1958, während der Vorbereitungen zur Ersten Bitterfelder Konferenz, antwortet sie in einem Gespräch mit Christa Wolf auf die Frage, ob sie das Schicksal
eines Stahlwerkes in den Mittelpunkt ihres zwischen 1945 und 1952 spielenden
Romans *Die Entscheidung* gestellt habe, »weil in dieser Zeit die Stahlindustrie der
wichtigste Zweig unserer Wirtschaft war«: »Nein. Nicht bewußt. Ein Stahlwerk
macht einen Eindruck wie das Meer und das Hochgebirge [...]. Man sieht dort eine
große Kraftentfaltung [...]. Der ganze Vorgang ist so real, daß er schon wieder
märchenhaft wirkt, er zeigt Wildes und Gezähmtes zugleich.«[32]
Doch was ihr während des Infernos der Emigrationsjahre noch mit den märchen-
haften Geschichten vom Räuber Woynok und von Artemis gelungen war, nämlich
die Gestaltung einer »völlig frisch und unbewußt« angeschauten »Wirklichkeit«,[33]
sollte ihr trotz aller theoretischen Beteuerungen mit der Geschichte der Bentheim-
Stahlwerke, die im Zentrum der *Entscheidung* stehen, fehlschlagen. Großgeworden
von den Profiten des Zweiten Weltkriegs, nach 1945 geteilt in ein west- und ein
ostdeutsches Zweigwerk, erzwingen die Bentheim-Werke nämlich geradezu von der
Direktion bis hinunter in die letzte Arbeiterfamilie die Entscheidung, hüben oder
drüben am Wiederaufbau teilzunehmen.
Selbst Anna Seghers muß dann aber schon bald klargeworden sein, daß diese für
sie ideologisch vielleicht noch opportune politische Entscheidungssituation künstlerisch unweigerlich zu jenem fatalen Schematismus führen mußte, den sie als Exil-
schriftstellerin sogar bei der Darstellung des nationalsozialistischen Deutschlands
hatte vermeiden können. Mit Hilfe einer zweiten formalen Klammer, den wiederum zentrifugal auseinanderstrebenden Schicksalen von drei Mitgliedern der Inter-

nationalen Brigade in Spanien, soll deshalb der Einzelfall der Entscheidung für das Bentheim- oder das volkseigene Kossin-Werk in den historisch-internationalen Zusammenhang des Ost-West-Konfliktes erhoben werden.

So verknüpft einer der Spanienkämpfer, Richard Hagen, den heroisch-revolutionären Widerstand gegen den Faschismus mit der neuen Tätigkeit eines SED-Funktionärs; der zweite, Robert Lohse, arbeitet zwar verantwortungsbewußt am Wiederaufbau des DDR-Zweigwerks mit, kann aber erst im nächsten Roman, *Das Vertrauen*, in der ersehnten Funktion als Ausbilder seine beruflichen Minderwertigkeitsgefühle und seine existentielle Isoliertheit überwinden; und Herbert Melzer, der dritte, geht als Schriftsteller in die USA, wo er erst nach Jahren intellektueller Zweifel und ideologischer Kompromisse seine ehemalige politische Position wiedergewinnen kann, nur um dann sofort bei einem Streik in der BRD tragisch umzukommen.

Wie auch schon in den vorherigen Romanen stehen dabei vor allem jene Figuren im Zentrum, die »es nicht leicht haben«. So geraten Lohse und Melzer, der als einer der ganz wenigen Künstlerfiguren bei Anna Seghers nicht zuletzt wohl auch deren immer noch nicht völlig überwundenes Schwanken zwischen Klassenursprung und Klassenauftrag reflektiert, recht plastisch, während die vorbildlichen SED-Funktionäre Martin und Hagen, aber auch die bereits aus *Die Toten bleiben jung* bekannten Fabrikanten Castricius und Bentheim, nur kurz gestreift werden – eine Tatsache, die besonders im Falle Hagens auch von der DDR-Kritik negativ vermerkt wurde.

Trotz der Erweiterung der Problematik auf den Weltmaßstab aber, trotz einer Vielzahl von Schauplätzen, die von Mecklenburg nach Mexiko und von den USA nach Berlin reichen, und trotz der für die ohne Revolution an die Macht gekommene SED wichtigen Beschwörung der heroischen Vergangenheit in Spanien schließlich bleibt der Roman doch das, was sein moralisierender Titel bereits andeutet: Lebenshilfe[34] und Richtungsweiser für die sich im dreizehnten Nachkriegsjahr noch mit der Rekonstruktion des Landes und der Hervorbringung des neuen Menschen abmühenden DDR-Bürger. Einer der tragisch Scheiternden, der Ingenieur Riedl, faßt in einer der wenigen offenen Konfrontationen der östlichen mit der westlichen Weltanschauung noch einmal zusammen, worum es Anna Seghers trotz aller politischer Parteilichkeit im Jahre 1958 noch immer geht: »Verzweifelten Menschen helfen. Kann man denn das ohne Glauben? Die Russen nennen es zwar nicht Glauben, aber sie glauben, sie wecken die Seele im Menschen auf, sie nennen es nur nicht Seele« (*Die Entscheidung*. S. 311).

Vergangenheitsbewältigung war das Thema von *Die Toten bleiben jung* gewesen. Der zögernde Neuanfang und die Schwierigkeiten beim Aufbau eines sozialistischen deutschen Teilstaates hatten die Konflikte in den Menschen des Romans *Die Entscheidung* ausgelöst. Welchen Fortschritt die DDR bis zum Erscheinen des nächsten und vorerst letzten Romans Anna Seghers' gemacht hat, deutet schon dessen Titel an: *Das Vertrauen*.

Als Prüfstein für das Vertrauen dienen der Slansky-Prozeß in Prag, die Ereignisse um Stalins Tod und vor allem die Vorgeschichte und Niederschlagung des Aufstandes vom 17. Juni 1953. Die Tatsache, daß Anna Seghers im Gegensatz etwa zu Johannes R. Becher oder auch Bertolt Brecht gewillt war, ausgerechnet den wohl heikelsten Punkt in der DDR-Geschichte für die Literatur aufzuarbeiten, beweist, daß sie auch als inzwischen 68jährige unmittelbar gesellschaftskritischen Themen nicht aus dem Wege zu gehen versuchte.

Personen und Handlungsorte im *Vertrauen* sind dem Leser größtenteils schon aus den vorherigen Romanen bekannt. Da ist wieder die Belegschaft des volkseigenen Kossin-Werkes und da sind – etwas dezimiert – immer noch die Besitzer und Leiter des Bentheim-Werkes. Während aber im Zuge der westdeutschen Restauration die alten Kräfte ungebrochen ihre Arbeit fortsetzen können, beginnt in der zweiten Phase der ökonomischen Entwicklung der DDR eine neue Generation beim »Aufbau der Grundlagen des Sozialismus« die antifaschistisch-demokratisch orientierten Älteren abzulösen. Was jedoch in *Die Toten bleiben jung* nicht zuletzt deshalb noch als glaubwürdige Kritik an der deutschen Misere der Zwischenkriegsjahre erschienen war, weil es gerade aus der Perspektive der Besitzenden und Militärs erzählt wurde, wird in der starren Konfrontation der festen, gefaßten und ehrlich dreinblickenden DDR-Proletarier mit den verschlagenen, humpelnden und krächzenden BRD-Agenten, die unbedingt auch noch Ede oder Pimi heißen müssen, zu einem enttäuschenden Stereotyp. Dabei stört nicht so sehr die für das Jahr 1968 (in dem immerhin schon Kants *Aula* und Christa Wolfs *Nachdenken über Christa T.* vorlagen) noch allzusehr an den Sprachgebrauch des kalten Krieges erinnernde Kritik am Westen als vor allem die künstlerisch unausgeglichene Gestaltung dieser Kritik.

So fragt sich selbst Günter Cwojdrak, der das *Vertrauen* für die *Weltbühne* bespricht, ob nicht »vielleicht die Wiedergabe der heutigen Welt in einem Gesellschaftsroman, der nach traditioneller Totalität strebt, besonders schwierig geworden« sein könnte, ja ob nicht überhaupt erst einmal »der Begriff ›Totalität‹ neu geprüft«[35] werden müsse. ›Totalität‹ wird im *Vertrauen* nämlich weder durch die Montage von Einzelschicksalen wie in den *Gefährten* noch durch die Parabolisierung von historischem Geschehen wie in *Der Aufstand der Fischer von St. Barbara*, *Auf dem Wege zur amerikanischen Botschaft* und *Transit* erzeugt, sondern durch die gestaltete Verknüpfung von weit auseinanderliegenden Schauplätzen und Schicksalen. So werden selbst Charaktere wie Riedl und Professor Berndt, die auf Grund ihrer Zwischenstellung zwischen den Fronten die Funktion von zentralen Schaltstationen der Handlung hätten einnehmen können, zu erzähltechnischen Vehikeln degradiert, die allein den episodischen Szenenwechsel von Ost nach West garantieren sollen. Was Ernst Ottwalt bereits 1932 in der *Linkskurve*-Debatte mit Lukács über Reportage oder Gestaltung im Roman etwas polemisch als »schlechthin idiotisch« bezeichnet hatte, nämlich die Probleme eines ostfriesischen Bauern mit dem Generaldirektor eines Kalisyndikats und dem Manager des kanadischen Weizenpools »›individuell‹« zu »›verknüpfen‹«[36] und in die »hergebrachte Romanform«[37] zu pressen, liegt der Darstellungsmethode von Anna Seghers' letztem Roman also auch im Jahre 1968 noch immer zugrunde.

Da hilft es auch nicht, daß die Hauptfigur des Romans, Thomas Helger, sich erst nach einem illegalen Besuch in West-Berlin endgültig in eine positive Richtung zu entwickeln beginnt, denn nicht die Entscheidungssituation im geteilten Berlin löst (wie etwa in Rita Seidel in Christa Wolfs *Der geteilte Himmel*) in dem ansonsten als gutem DDR-Bürger vorprogrammierten Helger den handlungstragenden Konflikt aus, sondern erst die am 17. Juni 1953 um ihn herum im eigenen Lande durch ›westliche Agenten‹ geschürte Unzufriedenheit über die Erhöhung der Arbeitsnormen bei gleichbleibend niedrigem Lebensstandard.

Das Fazit ist, daß nach den Revolutionären Hull und Andreas, nach dem KZ-Flüchtling Georg Heisler, dem Spartakisten Erwin und dem Antifaschisten Hans der Held von Anna Seghers' letztem Roman auf der anderen Seite der Barrikaden steht. Gerade Helger ist es nämlich, der das Kossin-Werk vor der Besetzung durch die Aufständischen rettet, und er ist es auch, der den Freund seiner späteren Geliebten trotz Protesten von seiten seiner Kollegen an die Staatspolizei ausliefert, weil er die gemeinsame Sache »im Stich gelassen« (*Das Vertrauen*. S. 450) hat.

So sind aus den Revolutionären und Untergrundkämpfern der jungen Anna Seghers und aus den Naziverfolgten der Exilautorin in der DDR-Trilogie der ostdeutschen Nationalschriftstellerin zunehmend die Herrschenden geworden. Gesellschaftskritik und politische Frontstellung, die Zeit ihres Lebens immer gegen die Besitzenden und Gewaltausübenden gerichtet war, findet jetzt nur noch ihr Ziel jenseits der Grenzen: im eigenen Land dagegen scheint alles in Ordnung zu sein für Anna Seghers.

Anmerkungen

Zitate aus den erzählerischen Werken von Anna Seghers werden im Text durch Kurztitel und Seite identifiziert, bei Eindeutigkeit wird nur mit Seitenangabe zitiert. Benutzte Kurztitel:

Aufstand = *Aufstand der Fischer von St. Barbara*
Die Toten = *Die Toten bleiben jung*
Der Weg = *Der Weg durch den Februar*

1. Anna Seghers: »Der wichtigste ›Ismus‹«. In: A. S., *Über Kunstwerk und Wirklichkeit* (s. Lit.). Bd. 1. S. 217.
2. Anna Seghers: »Über die Entstehung von ›Krieg und Frieden‹. Brief an Jorge Amado«, ebd., Bd. 2. S. 167.
3. Helga Gallas: *Marxistische Literaturtheorie. Kontroversen im Bund proletarisch-revolutionärer Schriftsteller*. Neuwied 1971. (Sammlung Luchterhand. 19.)
4. Hans-Jürgen Schmitt [Hrsg.]: *Die Expressionismusdebatte. Materialien zu einer marxistischen Realismuskonzeption*. Frankfurt a. M. 1973. (edition suhrkamp. 646.)
5. In Anna Seghers' Beitrag zu *Georg Lukács zum siebzigsten Geburtstag*, Berlin 1955, heißt es dazu: »Obwohl ich schon lange selbst schrieb, begann ich erst damals und gerade an schwierigen,

schließlich sogar an gefährlichen Tagen in der Emigration gründlich darüber nachzudenken, was den alten und neuen Büchern [. . .] solche Wirkungskraft gab. [. . .] Ich verglich die Feststellungen Lukács' mit den Romanen von Scholochow oder von Balzac. Ich machte mir die *Methode* klar, mit der sie geschrieben waren« (194).

6. Anna Seghers: »Kleiner Bericht aus meiner Werkstatt«. In: A. S., *Über Kunstwerk und Wirklichkeit* (s. Lit.). Bd. 2. S. 12 f.
7. Rühle (s. Lit.).
8. Georg Lukács: »Es geht um den Realismus«. In: Fritz J. Raddatz [Hrsg.], *Marxismus und Literatur.* Bd. 2. Reinbek 1969. S. 69 f.
9. Keßler (s. Lit.).
10. »Ein Briefwechsel zwischen Anna Seghers und Georg Lukács« (s. Lit.). S. 111 f. – Später berichtigt sich Anna Seghers dann, indem sie auch bei Tolstoi einen dreistufigen Schaffensprozeß erkennt. Dabei weicht sie allerdings nicht von ihrer ursprünglichen Position ab (A. S.: *Über Tolstoj. Über Dostojewskij.* Berlin 1963. S. 10).
11. »Ein Briefwechsel . . .« (s. Lit.). S. 128.
12. ebd., S. 112.
13. ebd., S. 128.
14. ebd., S. 113.
15. Bertolt Brecht: »Die Essays von Georg Lukács«. In: Raddatz (= Anm. 8). S. 87.
16. ebd., S. 88.
17. Anna Seghers: »Die große Veränderung und unsere Literatur« (Diskussionsbeitrag auf dem IV. Deutschen Schriftstellerkongreß, 1956). In: Elimar Schubbe [Hrsg.], *Dokumente zur Kunst-, Literatur- und Kulturpolitik der SED.* Stuttgart 1972. S. 414.
18. ebd., S. 416.
19. Anna Seghers: »Die Aufgaben des Schriftstellers heute« (Rede auf der Jahreskonferenz des Deutschen Schriftstellerverbandes, 1966). In: Schubbe (= Anm. 17). S. 1211.
20. Seghers: »Die große Veränderung . . .« (= Anm. 17). S. 414.
21. Zitiert nach Diersen, *Seghers-Studien,* S. 312, und Raddatz (s. Lit.). S. 216.
22. R.: »›Auf dem Wege zur amerikanischen Botschaft‹. Anna Seghers«. In: *Linkskurve,* 3 (1931). H. 3. S. 25.
23. Otto Biha: »Die proletarische Literatur in Deutschland«. In: *Literatur der Weltrevolution* (1931). H. 3. S. 119.
24. »Über die eigene Schaffensmethode« (Gespräch zwischen Anna Seghers und Christa Wolf). In: A. S., *Über Kunstwerk und Wirklichkeit* (s. Lit.). Bd. 2. S. 25.
25. Werner Martin: »Der österreichische Februaraufstand von 1934 in der deutschsprachigen Literatur«. In: *Weimarer Beiträge,* (1970). H. 4. S. 124–128.
26. Vgl. auch Anna Seghers: *Aufstellung eines Maschinengewehrs im Wohnzimmer der Frau Kamptschik* (s. Lit.).
27. Greta Kuckhoff: »Die künstlerische Gestaltung der illegalen Arbeit in Deutschland«. In: *Aufbau* [DDR], (1946). H. 11. S. 1162.
28. Anna Seghers: *Brief an Leser.* Berlin 1970. S. 44.
29. Diersen: »Kompositionsfragen . . .«. (s. Lit.). S. 471.
30. ebd., S. 469.
31. Anna Seghers: »Über die Entstehung von ›Krieg und Frieden‹« (= Anm. 2). S. 169.
32. »Über die eigene Schaffensmethode«. In: *Über Kunstwerk und Wirklichkeit* (s. Lit.). Bd. 2. S. 28.
33. »Ein Briefwechsel . . .« (s. Lit.). S. 112.
34. Vgl. Christa Wolf: »Glauben an Irdisches«. In: Ch. W., *Lesen und Schreiben.* Darmstadt 1972. S. 109. (Sammlung Luchterhand. 90.)
35. Cwojdrak (s. Lit.). S. 89.
36. Ernst Ottwalt: »›Tatsachenroman‹ und Formexperiment. Eine Entgegnung an Georg Lukács«. In: *Linkskurve,* 4 (1932). H. 10. S. 24.
37. ebd., S. 25.

Literaturhinweise

Zitierte Werke

Die Gefährten. Berlin 1932.
Der Kopflohn. Roman aus einem deutschen Dorf im Spätsommer 1932. Amsterdam 1933.
Der Weg durch den Februar. Paris 1935. (Zitiert als: *Der Weg.*)
Die Rettung. Amsterdam 1937.
Das siebte Kreuz. Moskau 1939 (Teilvorabdruck in *Internationale Literatur*); Mexiko 1942. (Zitiert nach der Ausgabe: Darmstadt 1973. [Sammlung Luchterhand. 108].)
Transit. Mexiko 1944 (span.); Boston 1944 (engl.); Konstanz 1948 (dt.). (Zitiert nach der Ausgabe: Neuwied 1963. [rororo. 867.])
Die Toten bleiben jung. Berlin [Ost] 1949. (Zitiert als *Die Toten* nach der 13. Aufl.)
Die Entscheidung. Berlin [Ost] 1959. (Zitiert nach der Aufl. von 1963.)
Das Vertrauen. Berlin [Ost] 1968. (Zitiert nach der 2. Aufl.)

Der Bienenstock. Ausgewählte Erzählungen in drei Bänden. Berlin 1953.
Die Kraft der Schwachen. Neun Erzählungen. Berlin 1965.
Aufstand der Fischer von St. Barbara. Die Gefährten. Das wirkliche Blau. Erzählungen. Neuwied 1968. (Zitiert als: *Aufstand.*)
Glauben an Irdisches. Essays aus vier Jahrzehnten. Hrsg. von Christa Wolf. Leipzig 1969.
Aufstellen eines Maschinengewehrs im Wohnzimmer der Frau Kamptschik. Erzählungen. Berlin 1970. (Sammlung Luchterhand. 14.)
Über Kunstwerk und Wirklichkeit. 3 Bde. Berlin 1970/71. (Deutsche Bibliothek. 3–5.)

Gesammelte Werke in Einzelausgaben. 8 Bde. Berlin 1951/53, 1961.
Werke. Neuwied 1963 ff.
Erzählungen. 2 Bde. Neuwied 1964.

Forschungsliteratur (Auswahl)

Bilke, Jörg Bernhard: »Auswahlbibliographie zu Anna Seghers 1924–1972«. In: *Text + Kritik,* H. 38 (1973). »Anna Seghers«. S. 31–45.

Albrecht, Friedrich: *Die Erzählerin Anna Seghers 1926–1932.* Berlin 1965. (Neue Beiträge zur Literaturwissenschaft. 25.)
– »Das Bild des Arbeiters und seine Wandlungen im Werk von Anna Seghers«. In: F. A., *Deutsche Schriftsteller in der Entscheidung. Wege zur Arbeiterklasse 1918–1933.* Berlin [Ost] 1970. S. 380 bis 453. (Beiträge zur Geschichte der deutschen sozialistischen Literatur im 20. Jahrhundert. 2.)
Bilke, Jörg B.: »Sturz aus der Geschichte? Anna Seghers' Roman ›Transit‹«. In: Manfred Durzak [Hrsg.], *Die deutsche Exilliteratur 1933–1945.* Stuttgart 1973. S. 312–325.
Batt, Kurt: »Variationen über Unmittelbarkeit. Zur ästhetischen Position der Anna Seghers«. In: *Sinn und Form* (1969). H. 4. S. 943–962.
– *Anna Seghers. Versuch über Entwicklung und Werke.* Frankfurt a. M. 1973 (Röderberg-Taschenbuch. 15.)
»Ein Briefwechsel zwischen Anna Seghers und Georg Lukács«. In: Fritz J. Raddatz [Hrsg.], *Marxismus und Literatur.* Bd. 2. Reinbek 1969. S. 110–138.
»Christa Wolf spricht mit Anna Seghers«. In: *Neue Deutsche Literatur* (1965). H. 6. S. 7–18.
Cwojdrak, Günther: »›Das Vertrauen‹ – Für und Wider«. In: *Die Weltbühne* (1969). H. 3. S. 87 bis 89.
Diersen, Inge: *Seghers-Studien. Interpretationen von Werken aus den Jahren 1926–1935.* Berlin [Ost] 1965.
– »Kompositionsfragen in Anna Seghers' Romanen ›Die Toten bleiben jung‹ und ›Die Entscheidung‹«. In: Klaus Jarmatz [Hrsg.], *Kritik in der Zeit.* Halle 1970. S. 464–475.
Keßler, Peter: »Anna Seghers und der Realismus L. N. Tolstojs und F. M. Dostojewskis«. In: *Weimarer Beiträge* (1970). H. 11. S. 18–61.
Neugebauer, Heinz: *Anna Seghers.* Völlig neu bearb. Ausg. Berlin [Ost] 1970. (Schriftsteller der Gegenwart. 4.)

– »Anna Seghers«. In: Hans Jürgen Geerdts [Hrsg.], *Literatur der DDR in Einzeldarstellungen.* Stuttgart 1972. S. 91–112. (Kröners Taschenausgabe. 416.)

Raddatz, Fritz J.: »Der ambivalente Sozialismus Anna Seghers'«. In: F. J. R.: *Traditionen und Tendenzen. Materialien zur Literatur der DDR.* Frankfurt a. M. 1972. S. 215–240, 624, 664–666.

Reich-Ranicki, Marcel: »Die kommunistische Erzählerin Anna Seghers«. In: M. R.-R., *Deutsche Literatur in West und Ost. Prosa seit 1945.* München 1963. S. 354–385.

Rühle, Jürgen: »Gefährten am Kreuzweg«. In: J. R., *Literatur und Revolution. Die Schriftsteller und der Kommunismus.* Köln 1960. S. 190–201. (Knaur Taschenbücher. 10.)

Sauer, Klaus: »Verteidigung der Unmittelbarkeit. Zum Werk und zur ästhetischen Position von Anna Seghers«. In: *Akzente* (1973). H. 3. S. 254–272.

Schneider, Helmut J.: »Anna Seghers«. In: Benno von Wiese [Hrsg.], *Deutsche Dichter der Gegenwart. Ihr Leben und Werk.* Berlin 1973. S. 110–137.

Wagner, Frank: »›Transit‹-Lektüre im Jahre 1969«. In: *Weimarer Beiträge* (1969, Sonderheft). S. 149–167.

Wegner, Matthias: »Das Exil als Bedrohung der menschlichen Ordnung. Anna Seghers: Transit«. In: M. W., *Exil und Literatur. Deutsche Schriftsteller im Ausland 1933–1945.* Frankfurt a. M. ²1968. S. 212–223.

Wolf, Christa: »Land, in dem wir leben. Die deutsche Frage in dem Roman ›Die Entscheidung‹ von Anna Seghers«. In: *Neue Deutsche Literatur* (1961). H. 5. S. 49–65.

THOMAS KOEBNER

Ernst Glaeser. Reaktion der »betrogenen« Generation

> »Alle wußten sie, wohin sie gehörten, wohin sie zu gehen,
> was sie zu leiden hatten. Ich nicht. So war ich gezwungen,
> zu suchen und zu beobachten, wo die anderen einfach
> leben konnten.«
>
> Ernst Glaeser: *Jahrgang 1902*

Fragen zu einem vergessenen Autor

Ernst Glaeser,[1] dessen Bücher 1933 von den Nationalsozialisten öffentlich verbrannt und geächtet wurden, weil sie angeblich der Dekadenz und dem moralischen Verfall das Wort gesprochen hatten (wie die Werke der in gleichem Zusammenhang genannten Heinrich Mann und Erich Kästner),[2] emigrierte in die Schweiz und kehrte 1938[3] ins »Reich« zurück, schloß seinen Frieden mit dem Regime und redigierte während des Krieges eine Wehrmachtzeitung. Nach 1945 geriet er allmählich in Isolation und Vergessenheit – ein Geschick, das er mit anderen Heimkehrern aus dem Exil teilte. Allerdings kam Glaesers frühzeitige Wiedereinbürgerung in das faschistische Deutschland erschwerend hinzu. Mit Heimatliebe und Einsamkeit im Exilland konnte er diesen Seitenwechsel weder restlos begreiflich machen noch glaubhaft verteidigen.[4]

Die Kenntnis des Lebensverlaufs in diesen Jahren läßt etwas mißtrauisch auch das vor 1933 entstandene Werk betrachten, um nach Anzeichen eines Verhaltens zu forschen, die auf den künftigen »Verrat« hindeuten. Ernst Glaesers schillernde Standortlosigkeit, sein Durchprobieren fremder Ideen, seine versteckt anarchische Unruhe waren immerhin schon dem scharfsichtigen Kurt Tucholsky verdächtig.[5] Nach epigonenhaften, skandalbegleiteten Anfängen auf dem Theater (zwischen Expressionismus und Strindberg schwankende Variationen des Vater-Sohn-Konflikts und pubertäres Ketzerpathos) war Glaeser bekannt geworden als eine Art Sprachrohr der jungen Generation und Dokumentarist ihrer Erfahrungen, genauer: ihrer Enttäuschungen im Umgang mit der älteren Generation. Eine Kette zunächst autobiographischer, dann memoirenartiger Romane eröffnet der 26jährige Autor mit der Vorgeschichte und Geschichte des Ersten Weltkriegs, gespiegelt in den zu Episoden und Anekdoten gerafften Eindrücken seiner Jugend: *Jahrgang 1902* (1928).[6] Als Fortsetzung folgt die Frühgeschichte der Weimarer Republik, eingefangen in seinen Erlebnissen während der Novemberrevolution und der Spartakusaufstände 1918/19: *Frieden* (1930).[7] Fremde Lebensläufe ersetzen allmählich den eigenen in den Romanen *Das Gut im Elsaß* (1932) und – bereits im Exil geschrieben – *Der letzte Zivilist* (1935). Während seines Aufenthalts in der Schweiz be-

nützt Glaeser zumal die kleinen Formen der Erzählung und des Essays, um seine südwestdeutsche Heimat und die entschwundene, vergleichsweise unschuldige Aufgehobenheit der Kinderjahre, der Jahre des hoffnungsvollen Lebensbeginns, zu verherrlichen: *Das Unvergängliche* (1936), *Das Jahr* (1938). Nach Kriegsende erlahmt die Produktivität des Erzählens zugunsten moralisierender Reden über den deutschen Charakter, einiger Hörspiele, literarischer Herausgebertätigkeit. Die Romane der Vorkriegszeit werden nochmals aufgelegt. In feuilletonistischen Porträtskizzen von zeitgenössischen Politikern, u. a. von Adenauer: *Köpfe und Profile* (1952), ursprünglich für die *Stuttgarter Zeitung* geschrieben, knüpft Glaeser vorsichtig an die teils sozialistischen, teils liberalen Auffassungen an, die er vor 1933 affekthafter, als brausender »Linker«, vertreten hat. Die Zeit 1938 bis 1945 soll offenbar vergessen sein. Glaeser lenkt von der Vergangenheit ab durch eine Attacke auf die miserable Gegenwart in seinem Roman *Glanz und Elend der Deutschen* (1960). Doch dieses letzte Buch bezeugt die Nachwirkung einer nicht bewältigten Krise, einer nicht ausgeheilten Wunde: Die einst dem jungen Glaeser eigene literarische Fertigkeit ist hier in schrecklicher Weise verfallen.[8]
Ist dieser Ruin eines Schriftstellers eine Folgeerscheinung des von Glaeser selbst nicht bewältigten »Verrats« an den einst hochgehaltenen sozialistischen und demokratischen Idealen in den Büchern, die die Nationalsozialisten verbrannt haben? Ist dieser Verfall ein Ausdruck mißlungener Vergangenheitsverdrängung? Ist er ein Symptom der Unsicherheit nach jener Anbiederung an den – in seinen Büchern bis dahin gefürchteten – aggressiven, menschenverachtenden, preußisch-deutschen Überheblichkeitswahn? Oder waren es weniger politisch-geschichtliche als vielmehr lebensgeschichtliche Gründe, die den Blick des Erzählers nur scharf sein ließen, wenn er der Kindheit–Jugend, nicht wenn er der Gegenwart galt? Ist Glaesers Abfall 1938, sein Verstummen als Romancier nach 1945 und sein verspäteter Ausbruch 1960, voller Verwünschungen für die Zeitgenossen und Mitleid für sich selbst, nur die absehbare Konsequenz eines Verharrens von Autor, Erzähler und ihm verwandten Helden in der Position des leicht zu enttäuschenden und handlungsunfähigen Beobachters – der also auch nicht lernt, sich des Zugriffs der Macht zu erwehren? Verrät die sprachliche Unkontrolliertheit, die fast plagiatorische Wiederaufnahme von Motiven der frühen Romane in den wenigen Werken nach 1945 Glaesers Fassungslosigkeit angesichts einst schon beobachteter Erscheinungen: Déjà-vu-Phänomene einer zweiten Nachkriegszeit, einer zweiten desillusionierten Jugend usw.? Deren Wiederkehr konnte sich augenscheinlich gerade der schwer erklären, der für den Ersten Weltkrieg zu jung und für den Zweiten schon zu alt war, der beide aus unverdienter Distanz verfolgte. Wer sich überdies an die Schilderung von Niederlagen gewöhnt und mit vielen seiner Ahnungen recht behalten hat, glaubt vielleicht auch, das Verhängnis nach Schema, auf Grund einiger Analogien, voraussagen zu können: Erklärt dies nicht auch den Verzicht auf Wirklichkeitstreue und die plumpe Unheilsprophetie in *Glanz und Elend der Deutschen*?
Das oben abgedruckte Motto soll den Blick des Lesers in eine Richtung lenken, aus

der mögliche Antworten auf diese Fragen erhofft werden können: »Alle wußten sie«, so heißt es in *Jahrgang 1902*, »wohin sie gehörten, wohin sie zu gehen, was sie zu leiden hatten. Ich nicht. So war ich gezwungen, zu suchen und zu beobachten, wo die anderen einfach leben konnten« (65). Auf drei Aspekte dieser Bemerkung sei vor allem aufmerksam gemacht: Erstens beneidet der Ich-Erzähler die »anderen« um ein Leben, das sich von seinem als einfach, hier wohl: tatenvoll und gedankenarm, abhebt. Er dagegen weiß nicht, wohin er gehört, wohin er zu gehen, was er zu leiden hat, und beschreibt damit offenbar eine grundsätzliche Desorientierung seines Lebens. Er ist ein Außenseiter voller intellektueller Schwermut und vergrübelter Unsicherheit – die ihm aber auch eine Art geistigen Adel der Auserwähltheit verleihen. Zweitens sieht sich der Ich-Erzähler gezwungen, zu suchen und zu beobachten. Ein solcher Zwang – selbst- oder von anderen auferlegt? – verurteilt ihn zur Passivität. Auch verläuft das Suchen richtungslos, vermeidet die Arbeit gegen den Widerstand der Welt und wird nicht genauer einem wünschbaren Ziel zugeordnet – es sei denn, dem einfachen Leben, das als Negativ zum vorgefundenen Leben gedacht scheint. Man ist als Leser im folgenden nicht überrascht, das Ich hauptsächlich die Erfahrungen referieren zu hören, die andere gemacht haben. Es ist anzunehmen, daß dieser »Lernprozeß« das Leben nicht allzu tief prägen, allenfalls in seiner Abkehr von der Wirklichkeit bestimmen wird. Das Ich versäumt es unter Umständen sogar, über diesem Erleiden der Geschichte als Zuschauer eigene Erfahrungen zu wagen. Der Welt alsbald entfremdet, kann es sie auch befremdet betrachten – in der Außenansicht die Motive oder Ziele der von anderen geleisteten Taten mißverstehen oder verkennen.

Drittens fällt auf, daß die Feststellung des Unterschieds zwischen dem jugendlichen Ich-Erzähler und »allen anderen« kommentarähnlich aus dem Erzählzusammenhang heraustritt. Die Formulierung verrät die Abstraktionsfähigkeit und Sprachprägnanz dessen, der sich um eine abschließende Zusammenfassung in der Rückschau bemüht. Erlebendes und erzählendes Ich sind ungeachtet der zeitlichen Distanz zwischen ihnen kaum auseinanderzuhalten. Die Rückschau des erzählenden Ich bedeutet daher nicht unbedingt die Bewältigung der Probleme, die sich dem erlebenden Ich stellen. Eher neigt der Außenseiter, der bei Glaeser in der Ich-Person oder in späteren Werken in der Maske anderer, allerdings auch von innen gesehener Figuren berichtet, zur sentimentalen Regression in jene Zeit, in der man gerade die trennende Kluft zwischen sich und dem einfachen Leben wahrgenommen hat. Das Leben seinerzeit scheint auf einen einfachen Konflikt zwischen zwei Positionen reduziert, gewährt also ein Mindestmaß an Übersicht bei aller Verwirrung durch die komplizierte Welt. Oder der Verlust der beschriebenen Zeit gilt als so schwer, daß die Zeit der Niederschrift Jahre später als eine Periode des grauen Danach dem Erzähler unwichtig wird. Er bleibt als Beobachter dem Leben verpflichtet, das ohne seine Mitwirkung abläuft, erweist sich als literarischer Zeuge des Lebens, das bereits abgelaufen ist. Der Vorherrschaft der Rückschau entspricht in Glaesers Romanen die Fixierung an das Bewußtsein der Heranwachsenden, die – offenbar einer feindlich gesinnten oder als feindlich gedeuteten Umwelt der Erwachsenen ausgesetzt – mit geschärften Sinnen aufnehmen, was um sie herum geschieht. Sie erspüren zwar das meiste von dem, was in den Erwachsenen vorgeht, aber – ängstlich zurückweichend vor diesem Neuen – wollen sie nichts weiter mehr davon wissen. Ihr freiwilliger Entschluß, nicht nach dem miterlebten »Vorbild«, vielleicht gar nicht erwachsen zu werden, kennzeichnet die jugendlichen und die »nicht mehr erwachsenen« älteren Helden in Glaesers Romanen 1928 bis 1960.

»Generationskomplex«[9]

In seinem frühen Drama *Überwindung der Madonna* (1924) treibt Glaeser die Hauptfigur des Vaters (die allerdings viele Züge jugendlich-dionysischen »Allgefühls« trägt) in Wahnsinn, Idiotie und Tod: Übertragung selbstquälerischer Unzufriedenheit auf eine fiktionale Figur und zugleich Rachephantasie, die mit dem Vater dessen traditionelle Rechte vernichtet. *Jahrgang 1902* führt die Demontage der Väterwelt am Beispiel der vorgeblich eigenen Lebensgeschichte fort. Die Kluft zwischen den Generationen wird für den Ich-Erzähler zwar nicht erst bei Kriegsausbruch als Kluft zwischen sich und den »anderen« sichtbar, aber dann in aller Schärfe formuliert. »La guerre – ce sont nos parents [...]« (108), der Krieg – das sind unsere Väter. Dieser Satz – er geht dem Roman als Motto voraus – stammt bezeichnenderweise nicht vom passiven Beobachter und Erzähler selbst, sondern von einem französischen Spielkameraden, dessen eifernder Vater ihm den Umgang mit den Deutschen, August 1914 in einem Schweizer Ferienhotel, verboten hat. Stimmen die Beobachtungen des Ich-Erzählers mit dieser so schlagkräftig wirkenden These überein? Nicht durchweg. Dennoch hält der Autor an diesem Resümee fest.

Ein Beispiel für die Inkonsequenz, die zwischen der Reihe der Erlebnisse und den daraufhin angestellten Überlegungen besteht: Das Gegeneinander der Generationen scheint durchaus nicht in allen Schichten gleicherweise starr und unüberbrückbar zu sein. Des Erzählers Freund August, Sohn eines Heizers und SPD-Funktionärs, verehrt gläubig, ohne durch wesentliche Enttäuschungen korrigiert zu werden, seinen Vater als Vorbild und gültige Rechtsauskunft über das Leben und die Geschichte. Ihn betrifft der Gegensatz zwischen den Generationen anderswo: In der Liebesbeziehung zu einer Bäuerin, deren Mann im Feld steht, muß er erkennen, daß er als Liebhaber nur Ersatz für den Erwachsenen ist. Der aristokratische Freund Ferd wiederum verteidigt das mutige Außenseitertum seines Vaters, des »roten Majors«, der, obwohl Gutsbesitzer, der deutschen Provinz südlich von Frankfurt doch als Dorn im Auge erscheint – er ist weitgereist und weitsichtig, durchschaut die Illusionen der Vorkriegszeit und der wilhelminischen Vaterlandsbegeisterung, er weiß bereits den Ausgang so gut wie der Autor 1928. Diesen Freunden August und Ferd gelten das Wort und die Tat ihrer nicht-bürgerlichen, nicht-beamteten, scheinbar nicht so staatstreuen Väter noch etwas. Aber sie sind mit ihren Vätern ähnlich an den Rand der wohlsituierten Gesellschaft gedrängt wie Leo, der Sohn des jüdischen Kaufmanns, oder Pfeiffer, der Sohn des armen Handwerkers. Gerade diesen beiden gelingt es, ihren recht hilflosen Vätern, verbraucht und schwach geworden durch lebenslange Anpassung, in Extremsituationen als Überlegene zu helfen: sie sind die früh schon klug Gewordenen. Wenn der Erzähler von den »Erwachsenen« spricht, meint er nicht diese Väter, sondern die Bourgeoisie der Stadt, insbesondere die Beamten, ihre Normen und Nacheiferer.

Bei seinem eigenen Vater – Glaesers Vater war Amtsrichter – findet der Ich-Erzähler ein Bündel von Eigenschaften wieder, die den wilhelminischen Staatsdiener in der Literatur seit je zu einer fast fratzenhaften Erscheinung werden ließen.[10] Lächerlich und bedrückend sind die bei aller Strenge sinnlosen Verbote, die jede Freiheitsregung des Knaben selbst beim Sonntagsspaziergang unterdrücken; sind die Kommandos, Natur zu genießen oder fröhlich zu sein, weil es die Stunde und der Ort gebieten; ist das unbezweifelte Pflichtbewußtsein, das die braven Bürger für den Kaiser jubeln und für Deutschlands Heil in den Krieg ziehen läßt. Als stillschweigende Verbündete des Vaters treten die Lehrer auf, noch etwas spitzer als »Untertanen« und Feinde skizziert (zu ihnen weiter unten im Kapitel »Antibürgerlichkeit«): Nichts kann die Jungen mit diesen »Erwachsenen« versöhnen.

Die Rolle der Mutter wird erst im zweiten Roman, *Frieden*, deutlicher umrissen. Der Verlauf der Ereignisse verlangte diese Akzentverlagerung: In den letzten Kriegsjahren und in der Zeit bis unmittelbar nach Heimkehr der Fronttruppen ersetzt die Dominanz der Mütter die der Väter. Sie herrschen nunmehr – jedenfalls verhält es sich so im beamtenbürgerlichen Hause des Ich-Erzählers. Seine Mutter riegelt ihr Haus gleichsam nach außen hin ab. Sie bekennt sich mit wachsender Intensität zu einer geistesaristokratischen Verachtung der Menge, des Weltlichen, des Politischen, des Geschichtlichen. Die Lektüre von symbolistischen und impressionistischen Gedichten (u. a. von Hugo von Hofmannsthal) hilft ihr über die schwere Zeit hinweg. Vor äußerer Drangsal flieht sie in die zarte Melancholie romantischen Klavierspiels oder traurig-feiner Wortkunst. Vater und Mutter beschreiten in *Jahrgang 1902* und in *Frieden* zwei Wege, die an der Wirklichkeit vorbeiführen oder von ihr wegleiten: den der treugläubigen Pflichterfüllung und den der Weltflucht mittels der »schönen Künste«. Der noch junge Ich-Erzähler verbietet sich diese Wege, obwohl sie ihm den Motiven nach verständlich sind. Glaesers Figuren schlagen später eigene Wege der Weltflucht ein. Sie folgen den »Erwachsenen« auf etwas anderen Spuren nach.

Unheimlich bleibt dem Ich in *Jahrgang 1902* ein »Geheimnis« der »Erwachsenen«, dem es jedoch weniger bei sich zu Hause begegnet – die Eltern verdienen vorläufig nur kühl musternde Befremdung –, noch weniger bei jenen Vätern seiner Freunde August und Ferd, Leo oder Pfeiffer. Generell wittert diese Ichfigur es hinter der Fassade äußerer Wohlanständigkeit: Es handelt sich um die Sexualität, verborgen gehalten, verdrängt oder verleugnet von der wilhelminischen Erwerbs- und Beamtengesellschaft. Dieses sozial nicht anerkannte »Geheimnis« stöbert das Ich unentwegt auf, ohne es bis zum Schluß des Buches *Jahrgang 1902* am eigenen Leibe zu erfahren. Seine Versuche scheitern an der geheimbündlerischen Verschwiegenheit der Erwachsenen, an der vergleichbaren Unerfahrenheit und Scheu seiner Freunde und der Mädchen aus dem Bekanntenkreis. Eine proletarische junge Frau, die ihn endlich in das »Geheimnis« einführen will, kommt bei einem Bombenangriff auf schreckliche Weise um. Der Ich-Erzähler bekommt ihren verstümmelten Körper nicht mehr zu Gesicht. Diese Schlußwendung kann als Gleichnis gelten: Das »Geheimnis« der Sexualität ist mit Gewalttat und Haß verbunden, flößt Schrecken und Entsetzen ein, ist Krieg zwischen den Erwachsenen vor Ausbruch des militärischen Krieges – der unter diesem Aspekt fast als Fortsetzung oder Ventil des Geschlechterhasses gesehen werden kann. Das auch in späteren Romanen Glaesers sich durchsetzende Feindbild besteht aus den Elementen: Erwachsene–Sexualität–Haß–Profitgier–Krieg. Diese Verknüpfungen verdeutlicht etwa eine aufschlußreiche Episode in *Jahrgang 1902*: Der Ich-Erzähler wird in seinem Versteck Zeuge eines von ihm kaum begriffenen Liebesakts, dessen »Veranstaltung« er durch sein Geld erkauft hat. Die Schreie und Laute, zu denen sich zwei Körper im Sand wälzen, kann sich der Junge nicht anders denn als Ausdruck des Wehtuns, des Hasses, des Tötens deuten. Entsetzt und hilfeschreiend läuft er nach Hause, bezieht die sorgenvollen, ernsten Mienen der Menschen in den Straßen auf sich und sein Vergehen, verbotenerweise das »Geheimnis« aufdecken zu wollen. Er fürchtet, daß ihm seine Tabuverletzung nicht verziehen werden wird – und ist glücklich erleichtert, als er erfährt, der österreichische Thronfolger sei (in Sarajewo) erschossen worden: »›Gott sei Dank!‹, sagte ich [...], ging in die Küche und wusch meine Hände mit Kernseife« (90).

In späteren Romanen Glaesers verschwindet etwas von der Angst seiner zentralen Figuren vor der Sexualität, dem unergründlichen »Geheimnis«. Aber die wenigen Liebesgeschichten dieser Bücher sind an die relativ unschuldigen Jungen oder Junggebliebenen geknüpft und werden ziemlich unsicher oder gar klischeehaft in der Gefühlsdarstellung erzählt. In *Das Gut im Elsaß*, *Der letzte Zivilist* oder Erzählungen der dreißiger Jahre zersprengt ein Unglück, das sich von außen hereindrängt, gewalttätig wie einst am Schluß von *Jahrgang 1902* diese Verbindungen. Erst in *Glanz und Elend der Deutschen* gelingt es zwei Liebenden, sich gegen den Widerstand der Umwelt, gegen Intrige und Versuchung zu behaupten. Sie entrinnen schließlich vom Schauplatz in unbekannter Richtung. So scheint Liebe als solidarische Gemeinschaft von Menschen, als einzige Legitimierung der Sexualität, nur außerhalb dieser Wirklichkeit Bestand zu haben. Im gleichen Roman bricht die Angst vor der Sexualität an anderer Stelle wieder auf und steigert sich zur Verteufelung des Geschlechtlichen: Die hassenswerten Figuren des Romans sind durch ihre sexuelle Gier charakterisiert. Der Autor kann sich nicht genugtun, weidlich schematisch beschriebene Szenen des gegenseitigen »Sich-Ergötzens« zu häufen und zugleich mit theologischem Ingrimm als Teufelswerk zu verfluchen. Dieses angstvolle Zurückschrecken entspricht jener bei Glaeser schon vermuteten Fixierung auf die Weigerung der Heranwachsenden, erwachsen zu werden. Das biologisch Neue ruft keineswegs Lustgefühle wach, es ist, als handle es sich um einen Grenzübertritt, bei dem der Mensch tatsächlich in höherem Sinne seine Unschuld verliert und in die Gruppe der einander Hassenden überwechselt. Frauen, die Torhüter dieser neuen Gesetzlichkeit, schüchtern daher den Autor ein. Fast nur als »Puppen« läßt er sie in seine Bücher eindringen, nicht als menschliche Individualitäten – z. B. als groteske Hexen. Meist aber erschöpft er sich darin, die ihm rätselhaften, unberechenbar und fatal wirkenden Wesen im ignoranten Stil hochmütiger Herrenreiter als »tadellose« Gestalten zu beschreiben.

Als der Kriegsausbruch die untereinander verfeindeten Erwachsenen und die miteinander zerfallenen Generationen (speziell in erwerbs- und beamtenbürgerlichen Kreisen) zu unerwarteten Verbrüderungsfesten vereint, dankt der Ich-Erzähler dem »schönen« Krieg für diese Versöhnung. Allerdings unterlaufen auch hier Inkonsequenzen wie bei den Urteilen über das Generationenverhältnis: Kurz zuvor war der Ich-Erzähler noch entsetzt über den Streit, der zwischen den Nationalitäten im Schweizer Ferienhotel losbrach. Als Hunger und militärischer Mißerfolg im Laufe des Krieges auch zu Hause wieder die Eintracht zerstören, erkennt er, genauer: er wird darüber aufgeklärt, daß diese scheinbar glückliche Gemeinschaft in den Augusttagen 1914 zwischen Erwachsenen und Jungen, Arbeitern und Polizei, antisemitischen Lehrern und jüdischen Schülern usw. nur möglich war, weil alle Aggressivität nach außen, auf den »Feind« jenseits der Grenzen hin abgelenkt schien. Der Krieg zeigt sich dem Jungen also nacheinander als Anlaß und als Zerstörer dieses trügerischen Synthesetraums. Da er zudem für den beobachtenden Ich-Erzähler gekoppelt ist mit dem Anspruch der »Erwachsenen«, die Jungen zu beherrschen, bereitet die Entlarvung ihrer Kriegsbegeisterung die Entwertung der ganzen Väterwelt vor. Der Betrug der »Erwachsenen« sich selbst und den Jungen gegenüber wird ihnen vom Ich-Erzähler und vom Autor Glaeser nie verziehen. Augenscheinlich ist aber die Verehrung der Väter nie so groß gewesen wie dann die Enttäuschung über sie. Es taucht der Verdacht auf, daß der Krieg das Alibi für das spätere Verhalten der Jungen liefern soll. Sie können sich dann damit rechtfertigen und reinwaschen, nie die Erfahrung dieses Krieges, dieses Betruges verwunden zu haben. Mit dem Hinweis auf dieses Trauma entschuldigt sich Ernst Glaeser später tatsächlich – in seinen Romanen und in seinem Leben.

Fällt schon die Einschätzung des Krieges in *Jahrgang 1902* nicht einheitlich, sondern je nach Streit- oder Versöhnungssituation, die er schafft, negativ oder positiv aus, so achtet der Ich-Erzähler auch bei der Lokalisierung des Hasses nicht auf Übereinstimmung. Es wird zwar wiederholt behauptet, daß der Haß bei den Erwachsenen zu suchen sei – er zieht aber genauso zwischen den Jugendlichen Fronten, die während der Abwesenheit der Väter und bei langsam abnehmender Erfolgsgewißheit den Krieg im kleinen nachspielen und siegreiche Manöver markieren. Sie suchen sich einen »Feind«, ein Opfer aus, das sich leicht überwinden läßt, und finden es in dem armen Handwerkersohn Pfeiffer, der, auf erniedrigende

Dienstleistungen angewiesen, anders nicht durchs Leben kommen würde. Der Ich-Erzähler selbst, der sonst so ruhige Beobachter, kann sich erst allmählich von diesen »Spielen« losreißen. Der Haß findet sich also auch bei den Jungen ein. Der Ich-Erzähler schiebt die Schuld daran den Eltern zu. »Die Eindrücke der Jugend bestimmen das ganze Leben!« (174), erklärt ein alter Pfarrer im Sinne des Erzählers. Da für diese Eindrücke aber die Geschichte verantwortlich ist, die die »Erwachsenen« machen (man möchte Glaeser fragen: Tun sie, die Erwachsenen, das wirklich?), fällt es nicht weiter schwer, den Adressaten der versteckten oder offenen Anklagen zu finden. Aber noch ein anderer Grund bestimmt Glaeser zu dieser Solidarität mit den Jungen.

Der Ich-Erzähler beharrt wider besseres Wissen auf der reinlichen Scheidung zwischen der guten jungen und der schlechten »erwachsenen« Generation. Je älter nun Glaeser wird, desto häufiger stehen die ihm verwandten und vertrauten Figuren auch auf der Seite des Alters: Dann handelt es sich um ältere Männer, die offenbar schon jenseits des Geschlechterkonflikts ihre Ruhe und Besinnung als Einzelgänger gefunden haben. Sie sind oft bevorzugte Gesprächspartner der Jungen. Allerdings leiden sie auch nicht mehr so unter der Angst, aus vertrauten Beziehungen ausgeschlossen, ausgestoßen, isoliert zu werden. Diese Angst, flankierend zur Angst vor dem Erwachsen-Werden, kann aus Revolutionären Mitläufer machen (in *Frieden*) oder die Ausgestoßenen in einen Selbstmord aus Verzweiflung treiben (in *Das Gut im Elsaß*, *Der letzte Zivilist*) oder einen kriminellen Bruch mit dem geltenden Gesetz provozieren (in *Glanz und Elend der Deutschen*). Schließlich noch ein Blick auf den Ich-Erzähler in Glaesers ersten zwei Romanen: Wider besseres Wissen wird er zum Advokaten einer Jugend, die er scharf abhebt von den »Erwachsenen«. Offenbar will er selbst dieser »besseren« jungen Generation zugerechnet werden – ist seine Solidaritätserklärung nicht auch von der Angst vor dem Ausschluß aus dieser Generation diktiert, vor der Abkapselung in der Position eines alterslosen Beobachters?

Glaeser hat vor 1933 öfters gefordert, der Schriftsteller dürfe nicht länger in der Einsamkeit schaffen und in der Stille wirken, er müsse seine Pläne öffentlich diskutieren und Ratschläge künftiger Leser annehmen.[11] Seine Bücher sind aber gerade in dieser Zeit vorwiegend Berichte eines stillen Zeugen, dessen Abseitsstellung recht zutreffend als Einsamkeit umschrieben wäre. Sein Wunschdenken ist gleichfalls von der Angst vor der Isolation bestimmt. Aber diese Angst wird nicht produktiv. Kaum kommt es zu einem Versuch der Jungen, sich in einer Welt zu behaupten, die nicht auf sie eingerichtet ist – im Wilhelminismus, im Nationalsozialismus, in der westdeutschen Wohlstandsgesellschaft. Der Mut reicht nur für verneinende Gesten: Das Nicht-erwachsen-Werden-Wollen verbündet sich mit Weltekel und mehr oder weniger heftiger Abwehr des »erwachsenen« Feindes. Die Chance der selbstgewollten Veränderung wird vielleicht erkannt – etwa die Chance der Revolution nach dem Kriege in *Frieden* –, aber das Ergreifen dieser Chance als aussichtslos beurteilt. Dies verkürzt unter Umständen den Weg von der allfälligen Desillusion zum möglichen Opportunismus. Der Jahrgang 1902, behauptet Glaeser unausdrücklich noch in seinem letzten Buch, hat Erfahrungen gemacht, die ihn verkrüppelt, für das weitere Leben geschädigt haben. Diese Jugend kommt zu Jahren, ohne den Wilhelminismus in sich bewältigt zu haben. Sie hat nicht gelernt, das Ausgestoßensein oder den Bruch mit einer Welt zu ertragen, wenn sie diese als falsch und betrügerisch, als schädlich und verderblich durchschaut hat.

Weshalb ist Ernst Glaeser kopflos in das nationalsozialistische Deutschland zurückgekehrt? Er selbst fand noch in *Glanz und Elend der Deutschen* keine andere Rechtfertigung als die Sehnsucht nach der Heimat. Aber ist diese Sehnsucht nicht auch eine Reaktion auf die Angst vor dem Ausgeschlossensein, Ausgestoßensein, eine Umsetzung regressiver Wünsche nach Aufgehobenheit, ein Verzicht auf die Dimension Zukunft, eine Art Kastration, die die Jungen nicht »erwachsen« werden läßt – kurz: ein anderer Ausdruck des Leben und Werk durchwaltenden Generationskomplexes? Glaeser selbst spricht kurz vor der Rückkehr nach Deutschland 1938 – in Naturgleichnissen, die schwer nur in wirkliche, historische Bezüge übersetzbar sind – von der »Tragik einer Generation, die der Krieg verheerte. Wir gelangten nicht zur Frucht. Wir sind eine Generation ohne Sommer. Ein Geschlecht aus Frühling und Herbst, merkwürdig überkreuzt von Greisentum und Pubertät« (*Das Jahr*, S. 65).

Antibürgerlichkeit

Der Roman *Frieden* dokumentiert den Ansturm der politischen Meinungen und Ereignisse nach Kriegsende auf den weiterhin passiven und der Erwachsenenwelt gegenüber reservierten Beobachter – den die Suche nach dem »Geheimnis« aber längst nicht mehr so umtreibt wie noch in *Jahrgang 1902*. Das Widerspiel von revolutionärem Aufbruch und bürgerlichem Ordnungsdenken bestimmt die historische Spannung, in der sich das erlebende Ich immerhin trotz allen Schwankens auf die Seite der Jugend, der Revolutionäre, gezogen fühlt. Er sympathisiert mit Adalbert König, dem ehemaligen Studenten und jetzigen Spartakistenführer, der von den regulären Soldaten als eine Art Märtyrer der Revolution am Ende umgebracht wird; mit Max Frey, dem Sohn des Sanitätsrats, der sich aus Haß auf sein Elternhaus und die lügnerische Doppelmoral der Bürger den Spartakisten anschließt, nach deren Niederlage aber – von einem Gericht freigesprochen – aus Enttäuschung zu einem geschminkten, modischen, affektierten Kunstjüngling herunterkommt. Max Frey ist ein Alter ego des Erzählers, nur in allem entschiedener und eindeutiger als dieser – in Worten und Taten. Er wird zum Hauptsprecher und zur Gleichnisfigur im Buch. An seinem Beispiel wird der Überdruß der Jungen konkretisiert als Überdruß am traditionellen staatstragenden Bürgertum, der Zweifrontenschicht des Mittelstandes. Der buckelt nach oben, tritt nach unten und heuchelt gegenüber seinesgleichen, indessen er um »Bereicherung durch klingende Worte« (192) bemüht ist.

Der Überdruß an einer Erwachsenenwelt, die sich mit ihrem wichtigtuerischen Pomp, ihrer Wirklichkeitsverfälschung durch den Kriegsverlauf bloßgestellt, widerlegt und abgewirtschaftet sehen sollte (sich aber auch über diese Krise hinweglog), dieser Widerwille gegen wilhelminische »Bürgerfassaden«, äußert sich rhetorisch in Zerstörungsvisionen, praktisch als trotzige Empörung. Als idealistisch wohlgemeinter Tatversuch unterliegt sie dem Gegenstoß der alten Gesellschaft, die längst erprobt ist in der Verteidigung ihrer Vorrechte. Daraufhin zieht sich der Repräsentant der Antibürgerlichkeit, Max Frey, auf ein Gefilde zurück, auf dem sich diese seit der Romantik, relativ ungefährlich für die Macht, tummeln konnte: in der Bohemekultur der Künstler, Intellektuellen und ihrer Gesellen. Die Revolution setzt sich fast als Parodie ihrer selbst in der Kunstrevolution fort.

Ein kitschiger Reklamezwerg in der Auslage eines Ladens signalisiert in *Frieden* in seinem zerstörten Zustand die Hoffnungen des Neubeginns auf der Trümmerstätte der alten Gesellschaft und dann am Schluß des Buches den Sieg der Restauration: Der Zwerg leuchtet wieder im alten Vorkriegs-»Glanz«. Nach den Beobachtungen und Aussagen dieses Romans war es eine Selbsttäuschung der Jungen, die Grundlegung einer neuen Gesellschaft und Welt zu erwarten. Das alte Bürgertum war längst nicht zertrümmert genug: Die Revolution scheitert am eben nur opportunistischen Erneuerungsrausch der Bürger, am unerschütterten Geschäftsinteresse der Kaufleute, an der kaum gebrochenen Arroganz der alten Machtelite, zumal der Militärs, und an der weitgehenden demütig-servilen Anerkennung dieser uniformierten Arroganz, an den Mehrheitssozialisten, die eine Versöhnung um jeden Preis anstreben und Ordnung in das Nachkriegs-Deutschland bringen wollen, die sich mit der der Vorkriegszeit messen kann; scheitert nicht zuletzt auch an der verständlichen Friedenssehnsucht und an der Müdigkeit der heimkehrenden Fronttruppen, die sich zum Teil sogar – unberaten und »arbeitslos« – zur Niederschlagung der Spartakistenrevolution im Auftrag der »Händler und Koofmichs« (272) dingen lassen. Der Autor führt etliche Spruchbandredner ein, deren Ergüsse und Formeln mit großer historischer Zuverlässigkeit zitiert werden: Der Eindruck des Wirrwarrs angesichts der vielen Meinungen bleibt dem Ich-Erzähler ebensowenig wie dem Leser erspart. Zu hören sind vor allem die Gespräche und Reden der Gegner einer Revolution, ihre Trägheit wird wiederholt demonstriert, so daß bald kein Zweifel mehr daran besteht, diese Mehrheit – ausgewiesen bereits durch die ihr zugemessene Textquantität – werde sich gegen den Aufstand durchsetzen. Der wiederum wird in der Wahl seiner Mittel immer unbedenklicher, je weniger er die Massen der Bürger aus ihrer Gleichgültigkeit aufrütteln kann. Die Revolution, so läßt sich bald erkennen, war von vornherein illusionär – eine vergebliche Anstrengung, mit den »Erwachsenen« fertig zu werden. Der Frieden bescherte eine doppelte Niederlage – der kriegführenden Nation und den aufbegehrenden Jungen. In Glaesers Romanen sind sie allzu rasch belehrt, ziehen sich auf den Beobachterposten zurück oder lassen sich zur Teilnahme an fragwürdigen Gemeinschaften (im Nationalsozialismus) verführen. Die republikanischen Tugenden flackern nur noch schwach in ihnen. Allenfalls werden innerer Vorbehalt oder passiver Widerstand angemeldet. Ob der Krieg daran die Hauptschuld trägt oder nicht – Glaesers junge oder ältere Helden fallen als Staatsbürger weg.

Vor 1933 hat Ernst Glaeser sicherlich einige der Ziele der Kommunisten auch für die seinen gehalten – wenn auch mit aus der im Generationskomplex begründeten Opposition gegen die Erwachsenenwelt. Er war Mitglied des von der KPD dominierten Bundes proletarisch-revolutionärer Schriftsteller, trat als Teilnehmer der deutschen Delegation beim II. Internationalen Kongreß für revolutionäre Literatur 1930 in Charkow auf,[12] gab mit dem kommunistischen Autor Franz Carl Weiskopf zusammen einen Bildband über die Sowjetunion heraus: *Der Staat ohne Arbeitslose* (1931)[13] oder unterschrieb einen Aufruf *An alle Intellektuellen!*, der 1930 in der *Roten Fahne* erschien und die Sowjetunion pries[14]. Sein Engagement für die sozialistischen Ideen und realpolitischen Maßnahmen wird nicht allzu tief gegangen sein. Als Dramaturg beim Neuen Theater in Frankfurt, als Mitarbeiter bei Rundfunk und Zeitung war ihm bei aller Parteinahme kein großer Wirkungskreis beschieden. So fällt sein Name selten in Verbindung mit politischen Vorgängen. Er wird zumal in der in Berlin geführten politisch-literarischen Diskussion meist nur am Rande erwähnt und oft nur in Zusammenhang mit seinen drei ersten Romanen. In dem ziemlich kurzen Roman *Das Gut im Elsaß* läßt Glaeser seinen Ich-Erzähler nur formelhaft und flüchtig für die sozialistische Welterneuerung werben, im übrigen werden liberale Einstellungen und Traditionen stark aufgewertet. Bei all seinen Büchern kommen die aggressiv-konservativen, die liberal-konservativen und die liberal-pessimistischen Standpunkte ausführlicher zu Wort. Diese hauptsächlich eingenommenen Positionen des wilhelminischen Bürgertums verlangen also anhaltendere und größere Aufmerksamkeit vom Leser als die Vorstellungen von einer neuen sozialistischen Gesellschaft. Die Unschärfe und Wankelmütigkeit der Glaeserschen Parteinahme zeit seines Lebens kann nach der Lektüre seiner Romane nicht mehr verwundern. Wie seine Ich-Erzähler und Alter-ego-Figuren ist der Autor an seinen Gegner: das wilhelminische Bürgertum mit seiner Erwachsenenideologie, gekettet. Der Schatten des übergroßen »Feindes« erstreckt sich bis an den Rand des Sichtfeldes von Autor und fiktionalen Personen. Sie kommen bei all ihrem antibürgerlichen Aufruhr nicht vom Bürgertum los – der Erzähler wird in *Frieden* gelegentlich nicht unzutreffend als »Bürgersöhnchen« angesprochen. Wovon sucht sich dieser Haß auf das alte Bürgertum im einzelnen zu befreien?

Das Beamtenbürgertum mit seiner starrsinnigen Pflichterfüllung, die oft die Wirklichkeit vergewaltigt, wird in *Frieden* u. a. wieder in der Figur des Vaters angeprangert. Nach dem Kriege heimgekehrt, fällt er in die altgewohnte Schematik seines zivilen Lebens zurück, als sei nichts gewesen. Irgendein Gewissen wird für den außenstehenden Beobachter nicht erkennbar (weil es so gründlich verdrängt wird?). Vater und Sohn geraten nach einer Winterwanderung in die Spartakistenkämpfe in D. (Darmstadt?). Der Vater trifft im befehlenden Offizier einen alten Frontkameraden wieder, der hier Adalbert König, den Revolutionär, einfängt, verhöhnt und erschießen läßt. Diese Szenen, in denen die Hoffnung auf die Revolution vernichtet wird, durchschläft der Vater, vom Naturgenuß und vom Wein ermüdet: Der in der ursprünglichen Fassung des Buches geschilderte Vorgang verdeutlicht auf diskrete Weise die politisch-geschichtliche Blindheit, Ignoranz und Selbstabdankung dieses Bürgertums.

Schärfer und unnachsichtiger als am Bürgertum des Elternhauses gerät die Kritik Glaesers am händlerischen Kleinbürger, von dem er sich – durch einen größeren Abstand von seinem Gegenstand getrennt – ziemlich schablonenhafte Vorstellungen macht. Er identifiziert den Kleinbürger völlig mit dessen Geld- und Sicherheitsbedürfnissen, gesteht ihm also nicht einmal die Weltfluchtreaktionen der Kunst-, Natur- oder Pflichtbegeisterung zu, wie sie als geistige Interessen bei Mutter und Vater kennzeichnend für ihr Selbstverständnis und Weltverhältnis auftreten, kann sich aber dann wieder nicht den irrationalen Schub, Rachedurst, die Hysterie und dergleichen, bei dieser oft als zusammengerotteten Mob gesehenen Bürgergruppe erklären. Der Ich-Erzähler in *Frieden* bemerkt, daß die Kleinbürger in ihrem schamlosen, feigen, fast automatisch reagierenden Opportunismus Parolen desselben Musters 1918 verwenden wie 1914 – einst, um den Krieg, heute, um den Frieden zu loben. Er haßt die kapitalistische Gesinnung, die ihm hier offenbar besonders gemein und unverhüllt entgegentritt, den kleinen Kaufmann oder Händler, der auch am Krieg nur verdienen will – während eine gläubige Jugend auf dem Schlachtfeld geopfert oder ihres Glaubens beraubt wird. Dem überdimensionierten Kapitalisten aber, dem Unternehmer, gesteht er eine überraschende Weltkenntnis und beängstigende Beherrschung der Lage zu. Größe, scheint's, welcher Art auch, imponiert der heranwachsenden Generation. Sie äußert sich etwa im Scharfblick des Fabrikanten Ziel in *Frieden*, der nach dem Krieg eben nicht die Erneuerung, sondern die Fortsetzung des (kapitalistischen) Bankrotts voraussieht: Der Kapitalist behauptet das Feld. Er überdauert als der klügere Prophet den Revolutionär mit seinen schönen Hoffnungen.

Die schärfste Form der Ablehnung in Glaesers Gesellschaftskritik bleibt der aggressiven Variante konservativen Obrigkeitsdenkens und Untertanengeistes vorbehalten, die der Autor in fast allen Romanen, auch in seinen Nachkriegsreden, als Preußentum glossiert: als Ordnungs- und Gehorsamsbereitschaft jenseits humaner Erwägungen. Einer seiner Romantitel spielt auf die militärische Komponente dieses Preußentums an: *Der letzte Zivilist*. Der Zivilist gilt als positive Gegenfigur etwa zu den Lehrern, antisemitischen, antidemokratischen Ertüchtigern der Jugend: Pseudoautoritäten, die bereits der knabenhafte Ich-Erzähler in *Jahrgang 1902* fürchten muß, aber nicht achten kann. Amtstreue als diensteifriger Gehorsam wird mit dem Drill der Abhängigen verbunden, die Schule in eine Kaserne, in eine Korrektionsanstalt verwandelt. Es mißlingt Glaeser, die Bedingungen des bösartigen Preußentums ähnlich genau und ausführlich wie Wedekind, Sternheim oder Heinrich Mann aufzudecken. Um so mehr muß er davon eingeschüchtert worden sein. Jedenfalls spiegelt noch sein letzter Roman die leidvollen Erfahrungen an der wilhelminischen Schule wider. Gibt bei diesem Preußentum die Ersatzerfüllung aggressiver Bedürfnisse, die Freisprechung der Angriffslust, die wahnhaft verstiegene Selbsteinschätzung aus Furcht vor Selbstverachtung den Ausschlag? Alles wird nur angedeutet. Das Böse bleibt unerklärlich, versteckt sich hinter grotesken wilhelminischen Schulmeister- und Assessorkarikaturen. Das Preußentum greift auch unter lokalhistorischem Aspekt in die »Idylle« der deutschen Südweststaaten, Glaesers angebeteter Heimat, ein: Sein Monarchismus mit absolutistischen Zügen bedroht die rheinländischen Reservate des freizügigen, lebenszugewandten Liberalismus. Sogar Glaesers Klage über die unmenschliche Bürokratie (*Wider die Bürokratie*, 1947) baut noch auf dieser seiner Vorstellung vom externen Preußentum auf: Er findet es nunmehr in allen komplizierten gesellschaftlichen Organisationen wieder, die über den Komplexitätsgrad eines einfachen Lebens (in einer kleinen Stadt?) hinausgehen. Der Haß aufs Preußentum kombiniert sich mit einer provinziellen Scheu vor der modernen Welt.

Beamtenbürgertum wilhelminischer Prägung, händlerisches, ungeistiges Kleinbürgertum, aggressives Preußentum ergeben die Stufenleiter zunehmender Verächtlichkeit in Glaesers Gesellschaftskritik vor 1932. Sie summiert bis dahin die Erfahrung der Weltkriegsjahre. Sozialismus und Nationalsozialismus treten nacheinander als entsprechende Erfahrungsmöglichkeiten bei den Nachkommen und Geschädigten dieser wilhelminischen Feindallianz hinzu, verändern diese Erfahrungssumme aber nur unwesentlich.

Am Nationalsozialismus ist das Preußentum nach Glaesers Ansicht nicht allein beteiligt. Das Kleinbürgertum, aber auch die geschädigte junge Generation sei als Träger der »Bewegung« zu nennen. Das Beamtenbürgertum habe dagegen bereits mit der Welt abgeschlossen und jenen Abstand gewonnen, der es wiederum zur Zielscheibe nationalsozialistischen Hohns mache – dadurch wird es dem Autor Glaeser sympathisch, und er zeigt von nun an ältere Repräsentanten dieser Verwaltungselite von der vorteilhaftesten Seite: als kluge, resignierende, sich selbst aufgebende Beobachter. Er schließt gleichsam Frieden mit seinem Vater. In seinem Roman *Der letzte Zivilist*, einem Panorama der deutschen Provinz vor 1933, die sich allmählich dem Faschismus ergibt, bündelt Glaeser die Motive der Faschismushörigkeit und führt sie auf einen kleinbürgerlich-antibürgerlichen Komplex der Republikverachtung (Selbstverachtung?) zurück: Heroische Taten ohne wirtschaftlichen Antrieb werden von der Partei erwartet. Der Zorn auf die Geldsäcke und ihr Gewinnstreben ist bei den Nationalsozialisten unüberhörbar, die mehr oder weniger rein gesinnt von einer Welt ohne Schacher träumen. Wieder wird auf den Glauben der enttäuschten Jungen spekuliert und gesetzt. Für Glaeser wiederholt sich das Jahr 1914 knapp zwanzig Jahre später. Die Opfergesinnung soll über privaten Egoismus die Oberhand gewinnen und ist darin auf vertraute Weise antibürgerlich. Die von dem Ich-Erzähler in *Jahrgang 1902* als unverhofftes Glück erlebte Aufhebung der Parteienzersplitterung in einer Art Überpartei, einer Trutzgemeinschaft bei Kriegsausbruch, strebt der Nationalsozialismus gleichfalls an. Der

Mythos von Deutschland, vom »Dritten Reich«, vom »Führer« soll den angeblich bei Verdun im Ersten Weltkrieg gefallenen Gott ersetzen, die »verlotterte Welt« (*Der letzte Zivilist*, S. 239) durch Rassen- und verwandte Gemeinschaftsbildungen wieder reinigen, ordnen, heilen. Auf diese Weise wird die Wirklichkeit ähnlich abgeblendet wie in traditionell-bürgerlichen Ersatzreligionen, etwa der Kunstverehrung. Die Rachegelüste und Ressentiments bei den von Glaeser beschriebenen kleinbürgerlichen Nazis erinnern an die, auch den »geistigen« Bürgern gegenwärtige, Annahme, sie seien betrogen worden – durch den Krieg um den Glauben (Glauben woran eigentlich? an Deutschland und seine unversehrte Tradition?), durch den Versailler Vertrag um das politisch-historische Selbstbewußtsein, durch relativ undefinierbare Mächte (jüdische Weltbankiers? Verschwörer aller Arten?) um Kriegsgewinn und wirtschaftlichen Erfolg usw. Die Auffassung, das Leben sei ihnen gestohlen worden, spukt insbesondere in den Köpfen der triebhaft bestimmten Anhänger – vielleicht nicht ganz unberechtigt bei den einsamen Krieger- und adligen Witwen. Die von Hitler legitimierte öffentliche Kundgabe des Hasses oder totale Unterordnung unter die »Bewegung« soll sie für diese Versagungen und Ängste entschädigen. Erotische Hysterie, Homosexualität oder Sadomasochismus der Nationalsozialisten deuten bei Glaeser schließlich auf die kaum verborgene Unordnung der sexuellen Organisation der einzelnen: gleichfalls ein Bruch mit bürgerlichen Tabus und Ordnungsbegriffen, insbesondere mit bürgerlicher Furcht vor einer Öffentlichkeit, die am Privaten und Intimen teilnimmt. Im öffentlichen Eingeständnis des Hasses, im Ausleben der Sexualität können sich in scheinbarer Verschworenheit gegenüber der Außenwelt alle die stark fühlen, die bisher unter ihrer Vereinsamung und emotionalen Verelendung, unter dem Druck der Normen und Sanktionen bürgerlicher Verhaltensregelung gelitten haben.

Diese Antriebe und Rechtfertigungen sind den jugendlichen Ich-Erzählern Glaesers und den ihnen verwandten Helden bekannt oder gar vertraut – etwa als Konflikte, für die sie ihr Generationskomplex sensibel gemacht hat. Die verführerische Wirkung des Nationalsozialismus wird im *Letzten Zivilisten* nicht von ungefähr schwerpunktmäßig an der Figur des jungen SA-Mannes Hans Diefenbach beobachtet. Glaeser kennt die Psychologie des Faschismus, als wäre er ihr selber verfallen. Er soll damit nicht zum verkappten Faschisten erklärt werden. Ein solches Urteil wäre überscharf und ungerecht. Glaeser, einst Verfechter des Sozialismus im Sinne einer menschheitsbeglückenden Lehre, hat diese nie scharf genug von den archaisierenden, inhumanen Sendungsideen des »Dritten Reiches« abgehoben. Der Eifer für den Sozialismus und das Verständnis für den Nationalsozialismus rühren bei ihm von der wenig präzisierten Ungeduld her, es so wie bisher nicht weitergehen zu lassen. Der Beobachter Glaeser muß sich auf seinem »Standbein« nur um einen kleinen Winkel drehen, um nach der Sowjetunion, dem gepriesenen Staat und Produkt einer erfolgreichen Revolution, auch Nazideutschland ins Blickfeld zu bekommen. Jedenfalls hat Glaeser als Romanautor nie explizit Hitler zu verteidigen versucht, wohl aber Verständnis für die wecken wollen, die ihm aus Angst, Hilflosigkeit oder Passivität verfallen sind. In Glaesers Exilliteratur und später überprüft nicht mehr ein ganz junger, weltunerfahrener Beobachter seine Eindrücke, sondern ein Beobachter, der – auffällig flexibel und fast überall gegenwärtig – sich in die Situation auch jener versetzen kann, die sich durch das Blendwerk des Nationalsozialismus täuschen lassen.

Intellektuelle sind bei Glaeser ähnlich festgelegt wie die Jungen durch die »Erwachsenen« – der Spielraum ihres Denkens wird von den »Bürgern« begrenzt. Intellektuelle erscheinen als entlaufene Bürger, die ihre vorbestimmte soziale Rolle verwerfen, ohne sich ganz von ihr lösen zu können. Sie werden gewöhnlich zu vergleichsweise isolierten Liberalen, die sich zu keiner Massenbewegung schlagen können, auch wenn sie wollten – denn dann würden sie ihre Beobachterfunktion aufgeben und sich ihrer selbstgewählten Aufgabe entledigen, für die Nachkommenden Zeugnis abzulegen von den eigenen Krisen. Besonders verstört sie eine Wirklichkeit, die sich ihren Gedanken nicht fügen will, und sie weichen ihr aus. Die Überschätzung der Macht des Gedankens bringt sie nach Glaesers Auffassung dazu, sich Selbsttäuschungen hinzugeben oder mit ihnen zu leben. Im Roman *Frieden* wähnen sie etwa, durch die Kunst-Revolution – bereits der Begriff verrate Anmaßung, Überheblichkeit, Eitelkeit – die politische Revolution der Taten ersetzt zu haben. »›Trottel‹«, so wird der Ich-Erzähler gegen Schluß des Buches auf einem Faschingsball der Künstler und ihrer intellektuellen Freunde angefahren, »›wir malen ihnen [den Bürgern] die Fratzen ihrer Scheißexistenz auf jede freie Wand, wir schmeißen ihnen mit Aphorismen die Fensterscheiben ein, wir spucken vor ihre Türen, haha, haha! Wir brauchen keine Barrikaden, mein Lieber, die Kunst legt dem Bürgergesindel Feuer unter den Hintern, wir schießen mit Ideen!‹ ›Welchen?‹ fragte ich. Der starke Mann sah mich lächelnd an. ›Du Trottel‹, sagte er, ›da sauf …‹« (304 f.).

Der Erzähler nimmt vor dem ausbrechenden Orgiasmus der »Revolutionäre«, der dann gleichnishaft in Erschöpfung und Kater endet, Reißaus und begegnet in einem abgelegenen Zimmer drei über Politik disputierenden Männern. Der eine, aus Rußland geschickt, um die Partei von unbrauchbaren Elementen (1920?) zu säubern, verzichtet auf die intellektuellen Bündnispartner: »Die Intellektuellen sollten ihre Finger von der Revolution lassen, [. . .] sie kommen doch nur zu uns, weil sie ihre Heimat verloren haben. Sie wollen sich durch uns, durch unsere Revolution an ihrer alten Klasse rächen. Sie denken nicht proletarisch – sie denken antibürgerlich« (310). Verlust der Heimat und Antibürgerlichkeit – diese Eigenschaften schaffen nicht nur seinen intellektuellen Figuren Probleme, sondern auch dem Autor Glaeser selbst. Er umkreist die sogenannte Heimatlosigkeit als Zustand des Ausgestoßenseins schon in *Jahrgang 1902*, um so dringlicher, besorgter nach 1933/34, als sie sich für ihn im Exil materialisierte. Stets war ihm diese Heimatlosigkeit, wenn auch nicht immer diesem Begriff nach, als Lebenskonflikt bewußt – angesichts der Jugend, die im Ersten Weltkrieg ihren Glauben verloren habe, angesichts der »Randexistenzen« jener Weltgereisten oder Juden oder Armen in bürgerlicher Nachbarschaft, angesichts der Menschen zwischen den nationalen Fronten (etwa der Elsässer in *Das Gut im Elsaß*), angesichts der liberalen Intellektuellen und der passiven Beobachter (angesichts seines eigenen Verhaltens?).

Die antibürgerliche Haltung, in der man sich vielleicht den Ruin des Bürgertums vorstellen kann, aber nicht ebenso genau, was an dessen Stelle errichtet werden soll, setzt die Intellektuellen der Versuchung durch die Macht besonders aus – sei es die Macht von links oder von rechts. Sie eignen sich zum Verrat, weil sie sich selber in ihrer Unruhe Entscheidungen, auch übereilte, abverlangen, weil sie ihre Opposition nur in Form von Haß auf den Gegner verstehen, auf den sie angewiesen sind, sich seiner Aktion anschmiegen oder ihr nachsetzen. Sie bemitleiden sich daher um ihrer Schwäche willen selbst, lassen sich durch die Tat an sich schon beeindrucken und sind bestechlich durch die, die ihre Handlungsfähigkeit beweisen. Im *Letzten Zivilisten* führt Glaeser einen Redakteur ein, der zu Hause bewundernd und sentimental die liberale *Frankfurter Zeitung* liest, sich aber von einem nationalsozialistischen Agitator zu übler Verhetzung anstiften und zu elenden Spionagediensten zwingen läßt. Er ist käuflich, weil er seine persönliche Misere, seine Armut und Ausgestoßenheit nicht erträgt. Er bemitleidet sich selbst und rettet sich ins Trinken. Ob Glaeser hier ein verhäßlichtes Spiegelbild seiner selbst geben wollte? Die Frage ist allein auf Grund der Romanlektüre nicht zu entscheiden.

Glaeser ist nur bereit, die Ehre der Intellektuellen zu retten, wenn es sich um alte ehrwürdige Beamtenbürger handelt: etwa um die mehr wie Intellektuelle denn wie Politiker wirkenden Bürgermeister und anderen hohen Regierungsbeamten der letzten beiden Romane oder um einige humanistisch gebildete und milde Pädagogen und Schuldirektoren in allen fünf Romanen. Sie verteidigen die Idee der Menschenwürde, vorgetragen in der Sprache der entsprechenden Klassiker, gegen »Bürger« und »Erwachsene«, um sie den Jungen weiterzureichen. Steigert sich die Entmutigung dieser Intellektuellen in ihrer Ausgestoßenheit auch nicht immer zur Selbstaufgabe – z. B. bringt sich der alte liberale Intellektuelle Berl in *Das Gut im Elsaß* schließlich um –, so doch mindestens zu einer Verzichthaltung. Der Rückgriff auf altes, abgelagertes Kulturgut (Lektüreerlebnisse verdrängen das Bewußtsein der Zeitgenossenschaft), der hymnische Preis der nicht dem Willen des Menschen unterworfenen Landschaft, die Hoffnungslosigkeit hinsichtlich des historischen Treibens verbinden sich zum Erscheinungsbild intellektuellen Leidens an der Zeit – an der vergehenden Zeit. Bezeichnend für dieses Psychogramm ist der Titel der im Exil entstandenen Sammlung von Erzählungen: *Das Unvergängliche* (1936).

Noch in seinem letzten Roman läßt sich Glaeser die Hauptlinien seiner Gesellschaftskritik von den frühgewonnenen Eindrücken und Erkenntnissen des Jahrgangs 1902 vorschreiben – von Generationskomplex und Antibürgerlichkeit ausrichten. Bereits der Titel, *Glanz und Elend der Deutschen*, deutet auf den Anspruch hin, mit den Deutschen ins Gericht zu gehen, abgesehen von irgendeiner Jahreszahl. Der Autor haßt in seinem Buch an der westdeutschen Nachkriegsgesellschaft besonders den Einfluß des neuerlich erstarkten Bürgertums, das Gewinnstreben und Lebensgier (insbesondere Sexualgier) für Vitalität ausgibt. In Erinnerung an den Zusammenbruch des wilhelminischen und des nationalsozialistischen Staates glaubt Glaeser, auch in dieser doppelbödigen, scheinvergoldeten Wohlstandskonstruktion nur eine weitere Ausgeburt bürgerlichen Unwesens aufzufinden. Der Leser soll einen drohenden Untergang (wieder weltkriegsähnlichen Ausmaßes?) erwarten. Glaeser sieht an der historischen Besonderheit der westdeutschen Gesellschaft in den fünfziger Jahren vorbei – er gibt zudem von ihr nur einen kleinen Ausschnitt, ein Zerrbild der »Elite« – und faßt sie nur als Endstadium eines seit langem bekannten und wiederholten Zerfallsprozesses auf. Diesen Prozeß verfolgt er in zahlreichen Lebensläufen der Personen bis in die Zeit ihrer »Jugendidylle« zurück – vor allen Dingen in die Zeit des Ersten Weltkriegs und der Weimarer Republik.

Auch bei diesem späten Werk hat sich der Autor den scharfen Blick für das Nichtmitmachen-Wollen der Jungen bewahrt. Sonst wird dieser Blick von jeremiadenhafter Klage über die Verwerflichkeit jener Menschen verdunkelt, die so leben, als hätte es zwei Weltkriege nicht gegeben. Aber warum ist Glaeser über diese scheinbare Unveränderlichkeit der Welt so erbittert, da ihm doch quasi kein Organ gegeben ist, etwas anderes wahrzunehmen? Da er sich auf die Rückschau konzentriert – in dem Katalog der Lebensläufe –, steht er selbst mit dem Rücken zur Zukunft, in gleicher Haltung wie die von ihm geschilderten intellektuellen, resignierenden Beobachter. Glaesers Vorwürfe gegen Beamtenbürgertum, kleinbürgerlichen Kapitalismus, Preußentum oder Nationalsozialismus beziehen ihn selbst ein, der zeit seines Lebens diesen bedrohlichen Mächten nicht entronnen ist. Was in *Glanz und Elend der Deutschen* vom sogenannten Heimweh behauptet wird, gilt auch von der Gesellschaftserfahrung Glaesers. Sie beruft sich auf die lebensgeschichtlichen Anfänge, die frühen Krisen des Jahrgangs 1902, und ist daher ein dauerhafter Nachlaß des Wilhelminismus: »[...] es hilft nichts, sie müssen wieder dorthin zurück, wo sie gespielt haben, wo sie zum erstenmal geweint haben, wo sie getröstet wurden von der Mutter [...]« (501).

Der »deutsche Charakter«

Glaesers Roman *Der letzte Zivilist* behandelt am Beispiel eines heimwehgetriebenen Rückkehrers in das Deutschland der späten, zerfallenden Weimarer Republik die scheinbare Fatalität des »deutschen Charakters«. Der Deutschamerikaner Johann Kaspar Bäuerle verläßt schließlich nach der Machtübernahme Hitlers wieder Stadt und Land in Richtung Westen, da ihm bestätigt scheint, daß der »deutsche Charakter« sich nicht gewandelt habe und die demokratische Umerziehung nach 1918 mißlungen sei. Bäuerle muß seinen jugendfixierten Wunsch, sich in der Heimat auf dem Lande niederzulassen, aufgeben, als das Angebot seiner Freundschaft höhnisch zurückgewiesen wird – bei einem Fest, das in nationalsozialistischen Deutschland-Taumel ausartet wie einst das Verbrüderungsfest bei Kriegsausbruch 1914 in einen vergleichbaren Taumel ob deutscher Herrlichkeit, wie auch beim Fest der besiegten

Revolutionäre aus dem Bürgertum diese sich ersatzweise in Orgien der Kunstverehrung und nur privat nützlicher Sinnlichkeit hineinsteigern. Diese rauschhaften Feste sind dem passiven Zeugen stets Verlockung und Greuel zugleich. Der »deutsche Charakter« scheint diesen Ausbruch eines irrationalen Gemeinsamkeitswahns zu ersehnen. Heimlich ersehnt ihn auch der halbwegs ausgestoßene Intellektuelle, der diese ekstatischen Erscheinungen bei aller Distanz mit etwas Neid erwidert: Die »anderen« leben einfach.

Bäuerles Tochter nimmt ihr Kind mit sich nach Amerika. Dessen Vater war ein junger SA-Mann, Hans Diefenbach, der aus Idealismus und homosexueller Freundschaft zu einem edelpreußischen Militär- und Kriegsschriftsteller (Ernst-Jünger-Typ) zur »Bewegung« gekommen ist, sich aus Liebe zu dem Mädchen wieder abwendet, doch nicht so weit, daß ihn nicht die Veröffentlichung des Briefwechsels zwischen ihm und seinem Nazi-Mentor in eine Extremsituation des Ausgestoßenseins bringt – aus der ihm als Ausweg offenbar nur der Selbstmord bleibt (Anspielung auf die Affäre um den homosexuellen SA-Führer Röhm). Die durchaus sympathisch gezeichnete Figur des Hans verkörpert für Bäuerle und den Autor die Gefährdetheit und »innere« Qualität des »deutschen Charakters«, der in seinen Träumen zwar der Welt nicht schaden will, auch wenn er ihr in Wirklichkeit schadet; der kaum mit sich, geschweige mit der Welt außerhalb seines Ich fertig wird. Hans bringt sich gerade dann um, als Hitler Reichskanzler wird – eine auffällige Fügung des Erzählers, die noch dadurch betont wird, daß Bäuerle mit Hans auch »Deutschland« (412) ins Grab sinken sieht, genauer: den grundsätzlich guten Willen, als der sich das dunkle Streben des »deutschen Charakters« auch darstellen kann.

Im *Letzten Zivilisten* wird deutlich gemacht, daß sich der Deutsche generell betrogen sieht. Wie schon erwähnt: Die Jungen sind durch den Krieg um ihren Glauben und ihre Glaubenskraft gebracht oder betrogen worden, die Kriegsteilnehmer um ihr Selbstbewußtsein, die sogenannten kleinen Leute um ihre materielle Sicherheit (Inflation und Wirtschaftskrise), die Frauen, deren Männer gefallen sind, um das halbe Leben usw. Versagungen produzieren besondere Empfindlichkeit und verletzlichen Stolz. Solche Disposition weisen die meisten Figuren in Glaesers Buch auf, die dem Faschismus rückhaltlos in die Arme fallen. Ihre zuvor erlittene Entbehrung wird durch die neue Rausch- und Rassegemeinschaft scheinbar abgegolten. Der damit eingehandelte Verzicht auf demokratische und humane Lebensführung in Deutschland fällt denen auf, die hinter diesen falschen Idealen und Idolen die unheilvollen Folgen, die aus alter Erfahrung mit dem Wilhelminismus die Konsequenzen aggressiver Selbstherrlichkeit und Selbstüberhebung fürchten: der Kriegsinvalide, der eine Art proletarischer Vernünftigkeit vertritt; der Heimkehrer, der ein vom Preußentum gereinigtes Deutschland wiederzufinden hofft. Es sind die Figuren, die die Erfahrungen des Ersten Weltkriegs nicht vergessen haben. Aber solche Erinnerungsfähigkeit wird dem »deutschen Charakter« jedenfalls bei Glaeser nicht zugeschrieben.

Bereits im vorangegangenen Roman *Das Gut im Elsaß,* noch vor 1933 entstanden, mündet die Handlung – Menschen zwischen den Nationen Deutschland und Frankreich – wiederholt in offen endende Diskussionen über die Werte und Chancen des »deutschen Charakters«: Noch gärt er angeblich zu dieser Zeit und kann Gutes wie Schlechtes erbringen. Brach der »deutsche Charakter« dann als Objekt nationalsozialistischer Verführung und Herrschaft vor allem bei Personen durch, die sich von Geschichte und Leben benachteiligt fühlten, so wird ihm nach 1945 in Glaesers Reden und Aufsätzen und endlich auch in seinem letzten Roman mit dem Krieg zusammen die Hauptschuld am Geschehenen angelastet. Offenbar motiviert das schlechte Gewissen hier die Analyse des »deutschen Charakters«. Deutschland ist einem unmenschlichen, gewalttätigen Regime verfallen, das es in einen zweiten großen Krieg hineingetrieben hat. Der Autor selbst hat sich – so mußte es, von außen betrachtet, erscheinen – auf die Seite der Faschisten geschlagen.[15] Um so begreiflicher, daß Glaeser die Deutschen (und damit auch sich selber?) zur Charakteränderung aufruft: »[...] endlich einmal aus unserem eigenen Nebel heraus!« (*Kreuzweg der Deutschen*, 1947, S. 10). Er kann jedoch nicht verraten, wie diese Änderung aus eigener Machtvollkommenheit heraus zu geschehen habe. Der Leser muß nicht erst auf die leeren Zorngesten angesichts der Unveränderlichkeit dieses Charakters im letzten Roman aufmerksam gemacht werden (Bäuerle, der »letzte Zivilist«, hat noch verzweifelt, resignierend und defensiv auf diese Unbelehrbarkeit reagiert), um das treuherzige Wunschdenken in einem solchen Appell an die Deutschen als Problemverdunklung zu erkennen.

Es sind vor allem zwei Momente, die Glaeser am »deutschen Charakter« vor 1933, bis 1945 und danach wiederholt konstatiert: erstens die Unruhe ohne Ziel, das »ewige Gären, ohne zur Form zu gerinnen« (*Das Gut im Elsaß*, S. 188), die brodelnde Tiefe, und wie dergleichen Bilder noch lauten, um das Unbestimmte und Unsichere des Suchens und Wollens zu bezeichnen. Diese Suche ist zweitens ein »Drang nach dem Absoluten« (*Kreuzweg der Deutschen*, S. 17), der sich unzufrieden gibt mit allen irdischen, gesellschaftlichen und geschichtlichen Kompromissen. Der »deutsche Charakter«, bemerkt Glaeser zum zweiten Moment, abstrahiere zu schnell von den tatsächlichen Gegebenheiten, lasse sich ungern auf das Konkrete ein. Sein idealistischer Perfektionismus könne auch mit dem Tode drohen und mit dem Gedanken an den Tod spielen, wenn sein Wille nicht geschehe. Unvollkommenheit sei für ihn schwerer zu ertragen als die fürchterlichste Perfektion eines (preußisch?) geregelten Lebens. Bei einer solchen Veranlagung könne man sich leicht betrogen fühlen, wenn zu jedem Versagen ein böswilliger Verursacher, ein Schuldiger hinzugedacht wird. Man könne sich auch leicht bemitleiden, wenn einen die pathetische Größe einer unendlichen, letztlich vergeblichen Suche angemessen erschauern und sich wichtig fühlen lasse. Glaesers Verhältnis zum »deutschen Charakter« beruht nicht zuletzt auch auf verwandten Zügen: Eigenschaften, die in gemilderter Form beim passiven Beobachter auftreten. Seine Kritik des »deutschen Charakters« ist so auch eine mehr oder weniger versteckte Selbstkritik – ein biographischer Versuch über sein Leben müßte diese These überprüfen.

Schon Paul de Lagarde, Julius Langbehn oder Thomas Mann (*Betrachtungen eines Unpolitischen*, 1918) haben den »deutschen Charakter« als unpolitisch gedeutet, da er sich nicht um die Verwirklichung des allenfalls Möglichen kümmere und bei aller Radikalität richtungslos bleibe: konservativ gemeinte Konstrukte eines gemüthaften deutschen Menschen, der sich gegen die Strömungen des Fortschritts, der Moderne, der wissenschaftlichen Vernunft sträubt und wehrt. Bemerkenswerterweise hat Glaeser ein bei Heinrich Mann, Thomas Mann u. a.[16] angesprochenes drittes Moment des (zeitgenössischen bürgerlichen) »deutschen Charakters« eher zur Eigenschaft des Beobachters als zu der des »deutschen Charakters« erklärt: die Spanne zwischen Geist und Tat, die in Deutschland kaum zu überwinden sei. Diesen tiefsten Zweifel an seiner eigenen Position oder der seiner Erzähler und Helden, der Position eines handlungsunfähigen Beobachters, riskiert Glaeser immer wieder: Es ist der Zweifel an der Rechtmäßigkeit des »Ausgestoßenen«, verbunden mit dem Gefühl der Auszeichnung dessen, der jenseits von Gut und Böse leben will. Glaeser hält »seinen« Konflikt zwischen Gedanke und Tun für zu bedeutsam, ehrenvoll und schrecklich, als daß er ihn bei anderen, etwa beim »deutschen Charakter«, vermuten will. Dennoch wird auch der »deutsche Charakter«, in Fortsetzung jener konservativen Tradition, mit einer Weihe umgeben, die ihn als überzeitlich, als urgeschaffen kennzeichnen soll. Im Romanzusammenhang ersetzt er die verlorene Vaterautorität, füllt die Lücke, die der angeblich bei Verdun gefallene Gott gelassen hat. Der »deutsche Charakter« wird zum neuen Gott, an den eben jene glauben, die in unbestimmtem Drange das Absolute herbeisehnen. Die Anbetung des »deutschen Charakters« rechtfertigt deren Unruhe als allgemeines Prinzip, reißt die Betreffenden aus ihrer Vereinzelung, könnte sogar die Ausgestoßenen aus ihrer peinlich-rühmlichen Lage befreien, da sie sich als Verkörperung eines Urtypus wie des »deutschen Charakters« als gleichsam gottgewollt vorkommen dürfen. Halb will der Beobachter, der Intellektuelle bei Glaeser (Glaeser selbst?) diesem Sog nachgeben, halb scheut er zurück: Haßliebe zum »deutschen Charakter«.

Glaesers Sprechen über den »deutschen Charakter« übernimmt in der typischen Anschmiegung an den »Gegner« dessen unterstellte Eigenheit: Es wird weitschweifig, unbestimmt, affekthaft. Begriffskaskaden und eifernde Überredungshaltung helfen eher anzudeuten, als daß sie klären, was mit dem »deutschen Charakter« gemeint sei. Ihm wird etwa in der Rede *Kreuzweg der Deutschen* ohne Logik oder Stufung in der Abfolge folgende Liste von Eigenschaften vorgehalten, vorgeworfen: das Dumpfe, Starre, Flüsternde, Schwelende, Denunzierende, Bürokratische, Servile, Spekulative, Unlogische (!), Gewaltsame usw. (30). Im Roman vergrößert die Rede vom » deutschen Charakter« ihn zur Überperson, während er doch nur ein künstlich abgeleiteter Idealtypus ist. Die Gefahr dabei ist, daß das starre Modell mit der sich ständig verändernden Wirklichkeit verwechselt wird. Ähnliche Verdinglichungen erfahren bei Glaeser auch die Begriffe Heimat oder Krieg. Die Heimat wird zur Übermutter, der Krieg figuriert als Urkrise oder später als böses Prinzip. »Deutscher Charakter«, Heimat, Krieg – sie sollen als

Verantwortliche für geschichtliche und lebensgeschichtliche Prozesse gelten. Autor, Erzähler, Personen entledigen sich in diesem Fall der Eigenverantwortlichkeit. Sie begeben sich auf die Suche nach Schuldigen und finden welche, die nicht vor ein irdisches Gericht zu zitieren sind. Diese Schuld ist also auf Erden nicht zu sühnen und auch nicht wiedergutzumachen. In irgendeiner höheren Sphäre findet vielleicht Vergeltung statt. Uns darf man aber nicht dafür bestrafen, daß uns der »deutsche Charakter« so weit gebracht hat.

Den Überpersonen, verdinglichten Prinzipien und »Urtypen«, deren Existenz nicht wirklich bewiesen werden kann, alle Schuld zuzuschieben – diese literarische Fälscherarbeit ist nur ungefähr mit dem Begriff Mythisierung umschrieben. Glaesers Irrlichtern zwischen der Deutschland-Kritik des Exils und den Sublimationstendenzen der inneren Emigration (der im nationalsozialistischen Deutschland verbliebenen Schriftsteller) ist deutlich an dieser Vermessung oder Erfindung des »deutschen Charakters« im Dienste der Wirklichkeitsabwehr und Wirklichkeitsflucht abzulesen. Glaesers Beschwörung des »deutschen Charakters« ähnelt mitunter der Verdinglichungstechnik, wie sie der nationalsozialistische Propagandist (eine Goebbels-Figur) im Roman *Der letzte Zivilist* verwendet, um die Menschen, zumal die Jungen, zu täuschen; um die historische Konstellation, die politische Wirklichkeit mit überzeitlichen Kategorien (wie der des »deutschen Charakters«) scheinbar zu erläutern, tatsächlich aber zu verblenden, zu vernebeln: »Wirtschaftskrise, Arbeitslosigkeit, Kapitalismus, Börsenkrach – alles schob sich ins Mythische, wurde uralte Verschwörung. Fenriswolf wurde der Jude. Der Papst hieß die babylonische Hure. [...] Er selbst [der Propagandist] schuf das Bild von Sankt Georg, das Mal des Drachentöters, des Lichtträgers. Er [...] kannte die Deutschen besser. Er wußte, daß der Mythos in diesem Land immer den Verstand besiegt hatte, und sein Wort, herausfordernd für jeden Intellektuellen, für jeden Menschen des bon sens, brannte sich in die Herzen der Jugend« (340 f.).

Romanform und Sprache

Generationskomplex oder Fixierung an die Erfahrung der Heranwachsenden oder Erstarrung in der Antibürgerlichkeit oder Schuldentlastung zuungunsten unwirklicher Phantome wie dem des »deutschen Charakters«: Diese Tendenzen zur Regression, Verinnerlichung, Wirklichkeitsablehnung äußern sich auch in Romanform und Sprache. Etwa wiederholt Glaeser seit Anfang der dreißiger Jahre ziemlich beharrlich ein schmales Repertoire von Handlungsmustern und Motiven. Die Entsprechungen zwischen den Romanen *Der letzte Zivilist* und *Glanz und Elend der Deutschen*, die doch im Abstand von einem Vierteljahrhundert erschienen, lassen den vergleichenden Leser fast erschrecken angesichts dieser »Überbrückung« historisch so bewegter Zeiten. Wie im *Letzten Zivilisten* trifft auch in *Glanz und Elend der Deutschen* ein Heimkehrer in einem Deutschland ein, das er für gebessert hält, und flieht, nachdem er sich am »deutschen Charakter« wieder wund gestoßen hat. An die Stelle von

Johann Kaspar Bäuerle tritt Ferdinand von Simmern, ein Architekt, der in vielem das Abbild des seit 1945 »verkannten« oder verfemten Schriftstellers Glaeser darstellt: Z. B. schreibt er an einem Roman »Auf der Jugendfährte«, der offenbar für *Jahrgang 1902* stehen soll. Eigenartigerweise zieht dieser Held, wohl im Widerspruch zur Lebenswirklichkeit des Schriftstellers Glaeser, den Haß der ehemaligen Mitläufer des Nationalsozialismus und der aggressiven Wohlstandsbürger auf sich – weil er bereut oder als Architekt eine neue Stadt als Spiegelbild einer neuen Welt, also ohne täuschende, Anmaßung verratende Fassaden bauen will. Der Held wird dadurch zum Repräsentanten des »anderen«, besseren Deutschland – für das sich zeitweise die exilierten Deutschen gehalten haben. Die Wahl dieser Märtyrer- und Heiligenrolle kommt einer Weißwaschung gleich – etwas provozierend für den, der sich an Glaesers Rückkehr 1938 erinnert.

Auch das weitere Personal ist in den beiden letzten Romanen beinahe austauschbar: Die vornehm-alten hohen Regierungsbeamten, die humanistisch gebildeten, feinen Schuldirektoren stellen etwa die Gruppe der intellektuellen Senioren und resignierenden Beobachter dar, verbündet den in manchem ihnen so ähnlichen Jungen. Gegen sie, die inoffizielle Partei der Handlungsunfähigen, richtet sich das Unwesen der gerne als teuflisch angesprochenen Gruppe der Bösen, die ohne recht erkennbares Motiv so handeln: die antisemitischen Lehrer oder die heuchlerischen Intriganten, die die große Gruppe der Opportunisten und der Verführten am Gängelband leiten. Allerdings ersetzt eine zügellos beschimpfte Sexualität in *Glanz und Elend der Deutschen* den nationalsozialistischen Gemeinschaftswahn in *Der letzte Zivilist*. Daher treten willige Frauen so häufig wie nie zuvor in diesem letzten Roman auf. Etliche Einzelheiten der zahlreichen kleinen Biographien der Personen in *Glanz und Elend der Deutschen* sind aber wiederum dem Glaeserschen Motivschatz aus früheren Jahren entliehen. Selbst bei den Metaphern und Gleichnissen greift Glaeser auf einst einmal geprägte Schablonen zurück (davon weiter unten).

Von Anfang an ordnete der Autor seine Beobachtungen in Anekdoten- und Episodenform, als Erinnerung an kleine, berichtenswerte Begebenheiten, die eine allgemeine Stimmung, einen Zustand signalisieren oder verdeutlichen. Er schrieb seine Romane in der Art locker reihender Tagebücher. Im *Letzten Zivilisten* fügt er diese Fragmente in ein weiter ausgreifendes Netz von Handlungslinien ein, doch wirkt dies eher als Zugeständnis an konventionelle panoramaartige Erzählweisen. In *Glanz und Elend der Deutschen* zerfällt das Gerüst der Haupthandlung fast völlig. Wegen dieser Handlungsverkümmerung und der vorherrschenden Perspektive der Erinnerung an bereits »abgelebtes« Leben, zu dem man in Gedanken immer noch zurückkehrt, gleicht der Roman wenigstens in entscheidenden Strukturkomponenten dem Erstling *Jahrgang 1902*. Solche Strukturkomponenten sind etwa die Erzählform: Erinnerungsreportage mit Tagebuchcharakter, oder die Erzählerhaltung: vorwiegend die eines erlebenden und berichtenden Ich, einzeln, isoliert und häufig intellektuell.

Bezeichnend ist für den Erzähler in Glaesers Romanen der in den ersten beiden

Büchern gelegentlich eingenommene Beobachterposten auf einer Mauer: Von da aus beobachtet er das Geschehen unter sich, der Gefahr entrückt, selbst einbezogen zu werden. Der Beobachter auf der Mauer ist handlungsunfähig, während er oft übereilten oder unbedachten Handlungen zusieht. Diese Erfahrung bestätigt ihn in seiner Passivität und läßt ihn, halb unbewußt, am Sinn jeglicher Handlung zweifeln. Diese Aufsicht geht in den folgenden Büchern unmerklich in eine ähnlich reaktive Innensicht über, parallel zum Wechsel von der autobiographischen Ich-Erzählung zur memoirenartigen Er-Erzählung. Beängstigend wird in den letzten beiden Romanen die Fähigkeit des Erzählers, in die Hauptpersonen hineinzuschlüpfen: also über jede Person fast so zu schreiben, als rechtfertige ein Ich seine Lebensgeschichte. Entsprechend wird von der Stellung der einzelnen Personen aus die Perspektive der Aufsicht und Rückschau weitgehend wiederhergestellt. Diese Einverwandlung gelingt etwa im *Letzten Zivilisten* mit gleicher Leichtigkeit bei der Figur des Nazi-Propagandisten wie bei der des proletarischen Kriegsinvaliden, beim Heimkehrer Bäuerle wie beim SA-Mann Hans Diefenbach. Die Frauenfiguren bleiben dem Erzähler allerdings meist verschlossen oder unverständlich-gleichgültig, ob als Hitler-Bewunderin oder als amoralische Hetäre. Am ehesten vertraut er noch – in *Glanz und Elend der Deutschen* – der fröhlich-kumpelhaften Spezies unter den Mädchen.

Die der Aufsicht oder Innensicht verbundene Rückschau auf das eigene Leben macht die Ich-Erzähler oder die ihm verwandten Figuren wenig aufmerksam für die Welt, die nicht unmittelbar an ihre Sphäre rührt. Reden anderer Personen sind daher selten spezifischer Ausdruck ihrer Sprecher. Um so schärfer wird aus der Sprache der »anderen« oder der »Erwachsenen« herausgehört: die Hohlheit von Phrasen oder angelernten, eingeübten Sentenzen, die einen selbst und die Zuhörer über das möglicherweise verdrängte bessere Wissen von der Wirklichkeit hinwegheben oder hinwegtäuschen sollen. Wenn 1914 die Schlagworte von der großen Zeit ausgetauscht werden, reagiert das erlebende Ich so verwundert, wie das erzählende Ich es haben will, um den Leser auf die überhebliche Selbststilisierung hinzuweisen. Die stilistische Feinhörigkeit enthüllt den wilhelminischen Feierernst als trügerisches Pathos, stellt Heuchelei durch den Kontrast mit der Wirklichkeit bloß. Es kann witzig und spöttisch wirken, wenn der junge Ich-Erzähler in *Jahrgang 1902* die Zusammenhänge scheinbar nicht durchschaut und das Widersprüchliche in verkürzendem Nacheinander bringt. Ein Schweizer Onkel z. B. muß bei Kriegsausbruch in die Berge zum Grenzschutz. »Er freute sich sehr auf diese Zeit. Er war ein begeisterter Bergsteiger und ein warmer Naturfreund« (110). »Die Schule blieb für die nächsten vierzehn Tage geschlossen. Auf ihrem Hof wurden Rekruten ausgebildet. Wir waren begeistert und lobten den Krieg« (128). Die Unvollkommenheit, Unangemessenheit hergebrachter Sprache in neuen oder als neu zu beschreibenden Situationen macht sich als Verformelung bemerkbar. Die Sprache der »Erwachsenen« offenbart etwa, daß sie nicht wirklich nachdenken oder die Wirklichkeit verfehlen.[17] Handlungs- und Sprachsituation verrutschen gegeneinander. Es handelt sich um den Kriegsausbruch, das noch nicht erkannte oder nicht vorgestellte Schreckliche wird aber als »schön« und herrlich in Worten gepriesen. Es fehlt eine Sprache, die den historischen Vorgang »bewältigte«. Z. B.: Der Junge soll nach dem Willen seines Vaters ins Gymnasium, damit er »›in dieser schweren Zeit in erster Linie ein Charakter wird [...]‹. [...] ›Dein Sohn weigert sich, ein Charakter zu werden‹, schrieb meine Mutter, die auf meiner Seite stand, an meinen Vater zurück. Seine Antwort war schmerzlich. Wir hatten ihrer heroischen Sentimentalität nichts entgegenzusetzen« (188). Es fällt auf, daß der Ich-Erzähler der Sprache seines Vaters, die offenkundig auf die Situation 1914–18 nicht vorbereitet ist, von sich aus »nichts entgegensetzen« kann – also auch keine neue Sprache. Er springt nicht über den Schatten seines »Feindes«.

Diese hellhörige Kontrolle der »alten«, veralteten Sprache verliert sich leider allmählich in Glaesers Romanen in dem Maße, in dem er dann eine neue Sprache zu schaffen glaubt. In Wirklichkeit jedoch verwandelt er nur Prinzipien zu Überpersonen und unterschiebt Beschreibungsbegriffen scheinhafte Realität. Sobald der »Beobachter auf der Mauer« aus eigenem Antrieb sprachlich zu handeln beginnt, schlägt es ihm fehl. Greifbar wird dies an Bildern und Gleichnissen, die die Wirklichkeit überhöhen sollen. Sie dienen aber, wie sich zeigen läßt, eher der Fehlübersetzung und groben Vereinfachung als der getreuen Verdolmetschung der gemeinten Tatsachen. Erstens gesteht Glaeser mit seiner Bemühung um Metapher und Gleichnis einen Kunstanspruch ein, den er nicht halten kann. Die leicht verstiegenen Titelformulierungen »Der letzte Zivilist« oder »Glanz und Elend der Deutschen« geben die Absicht zu erkennen, mit äußeren, konventionellen Mitteln solchen Höhenflug des Kunstanspruchs zu markieren. Zweitens mag dabei der Wunsch mitbestimmend gewesen sein, mittels der Metaphern und Gleichnisse aus der Selbstbefangenheit herauszutreten: durch Vergleiche, die das Persönliche mit dem Allgemeinen verbinden, sich selbst zu objektivieren. Das Gegenteil ist eingetroffen. In *Jahrgang 1902* wählt Glaeser noch wenige Vergleiche und dann Vergleichsgegenstände, die der Erzählerperspektive angemessen sind: Der Vater erscheint z. B. als Denkmal. Die in der frühen Dramatik bereits absorbierte expressionistische Metaphorik setzt Glaeser dann vereinzelt sehr treffsicher in *Frieden* ein: Ihre Übersetzung menschlicher in organische oder mechanische Vorgänge, etwa bei der Vergegenwärtigung von Massenszenen, bei denen das Individuum sich in Bewegungselemente auflöst und der Unterschied zwischen Menschen und Sachen, Konkreta und Abstrakta entfällt, diese Metaphorik geht einen ersten Schritt in Richtung der Verdinglichung von Beschreibungsbegriffen: »Der Ruf rammte sich zwischen die Häuser, riß die Menge auseinander, die wie eine Herde ängstlich neugieriger Fledermäuse an den Fassaden flatterte und in jener Stimmlosigkeit der Angst schrie, daß man glaubte, es splittere Emaille, er schoß wie eine Garbe männlicher Energie durch die Scharen der kleinbürgerlichen Mitläufer, er breitete sich oben vor. der Kurve der Straße zu einer graublauen Mauer, die den aufgeregten, unruhigen Strom der Masse abstoppte« (67). Die in diesem Beispiel bereits unmotiviert wirkende Verselbständigung und Ablösung des Gleichnisses, der Metapher von der Wirklichkeit verstärkt sich zunehmend in den letzten drei Romanen. Besonders problematisch wird die »künstlerische« Übertragung der Wirklichkeit in solchen Fällen, in denen Bildungsgut und sakrale Assoziationen im sprachlichen Vergleich ausgebeutet werden: Der gefangene Revolutionär Adalbert König wird als armer Jesus Christus verspottet. Er durchläuft zwar eine Art Passionsweg (mit Anspielungen spart der Autor nicht) – aber erleidet der Spartakistenführer einen wirklich vergleichbaren Opfertod? Hitler etwa wird nicht nur als Fallensteller, Rattenfänger (*Das Gut im Elsaß*), als Hexenmeister, Salvator, Menschenfresser, Exorzist, Arzt usw. (*Der letzte Zivilist*) angesprochen, sondern nach 1945 auch als Catilina, sogar als »katilinarischer Schlawiner« (*Köpfe und Profile*, S. 49) – aber ist Hitler ein erfolgloser römischer Verschwörer? In dem Wust von Metaphern, hinter denen bei Glaeser der historische Hitler fast gänzlich verschwindet (stilistischer Ausdruck einer Wirklichkeits- und Geschichtsverdrängung?), bildet die Teufelsmetaphorik einen Schwerpunkt. Sie ist ja auch in der Exilliteratur populär[18] und gerne benutzt worden, um dem »Herrn« des »Dritten Reiches« eine entsprechend furcht- und haßeinflößende Übergröße, eine Antichrist-Qualität zu verleihen. »Sein [Hitlers] Auge«, so berichtet in einem Prosafragment *Die spanische Treppe* (in: *Kreuzweg der Deutschen*) ein Erzähler und Attentäter in spe, »suchte mein Auge wie ein Tier. Seine Hand, die mich berührte, war kurz und feucht wie die eines Diebes. Sein Blick [...] ist nicht von dieser Welt. Sein Blick ist von unten« (27).

Wer versteht die Menschen der dreißiger Jahre besser, wenn er sie sich »auf dem Paternoster eines unübersichtlichen Schicksals« vorstellt (*Der Pächter*, in: *Das Unvergängliche*, S. 68)? Erhellt folgendes Bild die Situation der Intellektuellen, die angeblich »neben den Gleisen der Zeit« (allenfalls als passive »Beobachter auf der Mauer«) stehen – »zu Bäumen erstarrt, deren Äste gar oft den nackten, wortlosen Himmel zu umklammern versuchen« (*Das Jahr*, S. 15)? Ist schließlich der Scharfsicht und Einsicht eines Autors zu vertrauen, der seine Figuren von einer Vergangenheit träumen läßt, die »hinter dem Donnergebirge eines fürchterlichen Krieges« liegt, aus dessen »Rachen« sie entkommen sind (*Glanz und Elend der Deutsch*en, S. 64 und 502)? Im letzten Buch verdichtet sich übrigens auch die Teufelsmetaphorik zu einer förmlichen Teufelslehre, nur ist nicht mehr Hitler, sondern die geld- und sexgierige, bösartige Wohlstandsgesellschaft damit gemeint (Wiederverkörperung des Nationalsozialismus oder Erscheinung eines neuen »Teufels«?). Der krampfhafte Versuch, die Welt um einen herum symbolisch zu sehen, in Gleichnissen »künstlerisch« umzuformen, läßt den Autor sehr bald diese Welt nur noch durch die Brille dieses Kunstanspruchs und der Jugenderfahrungen betrachten. Ein Ergebnis ist das schriftstellerische Fiasko des letzten Romans.

Glaesers Metaphern- und Gleichnissprache verrät in ihrer von Buch zu Buch wachsenden Aufdringlichkeit die Isolation des Autors in der ihn umgebenden Gesellschaft und seine Entfremdung von seiner Zeit. Der Verfall sprachlicher Wirklichkeitsabbildung kündigt sich merklich schon in den Erzählungen des Exils und ihren Landschaftsschilderungen an. Ausdruck seines Heimwehs, werden sie vom undisziplinierten Überschwang einer Sprache unterbrochen, die den Augenschein durch sentimentalisierende Rühreffekte ersetzt (gehäufte Talblicke, endlose Straßen, Glockenläuten, Werden und Vergehen der Natur usw.). Die heimatliche Landschaft stellt das ewig Bestehende dar – unabhängig von der Zeit und den Sorgen des Betrachters. Auch die Landschaft wird zur Überperson transformiert. Ihr kann keine weltliche Macht etwas anhaben. Sie ist der Sphäre des Gedankens, nicht der des Tuns, zubestimmt. Ihr Anblick besänftigt und lenkt ab – von den Problemen der Geschichte und Gesellschaft. Zu ihr kehrt der Beobachter zurück, wenn er als Zeuge vor der Flucht der Erscheinungen, vor dem Wirrwarr der Welt kapituliert hat. Glaeser gesteht diese Funktion der Landschaft für ihn und seine Erzählsubjekte im Roman *Frieden* ein, als ihm die Ehrlichkeit seiner Literatur noch mehr wert war als ihr Kunstanspruch und »sinnschöpfender«, besser: sinnverblendender Gleichnischarakter:

»War ich feige? Oder war es die böse Verführung meiner Phantasie, die mich von der Entschiedenheit einer Tat ablenkte? Ich wußte, ich bin willensschwach, und wenn mir etwas gefiel, dann nahm es mich gefangen. Wie oft hatte ich diese Verlockung durch die Vielfalt der Erscheinungen verflucht, und wie heiß bewunderte ich jene Menschen, die den bezaubernden Wirrwarr der Welt vergessen und in der schweren Enge [?] der Produktivität ihre Tat vollenden konnten!
Aber, wie schön war der Wald« (193).

Anmerkungen

1. Ernst Glaeser, geb. 1902, gest. 1963. Biographische Angaben in der einschlägigen Literatur, etwa: Franz Lennartz, *Deutsche Dichter und Schriftsteller unserer Zeit*. Stuttgart [10]1969.
2. Die vom »Hauptamt für Aufklärung und Werbung der Deutschen Studentenschaft ausgegebenen Feuersprüche« sind etwa nachzulesen bei Hildegard Brenner: *Die Kunstpolitik des Nationalsozialismus*. Reinbek 1963. (rde 167/168.) S. 186.
3. Glaesers Aufenthalt in der Schweiz wird kritisch von Ulrich Becher kommentiert und glossiert in einem Aufsatz »Der Fall Ernst Glaeser«, urspr. veröffentlicht in *Freies Deutschland*, (1944). H. 8, nachgedruckt in *Weltbühne*, 2 (1947). Nr. 3. Glaesers Distanzierung von anderen Emigranten greift Joseph Roth in einer Notiz des *Neuen Tagebuchs* an (4. September 1939), nach der Glaeser die Mitarbeit an *Maß und Wert* verweigert habe, weil Juden für die Zeitschrift schrieben. Ein Resümee der sozialistischen und Exilperiode in Glaesers Leben zieht Franz Carl Weiskopf: *Unter fremden Himmeln. Ein Abriß der deutschen Literatur im Exil 1933–1947*. Berlin 1947; zuvor schon eine Stellungnahme von Weiskopf in *Neue Weltbühne*, (1938). Nr. 21. S. 657–660.
4. Ausführlichster Versuch der Selbstrechtfertigung in *Glanz und Elend der Deutschen* (1960), ausgesprochen durch den Alter-ego-Helden Ferdinand von Simmern.
5. Kurt Tucholsky: »Frieden«. In: K. T., *Gesammelte Werke* III. Reinbek 1960. Skeptisch gegenüber der künstlerischen Darstellung des Politischen in *Frieden* ist Ludwig Marcuse: »Der Nachkriegs-Frieden«. In: *Das Tagebuch*, (1930). S. 1717 f.
6. Hans Sahl empfiehlt, auf Grund seiner positiven Rezension (in: *Das Tagebuch*, [1928]. S. 1802 f.), den Roman für den Kleist-Preis. Hans Henny Jahnn vergab den Preis dann an Anna Seghers, erwähnte Ernst Glaeser lobend neben anderen, z. B. Hermann Kesten.

7. Nach dem Zweiten Weltkrieg erschien das Buch gekürzt und verändert u. d. T.: *Frieden 1919* (1947). Die Kürzungen betrafen vor allem die Passagen, die sozialistische Gesinnung äußerten, u. a. ein wichtiges Kapitel über ein Unternehmerehepaar. Der Gang der Handlung wurde dadurch zum Teil unklar oder sprunghaft. Neu hinzu kamen vor allem Vordeutungen auf den Zweiten Weltkrieg, umständliche Vergleiche, die gelegentlich an die Stelle treffenderer Bilder gesetzt wurden, puritanische Empfindlichkeiten, die angesichts zusätzlich beschriebener »Perversionen« wie Männerliebe, Schamlosigkeit, Nacktheit usw. demonstriert werden. Die meisten Veränderungen erscheinen nicht als Verbesserungen.

8. Marcel Reich-Ranicki kritisiert das Buch scharf, zumal unter stilistischem Aspekt, in: M. R.-R., *Deutsche Literatur in West und Ost.* München 1963. S. 288–293.

9. Der Ausdruck »Generations-Komplex« ist entliehen dem Aufsatz von Ludwig Marcuse: »Zum 50. Geburtstag des Jahrgangs 1902«. In: *Der Monat,* (4. Oktober 1952). S. 98 f.

10. Es sei nur an die beiden Romane von Heinrich Mann erinnert: *Professor Unrat* (1905) und *Der Untertan* (1918).

11. »Die dichterische Einsamkeit! Niemand ist heute mehr allein, sofern er den Mut hat, die wahren Konflikte der Zeit zu erkennen. [. . .] Die Verfälschung der Tatsachen durch Poesie ist Hochverrat am Geist.« So formulierte Glaeser seine Theorie, der seine spätere literarische Praxis selbst nicht entsprach, in einem Bericht von einer Dichtertagung: »Rheinische Dichter«. In: *Die Weltbühne,* (1928). 2. Hj. S. 18–21. Für die Öffentlichkeit der dichterischen Produktion plädierte er in einem Beitrag für den *Berliner Börsen-Courier,* 185 (1930). Der hier angekündigte Roman »Der Wiederaufbau« ist nie erschienen.

12. Bericht über die Konferenz in Charkow von Ernst Glaeser, Jan Matheika u. Ludwig Renn in: *Informationsmaterial.* Hrsg. vom Internationalen Arbeiter-Theater-Bund. 5 (1930).

13. Die Bildunterschriften dieses Buches haben oft einen propagandistischen, paramilitärischen Ton, z. B.: »Die Frauen rücken ins ›Feld‹.« Gemeint ist: Sie gehen zur Arbeit aufs Feld. Stammt diese Ausdrucksweise von Ernst Glaeser oder von Weiskopf?

14. Der Aufruf *An alle Intellektuellen!* ist auch unterzeichnet worden von Abusch, Kurella, Lask, Piscator, Renn, Walden, Weinert, Wolf, Zetkin u. a.

15. Ulrich Becher charakterisiert in seinem unter Anm. 3 erwähnten Aufsatz die psychische Disposition Glaesers vor seinem »Verrat« wenig schmeichelhaft: »Ich lernte einen großen, schlanken, albinoblonden Jung-Siegfried kennen, zweifellos ein Musterexemplar in den Augen der neugermanischen Rassenzüchter [. . .] Glaeser pflegte in meiner Gesellschaft auf den lieblichen Anhöhen des nordostschweizer Voralpenlandes spazieren zu wandeln, ein wenig herumgekommener, wenig geprüfter kleinbürgerlicher Ulysses, sehnsüchtig in Weiten zu starren, dorthin, wo sich die Höhenzüge des Schwarzwaldes ahnen ließen. Da war denn der Heimwehseligkeit, des Geseufzes vom unvergleichlichen und ach! verlorenen deutschen Wald, deutschen Wein, deutschen Himmel kein Ende. Vom deutschen Volksgenossen war damals noch nicht die Rede. [. . .] Ich sehe Glaeser vor mir, wie er angetrunken, das stets rosige Gesicht von Wein bepurpurt, mit gepflegten Händen durch seine lange weißlichen Haare strich, wie seine kaltblauen Augen, in denen ein seltsam Lauerndes, Gierendes wohnte, in Tränen zu schwimmen begannen, während er sich Kleist verglich. Dies ein letztes Leitmotiv seines Verrates: maßlose Eitelkeit. Ungeachtet seines Erfolges wähnt er sich in der Schweiz verkannt, weil er zu wenig verdiente. Er kleidete sich minutiös elegant, selbst zur Arbeit: ›Die Disziplin meines Anzuges kommt der Disziplin meines Stiles zugute.‹ Er liebte teure Weine, opulentes Essen, verheiratete Damen; was nicht aus Puritanismus vermerkt wird, einzig, um seine konstante Geldnot zu erklären« (105–107). Im folgenden vermutet Becher, daß die Nationalsozialisten Glaeser quasi gekauft haben.

16. Es sei erinnert an Heinrich Manns Aufsatz *Geist und Tat* (1910) oder Thomas Manns Rede *Deutschland und die Deutschen* (1945).

17. Die Häufung derartiger sprachkritischer Literatur (Fleißer, Horváth u. a.) gegen Ende der zwanziger Jahre müßte eigens noch einmal auf ihre historischen Bedingungen hin untersucht werden.

18. Ein markantes Beispiel für die Teufelsmetaphorik liefert Thomas Manns Roman *Doktor Faustus* (1947). Eine Fülle von Motivparallelen in den Exilromanen – Rückzug des bürgerlichen Anti-Nazi ins Privatleben, der idealistische junge Nazi, die Verbreitung des Nationalsozialismus in einer Provinzstadt vor 1933, der deutsche Charakter in der Geschichte usw. – weist die sehr gründliche Dissertation von Gisela Berglund auf: *Deutsche Opposition gegen Hitler in Presse und Roman des Exils. Eine Darstellung und ein Vergleich mit der historischen Wirklichkeit.* Stockholm 1972. (Acta Universitatis Stockholmiensis. Stockholmer Germanistische Forschungen. 11.)

Literaturhinweise

Zitierte Werke

Überwindung der Madonna. Potsdam, Berlin 1924.
Jahrgang 1902. Berlin 1928; zitiert nach: Goldmann-Tb. 502. München 1958.
Fazit. Ein Querschnitt durch die deutsche Publizistik. Hrsg. von Ernst Glaeser (Vorwort u. Beitrag *Kriegsschauplatz 1928*). Hamburg 1929.
Frieden. Berlin 1930; zitiert nach der Neuausgabe u. d. T.: *Die zerstörte Illusion.* Wien, München u. a. 1960. Gekürzte u. veränderte Fassung u. d. T.: *Frieden 1919.* Bonn 1947.
Der Staat ohne Arbeitslose. Drei Jahre »Fünfjahresplan«. (265 Abbildungen.) Ausgewählt u. eingeleitet von Ernst Glaeser u. Franz Carl Weiskopf. Mit einem Nachwort von Alfred Kurella. Berlin 1931.
Das Gut im Elsaß. Berlin 1932.
Der letzte Zivilist. Paris 1935; zitiert nach der 2. Aufl.: Heidelberg 1946.
Das Unvergängliche. Amsterdam 1936; zitiert nach der Neuaufl.: Hamburg 1947.
Das Jahr. Mit 50 Zeichnungen von Eugen Früh. Zürich 1938.
Kreuzweg der Deutschen. Wiesbaden 1947.
Wider die Bürokratie. Kassel 1947. (Streitschriften. II.)
Köpfe und Profile. Zürich, Wien u. a. [1952].
Das Kirschenfest. Zürich, Berlin u. a. 1953.
Glanz und Elend der Deutschen. Wien, München u. a. 1960; zitiert nach der Neuaufl. u. d. T.: *Glanz und Elend.* O. O. 1964.

Forschungsliteratur (Auswahl)

Becher, Ulrich: »Der Fall Ernst Glaeser«. In: *Freies Deutschland*, (1944). H. 8; wieder abgedruckt in: *Die Weltbühne*, 2 (1947). Nr. 3.
Berglund, Gisela: *Deutsche Opposition gegen Hitler in Presse und Roman des Exils.* Stockholm 1972. (Acta Universitatis Stockholmiensis. Stockholmer Germanistische Forschungen. 11.)
Marcuse, Ludwig: »Der Nachkriegs-Frieden«. In: *Das Tagebuch*, (1930). S. 1717 f.
– »Zum 50. Geburtstag des Jahrgangs 1902«. In: *Der Monat*, (4. Oktober 1952). S. 98 f.
Reich-Ranicki, Marcel: »E. G. ›Glanz und Elend der Deutschen‹«. In: M. R.-R., *Deutsche Literatur in Ost und West.* München 1963. S. 288–293.
Sahl, Hans: Rez. von »Jahrgang 1902« in: *Das Tagebuch*, (1928). S. 1802 f.
Tucholsky, Kurt: »Frieden«. In: K. T., *Gesammelte Werke.* Bd. 3. Reinbek 1960.
Weiskopf, Franz Carl: *Unter fremden Himmeln. Ein Abriß der deutschen Literatur im Exil 1933–1947.* Berlin 1947.

Stefan Andres. Widerstand gegen die Sintflut

Stefan Andres hat für die große Zahl seiner Leser – viele seiner Romane und Novellen waren und sind ja Bestseller – und für die sich nur spärlich mit ihm beschäf-
tigende Literaturkritik kaum den Ruf eines Zeit- und Gesellschaftskritikers. Zusammen mit Gertrud von Le Fort und Reinhold Schneider wird er gern als einer
der deutschen katholischen Schriftsteller des 20. Jahrhunderts angesehen und ist in
den Schulen *(Wir sind Utopia)* sowie in den Rezensionen katholischer Blätter wie
des *Rheinischen Merkur* fast ausschließlich als solcher interpretiert worden. Außerdem weist man gern auf die natürlich auch belegbare Verbindung von Christentum
und antiker Welt, in Örtlichkeit und Tragik, hin, oder auch, mit einem Blick auf
die frühen *Moselländischen Novellen* (1937), auf die heimatorientierte Dichtung
des Schriftstellers. Sachbücher wie *Die großen Weine Deutschlands* (1961) und *Die
Mosel* (1968) haben den volkstümlichen Ruf Andres' vermehrt und sein Image zu
dem eines weltfreudigen Populärautors mit katholischem Gewissen gemacht, eines
gehobenen Unterhaltungsschriftstellers mit geistig-geistlichem Niveau.

Auch Andres' eigene theoretische Äußerungen über das Amt des Schriftstellers lassen eher an epigonal-verschwommene Vorstellungen von klassischem Dichtertum
denken als an einen sozial bewußten und engagierten Autor. So schreibt er in dem
Aufsatz »Über die Sendung des Dichters« (man beachte den programmatischen
Titel) z. B. folgendes: »[...] es geht nun einmal in der Dichtung nicht um die Er-
gründung der programmatischen Wahrheit oder die Verteidigung irgendeiner politischen Weltanschauung oder konfessionellen Ethik oder was immer für hohe und
höchste Werte – sondern darum, die Schönheit zu gestalten.«[1] Ästhetizismus der
Rilke-George-Zeit als Programm, so scheint es; und der heutige Leser desselben
Aufsatzes glaubt Klassikertöne zu vernehmen, wenn er folgende Worte liest: »In
jedem wahren Kunstwerk liegt für den, der imstande ist, es zu erkennen und eins
mit ihm zu werden, eine Hochzeit der Seele mit dem Kosmos. Und das ist die Sendung des Dichters, das allein, daß er in seinem Werk die verborgene Ordnung der
Dinge bloßlegt; [...] und daß er den Tempel der Kunst – es ist wirklich einer! –
rein halten soll von Händlern, Lehrern, Priestern und allen, die mit ungehörigen
Ansprüchen und Forderungen hereintreten! Ungehörig aber ist alles in der Kunst,
was ihrem Ziel zuwider ist: der liebenden Vermählung des Menschen mit der Welt
in der reinen, willensentleerten Anschauung der ›Welt an sich‹.«[2] In demselben Aufsatz heißt es an anderer Stelle: »Wohlbemerkt: ich trete hier gegen die offene Con-
fessio einzig im Zentralbereich der eigentlichen Dichtung auf: also im Gedicht, der
Erzählung, dem Roman und auch nur dann, wenn die bekannterweise ›verstim-
mende Absicht‹ die Dichtung zu einer Dienerin der Religion, der Philosophie oder

Politik oder Sozialdoktrin macht, sie also ihres Wesens beraubt und ihres eigentlichen Zweckes, keinen direkten zu haben, sondern absichtslos und wesentlich wie ein Tautropfen – Welt in Ordnung zu spiegeln.«[3]

Indem so für Andres der *Primat* des literarischen Kunstwerks als Spiegel von Weltordnung etabliert ist, öffnet sich ihm *gerade dadurch* Raum dafür, *hinter* politischen Zeitereignissen und gesellschaftlichen Phänomenen allgemeine (Un-)Ordnungsprinzipien sichtbar zu machen, ja der Dichter ist seiner Ansicht nach sogar dazu berufen und dafür verantwortlich, dieser Aufgabe gewissenhafter Zeitdurchdringung und -interpretation nachzukommen. So stellt er in demselben, eben zitierten Aufsatz fest: »[...] der Dichter lebt ja nicht in einem elfenbeinernen Turm, sondern dort, wo alle leben: in der gegenwärtigen Stunde! Und da der Dichter, der Künstler sich unter anderem gerade durch seine übernormale Sensibilität auszeichnet, bringt der Orgelwind der Zeit in seinen zusätzlichen Registern Erkenntnis- und Gefühlsmixturen hervor, die dem Durchschnittsmenschen bewußt machen, was eigentlich geschah und welcher Ereignisse halbblinder Zeuge er war. [...] Und wozu man ihn anruft, ist, [...] nicht nur ›schöne Worte‹ hervorzubringen, sondern auch Zeugnis abzulegen für die Wahrheit und mitzuhelfen am geistigen Gesundungsprozeß des Volkes, ja der Zeit.«[4] In anderen Aufsätzen aus der Nachkriegszeit läßt sich diese Funktion des Dichters als Interpretationshelfer des Lesers im Hinblick auf Zeitereignisse noch deutlicher feststellen; so liest man z. B. in »Der Dichter in dieser Zeit«: »Der Dichter in dieser Zeit wird darum keine romantischen Klausnerkapuzen überziehen. Vielmehr liegt er, wie ein indianischer Krieger das Ohr auf die Erde dieser Zeit gedrückt, da, und das ist: auf die Erde der eigenen, nach innen und außen sich erstreckenden Welt. Sein Werk ist zum großen Teil empfindliche Abgestimmtheit der Person für die Ober- und Untertöne der Wirklichkeit.«[5] In »Ein gutes Gewissen für alle Menschen: Der Schriftsteller und der Staat« beruft sich Andres auf Platon, um die Rolle des modernen Intellektuellen zu definieren: »Jener Schriftsteller, der sich zu den Berufenen rechnen darf, ist zusammen mit der Elite der Intelligenz zum platonischen Wächteramt bestellt, in unserer heutigen Sprache: zur sozialen Kontrolle. [...] Der Schriftsteller nimmt teil an dieser sozialen Kontrolle, zunächst einfach durch sein die Welt erleidendes und verstehendes Dasein, vor allem durch sein Werk, in welchem ja seine Zeit der Stoff ist, selbst dann noch, wenn er ihr einmal in entlegene Räume der Geschichte zu entweichen sucht.«[6] Der Standpunkt Stefan Andres' als Zeit- und Gesellschaftskritiker ist mit diesen Zitaten klar umrissen:

1. Der Schriftsteller hat für ihn die besondere Fähigkeit und Verantwortung, seine Zeit und Umwelt kritisch zu betrachten und zu beurteilen.

2. Er gibt die Resultate seiner Beobachtungen, deren kritische Auswertung, in seinen Werken wieder.

3. Dies soll nach Andres aber nicht in Form direkter, unreflektierter Kritik geschehen, sondern indem die individuellen Phänomene der Zeit in ihrer allgemeinen, typischen, übergreifenden Bedeutung erfaßt werden.

4. Das literarische Kunstwerk bleibt dabei als Kunstwerk erhalten und wird nicht zum bloßen Vehikel der Zeit- und/oder Gesellschaftskritik.

Es ist bemerkenswert, daß alle oben zitierten Textstellen aus Aufsätzen der Nachkriegszeit stammen, wobei das letzte, vor allem die soziale Verantwortung des Dichters betonende Zitat auch zeitlich das letzte ist. Dieser Umstand ist natürlich kein Zufall, sondern weist auf die innere Entwicklung Andres' zu größerem sozialen Verantwortungsbewußtsein hin, wie es auch in seinen Werken zum Ausdruck kommt. Deshalb wird sich bei der folgenden Untersuchung der Werke selbst zeigen, daß die theoretischen Äußerungen Andres' am ehesten auf die Schriften angewandt werden können, die ihnen zeitlich nahe sind. Auch die so verschiedenartige literarhistorische Klassifizierung des Autors wird zumindest teilweise durch eine Blickeinengung auf verschiedene Phasen seines Schaffens erklärlich:

Der 1906 in Breitwies im Kreis Trier geborene Schriftsteller, der als Sohn eines Müllers in einem abgelegenen Seitental der Mosel aufwuchs, hatte nach dem Scheitern eines Noviziats bei den Kapuzinern die Universität Köln besucht und mit dem stark autobiographischen Roman *Bruder Luzifer* (1932) als Romancier debütiert. Er schildert dort den vergeblichen Versuch eines jungen Malers, als Klosternovize einen Platz in der Ordensgemeinschaft zu finden. Der ›Held‹ muß feststellen, daß er wegen seines Mangels an Welterfahrung zum Aufgeben der Welt innerlich noch nicht reif ist. Ähnlich ist die Situation im nächsten Roman, *Eberhard im Kontrapunkt* (1933), in dem ein junger Musiker sich um künstlerische und menschliche Wegfindung bemüht. Der dritte Roman, *Die unsichtbare Mauer* (1934), führt zuerst in die moselländische Heimat des Schriftstellers, wo die Müller und Bauern durch den Bau einer Talsperre zum Umzug und zur Aufgabe ihres Berufs gezwungen werden, wie es Andres in seiner Kindheit selbst erlebt hatte. Nicht nur kehrt er hier zum erstenmal literarisch in die Lokalitäten seiner Heimat zurück, sondern es wird auch der Zusammenstoß von konservativem, bodenständigem Bauerntum mit dem technischen Fortschritt gestaltet, von Beharrendem mit dem Neuen oder: von bäuerlicher Gesellschaft mit dem Kulturschock der industriellen Revolution, ein Thema, das in vieler Hinsicht an Gerhart Hauptmanns naturalistisches Drama *Vor Sonnenaufgang* erinnert. Aus dem Einbruch der Technik resultiert hier die Tragödie einer ganzen Reihe von Menschen, die den Anforderungen des Wechsels psychisch nicht gewachsen sind: Weder sind mehrere Müller und Bauern imstande, den zwanghaften Wechsel in ihrem eigenen Leben seelisch und materiell zu meistern, noch erscheinen die Ingenieure als Träger des Neuen positiv: Sie sind zynisch, kalt und egoistisch, ohne Verständnis für ihre traditionsgebundene Umgebung. Wendelin, der Held des Romans, der als Baurat der Stadt Trier den Dammbau initiiert hat, steht zwischen den Fronten, kann die Verbindung zur Heimat durch die Heirat seiner Jugendliebe nicht mehr realisieren, ist aber gleichzeitig nicht fähig, sich mit der Gefühllosigkeit und funktionalen Denkstruktur der modernen Erfolgsmenschen zufriedenzugeben. Wie ein Hebbelscher Dramenheld wird er von der Gewalt des technischen Fortschritts, den er selbst heraufbeschworen hatte, zermalmt. Andres' Sympathien sind hier eindeutig auf seiten der Talbewohner, obwohl Engstirnigkeit und andere menschliche Charakterschwächen auch hier kein makelloses Heldentum aufkommen lassen. Neben diesem Roman haben auch die Novellensammlungen *Moselländische Novellen* (1937) und *Wirtshaus zur weiten Welt* (1943) Andres den Ruf eines Heimatdichters eingetragen, was in Anbetracht seines so viel umfangreicheren andersartigen Werkes nicht berechtigt ist. Auch ist symptomatisch, daß die *Moselländischen Novellen* nach dem Zweiten Weltkrieg (1949) auch unter dem Titel *Gäste im Paradies*, dem Titel einer der Novellen, herausgegeben wurden.

Zeitkritische Bezüge fehlen in mehreren Romanen der folgenden Jahre fast völlig. Ihre gemeinsame innere Grundstruktur ist vielmehr das Schuldigwerden eines Menschen, der sich, oft verbittert, dieser Schuld nicht stellt, erst nach jahrelanger Selbstbesinnung, meist in einsiedlerischer Selbstisolierung, mit seiner eigenen Vergangenheit und Schuld konfrontiert wird und sich mit seinem eigenen Schicksal, mit sich selbst und mit Gott versöhnt. Die »verborgene Ordnung der Dinge« wird so nach einem Leben der Selbstflucht wiederhergestellt. In diese Gruppe gehören *Der Mann von Asteri* (1939), *Der gefrorene Dionysos* (1943; 1951 u. d. T. *Die Liebesschaukel*) und *Die Reise nach Portiuncula* (1954).

Eine erste Antwort auf die Zeitereignisse und spezifischen Probleme des ›Dritten Reiches‹ gab Andres aber schon sehr früh in einer historischen Novelle: *El Greco malt den Großinquisitor* entstand im Sommer 1935 in Lomnitz im Riesengebirge, wohin sich Andres nach Schwierigkeiten mit der Reichsschrifttumskammer – seine Frau war Halbjüdin – zu den Schwiegereltern zurückgezogen hatte.

El Greco, vor die Wahl gestellt, den spanischen Großinquisitor, wie von ihm gefordert, nach der äußeren Erscheinung zu malen, entscheidet sich, ohne Rücksicht darauf, von der Inquisition verfolgt zu werden, ihn nach der inneren Wahrhaftigkeit, getreu seinen Grundsätzen als Künstler zu malen, also im Gehorsam gegen Wahrheit und Gewissen. So geht es in dieser Novelle um Anpassung und Unterwerfung unter totalitäre Gewalt, um freiwilliges Exil oder um Widerstand als Alternativen, und El Greco/Andres entscheidet sich klar für eine hohe Auffassung von Kunst und Künstler, der unbedingt seine Unabhängigkeit und Unbestechlichkeit gegenüber Unterdrückung und Meinungsterror bewahren muß, die Kunst keinen äußeren Zwecken unterordnen darf und ihre absolute Freiheit gegenüber den Forderungen von Kirche und Staat zu behaupten hat. Damit klärt Andres offenbar seinen eigenen Standpunkt und wendet sich an die Künstler seiner Zeit.[7] So sind hier die Nöte des Schriftstellers angesichts eines diktatorischen Staates, der die Kunst gleichschaltet und versklavt, widergespiegelt. Die Parallelen gehen bis ins einzelne: Wenn El Greco eine Prozession der Inquisition beobachtet, muß man sich daran erinnern, daß auch die Bücherverbrennungen der Nationalsozialisten inquisitorischen Charakter trugen. Wie Andres hat auch El Greco eine ganze Reihe von Verhaltensmöglichkeiten gegenüber den absoluten Machthabern, von Mitmachen und Unterwerfung über innere und äußere Emigration zum passiven und aktiven Widerstand,[8]

Möglichkeiten, die hier alle von ihm erwogen werden, bis er sich dazu entschließt, sich der Situation zu stellen. Wie Andres 1935 selbst noch in Deutschland blieb, wählt hier auch El Greco nicht das Exil.

Beim Tode Philipps II. kommentiert El Greco: »Es wird Zeit, daß alle, die im geheimen wissen, daß die Erde nicht Mitte der Welt ist, auch keinem Menschen mehr einräumen, Mitte des Menschen zu sein. Wir haben eine andere Mitte« (*El Greco.* S. 12). Es ist erstaunlich, daß die zeitbezogene Bedeutung solcher Worte so vollkommen unbeachtet geblieben ist.[9]

Als Widerstandsdichtung muß auch die ebenfalls während des ›Dritten Reiches‹ erschienene Novelle *Wir sind Utopia* gelesen werden, die 1942 vom Berliner Verlag Ulrich Riemerschmidt gedruckt und illegal verbreitet wurde; 1943 konnte sie auch noch in der *Frankfurter Zeitung* erscheinen. Es ist durch Briefe bezeugt, daß die Novelle in Zeitungsausschnitten bis nach Stalingrad gelangte und als Widerstandsdichtung erkannt und gelesen wurde.[10]

Im Spanischen Bürgerkrieg wird der gefangene ehemalige Mönch Paco Hernandes von dem Leutnant Pedro Gutierrez gebeten, ihm die Beichte abzunehmen. Dabei entschließt er sich, nicht von der Möglichkeit Gebrauch zu machen, sich und seine Mitgefangenen durch Tötung des Offiziers zu befreien, sondern in wörtlicher Befolgung von Christi Gebot eher sich und seine Mithäftlinge zu opfern. Sicherlich kann die Novelle als religiöse Dichtung mit zum Teil sehr subjektiver Theologie interpretiert werden; indem sie sich aber mit der Frage nach der Berechtigung des Mordes bei Bedrohung des eigenen Lebens auseinandersetzt, ist sie gleichzeitig Widerstandsliteratur. Der Geist behauptet sich hier im Anblick der Gewalt und transzendiert die reale Situation in Erkenntnis der absolut gültigen Lehre Christi. Ähnlich sollte Andres' Antwort in dem Drama *Tanz durchs Labyrinth* (1948) ausfallen. Daß er später, z. B. in dem Drama *Sperrzonen* (1957), eine andere Antwort gegeben hat, zeigt die innere Entwicklung des Schriftstellers.

Schon 1938 hatte Andres einen zeitbezogenen Roman geschrieben, der aus politischen Gründen – er war angeblich zu pazifistisch – erst 1947 veröffentlicht werden konnte: In *Die Hochzeit der Feinde* scheitert eine deutsch-französische Ehe fast daran, daß der Vater des Mädchens, der während des Ersten Weltkrieges als deutscher Abwehroffizier im französischen Lille tätig war, ein Verhältnis mit der früheren Frau des französischen Bräutigams hatte, die, bei der französischen Abwehr beschäftigt, den Geliebten durch Selbstmord gerettet hatte.

Das nicht-zeitbezogene Thema des Romans ist, wie in anderen Werken dieser Jahre, das Thema von Schuld und Sühne, von schicksalhafter Notwendigkeit und Erlösung. Der Herr von Clairmont, der Vater der Braut, hat sich nach dem Ersten Weltkrieg in Trier niedergelassen, weil er auf »das Schicksal« wartet, weil er die Sühnung seiner persönlichen Schuld voraussieht, die schicksalhaft notwendigen Folgen seines Verhaltens in Lille. Mit hypochondrischer Selbstquälerei kann er nur in diesen vorgeformten Bahnen denken, nur an seine eigene Schuld und an die unversöhnliche Feindschaft zwischen Deutschland und Frankreich, bis er einsehen muß, daß die menschliche Logik das »klar erkannte Schicksal« nicht immer zu Ende denken kann und darf.

Das aktuelle Thema des Buches, das 1938 die Veröffentlichung unmöglich machte, ist die im Titel implizierte deutsch-französische Feindschaft, deren Unsinnigkeit Andres schon der Erste Weltkrieg ins Bewußtsein gerufen hatte. Die Widernatürlichkeit nationalen Hasses wird nicht nur in der Eheschließung der neuen Generation demonstriert, sondern auch schon in der Liebe Clairmonts zu der Französin. Auch zeigt sich am Beispiel Clairmonts selbst die Fragwürdigkeit von Haß und Feindschaft aus nationaler Zugehörigkeit, ist er doch Abkömmling einer in Preußen eingewanderten französischen Hugenottenfamilie. Es ist deshalb mehr als ironisch, daß sein Sohn Wilhelm, der, dunkelhaarig, ›französischer‹ aussieht als der rotblonde französische Bräutigam, den plumpen Nationalhaß deutscher Prägung propagiert, wobei er die Reunionspolitik Ludwigs XIV. zum Beweis französischer Schuld heranzieht. Der säbelrasselnde Haßjargon der zwanziger und dreißiger Jahre wird durch seinen eigenen Mangel an Reife lächerlich gemacht: »Frankreich solle sich nicht einbilden, ›mit einem Rudel hündischer Trabantenstaaten‹ Deutschlands Anspruch auf Weltgeltung dauernd niederzuhalten... Das Diktat von Versailles werde Frankreich noch schwer im Magen liegen. Was es redlich beabsichtigt habe, Deutschland zu zerstören, werde ihm nie glücken« (*Hochzeit*. S. 178 f.). Die Gegenposition vertritt mit unvoreingenommener Natürlichkeit Wilhelms Schwester Luise, die den Franzosen Frécourt heiraten will. Sie behauptet kurzbündig: »Ich liebe überdies die Franzosen keineswegs besonders – Völker kann man nicht lieben, ich liebe einen Einzelmenschen! Und der ist Franzose!« (177). Man solle sich lieber um die Ausschreitungen der deutschen Armee in Frankreich während des letzten [Ersten Welt-]Krieges kümmern als um die Zeit Ludwigs XIV. – Vielleicht wohnt diesen einfachen Argumenten, wie sie im Gespräche zwischen den Geschwistern vorgebracht werden, nicht so viel Überzeugungskraft inne wie der inneren Wandlung Clairmonts, der am Anfang des Romans minuziöse Modelle deutscher und französischer Grenzfestungen bastelt, nachdem er durch seine Tätigkeit für die deutsche Abwehr sein Deutschtum hat demonstrieren wollen, dem aber deutlich wird, »daß die ganze Welt durch diesen [Ersten Welt-]Krieg auf die schiefe Ebene gekommen sei; daß nunmehr die Zeit der Riesenpolitik begonnen habe, daß nämlich winzige Köpfe auf unmäßigen Gliedmaßen darangingen, sich gegenseitig zu zerstückeln, daß Christentum und Humanismus, in Kirchen und Schulen abgesperrt, auf ihrem Altenteil säßen und keinen Einfluß mehr hätten auf die Gestaltung der öffentlichen Dinge« (257). Da er an seinem eigenen Leben den verheerenden Einfluß des Krieges erkennt, wird am Schluß die Notwendigkeit der Völkerverständigung um so deutlicher. So wird der Roman zu einem Plädoyer für eine deutsch-französische Verständigung, für den Abbau von Haß und nationalistischen Ressentiments. Stefan Andres, der in der deutsch-französischen Grenzlandschaft aufgewachsen war, war wohl besonders prädestiniert dazu, ein Buch der politischen Entspannung zu schreiben. Daß es 1938 nicht erscheinen konnte, überrascht nicht, war es doch gegen die herrschende Propaganda geschrieben. Seine Berechtigung hatte es natürlich auch 1947 noch nicht verloren.

In *Ritter der Gerechtigkeit* (1948), einem Roman, in dem ebenfalls der konkrete zeitgeschichtliche Hintergrund von Bedeutung ist, steht der junge Medizinstudent Fabio Casani im Mittelpunkt, der inmitten der Wirren des zusammenbrechenden italienischen Faschismus in und um Neapel im Jahre 1943 nach Vorbildern, nach Maßstäben für sein eigenes Leben sucht. An seinem eigenen Vater, dem opportunistischen Rechtsanwalt Casani, kann er sich kein Beispiel nehmen; er ist der politisch wetterwendische Vertreter des Establishments, ein prinzipienloser Parvenü und Besitzbürger, der, voller Verschlagenheit, immer die machthabende Partei stützt. Da lernt Fabio den Fürsten di A. kennen, einen Ritter des Malteserordens, dessen humanen, idealistischen Charakter er schätzt, bis seine Hochachtung ins Wanken gebracht wird, als er den Fürsten bei der Sprengung seines Palazzos nach einem Bombenangriff zusammenbrechen sieht. Am Schluß wird der Fürst für Fabio dennoch zum Vorbild, nachdem er erschütterter Zeuge vom Tode des Fürsten geworden ist, der auf eigenen Wunsch als unerkannter Armer im Hospital der Inkurablen stirbt.

Der italienische Faschismus und sein Zusammenbruch sind hier Hintergrund der Handlung, geben aber nur den Anlaß für eine menschliche Bewährung in turbulenter Zeit. Wichtiger sind die individuellen Einstellungen zur Gesellschaft, die Frage der sozialen Verantwortung. Der Fürst di A. muß am Ende seines Lebens erkennen, daß er in seinem lebenslangen theoretischen christlichen Idealismus und Humanismus versagt hat, indem sich seine überlegen distanzierte Haltung als dem Anruf der Realität nicht gewachsen zeigte. Er muß einsehen, daß er angesichts der Armut, der Mängel und praktischen Aufgaben seiner Zeit den Kopf in den Sand gesteckt hat, daß er im Theoretischen, in der Verstaubtheit seiner biedermeierlichen Porzellansammlung und in der Tradition seines Namens verharrt war, während er von seinen Fähigkeiten und Mitteln aktiv hätte Gebrauch machen müssen. Er beweist seine Einsicht, indem er auf eigenen Wunsch im Hospital der Inkurablen stirbt, vor einem bescheidenen Altare. Die negative Alternative zu dieser Einsicht wird von Dino, dem Neffen des Fürsten, vorgelebt, der, vom Fürsten unschuldig angeklagt, ein kostbares Porzellanpferdchen gestohlen zu haben, aus Verzweiflung über den ungerechtfertigten Verdacht und die starre Selbstgerechtigkeit des Fürsten zum Rebellen wird, eine Räuberbande gründet und erschossen wird. So stellen sich Fabio mehrere Leitbilder sozialen Verhaltens vor, die des opportunistischen Vaters, des rebellierenden Freundes und des Fürsten, wobei die Haltung des Fürsten im Tode siegt. Angesichts einer zusammenbrechenden korrupten Gesellschaft und des menschlichen Elends erweist sich ein christlicher Humanismus der tätigen Nächstenliebe als vorbildlich. Auf diese Weise sind in diesem Roman die Zeitereignisse und gesellschaftlichen Zugehörigkeiten ganz in den Dienst der Repräsentanz menschlicher Haltungen gestellt, ohne als spezifisch zeitgebunden ins Blickfeld gerückt zu werden.

Die These von der Stunde Null, vom Kahlschlag der deutschen Literatur ist im Falle Andres nicht ganz stichhaltig. Frank Trommler hat bereits darauf hingewiesen,[11] daß ein derartiges Klischeedenken u. a. die Schriftsteller der äußeren und inneren Emigration außer Betracht läßt, und der ›Fall Andres‹ ließe sich als gutes Beispiel dieser These anführen. Andres hatte schon im Jahre 1940, während seines selbstgewählten Halbexils im malerischen Positano, südlich von Neapel, wo er schon seit 1937 (bis 1949)[12] mit seiner Familie lebte, mit der Arbeit an der ursprünglich als Tetralogie angelegten Romantrilogie *Die Sintflut* begonnen und reichte das Manuskript sofort nach Kriegsende – es wurde auf abenteuerliche Weise mit italienischen Bekannten per Schiff abgeschickt – beim S. Fischer Verlag in den USA ein.[13] Erst 1949 konnte aber der erste Band, *Das Tier aus der Tiefe*, bei Piper in München erscheinen; der zweite Band, *Die Arche*, folgte 1951, und der dritte, *Der graue Regenbogen*, kam erst 1959 heraus.

Diese späten Publikationsdaten eines so viel früher konzipierten Werkes zur Zeitgeschichte sind wohl zum großen Teil für die negative Aufnahme dieses umfangreichsten Andresschen Werkes verantwortlich, in das eine Unsumme von Energie und Können eingegangen ist. 1949 war man gerade dabei, einen Schlußstrich unter die Vergangenheit zu ziehen, zumal sich nach der Währungsreform von 1948 die ersten Blüten des wirtschaftlichen Aufschwungs zeigten. Noch waren die Wunden des eben überstandenen Debakels zu frisch, um es mit satirischem Blick betrachten zu können, eine Betrachtungsweise, die sich in Deutschland nie so viele Anhänger hat erwerben können wie z. B. in Frankreich oder England. Ja, das ›Dritte Reich‹ war auch in den fünfziger Jahren der ›Vergangenheitsbewältigung‹ noch zu tabu, um es im Wurf einer großangelegten Satire in den Griff zu bekommen. So wurden die ersten beiden Bände der *Sintflut*-Trilogie von der Kritik entweder totgeschwiegen, als peinliche Entgleisungen des Schriftstellers abgetan, die sowohl des Autors als auch des Gegenstandes unwürdig seien, oder, bestenfalls, als eine »mit gigantischer Pedanterie durchgeführte Schrulle« bagatellisiert.[14] Der Germanist Fritz Martini urteilt in seiner Literaturgeschichte: »Ein Mißgriff wurde die Romanreihe *Die Sintflut* (1949 ff.); allzu grell in ihrer grotesk-zornigen Satire, im Niveau zu niedrig, um eine wesentliche Abrechnung mit dem Nationalsozialismus und der Diktatur der Genormten zu bedeuten.«[15] Auch der dritte Band erhielt noch überwiegend negative Kritiken. So liest man z. B. in der Rezension der *Frankfurter Allgemeinen Zeitung* Sätze wie: »Stefan Andres, der so im Tode und in allen Ekstasen des Jenseits zu Hause ist, [...] zahlt seinen Tribut an Kitsch, [...].« Und: »Die Kraft ist da, der Griff aber zu hoch angesetzt, und es ist kein Zufall, daß die metaphysische, eigentlich politische Rechthaberei sich hinter dem Rücken mit dem Kitsch berührt.«[16]

Worum geht es in diesem Großroman? Im ersten Band wird die Entstehung der

»Norm« geschildert und ihr Aufstieg zur Macht unter der Leitung des »Normers« Alois Moosthaler, eines ehemaligen katholischen Theologieprofessors. Im zweiten Band, der einige Jahre später handelt, hat die Norm in Deutschland gesiegt, und Moosthaler regiert mit allen Mitteln der modernen Diktatur. Im Mittelpunkt der Handlung steht nun der ehemalige Theologiestudent Lorenz Gutmann inmitten einer Gruppe von Gegnern der Norm. Im dritten Band, der wiederum einige Jahre später handelt, ist der Normer einem Attentat des Architekten Gabriel Clemens, eines Widerstandskämpfers, zum Opfer gefallen. Deutschland ist besiegt, und die Restauration hat begonnen. Lorenz und seine Freunde entscheiden sich, aufs Land zu ziehen, um ein von der Gesellschaft abgeschiedenes selbstgenügsames, einfaches Leben zu führen. Zwischen die Kapitel dieser Gegenwartshandlung sind insgesamt 15 Legenden um den biblischen Noah eingestreut, die einer der modernen Archenbewohner, der erblindete Juwelier und ehemalige Offizier Emil Clemens, erzählt. Das Geschehen des 20. Jahrhunderts wird auf diese Weise in biblischen Begriffen als zeitlose Modellhandlung interpretiert, indem zwischen dem mit größter Fabulierfreude erzählten Legendengeschehen um Noah und der Gegenwart offensichtlich einander erhellende Parallelen suggeriert werden. Noah und der Erzähler Clemens oder Moosthaler und der Tyrann Tolül sind dabei die am meisten ins Auge springenden Entsprechungen, wobei obendrein der behäbig fabulierende Ton der Noah-Legenden verhindert, daß die Gegenwartshandlung allzu aufdringlich-aggressiv wird. Die Legenden sind so Ruhepunkte in der Handlung, die bewußt apokalyptisch gesehen ist, wird doch diese biblische Interpretation des Gegenwartsgeschehens, die sich auf das Johannesevangelium (Offb. 13) bezieht, schon durch den Titel des ersten Bandes, *Das Tier aus der Tiefe*, nahegelegt. So sagt der Hilfspriester Don Evaristo, der sich allein die unverdorbenen christlichen Maßstäbe bewahrt hat, im zweiten Band: »So habe ich das Tier aus der Tiefe erkannt, von dem Johannes spricht, – und es war und ist und es wird sein: der unmenschliche, keinem Gott mehr dienende Staat, der selber Gott sein will« (*Die Arche*. S. 273).

Hiermit ist schon angedeutet, was Andres in der Romantrilogie zumindest gewollt hat: Er bezieht sich zwar auf den Staat des ›Dritten Reiches‹ und den National- sozialismus in Deutschland, gleichzeitig aber auf mehr, nämlich auf *jeden* Staat, der sich Gott gleichsetzt und diesen Absolutheitsanspruch mit diktatorischen Mitteln durchzusetzen versucht. Daß Moosthaler ehemaliger katholischer Theologe ist, hat also durchaus ironische Obertöne. Der Ort der Handlung ist nur modellhaft Italien und Deutschland. Moosthaler ist zwar in vieler Hinsicht Hitler, aber gleich- zeitig einfach der Diktator schlechthin, in biblischer Perspektive das »Tier aus der Tiefe«, der personifizierte, sich selbst verabsolutierende Staat. Stimmige Parallelen zwischen den einzelnen Romangestalten, den Vertretern der Diktatur wie auch des Widerstandes, und historischen Persönlichkeiten lassen sich deshalb nur bedingt ziehen. Parallelen wie Göring – Schmitz, Goebbels – Omega oder: Kreisauer Kreis – Archenbewohner um Lorenz und Emil Clemens stimmen und stimmen nicht.[17] Immer wieder mag der Leser glauben, Andres auf die Schliche gekommen zu sein und das Puzzle dechiffriert zu haben wie einen genauen Schlüsselroman, und dann feststellen, daß die Parallele wieder einmal nur fast stimmte. Um herauszufinden, was Andres mit dieser Identität und gleichzeitigen Nichtidentität in seinem Werke beabsichtigte, muß man das »Vorspiel/Konferenz im Atrium« (7 ff.), mit dem *Das Tier aus der Tiefe* beginnt, genau lesen. Andres lehnt es hier entschieden ab, einen *historischen* Roman zu schreiben. »Denn der Gestank, den bloß erfundene Personen verursachen, hat für den Urheber [= Autor] ebensowenig wie für den Leser jene widerliche Schärfe, die dem übelverlaufenen Leben eines Zeitgenossen eigen ist. Der Urheber hätte lieber auf das ganze Spiel verzichtet als es mit Darstellern aufzuführen, die nicht seiner eigenen Wahl entstammten. Überdies wollte er gerade durch diese anscheinend höchst eigenwillige Rollenbesetzung eine Grundthese seines Romans von vornherein erhärten: das noch den Sinnen und dem Herzen nahe, allzu nahe Zeitgeschehen kann nur mit dem Kunstmittel der Analogie auf die Ebene der klaren Anschauung und leidenschaftslosen Betrachtung erhoben werden« (8 f.). Und wenig später heißt es: »Professor Dr. Moosthaler, der ›Normer‹, ist mehr als eine bloße Analogie zu einem bestimmten deutschen oder ausländischen Diktator; vielmehr strebte der Urheber, indem er diesen Typ schuf, den politischen Großinquisitor als solchen an! Und damit wurde der Versuch gemacht, über eine bestimmte historische und vom flackernden Licht der Meinungen und Leidenschaften noch auf hundert Jahre umwaberte Gestalt hinauszugelangen in jenen Raum, wo ausschließlich durch die Mittel der Ästhetik eine Gestalt geschaffen wurde, die der Leser, welche politische Meinung er auch habe, aus größter Nähe betrachten kann« (9). Andres will also *Roman*gestalten mit von ›vorbildlichen‹ historischen Gestalten unabhängiger Eigengesetzlichkeit schaffen. »Ich suche die Welt zu verstehen und – schaffe Gestalten« (13), sagt der »Urheber«, Gestalten, die »auf der Ebene des Paradigmas« (28) stehen, Erwiderungen auf eine Wirklichkeit, die sie nicht kennen. Natürlich liegen die Parallelen zum ›Dritten Reich‹ immer wieder auf der Hand, aber Andres schreibt eben *nicht* über den Nationalsozialismus per se, sondern über die Bewegung der »Norm«, die er als geheimes Modell und Baugesetz des Nationalsozialismus und anderer moderner Diktaturen verstanden wissen will. »Denn die Geschichte von den Genormten, mag sie auch in der Vergangenheitsform geschrieben sein, enthält in jedem Satz ein drohendes Futur! Das Experiment der Genormten steht, wiewohl einige Labors in die Luft flogen, erst in den Anfängen, das müssen wir wissen. Es wäre darum von Seiten des Lesers ein an Verrücktheit grenzendes Leichtnehmen, wollte er den Roman wie eine Farce auf die Vergangenheit lesen. Die Epoche der politischen Theologen hat eben erst begonnen« (10). Die »Norm« ist also keine Codebezeichnung für Nationalsozialismus, sondern ein Ausdruck für jede Bewegung, ja jede Geisteshaltung mit ähnlichen Zielen: Gleichschaltung aller durch Ausmerzung von Individualismus und unabhängigem Denken bei gleichzeitiger Sicherstellung der materiellen Bedürfnisse, also Züchtung des modernen Massenmenschen. In »Rotasien« [= Rußland] sieht Andres dieses Experiment schon gelungen. Da die Norm als von einer konkret-politischen Bewegung unabhängige Geisteshaltung verstanden wird, gibt es im Roman schon Genormte vor der Normbewegung und Genormte, nachdem die Bewegung selbst längst besiegt ist. Wie der Gestank des Giftgases der siegreichen Alliierten im *Grauen Regenbogen* noch in allen Häusern hängt, so auch insgeheim der Gedanke der Norm in den Gehirnen der Menschen. In diesem Nachkriegsdeutschland, in dem die alten Militärs und Richter wieder zu hohen Ehren und Pensionen gelangen, gibt es für die Gruppe um Lorenz und Emil Clemens kein Bleiben mehr, und die Flucht in die ländliche Utopie ist Andres' fragwürdige Lösung, eine seiner Antworten auf die Nachkriegsgegenwart in Deutschland.

Die Tatsache, daß Andres in vollem Einklang mit seinen eingangs zitierten theoretischen Äußerungen Allgemeines ausdrücken, Grundstrukturen überzeitlicher Wirklichkeit in einer großangelegten Allegorie gestalten will, hindert ihn nicht, ganz pointierte Kritik an der Haltung von gesellschaftlichen Gruppen und Institutionen in Deutschland zu üben. Die Schuld am Aufkommen der Normbewegung trifft seiner Ansicht nach nicht nur die Alliierten des Ersten Weltkrieges und ihren Versailler Vertrag (*Die Arche*. S. 45, 47, 617), sondern vor allem die Deutschen selbst. So werden Passivität von Heer, Kirche und Politikern angeprangert (ebd., S. 42), die allgemeine Weltfremdheit des deutschen Bürgers, sein Mangel an politischem Interesse (ebd., S. 107), die falsche Gehorsamsauffassung der Soldaten, die ihren Dienst immer als »Pflicht im Dienste der Nation« (ebd., S. 145) rechtfertigen, ganz gleich, ob sie einem demokratischen Staat oder einem Diktator gehorchen; die deutsche Industrie, die den Normer stützt, sowie der deutsche Parlamentarismus der Weimarer Zeit und seine Parteien, die zu Vertretungen von Einzelinteressen geworden seien (*Das Tier*. S. 657).

Unerbittlich ist auch Andres' Kritik an der Haltung der katholischen Kirche, der er in ihrem Vertreter, dem italienischen Bischof Monsignore de Cherubini, vorwirft, »im Solde des Staates« zu stehen und »jenes Wort: ›Gebt dem Kaiser, was des Kaisers und Gott, was Gottes ist‹ stets zu Ungunsten des Kindes Gottes, des Individuums, auszulegen und dem Staat übermäßige Betriebsspesen an Gut und Blut und vor allem an ungeziemender Ehrfurcht zu bewilligen« (*Die Arche*. S. 545). Und der schon zitierte Hilfspriester Don Evaristo, der positive Vertreter des Christentums, sagt in seinem an de Cherubini gerichteten »Testament«: »die Kirche ist befleckt von oben bis unten vom Laster der Politik: von Versicherungsdrang und Habsucht!« (ebd., S. 273). Der Papst solle den deutschen und den italienischen Diktator und ihre Anhänger mit dem Bannstrahl belegen. Diese Ansicht erkennen wir als die Andres' wieder, der in seiner späteren Rede »Der 20. Juli, Tat und Testament« ganz ähnlich sagt: »Die Zeit ist nahe, da ein Konkordat mit einem Unrechtsstaat von den Gläubigen dieses Staates nicht mehr als kirchlicher Beistand und Hilfe, sondern als ein Im-Stich-Gelassensein seitens der Kirche empfunden wird.«[18] In seiner autobiographischen Skizze »Jahrgang 1906.

Ein Junge vom Lande« vertritt Andres diesen Standpunkt noch deutlicher. Er habe sich in den ersten Jahren des Hitler-Regimes am meisten über das Schweigen der »offiziellen Kirche« gewundert. »Vor allem hätte der Rassenhaß, der aus den blutrünstigen Liedern der marschierenden Kolonnen schrie und sich nicht weniger blutrünstig in den Reden und Richtlinien der Parteigrößen schon ganz zu Anfang überdeutlich darstellte, die Bischöfe veranlassen müssen, mit apostolischer Rücksichtslosigkeit zu erklären, daß diese Lehre eine totale Umkehrung des ersten und größten Gebotes darstellte und darum eine Häresie sei. Im Jahre 1932 hätte die feierliche Exkommunikation aller Anhänger dieser Irrlehre Deutschland und der Welt zumindest die Augen geöffnet; statt dessen bescherte man uns ein Konkordat...«[19]

Die Frage des Widerstandes gegen die Normherrschaft, d. h. verbrecherische Staatsgewalt, wird in der *Sintflut*-Trilogie mehrmals diskutiert, und zwar zwischen den von »Rotasien« unterstützten Vertretern des aktiven Widerstandes, die vor Sabotage und Mord nicht zurückschrecken, und Lorenz Gutmann und Emil Clemens, die das Andressche Gewissen verkörpern. Andres entscheidet sich hier gegen die Dynamitphilosophie des Architekten Gabriel Clemens, dem es tatsächlich gelingt, sowohl den deutschen als auch den italienischen Diktator zu beseitigen, und für den ›inneren‹, passiven Widerstand, eine Lösung, für die sich schon sein El Greco und dessen Freund, der Arzt Cazalla, entschieden hatten. In einer großen Auseinandersetzung mit seinem Bruder, dem Architekten (*Die Arche.* S. 636 ff.), argumentiert Emil Clemens, mit der Beseitigung *eines* Diktators sei nichts erreicht, da er als Verkörperung des Zeitgeistes nur durch einen anderen ersetzt werden würde, und: man dürfe nicht mit einem Bösen viele Gute opfern. Das Rechnen mit Menschenleben sei Gottes Sache, nicht die von Menschen. Entsprechend hat Lorenz Skrupel, sich an der Entführung seines natürlichen Vaters, des Waffenministers Schmitz, zu beteiligen, da die Tötung des Chauffeurs notwendig werden könnte und auch tatsächlich wird.

Dabei ergibt sich natürlich die Frage, wie Andres hier diese Haltung einnehmen und später die Männer des 20. Juli als moralische Vorbilder hinstellen konnte.[20] Der Unterschied besteht wohl in der moralischen Haltung der Attentäter: Der Architekt tötet aus »gottlosem und ausschließlich an das eigene Gutdünken gebundenem, also ganz und gar verantwortungslosem Idealismus« (*Die Arche.* S. 638), während die Attentäter des 20. Juli aus persönlichem, religiösem und/oder nationalem Verantwortungsbewußtsein als ultima ratio handelten und damit zum Gewissen Deutschlands wurden. So oder ähnlich würde jedenfalls Andres argumentieren. Denn in seiner Rede zum 20. Juli zitiert er Ewald von Kleist, der vor Freislers Volksgerichtshof erklärte: »Der Aufstand war uns ein von Gott verordnetes Gebot«, und Andres fährt fort: »Diese Behauptung ist theologisch unschwer zu begründen. Auch die Kirche der Zukunft kann darum an einer solchen Stimme, wie sie aus dem Testament der Männer des 20. Juli spricht, nicht mehr vorbei.«[21]

In dem Roman *Die Versuchung des Synesios*, den er wenige Tage vor seinem Tode am 29. Juni 1970 in Rom fertigstellte und der posthum 1971 erschien, geht Andres in die frühchristliche Geschichte zurück, um hier am historischen Beispiel zu demonstrieren, wie sich die katholische Kirche dem ›Dritten Reich‹ gegenüber hätte verhalten müssen. Der Neuplatoniker Synesios von Kyrene (um 368 bis 413), ein reicher Adeliger der Cyreneika (im heutigen Libyen), wird trotz seines Ehestandes und seiner in griechischer Philosophie wurzelnden Weltanschauung zum Bischof berufen. Nach Darlegung seiner Einwände akzeptiert er das Amt und verteidigt die Befugnisse der Kirche gegen Andronikos, den tyrannischen Vertreter der kaiserlichen Regierungsgewalt, ja, als Andronikos von seinen Gewalttaten nicht abläßt und selbst das Asylrecht der Kirche antastet, spricht Synesios den Bann über ihn aus. Synesios und seine Kinder werden, wahrscheinlich von Andronikos' Leuten, ermordet.

Ein Roman, der einen Bewunderer der hellenistischen Kultur und der klassischen Philosophie zum Helden hat, läßt sich kaum als christliche Heiligenlegende deuten; eher stellt sich uns Synesios als eine Art frühchristlicher Becket dar, der, einmal zum Bischof ernannt, die Belange der Kirche bis auf den Buchstaben genau vertritt. Es geht Andres aber um mehr, nämlich um die Frage des Kompromisses der Kirche mit dem Bösen, um die Frage eines Konkordats mit als böse erkannter Staatsmacht. Synesios lehnt ein derartiges Sich-Arrangieren eindeutig ab, obwohl er weiß, daß er im realen Machtkampf der Unterlegene ist. Müßig, die Analogie zwischen frühchristlicher und moderner Geschichte aufzuzeigen: Synesios ist ein sozial gehobener Don Evaristo der *Sintflut*-Trilogie, der diesmal statt Naivität Intelligenz und statt Abhängigkeit Macht besitzt. Die Ironie liegt jedoch hier darin, daß Synesios gar nicht einmal überzeugter Christ ist und doch der Verpflichtung des akzeptierten Amtes gemäß handelt und daß so in ihm die christlichen Kirchen des 20. Jahrhunderts beschämt werden. Wie manche Exilautoren – man denke z. B. an Feuchtwanger – hat Andres hier den historischen Roman zu Hilfe gezogen, um in einem Gegenwurf zur Haltung der katholischen Kirche während des ›Dritten Reiches‹ Zeitkritik zu üben.

Die Frage des Widerstandes gegen den diktatorischen Staat hat Andres in seinen Dramen gleich zweimal behandelt, und zwar in der 1948 erschienenen »dramatischen Dichtung« *Tanz durchs Labyrinth* mit zeitloser Symbolik, während es in dem neueren Stück *Sperrzonen* (1957) ganz um das konkrete Jetzt und Hier von ›Drittem Reich‹ und Bundesrepublik geht.[22]

Die Stilisierung von *Tanz durchs Labyrinth*, dem wohl besten Drama Andres', kommt schon darin zum Ausdruck, daß es in schweren fünffüßigen Jamben geschrieben ist, wodurch es etwas von der Feierlichkeit klassischer Dramen erhält. Dieser Eindruck wird durch die Einführung eines Chors mit Chorführer zwischen den fünf Bildern noch verstärkt: Dem oberflächlichen, opportunistischen jungen Fant werden Konfliktszenen aus verschiedenen historischen Epochen vorgeführt, bis er, scheinbar unbelehrbar, vom Chorführer gezwungen wird, an der letzten, in einem Konzentrationslager spielenden Szene selbst teilzunehmen. In jedem der fünf Bilder, die im Neolithikum, im klassischen Griechenland, in Rom, im Spanien der Inquisition und schließlich im 20. Jahrhundert spielen, geht es darum, daß ein Mensch sich gegen den Staat vergeht, indem er dessen Götzensteine, Tafeln oder, das Symbol des modernen totalitären Staates, den Galgen umstürzt und den Mut zum bekennenden ›Nein‹ findet, also aus seiner menschlichen geistigen Freiheit und Würde den Mut zum Widerstand faßt, auch wenn damit die Vernichtung seiner eigenen physischen Existenz verbunden ist. Was Andres hier in gesteigerter, absoluter Form ausdrückt, ist mit der Aussage der Novellen *El Greco malt den Großinquisitor* und *Wir sind Utopia* sowie der *Sintflut*-Trilogie identisch: Die Selbstverwirklichung des Menschen im geistigen, ›inneren‹ Widerstand gegen die Absolutheitsansprüche des Staates.

Wie sich auch bei den Romanen zeigen wird, wird auch im Drama der Wechsel vom Symbolischen zum Konkreten nach den ersten Nachkriegsjahren deutlich: Andres nimmt das Thema des Widerstandes gegen den diktatorischen Staat am ganz konkreten Beispiel des ›Dritten Reiches‹ in dem Drama *Sperrzonen* wieder auf. Das Stück, ein dramatisches Pendant zum dritten Roman der *Sintflut*-Trilogie, *Der graue Regenbogen*, ist offensichtlich durch Andres' Abneigung gegen den restaurativen Charakter der Nachkriegsjahre in Westdeutschland, durch den Mangel an Akzeptierung von Schuld und Verantwortung für die Ereignisse des ›Dritten Reiches‹ inspiriert. Ohne analogische oder symbolische Verhüllung befaßt er sich mit der bundesdeutschen Gegenwart und ihrer Vergangenheit: Bei Kriegsende sind in Bad Heiligenborn, einer typischen bundesdeutschen Kleinstadt, 2000 weibliche Lagerinsassen von den Nazis ermordet und dann von den Amerikanern in Massengräbern bestattet worden. Die Stadthonoratioren leugnen oder bagatellisieren das Geschehen. Im Mittelpunkt der Handlung stehen die ehemalige Lageraufseherin und der jetzige Direktor des Gymnasiums, der sich geweigert hatte, den Lagerkommandanten durch Mithilfe seiner Frau, einer Ärztin, umbringen zu lassen, um die Tötung der Häftlinge zu verhindern.

Die Problemstellung ist zweifach: Einmal beschäftigt sich Andres mit der Frage, wie wir uns heute zu den Verbrechen des ›Dritten Reiches‹ stellen sollen. Er konfrontiert zu diesem Zweck beispielhaft in dem kleinen Badeort, der an der allgemeinen Prosperität teilhaben möchte, Vergangenheit und Gegenwart und zeigt, daß sich die Massengräber, Zeugen der Vergangenheit, nicht einfach mit Stacheldraht umzäunen lassen, daß man keine derartigen Sperrzonen errichten kann und darf, weder konkret äußerlich, noch in den Gehirnen der Jugendlichen, die hier durch Schweigen oder Verharmlosung vor dem Wissen geschützt werden sollen. Die Erinnyen des Altertums sind zwar im Drama und in der heutigen Realität tot, auch ist manches persönliche Versagen nicht nach dem Gesetzbuch strafbar; das schließt aber nicht aus, daß man sich zu seinem früheren Verhalten bekennt und durch Belehrung der Jugendlichen eine Wiederholung zu verhindern sucht. So verlangt Andres ein klares Eingeständnis von alter Schuld und den Kampf gegen das Vergessen der Vergangenheit, indem er das Kaschieren unangenehmer Fakten aus wirtschaftlichen Motiven und aus Gründen der persönlichen Bequemlichkeit kritisiert.

Das zweite Problem ist wieder die Frage des erlaubten Widerstandes gegen verbrecherische Staatsgewalt: Während in dieser Frage in *Tanz durchs Labyrinth*, ganz wie in der *Utopia*-Novelle, ein zur möglichen Selbstvernichtung führendes Bekennen als vorbildlich erschien, fällt Andres' Antwort nun wesentlich aktivistischer aus. Da der Direktor keine *Gewissens*skrupel hatte, den Lagerkommandanten töten zu lassen, um die 2000 zu retten – er hatte sich aus Angst versagt –, hätte er die Mordpläne aktiv unterstützen sollen und müssen. Statt bekennenden, Christus imitierenden Leidens, wie es *Tanz durchs Labyrinth* und die *Utopia*-Novelle vorstellten, redet Andres nun also dem handelnden Widerstand das Wort, einer Haltung, die Lorenz Gutmann im zweiten Teil der *Sintflut*-Trilogie noch zurückgewiesen hatte. Vergleichsweise bildet auch die Weltfluchtlösung im dritten Band der Trilogie, 1959 erschienen, wenn auch früher geschrieben, einen geistigen Rückschritt.

In diesem Zusammenhang muß noch einmal Andres' Rede zum 20. Juli aus dem Jahre 1966 herangezogen werden, in der er ebenfalls nun den aktiven Widerstand, wenn nötig unter Anwendung von Gewalt, verteidigt: »So blieb die Tat der Verschworenen uns eine Stimme in die Zukunft hinein und ein mit Blut geschriebenes Testament, und das lautet: mit allen Mitteln – mit allen, sage ich! – dem Staate zu widerstehen, wenn er ohne oder gegen das Volk regiert, und dem Staatsbürger seine menschlichen Grundrechte verweigert – ob mit Gewalt oder mit List.«[23]

»Im Jahre 1948 sah ich Deutschland zum ersten Mal wieder«, schreibt Andres am Schluß seiner kurzen Autobiographie »Jahrgang 1906. Ein Junge vom Lande«, »das Deutschland der ersten Nachkriegsjahre. Es gefiel mir bedeutend besser als das ihm vorangegangene Deutschland, aber auch besser als das ihm folgende.«[24] Diese Feststellung ist zu allgemein, um sie auf sich beruhen zu lassen. Daß dem Schriftsteller die ersten Nachkriegsjahre besser gefielen als das ›Dritte Reich‹, leuchtet ein, warum aber auch besser als die Folgezeit? Eine Antwort wird uns nur sehr beschränkt in Andres' Nachkriegswerken zuteil, die sich mit seiner eigenen, konkreten Gegenwart beschäftigen.[25]

In der Novelle *Der Mörderbock* (1964) kritisiert er den im Gefolge des deutschen Wirtschaftswunders grassierenden Typ des Unternehmers, des rücksichts- und seelenlosen Erfolgsmenschen und seine innere Verarmung: Die Frau des Wirtschaftskapitäns Johann-Wolfgang Hadrach-Salen hat sich wegen seines Mangels an Gefühl und Verständnis seiner Familie gegenüber entschlossen, ihren Mann zu seinem sechzigsten Geburtstag zu verlassen, als Hadrach Selbstmord begeht: Ein von ihm angeschossener Hirsch, ein wegen seines besonderen Geweihs gefährlicher Einzelgänger, ist auf das Gebiet des jüdischen Jagdnachbarn Silberberg übergewechselt. Dieser antwortet auf Hadrachs Bitte, ihm zu erlauben, das Wild zu holen, nur mit der Übersendung der Juden ausschließenden Jagdbestimmungen des ›Dritten Reiches‹. Als er trotzdem dem Bock nachgeht, wird er neben diesem erschossen aufgefunden.

Die Parallelen zwischen dem ganz in der »Welt des Geschäfts, der Kurse, des Profits« (15) lebenden Hadrach und dem Mörderbock sind offensichtlich, ja *Hadrach* ist der eigentliche Mörderbock, der sich absichtlich in die Einsamkeit des Geschäftslebens zurückgezogen und aus der inneren Verbindung mit Frau und Kindern ausgeschlossen hat. Erst in der Antwort Silberbergs und einem auf eisiges Schweigen stoßenden Telefonanruf wird ihm seine eigene Vereinsamung bewußt und seine Unfähigkeit, Kontakte zu befehlen oder zu bezahlen. Als er im Mörderbock seinem eigenen Seinsgesetz begegnet, zerbricht er in Erkenntnis seiner wahren Isolierung im Menschlichen.

Natürlich spielt auch die Kritik an den Rassegesetzen des ›Dritten Reiches‹ eine Rolle, aber wohl eher, um die Grenze heutiger Manipulierbarkeit von Menschen zu demonstrieren, denn als Hauptziel der Kritik. Auch ist es nicht das kapitalistische Wirtschaftssystem selbst, das hier kritisiert wird, sondern es sind die menschlichen Folgen für seine Protagonisten, die hier deutlich werden: Herrschaftsdenken und Rücksichtslosigkeit einerseits, menschliche Isolierung und Vereinsamung selbst in der engsten Familie andererseits.

Die stereotype Charakterisierung des skrupellosen Textilfabrikanten Joseph in *Die Dumme* (1969) bedeutet demgegenüber einen Rückschritt in der Intensität sozialer Kritik. In allgemein-typischen Gestalten werden in diesem Roman Ost- und Westdeutschland konfrontiert: Ein einfaches, ehrliches, allzu naives Mädchen namens Lina wird die Geliebte des gewissenlosen westdeutschen Textilfabrikanten Joseph und von diesem nach einer Abtreibung zu Bekannten nach Ost-Berlin abgeschoben. Hier führt sie eine Zeitlang dem Marxisten Dirk den Haushalt, bis sie sich darüber klar wird, daß auch dieser, ein pedantischer Rationalist, sie nur ausnutzt. Zurück in Westdeutschland, sucht sie Joseph auf, um seinen inzwischen in Schwierigkeiten geratenen Ostberliner Freunden zu helfen, flieht aus seinem Hause und findet bei dem ihr nachgejagten Hund mehr Wärme als bei den Menschen.

Über die Glaubwürdigkeit der Schwarzweißzeichnungen mag man streiten: Sowohl Joseph als auch Dirk sind nur zwei Pole des Bösen, zwischen denen die verirrte, naive Lina hin- und herpendelt, bis sie ihren eigenen Weg gehen lernt. Sie ist zwar immer ›die Dumme‹, verkörpert aber Gefühl und Herzenswärme, Menschlichkeit, die zugrunde gegangen wäre, wenn sie es weiterhin mit den Exponenten von Ost oder West gehalten hätte.

Der Westen ist in dem bundesdeutschen Unternehmer Joseph verkörpert, der hier vor Versicherungsbetrug, kurpfuscherischer Abtreibung und Mord nicht zurückschreckt und dann eine standesgemäße Frau heiratet, um als immer reicher werdender Fabrikant ein geselliges Genußleben zu führen. Seine Philosophie des reichen Mannes läuft auf eine Benutzung der christlichen Religion zur Rechtfertigung und

Zementierung sozialer Ungerechtigkeit hinaus: »Falls es heute noch arme Leute gibt, sind sie's selber schuld. Und vor allem – das müßte die Kirche viel mehr ins Volk bringen: es kommt nicht darauf an, wieviel Geld einer hat, sondern wie glücklich er ist« (53). Seine ›Liebe‹ zu Lina erweist sich als Befriedigung sexueller Bedürfnisse und gleichzeitig als probates Mittel zum Betrug der Feuerversicherungsgesellschaft. Nur einer seiner Partygäste, ein Regierungsrat, tritt ihm entgegen, indem er die unwürdige Art der Abtreibung kritisiert mit Worten, die an die *Sintflut*-Trilogie erinnern: »[...] die Herrschaft des Moloch hat nicht aufgehört – trotz gewisser Erfindungen« (222). Andres' Kritik des Westens beschränkt sich aber doch fast ausschließlich auf die Zeichnung dieser einen stereotypen Extremfigur, und man könnte leicht den Schluß ziehen, daß für den Schriftsteller im Westen alles in Ordnung wäre, wenn nicht die dortige Gesellschaft von ihren eigenen christlichen Maßstäben abgewichen und sich einem prinzipien- und hemmungslosen Kapitalismus verschrieben hätte.

Da der größte Teil des Romans in Ost-Berlin handelt, steht infolgedessen die Kritik am kommunistischen Staat ostdeutscher Prägung und am marxistischen Denken im Vordergrund, wodurch die Kritik am westdeutschen Typ des Kapitalisten überschattet wird. In der Person Dirks tritt ein ostdeutscher Marxist auf, der die menschliche Armseligkeit doktrinären Vernunftdenkens demonstrieren soll. Noch im Gefängnis – er hatte sich mit einer belgischen Journalistin, einer Agentin, eingelassen – betet er zu sich selbst, zu seiner eigenen Vernunft, die damit zum Gott erhoben wird (148). Den Begriff ›Seele‹ definiert er als »ein Denkdestillat aus dem inneren Mief« (152), und durch seine starre, gefühllose Haltung seiner von ihm getrennt lebenden Frau gegenüber treibt er diese in den Selbstmord. Den Begriff Sünde gibt es hier nicht mehr (162). Staatsgehorsam steht über menschlichen Gefühlen und dem Gewissen. Der Staat bzw. die Partei ist zur moralischen Instanz erhöht, die auch darüber urteilt, welche Ehe für das Parteimitglied vertretbar ist. Angst vor der Polizei, Denunzierung der republikflüchtigen Tochter durch den Vater, Angst vor ideologischen Abweichungen und staatliche Informationskontrolle machen Ostdeutschland zu einem diktatorischen Polizeistaat, der dem des ›Dritten Reiches‹ in nichts nachsteht. Der Mensch ist hier denaturiert durch Gleichschaltung. Durch die »weltweite Organisation der Vernunft« wird »das Individuum von seinem Einzelschicksal erlöst [...] – und vom Glauben an die eigene Bosheit« und bewegt sich nunmehr »als ein Ei unter Eiern, ein Gei unter Geiern – ja wo alle einander so fürchterlich gleichen, daß einer den anderen für sich selbst hält und niemand mehr jemanden findet, den er beneiden könnte, wo die Natur korrigiert, die Religion religiert, die Gesellschaft, die pervertierte, konvertiert wird in das klassenlose Zweiklassensystem: in die oberen Zehntausend und den denaturierten Rest, den man frei verwendet« (90). Unschwer ist zu erkennen, daß Andres in Ostdeutschland einen neuen genormten Staat realisiert sieht, wie er ihn in der *Sintflut*-Trilogie schon im ›Dritten Reich‹ und in Rußland erblickte.

Andres gibt seine Kritik nicht in Form eines experimentellen Romans, nicht als Versuch der Wahrheitsfindung à la Uwe Johnson, sondern als realistische Darstellung, wenn auch der Repräsentationscharakter der einzelnen Personen klar ist und dem Ganzen einen leicht stilisierten und lehrhaft-hölzernen Anstrich gibt. Ist es diese zu didaktische Tendenz, ist es die Abneigung des Lesers, sich mit einer »Dummen« zu identifizieren, oder ist es die Häufung deprimierender Feststellungen und Urteile, die negative Grundhaltung, die es verhindert hat, daß das Buch zu einem Publikumserfolg wurde? Die Schwäche des Romans ist wohl auch die, daß er im Gemeinplatz des allgemein Bekannten bleibt, daß er über Stereotypen hinaus sich nicht zum zupackenden spezifischen Beispiel zu erheben vermag und in der ›Titelheldin‹ zwar menschliche Wärme darstellt, aber diese eben nur als die gesellschaftliche Fluchtalternative gläubiger Naivität.

Auf die Frage, was Andres am Nachkriegsdeutschland, vor allem an der Bundesrepublik, nicht gefiel, geben seine Werke über einzelne Punkte der Kritik hinaus keine verbindliche oder umfassende Antwort. In der schon mehrfach herangezogenen Rede zum 20. Juli beschreibt er aber den Staat, wie ihn sich die Männer des 20. Juli gewünscht hätten, und da er diesen Staat in der Negation des bestehenden charakterisiert, zeigt sich hier, was Andres tatsächlich an der Bundesrepublik nicht gefiel: »Die Männer des 20. Juli wollten einen christlichen Staat aufbauen, die Kirchen sollten darin frei, das heißt aber auch: vom Staate getrennt sein. Der Liberale ebenso wie der Kommunist sollte diesen in seinen Grundsätzen christlich humanen Staat als den ihren ansehen können, als einen wirklich demokratischen Staat, in dem das Volk nicht nur alle vier Jahre als Stimmvieh auf- und gleich wieder abtritt. Keine 5 %-Klausel hätte die Bildung von neuen Parteien verhindert. Und eine Parteioligarchie, die den Staat als ihr Lehen betrachtet (Lehen im feudalen Sinn als Verwaltung plus Nutznießung), hätte sich in ihrem Staat nie bilden können. Die Männer des 20. Juli hätten nicht daran gedacht, Deutschland auf frühere Grenzen wieder auszudehnen. [...] Die Männer vom 20. Juli hätten, statt einerseits die Welt mit der Erinnerung an die alten Grenzen zu beunruhigen, andererseits die gegebenen mit Atomminen verewigen zu wollen, gleich nach dem Krieg diplomatische Beziehungen mit dem Osten aufgenommen.«[26]

Der Stefan Andres der Nachkriegszeit war im Unterschied zu dem der Vorkriegs- und Kriegsjahre politisch engagiert. Er hielt öffentliche Reden, sprach in Rundfunk und Fernsehen, verfaßte Zeitungsartikel, in denen er zu politisch aktuellen Fragen Stellung nahm: zum kalten Krieg zwischen Ost und West, zur Wiederbewaffnung Deutschlands und zur Atomaufrüstung. 1961 zog er die Konsequenzen aus seiner Aversion gegen die bundesrepublikanische Umgebung, indem er in seine Wahlheimat Rom zurückkehrte, wo er am 29. Juni 1970 starb.

Zusammenfassend lassen sich mehrere Entwicklungsstufen der Zeitkritik in den Werken von Stefan Andres feststellen:

1. das apolitische, z. T. heimatverbundene Frühwerk, in dem autobiographisch in-

spirierte Fragen der individuellen Lebenswahl im Vordergrund stehen und höchstens der Zusammenstoß von Technik und bäuerlicher Gesellschaft in seinen tragischen Konsequenzen gestaltet wird *(Bruder Luzifer, Eberhard im Kontrapunkt, Die unsichtbare Mauer; Moselländische Novellen);*

2. Romane und Novellen, in denen die Frage von Schuld und Sühnung des Individuums die Hauptrolle spielt *(Der Mann von Asteri, Der gefrorene Dionysos, Die Reise nach Portiuncula);* gleichzeitig Werke, die sich – in vollem Einklang mit Andres' theoretischen Äußerungen – in Geschichte oder Analogie mit Problemen und Politik der Gegenwart des ›Dritten Reiches‹ auseinandersetzen und dabei u. a. die Frage des Widerstandes diskutieren *(El Greco-* und *Utopia-*Novelle, *Die Hochzeit der Feinde, Sintflut-*Trilogie, *Tanz durchs Labyrinth, Die Versuchung des Synesios);*

3. vor allem Werke der späten fünfziger und sechziger Jahre, die sich nun ganz konkret auf die zeitgenössische Gegenwart beziehen *(Sperrzonen, Der Mörderbock, Die Dumme).*

Anmerkungen

Zitate aus den erzählerischen Werken von Andres werden im Text durch Kurztitel und Seite identifiziert. Bei Eindeutigkeit wird nur mit Seitenangabe zitiert. Benutzte Kurztitel:

El Greco = El Greco malt den Großinquisitor
Hochzeit = Die Hochzeit der Feinde
Das Tier = Das Tier aus der Tiefe

1. Stefan Andres: »Über die Sendung des Dichters«. In: *Offener Horizont. Festschrift für Karl Jaspers.* Hrsg. von Klaus Piper. München 1953. S. 360 f.
2. ebd., S. 365 f.
3. ebd., S. 358.
4. ebd., S. 359.
5. Stefan Andres: »Der Dichter in dieser Zeit«. In: *Die neue Furche* (1951). S. 217.
6. Stefan Andres: »Ein gutes Gewissen für alle Menschen. Der Schriftsteller und der Staat«. In: *Die Kultur,* 7 (1. Dezember 1958). Nr. 121. S. 1.
7. Vgl. Karl O. Nordstrand: »Stefan Andres und die ›innere Emigration‹«. In: *Moderna Språk,* 63 (1969). S. 258.
8. ebd., S. 254.
9. ebd., S. 257.
10. Vgl. ebd., S. 251.
11. Frank Trommler: »Der ›Nullpunkt 1945‹ und seine Verbindlichkeit für die Literaturgeschichte«. In: *Basis. Jahrbuch für deutsche Gegenwartsliteratur,* I (1970). S. 9–25.
12. Andres behandelt diese Zeit des Untertauchens innerhalb des faschistischen Machtbereichs in dem stark autobiographischen Roman *Der Taubenturm* (1966), der hier nicht ausführlich behandelt wird, weil es sich dabei um einen Bericht über persönlich-menschliche Nöte in dieser Zeit handelt und weniger um direkte Zeitkritik.
13. Vgl. hierzu Nordstrand (= Anm. 7). S. 248 f.
14. Nach Hans Hennecke: »Stefan Andres«. In: *Deutsche Rundschau,* 85 (Januar 1959). S. 56.
15. Fritz Martini: *Deutsche Literaturgeschichte von den Anfängen bis zur Gegenwart.* Stuttgart ¹⁰1960. S. 589.
16. Eberhard Schulz: »Allegorische Versuche«. In: *Frankfurter Allgemeine Zeitung,* Literaturblatt (2. Januar 1960).

17. Vgl. hierzu die Untersuchung von Clément André: *Dichtung im Dritten Reich. Stefan Andres »Die Arche«.* Bonn 1960. (Abhandlungen zur Kunst-, Musik- und Literaturwissenschaft. Bd. 10.)

18. *Der 20. Juli, Tat und Testament. Eine Rede von Stefan Andres.* Frankfurt a. M. 1966. (Frankfurter Universitätsreden. H. 41.) S. 22.

19. Stefan Andres: »Jahrgang 1906. Ein Junge vom Lande«. In: *Jahr und Jahrgang.* Bd. 1906. Hrsg. von Joachim Karsten, Will Keller u. Egon Schramm. Hamburg 1966. S. 86 f.

20. Vgl. Andres' Rede zum 20. Juli; s. Anm. 18.

21. Andres: *Der 20. Juli . . .* (= Anm. 18). S. 22.

22. Bei der Lyrik Andres' handelt es sich vor allem um beschreibende Sonette, liedhafte Gedichte und Gedankenlyrik. Aber auch hier wird der Nationalsozialismus zum Thema, und zwar in den Dimensionen des griechischen Mythos. Vgl. die Gedichte »Die Gorgonen« und »Mittägliche Zeit« in der Sammlung Stefan Andres: *Der Granatapfel. Oden. Gedichte. Sonette.* München 1950. S. 78 ff.

23. Andres: *Der 20. Juli . . .* (= Anm. 18). S. 21.

24. Andres: »Jahrgang 1906« (= Anm. 19). S. 96.

25. Auf eine Besprechung des Romans *Der Mann im Fisch* (1963) wird hier verzichtet, weil der Schwerpunkt dort auf der romanhaften Interpretation der biblischen Jona-Geschichte liegt und dessen moderner Zwillingsbruder, Dr. Jonas, höchstens zum Ausdruck der allgemeinen Heil- und Glaubenslosigkeit der heutigen Welt wird, ohne daß es zu konkreter Zeitkritik käme. Lediglich einige Anspielungen auf einen möglichen totalen (Atom-)Krieg zeigen einen direkten Zeitbezug auf.

26. Andres: *Der 20. Juli . . .* (= Anm. 18). S. 22.

Literaturhinweise

Zitierte Werke

Bruder Luzifer. Jena 1932.

Eberhard im Kontrapunkt. Köln 1933.

Die unsichtbare Mauer. Jena 1934.

El Greco malt den Großinquisitor. Leipzig 1936. (Zitiert als *El Greco* nach: *Novellen und Erzählungen.* München 1962.)

Moselländische Novellen. Leipzig 1937 (u. d. T. *Gäste im Paradies – Moselländische Novellen.* München, Leipzig u. Freiburg 1949).

Der Mann von Asteri. Berlin 1939.

Wir sind Utopia. Berlin 1942.

Wirtshaus zur weiten Welt. Jena 1943.

Der gefrorene Dionysos. Berlin 1943 (u. d. T. *Die Liebesschaukel.* München 1951).

Die Hochzeit der Feinde. Zürich 1947. (Zitiert als: *Hochzeit* nach der Ausgabe: München 1952.)

Ritter der Gerechtigkeit. Zürich 1948.

Tanz durchs Labyrinth. Dramatische Dichtung. München 1948.

Die Sintflut. Der erste Roman: Das Tier aus der Tiefe. München 1949. (Zitiert als: *Das Tier.*) *Der zweite Roman: Die Arche.* München 1951. *Der dritte Roman: Der graue Regenbogen.* München 1959.

Der Granatapfel. Oden. Gedichte. Sonette. München 1950.

»Der Dichter in dieser Zeit«. In: *Die neue Furche* (1951). S. 216–221.

»Über die Sendung des Dichters«. In: *Offener Horizont. Festschrift für Karl Jaspers.* Hrsg. von Klaus Piper. München 1953. S. 357–367.

Die Reise nach Portiuncula. München 1954.

Sperrzonen. Eine deutsche Tragödie. Berlin 1957.

»Ein gutes Gewissen für alle Menschen. Der Schriftsteller und der Staat«. In: *Die Kultur,* 7 (1. Dezember 1958). Nr. 121. S. 1 f.

Die großen Weine Deutschlands. Frankfurt a. M. 1961.

Der Mann im Fisch. München 1963.

»Der Mörderbock«. In: St. A., *Das goldene Gitter. Novellen und Erzählungen II.* München 1964. S. 7–51.

Der Taubenturm. München 1966.

Der 20. Juli, Tat und Testament. Eine Rede von Stefan Andres. Frankfurt a. M. 1966.
»Jahrgang 1906. Ein Junge vom Lande«. In: *Jahr und Jahrgang.* Bd. 1906. Hrsg. von Joachim Karsten, Will Keller u. Egon Schramm. Hamburg 1966. S. 53–96.
Die Mosel. Köln 1968.
Die Dumme. München 1969.
Die Versuchung des Synesios. München 1971.

Die Anthologie Stefan Andres: *Der Dichter in dieser Zeit.* Essays. München 1974 (Sammlung Piper. Bd. 106), erschien nach Abschluß des Manuskripts und konnte deshalb nicht als Textgrundlage verwandt werden.

Forschungsliteratur (Auswahl)

André, Clément: *Dichtung im Dritten Reich. Stefan Andres »Die Arche«.* Bonn 1960. (Abhandlungen zur Kunst-, Musik- und Literaturwissenschaft. Bd. 10.)
Cahill, Robert Joseph: *Stefan Andres and ›Die Ordnung der Welt‹.* Diss. Boston 1958.
Grenzmann, Wilhelm: »Stefan Andres. Gesetz und Freiheit«. In: W. G., *Dichtung und Glaube. Probleme und Gestalten der deutschen Gegenwartsliteratur.* Frankfurt a. M. ⁵1964. S. 281–305.
Hahn, Karl Josef: »Dichtung zwischen Drang und Glaube. Zum Werk von Stefan Andres«. In: *Hochland,* 44 (1951/52). S. 432–442; auch in: *Stefan Andres. Eine Einführung in sein Werk.* München 1962. S. 74–93.
Hennecke, Hans: »Stefan Andres«. In: *Deutsche Rundschau,* 85 (Januar 1959). S. 51–61; auch in: *Stefan Andres. Eine Einführung in sein Werk.* München 1962. S. 7–43.
Interpretationen zu Stefan Andres, verfaßt von einem Arbeitskreis. München 1969.
Lorenzen, Käte: »Stefan Andres«. In: Benno von Wiese [Hrsg.], *Deutsche Dichter der Gegenwart. Ihr Leben und Werk.* Berlin 1973. S. 183–194.
Mann, Otto: »Stefan Andres«. In: Hermann Friedmann u. Otto Mann [Hrsg.], *Christliche Dichter der Gegenwart.* Bern u. München ²1958. S. 410–420; auch in: Otto Mann, *Christliche Dichter im 20. Jahrhundert.* Bern ²1968. S. 410–420.
Nordstrand, Karl O.: »Stefan Andres und die ›innere Emigration‹«. In: *Moderna Språk,* 63 (1969). S. 247–264.
Piedmont, Ferdinand: *Untersuchungen zur Lyrik von Stefan Andres.* Diss. Bonn 1953 [masch.].
Stefan Andres. Eine Einführung in sein Werk. München 1962.
Travis, Don Carlos: *The Pattern of Reconciliation in the Works of Stefan Andres.* Diss. Wisconsin 1959.
Utopie und Welterfahrung. Stefan Andres und sein Werk im Gedächtnis seiner Freunde. München 1972.
Wagener, Hans: *Stefan Andres.* Berlin 1974. (Köpfe des 20. Jahrhunderts.)
Weber, Albrecht: *Stefan Andres. Wir sind Utopia. Interpretation.* München ⁵1971.
Werber, Karl Günter: *Das Verhältnis von Persönlichkeitsentfaltung und Zeiterlebnis im Werk von Stefan Andres.* Diss. Bonn 1959.

KLAUS HABERKAMM

Wolfgang Koeppen. »Bienenstock des Teufels« –
Zum naturhaft-mythischen Geschichts- und Gesellschaftsbild
in den Nachkriegsromanen

> »Was waren sie doch für gezüchtete, in Aquarien und Treib-
> häuser gesetzte Wesen!«
> Wolfgang Koeppen: *Das Treibhaus*. S. 327

In der anregenden *heure bleue* des Tages, an dem Koeppens Roman *Tauben im Gras* (1951) spielt, denkt der Schriftsteller Philipp über sich nach:
»›Ich bin leidlich immun gegen Verführungen [...], und doch, ich höre einmal hier ein Wort, das mir gefällt, und manchmal von der anderen Seite einen Ruf, der noch besser klingt, ich spiele immer die lächerlichen Rollen, ich bin der alte Tolerante, ich bin für das Anhören jeder Meinung, wenn man schon auf Meinungen hören will, aber die ernsten Leute regen sich nun auf beiden Seiten auf und brüllen mich an, daß meine Toleranz gerade die Intoleranz fördere, es sind feindliche Brüder, beide intolerant bis auf die Knochen, beide einander gram und nur darin sich einig, daß sie meinen schwachen Versuch, unbefangen zu bleiben, begeifern, und jeder von ihnen haßt mich, weil ich nicht zu ihm gehen und gegen den andern bellen will, ich will in keiner Mannschaft spielen, auch nicht im Hemisphären-fußball, ich will für mich bleiben‹.« (175).

Philipp ist die dem Autor am nächsten verwandte Figur in Koeppens erstem Nachkriegsroman; seine Selbstcharakteristik läßt sich auf diesen selbst rücküber-tragen.[1] Die zitierte Passage enthält, kann die Immunität gegen Verführungen einmal außer Betracht bleiben, das Credo des Wolfgang Koeppen, vor allem das politische. Selbst bei der im Erscheinungsjahr der *Tauben im Gras* mit dem Korea-krieg aufgipfelnden Auseinandersetzung der globalen Machtblöcke möchte er sich neutral verhalten.

Mag Koeppen auch bewußt sein, sich wie sein Held Philipp mit dieser Haltung lächerlich zu machen und die Toleranzidee zu pervertieren, so beharrt er auf dieser Position. In seiner Dankrede anläßlich der Verleihung des Büchner-Preises, rund ein Jahrzehnt nach der Veröffentlichung der *Tauben im Gras*, bekennt er, »ein Zuschauer, ein stiller Wahrnehmer, ein Schweiger, ein Beobachter« (114) zu sein. Nur scheinbar klingt es widersprüchlich, wenn er in derselben Rede, nicht ohne Anflug von verräterischem Pathos, Engagement des Dichters zur Selbstverständ-lichkeit erklärt:
»[...] ich sah den Dichter, den Schriftsteller bei den Außenseitern der Gesellschaft, ich sah ihn als Leidenden, als Mitleidenden, als Empörer, als Regulativ aller welt-

lichen Ordnung, ich erkannte ihn als den Sprecher der Armen, als den Anwalt der Unterdrückten, als den Verfechter der Menschenrechte gegen der Menschen Peiniger und selbst zornig gegen die grausame Natur und gegen den gleichgültigen Gott. Ich habe später von der engagierten Literatur reden hören, und es verblüffte mich dann schier, daß man aus dem Selbstverständlichen, so wie man atmet, eine besondere Richtung oder eine eigene Mode machen wollte. Der Schriftsteller ist engagiert gegen die Macht, gegen die Gewalt, gegen die Zwänge der Mehrheit, der Masse, der großen Zahl, gegen die erstarrte faule Konvention, er gehört zu den Verfolgten, zu den Verjagten« (118).

Ein Widerspruch zwischen dem »Dritten Standpunkt« Philipp – Koeppens und der wohl nicht zuletzt von der im voraus gefürchteten Atmosphäre des Festsaals[2] suggerierten Aussage des Preisträgers liegt darum nicht vor, weil er sich mit dieser Aussage eigentlich auf Anschauungen aus seiner Jugend bezieht. Und als solche unterliegen sie im Rückblick genaugenommen demselben Verdikt wie seine damalige Sehnsucht nach dem vagabundierenden Außenseitertum des Literaten: »Romantisch, hochmütig und sehr naiv« (Preis-Rede. S. 117 f.). Sowieso geht es Koeppen um das Engagement des Schriftstellers, der zwar berufen sei, »ein Ärgernis zu geben« (118), der aber »kein Handelnder sein mag« (114). Schließlich soll dieses Engagement nach Ausweis der Dankrede weniger der Beseitigung konkreter Mißstände dienen, als in der Parteinahme für oder wider letztlich nichtssagend abstrakte Phänomene bestehen.[3] Eine »Gefahr der Abstraktion« erkennt Marcel Reich-Ranicki schon in Koeppens Erstling *Eine unglückliche Liebe* von 1934,[4] und der Autor selbst läßt diese Problematik in den *Tauben im Gras* selbstkritisch anklingen, indem er das völlig abstrakte Weltbild einer seiner Figuren als »unmenschlich« (216) bezeichnet.[5] So reduziert sich der Anspruch in der Preis-Rede folgerichtig auf ein Plädoyer für den unbedingten Individualismus, der sich allerdings nahezu ebenso beliebig bestimmen läßt wie etwa die absoluten Begriffe »Macht« oder »große Zahl«.[6] Koeppen fällt wieder auf seine Zuschauerexistenz, den Genuß der »Einsamkeit in der Menge« (Preis-Rede. S. 114) zurück, der ihn dialektisch solidarisiert gerade mit denen, »die mit dem Leben zu kämpfen haben und sich der allgemeinen Sitte nicht fügen können«.[7] Wiederum ein rundes Jahrzehnt nach der Preis-Rede erkennt er sich daher in einem Interview weiterhin den Status eines Beobachters zu. Er bringt ihn dort in Zusammenhang mit seiner Reiselust. Er wolle, erwägt er, wahrscheinlich nirgends zu Hause sein. »Schauen Sie: Ich bin zum Beispiel leidenschaftlich gern Ausländer, ich fühle mich sehr wohl im Ausland, weil zwischen mir und allem eine Distanz ist, eine Barriere, und zwar nicht nur eine der Sprache... Es ist ein schöner Zustand.«[8] Reisen ermöglicht Koeppen die Lebensweise der unverbindlichen Betrachtung, die jederzeit den Selbstentzug garantiert und den Anschein von Autonomie des Individuums erweckt.[9] »Suche ich wirklich ein Vaterland, oder berufe ich mich nur auf die Menschheit als auf einen Nebel, in den ich verschwinden kann?« (553) fragt sich Siegfried Pfaffrath als die dem Autor am nächsten stehende Figur im bislang letzten Roman, *Der Tod in Rom* (1954), wobei er Bindungslosigkeit, Individualismus und deren Symptom der tarnenden und doch enthüllenden sprachlichen Abstraktion aufs engste verknüpft.[10]

Erweckt die Charakteristik Philipps in den *Tauben im Gras* zusammen mit den direkten Äußerungen des Autors den Eindruck, als *wolle* sich Philipp – Koeppen nicht entscheiden, als ginge es um einen auf allseitiges Offenhalten gerichteten Willensakt, so liegt tatsächlich Unfähigkeit zur Entscheidung vor. Nicht um die Haltung des »alten Toleranten« im Sinne des klassischen Liberalismus handelt es sich, sondern um den Austrag der Antinomie als eines Grundzuges Koeppens,[11] der ihn wesensmäßig zum Beobachter macht.[12] Über Philipp heißt es im Roman verdeutlichend, »er hätte mit jedem Schritt und mehr als tausendmal am Tag seine Meinung zu den Verhältnissen in der Welt ändern können«, er sieht sich und die anderen innerlich gespalten: »zwei Seelen, ja, zwei Seelen wohnten in jeder Brust, und mal schlug das Herz mit der einen und mal mit der anderen Seele.« (174). »Noch am Ende meiner Tage«, lautet die Parallelerkenntnis Koeppens selbst, »werde ich mir über nichts klar sein« (»Unlauterer Geschäftsbericht«. S. 6), was er andernorts zu der einzigen ihn quälenden Angstvorstellung umstilisiert, »zu versteinern, doch mit irgendeinem Bewußtsein«.[13] Ähnlich läßt der »Proteus« (359) Keetenheuve – um noch das Gegenstück des Autors aus dem Roman *Das Treibhaus* (1953) zu bemühen – zunächst den Eindruck von Liberalität aufkommen, wenn er über die Redakteure des *Osservatore Romano* reflektiert: »[...] sie vertreten mit guten Gründen eine gute Sache, aber sie unterdrücken die Ansicht, daß man mit genauso guten Gründen eine gegenteilige Sache vertreten kann.« (358). Daß jedoch eine persönliche erkenntnistheoretische Schwierigkeit Keetenheuves gegeben ist, zeigt sein Nachsatz: »Es gibt keine Wahrheit.« (358). Schon beim ersten Romanhelden Koeppens, Friedrich, läßt sich eine solche geistige Konstitution finden. Wolfdietrich Rasch stellt für ihn die »Bewußtseinslage radikaler Unsicherheit« fest, die nur in der Negation das, freilich noch erotisch bestimmte, Absolute festhalten könne.[14] Rasch folgert: »In einem erweiterten Deutungsaspekt ist diese Konstellation auch eine Art Modell für Koeppens Verhältnis zur Wirklichkeit, das sich nicht direkt, aber gebrochen in ihr spiegelt.«[15] Vollkommen wird die Übereinstimmung mit dem Autor dadurch, daß Friedrich dieses Absolutum braucht, weil er »eine von jeder Bindung entbundene einsame Existenz« führt (*Unglückliche Liebe*. S. 103).[16] Dieses durchgängige individualistische Bedürfnis Koeppens nach dem Absoluten, für das die erwähnten Abstrakta in seinen Äußerungen Indizien sind, ist festzuhalten.

Die mit dem Individualismus, besser: seiner Erscheinungsform der Einsamkeit, stärkstens verquickte Bewußtseinslage radikaler Unsicherheit dokumentiert sich vielleicht am deutlichsten an Hand des Motivs tragischer Liebe wie in Koeppens erstem Roman. Sie bricht jedoch auch dann durch, wenn der Autor den ihm angemessenen thematischen Bezirk verläßt. Besonders greifbar wird seine über die

Figuren vermittelte Ratlosigkeit bei politischen Sujets, wie sie in der Nachkriegs-›Trilogie‹ gewählt sind. Repräsentativ für die Tendenz aller drei Romane ist Philipps Überlegung, die zur Metapher des Hemisphärenfußballs führt: die offizielle Welt sähe

»feste, unverrückbare Fronten, abgesteckte Erdstücke, Grenzen, Territorien, Souveränitäten, sie hielten den Menschen für ein Mitglied einer Fußballmannschaft, der sein Leben lang für den Verein spielen sollte, dem er durch Geburt beigetreten war. Sie irrten: die Front war nicht hier und nicht dort und nicht nur bei jenem Grenzpfahl. Die Front war allüberall, ob sichtbar oder unsichtbar, und ständig wechselte das Leben seinen Standort zu den Milliarden Punkten der Front. Die Front ging quer durch die Länder, sie trennte die Familien, sie lief durch den Einzelnen« (174).

Nicht zufällig bezieht Philipp die Politik als erste in diese Erörterungen ein: »›Überschaue ich es denn‹, dachte er, ›kenne ich die Rechnung der Politik? die Geheimnisse der Diplomaten? [...]‹« (174). Die so gestellte Frage impliziert die Einsicht, daß Politik als berechnete und geplante, weil auf Entscheidungskriterien gestützte, die seinem Verhalten entgegengesetzte Denk- und Handlungsform ist. Die Konsequenzen dieser Haltung zeigt Rasch an einem Vergleich des Politikers Keetenheuve mit dem Komponisten Siegfried Pfaffrath auf: »Wäre Keetenheuve Musiker, so würde er solche Musik schreiben, sie nimmt sich ganz aus wie seine verzweifelten und vergeblichen Bemühungen in der Politik«.[17] Selbst dort, wo Keetenheuve nach außen hin aktiv wird wie in seiner Parlamentsrede gegen die Aufrüstung der Bundesrepublik, handelt er nur scheinbar, hat er sich nur scheinbar entschieden, zweifelt er doch von vornherein am Sinn und an den Aussichten seines Bemühens. Ihm ähnelt sein Autor auch dort, wo er sich, vordergründig gesehen, gegen die Festlegung auf bestimmte politische Standpunkte wehrt. »Der Schriftsteller ist kein Parteigänger«, formuliert Koeppen lapidar in seiner Preis-Rede (120), ohne dort freilich den Anspruch politischer Wirksamkeit aufzugeben. Ihn zu verwirklichen dürfte für ihn schwierig sein, da der Schreibende, der Beschreibende (!), nicht hassen dürfe; »selbst der Henker der Bastille verdient Mitleid mit seinem schwarzen Schicksal« (Preis-Rede. S. 120). Was somit in Koeppens Auffassungen nach Zertrümmerung politisch-ideologischer Schemata aussieht, liegt nicht zuletzt in seiner persönlichen Unentschiedenheit begründet: »Zuweilen flüchtet die Freiheit in den unterhöhlten Palast, und aus der Hütte tritt der neue Zwingherr« (Preis-Rede. S. 120). Der negativen Analyse westlicher Zivilisation beeilt er sich hinzuzufügen, im Osten sei es »wieder auf andere Weise traurig« (121). Auch die politisch interpretierbare Literatur sieht er unter diesem geteilten Aspekt. Büchners *Danton* beispielsweise ist für ihn das »Trauerspiel der Revolution, das nicht nur Könige, sondern auch Revolutionäre erschrecken müßte« (117).

Fragt man nach den Gründen für die skizzierte geistige Verfassung Wolfgang Koeppens, sind hauptsächlich biographisch-zeithistorische und geistesgeschichtliche

Bedingungen aus seiner Jugendzeit zu nennen. Da ist einmal, was Christian Linder mit Zustimmung Koeppens dessen »unordentlichen Lebenslauf« nennt: »reiche Jahre, vergeudete Jahre, Eulenspiegel, Anarchist, schweigsamer Kaffeehausbesucher, Schreiben in Hotelzimmern, Großstädter, Individualist, Reisender...«[18] Koeppen selbst ergänzt die Stationen seines Lebensweges und bewertet sie auf charakteristische Weise:
»Gymnasium in Ostpreußen, Distanz von der Herkunft, unregelmäßiges Studium, bildungsbeflissen, aber kein Ziel, Zeit der Arbeitslosigkeit (in der ich Außenseiter blieb), Schiffskoch (zwei Fahrten), 14 Tage Fabrikarbeiter, Platzanweiser im Kino, Eisbereiter in St. Pauli, Dramaturg und Regievolontär an guten Theatern, loses Verhältnis zu Piscators dramaturgischem Kollektiv (unbefriedigend, aber schon Berlin), früher Journalismus, gleich in Berlin, links, Gast im Romanischen Café, Anstellung am ›Börsen-Courir‹.«[19]
Wohl begünstigt durch individuelle Disposition, zeichnet sich – besonders im Ausbildungsgang – extreme Unstetheit ab, die Koeppen rückhaltlos erläutert: »Mir fehlte jede Fähigkeit, mich dem normalen, dem bürgerlichen, dem Erwerbsleben anzupassen. Ich schwamm gegen den Strom und hatte Mühe, nicht unterzugehen. Ich studierte, ich beobachtete, ich vagabundierte.«[20] Schon der Klassenlehrer habe ihn gewarnt, er werde hinter den Zäunen landen.[21] Sogar den Weg zur Schriftstellerei habe er – mögliche Koketterie und die Doppeldeutigkeit der Formulierung eingerechnet – nicht planvoll ergriffen: »Da ich als junger Mensch so dahinlebte und allmählich und fast ohne mein Zutun Schriftsteller wurde, wahrscheinlich, weil ich gar nichts anderes werden konnte [...]« (Preis-Rede. S. 117). Von politischem Engagement ist kaum die Rede. Etwas verschämt nimmt sich lediglich als grobe Markierung einer politisch-ideologischen Richtung aus, was Koeppens Sympathisieren mit dem Anarchismus der zwanziger Jahre meint. Diese Art von Anarchismus und dieses Sympathisieren definieren sich selbst, wenn Koeppen sagt: »[...] ich liebte die Anarchisten und die anarchistischen Mädchen, die bei ihnen saßen, und die Träumer vom ewigen Frieden und die Schwärmer von Freiheit, Gleichheit und Brüderlichkeit«.[22]
Die Bedeutung eines geregelten ›bürgerlichen‹ Lebenslaufes für die systematische geistige Strukturierung einer Persönlichkeit sollte nicht überschätzt werden, mögen durch seine Entlastungsfunktion auch erhebliche Energien freigesetzt werden. Dennoch erlangen im Falle Koeppens Selbstaussagen etwa über die Ziellosigkeit des Studiums und die Zufälligkeit der Berufswahl nach mehreren Anläufen in unterschiedliche Richtungen unter dem Aspekt konsequenter intellektueller Schulung und Theoriebildung Gewicht. Zumindest scheint die Sprunghaftigkeit von Koeppens Biographie, zumal in der Jugend, als symptomatisch für den Zustand der Unordnung angesehen werden zu können, in dem seine geistige Kapazität belassen worden ist: Wie sein Lebenslauf nahezu atomistisch zerfällt, so bleibt seine Weltsicht ohne Zusammenhang und ohne feste Konturen. Schwanken in der geistigen Orientierung konnte dann nicht ausbleiben; und insbesondere die Kraft zur spezifisch

politisch qualifizierten Entscheidung war verloren, bevor sie erworben werden konnte. Ungeschulte und damit relativistische Rationalität jedoch macht für Irrationalismus empfänglich und droht ihrerseits in Irrationalismus umzuschlagen. Dieser Gesichtspunkt zwingt zu verstärkter Beachtung der geistesgeschichtlichen Konstellation in Koeppens Jugend.

Wolfgang Koeppen, Jahrgang 1906, wuchs als leidenschaftlicher Leser im bildsamsten Alter in den Mythoskult der zwanziger Jahre hinein.[23] Das Bildungsphänomen der Mythophilie, die als Ausdruck eines »vitalen völkischen Kulturwollens« zunächst zu trennen ist vom Interesse an der überlieferten Mythologie[24] verschiedener Kulturkreise, bildet sich in der zweiten Hälfte des 19. Jahrhunderts, vor allem bei Wagner und Nietzsche, heraus. In den zwanziger Jahren erobert die Mythophilie das öffentliche Bewußtsein auf verhängnisvolle Weise. Erich Unger spricht 1930 in *Wirklichkeit, Mythos, Erkenntnis* davon, daß das Wort Mythos »allmählich geradezu ein Ausdruck der kulturellen Zeitstimmung« werde. Er konstatierte einen Hang des wissenschaftlich-technisierten Zeitalters zu einem entlegenen Wesen, das als das ganz Andere erkenntnis- und erlebnismäßig Entschädigung für Entbehrtes bieten könne.[25] Eine klare inhaltliche Füllung dieses Wunschbildes fehlte jedoch, wie exemplarisch Hermann Brochs Antwort im Erscheinungsjahr der *Unglücklichen Liebe* Koeppens auf die selbstgestellte Frage in *Geist und Zeitgeist* erweist, welches Wort »so viel Trost spendet, daß es gegen die tiefste Verzweiflung des Herzens gehalten werden kann«: »[...] der Mythos des menschlichen Seins schlechthin«, heißt es da, »der Mythos der Natur und ihrer menschlich-göttlichen Phänomenalität«. Das Zitat belegt andeutungsweise die allgemeine Tendenz der Zeit, den punktuell-fragmentarischen Sagenbildungen der Urvölker mit dem Mythos des modernen Menschen die Ganzheit eines Organismus entgegenzustellen. – Dieses zwanghafte Verlangen nach dem Mythos, die Vorliebe für mythisches ›Denken‹, läßt sich in besonderem Maße, wenngleich keineswegs ausschließlich, für Deutschland und seine Politik zwischen den Weltkriegen beobachten. Auffälligerweise weicht in den deutschen Wörterbüchern aus dem ersten Drittel des 20. Jahrhunderts die »Mythe« dem »Mythos«, der die zusätzliche, in den übrigen europäischen Sprachen fehlende Bedeutung der nicht auf die primitiven Völker beschränkten »bildhafte[n], lebenerneuernde[n] Idee« erhält. Spenglers biologisierende Kulturphilosophie von 1918 und 1922 erklärt es zum wissenschaftlichen Vorurteil, »daß Mythen und Göttervorstellungen eine Schöpfung des primitiven Menschen seien und daß ›mit fortschreitender Kultur‹ der Seele die mythenbildende Kraft verloren gehe«. Die Verhältnisse im Deutschland der zwanziger Jahre scheinen diese Feststellung zu bestätigen, denn der Mythosbegriff erfährt hier allmählich eine Verabsolutierung, die ihn – vor allem politisch – überaus gefährlich macht.

Es wäre erstaunlich, wenn sich der jugendliche Wolfgang Koeppen – er lebte »schon als Kind in der Welt der Bücher«[26] – jener beherrschenden Macht des ideellen Klimas hätte entziehen können. Seine von Peter Laemmle umrissene geistige Disposition, deren ausgeprägte Rationalität durch relativierende Zersplitterung neutrali-

siert wurde, mußte ihn in einer Zeit wachsenden Irrationalismus der Suggestion des allgemein virulenten Mythos anheimfallen lassen. Einem durch mangelnde Disziplinierung geschwächten begrifflichen Denken, das die Kraft zur Theoriebildung offenbar nicht aufbrachte und in der Perzeptionsweise der Anschauung befangen blieb, mußte das sich immer mehr ausbreitende mythische ›Denken‹ der Zeit entgegenkommen. Die dem Mythosbegriff innewohnende Ganzheitsvorstellung, die keine Teilung durch Alternativen zuläßt,[27] mußte Koeppens unsicherer Intelligenz, die aus unvollständig ausgebildetem Situations- und Problembewußtsein nicht Partei ergreifen konnte und die Parteinahme scheute, höchst willkommen sein. Es scheint, als habe Koeppen in Jahren geistig-politischer Ratlosigkeit und individueller Unberatenheit dem »Hunger nach Ganzheit«, den Peter Gay allgemein für die Weimarer Ära ermittelt hat,[28] auf seine Weise durch die Beschwörung eines Daseins-Mythos, die »Setzung von Kosmos gegen Chaos« im Mythos (Hofmannsthal) abhelfen müssen.[29] Indiz für seine Affinität zum Mythos als einer Ordnung und Lebenstotalität schaffenden Potenz dürften eben die für ihn charakteristischen Abstrakta sein, die die Abstinenz von der mythosfeindlichen Konkretisierung des Denkens signalisieren. Wagners Vorstellung vom »wahren Menschen«, den er im »alten urdeutschen Mythos« erkennt, belegt die enge Beziehung zwischen Mythos und hehrem Abstraktum exemplarisch:
»Was ich hier ersah, war nicht mehr die historisch konventionelle Figur, an der uns das Gewand mehr als die wirkliche Gestalt interessieren muß; sondern der wirkliche nackte Mensch, an dem ich jede Wallung des Blutes, jedes Zucken der kräftigen Muskeln, in uneingeengter, freiester Bewegung erkennen durfte: der *wahre Mensch* überhaupt.«[30]
Die Entdeckung des »wahren Mensch überhaupt« im Mythos offenbart zudem ein bestimmtes Geschichtsverhältnis, das an der »historisch konventionellen Figur« nicht mehr interessiert ist, d. h. zur Ungeschichtlichkeit neigt. »Die Mythologie beansprucht keine Gültigkeit für die Gegenwart; im Mythos erkennen wir das Ideal des wirklichen, nackten Menschen.«[31] Während also die Mythe und die sie wissenschaftlich erklärende Mythologie historisch sind und sich historisch verhalten, fordert der Mythos übergeschichtliche, ewige Gültigkeit. In der Nähe eines solchen zeitenthobenen, mythischen Geschichtsbildes müßte Koeppens Geschichtsauffassung stehen, falls bei ihm tatsächlich eine Affinität zum Mythos bestünde. Ein kennzeichnendes Zitat enthält das Prosastück »Anarchie«, in dem die Stadt Lyon das Modell für die Demonstration von Koeppens Geschichtsbegriff abgibt. Die Eindrücke des Besuchers der Stadt verdichten sich u. a. zu folgender Assoziationskette:
»das schöne alte ehrwürdige traditionsbewußte aristokratische bürgerliche proletarische klerikale soldatische polizeiliche juristische mörderische wohlerhaltene gutbewahrte sich verjüngende sich fortentwickelnde sich treubleibende Arsenal der Folter Säbel Latten Spieße«.[32]
Im Arsenal als dem Sinnbild von Geschichte und Gesellschaft verbinden sich Fort-

entwicklung und Konstanz nur scheinbar auf paradoxe Weise; es bleibt sich trotz aller äußerlichen, dem Titel des Stückes entsprechend anarchistisch erscheinenden Wandlungen in seiner Funktion gleich, d. h. die Geschichte – Grundannahme mythischer Weltsicht – zeitigt keine wesentliche Veränderung.[33] Der Gedanke des Immergleichen kommt, allerdings mit negativer Akzentuierung,[34] in diesem Beispiel eklatant zum Ausdruck. Der Crédit Lyonnais, dessen gesellschaftliche Verflechtungen offensichtlich sind, wird in der »Anarchie« zur Allegorie der mythischen Entrücktheit aus der geschichtlichen Zeit, der Unantastbarkeit in allen politischen Wechselfällen, indem er, auch hier unter verdeutlichendem Fortfall der Interpunktion, zu einem gleichzeitig organischen und unsterblichen Wesen erhoben wird: er »steht fest er überdauert die Zeit er überlebt die Glaubenskämpfe die Königskämpfe die Aufstände die Revolutionen die Unterdrückung die Diktatur die großen Kriege die großen Siege die großen Niederlagen der Crédit Lyonnais stirbt nicht« (166). Das als Satire auf die Anpassungsfähigkeit des Kapitals durch die Zeitläufte hindurch Intendierte gerät unversehens zum Bild des Unveränderlich-Unvergänglichen. Aus dieser Sicht hat konsequenterweise die Französische Revolution alles beim alten gelassen und die Restauration notwendig zum Ergebnis gehabt:

»darum ist der Reichtum eine Niederträchtigkeit Saint-Just dessen Kopf fiel

in unserer Gesellschaft darf es weder Arme noch Reiche geben der Gemeinderat am dritten Frimaire des Jahres zwei er lebte nicht lange« (167).

Fazitartig heißt es im Zusammenhang einer abgebrochenen Reflexion über den »konservativen Roman [als] eine Sinngebung des Sinnlosen«: »Versuch einer Aufhebung der Zeit zu einer Gleichzeitigkeit allen Geschehens. Jeder Vorgang gegenwärtig, jetzt und hier, in diesem Augenblick. Kein Vorher und kein Nachher. Weder Vergangenheit noch Zukunft. Oder anders: die Zukunft von morgen war schon gestern und vorgestern und von Anbeginn.« (»Vom Tisch«, S. 11).

Wie Keetenheuve springt der Präsidentenmörder von Lyon, Caserio, mit seinem Attentat »aus dieser Welt die er ändern will« (169), ohne sie durch den somit fälligen Regierungswechsel zu ändern. Keetenheuve – so lautet die Erklärung eigentlich für beide Vorfälle, die unbeschadet der Fiktionalität des *Treibhauses* in sich die Gleichförmigkeit geschichtlichen Geschehens aufweisen sollen – »wollte Jugendträume verwirklichen, er glaubte damals an eine Wandlung, doch bald sah er, wie töricht dieser Glaube war, die Menschen waren natürlich dieselben geblieben, sie dachten gar nicht daran, andere zu werden, weil die Regierungsform wechselte« (247); und der die mythische Auffassung anthropologisch einmal mehr stützende Nachklang im Roman besagt: »Wir sind so, es ist unser Schicksal.« (370). Die apodiktisch-absolute Aussage Koeppens, für den Keetenheuve auch hier spricht, über die zeitunabhängige Natur des Menschen schließt, wahrscheinlich vom Autor sogar ungewollt, die Beschränkung ihres Geltungsbereiches auf die westdeutsche Situation nach Kriegsende aus. Wie in diesem einen Falle alles »wieder mal an Kleinigkeiten, an dem zähen Schlick des Untergrundes, der den frischen Strom des frischen Wassers hemmte und alles im alten stecken ließ« (247), scheiterte, wird es – das ist die Implikation – generell auch in Zukunft scheitern. »Verdauung, Verwesung, Stoffwechsel und Zellerneuerung, nach sieben Jahren war man ein anderer, doch auf dem Feld der Erinnerung lagerten Versteinerungen – ihnen hielt man die Treue.« (253). Welcher Art diese Erinnerungen sein können, zeigt das Beispiel Bonner Politiker im *Treibhaus*: »[...] man saß wieder in der Zentrale, vor acht Jahren saß man in Nürnberg, vor weiteren acht Jahren hatte man auch in Nürnberg gesessen, damals auf der Tribüne« (270). Dabei ist es mehr als ein hübscher Zufall, daß biologischer und geschichtlicher Zyklus in der Gegenüberstellung der Zitate nach Dauer und Wesen beinahe zusammenfallen und somit bei aller Konkretheit des Exempels über die Bonner Verhältnisse hinausweisen. Wenn in Bonn die »Saat des Unverstandes« aufgeht und nicht nur das »Gras der Uneinsicht«, sondern auch des »Unabänderlichen« (299) wächst, erlangt die neue Hauptstadt gerade auf Grund der letztgenannten Erwartung – wohl auch hier entgegen der bewußten Absicht des Autors – stellvertretende Bedeutung für gleiche Konstellationen.

Koeppens pessimistischer Prognose liegt ein Geschichtsverständnis zugrunde, wie es der ›Protagonist‹ Keetenheuve formuliert: »Was ließ sich aber verhindern? Die Geschichte war ein tolpatschiges Kind oder ein alter Blindenführer, der allein wußte, wohin der Weg ging, und deshalb rücksichtslos vorantrieb.« (279 f.).[35] Indem Keetenheuve dem politischen Denken anderer, vermeintlich von der Geschichte blind Geführter, unterschiedslos die eigene Unklarheit und Perspektivelosigkeit unterstellt und aus dieser Auffassung die Motivation für sein Handeln bzw. Nichthandeln bezieht, bewegt er sich in einem Teufelskreis der Selbsttäuschung: »[...] die geplagten Völker waren die Opfer zänkischer, überaus eigensinniger, rechthaberischer und gänzlich unfähiger Denker, die in ihrem verdrehten armen Kopf keine Klarheit schaffen konnten und die sich außerdem gegenseitig nicht verstanden und nicht ausstanden.« (294).

Eine Alternative kennt Keetenheuve nicht, denn »selbst wer das Gute wollte, wurde leicht zu einem anderen Mephistopheles, der stets das Böse schafft« (300). Die Fehleinschätzung kalkulierten Machtstrebens bei anderen muß zum Freitod des für die Politik Untauglichen führen. Er gibt damit endgültig den Versuch auf, den Leithammeln »entgegenzutreten und ihnen, die wieder Leithammel ins Schlachthaus sein wollten, Bremsen ins Fell zu setzen« (383). Schon längst aber hat Keetenheuve gewußt: »der Leithammel, drum ist er's ja, geht unbeirrt seines Weges, und die Herde, es ist ja ihr Wesen, folgt, von jedem Warnruf nur noch zusätzlich erschreckt, ängstlich dem Vortier ins Unglück.« (382). Das Verhängnisvolle der lähmenden Wirkung dieser naturhaft-ungeschichtlichen Auffassung vom Menschen, die damit weniger Gesellschaftskritik als Selbstcharakteristik Koeppens ist, geht aus Keetenheuves weiterer Reflexion hervor: »Der Hirte aber hat seine eigenen Gedanken über die Bestimmung der Schafe. Er verläßt unabgestochen das Schlachthaus und schreibt fern von der Blutstätte die ›Erinnerungen eines Schäfers‹, anderen Hirten zu Nutz und Frommen.« (383). Memoirenschreiben als Anregung für das imitierende Verhalten anderer »Hirten« und »Führer« ist unter diesem Aspekt nicht einmal mehr zynisch. Der mythische Fatalismus Keetenheuve-Koeppens gibt sich lediglich als Satire auf die zwar für den Untergang ganzer Völker Verantwortlichen, doch stets unbehelligt Bleibenden aus, denn letzten Endes sind die Verführer gerechtfertigt, wie besonders die deutende Aufnahme und Fortführung jener Bildlichkeit im *Tod in Rom* zeigt:

»[...] gern gibt sich der Wolf als Schäfer aus, kleidet der Räuber sich als Hirte; Könige, Tyrannen, Diktatoren, Präsidenten weiden ihre Lämmer, scheren ihre Schafe, schlachten ihre Herde zu eigenem Nutzen, und die Prediger der Vernunft, die dann auftauchten und riefen ›ihr seid keine Lämmer, ihr seid frei, ihr seid keine Schafe, ihr seid Menschen, brecht aus der Herde, verlaßt den Hirten‹, in welche Angst, in welche Wüste trieben sie die Herde, die sich nach dem heimlichen Geruch des Stalles sehnt und vielleicht auch nach dem Blutdunst des Schlachthofes.« (531).

Wenn zur anfälligen, schwachen Herde selbst Siegfried Pfaffrath gehört – der, mag das auch auf die Erziehung in der nationalsozialistischen Ordensburg zurückzuführen sein, wenigstens gelegentlich »nach einem Herden- und Stallgeruch« (538) verlangt –, so setzen sich aus dieser Sicht die »Prediger der Vernunft« mit ihren Appellen ins Unrecht. Demonstrativ wird dieser Gedankenkomplex noch einmal ohne metaphorische Einkleidung im *Treibhaus* dargelegt: Keetenheuve resigniert vor der »dumpfen Schicksalsergebenheit des wirklichen Volkes [...], das aus einem Gefühl, es kommt doch alles wie es kommen soll, wir können da doch nichts machen, Gesetze und Entscheidungen, die es wohl ablehnte, nicht verhinderte, es nicht einmal versuchte, sondern bereit war, die Folgen zu tragen; – die Würfel waren dann eben wieder einmal gefallen« (384).[36]

Keetenheuves Anschauung von der Geschichte, die einem »Räuberfilm« mit unablässigem Blutvergießen gleicht und als »Vorrat an Nichtigkeiten und Schrecken« (345) bestimmt wird, impliziert demzufolge die Frustration an jeglicher Revolution. Hat sein Bekannter, der Korrespondent Philip Dana, als Zeuge aller Revolutionen des 20. Jahrhunderts schon jeweils »die Niederlage des Menschen konstatiert« (*Treibhaus*, S. 299), so zweifelt auch Keetenheuve an der Möglichkeit einer erfolgreichen Revolution:

»Doch nie kam es zu der Erhebung, von der die Knaben träumten, nie, nie, nie, was blieb und immer wiederkehrte, waren die schwarzverbrannten Kartoffelpuffer der Armut, war der mattrosa Trank der Evolution, eine Limonade aus synthetischen Säften, aufbrausend, wenn man die Flasche öffnete, und aufstoßend, wenn man sie getrunken hatte.« (261).

Zwar gab es noch Putsche, »man teilte sie in heiße und kalte wie Punsch, aber der Trank wurde aus immer billigeren Surrogaten gebraut und machte den Völkern nur Kopfweh« (338). Vor dieser Revolutionsvorstellung kann die sarkastisch-resignative Einsicht Keetenheuves nicht verwundern, daß die nächste Generation klüger sein, es besser haben soll – »Seit fünftausend Jahren!« (274). Der die ganze bisherige Geschichte der zivilisierten Menschheit umfassenden Gleichheit der nie verwirklichten guten Vorsätze steht vielmehr – einer der zahlreichen Reflexe des Expressionismus bei Koeppen – die unabänderliche Opferung der je jungen Generation gegenüber, erweise sich doch, »wie leicht zu allen Zeiten der Geschichte die Ältesten bereit waren, die Jugend dem Moloch zu opfern« (399). Keetenheuve unterscheidet sich mit diesen Ansichten kaum noch von seinem politischen Gegenspieler Korodin, dem eine Umverteilung des Besitzes – nicht zuletzt angesichts der unbeeinflußbaren menschlichen Unzulänglichkeit – sinnlos erscheint: »Kein Armer würde reich, kein Mensch würde besser werden.« (376). So erringt Keetenheuve selbst nach der Rückkehr aus dem Exil trotz allem Reformwillen »keinen Sieg über das Tier« (240) und erweist sich zunehmend in seinem Selbstverständnis als »Mephistopheles des guten Willens« (308), als Don Quijote im aussichtslosen Kampf gegen die »mit den alten Urmächten« (248) versippte Macht. – Für Dr. Behude in den *Tauben im Gras* bleiben entsprechend die Nationalsozialisten, »was auch geschehen mag« (185), gleich einer Naturgewalt unausrottbar. Die für die hitlerfreundliche Gesellschaftsgruppe der Weimarer Republik repräsentative Gräfin Anne ist denn auch »eine Nazistin [...] von Natur« (58).[37] Das positive, auf geschichtlichen Fortschritt ausgerichtete Bewußtsein der Ausnahmegestalt Richard Kirsch wird im Steinhagel der Menge vor dem Neger-Club endgültig als unrealistisch entlarvt.

Wie das Geschichtsbild in den drei als zeitkritisch konzipierten Gegenwartsromanen Koeppens ist auch das von diesem abhängige Gesellschaftsbild in ihnen mythisch. Die Beeinflussung dieser nach langem Schweigen des Autors erschienenen Romane durch die Mythophilie der zwanziger Jahre erklärt sich entstehungsgeschichtlich, seien doch zumindest die *Tauben im Gras* »die Folge eines aufgestauten, eines zu spät verwirklichten Stilexperimentes«.[38]
Bereits die Titel der Nachkriegs-›Trilogie‹ kündigen deren mythische Grundgestimmtheit an. Theodore Ziolkowski hat den engen Zusammenhang zwischen Mythophilie und dem Gebrauch von botanisch-vegetabilischer Metaphorik, die in zoologische übergehen kann, zum Ausdruck des als vitalen Organismus empfundenen Mythos dargestellt. »So ist für Wagner der Mythus etwa eine ›Wurzel‹ mit ›Keim‹, ›Stamm‹ und ›Geäst‹, dessen ›Frucht‹ das Volk nährt«.[39] Auch für die zwanziger Jahre führt Ziolkowski verschiedene Beispiele auf, etwa den Umschlag der organischen Rhetorik Rosenbergs vom Botanischen zum Zoologischen.
Koeppen freilich setzt sich mit dem Mythos nicht theoretisch auseinander und thematisiert ihn daher nicht in der Form botanisch-zoologischer Metaphorik. Seine reichlich eingesetzten Stilmittel aus diesem Herkunftsbereich sind nichtsdestoweniger Reflex seiner mythischen Weltsicht: Schon der von Gertrude Stein entlehnte und durch das Motto »Pigeons on the grass alas« verstärkte Titel des ersten Romans nach dem Kriege ist aus diesem Gesichtswinkel zu sehen, wie aus Aufnahme und Ausführung des Titels im Werk selbst hervorgeht. Eine erste Anspielung, die un-

abhängig von der Bindung an die Perspektive einer Figur das Denken fast des gesamten fiktionalen Personals einschließlich Philipp–Koeppens repräsentiert, ist in der Überlegung einer amerikanischen Lehrerin (!) in München enthalten:
»Im Gras hockten Vögel. Miß Burnett dachte ›wir verstehen nicht mehr als die Vögel von dem was die Wescott quatscht, die Vögel sind zufällig hier, wir sind zufällig hier, und vielleicht waren auch die Nazis nur zufällig hier, Hitler war ein Zufall, seine Politik war ein grausamer und dummer Zufall, vielleicht ist die Welt ein grausamer und dummer Zufall Gottes, keiner weiß warum wir hier sind, die Vögel werden wieder auffliegen und wir werden weitergehen« (176 f.).
Das Interesse an den Vögeln legitimiert sich für diese Figur aus ihrem Interesse an den Menschen: »Ich interessiere mich für uns« (177). Die enge Beziehung zwischen menschlicher Gesellschaft und ihr vorausliegendem Geschichtsverständnis in dieser Auffassung wird noch durch die Erwiderung auf die Vorhaltung verdeutlicht, lieber auf die Weltgeschichte als auf die Vögel zu achten: »›Das ist dasselbe‹, sagte Miß Burnett, ›es spielt sich alles unter Spatzen ab. [. . .]‹« (177). Allerdings handelt es sich nicht mehr um die Welt der biblischen »Vöglein auf dem Felde« (*Tauben*. S. 24), auf die in diesem Roman und im *Tod in Rom* denn auch sarkastisch Bezug genommen wird. Es ist daher eine Persiflage des Dichters Edwin, der sich als Gegenfigur Philipps »nicht den Dämonen verbunden« fühlt (112), wenn dieser »Literaten«, »Boulevardiers« und »zweitrangige Geister« (220) wie Gertrude Stein ablehnt:
»Wie Tauben im Gras, sagte Edwin, die Stein zitierend, und so war doch etwas von ihr Geschriebenes bei ihm haftengeblieben, doch dachte er weniger an Tauben im Gras als an Tauben auf dem Markusplatz in Venedig, wie Tauben im Gras betrachteten gewisse Zivilisationsgeister die Menschen, indem sie sich bemühten, das Sinnlose und scheinbar Zufällige der menschlichen Existenz bloßzustellen, den Menschen frei von Gott zu schildern, um ihn dann frei im Nichts flattern zu lassen, sinnlos, wertlos, frei und von Schlingen bedroht, dem Metzger preisgegeben, aber stolz auf die eingebildete, zu nichts als Elend führende Freiheit von Gott und göttlicher Herkunft. Und dabei, sagte Edwin, kenne doch schon jede Taube ihren Schlag und sei jeder Vogel in Gottes Hand.« (221).
Daß in der Tat Koeppens Sympathien nicht bei Edwin – T. S. Eliot liegen, beweist die Struktur des ganzen Romans als die Einlösung der vom Titel abgesteckten Programmatik. Das Werk stellt sich – mit analoger zoologisch-mythischer Metaphorik aus seiner Exposition – als »Bienenstock des Teufels« (18)[40] dar, dem formal, dem Wabenbau der Bienen vergleichbar, die kunstvolle Fügung einer Vielzahl von einzelnen Erzählabschnitten entspricht.[41] Damit wird es, und Gleiches gilt für die beiden anderen Romane, nach Ernst-Peter Wieckenbergs Beobachtung zum Beleg für »auratische Kunst« im Sinne Walter Benjamins.[42] Dieser Befund ist um so wichtiger angesichts der Ausführungen Koeppens in der Büchner-Preis-Rede über den nicht oder nicht mehr engagierten Schriftsteller: Er mag, führt Koeppen aus, »vielleicht noch zu formaler Meisterschaft gelangen, bewunderungswert, aber er

hat seine Seele eingebüßt, seine Berufung, seinen geheimnisvollen Auftrag, die Zukunft verraten, und sein wohlgedrechseltes Wort hallt kalt« (118). Vorläufig ist nämlich zu fragen, ob diese Feststellungen effektiv auf die »Übertreibungen«[43] der *Tauben im Gras* und der beiden anderen Romane nicht ebenfalls zutreffen. Die Frage ist berechtigt, denn den Schriftsteller nehme die »Arbeit am Wort, am Wortkunstwerk [...] so in Anspruch, daß er den unmittelbaren Veränderungsauftrag, den er in sich fühlt, vernachlässigt«.[44] Der anschließenden Setzung Koeppens: »Wenn das Wortkunstwerk zustande kommt, erfüllt es aber doch in einer ganz anderen und geheimnisvollen Weise diesen Veränderungsauftrag«, ist mit Skepsis um so mehr zu begegnen, als Wieckenberg in Anwendung der Benjaminschen Erkenntnisse an Koeppen erkennt, er könne seine Kritik am Gegenwärtigen »nur vortragen, indem er das Vergangene als das Bessere durch den versuchten Gebrauch vergangener Kunstmittel beschwört«.[45]

Der zentralen Titelmetapher der *Tauben im Gras* entsprechen im Roman selbst zahlreiche botanisch-zoologische Metaphern, die über die jeweilige Figurenperspektive hinaus Ausdruck des naturhaft-mythischen Bewußtseins des Autors sind. So ist es mehr als ein literarisches Klischee, wenn die Großstadt als gefährlicher Dschungel gesehen wird: »Kay dachte ›es ist ein Dschungel, in dieser Stadt passieren sicher viele Verbrechen‹« (228).[46] Washington Price, der die schicksalhafte »lebenslängliche Verfolgung« (223) der farbigen US-Soldaten auch und gerade in Deutschland erfährt, fühlt sich bei einem Besuch in Carlas Unterkunft »in Schlamm und Dschungeln geraten« (89): »Hinter jeder Tür standen sie und lauschten. Sie waren domestizierte Raubtiere; sie witterten noch das Wild, aber die Zeit war nicht günstig, die Zeit erlaubte es der Herde nicht, sich auf die fremde, in das Revier der Herde eingedrungene Kreatur zu stürzen.« (88).[47] In seiner Imagination sieht Odysseus Cotton vom Kirchturm herab »gewaltige Dschungeln unter sich wachsen, Gestrüpp, Farne, Lianen überwucherten die Häuser; was gewesen war, konnte immer wieder kommen« (120). Sumpf, Märchen- und Zauberwald sind häufiger gebrauchte Metaphern des Romans. Diese Dschungelmetaphorik, die sich ins Tierische ausweitet, findet man, indirekt angekündigt durch den Titel des Werkes, verstärkt im *Treibhaus*: »An jeder Entscheidung«, lautet eine repräsentative Textstelle, die Keetenheuves lähmende Unschlüssigkeit dokumentiert,

»hingen tausendfache Für und Wider, Lianen gleich, Lianen des Urwalds, ein Dschungel war die praktische Politik, Raubtiere begegneten einem, man konnte mutig sein, man konnte die Taube gegen den Löwen verteidigen, aber hinterrücks biß einen die Schlange. Übrigens waren die Löwen dieses Waldes zahnlos und die Tauben nicht so unschuldig, wie sie girrten, nur das Gift der Schlangen war noch stark und gut, und sie wußten auch im richtigen Moment zu töten. Hier kämpfte er sich durch, hier irrte er. Und im Dickicht vergaß er, daß eine Sonne ihm leuchtete« (248).

Neben den in diesem Zitat verwendeten bietet das *Treibhaus* eine Fülle von Tieren zur Identifikation von Romanfiguren aus der Sicht anderer Gestalten auf: Butte,

Elefanten, Eulen, Füchse, Gänse, gehetzte Hunde, Kälber, Kaninchen, Mücken, Ratten, Schafe, Tiger, Uhus, gerupfte Vögel und Wölfe.[48] Keetenheuve fühlt sich in einer Aquarienwelt (vgl. S. 327). Das einen Dschungel züchtende Treibhaus als Titelmetapher, leitmotivähnlich durch den ganzen Roman hindurch aufgenommen und mit stilistischem Pendant in der hektisch-hypertrophen Sprache, wird über den konkreten Bezug auf die klimatischen Verhältnisse im Landschaftskessel Bonns hinaus zum Sinnbild der Gesellschaft des jungen Staates:[49]

»Deutschland war ein großes öffentliches Treibhaus, Keetenheuve sah seltsame Floren, gierige, fleischfressende Pflanzen, Riesenphallen, Schornsteinen gleich voll schwelenden Rauches, blaugrün, rotgelb, giftig, aber es war eine Üppigkeit ohne Mark und Jugend, es war alles morsch, es war alles alt, die Glieder strotzten, aber es war eine Elephantiasis arabum.« (268).[50]

Keetenheuve – der sich, seinerseits ständig von Lemuren umgeben, in seinem »verhexten Dasein« (400) selbst wie ein Gespenst vorkommt – erscheint in seiner Umgebung »alles so unwirklich wie die Blumen in einem Treibhaus« (406); »immer verweste etwas, und immer wieder versuchte man, mit Duftwasser den Geruch der Verwesung zu verstecken« (332).

Der vieldeutige Titel des dritten Nachkriegsromans *Der Tod in Rom* (1954) evoziert, freilich u. a. durch literarische Anspielung allegorisierenden Einschlags statt durch botanisch-zoologische Metaphorik, von vornherein mythische Atmosphäre, die sich durch den Erzähleingang, wie distanzierend er auch gemeint sein mag,[51] sofort verdichtet. Der Mythos emanzipiert sich an programmatischer Stelle von der Verfremdung:[52]

»Danae läßt sich von Cook und vom Italienischen Staatsverband für den Fremdenverkehr wohl führen; doch Lust empfindet sie nicht. So hebt sie auch nicht ihr Kleid, den Gott zu empfangen. Perseus wird nicht geboren. Die Meduse behält ihr Haupt und richtet sich bürgerlich ein. Und Jupiter? Weilt er, ein kleiner Pensionär, unter uns Sterblichen? Ist er vielleicht der alte Herr in der American-Express-Gesellschaft, der Betreute des Deutsch-Europäischen Reisebüros? Oder haust er hinter Mauern am Stadtrand, in die Irrenanstalt gesperrt und von neugierigen Psychiatern analysiert, in die Gefängnisse des Staates geworfen?« (419).

Entsprechend dieser unmittelbar einsetzenden Mythisierung beteuert schon das aus Dantes »Inferno« bezogene Motto des Romans die Unveränderlichkeit des »wahren«, von Koeppen allerdings als böse begriffenen Menschen: »il mal seme d'Adamo«. Kennzeichnend für die naturhaft-mythische Konzeption des Werkes ist eine scheinbar beiläufige Satzgruppe über die Sonne in Rom, die nur vordergründig das Verändernde des Geschichtsverlaufs zum Ausdruck bringt. »Die Sonne war ein Gott, und sie hatte viele Götter stürzen sehen; wärmend, strahlend und kalt hatte sie die Götter stürzen sehen. Es war der Sonne gleichgültig, wem sie leuchtete.« (511). Am deutlichsten jedoch dokumentiert sich das Geschichts- und Gesellschaftsbild Koeppens, mag er sich auch ständig hinter seine Figuren zurückziehen, in der allegorischen Rahmung des Romans, bei der das zoologische Moment stark zur Gel-

tung kommt: Dem Katzen-Tableau zu Beginn, in dem der Kater Benito (!) für den ehemaligen SS-General Judejahn und die schwache und verlorene »schweifschlagende mauzende Meute« (424) der römischen Katzen, die sich um dürftiges Futter balgt, für fast alle übrigen Personen stehen, korrespondiert gegen Schluß des Buches das für sich sprechende Gleichnis vom Esel, dem ein Bündel Heu an einer Stange vorgehalten wird, damit er den Wagen zieht:
»[...] der Esel zog den Wagen. Er meinte, das Gefährt himmelwärts zu ziehen, und bald würde das Paradies kommen, ohne Eselslast, mit ewig grüner Weide und den Raubtieren als freundlichen Spielgefährten. Aber allmählich merkte der Esel, daß der Himmel nicht näher kam, er wurde müde, und das Heu der Religion lockte ihn nicht mehr, tapfer voranzuschreiten. Und damit der Wagen nicht stehenbleibe, hat man den Hunger des Esels auf ein irdisches Paradies gelenkt, auf einen Sozialpark, in dem alle Esel die gleichen Rechte haben werden, in dem die Peitsche abgeschafft, die Last geringer, die Versorgung besser wird, aber auch der Weg zu diesem Garten Eden ist lang, das Ziel rückt nicht näher, und der Esel wird wieder bockig. Zum Glück hat man ihm immer Scheuklappen angelegt, damit er nicht merkt, daß es nie voran, sondern immer im Kreis geht, daß er keinen Wagen, sondern ein Karussell bewegt, und vielleicht sind wir eine Belustigung auf einem Festplatz der Götter, und die Götter haben nach ihrem Fest vergessen, das Karussell abzubauen, und der Esel dreht es noch immer, nur die Götter erinnern sich nicht mehr an uns.« (581 f.).

Verstärkt am *Tod in Rom* ist deutlich geworden, daß sich Koeppen überkommener Mythologeme als Indizien und zur Evokation des Mythischen im modernen Sinne bedient.[53] Nach Ziolkowskis geistesgeschichtlich fundierter These schließen sich Mythologie als das Wissen von historischen Mythen und Mythophilie als die mehr oder weniger irrationale Hinwendung zum lebendigen Mythos aus. Doch bereits für Wagner, der den urdeutschen Mythos hinter der mythologisch konstruierten Oberfläche der mittelalterlichen Dichtung erblickte, zeigt er die mögliche Vermittlung zwischen ideeller Substanz und Erscheinungsform auf. Ähnlich wie bei der altdeutschen Literatur in Wagners Sicht liegt der Fall bei Koeppens Nachkriegsromanen. Gewissermaßen unterhalb der überreichlich in die drei Werke integrierten Mythologeme wird ›der‹ Mythos sichtbar, läßt sich die mythische Anschauungsweise des Autors fassen. In grober Analogie zu Ernst Bertrams Nietzsche-›Mythologie‹ kann man in Koeppens synkretistischer Mythologie die artistische »Systematisierung eines [...] verselbständigten modernen Mythos«[54] erblicken; es scheint, als habe sich das »zu spät verwirklichte Stilexperiment«, sofern es den charakteristischen Gebrauch der Mythologeme betrifft, als notwendig erwiesen. Zwar trennt Ziolkowski zu Recht den vitalen Mythos von der konventionellen Mythologie mit dem auf die gängige botanische Metaphorik abhebenden Hinweis, daß »mythologische Figuren wie Siegfried oder Dionysos [...] weder ›blühen‹ noch ›Frucht‹ tragen« könnten.[55] Ein absolutes Kriterium zur Trennung von Mythologie und Mythophilie im Sprachlichen ist damit nicht gefunden. Allein schon die massive Häufung von Mythologemen als künstlerischen Gestaltungsmitteln kann den – ohnehin »nur in und mittels der Sprache« existenten[56] – Mythos signalisieren, wenn jenen Mythologemen obendrein in der Regel die ironische Brechung fehlt. Sind nach Ziolkowski die meisten neueren Dichtungen mit Mythologemen auf Grund von deren bewußter Brechung mythologisch, nicht aber mythisch, so ist Koeppens Nachkriegswerk einmal mehr als mythisch zu klassifizieren, zumal Ironie »einen gewissen Grad von Bewußtsein und Erkenntnis«[57] voraussetzt, den – recht verstanden – der Skeptiker Koeppen aus den eingangs dargelegten Gründen nie erreichen kann. Ironie, die »über den Dingen schwebt und auf sie herablächelt«,[58] also im Sinne des Koeppen sonst durchaus als Orientierung dienenden Thomas Mann, der mit ihrer Hilfe den Mythos zu beherrschen lernte, ist Koeppen fremd. Horst Bienek stellt Ironie nur, und auch das wäre zu überprüfen, für die *Unglückliche Liebe* fest, während die Nachkriegsromane vom Zorn geprägt seien.[59] Die ironische Behandlung von Mythologemen, die Ziolkowski in Döblins *Berlin Alexanderplatz* herausstellt,[60] sucht man vergeblich beim Einsatz von Mythologemen gerade in dem Werk, das sich am stärksten an jenem Muster orientiert, den *Tauben im Gras*.

Geradezu programmatisch setzt der Roman mit dem Umschlag von (Natur-)Geschichte in Mythologem-Anklänge ein, um ernsthaft aktuelle Probleme der weltweiten Ölpolitik des Jahres 1951 zu vermitteln:

»Öl aus den Adern der Erde, Steinöl, Quallenblut, Fett der Saurier, Panzer der Echsen, das Grün der Farnwälder, die Riesenschachtelhalme, versunkene Natur, Zeit vor dem Menschen, vergrabenes Erbe, von Zwergen bewacht, geizig, zauberkundig und böse, die Sagen, die Märchen, der Teufelsschatz: er wurde ans Licht geholt, er wurde dienstbar gemacht.« (11).[61]

Der Mythisierung dienen weiterhin ohne jede ironische Distanzierung verwendete Namen von Figuren – auf Grund des Ungewöhnlichen und Antiquierten auch dort, wo sie von historischen Personen entliehen sind: Emilia; Messalina, »die schlafende Gorgo« (13); Alexander, Philipp, Odysseus. »[...] nicht Historie Wirtschaft«, heißt es in zaghaftem Ansatz zu nichtmythischer Begrifflichkeit, »nicht die verwirrte Klio Mercurius mit dem gefüllten Beutel beherrschte die Szene« (113)[62] Münchens, der Stadt, die wie die sündigen Städte des biblischen Mythos »mit Feuer gestraft worden und mit Zerschmetterung ihrer Mauern« und dem »Sturz in die Ungeschichte« knapp entgangen war, nachdem sie »das abgeschlagene Haupt der Medusa gesehen« hatte (112). Zusammen mit Wind und Regen schlagen die »Flügel der Erinnyen« (17) jedoch erneut gegen die Fenster – womit das die drei Romane durchziehende mythosaffine Rachemotiv erstmals anklingt. Die im Roman geschilderte Gegenwart wird zur »Wendezeit, Schicksalszeit« (93 f.) erklärt, in der Schurken als »Wühlmäuse des Schicksals« (22) tätig werden; die gesamte Erzählung konstituiert sich – mit ihren eigenen Worten – zum »Mikrokosmos der Unterwelt« (38). Im engeren Sinn strukturiert die *sightseeing tour* des Odysseus Cotton, dessen Naturhaftigkeit gleichzeitig den »nie geschlagenen, [...] uralten Wälder[n]« (31)

gleichgesetzt wird, das Werk als Odyssee. Diese Konzeption, die dem Leser durch stereotype Erinnerung zu Bewußtsein gebracht wird, läßt die Funktion der Huldigung an den von Koeppen verehrten *Ulysses* zurücktreten und gewinnt erheblichen Anteil an der Mythisierung der *Tauben im Gras.* Vor seinem mythischen Geschichts- und Gesellschaftsbild bleibt es nicht nur spielerischer Gestus, wird es vielmehr Symbol der erzählten Welt, wenn Koeppen die vier den Kosmos aufbauenden Elemente des vorwissenschaftlichen Zeitalters beim Tändeln Emilias mit den »Götteraugen und [...] Tierseelen der Farbsteine« bemüht: »Der Rubin ist das Feuer die Flamme, der Diamant das Wasser der Quell die Welle, der Saphir die Luft und der Himmel, und der grüne Smaragd ist die Erde, das Grün der grünenden Erde, das Grün der Wiesen und der Wälder.« (162). Der der Frage nach der Bedeutung der Welt für den Menschen gleichzusetzende, ebenfalls aus den vier klassischen Elementen zusammengesetzte Ausruf im *Tod in Rom:* »was war für uns die Luft, was bedeutete uns Wasser, Erde und Himmel!« (501) belegt, wie sehr Koeppen an diesen aufschlußreichen Formulierungen gelegen ist. – Odysseus Cotton gerät daher zur Geisterbannung, was – obgleich naiver – Akt der Aufklärung sein soll: »Odysseus streichelte eine gotische Dämonenfratze des Turmvorsprunges, eine Steinfigur des Mittelalters, das die Teufel auf die Türme verbannte, und Odysseus holte einen Rotstift aus seiner Jacke und schrieb quer über den Dämonenleib stolz seinen Namenszug« (120). So ist es nicht unmotiviert, daß ihn der Dienstmann Josef in einer Traumvision als »schwarzen Teufel« (141) erblickt. Wörtlich trifft damit Koeppens Aussage zu, er habe beim Entwurf der *Tauben im Gras* ein Pandämonium im Sinn gehabt; die von ihm im Roman angesprochene faktische Folge des nationalsozialistischen Regimes und des Weltkrieges, den Sturz in die »Ungeschichte«, leistet er als Autor für seine fiktionale Welt – »Ungeschichte«, Entfernung aus der Geschichte indessen begriffen nicht als Vernichtung, sondern als Entrückung ins Mythische. Koeppens Kommentar zu seiner Bemerkung über die Pandämonie der *Tauben im Gras:* »Ich sehe die Welt pandämonisch«,[63] umfaßt in seiner generalisierenden Art auch die anderen Romane.

Für Keetenheuve, um kurz das *Treibhaus* aufzugreifen, hatte der Teufel ganz einfach »jede soziale Gemeinschaft geholt und hielt sie fest in seinen Krallen« (338). Sinnbild des Wirklichkeitserlebens dieser Figur überhaupt ist jene die mythische Welt »der Hexen Macbeth'« (365) aktualisierende Erinnerung an einen regnerisch-nebligen Novembertag in London nach der Flucht aus Deutschland:
»Die Hexen waren mit den Nebelbänken in die Stadt gereist, sie hockten auf den Dächern und Traufen, sie hatten ein Rendezvous mit dem Seewind, sie besichtigten London, sie pißten in die alten Viertel, und dann heulten sie geil auf, wenn der Sturm sie stieß, wenn er sie ins Wolkenbett warf, sie durchschüttelte, sie toll und lüstern umfing.« (365).
Die Szenerie steigert sich zur schaurigen Groteske, als die Heilsarmee »aus Nebel und Nässe, aus Torfrauch, Sturm und Hexensabbath« (366) auftaucht, um »die Dämonen zu bannen und die Nichtigkeit des Menschen zu leugnen« (366). »[...] da

standen sie und riefen, bliesen und paukten ihr *Lobet den Herrn*, und die Hexen lachten weiter, hielten sich den Wolkenbauch, pißten und legten sich vor dem Wind auf den Rücken. Gelbe graue schwarze moorgeschwängerte schwellende wollust-wehe Hexenschenkel, Hexenbäuche waren der sturmgerüttelte wolkige Himmel über dem schmutzigen Square zwischen den Docks.« (366).

Mit dieser mythisch-irrationalen Erlebnisweise muß sich Keetenheuve als der, frei-lich erfolglose, Jäger des Minotaurus begreifen. Das im Roman leitmotivisch auf-genommene, ins Negative gewendete Theseus-Mythologem ist nicht nur Sinnbild für den im Labyrinth der Politik herumirrenden Keetenheuve; er *wird* geradezu vor sich selbst und in den Augen anderer zum »Theseus der den Minotaurus nicht erschlagen hat« (400). Die von Keetenheuve imaginierte Unterredung zwischen ihm selbst, Hitler, Chamberlain und Stendhal am Ende des III. Teils des *Treib-hauses* deckt weniger historische Zusammenhänge auf, als daß sie zur Allegorie des Ahistorisch-Mythischen gerät. Insofern handelt es sich nicht um eine ironische Schutzaussage, wenn die Vorbemerkung des Romans betont, das Tagesgeschehen, insbesondere das politische, habe nur einen »Katalysator für die Imagination des Verfassers« abgegeben, das Werk habe »seine eigene poetische Wahrheit« (236). Das Spezifische der poetischen Wahrheit des Buches liegt im Mythischen, in der Tat »jenseits der Bezüge von Menschen, Organisationen und Geschehnissen unserer Gegenwart« (236). Der naturhaft-mythische Gehalt des Romans verdichtet sich bis zum Komischen in der von der Treibhausatmosphäre der Umwelt inspirierten Erwägung des Politikers Keetenheuve: »*Keetenheuve der große parlamentarische Landregen*« (400).

Im *Tod in Rom* wird Judejahn, der Rächer (vgl. S. 448), sofort in die Mythisie-rung des Geschehens einbezogen. Ihn umgibt von vornherein die Aura des Mythi-schen, das sich auch hier aus der Verschränkung von Mythologemen verschieden-artigster Herkunft konstituiert: »Ein großes Automobil, lackglänzend, schwarz, geräuschlosen Getriebes, ein funkelnder dunkler Sarg, spiegelblank und undurch-sichtig die Fenster, war vor dem Pantheon vorgefahren. Der Wagen sah wie ein Gesandtschaftsauto aus, der Botschafter Plutos, der Minister der Hölle oder des Mars mochte drinnen auf schwellenden Polstern sitzen« (427 f.).[64] Das von Koeppen selbst monierte »wohlgedrechselte Wort« scheint hier geradezu die Faszination durch ›das Böse‹ auszudrücken, das es seinerseits potenziert be-schwört. Die Metaphorik hebt sich als solche auf, und Koeppen mit der »ihm ge-schenkte[n] Gnade« (Preis-Rede. S. 122) gerät in Gefahr, nolens volens mitzu-schaffen am »Konditortempel der Kunst, aus süßer Masse allegorisch ideal ge-formt« (572). Von seinen Figuren sind es zwar nur die Pfaffraths außer Siegfried, die an diesen Tempel glauben. Doch bezeichnenderweise teilt die aus der Sicht des Autors positivste Gestalt, Kürenberg – immerhin »der alte und der neue Mensch« (459) schlechthin –, im Grunde solche Anschauungen. Danach ist nicht die Musik, auf welche Weise immer, für die Gesellschaft da, sondern umgekehrt: »Die Gesellschaft hatte für ihn eine Funktion, sie hatte das Märchenschloß der Musik zu unterhalten, den magischen Tempel der Töne karyatidengleich zu stützen« (565). Die »allegorisch-ideale Formung« des Romans,[65] eine wesentliche Komponente bei der Evokation des Mythischen in ihm, zeigt sich von allem Anfang an in der vom Titel mitgemeinten Allegorisierung Judejahns. Als Personifikation des Todes tendiert er stark ins Überzeitliche und ist folgerichtig staatlicher Justiz entzogen, was gesellschaftskritische Impulse ins Leere zielen läßt. »Aasgeruch umwehte ihn, er selber war ein Tod, ein brutaler, ein gemeiner, ein plumper und einfallsloser Tod« (428). Die Gestalt hätte sich als Fehlgriff erwiesen, sofern an ihr nicht nur das Wiedererstarken des Faschismus, sondern auch die Möglichkeit seiner Bekämpfung hätte demonstriert werden sollen. Judejahn erscheint denn auch als eine Art Naturmacht, die sich allenfalls selbst aufheben kann. Aber auch von Ilse Kürenberg, Judejahns Gegenspielerin, heißt es, nur scheinbar durch die Verlagerung in die Traumvision entmythisiert: »Ilse träumte, sie sei die Eumenide, die schlafende Eumenide, die besänftigend die Wohlwollende genannte, die Rachegöttin« (433). In der Polarisation beider Hauptgestalten ist das ganze Romangeschehen, und mit ihm alle seine Personen, in das Fluidum des Mythischen getaucht, wie sich – um im Bild zu bleiben – Siegfried beim Bad im Tiber in die »feuchte, umschlingende Umarmung des mythischen Elements« begibt (544). Wirklich kann dieses rituelle Erlebnis Siegfrieds, das ihm kurze euphorische Erquickung des Vergessens schenkt, als Struktursymbol des Werkes, als Sinnbild der Lebensform aller seiner Figuren begriffen werden. Jede auf ihre Weise – am sinnfälligsten, weil groteskesten Eva Judejahn – verschafft sich durch ›Eintauchen‹ in die Irrationalität des Mythischen betäubende Illusion, die indessen nicht anhält. Adäquat endet der *Tod in Rom* gleichsam mit einer Götterdämmerung; ins Mythische entrückte Figuren töten sich gewissermaßen gegenseitig. Die »nordische Erynnie« (559) Eva Judejahn, die buchstäblich im Mythos lebt, »des Gatten Heimgang nach Wallhall [. . .] gewiß« (566), triumphiert.

Wo ein »Irrgarten der Historie«, »blindes Walten der Geschichte« (440) angenommen wird, muß der Tod als letzter und einziger, ins Mythische erhobener Wert erscheinen. Der ganze Roman – auch diesen Aspekt deckt der Titel ab – ist die gestaltete Philosophie eines solchen Todesbegriffs. Sie wird zunächst einmal von Gottlieb Judejahn vorgetragen:

»Die Macht war der Tod. Der Tod war der einzige Allmächtige. Judejahn hatte es hingenommen, er war nicht erschrocken, denn der kleine Gottlieb hatte es immer schon geahnt, daß es nur diese eine Macht gab, den Tod, und nur eine wirkliche Machtübung, nur eins, was Klarheit schuf: das Töten. Es gab kein Auferstehen. Judejahn hatte dem Tod gedient. Er hatte ihn reich beliefert. Das entfernte ihn von den Bürgern, von den Italienschwärmern und Schlachtfeldreisenden; sie besaßen nichts, sie hatten nichts außer dem Nichts, saßen fett im Nichts, stiegen auf im Nichts, bis sie endgültig in das Nichts eingingen, ein Teil von ihm wurden, wie sie es immer schon gewesen waren. Aber er, Judejahn, er hatte seinen Tod, den hielt er fest« (471).

Doch auch sein Gegner Siegfried vertritt diese Denkart, der der Schritt von der subjektiven Einsicht in die gleichbleibende Sinnlosigkeit der Geschichte zur klaren Erkenntnis konkreter geschichtsbildender Gesellschaftszusammenhänge verwehrt ist;[66] für die auch die Arbeiter immer mitmarschieren, »wenn es zur Schlacht geht« (509). So findet sich in Siegfrieds Musik, »in all ihrer Zerfahrenheit ein Schicksalsbild und damit unabänderlich« (431), nach Ilse Kürenbergs Verständnis »zu viel Tod [...], und ein Tod ohne den heiteren Todesreigen auf antiken Sarkophagen.« Seine Musik, deren erste Komposition schon »Variationen über den Tod und die Farbe des Oleanders« (421) betitelt war, ist »perverse Hingabe an den Tod« (571). Wenn vom Zeugungsakt, der dem Tod gleichgesetzt wird, bis zur gesamten Menschheitsgeschichte, deren »letzte Weihe« (476) der Tod darstelle, ostentativ alles unter dem Aspekt des Todes gesehen ist, wird der Roman selbst – nihilistische Antwort auf den Nihilismus – zum Mythos des Todes.[67]

Vor der Verabsolutierung des Todes bleiben die Söhne Judejahns und Pfaffraths – »ein deutscher Priester und ein deutscher Mystiker, denn auch in Siegfrieds Symphonie war trotz aller Modernität ein mystisches Drängen, eine mystische Weltempfindung« (570) – ohne Ziel für ihr Leben. Im entscheidenden Gespräch zwischen Siegfried und Adolf wird die Restauration des Faschismus in Deutschland thematisiert. Der Priester sucht den Komponisten zur Bekämpfung der verhängnisvollen Entwicklung zu ermuntern; das Mittel dazu sei die Veränderung des Menschen. Apodiktisch entgegnet Siegfried: »›Sie sind nicht zu ändern.‹« (551). Auch die Kirche habe es seit zwei Jahrtausenden vergeblich versucht. Der Gedanke an den Kampf für eine neue Lebensweise »trotz allem Anschein der Aussichtslosigkeit« (552) erstirbt sogleich in der »uralte[n] Angst«, der »Furcht vor dem Dasein« (420), die in Siegfrieds Musik zum Ausdruck kommt. Insbesondere fügt sich Siegfried dem noch entkräfteten, doch erstarkenden »nationalistische[n] Gott« (551) und gibt damit bis in den Sprachgebrauch hinein die gleiche mythische Sehweise zu erkennen wie sein Onkel Judejahn, der sich auf Hitler als die »dräuenden Wolken des Verhängnisses« (496) bezieht. Die entmythisierende Verächtlichmachung, die der Erzähler-Autor für eben jenen Hitler anstrebt – er charakterisiert ihn als »des Teufels auserwähltes Werkzeug, eine magische Null, eine Schimäre des Volkes, eine Luftblase, die schließlich platzte« (457) –, wirkt unglaubwürdig, weil sie gerade umgekehrt unversehens zur Mythisierung beiträgt. Unfreiwillige, desto verräterischere Mythisierung zeigt sich entsprechend sehr klar an Siegfrieds Reflexion über seine Kunst, in der man versucht ist, das Wort Musik durch das Wort Literatur nach Koeppens Begriff zu ersetzen:

»Die Musik war nicht dazu da, die Menschen zu ändern, aber sie stand in Korrespondenz mit der gleichfalls geheimnisvollen Macht der Zeit, und so konnte sie vielleicht mit der Zeit zu großen Veränderungen beitragen, aber was ist in der Zeit ein Jahrhundert, was ein Jahrtausend« (552).

Das letzte Werk der sogenannten Trilogie ist ein durch und durch mythischer Roman,[68] obwohl es Koeppen offensichtlich nicht zuletzt als realistisch-psychologischen Roman konzipiert hat. Doch die Fundierung der Denk- und Handlungsweise Gottlieb Judejahns in seinen Kindheitserfahrungen mit dem prügelnden Vater – zumindest in ihrer Verabsolutierung ihrerseits schon wieder eine Annäherung an die Mythisierung – bildet kein ausreichendes Gegengewicht, wirkt eher als Zutat. Selbst die Distanzierungen vom Mythischen, etwa in der Form seiner satirischen Thematisierung, die der Verfasser wohl in der Erkenntnis der Dominanz dieses Elementes im Roman vornimmt, wirken verstärkend statt mindernd. Die betonte Leugnung von Geistern und Teufel durch Judejahn und seinen Sohn beispielsweise beschwört dialektisch jene Vorstellungen in der Fiktion herauf. Gerade in der Ablehnung der Gesinnung des deutschnationalen Bürgertums tritt Judejahns Verhaftetsein im Mythos der zwanziger und dreißiger Jahre besonders deutlich zutage. Er durchschaut angewidert – Auseinandersetzung des Autors mit sich selbst in kaschierender Brechung? – »die Phrase ihrer Nietzschedeutung [...], und Phrase, an der sie sich berauschten, war ihnen selbst Führerwort und Rosenbergmythus, während sie für Judejahn Aufruf zur Tat gewesen waren« (470). Auch gelingt Koeppen die ironische Relativierung des Mythischen nicht durch die Überzeichnung der Eva Judejahn, die als »Wahrerin des Mythus des 20. Jahrhunderts« (543), die »Schuld der Heilsüberlebung« (518) tragend, nach dem Zusammenbruch weiter durchhält:

»[...] sie konnte ihnen nicht erklären, daß ihr und Judejahns Ehebund so eng mit dem Dritten Reich verknüpft war und nur in diesem Glauben bestanden, nur aus diesem Quell sich genährt hatte, daß er nun aufgelöst war, daß der Bund sich von selbst gelöst hatte, als Hitler starb, als das Reich verging und fremde Soldaten auf deutschem Boden der Vorsehung und Zukunftsschau des Führers spotteten. Wer das nicht begriff und wem es nicht unvorstellbar war, daß man anders es sehen und denken mochte, dem war es nicht mitzuteilen, und man schwieg besser und schändete nicht den eigenen Gram.« (518).

Eva Judejahn bleibt im Gegenteil die »schlafende zürnende Norne« (506), die erheblich dazu beiträgt, den *Tod in Rom* auch zum Roman pervertierter Rache zu machen.

Schon im Erstlingsroman *Eine unglückliche Liebe* hat Stephan Reinhardt eine mythisierende Tendenz erkannt. Das Werk setze durch seinen »unerfüllbaren Liebesbegriff, seinen blinden Schicksalsglauben und seine resignative Haltung Normen, die weniger aufklärerisch als mythisierend sind«.[69] Friedrichs Begriff vom »Schicksal [dem oft dämonischen und teuflischen, immer aber den Menschen vernichtenden, so oder so]« (54), bestätigt dieses Urteil. Aus dem Zusammenfall von Sterbedatum seines Vaters und Geburtstag der Geliebten Sibylle formt er sich, wie es heißt, ein Schicksal, »zu dem er nicht beten, wohl aber die Hände im Flehen und im Zorn emporstrecken konnte« (60). Seine Beziehung zu Sibylle empfindet er demgemäß als einen »Spießrutenlauf durch eine Teufelslandschaft [...]. Sie gingen beide verlegen ihren Weg, das Unheil beschirmte sie, die bösen Geister tanzten im Wind, sie waren zwei Sträflinge an eine Kette gebunden, wie auf der Flucht und schon ertappt eilten sie schneller ihren Weg.« (83 f.). Dieser mythische Grundtenor des Romans bestimmt die Gestaltung seiner Realität; nach Reich-Ranicki bieten die besten Kapitel »die wohl angestrebte überscharfe und überhelle Traumlandschaft, andere jedoch nur einen luftleeren Raum, in dem sich die Gefühle, Komplexe und Aktionen der Helden nicht mehr beglaubigen«[70] lassen. Nach allen Strukturmerkmalen besitzt das Erstwerk damit programmatische Bedeutung für das von Koeppen selbst wenigstens teilweise als Aufstau bezeichnete Nachkriegsschaffen. Die von Walter Jens festgestellte Kontinuität der Themen des Autors steht in dialektischer Ergänzung mit ihrer kontinuierlichen Mythisierung, über die ein oberflächlicher Realismus nicht hinwegtäuscht: Während Koeppen »im *Treibhaus* für wirkliche Gestalten einen geisterhaft wirkenden Hintergrund entworfen hatte, versucht er in *Tod in Rom*, geisterhaft wirkende Gestalten auf einen wirklichen Hintergrund zu projizieren«.[71] Die beispielsweise von Georg Bungter hervorgehobene Ringkomposition aller Nachkriegsromane bildet die werkstrukturelle Manifestation der in ihnen dargestellten Weltsicht des Schicksalhaft-Mythischen, des ewig, weil unabänderlich Wiederkehrenden. »Es war alles wieder da, die Zeit lief zurück« (348), heißt es mit allgemeingeschichtlichem Anspruch im *Treibhaus*. Koeppens Geschichts- und Gesellschaftsbild ist mythisch; aus seiner historischen Unentschiedenheit resultiert Enthistorisierung. Für ihn kann es nur eine »ewige Bastille« geben (Preis-Rede. S. 120), die »immer gewaltsamen Strickmuster der Göttin der Geschichte« (»Eine schöne Zeit der Not«, S. 38). Auch die Kritik am Phänomen eines speziellen historischen Mythos – so steht Eva Judejahn »umnachtet in Mythos, dem erschwindelten ertüftelten und geglaubten, den Urängsten preisgegeben« (442) – bewahrt, wie gerade aus dem Schluß dieses Zitates hervorgeht, den Autor nicht vor Evokation und Festigung des Mythischen. Er beschwört es vor allem durch die häufige Verwendung überkommener Mythologeme, die nicht zuletzt in der Kontamination mit Mythologem anderer Provenienz ihre historische Fixierung verlieren.

Es scheint, als komme eine zweite mögliche Funktion der mythologischen Zitate, die Parodie, die Dietrich Erlach sieht,[72] gerade nicht zur Geltung, als stelle sich bei den Figuren keineswegs die »Diskrepanz zwischen mythischem Urbild und heutiger Gestalt« (119) ein. Vielmehr ist der Mythos als »das ewig Wiederkehrende« in Koeppens Werk so stark ausgeprägt, daß er – wie Georg Bungter für die *Tauben im Gras* feststellt – »sich des Menschen bemächtigen und sich an die Stelle seines Selbst setzen kann«.[73] Auch Ernst-Peter Wieckenberg spricht von einem deutlichen »Gestus der Verweisung auf das Allgemeine und einst verbindlich Gewesene«,[74] bleibe er auch nach seiner Meinung wirkungslos. In der Integration von Mythologemen, zumal der synkretistischen, in das fiktionale Geschehen kommt eben doch die »Signatur einer Überformung der Romanhandlung durch den Mythos«[75] zustande, wenn man damit allerdings anders als Wieckenberg Ziolkowskis Mythosbegriff meint, der sich hauptsächlich in Koeppens Jugendjahren, aber auch mindestens als ›Atmosphärilie‹ in den Fünfzigern historisch fassen läßt.[76] Es paßt daher besonders gut in das mythische Gesamtbild, daß Jens Koeppens Helden mit einem astrologisch-naturphilosophischen Begriff als Saturnier erkennt,[77] zu denen man dann auch Woyzeck, »den armen Menschen schlechthin, dem nie eine Gemeinschaft helfen wird« (Preis-Rede. S. 117 f.), zu zählen hat. »[...] der älteste Planet«, sagt Jens von den Saturniern, »gab ihnen die Schwermut, und mit der Schwermut die Weisheit, gab ihnen Witz und Gedanken, und mit den Gedanken die Tränen. Alle, wie sie auch heißen, gehören jener ›geheimen Sozietät‹ an, ›so man die Melancholischen nennt‹«.[78] Die *Tauben im Gras* sind für Jens »eine Hölle aus saturnischer Sicht: aber welch eine wohlgeordnete Hölle!«[79] – eben ein »Bienenstock des Teufels«[80].

Für Koeppens Nachkriegsromane eine über die Perspektive der Figuren hinaus auf den Verfasser weisende mythische Weltsicht als Konsequenz einer grundsätzlichen persönlichen Unentschiedenheit festzustellen heißt zu erkennen, daß Koeppen kein politischer Autor ist! Mehr noch: Koeppen ist nie ein politischer Schriftsteller gewesen, weder in seinen Vorkriegs- noch in seinen Nachkriegsromanen.[81] Zwar läßt sich der Mythos einem politisch-ideologischen Programm dienstbar machen, wie man weiß, Politik ersetzen kann er nicht. So tut Koeppen auch für Wieckenberg »nicht den Schritt von der auratischen zur politischen Kunst«.[82] Der letzte Abschnitt der Allegorie »Melancholia« bringt in verschlüsselter Form das Eingeständnis, daß Koeppen aus dem Raum der Politik ausgesperrt worden ist, weil er einen zu hohen Preis für das Aufenthaltsrecht befürchtete. Bei dieser Beurteilung wird keineswegs übersehen oder geringgeschätzt, daß für den Verfasser der *Unglücklichen Liebe* nach Erscheinen des Werkes das Arbeitslager gefordert wurde, daß man ihn »undeutscher Tradition« bezichtigte, daß die Schließung des jüdischen Verlagshauses Cassirer durch die Nationalsozialisten den jungen Autor in beträchtliche Schwierigkeiten brachte und daß er andererseits keinerlei Zugeständnisse an das Regime machte. Der Einwand wäre selbstgerecht, anmaßend und billig, daß schon von der privaten Motivation des den Debütanten völlig absorbierenden Erstlings her ein Zugeständnis an die neuen Machthaber kaum möglich war, Koeppen, ganz mit sich selbst beschäftigt und in die im Roman behandelte Problematik verstrickt, mehr oder weniger unvermerkt in die neue Politik hineingeriet und sich von der bewußt nicht herausgeforderten Reaktion gegen ihn überrascht sah. Man muß Koeppen vielmehr seine Auffassung bestätigen, daß die Veröffentlichung des Werkes nach der Machtübernahme durch die Nationalsozialisten Mut verlangte. Und Gelegenheit zu irgendeiner Ergebenheitsbezeugung hätte sich noch in letzter Minute finden lassen. Aber dann hätte auch Gelegenheit zum Protest, zur Kampfansage bestanden; und es gibt so etwas wie Mut aus Naivität. Weniger also die eigene Initiative als die Umstände machten Koeppen, nachträglich, zum politischen Autor, und zwar gerade um seines apolitischen »Dritten

Weges« willen, der in seiner künstlerischen Manifestation plötzlich von den neuen Wortführern als undeutsches Schreiben gebrandmarkt wurde. Die Intentionalität der politischen Autorschaft für die Folgezeit recht zu glauben erschwert der Umstand, daß Koeppen seinen zeitweiligen Aufenthalt in den Niederlanden nicht deutlich genug zur Emigration erklärt, erschwert die Tatsache der offenbar unbeeinträchtigten Veröffentlichung eines zweiten Romans 1935 und seiner Neuauflage 1939[83] in Deutschland und erschwert schließlich Koeppens Weigerung, über seine literarische Tätigkeit während der gesamten Anfangszeit Auskunft zu geben.

Konsequenterweise ist der erste nach dem Kriege entstandene Roman als Erzählung von »Schicksal, Angst, Zweifel, Vergangenheit und Aussichtslosigkeit« (204) kein politischer, sondern ein existentialistisch-anthropologisch ausgerichteter und damit mythischer Roman. »[...] weit ist die Welt und frei ist die Welt, und böse ist die Welt und Haß ist in der Welt, und voller Gewalt ist die Welt, warum? weil alle sich fürchten« (66), urteilt Washington Price. Heißt es zu Beginn der *Tauben im Gras* in bitterer Montage:

»Eisenhower inspiziert in Bundesrepublik, Wehrbeitrag gefordert, Adenauer gegen Neutralisierung, Konferenz in Sackgasse, Vertriebene klagen an, Millionen Zwangsarbeiter, Deutschland größtes Infanteriepotential. Die Illustrierten lebten von den Erinnerungen der Flieger und Feldherren, den Beichten der strammen Mitläufer, den Memoiren der Tapferen, der Aufrechten, Unschuldigen, Überraschten, Übertölpelten« (12),

so liegt, stilistisches Äquivalent des Mythischen, lediglich die Koeppensche Variante des seit Adorno bekannten »Realismus aus Realitätsverlust« vor.[84] Es scheint, als gebe der Autor in seinem »Unlauteren Geschäftsbericht« selbst einen Hinweis auf diesen Sachverhalt: Hiobs Klage, eine Art Tagebuch ähnlich seinem eigenen Werk, verzichte, »wie alle späteren Zeugnisse der gleich ihm Bewegten, auf ein jedermann erkennbares Abbild des Ortes und der geschichtlichen Stunde. Hiob bietet kein Protokoll sozialer und politischer Gegebenheiten« (9). Ist es demnach Koeppen gar nicht um die Darstellung der Zeitgeschichte zu tun – die Vorbemerkung zum *Treibhaus* bestätigt es –, so geraten paradoxerweise die bis ins Akribische gehende gesellschaftlich-topographische Authentizität und die Konkretheit der Schilderung in seinen Romanen in den Sog des Mythischen. Die Anonymität der nichtsdestoweniger identifizierbaren Stadt München in den *Tauben im Gras* – mag sich dieses Stilistikum auch zusätzlich literarhistorisch ableiten lassen[85] – ist hierfür Indiz. Damit entfällt das Substrat für politische Wirkabsicht und tatsächliche Wirkung. An der Vorkriegs- und Nachkriegwerk verbindenden Nahtstelle steht entsprechend die andere, nicht wörtlich genug zu nehmende Selbstcharakteristik Philipp–Koeppens:

»[...] ich verabscheue die Gewalt, ich verabscheue die Unterdrückung, ist das Kommunismus? ich weiß es nicht, die Gesellschaftswissenschaft: Hegel Marx die Dialektik die marxistisch-materialistische Dialektik – nie begriffen, Gefühlskommunist: immer auf der Seite der Armen sinnlos empört, Spartakus Jesus Thomas Münzer Max Hölz, was wollten sie? gut sein, was geschah? man tötete sie, kämpfte ich in Spanien? mir schlug die Stunde nicht, ich drückte mich durch die Diktatur, ich haßte aber leise, ich haßte aber in meiner Kammer, ich flüsterte aber mit Gleichgesinnten, Burckhardt sagte mit Leuten seiner Art sei kein Staat zu machen, sympathisch, aber mit Leuten dieser Art ist auch kein Staat zu stürzen, keine Hoffnung, für mich nicht mehr [...]« (157).[86] Deutlicher könnte das Eingeständnis Koeppens, völlig unpolitisch zu sein, nicht ausfallen.

Sofern überdies nach dem von ihm gelegentlich herangezogenen Bismarck Entrüstung nicht als Politik betrachtet werden kann, ist Koeppen um so weniger als politischer Schriftsteller zu klassifizieren. Der Humanist Wolfgang Koeppen ist vornehmlich Moralist. Zorn und Mitleid sind die Motive seines ›Engagements‹; beide Gefühle bringen ihn nicht in Widerspruch zu seiner Beobachter-Existenz. »Ich vermute«, analysiert sich Koeppen selbst, »daß einer Schriftsteller wird [...] aus einem Leid an der Welt, aus einem Unbefriedigtsein heraus. Das ist sicher viel zu wenig gesagt, ich weiß, ich weiß. Zorn gehört noch dazu, auch anderes.«[87] Eines der Motti des *Treibhauses*, eine Zitation Harold Nicolsons, hebt die Empörung als Voraussetzung für »rechtschaffene Taten« hervor. Keetenheuve, dem es an Empörung nicht mangelt, führt indessen vor, daß er trotzdem nicht zur Tat gelangt. Das war eigentlich auch nicht zu erwarten, spricht doch dasselbe Motto davon – und die *Tauben im Gras* haben es generell schon vorweggenommen –, daß in der Politik »Hirne und Herzen der Menschen oft nur wie hilflose Hänflinge in der Schlinge flattern«.

Aus den theoretisch kaum fundierten Empfindungen des Zorns und des Mitleids heraus verkürzt sich dann für Koeppen die Problematik des Kapitalismus auf den »Heldenmut des einsamen Verlorenen«, der mit der Spielzeugpistole auf Bankraub geht.[88] Der Politiker Keetenheuve, der nach eigener Erkenntnis versagt, weil er denkt, statt zu handeln – »es war ewig, ewig das alte Lied« (241) –, protestiert gegen die Wiederbewaffnungsabsicht mit dem Entschluß, jede militärische Charge mit »Herr Oberförster« (314) anzureden.

Nur wer Koeppen als einen prinzipiell unpolitischen Autor begreift, erspart sich Mißdeutungen und Enttäuschungen, wie sie die Kritik immer wieder unnötig vorgenommen und erlitten hat. Weder ist er von einer vormals unpolitischen Position nach »links« gewandert, noch ist er von dort – eine unzutreffende Diagnose, zu der mit je verschiedener Wertung Kritiker gegensätzlichster Provenienz gelangen – nach »rechts« oder ins Unpolitische zurückgekehrt. Als Verfasser der Reisebücher ist Koeppen weder zum Revisionisten noch zum milden Bekehrten geworden; er ist einfach unpolitisch geblieben. Somit kann es aber einen »Fall Wolfgang Koeppen« in dem von Reich-Ranicki konstatierten Sinne nicht geben. Einen unpolitischen Dichter mit einer, anders als Reich-Ranicki meint, durch sein mythisches Weltverständnis erstickten »Aggressivität der gesellschaftskritischen Anklage«[89]

können weder Öffentlichkeit noch Kritik am politischen Wirken hindern. Einen seiner (politischen) Sache gewissen und selbstsicheren Autor hätte Kritik, auch Kritik, wie sie Koeppen in den fünfziger Jahren in der Bundesrepublik widerfuhr, nicht unbedingt zum Schweigen bringen müssen. Es scheint, als müßten die Gründe für die Einstellung des Romanschreibens hauptsächlich in der geistigen Konstitution einer unsicheren Persönlichkeit gesucht werden. Ein »Fall Wolfgang Koeppen« besteht allenfalls darin, daß man diesen Autor überhaupt zum politischen Autor erklärt hat.[90]

Sicherlich konnte diese unangemessene Klassifizierung nicht zustande kommen ohne zumindest passives Mitwirken des Betroffenen. Mag er sich auch wie sein Held Philipp gegen Vereinnahmung wehren, so ist er dabei nicht immer erfolgreich. Seine Labilität, für die seine überaus verbindliche Höflichkeit symptomatisch sein dürfte, macht Koeppen nämlich für ›Suggestionen‹ von außen anfällig und erklärt wohl seine strenge Zurückgezogenheit mit. Diese Anfälligkeit zeigt sich bis in die Mikrostrukturen von Gesprächen mit Interviewern hinein, ist jedoch auch an gravierenden Entscheidungssituationen in Koeppens Leben beobachtbar. In dieser Hinsicht am bezeichnendsten sind wohl die Modalitäten für den zweimaligen Ansatz seiner Schriftstellerei. War er nach eigener Aussage gleichsam in diesen Beruf hineingeschlittert, erfolgte offenbar auch der Neubeginn nach dem Kriege am allerwenigsten aus eigener Initiative. »Eines Tages«, erinnert sich Koeppen in der »Autobiographischen Skizze«,[91] »kam Henry Goverts, der Verleger, zu mir. Er fragte mich: Warum schreiben Sie nichts mehr? Da fragte auch ich mich, worauf ich all die Jahre gewartet hatte und warum ich Zeuge gewesen und am Leben geblieben war.« (68). Obwohl man diese Aussage – die ein Grundmuster für Koeppens Entscheidungsverhalten darstellt – wohl nicht ganz wörtlich nehmen darf, erhält sie um so mehr Gewicht, als sich Koeppen beim Untergang Berlins gelobt hatte, das Erlebte zu beschreiben.[92]

Für einen selbstsicheren Autor hätte es dieses Anstoßes von außen nicht bedurft, für einen politischen erst recht nicht. Koeppen folgte ihm denn auch nur bedingt; den spontanen Entschluß einer Thematisierung seiner Zeugenschaft unter der nationalsozialistischen Herrschaft realisierte der unpolitische Autor nicht unmittelbar. Daß er sich, gewissermaßen zum Ausgleich, den politischen Geschehnissen und Aspekten der Nachkriegsgegenwart literarisch stellte, mußte ihn aber in eine Art Selbstentfremdung und Überforderung geraten lassen. Die Einsicht in den unbefriedigenden Zustand konnte nicht lange auf sich warten lassen. Der geborene Beobachter Koeppen entwickelte sich, Ausdruck seines Leidens am falschen Sujet, zum gereizten Moralisten, dessen Bissigkeit und Bitterkeit noch durch die Enttäuschung des Ästheten über die Unzulänglichkeiten der Welt und durch das Ausbleiben eines durchschlagenden Erfolgs gesteigert wurden. Der Mangel an Ironie in seinem Werk dürfte sich von hier aus mit erklären. Zorn und Empörung über gesellschaftliche Mißstände kompensierten die Verstimmung des mit sich selbst nicht Identischen.

Als Schritte der Selbstverwirklichung boten sich theoretisch schon frühzeitig die Ablösung von qualvollen Entscheidungssituationen und von der Einflußnahme der Öffentlichkeit auf ihn, konkret die Aufgabe des ihm nicht gemäßen literarischen Gegenstandes der Politik an. Schon in der Büchner-Preis-Rede äußerte der Individualist Koeppen, wenngleich in anderem Zusammenhang, den aufschlußreichen Wunsch, unter einem Decknamen zu schreiben und der Welt zurufen zu können: »ach, wie gut, daß niemand weiß, daß ich Rumpelstilzchen heiß« (115). Eine Rumpelstilzchen-Rolle hätte nicht nur das Verbergen der Schriftstellertätigkeit ermöglicht, sondern auch vor unangemessenen inhaltlichen Ansprüchen bei ihrer Ausübung geschützt. Jenseits dieser Märchenutopie bot die Umsetzung der theoretischen Lösung in die Praxis Schwierigkeiten, wie es Philipps Versuch, mit dem ihm aufgedrungenen Kleister als Vertreter zurechtzukommen, schon in den *Tauben im Gras* allegorisch darstellt. Nur radikale Maßnahmen, dürfte Koeppen erkannt haben, versprachen Erfolg. In diesem Sinne ist der Verzicht auf einen weiteren ›politischen‹ Roman seit nunmehr zwei Jahrzehnten als Beitrag zur Befreiung von den Erwartungen anderer zu werten.[93] Man wird sich denen nicht voreilig anschließen dürfen, die es Koeppen ohne weiteres abnehmen, daß er seinen Reisebüchern, vielleicht wiederum unfrei, die Funktion von »Umwege[n] zum Roman«[94] zuerkannt hat. Es sei denn, der Romanbegriff würde neu bestimmt und nicht von vornherein als ein politischer definiert. Dem politisch Denkenden mögen die Reiseberichte als »Rückzug ins Unverbindliche« erscheinen; auf jeden Fall sind sie für Koeppen selbst nicht, wie Reich-Ranicki es sieht, Seitensprünge, die sich zu einem »Seitenpfad« oder gar zur »Sackgasse«[95] entwickelt hätten. Die Reisebücher sind zu begreifen als wichtige Etappen auf Koeppens langem Weg zur Selbstannahme, d. h. zum Verstummen, falls es nicht anders möglich ist. »Ich will noch sagen, was ich sagen möchte, und dies mehr für mich; es ist fast ein düsteres Selbstgespräch, wenn mir jemand zuhören sollte dabei, ist es mir recht«, erklärte er 1971.[96] Er bestätigte damals Linders Diagnose, daß sein »ganzes Werk aufs Schweigen, aufs Verstummen hin angelegt ist und daß das heutige Schweigen des Schriftstellers Koeppen ein konsequenter Akt der Selbstverweigerung ist«.[97] Heißt Selbstverweigerung aber auch Selbstfindung, dann gerät die wiederholt vorgetragene These von der Resignation Koeppens ins Wanken. Resignieren kann nur, wer politisch sein *will*. Nur scheinbar ist es daher Ausdruck der Resignation, wenn der Autor im selben Gespräch äußerte: »Es ist so, ... daß ich ... jeden Glauben an eine Aktion verloren habe, also daß man mit Schreiben, mit Kritik, Satire irgendetwas ändern könnte«, wobei nicht bestritten werden soll, daß viele – und unter ihrem Einfluß eben Koeppen selbst – den nunmehr aufgegebenen Anspruch zuvor beim Wort genommen haben. Vielmehr entfernt sich Koeppen von der Position der Selbstverkennung und nähert sich der der unabhängigen Neubestimmung der Verpflichtung des Schriftstellers, wie immer man dazu stehen mag. Das lehrt sein Nachtrag zu obiger Äußerung: »[...] ich halte das auch immer weniger für die Aufgabe des Schriftstellers.«[98] In diesem Sinne kann Rasch darin zugestimmt werden, daß die Reisebücher »Zeugnisse der Entspannung« und Zwischenstationen zur Autobiographie seien.[99] Fraglich bleibt allerdings, ob Koeppen daran gelegen ist, mit seiner Autobiographie ein »Einzelschicksal transparent zu machen für das Zeitalter, das sich in ihm ausprägt«.[100] Koeppen dürfte es unter Absage an alle ›Suggestionen‹ um Selbstverständigung und Selbstannahme gehen, die ihm das Dilemma ersparen sollen, in das sich Peter Weiss, nicht zuletzt dank der ›Suggestionen‹ von außen, mit der Aufgabe des »Dritten Standpunktes« gebracht hat. Ein solches Dilemma wäre für den unpolitischen Autor Koeppen in einer Zeit wachsender Politisierung aller Lebensbereiche, besonders der Literatur, und gesteigerter Theoriebewußtheit der Öffentlichkeit die unausweichliche Folge einer entgegengesetzten, politischen Entscheidung.

Man darf folglich gespannt sein, ob Koeppens Roman über den politischen Mord[101] oder ob etwas Autobiographisches als nächstes erscheint. Die vorgetragenen Überlegungen sprechen für letzteres, das dann vorrangig Selbstzeugnis sein wird, sollte es auch in der angekündigten Form politischer Akzentuierung oder in romanhafter Einkleidung erscheinen. Doch wird man sich in dieser Voraussage gern berichtigen lassen.

Anmerkungen

Zitiert wird, und zwar im laufenden Text und bei Eindeutigkeit nur mit Seitenangabe, nach der einbändigen Sonderausgabe der drei Nachkriegsromane: Wolfgang Koeppen, *Tauben im Gras. Das Treibhaus. Der Tod in Rom.* Stuttgart 1969. Analog wird bei Zitaten aus anderen Texten des Autors verfahren.

1. Bis zu einem gewissen Grade lasse jeder Schriftsteller Bücher aus seinem Leben entstehen, bestätigt Koeppen in allgemeiner Form diesen Befund; »seine Werke sind eine Art fortlaufender Biographie« (zitiert bei: Christian Linder, »Schreiben als Zustand. Ein Gespräch mit Wolfgang Koeppen«. In: *Text + Kritik* 34. [1972]. »Wolfgang Koeppen«. S. 17). »Das Tagebuch des modernen Autors«, heißt es in Koeppens »Unlauterem Geschäftsbericht«, »ist sein Werk, sein Œuvre; es ist alles, was der Autor geschrieben, was er zu bieten, was er gelebt hat. Dostojewski war auch Raskolnikoff« (Wolfgang Koeppen: »Unlauterer Geschäftsbericht«. In: *Das Tagebuch und der moderne Autor* [Günther Anders u. a.]. Hrsg. von Uwe Schultz. München 1965. [prosa viva. 20.] S. 7).
2. Vgl. dazu Koeppens Geständnis in der Preis-Rede: »Nachdem ich mich Ihnen nun als einen Autor vorgestellt habe, der sich zum Schreiben und nicht zum Reden und nicht zur Podiumdarstellung eines Schriftstellers eignet, werden Sie mir hoffentlich glauben, wie sehr mich die Vorstellung peinigte, mich in die Scheinwerfer dieses Saales stellen zu sollen« (115).
3. Vgl. auch Koeppens Anspruch: »[...] jede Zeile, die ich schreibe, ist gegen den Krieg, gegen die Unterdrückung, die Unmenschlichkeit, die Herzlosigkeit, den Mord gestellt« (zitiert bei: Christian Linder, »Im Übergang zum Untergang. Über das Schweigen Wolfgang Koeppens«. In: *Akzente*, [Februar 1972]. H. 1. S. 60 f.).
4. Vgl. Marcel Reich-Ranicki: »Der Zeuge Koeppen«. In: M. R.-R., *Deutsche Literatur in West und Ost. Prosa seit 1945*. München 1963. S. 38.
5. Schon Peter Laemmle betont, daß das Abstrakte Koeppen nicht gemäß ist: »Am meisten verbindet ihn mit den Anarchisten die Abneigung gegen alles Abstrakte, Theoretische, Unsinnliche. [...] Bewußtsein setzt sich für ihn aus der Summe aller sinnlichen Wahrnehmungen zusammen« (Peter Laemmle: »Annäherung an die Wahrheit der Dinge«. Wolfgang Koeppens

Bildersprache zwischen Utopie und Resignation. In: *Text* + *Kritik*, 34 [1972]. »Wolfgang Koeppen«. S. 46). So sind es vor allem suggestiv-entfremdende Situationen, in denen sich Koeppen einem abstrakten Sprachgebrauch überläßt.

6. Vgl. Manfred Koch: *Wolfgang Koeppen. Literatur zwischen Nonkonformismus und Resignation.* Stuttgart, Berlin u. a. 1973. (Sprache und Literatur. 88.) S. 10 f.

7. zitiert bei: Horst Bienek, *Werkstattgespräche mit Schriftstellern.* München 1965. (dtv. 291.) S. 66.

8. zitiert bei: Linder, »Schreiben als Zustand« (= Anm. 1). S. 23.

9. Vgl. Koeppens Bemerkung über seine Fernsehgewohnheiten: »Was ich leidenschaftlich gern sehe, sind Werbesendungen. Die haben so etwas herrlich Entspannendes, und ich bin da wieder in der mir so angenehmen Situation des Ausländers: Ich habe dieses schöne Gefühl, daß ich all die Sachen, die da angeboten werden, gar nicht brauche« (zitiert bei: Linder, »Schreiben als Zustand« [= Anm. 1]. S. 27).

10. Die Antwort lautet, wodurch Siegfrieds Ähnlichkeit mit Koeppen einmal mehr offensichtlich ist: »Ich liebe Rom, weil ich ein Ausländer in Rom bin, und vielleicht möchte ich immer ein Ausländer sein, ein bewegter Zuschauer« (553).

11. Vgl. Reich-Ranicki (= Anm. 4). S. 35 f.

12. Vgl. Bienek (= Anm. 7). S. 58: »Ich geriet selber in Romansituationen und war nicht mehr, meinem Wesen gemäß, ein reiner Beobachter.«

13. zitiert bei: Linder, »Schreiben als Zustand« (= Anm. 1). S. 24.

14. Vgl. Wolfdietrich Rasch: »Wolfgang Koeppen«. In: *Deutsche Dichter der Gegenwart. Ihr Leben und Werk.* Unter Mitarbeit zahlreicher Fachgelehrter hrsg. von Benno von Wiese. Berlin 1973. S. 214.

15. Ebd. – Die Häufigkeit, mit der die Figuren des Paradoxes und des scheinbar nur artistischen Wortspiels vor allem in Koeppens jüngeren, direkter autobiographischen Schriften auftreten, ist ein stilistischer Reflex dieses Sachverhalts. Beispielsweise ist für Koeppen das Schreiben »ein schlimmer Zustand, ein schöner Zustand« (zitiert bei: Linder, »Schreiben als Zustand« [= Anm. 1]. S. 15).

16. Vgl. Rasch (= Anm. 14). S. 214. – Koeppens Erstlingsroman wird nach folgender Ausgabe zitiert: *Eine unglückliche Liebe.* Stuttgart 1960.

17. Rasch (= Anm. 14). S. 226.

18. Linder: »Schreiben als Zustand« (= Anm. 1). S. 21.

19. zitiert ebd., S. 21 f.

20. zitiert bei: Bienek (= Anm. 7). S. 57.

21. Vgl. Preis-Rede. S. 117.

22. Wolfgang Koeppen: »Ein Kaffeehaus«. In: *Atlas.* Zusammengestellt von deutschen Autoren. Mit 43 Figuren. Berlin 1965. S. 94.

23. Die folgenden Ausführungen zum Mythos der zwanziger Jahre einschließlich der Fremdzitate sind übernommen aus: Theodore Ziolkowski, »Der Hunger nach dem Mythos. Zur seelischen Gastronomie der Deutschen in den Zwanziger Jahren«. In: Reinhold Grimm u. Jost Hermand [Hrsg.], *Die sogenannten Zwanziger Jahre. First Wisconsin Workshop.* Bad Homburg v. d. H., Berlin u. Zürich 1970. (Schriften zur Literatur. 13.) S. 169–201.

24. ebd., S. 191.

25. Schon zwei Jahre vorher heißt es übereinstimmend bei Hugo von Hofmannsthal, *Die Ägyptische Helena:* »Denn wenn sie etwas ist, diese Gegenwart, so ist sie mythisch – ich weiß keinen anderen Ausdruck für eine Existenz, die sich vor so ungeheuren Horizonten vollzieht«.

26. zitiert bei: Linder, »Schreiben als Zustand« (= Anm. 1). S. 19.

27. Vgl. für den gesamtgeschichtlichen Bereich: Hermann Broch, »Hofmannsthal und seine Zeit« (1949): »Menschliche Entwicklung besteht in fortschreitender Trennung rationaler Haltungen, entfernt sich also immer weiter von der mythischen Einheit des Einst.«

28. Vgl. Peter Gay: *Weimar Culture. The Outsider.* New York, Evanston 1968.

29. Koeppens Individualismus feite ihn offenbar nicht vor der Anziehungskraft des Mythos, im Gegenteil. »Wenn nämlich der Mythos noch lebt und wenn er den kollektiven Willen des Volkes ausdrückt, dann darf sich der Einzelne in unsicheren Zeiten auf den Mythos als Lebensmuster verlassen unter Verzicht auf die individuelle Freiheit« (Ziolkowski [= Anm. 23]. S. 194). Dementsprechend erblickt Rudolf Kayser den einzigen Ausweg aus dem durch rationalistische Freiheit produzierten Chaos der Anarchie der zwanziger Jahre, die auf inhaltslosen Individualismus zurückgehe, im Mythos (vgl. Ziolkowski [= Anm. 23]. S. 194 f.).

30. zitiert nach: Ziolkowski (= Anm. 23). S. 179 f. – Thomas Mann begründet 1934 ähnlich sein

wachsendes Interesse am Mythischen gegenüber Karl Kerényi mit einem »vom Bürgerlich-Individuellen weg, zum Typischen, Generellen und Menschheitlichen sich hinwendenden Geschmack«. Im selben Jahr, nach Ziolkowski der Periode intensivster Mythophilie, läßt Koeppen seinen Helden Friedrich die »Frage nach dem guten Menschen« bedrängen (*Unglückliche Liebe.* S. 111).

31. Ziolkowski (= Anm. 23). S. 180.

32. Wolfgang Koeppen: »Anarchie«. In: *Merkur,* 23 (1969). H. 2. S. 165.

33. So manifestiert sich auch das letztlich Gleichbleibende der Geschichte sinnbildhaft in der kontinuierlichen Gleichbenennung eines städtischen Platzes: »majestätische republikanische gaullistische Place Bellecour« (»Anarchie« [= Anm. 32]. S. 166).

34. In dieser negativen Bewertung unterscheidet sich Koeppens hier an seinem Geschichtsverständnis im Nachkriegswerk umrissene mythische Weltsicht allerdings von der aufbruchsfroh gestimmten Mythophilie der zwanziger Jahre. Nicht zuletzt hat Koeppen mittlerweile das nationalsozialistische Regime und den Zweiten Weltkrieg mit seinen Folgeerscheinungen erlebt. Das Organisch-Ganze, in seiner Naturhaftigkeit vom Gang der Geschichte trotz aller Oberflächenveränderung Unberührte ist – gleichsam aus Enttäuschung, der eine fortlebende »Sehnsucht nach dem Mythos« als dem Positiv-Heilen entspricht – von Koeppen in seiner Wertigkeit verkehrt worden und trägt ein Nihilistische reichendes Vorzeichen. »Das Nichts war die wirkliche Ewigkeit« (*Das Treibhaus.* S. 331).

35. Vgl. zu diesem Geschichtsmythos auch folgendes, ebenfalls auf die Großmächte nach dem Zweiten Weltkrieg bezogene Bild: »Hinzu kam, daß man diesmal an der Stange des großen Käfigträgers baumelte. Wer wußte, wohin er ging? Und gab es eine Wahl? Man kam mit seinem ganzen Käfig nur an die Stange des anderen großen Käfigträgers, der genauso unberechenbar wie der erste (und wer weiß von welchem Dämon, von welcher fixen Idee getrieben) in die Irre ging« (297).

36. Repräsentant des so verstandenen Volkes ist der alte Dienstmann Josef in den *Tauben im Gras.* Sein Geschichtsbild, dessen naturhaft-organische Metaphorisierung auffällt, korrespondiert mit Keetenheuves Beurteilung: »Der Strom der Geschichte floß. Zuweilen trat der Strom über die Ufer. Er überschwemmte das Land mit Geschichte. Er ließ Ertrunkene zurück, er ließ den Schlamm zurück, die Düngung, das stinkende Mutterfeld, eine Fruchtbarkeitslauge: wer ist der Gärtner? wann wird die Frucht reif sein? Josef folgte klein und blinzelnd, auch er im Schlamm, noch immer im Schlamm, schon wieder im Schlamm, folgte dem schwarzen Gebieter, dem Herrn, den er sich für diesen Tag erwählt hatte. Wann war Blütezeit? Wann kam das Goldene Zeitalter, die hohe Zeit –« (87). Wie im *Treibhaus* der Witwer Posehl »eine lebendige Allegorie der Treue über den Tod hinaus« darstellt (239), so ist Josef die lebendige Allegorie des von Gott und dem Teufel verlassenen und gestraften Menschen – »Es kam am Ende auf dasselbe 'raus« (190) –; und die Weltkriege sind für ihn immer wiederkehrende Pestkrankheiten.

37. Die kritische Implikation ist deutlich, wenn in *Tauben im Gras* das Amerikahaus »ein Führerbau des Nationalsozialismus« (228), im *Treibhaus* die Verwaltung der Bundeshauptstadt »in alten Hitlerbauten untergekrochen« ist (314). Sofort verloren geht dieser Ansatz jedoch in der mythosevozierenden Sprache Koeppens, die bestimmte Kontinuitäten als unumgänglich suggeriert. So sieht das Amerikahaus aus »wie ein Bürogebäude, in dem der Nachlaß der Antike verwaltet wird, der Geist, die Heldensagen, die Götter« (228).

38. zitiert bei: Bienek (= Anm. 7). S. 59.

39. Ziolkowski (= Anm. 23). S. 181.

40. Koeppen gebraucht dieses Bild, das auch auf die beiden folgenden Romane anwendbar ist, für Philipps Hotel mit dem bezeichnenden Namen »Zum Lamm«, in dem die Figur dem Leser erstmals begegnet.

41. Stärker noch als die Metapher »Bienenstock des Teufels«, die hier als Beispiel zoologisch ausgerichteter und somit auf das Mythische hin transparenter Sprache interessiert, verweist der Teppich in Edwins Hotel sinnbildhaft auf die mythische Struktur der *Tauben im Gras:* Edwin »schritt die Umrandung des Teppichs ab, in dessen Muster Götter und Prinzen, Blumen und Fabeltiere geknüpft waren, so daß die Wollmalerei einer Illustration zu einer Schachtelgeschichte aus Tausendundeiner Nacht glich. Der Bodenbelag war so prächtig märchenorientalisch, so blumig mythenreich, daß der Dichter das Knüpfwerk nicht richtig querüber betreten mochte und sich, obwohl in Hausschuhen und wie ein Weiser Indiens gekleidet, respektvoll am Rande hielt« (110 f.).

42. Vgl. Ernst-Peter Wieckenberg: »Der Erzähler Wolfgang Koeppen«. In: Heinz Ludwig Arnold [Hrsg.], *Geschichte der deutschen Literatur aus Methoden. Westdeutsche Literatur von 1945–1971.* Bd. I. Frankfurt a. M. 1972. (Fischer Athenäum Taschenbuch. 2030.) S. 200 f.

43. zitiert bei: Bienek (= Anm. 7). S. 59.
44. zitiert bei: Linder, »Schreiben als Zustand« (= Anm. 1). S. 19.
45. Wieckenberg (= Anm. 42). S. 200.
46. Ludwig Klages spricht in *Der Geist als Widersacher der Seele* (1929/32) vom »Urwald des Mythos«, den die Griechen mit den »Beilhieben des Geistes« gerodet hätten (zitiert nach: Ziolkowski [= Anm. 23]. S. 189). Der Vergleich mit Koeppens Metapher zeigt noch einmal die verschiedenartigen Anwendungsbereiche und Funktionen solcher mythischen Bildlichkeit bei gleicher Tendenz; zugleich die abweichende negative Besetzung des Bildes bei Koeppen.
47. Anläßlich der Steinwurf-Szene vor dem Neger-Club wiederholt sich dieses Bild im wesentlichen. Von der Menge heißt es: »[. . .] da sie menschliches Wild sahen, erwachten ihre Jagdinstinkte, die Verfolgungswut und das Tötungsgelüste der Meute« (224).
48. In *Tauben im Gras* fällt der massive Einsatz von Namen niedriger sowie allgemein als abstoßend und ekelhaft empfundener Tiere zur Kennzeichnung von Personen des Geschehens auf (Eule, Fisch, Frosch, Geier, Kröte usw.). Die gleiche Fauna ist für den *Tod in Rom* zu verzeichnen, bereichert um Barsche, Böcke, Hechte, Kobras, Ochsenfrösche, Raben, Schleien u. ä. Judejahn, der ehemalige SS-General, sieht demgemäß frühere Untergebene beim Wiedersehen »mit dem Wohlwollen und der Berechnung des Schlangenzüchters an, mit dem Wohlwollen und der Berechnung des Reptiliengärtners, der das Ungetier zu Giftgabe und Vivisektion in die Laboratorien liefert. Judejahn schickte Männer und Jünglinge in das stinkende blutige Labor der Geschichte, er schickte sie in die Versuchsstation des Todes« (486). – Vgl. auch die einschlägige Sprache in *Unglückliche Liebe*; z. B. weist Sibylle Friedrichs Zärtlichkeit mit den Worten zurück: »›Du bist wie eine Kröte, wie ein Kröte, die auf meinem Rücken kriecht, wie eine schuppigschleimige, perläugige Kröte im Sumpf!‹« (82 f.). Vom Vergleich geht jedoch zunehmend der Trend zur Gleichsetzung von Mensch und Tier im Nachkriegswerk.
49. Will man die klimatisch-vegetabilischen Verhältnisse Guatemalas, in das Keetenheuve abgeschoben werden soll, auch metaphorisch auffassen, weitet sich bezeichnenderweise die gesellschaftliche Situation in der Bundesrepublik ins Allgemeine aus.
50. Die Plastizität der organisch-botanischen Metaphorik, die auf die sie bedingende Bewußtseinslage hin transparent ist, gefährdet, so scheint es, die im Sinne der Gesellschaftskritik intendierte Wirkung einer solchen Passage. – Über den Zusammenhang von Treibhaus-Bildlichkeit und Rosen-Motivik vgl. u. a. Dietrich Erlach: *Wolfgang Koeppen als zeitkritischer Erzähler.* Uppsala 1973. (Acta Universitatis Upsaliensis. Studia Germanistica Upsaliensia. 11.) S. 116.
51. »Es war einmal eine Zeit, da hatten Götter in der Stadt gewohnt« (419).
52. Obwohl im *Treibhaus* umgekehrt die Realität durch Mythologeme verfremdet wird, ist der Effekt der gleiche: Keetenheuve, um ein Beispiel anzuführen, »saß im Nibelungenexpreß. Es dunstete nach neuem Anstrich, nach Renovation und Restauration; es reiste sich gut mit der Deutschen Bundesbahn; und außen waren die Wagen blutrot lackiert. Basel, Dortmund, Zwerg Alberich und die Schlote des Reviers; Kurswagen Wien Passau, Fememörder Hagen hatte sich's bequem gemacht; Kurswagen Rom München, der Purpur der Kardinäle lugte durch die Ritzen verhangener Fenster; Kurswagen Hoek van Holland London, die Götterdämmerung der Exporteure, die Furcht vor dem Frieden« (237).
53. In Siegfried Pfaffraths Vorstellung fliegen die Engel auf der Tiberbrücke vor der alten Papstburg »zum Kapitol und tanzen mit den alten Göttern« (*Tod.* S. 545). Dieser Satz kennzeichnet bildhaft Koeppens dominierendes Verfahren der Kontamination griechisch-römischer mit biblischchristlichen Mythologemen. Gelegentlich treten nordische Mythen hinzu, etwa wenn Keetenheuve die »Nornen Urd, Werdandi und Skuld unter dem Baum Yggdrasill« (273) als Schicksalsmächte mit dem nordischen Namen seiner Frau Elke assoziiert.
54. Ziolkowski (= Anm. 23). S. 186.
55. ebd., S. 183.
56. ebd., S. 172.
57. ebd., S. 177.
58. Thomas Mann: [Humor und Ironie] [Beitrag zu einer Rundfunkdiskussion]. In: Thomas Mann: *Reden und Aufsätze 3.* Frankfurt a. M. 1960. S. 802. (*Gesammelte Werke in zwölf Bänden.* Bd. XI.)
59. Vgl. Bienek (= Anm. 7). S. 66.
60. »So deuten zum Beispiel die Orest-Parallelen im Leben Franz Biberkopfs eher auf Unterschiede als auf Ähnlichkeiten zwischen einem mythosgläubigen Griechenland und dem Berlin Alexanderplatz der Zwanziger Jahre« (Ziolkowski [= Anm. 23]. S. 178).

61. Der Befund der Untauglichkeit der eingesetzten Mittel für die kritische Analyse ändert sich auch dann nicht wesentlich, wenn man das Zitat um die anschließende Montage aus Presseschlagzeilen erweitert: »*Krieg um Öl, Verschärfung im Konflikt, der Volkswille, das Öl den Eingeborenen, die Flotte ohne Öl, Anschlag auf die Pipeline, Truppen schützen Bohrtürme, Schah heiratet, Intrigen um den Pfauenthron, die Russen im Hintergrund, Flugzeugträger im Persischen Golf*« (11). Den Einschub einer Partikel wie »*Schah heiratet*« in die politischen Meldungen wird man kaum als Symptom souveräner Ironie werten können.

62. Für Keetenheuve nehmen in der Konsequenz dieser mythischen Sehweise die finanziellen Transaktionen der Großbankiers den Charakter eines »magische[n] Spiel[s] der Zahlen« an; wie er in gefährlichem Selbstbetrug glaubt, teile auch der »Bankier der Reichsten« (334) mit dem Schlüsselnamen Stierides diese magisch orientierte Auffassung. Geschäftsleute – auch hier Mythos statt kritischer Analyse – sind für Keetenheuve »mit dem Teufel im Bund« (362); ihre Konsumwerbung ist für ihn »des Teufels Versuchung« (361). In »die Form von Verbrauchsgegenständen gebrachte Zaubersprüche oder Flüche« verführen die Käufer. – Pluto ist es, der über Reichtum oder Armut entscheidet (vgl. *Tauben*. S. 95); und selbst für eine der urteilsfähigsten Figuren im *Tod in Rom* sind die ökonomischen Prozesse »Mysterienspiele des Handels« (467).

63. zitiert bei: Bienek (= Anm. 7). S. 60.

64. Die amouröse Fahrt Judejahns mit Laura wird so beschrieben: »Sie glitten langsam dahin, unsichtbare Kufen auf unsichtbarem Eis, drunten schillerte die Unterwelt, tobten die Kobolde, wirrten die bösen Wichtel, knirschten die Höllenschergen, waren erwartungsvoll, schürten unsichtbare Feuer, badeten in Flammen, rieben sich geil ihr Glied« (554 f.).

65. Reinhart Baumgart sei hier angeführt für die häufig vertretene Ansicht, Koeppen besitze einen »Zug zum Allegorisieren«. Wie Keetenheuve stellten die Figuren bestimmter zeitgenössischer Autoren »nur noch Verhaltens- und Eigenschaftsmodelle«; sie erreichten »als Charaktere nicht mehr jene Dichte, die im Empirischen gesichert und also anheimelnde Vertrautheit wie die besten Figuren Bölls oder Johnsons« (Reinhart Baumgart: »Deutsche Gesellschaft in deutschen Romanen«. In: R. B., *Literatur für Zeitgenossen*. Essays. Frankfurt a. M. 1966. S. 43). – Die Folgerung R. Hinton Thomas' und Wilfried van der Wills ist zu präzisieren, die *Tauben im Gras* erreichten durch »allegorische und metaphorische Verfremdung der Wirklichkeit [...] eine Wahrheit eigener Art, die die der sozialen und politischen Wirklichkeit kritisch übersteigt« (R. Hinton Thomas u. Wilfried van der Will: *Der deutsche Roman und die Wohlstandsgesellschaft*. Stuttgart, Berlin u. a. 1969. [Sprache und Literatur. 52.] S. 49). Der mit dem allegorisch-metaphorischen Verfahren erzielte Effekt ist nicht ein rational-kritischer, sondern ein irrational-mythischer.

66. »Mars, Merkur und Klio hausen in Rattenwinkeln. Erschöpft lustlos zänkisch mißgönnig habsüchtig begehrlich und ewig gierig hören sie nicht auf, einander beizuwohnen« (*Tod*. S. 487).

67. Hier ist nochmals auf Siegfrieds Nähe zu Koeppen hinzuweisen. In der Musik des jungen Komponisten werden nach Ilse Kürenbergs Eindruck »viele Wege [...] eingeschlagen und wieder verlassen, [...] als seien diese Noten von einem geschrieben, der nicht wußte, was er wollte« (429 f.). Auch Siegfrieds Cousin Adolf erkennt diese Ambivalenz.

68. Es ist nur konsequent, daß in diesem Roman des Todesmythos auch die Verstorbenen in die mythische Perspektive einbezogen sind. Sie »waren in der Wandlung, stiegen vom Leben besudelt und schuldbeladen, die vielleicht nicht einmal ihre Schuld war, ins Rad der Geburten zu neuer Sühneexistenz, zu neuem Schuldigwerden, zu neuem vergeblichem Dasein« (445).

69. Stephan Reinhardt: »Politik und Resignation. Anmerkungen zu Koeppens Romanen«. In: *Text + Kritik*, 34 (1972). »Wolfgang Koeppen«. S. 39.

70. Reich-Ranicki (= Anm. 4). S. 37.

71. ebd., S. 48.

72. Vgl. Erlach (= Anm. 50). S. 119.

73. Georg Bungter: »Über Wolfgang Koeppens *Tauben im Gras*«. In: *Zeitschrift für deutsche Philologie*, 87 (1968). S. 542.

74. Wieckenberg (= Anm. 42). S. 199.

75. ebd., S. 198.

76. Vgl. auch Erlach (= Anm. 50). S. 175: Er erinnert »an die eine Bedeutung der häufigen Anspielungen auf den Mythos [...], nämlich jene, die auf die Wiederkehr des Immer-Gleichen abzielte. [...] Es besteht bei Koeppen mitunter die ganz unanalytische und irrationale Tendenz, die Geschichte sowie auch ökonomische, soziale und politische Vorgänge zu mythisieren und zu dämonisieren.« Hieran wäre allenfalls die quantitative Gewichtung zu modifizieren.

77. Vgl. Walter Jens: »Rede auf den Preisträger«. In: *Deutsche Akademie für Sprache und Dichtung. Darmstadt. Jahrbuch 1962.* S. 93.
78. ebd., S. 93.
79. ebd., S. 94.
80. Jens dürfte auf die Einheit von nihilistischem Gehalt und Form aus »wohlgedrechseltem Wort« abheben, wenn er in der aus der astrologischen Temperamentenlehre entlehnten Bildlichkeit fortfährt: »Der Tod und der kalte Glanz des Gestirns: auch dies gehört, so gut wie Nacht und Meer, zum Bild der saturnischen Melancholie« (ebd., S. 98).
81. Das muß betont werden gerade gegenüber den verdienstvollen Monographien von Erlach und Koch, die beide die zeit- und gesellschaftskritischen Bezüge bei Koeppen, nicht zuletzt unter Verweis auf das Mythische bei ihm, umfassend zu ermitteln suchen. Es muß auch betont werden gegenüber der Meinung Linders, nach der nicht wenige – unter ihnen mit leichter Einschränkung Linder selbst – Koeppen »für den wichtigsten deutschsprachigen politischen Schriftsteller der Gegenwart halten« (Linder: »Im Übergang zum Untergang« [= Anm. 3]. S. 42).
82. Wieckenberg (= Anm. 42). S. 200.
83. Es wird nicht außer acht gelassen, daß Teile des *Die Mauer schwankt* betitelten Romans (1939: *Die Pflicht*), »Vorerzählung von Verfolgung und Folterung in einer erdachten Diktatur« (»Eine schöne Zeit der Not«. S. 46 f.), als Kritik an den politischen Verhältnissen Deutchlands in den Anfangsjahren des nationalsozialistischen Regimes gelesen werden können. Anderseits ist es für die mythisch-unpolitische Haltung Koeppens bezeichnend, daß der Held des Romans zwar durchaus weiß, daß »die Erde nicht eine Ruhe, sondern Geschichte war« (247) und daß konkret mit dem Ersten Weltkrieg »das Zeitalter, das die tastende, unsichere Geschichtswissenschaft ein bürgerliches zu nennen beliebte, vor einem anderen zu Ende ging« (336), aber als Baumeister die zerstörte Stadt nach altem Muster wiederaufbaut. – Übrigens sei die Neuauflage der *Mauer* ohne Wissen des Autors herausgebracht worden.
84. Baumgart (= Anm. 65). S. 56.
85. Vgl. Rasch (= Anm. 14). S. 212.
86. Für den nachfolgenden Roman stellt Reinhardt fest: »Trotz der Tatsache, daß Koeppens vierter Roman ›Das Treibhaus‹ von Inhalt und Dekor her der politischste Roman genannt wird, ist er zugleich der unpolitischste, oder besser gesagt: er macht das unpolitische Moment an dem Zeitkritiker Koeppen besonders deutlich« (Reinhardt [= Anm. 69]. S. 42).
87. zitiert bei: Linder, »Schreiben als Zustand« (= Anm. 1). S. 18 f.
88. Vgl. Koeppen: »Anarchie« (= Anm. 32). S. 166.
89. Marcel Reich-Ranicki: »Der Fall Wolfgang Koeppen«. In: M. R.-R., *Literarisches Leben in Deutschland. Kommentare und Pamphlete.* München 1965. S. 30.
90. Diese Feststellung ist nicht gleichbedeutend mit dem Rückfall auf den von Reich-Ranicki monierten Vorwurf der Literaturkritik an Koeppen, er treibe in seinen Romanen »extravagante Spielereien mit dem Bösen und dem Düsteren« (Reich-Ranicki: »Der Fall Wolfgang Koeppen« [= Anm. 89]. S. 31).
91. Wolfgang Koeppen: »Autobiographische Skizze«. In: W. K., *New York.* Mit einem autobiographischen Nachwort. Stuttgart 1961. (Reclams UB. 8602.)
92. Vgl. Koeppens Bericht »Ein Kaffeehaus«, an dessen Ende es in bezug auf Koeppens Flucht durch das brennende Berlin heißt: »[...] ein Verleger stolperte über Schotter und Schwellen und sagte, Sie werden das schreiben, und ich dachte, ich werde es schreiben« (95).
93. Natürlich darf dabei nicht übersehen werden, daß Koeppen, verstärkt in den letzten Jahren, einen neuen Roman angekündigt hat, und zwar einen politischen: »Es geht da um den politischen Mord, und Ort der Handlung ist Amerika« (zitiert bei: Linder, »Schreiben als Zustand« [= Anm. 1]. S. 20). Solange dieses oder ein anderes Werk freilich nicht erschienen ist, wird man in Beteuerungen Koeppens wie »Ich will vorläufig keine neuen Reisebücher, ich will Romane schreiben« (zitiert bei: Bienek [= Anm. 7]. S. 64) eher Manöver zum Auffangen äußerer Ansprüche sehen können.
94. zitiert bei: Bienek (= Anm. 7). S. 64.
95. Reich-Ranicki: »Der Zeuge Koeppen« (= Anm. 4). S. 52 f.
96. zitiert bei: Linder, »Schreiben als Zustand« (= Anm. 1). S. 16.
97. ebd., S. 25.
98. ebd., S. 16.
99. Rasch (= Anm. 14). S. 228.
100. ebd., S. 228 f.

101. Der Vorabdruck eines kurzen Ausschnittes aus dem »Manuskript eines Romans« mit vermutlich einschlägiger Thematik fällt durch mehrere z. T. wörtliche Parallelen zu hier referierten Anschauungen Koeppens auf. So impliziert die Erwägung des Helden »Vielleicht wiederholt sich die Geschichte« (»Angst«. S. 140) die Überzeugung, daß es wirklich so ist. Synonym für das Immergleiche ist in diesem Text das Attribut »unsterblich«: »Festung der unsterblichen Gewalt« (= Pentagon; 140), »Judas, der Unsterbliche« (144).

Literaturhinweise

Zitierte Werke

Eine unglückliche Liebe. Berlin 1934. (Zitiert als: *Unglückliche Liebe.*)
Die Mauer schwankt. Berlin 1935.
Tauben im Gras. Stuttgart 1951. (Zitiert als *Tauben* nach der einbändigen Sonderausgabe: *Tauben im Gras. Das Treibhaus. Der Tod in Rom.* Stuttgart 1969.)
Das Treibhaus. Stuttgart 1953.
Der Tod in Rom. Stuttgart 1954. (Zitiert als *Tod* nach der einbändigen Sonderausgabe: *Tauben im Gras. Das Treibhaus. Der Tod in Rom.* Stuttgart 1969.)
New York. Mit einem autobiographischen Nachwort. Stuttgart 1961. (Reclams UB. 8602.)
»Rede zur Verleihung des Georg-Büchner-Preises 1962«. (Zitiert als: Preis-Rede.) In: Büchner-Preis-Reden. Stuttgart 1972. (Reclams UB. 9332 [3].) S. 114–122.
»Unlauterer Geschäftsbericht«. In: *Das Tagebuch und der moderne Autor.* Hrsg. von Uwe Schultz. München 1965. (prosa viva. 20.) S. 5–19.
»Ein Kaffeehaus«. In: *Atlas.* Zusammengestellt von deutschen Autoren. Mit 43 Figuren. Berlin 1965. S. 91–95.
»Melancholia«. In: *Jahresringe* (1968/69). S. 37–53.
»Anarchie«. In: *Merkur*, 23 (1969). H. 2. S. 164–169.
»Vom Tisch«. In: *Text + Kritik*, 34 (1972). »Wolfgang Koeppen«. S. 1–13.
»Angst«. In: *Merkur*, 28 (1974). H. 2. S. 138–147.
»Eine schöne Zeit der Not«. (Abdruck der Sendung »Wie ich anfing«, WDR 1. September 1974.)

Forschungsliteratur (Auswahl)

Umfassende Bibliographien der Forschungsliteratur über Koeppen – der diese Darstellung zahlreiche Anregungen verdankt und mit der sie in vielem übereinstimmt – finden sich bei:

Döhl, Reinhard: »Wolfgang Koeppen«. In: Dietrich Weber [Hrsg.], *Deutsche Literatur seit 1945 in Einzeldarstellungen.* 2., überarbeitete u. erw. Aufl. 1970. (KTA. 382.) S. 128–154.
Linder, Christian: »Auswahlbibliographie zu Wolfgang Koeppen«. In: *Text + Kritik*, 34 (1972). »Wolfgang Koeppen«. S. 53–59.
Erlach, Dietrich: *Wolfgang Koeppen als zeitkritischer Erzähler.* Uppsala 1973. (Acta Universitatis Upsaliensis. Studia Germanistica Upsaliensia. 11.)
Koch, Manfred: *Wolfgang Koeppen. Literatur zwischen Nonkonformismus und Resignation.* Stuttgart, Berlin u. a. 1973. (Sprache und Literatur. 88.)

Bienek, Horst: »Wolfgang Koeppen«. In: H. B., *Werkstattgespräche mit Schriftstellern.* München 1965. (dtv. 291.) S. 55–67.
Bungter, Georg: »Über Wolfgang Koeppens *Tauben im Gras*«. In: *Zeitschrift für deutsche Philologie*, 87 (1968). S. 535–545.
Cwojdrak, Günther: »Rückzug vom Realismus. Zu einigen Büchern von Hans Erich Nossack, Wolfgang Koeppen und Heinrich Böll«. In: *Neue deutsche Literatur*, 7 (1959). H. 4. S. 113–124.
Demetz, Peter: »Wolfgang Koeppen«. In: P. D., *Die süße Anarchie. Deutsche Literatur seit 1945. Eine kritische Einführung.* Berlin 1970. S. 197–202.
Heißenbüttel, Helmut: »Wolfgang Koeppen-Kommentar«. In: *Merkur* 22 (1968). H. 1. S. 244–252.
– »Literatur als Aufschub von Literatur? Über den späten Wolfgang Koeppen«. In: *Text + Kritik*, 34 (1972). »Wolfgang Koeppen«. S. 33–37.
Jens, Walter: »Rede auf den Preisträger«. In: *Deutsche Akademie für Sprache und Dichtung. Darmstadt. Jahrbuch 1962.* S. 93–102.

Laemmle, Peter: »›Annäherung an die Wahrheit der Dinge‹. Wolfgang Koeppens Bildersprache zwischen Utopie und Resignation«. In: *Text + Kritik*, 34 (1972). »Wolfgang Koeppen«. S. 46–52.

Linder, Christian: »Im Übergang zum Untergang. Über das Schweigen Wolfgang Koeppens«. In: *Akzente*, 19 (1972). S. 41–63.

– »Schreiben als Zustand. Ein Gespräch mit Wolfgang Koeppen«. In: *Text + Kritik*, 34 (1972). »Wolfgang Koeppen«. S. 14–32.

Mittenzwei, Johannes: »Die musikalische Kompositionstechnik des ›inneren Monologs‹ in Koeppens Roman *Der Tod in Rom*«. In: *Das Musikalische in der Literatur. Ein Überblick von Gottfried von Straßburg bis Brecht.* Halle 1962. S. 395–426.

Reich-Ranicki, Marcel: »Der Fall Wolfgang Koeppen«. In: M. R.-R., *Literarisches Leben in Deutschland. Kommentare und Pamphlete.* München 1965. S. 26–35.

– »Der Zeuge Koeppen«. In: M. R.-R., *Deutsche Literatur in West und Ost. Prosa seit 1945.* Reinbek 1970. (rororo. 1313–15.) S. 26–40.

Reinhardt, Stephan: »Politik und Resignation. Anmerkungen zu Koeppens Romanen«. In: *Text + Kritik*, 34 (1972). »Wolfgang Koeppen«. S. 38–45.

Thomas, R. Hinton u. Wilfried van der Will: »Wolfgang Koeppen«. In: R. H. T. u. W. v. d. W., *Der deutsche Roman und die Wohlstandsgesellschaft.* Stuttgart, Berlin u. a. 1969. (Sprache und Literatur. 52.) S. 38–56.

Wieckenberg, Ernst-Peter: »Der Erzähler Wolfgang Koeppen«. In: *Geschichte der deutschen Literatur aus Methoden. Westdeutsche Literatur von 1945–1971.* Bd. 1. Hrsg. von Heinz Ludwig Arnold. Frankfurt a. M. 1972. (Fischer Athenäum Taschenbücher. 2030.) S. 194–202.

REINHOLD GRIMM IN VERBINDUNG MIT CAROLYN WELLAUER

Max Frisch. Mosaik eines Statikers

>»Ein Kaleidoskop . . . ein Mosaik aus bunten Scherben,
aber bewegt . . .«
>
> Max Frisch: *Stiller*

Über Meinungsverschiedenheiten und widersprüchliche Anschauungen bei der Einschätzung seiner Romane kann sich Max Frisch wahrhaftig nicht beklagen. Die einen Kritiker klammern sich daran fest, daß er beinah ausschließlich mit individualpsychologischen, ja ›existentiellen‹ Problemen ringe: sie murmeln düster von der Fremdheit, Angst und Einsamkeit seiner Gestalten; von der Mühe, die es diese Menschen koste, sich selber anzunehmen und ihr eigenes Leben zu leben; von ihrer Sucht nach Freiheit, allen Widerständen und Zwängen zum Trotz. Andere Kritiker hingegen versteifen sich auf das sogenannte Zwischenmenschliche, von dem Frisch bedrängt sei: sie, nicht minder düster, raunen von den Schwierigkeiten des Menschen, weniger sich selbst als vielmehr seinen Nächsten anzunehmen, mit ihm zu einer dauerhaften Begegnung, einem echten Verhältnis zu gelangen. Auch die gesellschaftliche Problematik bleibt dabei nicht außer acht. Bald heißt es, Frischs Schaffen werde beherrscht von den Spannungen zwischen dem isolierten, brüchig gewordenen Individuum und der modernen Gesellschaft, die dann in der Regel als eine Konstante erscheint; bald liegt das Gewicht umgekehrt auf den Mängeln und Übeln ebendieser Gesellschaft, die sich im Umbruch befinde und für die jeder individuelle oder gar existentielle Konflikt – vom Zwischenmenschlichen zu schweigen – lediglich Symptome liefere. Es ist, als seien ganze Riegen von kritischen ›Kürmännern‹ aufmarschiert, um, nicht anders als Frischs Romanheld Gantenbein, Interpretationen anzuprobieren »wie Kleider« (*Mein Name sei Gantenbein*. 1964. S. 30). Nimmt man die biographischen Selbstzeugnisse hinzu, die der Dichter im Lauf von rund vier Jahrzehnten immer wieder beigesteuert hat, so kompliziert sich dieses Spiel vollends.

Oder – bestünde vielleicht Frischs eigentliche Leistung, sein eigentlicher Beitrag zur Zeit- und Gesellschaftskritik im deutschsprachigen Roman des 20. Jahrhunderts, gerade in solch verwirrender Komplexität? Und wären demnach jene Unterschiede und Widersprüche, ja die gesamte Vielfalt und Bewegtheit jenes kritischen Kaleidoskops nicht so sehr willkürlich als ihrerseits symptomatisch? Wir wollen nicht vergessen, daß Frisch selber es war, der bereits im Vorwort zu seinem ersten Tagebuch ausdrücklich darauf hinwies, daß der Leser hier die »einzelnen Steine eines Mosaiks« vor sich habe und daß derlei »zumindest« beabsichtigt sei (*Tagebuch 1946–1949*. 1950. S. 7). Sollte dieser Wink etwa auch für Frischs Romane und letztlich für sein Schaffen überhaupt Geltung besitzen? (Daß er auf das *Tagebuch 1966–1971* [1972], das zweite seiner Art, zutrifft, ist ohnehin offensichtlich.) Jedenfalls scheint es nicht ganz abwegig zu sein, viel eher naheliegend, bei der Untersuchung der Romane Max Frischs nach einem ähnlichen Prinzip zu verfahren und ein eigenes kleines Mosaik zu entwerfen. Ob sich daraus eine »zusammensetzende Folge« (wie im Raum des Einzelwerkes) ergibt oder ob statt dessen nicht doch, aufs Ganze gesehen, jene »Laune« und jener »Zufall« regieren, die der Verfasser verbannt wissen möchte (vgl. ebd.), ist freilich eine andere Sache.

Denn man stößt zwar in einem kürzlich erschienenen Rückblick Frischs auf die Bemerkung: »Indem ich mich heute erinnere, wie es damals so war, sehe ich es natürlich nach meiner Denkart heute. Ich wundere mich, wieviel man hat erfahren können, ohne es zu sehen« (*Dienstbüchlein*. 1974. S. 44). ›Damals‹, das meint die Militärjahre des Schweizers während des Zweiten Weltkriegs. Eine solche Äußerung klingt in der Tat nach Distanz und geschichtlichem Wandel, nach einer Änderung durch die Zeit. Aber weckt nicht die Antithese von Blindheit und Erkenntnis, die in Frischs Worten kaum minder stark anklingt, zugleich wieder Mißtrauen? Durchzieht sie nicht, genauer gesprochen, die Romane, Stücke und Tagebücher insgesamt, so wie deren Autor andererseits auch stets auf ein Sehen pochte, das Augenschein und tiefere Einsicht, unmittelbare Erfahrungen und distanzierte Reflexionen vereinigte? Ist daher, mit allem schuldigen Respekt gefragt, die historische Bewegung, die man in den zitierten Worten zu spüren glaubt, nicht ebensosehr eine Beharrung? Woraus zu folgern wäre, daß auch der zeitliche Wandel bei Frisch bloß ein scheinbarer sei und alle Entwicklung in Wahrheit Stagnation . . .

Doch wir tun wohl besser daran, zunächst konkret vorzugehen und ein paar unserer Mosaiksteinchen zusammenzulesen. Mehr als vierzig Jahre sind es, die der Dichter Max Frisch seit seinen Anfängen durchmessen hat. Was nahm er in diesen Jahren, die ein volles Menschenalter umspannen, wahr? Wie hat er seine Zeit und deren Gesellschaft erlebt und kritisch bewertet? Und welches ist die Form, die er in seinen Schriften dafür fand? Denn daß bei ihm Romanbau und Tagebuchform (und häufig sogar die Struktur der Dramen) aufs engste zusammengehören, dürfte inzwischen deutlich geworden sein. Nicht selten – vor allem in den erzählenden Werken – bildet die Tradition der Reisebeschreibung, bilden mindestens einige ihrer Elemente den gemeinsamen Nenner dieser für Frisch so bezeichnenden Bauform. Schon im ersten Tagebuch, dem aus der Nachkriegszeit, berichtet er von zahlreichen Reisen, die er, nach fünfjährigem Eingeschlossensein im ›Gefängnis‹ der neutralen Schweiz, in benachbarte Länder unternahm: unstillbar war sein Bedürfnis, Zeit und Zeitgenossen jenseits jener schützenden Gitter kennenzulernen. Frisch wollte ›sehen‹. In einer »Welt, die von Vorurteilen verhext ist«, so schrieb er, seien »das eigene persönliche Anschauen« und die daraus gewonnene Einsicht »äußerst wichtig« (*Tagebuch 1946-1949*. S. 281). Aber obwohl er sich ganz auf die brennenden Tagesfragen einließ, verfuhr er eben weithin auf herkömmliche, nämlich gutbürgerliche Art. Wie ein Reisender des 19. Jahrhunderts, so maß auch Frisch andere Länder und Völker an seiner Heimat und diese an dem, was er ›draußen‹ erkundet hatte; und wiederum als guter Bürger, der sich umsieht und gleichzeitig vorsieht, hielt er seine Klagen oder Anklagen trotz aller Schärfe im Zaum. Seine Gesellschaftskritik war zwar in mehrfacher Hinsicht eine relative, jedoch nie – namentlich wo sie die Schweiz betraf – eine absolute.

Dabei ist Frisch grundsätzlich gegen jeden Nationalismus, ja gegen alles, was man »in dieser Art verallgemeinert« (ebd., S. 41). Es trieb ihn einfach nach Deutschland, weil er der Naziherrschaft und dem Wahnsinn des Krieges auf den »Grund« gehen wollte (vgl. ebd., S. 70). Umgekehrt mahnte er die Siegermächte dringlich, den jungen Deutschen Auslandsbesuche zu ermöglichen, um ihnen so einen freieren Blick zu verschaffen; denn nur durch das Doppelerlebnis von Entfernung und hautnaher Berührung, also durch Reisen, gelinge es, vorgefaßte Meinungen zu überwinden. Frisch bekämpfte bei den Deutschen einerseits ihre »Arroganz, die keine Antwort mehr zuläßt« (ebd., S. 146), eine Haltung, wie sie aus manchem der damaligen Rechtfertigungsbriefe sprach; er verwarf aber andererseits und nicht minder entschieden ihre Antwort im Gewande der Demut, die, mit aufgehobenen Armen gleichsam, dafür plädierte, das Vergangene vergangen, das »Geschehene endlich geschehen« sein zu lassen – wobei man sich, jedenfalls zum Teil, sogar auf einstige Gegner berufen konnte (vgl. *Öffentlichkeit als Partner.* [1967.] S. 18; *Tagebuch 1946–1949.* S. 327). Was ihn jedoch am meisten erbitterte, waren die ›Kulturträger‹: will sagen die Ästheten und Vertreter des artistischen Eskapismus, die sich in die ›reinen Sphären‹ einer Kunst flüchteten, welche »das Höchste vorgibt und das Niederste duldet« (ebd., S. 115). Kultur als Alibi war Frisch ein Greuel. Angesichts eines solchen Kulturverständnisses, das sich nicht bloß im Sinne Nietzsches auf die Gipfelleistungen der großen einzelnen und deren einsames Zwiegespräch beschränkt, sondern sich damit, fast im Sinne Heydrichs, auch schon gerechtfertigt fühlt, zögerte der Schweizer nicht, den Kulturbegriff seines eigenen Landes ins Feld zu führen. Der nämlich, so betonte er, ruhe auf der Gemeinschaftlichkeit und insbesondere auf den »staatsbürgerlichen Leistungen«. Nach Frisch macht die »Idee der Schweiz« – die indes sorgsam von ihrer »Verwirklichung« abgegrenzt wird – Kultur zu einer Angelegenheit aller, zu einer »Sache des ganzen Volkes« (vgl. ebd., S. 327 und 170).

Die unselige ›deutsche Frage‹, von der »Urlaub zu nehmen« einem »Inländer« wie Hans Magnus Enzensberger noch 1967 schwerfiel,[1] herrscht jedoch lediglich auf Strecken in Frischs Tagebuch. Andere Erfahrungen und Begegnungen kommen hinzu. Sie lieferten ihm, etwa bei seinen Reisen nach Polen oder in die Tschechoslowakei, ein Bild von der internationalen Intellektuellenkaste und deren Treffen sowie Anschauungsmaterial für ideologische Differenzen. Freilich schildert er gerade diese auf recht grobschlächtige Weise als massiven Gegensatz zwischen Ost und West. Das ist vor allem in seinen Gesprächen mit Prager Schauspielern der Fall. Deren Probleme zwar – Weltveränderung und menschliche Würde, das neue Gesellschaftssystem, Freiheit und Verantwortlichkeit und die Legitimierbarkeit der Gewalt – werden Max Frisch auch später intensiv beschäftigen. Worauf es deshalb ankommt, ist seine Methode: die Kontrastierung, die geübt wird; der Vergleich von Ideen; dazu der wechselseitige Austausch. Obschon Frischs Vorbehalte, ja Vorwürfe gegen den Kommunismus mit Händen zu greifen sind, so ist doch unverkennbar und bezeichnend genug, daß sich an derlei beinah unmittelbar Wendungen schließen wie die folgende: »Was auffällt, wenn man draußen gewesen ist...«. Mit neuerlichem Umschlag tadelt er nun seine Landsleute und Mitbürger: ihren Mangel an »natürlichem Selbstvertrauen«; das »Verkrampfte«, das ihnen anhafte; das »Unfreie« ihres Umgangs und ihrer »Gesichter voll Fleiß und Unlust«; ihre mimosenhafte Empfindlichkeit, wenn jemand über sie und ihr Tun nicht in helle Begeisterung gerate. Frisch nimmt sich selbst davon übrigens keineswegs aus. Desto beglückender wirkte auf ihn die Gegenwart »lebendiger Humanität« und einer harmlos-heiteren »Freude am Dasein«, der er in Italien begegnete (vgl. ebd., S. 169, 198 und 116).

Auch lange nach Kriegsende scheint ein gut Teil dessen, was diesem Schweizer an seiner Heimat mißfällt, von der Vorstellung des Eingeschlossenseins geprägt. Davon zeugt besonders nachdrücklich die Geschichte Stillers, der nicht nur das Gefängnis in ihm selber, seine jetzige wie frühere Identität, einer gründlichen Prüfung unterzieht, sondern zugleich und erst recht sein Schweizertum, das ihn einengt. Erleichtert – allerdings kaum verschönt – wird ihm diese Revision durch seinen Verteidiger, den nicht umsonst bereits sein Name zu einem biederen Eidgenossen stempelt. Oder sollte Bohnenblust gar ein Porträt nach dem Leben sein? Die Möglichkeit besteht.[2] Aber wichtiger ist das Grundsätzliche. Denn erweist sich nicht *Stiller*, Frischs erster großer Romanerfolg, überhaupt an vielen Stellen als eine Fiktionalisierung von Beobachtungen und Urteilen, die der konkreten Umwelt entstammen und z. B. auch, obzwar in anderer Form, in den Essays oder autobiographischen Tagebuchabschnitten ausgebreitet werden? Um zunächst bei Bohnenblust zu bleiben, so ist er offenkundig aufs üppigste mit all den schlechten Eigenschaften ausgestattet, die der Dichter an seinen Landsleuten ablehnt. Er kann keinerlei Kritik hören; persönliche Fragen und Ansichten sind ihm so zuwider wie neue Ideen oder Gedanken an Zukunft, Wechsel, Veränderung; was für ihn zählt, ist allein das Bestehende. Seine ›Liebe‹ widmet er dem ›guten alten‹; doch sieht man näher zu, so wurzelt sie leider (ganz wie sein Haß auf Sowjetrußland, der ihr entspricht) in einer faschistisch getrübten Vergangenheit. Das hindert Bohnenblust aber beileibe nicht, im Brustton der Überzeugung hochtrabende Moraltiraden von sich zu geben... was bekanntlich ebenfalls Eigenheiten sind, die Frisch zu jenen einheimischen rechnet und nicht übermäßig schätzt.

Der zweite namhafte Eidgenosse des Romans, Sturzenegger, verlegt sich weit seltener aufs Moralisieren als sein obendrein steifer und förmlicher Landsmann; er ist jedoch genauso selbstgerecht. Auf jeden Fall reiht er sich Bohnenblust würdig an. Da er wie Frisch den Beruf eines Architekten ausübt, bietet er dem Dichter zudem Gelegenheit, einige öffentliche Äußerungen über Baugestaltung und Städteplanung zu wiederholen. Das Fazit lautet betrüblicherweise auch hier: Fehlen eines Ziels, einer Hoffnung, ja schon eines schöpferischen Entwurfs; statt Wagnis und Fortschritt ängstlicher Verzicht und »Heimweh nach dem Vorgestern« (*Stiller.* [1954.] S. 326) – ein Stagnieren, alles in allem, halb aus Verlegenheit und halb aus Verlogenheit. Stillers Unterhaltungen mit Sturzenegger sind sowenig ermutigend wie die Pflichtgespräche, die er mit seinem Verteidiger führt, und Frischs Einwände gegen die Schweiz im Medium des Romans eher noch besorgter als in den Schriften, die sich direkt auf seine Heimat beziehen. Wenn trotzdem die Schärfe dieser Vorwürfe seltsam stumpf anmutet, so offenbar deswegen, weil die Fiktionalisierung durch den Dichter bereits als solche einer Milderung gleichkommt. Das Werkzeug des Romans, zumal wenn es mit Humor gebraucht wird, schleift unter den Händen Max Frischs alles Spitze, Eckige, Kantige ab und rundet seine Figuren und Fakten selbst dort, wo sie ins Satirische reichen, zu Käuzen und Kuriositäten, die man beinah nachsichtig belächeln muß. Zumindest erscheinen die Bohnenblust, Sturzenegger und Konsorten auch als ergötzliche Karikaturen oder einfach als Pedanten und Opportunisten, schlimmstenfalls als gemütvolle Ekel. Verfahren und Haltung einer paradoxen Attacke, die schon im Ansatz zurückweicht, die losprescht und im selben Augenblick wieder gezügelt wird, machen nicht bloß in *Stiller,* sondern im gesamten Romanschaffen Frischs und sogar in seiner Dramatik die Besonderheit dieser kritischen Zeit- und Gesellschaftsdarstellung aus. Obwohl vorhanden und durchaus gewollt, ist das Anstößige dennoch geglättet, so wie andererseits in den Tagebüchern und Essays die Selbstkritik des Autors seiner Kritik zwar den Stachel nimmt, aber ohne sie darum aufzuheben.

Der gleiche Befund einer mittelbaren Unmittelbarkeit oder Annäherung, die sich entfernt, ergibt sich bei der Analyse von Frischs Erzähltechnik. In ihr nämlich verbinden sich Reisebeschreibung und relative Kritik mit der Form der Parabel. Man nehme wiederum Stiller. Erst sein Fremdsein oder Fremdtun erlaubt es ja, ihn und seine Umwelt wirklich zu erkennen. Das gilt für den Leser wie für Stiller selbst. Jene Serie transatlantischer Abenteuer vom vorgeblichen Mord über das Erlebnis Rip van Winkles bis zur Höhlenexpedition in Texas, das Garn, das er mit solcher Hingabe spinnt, sagt die Wahrheit über ihn sicherlich zutreffender und gemäßer aus, als es die nackte Tatsächlichkeit, das unverhüllte Mitteilen seiner Erfahrungen und Einsichten je vermöchte. Doch diese selbe Methode als Prinzip, Wahrheit nicht allein zu *er*mitteln, sondern auch zu *ver*mitteln, gilt in noch höherem Maße für den, der Stiller und dessen Geschichte erfand. Der Romancier und Tagebuchschreiber Max Frisch bekannte bereits sehr früh, »ausdrücken« könne ihn bloß »das Beispiel«, das ihm »so ferne« sei »wie dem Zuhörer«. Es ist, setzt er unmißverständlich hinzu, das »erfundene« Beispiel; denn »vermitteln« könne »wesentlich nur das Erdichtete, das Verwandelte, das Umgestaltete, das Gestaltete« (*Tagebuch 1946–1949.* S. 411). Wie die Romane viele Recherchen des Tagebuch-Ichs auf ihre Weise fortführen – und die Dramen bedienen sich natürlich ebenfalls dieser ›Erzähltechnik‹ –, so werden umgekehrt viele Aufzeichnungen in den Tagebüchern, und oft gerade die persönlichsten, zusätzlich vom Prozeß der Fiktionalisierung erfaßt.[3] Frischs Auseinandersetzung mit sich und seiner Zeit ist stets sowohl eine direkte als auch eine indirekte, modellhafte. Daß etwa das Stück *Andorra* (1962) oder das Land in *Biedermann und die Brandstifter* (1958) Deutschland, die Schweiz, die Tschechoslowakei (oder was immer) zugleich meint und nicht meint, sollte eigentlich kaum der Erwähnung bedürfen. Der berühmte Untertitel, den das zweite dieser Stücke trägt, bestimmt freilich auch den ganzen Abstand derartiger Parabolik zu ihrem Vorbild, der Parabelform Bertolt Brechts. Ein »Lehrstück ohne Lehre« hätte der von Frisch Bewunderte, der Meister jeder Verfremdung des Vertrauten, nie propagiert. Mit entlarvender Einprägsamkeit ist in diesem Losungswort die durchgehende Ambivalenz – Stärke wie Schwäche von Frischs Zeitkritik – noch einmal formelhaft verdichtet.

Blickt man auf das Sozialgefüge, in dem sich Frischs Gestalten und das Ich seiner Tagebücher bewegen, auf das System also, dessen Einflüssen sie ausgesetzt sind und auf das sie ihrerseits einzuwirken suchen, so kehrt es fast überall ein und dasselbe Gesicht hervor. Es sind die nach außen glatten, im Innern oft zum Zerreißen angespannten Züge jener auf Geld und Besitz gegründeten bürgerlichen Gesellschaft aus dem 19. Jahrhundert, wie sie, namentlich in der Schweiz, bis in unsere Tage überlebt hat. Daß sich diese an der Oberfläche so ›gutbürgerliche‹ Welt seither vielfach mauserte und zur Leistungsgesellschaft modernisierte, ist allerdings unbestreitbar und spiegelt sich auch bei Max Frisch. Dennoch ist z. B. der Arbeiter (vom Proletariat als Klasse gar nicht zu reden) bei ihm so gut wie nichtexistent. Die Menschen, die in Frischs Romanen geschildert werden, sind in der Hauptsache Bürger und bürgerliche Intellektuelle: Geschäftsleute, Beamte, Techniker, Wissenschaftler, Künstler. Sie verfügen sowohl über die Mittel als auch über genügend Muße, um sich, falls ihnen der Sinn danach steht, mit den Gründen ihres schwelenden Unbehagens in dieser Kultur, ihres Mißvergnügens und ihrer wachsenden Unzufriedenheit in epischer Breite abzugeben. Und die Anstrengungen, die sie schließlich unternehmen, um sich zu befreien, gipfeln zumeist in dem, was man in anderem Zusammenhang und etwas übertrieben ihre »Kolumbusreise«[4] genannt hat. Das Leben in der Gesellschaft oder, wenn man will, das gesellschaftliche Leben selbst mit seinen Zwängen und Spannungen, Restriktionen und Tabus, die den Menschen sich und seiner Umwelt entfremden, drängt immer wieder zu solch radikalem Aufbruch hin. Immer erfolgt er jedoch mit dem Hintergedanken, auch Rückkehr sei möglich, echte Beziehungen in und mit der Gesellschaft seien noch herstellbar – wie denn Frischs ›öffentlicher Partner‹, das Staats- und Gesellschaftsgebilde der Schweiz, ebenfalls stets, aller Schäden und Fehlgriffe ungeachtet, als ein reparierbares, ja restaurierbares aufgefaßt wird.

Diese Schweiz (über den Sonderfall eines bald von Überheblichkeitsgefühlen, bald von krankhaften Minderwertigkeitskomplexen geplagten Landes hinaus) ist das Grundmodell der bürgerlichen Gesellschaft im großen. Im kleinen ist es die Institution der bürgerlichen Ehe. Obwohl das am meisten bei den erzählenden Werken ins Auge springt, kreist doch in Stücken wie *Santa Cruz* (1947), *Graf Öderland* (1951), *Die große Wut des Philipp Hotz* (1958) oder *Biografie* (1967) die Handlung im wesentlichen um dasselbe Problem. Die Ehe ist diejenige Einrichtung der bürgerlichen Welt, an der Frisch mit Vorliebe die Reaktionen des einzelnen auf den erstickenden Druck, der ständig auf ihm lastet, untersucht und darstellend aufzeigt. Ein »Sarg für die Liebe« heißt sie deshalb schon im frühesten dieser Stücke, der »Romanze« *Santa Cruz*. Ehe ist, wie Peregrin ergänzend präzisiert, »ein Nest, das man nicht mehr verläßt« (*Stücke I*. S. 56). Aber nicht genug damit, daß sie den Menschen zum Gefangenen macht, verdammt sie ihn überdies zu endloser Wiederholung. »Jetzt ist nicht Jetzt, sondern Immer«, klagt Frisch noch im jüngsten seiner Romane (vgl. *Mein Name sei Gantenbein*. S. 209). Die Vergangenheit sei »kein Geheimnis mehr«, die Gegenwart »dünn«, weil sie »abgetragen« werde »von Tag zu Tag«, und die Zukunft bedeute »Altern«. Einzig und allein das Geheimnis, das Mann und Frau voreinander hüten, vereinige beide zu einem Paar (vgl. ebd., S. 210 f. und 159). Gantenbein gelingt diese Verbindung mit Lila wenigstens zeitweise dadurch, daß er vorgibt, blind zu sein. Er spielt bewußt und mit Glück eine Rolle. In zahlreichen anderen Fällen ist es dagegen gerade diese Rolle, gerade das Bildnis, das sich Mann und Frau voneinander machen, was jenes so schwer faßbare »Lebendige« in ihrer Beziehung (vgl. *Tagebuch 1946–1949*. S. 37) mit der Zeit abwürgt. Dann wird die Ehe zum toten Maskenspiel, zur hohlen Pose zwischen den Partnern und deren Umwelt; dann herrschen nur noch Betrug, Lüge und Eifersucht, qualvolle Unzulänglichkeit, Unvermögen und ein mühsam unterdrücktes Ressentiment, das sich zuletzt entweder in plötzlicher »Wut« entlädt, wie bei Hotz, oder in Resignation und allmählichem Rückzug – bis zur völligen Abkapselung und mitunter sogar zum Selbstmord. Bloß zur Scheidung kommt es bezeichnenderweise höchst selten. Man verliert sich zwar gern in Pläne und Wunschvorstellungen, »entschlossen zu jeglicher Wendung«; man verwirklicht sie auch zum Teil. Doch ›rechtliche Konsequenzen‹ ergeben sich aus diesen Abenteuern kaum. »Ehebruch«, faßt Frisch lakonisch zusammen, »aber es bleibt bei der Ehe« (*Mein Name sei Gantenbein*. S. 209). Darauf läuft so mancher endgültig scheinende Aufbruch oder Ausbruch letztlich hinaus.

Vor dem bürgerlichen Gesetzbuch, mit anderen Worten, entpuppt sich selbst die besagte Kolumbusreise häufig als euphorische Metapher, als mehr oder minder bewußtes (obzwar gewagtes) Spiel. Dieses neuerliche Stagnieren ist jedoch insofern bemerkenswert, als sich hierin das Bestreben des Bürgers, die äußere Form zu wahren, mit dem inneren Formgesetz des Schriftstellers verknüpft. Denn Scheidungen sind in Frischs Werk ja auch darum so wenig ratsam, weil er das Grundmodell der Ehe, ganz ähnlich wie dasjenige der Schweiz, unbedingt braucht, um an ihm seine spezifische Zeit- und Gesellschaftskritik zu entfalten. Beide Modelle liefern ihm den notwendigen Ansatzpunkt für seine Fragen und Reflexionen wie überhaupt für seine kritische Gestaltung dessen, was sich im goldenen Käfig dieser Gesellschaft begibt. Das trifft im Kern bereits auf seinen Erstlingsroman *J'adore ce qui me brûle oder Die Schwierigen* (1943; veränderte Neuausgabe mit umgekehrtem Titel 1957) zu, der lediglich damit eine gewisse Ausnahme bildet, daß in ihm noch die Ehe als Institution zur Erhaltung und Steigerung des Lebens anerkannt wird. Die bürgerlichen Ehen, die Yvonne oder Hortense schließen, werden durchaus positiv bewertet. Sie sind – wie auch die Heirat Elviras in *Santa Cruz* – Kompromisse à la Fontane, doch für Frisch gleichwohl ›gesund‹. Und nicht umsonst wissen solche Frauen ihr Geheimnis (z. B. die Wahrheit über den Vater ihres Kindes) ganz oder jedenfalls lange genug vor ihrem Gatten zu verbergen. Derlei gilt sowohl für Yvonne wie dann für Elvira in ihrem Verhältnis zum Rittmeister.

Mit diesem freilich, dem männlichen Partner, fangen die eigentlichen Schwierigkeiten erst an. Die Problematik, die sich in einer unerfüllten Ehe oder einem durch Ehe eingeschränkten und beschädigten Leben spiegelt, beginnt seit *Santa Cruz* dermaßen bedrückend zu werden, daß sie, zumindest versuchsweise, zum Ausbruch drängt: sei dieser nun real oder imaginär. Getrieben von der Sehnsucht nach einem »anderen«, einem »wirklicheren« Leben (vgl. *Stücke I.* S. 25), vom unbestimmten Verlangen nach etwas, was man versäumt zu haben glaubt, reißt man sich los aus der beengenden Ordnung, der schalen Routine, der langweiligen Alltäglichkeit, um endlich alles hinter sich werfen zu können. Nicht nur der Rittmeister oder auch Stiller gehören zu denen, die dies tun oder möchten, sondern ebenso Schinz, Öderland, Isidor, Hotz, das Ich im *Gantenbein*-Roman sowie eine schier unabsehbare Reihe weiterer Figuren in Frischs Romanen und in den Erzählungen seiner Tagebücher. Es gibt zwar gelegentlich – vor allem da, wo es sich um pure Eifersucht handelt wie beim Bäckermeister in O. – Abweichungen von dieser Regel; doch stets – dazu wäre das *Tagebuch 1966–1971* insgesamt zu vergleichen – lauern Verzweiflung und dumpfes Verkommen, drohen Apathie oder Selbstmord. Man kümmert halt dahin, so heißt es einmal, »bis man erstickt – oder ausbricht« (ebd., S. 355).

Man quält sich, konkret gesagt, bis man entweder resigniert oder die Freiheit und die Fremde gewinnt: und zwar meist eine überseeische und südliche, die nicht allein die Exotik, sondern auch das berühmte ›einfache Leben‹ in sich schließt. Das Ersticken, von dem Frisch spricht, ist fast immer bloß bildlich zu nehmen, als Rückzug – sehr im Gegensatz zum entsprechenden Auszug, wie ihn etwa das Schweifen Öderlands, der Aufenthalt Stillers in den Vereinigten Staaten und sogar Rolfs Flucht nach Genua oder das Untertauchen anderer Gestalten dokumentieren. Viel öfter als der wirkliche Tod, von dem so emphatisch die Rede ist, begegnet (neben den reinen Tagträumen und folgenlosen Phantasien) das wirkliche Ausscheren. Als dessen Musterfall, als Paradigma der Abkehr von der Gesellschaft, empfindet der Schweizer offenbar immer noch – Stillers Wärter Knobel läßt sich darüber aus[5] – den Eintritt in die Fremdenlegion, den Isidor tatsächlich vollzieht und Hotz wenigstens androht, der aber alle frustrierten Bürger irgendwann lockt. Sowohl ihr wildes Schmollen als auch ihre heimliche Angst gelangen in diesen *Afrikanischen Spielen* (Ernst Jünger) zum Ausdruck. Dazwischen, erst recht ein Spiel, steht das

Bemühen Kürmanns in *Biografie* oder des Ich-Erzählers in *Mein Name sei Gantenbein*, die vergebens versuchen, das Geschehene ›anders geschehen‹ zu machen. Solche Mittelwege, gleich welcher Art, dominieren bei Frisch ja überall; selbst die Ausbrüche sind bei ihm befristet. Zum Äußersten – nämlich daß jemand Hand an sich legt oder die Öderlandsche Axt schwingt – kommt es so selten wie zu einer Scheidung: obwohl man am liebsten, mit Wissen oder im Wahn oder in heilloser Vermengung beider, die ganze Familie erschlagen, das ganze Haus, ja die ganze Gesellschaft blindlings zertrümmern möchte.

Homo faber (1957), der zweite der drei Romane Max Frischs, ist keineswegs ein Einwand gegen diese Auffassung von der Ehe. Die Titelfigur hält sich nur scheinbar abseits. Was sie verkörpert, ist zwar unstreitig das prinzipielle Verweigern der Ehe als Institution, das aber deren Problematik nicht aufhebt, sondern eher noch, als Negierung, endgültig bestätigt. Auch am obligaten Ausscheren, ins Exotische und Mediterrane wie zugleich in die Simplizität, hat Walter Faber teil. Vor allem jedoch beachte man, daß Faber sowenig wie Hanna – es sei denn in tragischer Verblendung – eine befriedigende Beziehung zum jeweiligen Partner herzustellen vermag... Dasselbe Unvermögen, bloß ins Komische gewendet, liegt natürlich bei Don Juan vor: er, in *Don Juan oder Die Liebe zur Geometrie* (1953), ist vollends keiner Beziehung im echten Sinne fähig. Fabel und Pointe des Lustspiels zielen deshalb gerade darauf, daß er, statt aus der Ehe ausbrechen zu dürfen, listig in sie hineingezwungen wird. Das doppelte »Mahlzeit« am Schluß (vgl. *Stücke II*. S. 85) gibt diese groteske Umkehrung unübertrefflich wieder. Wie ernst es Max Frisch aber auch hier gleichwohl meint, beweist der Ausruf Don Juans: »Welche Ungeheuerlichkeit, daß der Mensch nicht allein das Ganze ist!« Je größer seine Sehnsucht danach sei, heißt es weiter, »um so verfluchter« stehe er da, »bis zum Verbluten ausgesetzt dem andern Geschlecht« (ebd., S. 81). An den Folgen dieses Jammers – und Don Juan fragt umsonst, womit »man« derlei »verdient« habe (vgl. ebd.) – leiden beinah sämtliche Gestalten in Frischs Werken, insbesondere eben die Männer. Es waltet zwischen den Geschlechtern, wie schon Peregrin klagt, »ein Widersinn«, den der Dichter geradezu ins Ontische oder Metaphysische zu hypostasieren sucht (vgl. *Stücke I*. S. 58). Immer wieder soll sich erweisen, daß, banal gesprochen, das Weiblich-Erotische mit dem Männlich-Intellektuellen, das Nährend-Seßhafte der Frau mit dem Verzehrend-Flüchtigen des Mannes (den Gottfried Benn einmal zynisch den »düsteren Büchsenöffner« nannte[6]) im Grunde unvereinbar sei. Doch diese zweifelhafte Erkenntnis und der sie erhellende Vorgang – der vermeintlich ewige, in Wahrheit aber sehr bürgerliche ›Geschlechterkampf‹ – werden zum Glück, von wenigen Texten abgesehen, so nuanciert und trotz allem humorvoll dargeboten, daß ihnen dabei an dichterischem Reiz ebensoviel zuwächst, wie sie an kritischer Schärfe vielleicht verlieren.

Es wäre indes verfehlt, wollte man glauben, die Frau bei Max Frisch sei stets der stärkere und gesündere Partner. Das mag allenfalls auf Lila in *Mein Name sei Gantenbein*, auf Agnes in *Als der Krieg zu Ende war* (1949) oder auf Antoinette in

Biografie zutreffen. Davon jedoch, daß die Frau als Frau unverstört ihrer selbst sicher wäre oder daß gar – um es nochmals, und mit Absicht, klischeehaft auszudrücken – alles Weibliche harmonisch in sich ruhte, kann bei Frisch keine Rede sein. Man denke nur an Hanna, diesen »ressentimentgeladenen Anti-Mann«, wie sie mit Recht bezeichnet wurde,[7] oder an ein Wesen von der Art Julikas in *Stiller*. Der hübsche und einleuchtende Zirkelschluß: »Sie ist eine Frau, aber mehr als das: eine Persönlichkeit, aber mehr als das: eine Frau« (*Biografie*. S. 66), der für Antoinette, auf die er huldigend gemünzt ist, einigermaßen stimmen mag, läßt sich im Werk Frischs schwerlich verallgemeinern. Was dessen Romane, Dramen und Tagebücher an Weiblichkeit bevölkert, hat durchaus seine eigenen Probleme. Sogar Sibylle, die Frau des Staatsanwalts, muß erst ganz wörtlich ihre »Kolumbusreise« nach Amerika, will sagen ihren Ausbruch aus der Ehe nach erfolgtem Ehebruch, hinter sich bringen, bevor sie sich selbst wie auch Rolf wiederfinden darf. Erst ihre Entdeckung und Selbstentdeckung, nach einer »Zeit fast klösterlicher Einsamkeit« (*Stiller*. S. 407), führen zur wahren, dauerhaften Gemeinschaft. Und solch mehrfaches Gelingen macht Sibylle ohnehin zum positiven Ausnahmefall unter ihresgleichen. Sie wirkt als Gegenbild im gesamten Schaffen des Dichters, nicht bloß in den erzählenden Schriften oder im *Stiller*-Roman, der ihr Schicksal so eng mit dem des Helden verflicht und es dennoch so nachhaltig davon abhebt. Er, Anatol Ludwig Stiller, dessen Ausfahrt in die Neue Welt bekanntlich genauso scheitert wie seine Ehe, liefert eindeutig den negativen Regelfall.

Das grundsätzliche Scheitern bei Frisch ist demnach ebenfalls ein mehrfaches. Es spiegelt, weit übers Private der jeweils Betroffenen hinaus, ein Versagen sowohl der Ehe und Gesellschaft als auch der Kräfte, die sich gegen sie aufzulehnen wagen. Was von dieser Auflehnung am Ende bleibt, ist oft nur ein Abwinken, die müde Geste eines Laissez-faire, Laissez-aller, während die kompakte Realität der bürgerlichen Welt, allen Erschütterungen zum Trotz, ungeniert fortdauert. Versagen und Scheitern treten hier gleichsam auf der Stelle. Dieser traurige Eiertanz entbehrt jedoch nicht des Komischen. In der Tat hat der Dichter Max Frisch noch im Kommentar zu seinem letzten Stück versichert, er habe es »als Komödie gemeint« (*Biografie*. S. 111). Ob aber, so fragt man sich, von vornherein? Titel wie Text dieser ›Biographie‹ sind unmißverständlich genug, um das Wort des damals Sechsundfünfzigjährigen (Brecht z. B. wurde kaum älter) auch als Bilanz und rückblickendes Selbstzeugnis zu enthüllen. Gerade mit seinem ausdrücklichen Hinweis verfängt sich Frisch erneut. Denn schlägt nicht eben damit der kontrollierte Humor, dem er als Dichter so viel verdankt, in einen unkontrollierbaren, nahezu unfreiwilligen oder mindestens recht hilflosen um? Ja, schlägt nicht der kritische Impuls, den er sonst dämpft, nun verstärkt auf ihn selber zurück? Im gleichen Werk nennt der Registrator – also jener, der Kürmanns Bewußtsein speichert – gewisse Sätze achselzuckend »trivial, aber empfunden« (ebd., S. 88). Er möchte ironisch entschärfen, was der Held im Rückblick nicht mehr wahrhaben will. Es sind Aussprüche wie »Wir leben nur einmal« oder »Es ist schade um unsere Zeit« (vgl. ebd.): Banalitäten, die auch der registrierende Dichter allzu schmerzlich spürt; vom Leser ganz zu schweigen. Frisch hofft sie durch seine Selbstironie auf ähnliche Weise zu bagatellisieren wie sein biographisches ›Spiel‹ (so der Untertitel) durch dessen nachträgliche Deutung als Komödie.

Viel Erfolg hat er leider mit beidem nicht, zumal man diese Fälle leicht vermehren könnte. Dutzende solcher Situationen und Sätze, mit oder ohne Ironie, sind über die Schriften Max Frischs verstreut. Selbst diejenige seiner Gestalten, die nicht bloß zum Gegenbild, sondern fast schon zum Vorbild wird, heißt ja, mit Bezug auf ihren Mann, »die Frau seines Lebens«. Klischeehafter und banaler läßt sich derlei wohl nicht sagen. Und es ist keineswegs etwa Rolf, der sich so über Sibylle äußert, sondern der Erzähler (obgleich durch den Mund Stillers [vgl. *Stiller.* S. 415]). Erst recht hören wir den Dichter, wenn bei Frisch unentwegt die Walsersche Zimmerschlacht tobt, unermüdlich der endlose Ehestreit zwischen Mann und Frau geschildert und zu allem Überfluß ins Dämonische stilisiert wird. Auch dies, das Klischee vom ewigen Kampf und Gegensatz der Geschlechter, ist zweifellos zutiefst empfunden, aber ebenso zweifellos höchst trivial. Nimmt es da wunder, wenn sich Klischees und Trivialitäten ihrerseits beinahe zwangsläufig einstellen, wo solche Befunde zu verzeichnen sind?

Allerdings ist hierfür zusätzlich noch einiges andere verantwortlich. Nicht einfach ›unter Bürgern‹ nämlich oder schlicht ›in der Gesellschaft‹ spielen Frischs Ehe- und Ehebruchsgeschichten, sondern unter Menschen »aus höherem Bürgertum« und in »Kreisen der guten Gesellschaft«. Sie handeln von der altvertrauten Bildungs- und Besitzbourgeoisie, der alteingesessenen, auch – trotz aller Libertinage – ein bißchen altmodischen. Wie Yvonne, so stammt die Mehrzahl dieser Menschen nicht nur aus einem bürgerlichen, sondern aus einem ›gediegen‹ bürgerlichen, einem »sogenannt guten oder besseren, jedenfalls wohlhabenden Hause«, und zwar vornehmlich schweizerischer Provenienz. Das gilt für den Erstlingsroman von 1943 wie für dessen Neuausgabe, die anderthalb Jahrzehnte später erschien; es gilt jedoch gleichermaßen für die übrigen Romane und Tagebücher und weitgehend auch für die Dramen. All jene Formeln – zufällig aus dem Band von 1957 herausgegriffen (vgl. *Die Schwierigen oder J'adore ce qui me brûle.* S. 79, 137 und 7) – sind so symptomatisch wie die Geschichten selbst und belegen, daß nicht einmal das Bürgertum als Ganzes dargestellt wird, sondern lediglich eine bestimmte, eben ›höhere‹ Gesellschaftsschicht, die nicht zuletzt durch ihr höheres Bankkonto definiert ist. Noch lieber möchte man freilich, um diese Schicht zu charakterisieren, den währschaften Begriff ›Geldsack‹ benutzen. Doch Frisch hat sie nicht bloß mit einem guten Schuß biederer Rentnermentalität ausgestattet, sondern klug dafür gesorgt, daß ihre Vertreter wenigstens zeitweise – man denke wiederum an Yvonne – auch verarmen können.

Neben diesem Besitz- und Bildungsbürgertum (und natürlich seiner forcierten Entsprechung, dem »homo faber« der modernen Leistungswelt, der aber ebenfalls in jeder Hinsicht ein Schweizer ist) darf man das restliche Personal ruhig vernachlässigen. Denn die paar verirrten Kleinbürger, die hin und wieder auftauchen, stehen entweder am Rande oder fallen ohnehin unter die Kategorie des bürgerlichen Intellektuellen. Auch das ist in den *Schwierigen* bereits vorgebildet und hat sich seither kaum geändert. Was vollends den Arbeiter betrifft, so wird sogar nicht allein er, als einzelner wie als Schicht oder Klasse, bei Max Frisch fast völlig ausgeklammert, sondern die Welt der Arbeit überhaupt: auch die der Unternehmer, Beamten, Techniker oder Wissenschaftler, die Frisch ja darstellt. (Nur die Künstler, bezeichnenderweise, sieht man gelegentlich bei ihrer Tätigkeit.) Über diesen blinden Fleck, der dem Dichter keineswegs unbewußt ist, vermögen weder ironische Untertöne noch irgendwelche Beteuerungen hinwegzutäuschen. Die eigentliche Arbeitswelt bleibt bei Frisch ausgespart. Wozu es in ihrer Gestaltung reicht, sind bestenfalls zaghafte Ansätze, die jedoch bald im Sand verlaufen (und dies im wörtlichsten Sinne, wenn man die Besichtigungen von Rohbauten bedenkt, wie sie durch Architekten oder Bauherren vorgenommen werden). Für Figuren wie Gantenbein, den ›Blinden‹, scheidet Arbeit sowieso aus. Er widerlegt dafür Frisch desto bündiger, obzwar gänzlich unfreiwillig, indem er erklärt: »Man kann einen Menschen nicht bloß in seiner Beziehung zum andern Geschlecht vorstellen«, zumindest »einen Mann nicht«; denn »die meiste Zeit unseres Lebens verbringen wir mit Arbeit« (*Mein Name sei Gantenbein*. S. 397). In der Welt des Romans ist unverkennbar das genaue Gegenteil der Fall. Gantenbein–Frisch, statt die besagte Lücke zu füllen, macht erst wirklich auf sie aufmerksam. Wider Willen und Absicht weckt oder verstärkt seine ausdrückliche Erklärung gerade den Verdacht, den sie beschwichtigen möchte.

Es wiederholt sich somit dieselbe Dialektik wie vorhin. Nicht anders als manches Komische, schlägt auch die versuchte Korrektur der Gesellschaftsdarstellung kritisch auf den Dichter zurück. Was nämlich, wenn nicht ebenjene »Beziehung zum andern Geschlecht«, wird in Frischs Romanwelt mit monomaner Hartnäckigkeit oder Besessenheit ›vorgestellt‹ (um seine vieldeutig schillernde Vokabel aufzugreifen)? Selbst wo tatsächlich etwas ›getan‹ wird, verbringen diese Gestalten ja, ob nun als Gantenbein oder sonstwer, ihre Zeit wahrhaftig nicht mit Arbeit, sondern mit ganz anderen Beschäftigungen. Sie gehen auf Parties; sie machen Besuche, Einkäufe, Spaziergänge; und selbstverständlich begeben sie sich immer wieder, am liebsten per Schiff oder Flugzeug, auf Reisen. Gewiß, man könnte hier abermals an Walter Faber erinnern und einwenden, daß bei ihm der Beruf mit dem Reisen im Grunde zusammenfalle. Doch auch das trügt. Man prüfe nur einmal nach, was dieser Unesco-Techniker, von dem man schließlich einiges erwarten könnte, an konkreter Arbeit leistet. Die Ausbeute in seinem »Bericht« (wie der technologische Untertitel zu *Homo faber* lautet) erweist sich als ebenso dürftig wie diejenige, die man aus *Stiller* oder *Mein Name sei Gantenbein* gewinnt. Darin weicht der scheinbare ›Anti‹-Eheroman von den ausgesprochenen Eheromanen um kein Jota ab. Erschwerend kommt hinzu, daß in Sachen Beruf oder Arbeit auch Mann und Frau merkwürdig wenig Interesse oder gar Verständnis füreinander bekunden. Überall, wohin man sich wendet, droht in Frischs Romanen das Gesellschaftliche aufs Engere und zugleich Elitäre seines Begriffs zu schrumpfen – und zwar das Gesellschaftliche insgesamt, nach soziologischer Stufung wie nach individueller Betätigung. Was letzten Endes übrigbleibt, ist vielfach bloß jene fatale ›gute‹, um nicht zu sagen: ›feine‹ Gesellschaft, die es sich erlauben kann, ihr kompliziertes Liebes- und Seelenleben hingebungsvoll zu pflegen, und die sich früher gern, mit einem spürbaren Stich ins Mondäne, die ›elegante Welt‹ nannte. Sind nicht, selbst im Hinblick auf Frischs Gesamtschaffen, die Ausnahmen davon verzweifelt selten? Genau besehen, hat dieser Dichter doch alle seine Werke nicht nur über, sondern ebensosehr für eine solche Gesellschaft geschrieben.

Das ist vielleicht überspitzt ausgedrückt, zugestanden. Aber eins dürfte gleichwohl sicher sein: Max Frischs Romane, trotz ihrer Zeitkritik, sind Gesellschaftsromane auch in der abschätzigen, alles andere als kritischen Bedeutung des Wortes. Zumindest kommen sie diesem Genre des 19. Jahrhunderts (nämlich dem belletristischen Erbauungsschrifttum der saturierten Bürgerschichten) bisweilen beklemmend nahe. Nicht Fontane nur, selbst Paul Heyse und Paul Lindau, mit ihren parfümierten und inzwischen leicht anrüchigen Wälzern ›aus der Gesellschaft‹, zählen zu Frischs Ahnen – mag er sich auch nie mit ihnen befaßt und sich statt dessen eher, was sein Metier anlangt, auf seine Landsleute gestützt, also z. B. »ziemlich viel von einem Schweizer namens Albin Zollinger« (*Stiller*. S. 425) gelernt haben. Das Elegant-Belletristische macht sich darum nicht minder geltend. Daß es, als mondäner Faltenwurf um Max Frischs Romane, ein gut Teil der Verantwortung für ihre allgemeine Neigung zur Klischeehaftigkeit trägt, steht jedenfalls außer Frage.

Und dringen solche Züge nicht sogar in Frischs bewußte Zeitkritik ein? Sie nimmt ja besonders scharf, als typische ›Kulturkritik‹ europäischer oder eigentlich deutscher Prägung, den sogenannten ›American Way of Life‹ aufs Korn. In *Homo faber* erhält dieses Phänomen eine vernichtende Abrechnung; in *Stiller* wird ihm, an Hand der Erfahrungen Sibylles, eine zwar einsichtsvollere, aber noch immer summarisch ablehnende Schilderung gewidmet (vgl. *Homo faber*. S. 219 f. u. ö.; *Stiller*. S. 407 ff.). Beide ›Bilder‹ sind jedoch klischeehaft im doppelten Sinne: nämlich sowohl unmittelbar, da derlei selbst für Amerika bloß mit Einschränkung stimmt, als auch mittelbar, da auf das implizierte Gegenbild Europa im wesentlichen die gleiche Kritik zutrifft. Frischs Zeit- und Kulturkritik an New York und den USA läßt sich, mit anderen Worten, heute an jeder beliebigen Großstadt der westlichen Welt und entwickelten Industriegesellschaft üben. Hier wie dort ist das Leben der Menschen »so unerhört praktisch, so unerhört glanzlos« oder ganz einfach »leblos«, wie der Dichter angewidert schreibt (vgl. ebd., S. 412). Um so sympathischer berührt einen daher die Entdeckung, daß er für diese globale Austauschbarkeit immerhin nicht völlig blind war. Davon zeugt zur Genüge das Schicksal Walter Fabers, der ausgerechnet demselben ›American Way of Life‹ frönt und schließlich zum Opfer fällt, den er seitenlang geißelt. An Faber wird deutlich, wie Kritik und Selbstkritik – wir haben es bereits mehrfach beobachtet – sich auch dies-

mal bei Max Frisch die Waage zu halten suchen. Sie relativieren einander wechsel-
seitig, ohne sich deshalb aufzuheben oder ernsthaft in Zweifel zu ziehen.
Mit Amerika verknüpft – nicht notwendig, aber eben dadurch so aufschlußreich –
ist bei Frisch auch das häufig in kulturkritischer Absicht beschworene Bild des Ne-
gers oder der Negerin. Es enthüllt sich ebenfalls, wie kürzlich nachgewiesen wurde,
fast ausnahmslos als Reproduktion dessen, was man im Englischen als ›stereotype‹
bezeichnet. »The historical perspective is lacking.«[8] Solche Mängel geschichtlicher
Art sind indes keineswegs auf die Darstellung der Schwarzen beschränkt, wo sie
Weißen, zumal Europäern, ohnedies nicht sehr auffallen würden. Sie begegnen im
Schaffen Max Frischs auch sonst. Faber, erst recht Kürmann und Gantenbein liefern Belege. Doch den Musterfall bietet wieder Sibylle, für die es aber beileibe nicht
damit getan wäre, regelmäßig (etwa wie Uwe Johnsons Gesine) die *New York
Times* zu lesen, um jene historische Perspektive zu eröffnen. Die Ursache sitzt bei
Frisch tiefer. Denn Geschichte, namentlich Zeitgeschichte, ist bei ihm sogar meist
vorhanden: in manchen Werken vielleicht nur ansatzweise, in anderen dafür – z. B.
in *Biografie* oder vollends im *Dienstbüchlein* und im *Tagebuch 1966–1971* – fast im
Übermaß. Das Allgemeine und Gesellschaftlich-Politische wird so gut berücksichtigt
wie das Besondere und Individuelle. Woran es im geschichtlichen Bereich fehlt, ist
deren Vermittlung. »Sie haben es erraten«, gestand Frisch mit entwaffnender Ehrlichkeit, als Walter Höllerer diese Frage aufwarf. Es gehe ihm, fuhr er bestätigend
fort, in der Tat nicht um »Interferenz«, sondern um »die Divergenz von privaten
und kollektiven (politischen) Problemen«, um »das Inkommensurable zwischen
Biographie und Zeitgeschehen«. Jene Vermittlung beider (»inwiefern eins das andere bestimmt«) wage er nicht einmal anzustreben ... jedenfalls »vorerst« nicht,
wie der 1911 Geborene noch 1969 meint (vgl. *Dramaturgisches. Ein Briefwechsel.*
[1969.] S. 28). Die Folgerung, daß daraus sowenig eine Perspektive entstehen kann
wie aus dem Reproduzieren von Bildern und Vorstellungen, liegt auf der Hand.
Frisch hat übrigens selber vom »Zeitalter der Reproduktion« gesprochen. Wir seien,
klagte er resigniert, »Fernseher, Fernhörer, Fernwisser« – und dies nicht etwa bloß
in bezug auf Kriege, Naturkatastrophen, sportliche Gipfelleistungen und ähnliche
Sensationen, sondern selbst im Bezirk des »menschlichen Innenlebens« (vgl. *Stiller.*
S. 244). Aus Bildschirm und Leinwand, Schalltrichtern und Zeitungsspalten rinnt
ein betäubend gemixter Cocktail zusammen, dessen Wirkungen nach Max Frisch
verheerend sind. Auch darüber, über diese Benommenheit und Voreingenommen-
heit, hat der Dichter bewegt Klage geführt. Und nicht zufällig berief er sich dabei
voller Neid auf Italien. In der mediterranen Welt nämlich verblasse nichts »in
[vorfabrizierte] Begriffe«, so schwärmt das erste Tagebuch; alles sei dort – in der
Gegenwelt nicht nur zu Amerika, sondern auch zum amerikanisierten Europa –
»konkret«, sei »lebendige Humanität« und »Kultur« (vgl. *Tagebuch 1946–1949.*
S. 193 und 198). »Wogegen wir in Begriffen leben, die wir meistens nicht überprüfen können; das Radio überzeugt mich von hundert Dingen, die ich nie sehen
werde, oder wenn ich sie dann einmal sehe, kann ich sie nicht mehr sehen, weil ich

ja schon eine Überzeugung habe, das heißt: eine Anschauung, ohne geschaut zu haben« (ebd., S. 193). Das beinah bis ins Groteske gesteigerte Zeichen für diese »verlorene Unmittelbarkeit«[9] ist der Kamerafimmel Walter Fabers, dessen Stichwort – das allerdings Sabeth gibt – bekanntlich lautet: »Ich filme statt zu schauen« (*Homo faber*. S. 235).

Der Dichter hat solche Zeichen von Anfang an errichtet und immer wieder Konkretheit gefordert und proklamiert (vgl. *Tagebuch 1946–1949*. S. 194). Am weitesten ging er darin wohl mit seinem Stück *Als der Krieg zu Ende war*. In ihm wird geradezu – wie wiederum das Tagebuch kommentierend mitteilt – die Sprache als solche haftbar gemacht. Mit allem Nachdruck sagt Frisch vom Liebeserlebnis zwischen Agnes und dem russischen Offizier: »Es wäre kaum möglich gewesen, wenn sie sich sprachlich hätten begegnen können und müssen.« Die menschliche Sprache selbst gilt dem Dichter hier als »Gefäß des Vorurteils«, als Vehikel der »Lüge« und einer »tödlichen Trennung«. Daran ändert auch nichts der verdeutlichende Zusatz, Agnes habe es vermocht, dem »einzelnen Menschen« gerecht und damit ihrerseits »wirklich« zu werden, also »ein Mensch zu sein gegen eine Welt, die auf Schablonen verhext ist, gegen eine Zeit, deren Sprache heillos geworden ist, keine menschliche Sprache, sondern eine Sprache der Sender und eine Sprache der Zeitungen, eine Sprache, die hinter dem tierischen Stummsein zurückbleibt«. Frisch sieht die Zusammenhänge und sieht sie doch nicht. Was geschichtlich bedingt und zeitkritisch erklärbar ist, wird ihm unterderhand zu einer Grundbefindlichkeit aller Menschen; und was sich als unerhörte Begebenheit, die er als Dichter gestaltet, einmal ereignete, erscheint ihm als »das ungeheure Paradoxon« schlechthin: »daß man sich ohne Sprache näherkommt« (vgl. ebd., S. 221). Entlarvend genug ist es ja ebenfalls schlechthin die Frau, die im Stück wie in Frischs Kommentar als »konkreter lebend« empfunden, als fähig zur »rettenden Überwindung« gefeiert wird. Auch das sagt der Dichter unzweideutig und mit allem Nachdruck: »Ich finde in dieser Frau, was an so vielen Frauen, die ich gesprochen habe, und an tausend Frauen in der Untergrundbahn zu finden ist: sie ist heiler als die Männer, wirklicher, in ihrem Grunde minder verwirrt« (ebd.).

Beide Male erlag so Max Frisch jener Versuchung, durch die seine Zeitkritik ständig in Frage gestellt und zugleich als besonders gesellschaftsgebunden gekennzeichnet wird: nämlich Historisches auf spezifische Weise zu hypostasieren. Er gestaltete zwar, wie er genau wußte, die »Geschichte einer Ausnahme« (*Stücke I*. S. 397); doch indem er sie dabei – gegen seinen eigenen Wortgebrauch – aus der konkreten Geschichte herausnahm, aus Zeit und Gesellschaft löste und ins Abstrakt-Existentielle verwob, verstrickte er sich selbst desto unlösbarer in seine Historizität. Das Werk von 1947/48 gehört in mehr als einer Hinsicht zur »Gattung der historischen Stücke«, zu der es der Dichter ausdrücklich (vgl. ebd.) rechnete; es erweist sich als exemplarisch für das Gesamtwerk Frischs, ja für dessen Denken überhaupt. Vermutlich reicht sogar, was hier sichtbar wird, weit über ihn und seine persönliche Problematik hinaus. Denn sind dies nicht Gefahren, denen auch ein viel radikalerer

Kritiker wie z. B. Enzensberger – und keineswegs nur mit seinen Schriften über die Bewußtseinsindustrie, die Medien und deren verheerenden Sprachverschleiß – nicht gänzlich entgangen ist?[10]

Gewiß ließe sich noch manches Steinchen in dieses Mosaik einfügen. Doch unser Entwurf – bei aller Grobflächigkeit, die ihm anhaften mag – würde dadurch schwerlich ein anderes Aussehen gewinnen. Auch in den übrigen Fällen hat oder hätte sich, nach Struktur und Ideologie, derselbe Befund ergeben. Auf die Auswahl oder gar Reihenfolge kommt es bei Max Frisch nicht an. Sein Frühwerk *Als der Krieg zu Ende war* könnte ebensogut die Mitte seiner Dramenproduktion wie deren (vorläufigen) Abschluß markieren. Man könnte, anders gesagt, dieses ausgesprochene Zeitstück mit der zeitlosen Komödie *Don Juan* oder dem Spiel mit der Zeit *Biografie* ohne viel Mühe vertauschen. Und natürlich trifft derlei auf die erzählenden Schriften nicht minder zu. Worin unterscheiden sich, aufs Ganze gesehen, *Mein Name sei Gantenbein* und *Homo faber* von *Stiller*, ja selbst vom Erstlingsroman *Die Schwierigen*? Oder worin weicht das zweite Tagebuch – man mache die Probe – unter diesem Aspekt vom ersten ab? Was wir eingangs teils ahnten, teils argwöhnten, hat sich auf Schritt und Tritt bestätigt. Es herrscht in Frischs Entwicklung, trotz der scheinbaren Komplexität seines Schaffens bzw. der Widersprüche bei dessen Deutung, eine eigentümliche Stagnation oder Beharrung im Wandel. Darum (vgl. *Stücke I*. S. 50) gehen »alle Zeiten durcheinander«, wie der Dichter zugeben mußte, jedoch scherzhaft seinen Figuren vorwarf: »Sie blättern in den Jahren herum, vorwärts und rückwärts – so eine Schweinerei!« Aber derartige Einwände, die jeden möglichen Einwand entkräften sollen und dies zuweilen (es handelt sich um *Santa Cruz*) auch tun, richten sich letztlich gegen Frisch selber. Die »zusammensetzende Folge«, die er einst postulierte, hat höchstens im jeweiligen Einzelwerk Geltung; doch auf weitere Sicht sind es tatsächlich »Laune und Zufall«, die hier regieren.

Bloß daß dem so ist, scheint ganz und gar kein Zufall zu sein. Frisch schrieb ja im gleichen Zusammenhang: »Die einzelnen Steine eines Mosaiks, und als solches ist dieses Buch zumindest gewollt, können sich allein kaum verantworten« (*Tagebuch 1946–1949*. S. 7). Mit seinen Büchern insgesamt, den einzelnen ›Steinen‹ im Rahmen des ganzen bisherigen Œuvres, verhält es sich offenbar umgekehrt. Sie bilden ihrerseits nicht nur ein riesiges Mosaik, sondern, gerade durch ihre Bewegtheit, auch ein riesiges Kaleidoskop. Ein solches Kaleidoskop oder rotierendes Mosaik – »opt. Unterhaltungsspielzeug, das durch Spiegelung farbige Muster ergibt«, wie die Wörterbücher definieren – bewegt sich zwar unaufhörlich und ändert sich dadurch stets, aber eben ohne sich je zu *verändern*. Seine Bewegung geschieht im abgeschlossenen Raum, mit vorgegebenen Teilen; was wechselt, ist lediglich deren Anordnung, nie sie selbst und nie das Ganze. Bei aller Wandelbarkeit und vermeintlichen Neuheit – das weiß niemand besser als Max Frisch (vgl. *Biografie*. S. 29) – bleibt in diesem Gebilde alles beim alten. Die »Reichweite« eines Kaleidoskops, im Wortsinn wie im übertragenen Sinn, läßt sich nun einmal »nicht ändern«, man mag es drehen und schütteln, soviel man will. Doch ›drehen und schütteln‹ soll man nach Frisch unbedingt: man soll sich, namentlich bei der Erzählprosa, nicht mit der passiven Rezeption begnügen. Der Dichter bestimmte von Anfang an den Leser als »die ungeschriebene Rolle« im Werk und diese (im Idealfall) als »Rolle einfach eines Partners, eines Mitarbeiters, der mit uns sucht und fragt und uns ergänzt« (*Tagebuch 1946–1949*. S. 182). Der Aufnehmende soll teilnehmen. Frischs Texte in all ihrer Vielfalt, selber schon – am deutlichsten vielleicht im *Gantenbein*-Roman – mosaikhaft und kaleidoskopisch konzipiert und gebaut, dringen darauf, den Leser oder Zuschauer ins ›Spiel‹ einzubeziehen. Und dieser Anspruch, den sie als einzelne so bewußt wie in ihrer Gesamtheit unbewußt erheben, ist im Lauf der Jahre nicht etwa schwächer geworden, sondern hat sich zusehends verstärkt.

In welch hohem Maße Struktur und Ideologie bei Max Frisch mit seinem ›Unterhaltungsspielzeug‹ zusammenhängen, dürfte einleuchten. Unverkennbar dient ihm z. B. das Motiv des Reisens als Mittel, um das Mosaik auslegen, das Kaleidoskop in Gang setzen zu können. Aber nicht bloß Orte, auch Zeiten gehen bekanntlich durcheinander; nicht räumlich nur, sondern ebensosehr chronologisch wird bei Frisch ›gereist‹. Wie das traditionelle Genre der bürgerlichen Reisebeschreibung als äußerer, so fungiert das experimentelle des Erinnerungsspiels, der Suche und Selbstverständigung als innerer Handlungsmotor. Beide zusammen ermöglichen es dem Dichter, verschiedene Stationen – also zum einen Städte, Länder und Kontinente, zum andern die Epochen eines Lebens und insbesondere einer Ehe – zu durchmessen und überdies bis zur Willkür ineinanderzuschieben. Ja, Zeit und Raum selber durchmischen sich dabei, so wie sich auch Formen und Inhalte ständig miteinander verquicken. Fast überall verbindet der Erzähler aktuellste Geschehnisse mit Relikten aus dem Gesellschaftsroman des 19. Jahrhunderts, während wiederum dessen Elemente in einer höchst modernen Tagebuchform erscheinen, die nach Frischs eigenem Zeugnis die ihm gemäßeste ist, da sie »die Wirklichkeit nicht nur in den Fakten sucht, sondern gleichwertig in Fiktionen«.[11] Dieses ›Gleichwertige‹ läßt sich jedoch genauso dramatisch gestalten und vom fragmentierten Ich (wie lange vor *Biografie* schon die ›Farce‹ *Die Chinesische Mauer* [1947; veränderte Neuausgabe 1955] lehrte) zum Jahrmarkt der Weltgeschichte und Karussell der Kulturen erweitern. Jede derartige Mischung ist ein entscheidendes Merkmal der mosaikhaftkaleidoskopischen Grundstruktur.

Noch an Frischs allerpersönlichsten, zum Teil ins Religiöse erhöhten Vorstellungen wie der von der Rolle, der Blindheit und dem Bildnis wird derlei wahrnehmbar. Denn auch sie, die das Schaffen des Dichters wohl am eindrucksvollsten geprägt haben, enthüllen sich bei näherem Zusehen als Vehikel jener Bewegung, die in Wahrheit Beharrung ist. Der Ring der »Rollenvarianten ohne die Konstante«,[12] der freilich als solcher unendlich konstant bleibt, ist ebenso in sich geschlossen wie die Dialektik zwischen Blindheit und Erkenntnis oder der Reigen der Bilder, die der Mensch von sich und von anderen macht und die sich die anderen von ihm machen.

Dieses ganze, manchmal sogar – man denke an Fabers »Ich bin ja nicht blind« (*Homo faber*. S. 28) – von Tragik und tragischer Ironie überschattete ›Spiel‹ des Max Frisch gehorcht ein und demselben Gesetz. Seine sämtlichen »Entwürfe zu einem Ich«, die damit zugleich Entwürfe zu einer Welt sind (vgl. *Mein Name sei Gantenbein*. S. 185), liefern Stücke fürs Mosaik, werden Splitter im kreisenden Kaleidoskop. Man braucht gar nicht eigens zu erläutern, was selbst der so biblisch getönten und mit Begriffen wie »Nicht-Liebe«, ja »Sünde« untermauerten Warnung Frischs an die Menschen, sich von ihrem Nächsten »ein fertiges Bildnis zu machen« (vgl. *Stiller*. S. 151), geradezu aleatorische Dimensionen verleiht und sie dennoch von Texten wie etwa Brechts Keuner-Geschichte *Wenn Herr K. einen Menschen liebte* grundsätzlich unterscheidet. Der Sinn dieser Geschichte ist klar: »›Was tun Sie‹, wurde Herr K. gefragt, ›wenn Sie einen Menschen lieben?‹ ›Ich mache einen Entwurf von ihm‹, sagte Herr K., ›und sorge, daß er ihm ähnlich wird.‹ ›Wer? Der Entwurf?‹ ›Nein‹, sagte Herr K., ›der Mensch.‹«[13]
Daß ausgerechnet Brecht sich hier einstellt, bedarf ebensowenig einer Erläuterung. Frischs Antwort auf die berühmte Verfremdung gilt allenthalben in seinem Werk. Sie lautet: »Verfremdungseffekt mit sprachlichen Mitteln, das Spielbewußtsein in der Erzählung, das Offen-Artistische...« Schon diese Parolen sagen genug. Frisch mußte es in der Tat »verlockend« finden, nicht so sehr Brechts »Gedanken« (wie er schreibt) als vielmehr das darin aufgehobene Formprinzip »auf den erzählenden Schriftsteller anzuwenden« (vgl. *Tagebuch 1946–1949*. S. 294). Er ahnte allerdings schwerlich, wie recht er mit dieser Um- und Selbstdeutung auf die Dauer behalten sollte. Denn man kann im Rückblick kaum daran zweifeln, daß die scheinbare Offenheit solch artistischen Spiels die bewegliche Geschlossenheit jenes ›Unterhaltungsspielzeugs‹ ist, dem Rahmen und Teile vorgegeben sind. Das läßt sich auf die Epik wie auf die Dramatik anwenden. Nicht anders nämlich als mit Frischs Verfremdungseffekt steht es mit seinem unverbindlichen Parabelbegriff, den er gleichfalls, und abermals mit massiver Umdeutung, seinem Mentor Brecht verdankt. Dem kaleidoskopischen Wechsel ohne Wandel entspricht aufs genaueste sowohl das »Lehrstück ohne Lehre« als auch die folgenlose Verfremdung. Max Frisch hat sie beide zwar selten so ausdrücklich propagiert, doch dafür desto häufiger praktiziert, obwohl er bei der Bestimmung seiner Aufgabe beträchtlich schwankte und sein »Schreibrecht« bald nur mit seiner »Zeitgenossenschaft« begründete, bald sich unverblümt zu seiner »Person«, ja als puren »Egomanen« bekannte und sogar die Öffentlichkeit, seinen »Partner«, als »Einsamkeit außen« empfand (vgl. ebd., S. 7; *Dramaturgisches*. S. 19; *Öffentlichkeit als Partner*. S. 67). Auch in dieser Hinsicht, könnte man also behaupten, gehorche er seinem ›Spiel‹.
Was wir als dessen Rahmen bezeichneten, heißt bei Max Frisch, wie erwähnt, »Reichweite«. Er meint damit die individuelle Intelligenz. »Die«, so wird Kürmann erklärt, »ist gegeben.« Der Registrator fährt fort: »Sie können sie gebrauchen, wie Sie wollen [...]. Sie können sie spezialisieren, damit sie auffällt: als Fach-Intelligenz. Oder als politische Intelligenz. Sie können sie auch verkommen

lassen: in einem Glaubensbekenntnis oder in Alkohol. Oder Sie können sie schonen: indem Sie sich auf Skepsis beschränken. [...] Aber Sie können ihre Reichweite nicht ändern, oder sagen wir: die Potenz Ihrer Intelligenz, ihre Wertigkeit. Sie verstehen? Die ist gegeben« (*Biografie*. S. 29). Ihre Richtung oder Haltung, d. h. die gesellschaftliche Bezogenheit dieser Intelligenz, erörtert Kürmann selber. Er sei, gesteht er, »was man zurzeit *[sic]* einen Non-Konformisten nennt, ein Intellektueller, der die herrschende Klasse durchschaut und zwar ziemlich genau, jedenfalls mit Entsetzen oder mindestens mit Ekel; aber das genügt ihm«. Ab und zu unterzeichne er »einen Aufruf, eine Kundgebung für oder gegen«; doch auch das seien lediglich Proteste zugunsten seines Gewissens, »solange Gewissen noch gestattet ist«. Im übrigen arbeite der Nonkonformist »an seiner Karriere« (vgl. ebd., S. 48). Kürmann fühlt, wie er wenig später zugibt, einerseits »die Ohnmacht der Intelligenz« (ebd., S. 53), weiß aber andererseits längst, wie opportunistisch sie mittlerweile geworden ist. Seine eigene ist ihm wahrhaftig – innerhalb ihres vorgegebenen Rahmens – beliebig verfügbar. Dies belegt mit aller wünschbaren Aufrichtigkeit ein Dialogfetzen (vgl. ebd., S. 9 f.) aus Kürmanns Gesprächen mit Antoinette: »Was halten Sie vom Marxismus-Leninismus? Ich könnte auch fragen: Wie alt sind Sie?«

Charakteristisch ist hieran nicht allein, daß das Bedeutsame und das Beiläufigste in den gleichen Topf geworfen und gleich-gültig ineinandergequirlt werden, sondern daß dieses Bedeutsame selbst, und wortwörtlich, zum Allerbeiläufigsten, zur bloßen Unterhaltung und damit – Frisch sagt es unmißverständlich – zum »Gesellschaftsspiel« wird (vgl. *Mein Name sei Gantenbein*. S. 185). Es ist ein Spiel in und mit der Gesellschaft in jeglichem Sinne, beileibe nicht nur ›small talk‹ und läppisches Partygewäsch. In ihm gehen Kommunismus und Kapitalismus, Imperialismus und Sozialismus, Kuba und die Berliner Mauer, die Gastarbeiter, der Städtebau, die Umweltverschmutzung und die Ernährungslage der Menschheit so kunterbunt durcheinander wie Zeiten und Räume, wie Blindheit und Einsicht, Rollenzwang und Rollenwahl und die zahllosen Bilder, die sie fortwährend erzeugen. Auch die autobiographischen Schriften sind davon nicht frei, bei aller Distanz und Kritik; auch in ihnen, namentlich etwa im *Tagebuch 1966–1971*, wechseln die folgenschwersten Weltereignisse, Kriege und Revolutionen, mit Lappalien wie dem sogenannten ›Zürcher Literaturstreit‹. Alles rückt auf dieselbe Ebene. »Zug und Gegenzug«, als ob man beim »Schach« säße, bemerkt deshalb Gantenbein achselzuckend ... womit er die nötige Dosis Selbstkritik, die ja ebenfalls zum Gesellschaftsspiel der »Meinungen, Gegenmeinungen« gehört, insgeheim dazu benutzt, um dies Spiel wieder ein bißchen zu nobilitieren (vgl. ebd.). Wenn derlei – außer daß zufällig die brutale Wirklichkeit hereinbricht – beinah zynisch wirkt, so darf sich der Dichter nicht wundern. Aber ihm ist es damit natürlich, trotz oder wegen jenes »amabile umorismo«, den man ihm erst jüngst aus dem geliebten Italien erneut bescheinigt hat,[14] auf seine Weise bitterernst. Denn sogar sie, sogar Art und Inhalt dieser Intelligenz des kritischen Nonkonformisten (ob der nun als Tagebuch-

Ich, als Gantenbein, Kürmann oder wer immer auftritt) sind bei Max Frisch von vornherein gegeben.

Nicht umsonst enthält *Mein Name sei Gantenbein* (vgl. ebd., S. 293) ein synthetisches Porträt des Intellektuellen, das sich völlig mit Kürmanns Entwurf deckt. Daß es repräsentative Geltung besitzt, steht außer Zweifel. Bis in den Satzbau hinein verrät sich in ihm die mosaikhaft-kaleidoskopische Grundstruktur, die dem Sachverhalt doch wohl näherkommt als Gantenbeins Metapher, obschon diese nochmals darin auftaucht: »Philemon ist ein Mann [...] unter Männern, ein Zeitgenosse zwischen Ost und West, ein Staatsbürger, der sich gegen die Atomwaffen ausspricht, wenn auch erfolglos, ein Leser, ein Freund, der hilft, ein Schachspieler, ein Kopf, ein Glied der Gesellschaft, deren Veränderung ihm unerläßlich erscheint, ein Arbeiter von Morgen bis Abend, ein Tätiger, ein Teilnehmer und ein Widersacher, ein Mensch, den die Fragen der Welt beschäftigen, die Not der Völker, die Hoffnung der Völker, die Lügen der Machthaber, die Ideologien, die Technik, die Geschichte und die Zukunft, die Weltraumfahrt – ein Mensch...« Könnte dieses Porträt vollständiger sein? Keinen einzigen Strich hat der Dichter ausgelassen. Wie der reisende Tagebuchautor ist derjenige, der hier so schlechthin als »Mensch« apostrophiert wird, ein Zeitgenosse zwischen Ost und West. Wie Gantenbein ›spielt‹ er. Wie Kürmann unterschreibt er Proteste (um sein Gewissen zu beruhigen) und arbeitet unermüdlich: an seiner Karriere. Wie Faber beschäftigt ihn die Technik, wie den »Heutigen« in der *Chinesischen Mauer* die Vergangenheit und die Zukunft. Wie Stiller ist er Widersacher und Glied einer Gesellschaft, deren Veränderung ihm unerläßlich erscheint. Und wie Max Frisch (dessen gesamtes Werk man ja wiederholen müßte) ist er ein nonkonformistischer Konformist, ein kritischer Teilnehmer an dieser bürgerlichen Welt, die er durchschaut, gegen die er sich auflehnt, erbittert und halbherzig zugleich, und in deren goldenem Käfig er schließlich resigniert.

Der synthetische Zeitgenosse, den Frisch aufbaut, bleibt ihr Gefangener. Was nämlich geschieht am Ende jenes Spiels, das nicht bloß der Mensch mit der Gesellschaft, sondern sie ebensosehr mit ihm spielt? Wo und wie enden Frischs Romane? Sie erweisen sich, mit Georg Lukács zu reden, als typische Desillusionsromane.[15] Aller Kritik an der Zeit ungeachtet, drängt es sie unwiderstehlich, nach dem Wort Hugo Balls, zur »Flucht aus der Zeit«.[16] Rückzug heißt ihre Losung. Max Frischs bürgerliche Romanhelden, auch darin Erben einer langen Tradition, sind Heimkehrer ins einfache Leben. Nichts sonst mehr, keine Zeitkritik und keine Gesellschaftsproblematik, spielt für sie eine Rolle. Jeder versinkt zuletzt, ob leidvoll oder idyllisch, in ein geradezu vegetatives Dasein im ausgesparten Bezirk, jenseits der Zeit und fern der modernen Welt, in südlicher, am liebsten mittelmeerischer Landschaft. Bald sind es die Ufer des Genfer Sees, bald die Hügel der Toskana oder die Weiten der römischen Campagna, bald Meer und Berge Griechenlands. Der gescheiterte Stiller, fast wie Lenz in Büchners gleichnamiger Erzählung, dämmert nur noch dahin: er »blieb in Glion und lebte allein« (*Stiller*. S. 577). Gantenbein, der glücklichere

›Blinde‹, schließt mit dem freudig bejahenden, beinah genüßlichen Ausruf: »Leben gefällt mir –« (*Mein Name sei Gantenbein*. S. 496). Alle Zweifel und Kämpfe gelten ihm plötzlich »wie nicht geschehen« (ebd.). Für Faber ist es zwar schon zu spät; doch auch seine letzte Vision (vgl. *Homo faber*. S. 247) lautet: »Auf der Welt sein: im Licht sein. Irgendwo (wie der Alte neulich in Korinth) Esel treiben, unser Beruf!« Umgekehrt lebt bereits Reinhart in den *Schwierigen* jahrelang als Gärtner, obgleich in etwas nördlicheren Gebreiten, ehe er – eigentlich überflüssigerweise – den Freitod wählt.

»Am Ende ist es immer das Fällige, was uns zufällt«, schrieb Frisch bereits 1949 (*Tagebuch 1946–1949*. S. 464). Dieser Gedanke, der das erste Tagebuch krönt und beschließt, konkretisiert sich im zweiten, mehr als zwanzig Jahre danach, endgültig. Wiederum (vgl. *Tagebuch 1966–1971*. S. 431 f.) steht am Schluß des Bandes, steht überhaupt als der Weisheit letzter Schluß die Einkehr, die Geborgenheit im einfachen Leben, die Idylle im umhegten Raum. Es ist eine Art Rentnertum nicht ohne stillschweigende Billigung. Und wieder auch ist es der Süden, der diese Zuflucht gewährt: ein Dörfchen im Tessin, ein Haus an der Lehne eines »heimatlichen Tals«, davor eine granitene Säule, die seltsam erratisch die »kleine Loggia« stützt und den Blick in die Ferne teilt. Der Symbolgehalt der kurzen Szene, gewollt oder ungewollt, duldet keinerlei Zweifel. »Man sitzt in Korbsesseln«, bequem nach dem abendlichen Mahl; die »Zeitungen vom Tage« hat man selbstverständlich gelesen, doch ebenso selbstverständlich beiseite gelegt; man schlürft, »in dem Bewußtsein unsrer Ohnmacht«, wohlig seinen »schwarzen Kaffee« – draußen, weit über den Bergen, »Nacht mit Wetterleuchten«. Nur jene Säule ragt »unerschüttert, nicht stolz, aber brav«, freut sich der Statiker Max Frisch.

Das bescheidene Kunstgebilde einer »groben und rührenden Säule« (ebd.) und das kreisende Kaleidoskop, das Frischs Ideologie verbildlicht. Es scheint, als seien sie völlig unvereinbar. Aber in Wahrheit bildet die eine Vorstellung bloß die notwendige Ergänzung der anderen. Denn es ist ja nichts weniger als Zufall, vielmehr genau das Fällige im Sinne Max Frischs, wenn er im selben Jahr, als sein zweites Tagebuch erschien, auch eine Neufassung seines Stückes *Die Chinesische Mauer* veröffentlichte – das ursprünglich von 1946 stammt – und wenn er in ihr, der »Version für Paris, 1972«,[17] seine Skepsis nicht nur nochmals bildhaft konkretisierte, sondern zudem, abweichend von den früheren Fassungen (vgl. *Stücke I*. S. 243 ff.), zum Schlußbild und zur endgültigen Antwort erhob. Der Jahrmarkt der Geschichte kreist hier als mosaikhaftes Karussell, als kaleidoskopischer Reigen und Kehraus der Kulturen oder »Polonaise der Masken«, wie Frisch sagt: nämlich als Tanz der Schemen jenes historischen Chaos von Pilatus bis Napoleon, von Brutus über Don Juan, Romeo und Julia und Philipp II. von Spanien bis zu Zola, Dreyfus und zur Inconnue de la Seine und wieder zurück zu Kolumbus und Kleopatra. »Sie bewegen sich«, lautet die Bühnenanweisung, »in der Art einer Spieluhr: jede Figur, wenn sie vorne [an der Rampe] ist, hat das Wort und dreht sich um sich selbst weiter«; und dieser Vorgang und die ihn begleitenden »Sprüche« sollen sich wiederholen, »lauter und leiser, alle gleichzeitig und durcheinander, bis die Bühne dunkel geworden ist«. Von seiner Säule aber versichert der Dichter: »Sie wird uns überdauern« (*Tagebuch 1966–1971*. S. 431). Die Statik der Kunst ergänzt in der Tat die Dynamik des ideologischen Spiels, das freilich selber auf Stagnation und damit auf Statik weist. In solch doppeltem Sinne verdient Max Frisch, der Architekt, seinen Namen. Seine Zeit- und Gesellschaftskritik ist bei all ihrer Intensität nicht bloß eine relative, sondern auch, gerade als artistisch vermittelte, eine statische ... obwohl es sogar in jener Tessiner Szene ausdrücklich heißt, nur »eine Weile« bleibe man »müßig« (vgl. ebd., S. 432). Der Phänotyp des bürgerlichen »Intellektuellen«, dieser »Heutige« (vgl. *Stücke I*. S. 193), den Frisch von Anfang an und in jeder Hinsicht ›darstellt‹, läßt zwar einerseits nie ab, verharrt jedoch andererseits stets im Zwielicht von Hinnahme, Ironie und Kritik. Er weigert sich weiterzuspielen und tut es dennoch: weil »die ganze Farce« unweigerlich »von vorne beginnt«.[18] So schwankt dieser Phänotyp zwischen den Extremen, bis hin zum Zynismus oder zu einem schweizerischen Radikalismus; doch ohne ihnen je zu verfallen. Frisch durchmißt gleichsam Haltungen, wie er als Reisender Länder und Kontinente durchmißt. Und beiderlei Erfahrungen mißt er auch jeweils aneinander: das Engagement am einfachen Leben, Amerika an Europa, Deutschland an der Schweiz, die Resignation am Ausbruch, die Schweiz an Italien.

Es ließe sich leicht im einzelnen verfolgen, wie daraus, aus dieser spezifischen Ambivalenz, eine Form-Inhalt-Dialektik erwächst, bei der etwa die Einsicht in die Entfremdung deren Potenzierung und die potenzierte Entfremdung eine »Fiktion zweiten Grades« bewirkt. Doch wichtiger als solche Einzelfragen, die ja schon mehrfach behandelt wurden,[19] ist ein übergreifender Befund: ein Zusammenhang nämlich, den man bisher offenbar gänzlich übersehen hat, der aber die repräsentative Bedeutung Frischs vollends erhellt. Wir müssen dazu ein letztes Mal Hans Magnus Enzensberger bemühen, den vielleicht entschiedensten bürgerlichen Zeit- und Gesellschaftskritiker Westdeutschlands. Denn nicht allein jene vorhin erwähnte Neigung zum Hypostasieren, also ein ideologisches Moment, teilt er (zumindest auf Strecken) mit Max Frisch, sondern ebenso dessen Grundstruktur, und zwar bis heute. Sie ist auch keineswegs bloß, als bewegliches Mosaik oder Kaleidoskop,[20] in fast jeder der Enzensbergerschen Schriften erkennbar: der Verfasser selbst hat diese Struktur, die er ständig verwendet, in auffallendem Maße bewußtgemacht. Eins der besten Beispiele dafür liefert sein einziges episches Werk, der »Roman als Collage« *Der kurze Sommer der Anarchie. Buenaventura Durrutis Leben und Tod*, wo unzweideutig vom mosaikhaften »Puzzle«, von den »Fugen des Bildes«, ja von dessen kaleidoskopischem »Flimmern« und »Opalisieren« die Rede ist.[21] Als ähnliche »Montage« – um lediglich noch zwei Belege anzuführen – verstehen sich Enzensbergers *Gespräche mit Marx und Engels*,[22] als ähnliches »Puzzlespiel« oder gar »Kartenspiel« die beliebig verschiebbaren Texte seines *Museums der modernen*

Poesie.[23] Die gleiche Situation, so scheint es, des bürgerlichen Intellektuellen in der bürgerlichen Gesellschaft, deren Produkt er ist, bringt bei Frisch wie bei Enzensberger, trotz aller Gegensätze, die gleichen Strukturen hervor. Auf diese Gegensätze einzugehen ist hier nicht mehr der Ort. Ohnehin dürfte deutlich sein, daß der kritische Intellektuelle, oft in ein und derselben Person, die allerverschiedensten Spielarten einschließt, vom knirschenden Radikalen bis zum raffiniertesten Tui (wiewohl sich der seinerseits gern als Revoluzzer gebärdet). Für Frisch zwar gilt weder das eine noch das andere; er bewegt sich zumeist im Mittelbereich dieser Skala, dem von Skepsis und Unentschiedenheit, deren prägnanter Ausdruck sein Schaffen ist. Auch auf Enzensberger trifft derlei zu, obschon er, anders als Frisch, eine echte Entwicklung durchlaufen hat und noch durchläuft. Oder sollte er seinen »festen Punkt« (vgl. *Stiller.* S. 318) wirklich bereits gefunden haben, diesen Punkt, den gerade der Statiker Max Frisch – man könnte scherzen: paradoxerweise – ersehnt und bislang vergebens suchte? Ja, sollte am Ende sogar Frisch selber ihn inzwischen gefunden haben: nämlich (wie der von der gleichen Sehnsucht gequälte Bürger Flaubert vor über einem Jahrhundert) in den Tröstungen der Kunst, die er einst als Alibi so erbittert abzulehnen pflegte? – Aber das hieße jene symbolische Säule doch wohl ein wenig überfordern.

Anmerkungen

1. Vgl. Hans Magnus Enzensberger: *Deutschland, Deutschland unter anderm. Äußerungen zur Politik.* Frankfurt a. M. 1967.
2. Zu denken wäre an den verstorbenen Genfer Germanisten Gottfried Bohnenblust; vgl. auch Albin Zollingers Roman *Bohnenblust oder Die Erzieher* (1942).
3. Vgl. Horst Steinmetz: *Max Frisch. Tagebuch, Drama, Roman.* Göttingen 1973. S. 64 f.
4. Jürgen Schröder: »Spiel mit dem Lebenslauf. Das Drama Max Frischs«. In: G. Neumann, J. Schröder u. M. Karnick, *Dürrenmatt. Frisch. Weiss. Drei Entwürfe zum Drama der Gegenwart.* München 1969. S. 102.
5. Vgl. das Gespräch zwischen Stiller und Knobel, wo dieser bemerkt: »›Das machen nämlich noch viele Schweizer [. . .], wenn's ihnen hier auf die Nerven geht.‹ ›Daß sie sich zur Fremdenlegion melden?‹ ›Dreihundert in jedem Jahr!‹ ›Warum Fremdenlegion?‹ [. . .] ›Weil es ihnen hier auf die Nerven geht‹« (*Stiller.* S. 20).
6. Vgl. Gottfried Benn: *Gesammelte Werke in vier Bänden.* Hrsg. von Dieter Wellershoff. Wiesbaden 1958 ff. Bd. 1. S. 365.
7. so Gerhard Kaiser: »Max Frischs *Homo faber*«. In: Albrecht Schau [Hrsg.], *Max Frisch. Beiträge zur Wirkungsgeschichte.* Freiburg i. Br. 1971. S. 87 f.
8. Vgl. Marian E. Musgrave: »The Evolution of the Black Character in the Works of Max Frisch«. In: *Monatshefte*, 66 (1974). S. 129.
9. so Hans Mayer: *Dürrenmatt und Frisch.* Pfullingen 1963. S. 39 und pass.
10. Vgl. dazu Reinhold Grimm: »Bildnis Hans Magnus Enzensberger. Struktur, Ideologie und Vorgeschichte eines Gesellschaftskritikers«. In: *Basis*, 4 (1974). S. 131–174.
11. Vgl. Horst Bienek: *Werkstattgespräche mit Schriftstellern.* München 1962. S. 24.
12. Vgl. Steinmetz (= Anm. 3). S. 82.
13. Bertolt Brecht: *Gesammelte Werke in 20 Bänden.* Frankfurt a. M. 1967. Bd. 12. S. 386.
14. Vgl. Eugenio Bernardi: »Max Frisch: Stiller«. In: *Il romanzo tedesco del Novecento.* A cura di G. Baioni, G. Bevilacqua, C. Cases e C. Magris. Turin 1973. S. 442.

15. Georg Lukács: *Die Theorie des Romans. Ein geschichtsphilosophischer Versuch über die Formen der großen Epik.* Neuwied u. Berlin-Spandau ²1963.
16. Vgl. Hugo Ball: *Die Flucht aus der Zeit.* Luzern 1946.
17. Max Frisch: *Stücke 1.* Frankfurt a. M. 1972. (suhrkamp taschenbuch. 70.) S. 133; zu den folgenden Zitaten vgl. S. 208 f.
18. Vgl. ebd., S. 206. – Früher allerdings (vgl. *Stücke I.* S. 241) stand nach »Farce« noch der bezeichnende Einschub: »als dürften wir sie wiederholen!«
19. Vgl. ergänzend Steinmetz (= Anm. 3). S. 80–83 und pass.; ferner Andrew White: »Labyrinths of Modern Fiction. Max Frisch's *Stiller* as a Novel of Alienation, and the ›Nouveau roman‹«. In: *Arcadia,* 2 (1967). S. 292.
20. Vgl. den in Anm. 10 genannten Aufsatz; dort auch weitere Belege.
21. Vgl. Hans Magnus Enzensberger: *Der kurze Sommer der Anarchie. Buenaventura Durrutis Leben und Tod.* Frankfurt a. M. 1972. S. 14 f.
22. Vgl. *Gespräche mit Marx und Engels.* Hrsg. von Hans Magnus Enzensberger. Frankfurt a. M. 1973. Bd. 1. S. VII.
23. Vgl. *Museum der modernen Poesie.* Eingerichtet von Hans Magnus Enzensberger. Frankfurt a. M. 1960. S. 19.

Literaturhinweise

Zitierte Werke

J'adore ce qui me brûle oder Die Schwierigen. Zürich 1943. (Veränderte Neuauflage u. d. T.:) *Die Schwierigen oder J'adore ce qui me brûle.* Zürich u. Freiburg 1957.
Tagebuch 1946–1949. Frankfurt a. M. 1950.
Stiller. Frankfurt a. M. 1954.
Homo faber. Frankfurt a. M. 1957.
Mein Name sei Gantenbein. Frankfurt a. M. 1964.
Öffentlichkeit als Partner. Frankfurt a. M. 1967.
Biografie. Ein Spiel. Frankfurt a. M. 1967.
Stücke I und II. Frankfurt a. M. 1969.
Dramaturgisches. Ein Briefwechsel. Berlin 1969.
Tagebuch 1966–1971. Frankfurt a. M. 1972.
Dienstbüchlein. Frankfurt a. M. 1974.
Stücke. 2 Bde. Frankfurt a. M. 1962/67.

Forschungsliteratur (Auswahl)

Bänziger, Hans: *Frisch und Dürrenmatt.* Bern u. München ⁶1971.
Beckermann, Thomas [Hrsg.]: *Über Max Frisch.* Frankfurt a. M. 1971 (mit einer Bibliographie, zusammengestellt von Klaus-Dietrich Petersen).
Bienek, Horst: »Max Frisch«. In: H. B., *Werkstattgespräche mit Schriftstellern.* München 1962. S. 21–33.
Birmele, Jutta: »Anmerkungen zu Max Frischs Roman ›Mein Name sei Gantenbein‹«. In: *Monatshefte,* 60 (1968). S. 167–173.
Braun, Karlheinz: *Die epische Technik in Max Frischs Roman ›Stiller‹ als Beitrag zur Formfrage des modernen Romans.* Diss. Frankfurt a. M. 1959 [masch.].
Geulen, Hans: *Max Frischs ›Homo faber‹. Studien und Interpretationen.* Berlin 1965.
Hoffmann, Charles W.: »The Search for Self, Inner Freedom, and Relatedness in the Novels of Max Frisch«. In: R. Heitner [Hrsg.], *The Contemporary Novel in German.* Austin 1967. S. 91–113.
Jurgensen, Manfred: *Max Frisch. Die Romane.* Bern. 1972.
Kaiser, Gerhard: »Max Frischs ›Homo faber‹«. In: *Schweizer Monatshefte,* 38 (1959). H. 10. S. 841 bis 852.
Marchand, Wolf R.: »Max Frisch. ›Mein Name sei Gantenbein‹«. In: *Zeitschrift für deutsche Philologie,* 87 (1968). S. 510–535.
Mayer, Hans: *Dürrenmatt und Frisch. Anmerkungen.* Pfullingen 1963.

– »Max Frischs Romane«. In: H. M., *Zur deutschen Literatur der Zeit.* Hamburg 1967. S. 189–213.

Merrifield, Doris Fulda: »Max Frisch, ›Meine Name sei Gantenbein‹. Versuch einer Strukturanalyse«. In: *Monatshefte*, 60 (1968). S. 155–166.

Müller, Joachim: »Das Prosawerk Max Frischs. Dichtung unserer Zeit«. In: *Universitas*, 17 (1967), H. 1. S. 37–48.

Peterson, Carol: *Max Frisch.* Berlin 1966.

Reich-Ranicki, Marcel: »Über den Romancier Max Frisch«. In: M. R.–R., *Deutsche Literatur in West und Ost. Prosa seit 1945.* München 1963. S. 81–100.

Roisch, Ursula: »Max Frischs Auffassung vom Einfluß der Technik auf den Menschen – nachgewiesen am Roman ›Homo faber‹«. In: *Weimarer Beiträge*, 13 (1967). S. 950–967.

Schau, Albrecht [Hrsg.]: *Max Frisch. Beiträge zur Wirkungsgeschichte.* Freiburg i. Br. 1971.

Stäuble, Eduard: *Max Frisch. Ein Schweizer Dichter der Gegenwart. Versuch einer Gesamtdarstellung seines Werkes.* St. Gallen ³1967.

Steinmetz, Horst: *Max Frisch. Tagebuch, Drama, Roman.* Göttingen 1973.

de Vin, Daniel: »Max Frisch. ›Mein Name sei Gantenbein.‹ Eine Interpretation«. In: *Studia Germanica Gandensia*, 12 (1970). S. 243–263.

Weisstein, Ulrich: *Max Frisch.* New York 1967.

White, Andrew: »Labyrinths of Modern Fiction. Max Frisch's ›Stiller‹ as a Novel of Alienation, and the ›Nouveau roman‹«. In: *Arcadia*, 2 (1967). S. 288–304.

Ziolkowski, Theodore: »Max Frisch, Moralist without a Moral«. In: *Yale French Studies*, 29 (1962). S. 132–141.

Heinrich Böll. Die Syntax des Humanen

Eine Repräsentativumfrage in der Bundesrepublik, selbstverständlich auch unter Personen, die keine engere Beziehung zur Literatur haben, hat im Sommer 1974 ergeben, daß Heinrich Böll unter den deutschen Gegenwartsautoren den mit Abstand höchsten Bekanntheitsgrad hat. Das Ergebnis überrascht nicht. Unter Literaturkennern zumal ist auch der charakteristische Themenkatalog seines Werks bekannt, die Zielrichtung seiner Zeit- und Gesellschaftskritik: Kritik am Krieg, am sinnlosen Schlachten, am autoritätsgläubigen Subordinationstalent der Deutschen, am Strammstehen vor der Uniform, Kritik an ungenügender Trauerarbeit und Bewältigungsanstrengung nach dem Krieg, an der Restauration der unseligen Gutbürgerlichkeit im westdeutschen Gesellschaftsgefüge und speziell auch in der Institution Kirche nach 1945, Kritik an der frag- und lieblosen Verquickung von ›Christlichkeit‹ und politisch-wirtschaftlicher Macht, an der Restauration der alten sozialen Schichtung, am Verfehlen der Chance eines Neuanfangs aus neuem Geist – eine Haltung, die sich insgesamt wohl generalisiert zu einer Kritik an ›preußisch‹-deutschen Charakterkonstanten und am ›katholischen Milieu‹.

Diese thematischen Grundelemente bei Böll sind zu oft erörtert worden, als daß sie hier ein weiteres Mal sozusagen nur als ›Thema‹ und ›Aussage‹ des Werks auszubreiten wären. Mir erscheint der Versuch interessanter, solche – im übrigen variablen – Konstanten in Verbindung zu setzen zu den formal-ästhetischen Strukturen des Werks und – einfach gesagt – zu sehen, was sie miteinander zu tun haben.

Sollte hier vielleicht auch ein Stück Antwort auf die Frage liegen, weshalb trotz solcher Konstanz der Themen sich die Erfolgswirkung nicht abnutzt und abschwächt und keine Ermüdungserscheinungen in der Leserwirkung zu bemerken sind?

Gibt es einen weiteren Autor, der so wie Böll über ein Vierteljahrhundert hinweg eine kontinuierliche öffentliche Präsenz und Entwicklung in der deutschen Literatur nach dem Zweiten Weltkrieg demonstriert? Wahrscheinlich nicht. Weder Grass, Walser, Lenz noch Johnson, Weiss und Enzensberger können auf eine derart konstante Gegenwärtigkeit im literarischen Prozeß verweisen; möglich, daß der jüngere Handke, der viel später zu schreiben begann, irgendwann zur Parallelerscheinung wird.

Dabei ist Böll mehrfach totgesagt worden, in qualitativer Hinsicht. Niveauermäßigung, Trivialität, christliche Biedermeierei, Larmoyanz, fehlendes Augenmaß, Distanzlosigkeit, Kleinbürgerbestätigung, rheinische Provinzialität sind ihm in gleicher Kontinuität nachgesagt worden – und wahrscheinlich würde er sich sogar manche dieser Stiefel anziehen. Die Tatsache, daß seine Neuerscheinungen – wie auch vorerst zuletzt *Die verlorene Ehre der Katharina Blum* (1974) – fast automatisch

und über längere Zeit hinweg an der Spitze der – sei es manipulierten – Bestseller-
listen liegen, daß die Originalausgaben in Hunderttausenden und später noch einmal die Taschenbuch- und Buchklubausgaben ebenso hoch aufgelegt werden, diese
Phänomene werden gleichfalls zum Argument für seine Kritiker: Wo solches geschieht, müssen Qualitätslizenzen im Spiel sein, muß nach Courths-Mahler-Schnitt-
muster genäht werden, es kann dort nicht mit rechten ästhetischen Dingen zu-
gehen.

Freilich können eines auch seine Kritiker dem Heinrich Böll nicht nachsagen – daß
er sich von sich aus in die Öffentlichkeit dränge. Er gerät scheinbar unversehens
immer wieder an die Rampe, wird dorthin geschoben und gezerrt, sehr oft gegen
seinen Willen und über das Maß seiner Kräfte hinaus. Man hat ihn zur quasi-
öffentlichen Instanz gemacht, was er als Last empfindet, weil er eigentlich kein
›Öffentlichkeitstyp‹ ist.

Die Gründe dafür liegen zum großen Teil in seiner Konstitution. Es ist bekannt,
daß Böll äußerst sensibel und reizempfindlich ist, gerade politischen, gesellschaftlichen und im weitesten Sinne moralischen Phänomenen gegenüber. Manchmal hat
es den Anschein, er reagiere schneller auf Außenreize, als es ihm voll bewußt werde;
es gehe sozusagen mit ihm durch. Vor allem setzt sich solches Reagieren bei ihm sofort in verbale Energie um. Reagieren und Äußern dieser Reaktion in Verbalaktion
erscheinen bei ihm kürzergeschlossen als üblich. In nichtkritischer Richtung sozusagen reagiert Böll äußerst schnell, spontan und unkonventionell in Akten der
Solidarität und Hilfsbereitschaft etwa gegenüber in Pression lebenden Schriftstellerkollegen. Aus solchen Gründen übernahm er auch Funktionärsämter wie das des
PEN-Präsidenten. Bei nicht wenigen seiner Autorenkollegen kann man den Punkt
finden, an dem sie ihrer Publicity selbst ein wenig nachhelfen, ihr einen Dreh geben
und etwa durch Beteiligung an Resolutionen eine Portion Aufmerksamkeit auf sich
selbst lenken, daß sie Öffentlichkeit in bestimmten Situationen suchen, um dabei
die eigene Person ein wenig im Scheinwerferstrahl zu massieren. Nicht so bei Böll.
Ihn sucht die Öffentlichkeit, oder er stolpert, gedrängt durch sein iraszibles Temperament, in sie hinein. Diese konstante, aber dennoch ungesuchte Öffentlichkeits-
wirkung Bölls haben Kollegenneid und -ranküne zum Argument gegen ihn zu
machen gesucht, am übelsten wohl bei Rudolf Krämer-Badoni.[1]

Wie auch immer, Böll hat anhaltende Publizität und Autorität über ein großes
zeitliches Kontinuum hinweg. Beigetragen dazu hat von seiner Seite nicht abrei-
ßende journalistische, kritische, polemische, essayistische Arbeit, eine Produktion,
die unterdes mehrere Sammelbände füllt.

Betrachtet man die Relationen zwischen diesem essayistischen Werk und dem erzählerischen, also den Erzählungen und Romanen, so entdeckt man auch hier ein
Kontinuum, neben dem zeitlichen der andauernden Präsenz also ein thematisches.
Die Themen des erzählerischen Werks sind denen der polemischen Schriften weithin
ähnlich oder gleich – im weitesten Rahmen Zeit- und Gesellschaftskritik aus der

Perspektive eines bescheiden, aber zäh durchgehaltenen *credo quia absurdum*, das sich undramatisch selbst kleinschreibt.

Kann man also schon keine Schubladensystematik für die verschiedenen ›Sparten‹ des Böllschen Werkes konstruieren, so wird man bei der Kontinuität der Thematik doch die Gründe aufsuchen müssen, die ihn kategorial so unterschiedlich sich äußern läßt, einmal in expositorischen Texten, einmal in fiktional, ästhetisch strukturierten Erzähleinheiten. Platt gesagt: wird aus demselben Thema jeweils etwas anderes, wenn ich mich in einem Aufsatz oder in einem Roman mit ihm beschäftige? Wo liegen die Gründe dafür, es einmal so, ein andermal so zu halten? Es liegt hierin die Frage nach der ästhetischen Differenz. Was leistet die Form der Romane im Hinblick auf die Darstellung des Themas? Werden Zeit- und Gesellschaftskritik in formalen Strukturen noch anders faßbar als in einem polemischen Journalartikel? Man verfehlt möglicherweise das Zentrum, wenn man in Bölls Romanen direkt auf die zeit- oder gesellschaftskritische ›Aussage‹ losrennt.

Wie kompliziert für Böll die Relation zwischen ästhetischer Erzählstruktur und Kritik an Zeit und Gesellschaft ist, hat er als leitmotivischen Gedanken vielfach variiert: »Was politisch oder sozialkritisch an der zeitgenössischen Literatur sein mag, ergibt sich aus dem jeweils vorkommenden Material. Ein Autor sucht Ausdruck, er sucht Stil, und da er mit dem schwierigen Geschäft zu tun hat, die Moral des Ausdrucks, des Stils, der Form mit der Moral des Mitgeteilten übereinzubringen, werden Politik und Gesellschaft, ihr Wortschatz, ihre Riten, Mythen, Gebräuche zum vorkommenden, vorhandenen Material. Wenn sich die Politiker und die Gesellschaft gekränkt oder bedroht fühlen, so erkennen sie nicht, daß es dabei immer um mehr als um sie geht. Sie sind nicht einmal ein Vorwand, nur selten ein Anlaß, kaum jemals auch als Modell geeignet: Es geht über sie hinweg, an ihnen vorbei. Ein Autor nimmt nicht Wirklichkeit, er hat sie, schafft sie, und die komplizierte Dämonie auch eines vergleichsweise realistischen Romans besteht darin, daß es ganz und gar unwichtig ist, was an Wirklichem in ihn hineingeraten, in ihm verarbeitet, zusammengesetzt, verwandelt sein mag. Wichtig ist, was aus ihm an geschaffener Wirklichkeit herauskommt und wirksam wird.«[2]

Mag nun hier die Prävalenz des Ästhetischen provokativ überpointiert worden sein zu Lasten der Bedeutung des Mitgeteilten, so deutet sich doch ein dominanter Faktor des Böllschen Erzählens an. Böll hat von Anfang an – mit Ausnahme der *Katharina Blum* vielleicht – seine Erzählwirklichkeit nie im Sensationellen, Dramatischen, in großen Extrem- und Grenzsituationen gesucht, sondern im Alltäglichen, Banalen, im Einerlei des Normalen, in einer Realität, die die Kittelschürze vorgebunden hat, in jener »Waschküche«, die ihm weiland von Curt Hohoff so verübelt worden ist.[3]

Walter Jens hatte 1961 in dramatisch bühnenkundiger Eleganz gefragt: »Warum sang niemand seit Hofmannsthals Zeiten das Preislied lebenslanger Bewährung, während man den coitus vokabelreich und peinlich-penibel beschrieb? Soll die Ehe, einst von Pavese und Kafka als Widerpart sündigen Junggesellendaseins beschworen, allein der obsoleten Deutung von Gemeinde-Dichtern vorbehalten sein? Das ›Positive‹ als ein Tummelplatz der Mediokrität; Güte und Anstand als Reservate des Durchschnitts? Wer etwas auf sich hält, bleibt also im Chaos und versucht sich an Moralitäten nur auf irdische Weise? Nun, die Alltäglichkeit ist auf den ersten Blick gewiß nicht eben romantisch-ergiebig; aber einen Krebs kann schließlich jeder beschreiben – erst beim Schnupfen zeigt sich der Meister; die Simplizität allein zwingt das Genie in die Schranken! Chirurgen mit goldenen Händen sind immer gefragt, auch Traktoristen mit persönlichem Schicksal. Doch Angestellte, die, gelassen und ohne Probleme, im Vorzimmer sitzen; Arbeiter, vergnügt und kinderreich, Hausfrauen, erfüllt von Lebensmut und Witz ... wo findet man sie? [...] Da dem ›Normalen‹ in einer homogenen Gesellschaft der charakteristische Stellenwert fehlt, verlangt seine Deutung die Feder eines Genies. (Und dieses Genie steht noch aus.)«[4]

Heute nach fast anderthalb Jahrzehnten mag man darüber lächeln, wie flott ein Tübinger Professor, der später im Bewußtsein proletarischen Elends auch sein Scherflein Kapitalismuskritik herbeitrug, nach aufgeräumten Angestellten, Arbeitern und Hausfrauen ruft, die heute jede Streichkäsewerbung offeriert, welche Herztöne er für jenen »Anstand« findet, für den eintretend später Emil Staiger mit seiner Zürcher Literatur-Rede so geschmäht worden ist. Und bei allem berechtigten Händeringen nach der Darstellung des Alltäglichen in der Literatur, hätte Jens nicht auf *Das Brot der frühen Jahre* (1955) und *Und sagte kein einziges Wort* (1953) verweisen können, auf die Darstellung von Alltagsproblemen eines Elektromechanikers, eines Telefonisten, einer Großstadthausfrau?

Man braucht sich nicht den Kopf darüber zu zermartern, ob Böll jenes bei Jens noch ausstehende »Genie« ist. In der intendierten gelungenen Darstellung des »Alltäglichen« vertritt er eine, ins Heutige abgewandelte, Position, die derjenigen – man halte die Luft an – Stifters und des »Sanften Gesetzes« in der Abwehr gegenüber Hebbelschen Extremsituationen nicht unähnlich ist. Wie Stifter würde Böll der Nachweis bestimmter Kräfte und Gesetzmäßigkeiten eher am Töpfchen Milch der armen Frau und am »Wachsen der Getreide« interessieren als an Hebbelschen Vulkanausbrüchen. Wir können Böll nicht sämtliche Implikate des »Sanften Gesetzes« zuschieben – etwa den Grundgedanken zu konservierender Ordnung oder des organologischen Wachstums. Es ist dennoch kein Zufall, daß Böll in seinen Frankfurter Vorlesungen sich intensiv mit Stifter beschäftigt, wenn er vom Fehlen der einfachen Sozialgebärden – des Wohnens, des Essens, des Liebens – in der modernen deutschen Literatur spricht. Stifter als eines der Vorbilder in der Darstellung des erreichten, nein, des zu erreichenden Sozialen; wir werden uns hüten müssen, Böll mit einzubeziehen in jenes Verdikt über Stifter von der »Restauration des Schönen«.

Was Böll mit der Darstellung des Unsensationellen in seinem erzählerischen Werk will, ist »Worte sammeln, Syntax studieren, analysieren, Rhythmen ergründen – es würde sich herausstellen, welchen Rhythmus, welche Syntax, welchen Wortschatz das Humane und Soziale in unserm Land hat«[5]. Und es stellt sich in der Tat heraus, daß Böll am ehesten dort an die Kitschgrenze gerät, wo er jenes Unlaute und Normale verläßt zugunsten literarisch erdachter Extremsituationen. Deutliches Beispiel ist die Schlußszene des frühesten Romans *Wo warst du, Adam?* (1951), in der der Durchschnittssoldat Feinhals auf der Schwelle des Elternhauses bei der Heimkehr aus dem Krieg von einer der allerletzten Granaten zerfetzt wird, »und das weiße Tuch« der elterlichen Friedensfahne »fiel über ihn«. Das ist ein dramatischer, literarisierter Opernschluß, der es mit den vereinigten Finales des *Egmont* und der *Jungfrau von Orleans* aufnehmen könnte.

Dieser erste Roman schlägt das für Bölls Werk beherrschende Thema an: Erfahrung des Kriegs aus der Perspektive des Kleinen und Geschundenen. Der Krieg erscheint als gigantische Sinnlosigkeit, als moralisch infantiles Spiel mit Menschen und Leben, das in Bunkern versteckte Kraftmeier auf dem Rücken anderer austragen. Praktisch kennt keiner mehr Sinn und Zweck einer sich zum Perpetuum mobile verabsolutierenden Maschinerie. Der Normalmensch wird zum Opfer einer perfekt organisierten Sinnlosigkeit, womit – eine Konstante bis zu Bölls allerjüngsten Werken – bestimmte Charaktereigenschaften des ›Deutschen‹ aufs Korn genommen werden: ›Durchhalten‹ im Sinnlosen, Ordnungs-, Organisations- und Verwaltungsfanatismus, Verkrampftheit, Fetischisierung des Mechanismus von Befehlen und Gehorchen, Sakralisierung von Kleinbürgertugenden und Spießerideologie, schweißfüßiger Bierernst, Teutonismus. Es sind z. T. die Tugenden des – beileibe nicht nur katholischen – ›Milieus‹, das Carl Amery seziert hat, mit Bekräftigung der Ergebnisse durch ein Nachwort Bölls.[6] Man hat sich zu wenig klargemacht, daß ein entscheidender Teil der Zeit- und Gesellschaftskritik Bölls Kritik an Konstanten des ›Deutschen‹ ist, wobei hier die alte Frage nach Berechtigung einer Nationalitätenontologie oder ethnischen Typologie nicht zum soundsovielten Male ohne Klärung zu diskutieren ist. Auf jeden Fall scheinen es solche Nationaleigenschaften zu sein, die für Böll die Deutschen besonders anfällig sein lassen für geschichtlich verhängnisvollen Nationalismus, Chauvinismus und besonders für den historischen Extremfall, den Nationalsozialismus. Es sind Eigenschaften, die Böll unterderhand mit »Preußischem« in Beziehung setzt – wie die Hindenburg-Apostrophen besonders in der Büffel-Allegorik in *Billard um halbzehn* (1959) zeigen[7] –; zu dieser Zuordnung mag die Distanz zwischen rheinischer Liberalität und preußischer Exerzierordnung beitragen.

Die weiteren Romane Bölls, die ja nicht mehr unmittelbar Kriegsromane sind, begreifen die Zeit als ›Nach-Krieg‹. Die Kritik sieht überall Folgesymptome eines nicht bewältigten Kriegs, eines nicht durch Trauerarbeit überwundenen Nationalsozialismus. Nach-Kriegs-Zeit, bis heute andauernd, ist für Böll Restitution der deutsch-preußischen Defekte, die das Land schon in die beiden Katastrophen dieses Jahrhunderts schuldhaft hineingesteuert haben, die dem Deutschen wesensgemäße ›Büffelhaftigkeit‹.

Wo warst du, Adam? ist bei Böll der einzig direkt und nur in der Kriegszeit handelnde Roman. Obwohl er formal isoliert dasteht gegenüber allen folgenden Romanen, ist er schon Beleg für die These, daß die ästhetische Struktur Konstituens der ›Aussage‹ ist, daß jedenfalls die Anlage eines journalistischen Antikriegsartikels nicht das leistet, was die Romanform bewerkstelligt.

Der Roman ist eine Art Ringkomposition von Kurzgeschichten, die lose durch die Feinhals-Figur zusammengehalten wird, eine Figur, die zeitweise an den Rand rückt oder ganz aus dem Blickfeld gerät. – Man mag hier die im übrigen zweifelhafte, aber fast unisono allerorten vorgetragene Behauptung auf sich beruhen lassen, daß die Kurzgeschichte *die* Form Bölls sei, was durch eine solche Romanform erwiesen werde.

Der Roman löst sich solcherart in Episoden auf, die oft nur ganz leger durch Randpersonen untereinander Konnex haben und ohne sonderliche Gewaltsamkeit selbständig figurieren könnten. Diese formale Anlage ist ›Aussage‹: Es gibt kein ›Ich‹, überhaupt keine Instanz, die diese absurde Kriegsszenerie überblickte. Hier ist nirgendwo hierarchisch gegliederte Ordnung, Überschau, hier ist widersinnige Verselbständigung der Teile. Hier hat niemand mehr die Fäden in der Hand, hier ist Atomisierung in Chaosparzellen. Niemand dirigiert den Verlauf, das Chaos produziert sich irrational selbst fort, verschiedenartig auf unterschiedlichen Schauplätzen, darin dem Wetter vergleichbar, das vom Menschen nicht steuerbar ist, als ›Schicksal‹ hinzunehmen ist.

Es setzt hier eine formale Eigenheit ein, die in gewandelter Form alle späteren Romane Bölls strukturiert. Indem in jeder Kurzgeschichtenepisode jeweils eine andere Figur im Mittelpunkt steht, ersteht vor uns eine Abfolge persönlicher, partieller, subjektiver Perspektiven auf das Chaos, ein Hinweis darauf, daß es *die* Wahrheit, die objektiv urteilende Instanz nicht gibt und geben kann, höchstens durchgängig sich summierenden Ekel vor dem Schlachten. Jede dominante Erzählerposition, jede durchgehaltene Er-Instanz wäre Verfälschung, wäre Vorspiegelung, könnte suggerieren, es gebe in diesem Chaos so etwas wie *die* Urteilsinstanz, die ordnende und richtende Intelligenz, ja auch nur die selbstherrlich untangierte Person, während es doch nur Beschädigte, Tangierte, Verletzte, höchst Fragwürdiges und Relatives gibt und keine Andeutung von Überblick und ›Sinngebung‹. Sagen wir es pointiert: In Formtrümmern stellen sich die Kriegstrümmer dar, die physischen und psychischen. Eine im übertragenen Sinne hypotaktische Romanarchitektur wäre Andeutung von Ordnungs- und Sinnhierarchie, die Parataxe gleichrangiger Episoden signalisiert den Zerfall in Relativitäten.

Nicht die Ringkompositionsform, wohl aber die Parataxe personaler, nur teilkompetenter Perspektiven setzt Böll variationsreich in den folgenden Romanen fort. *Und sagte kein einziges Wort* ist ein Wechselgesang der zwei Stimmen eines Ehepaares, ein Gesang zu zweien in der Nacht äußerster Mutlosigkeit. Es ist der Wechselgesang zweier Schwacher von der Art derer, denen in der Bergpredigt das »Himmelreich« zugesprochen wird, zweier Schwacher, die samt ihren Kindern von den Harten, in der Nachkriegszeit etablierten Neudeutschen an den Rand gedrängt werden. Hier wären die Normalexistenzen, die Jens so eloquent vermißte.

Formal ist der Roman ein permanenter Wechsel zwischen zwei jeweils monologisch vorgetragenen Perspektiven – des Mannes und der Frau – auf dieselben Phänomene des inneren und äußeren Elends, ein Wechsel von Jammertalperspektiven und ›Klagetönen‹. Keine übergeordnete Er-Stimme sagt, was hier ›rechtens‹ ist. Es gibt keinen Erzähler-Gott. Darin haben alle diese im Sinne der Stanzelschen Typologie »personalen« Romane ihre Nähe zum Drama, was Bedeutung für die ihnen immanente Zeitstruktur hat.

Mit diesem zweiten Roman setzt etwas ein, was für ausnahmslos alle weiteren Romane Bölls bis zu den jüngsten gilt: die Komprimierung der erzählten, der äußeren Handlungszeit auf eine kurze Spanne, die längstens zwei Tage, mehrfach nur einen Tag, manchmal sogar nur wenige Stunden umfaßt. Gäbe es nur ein Protokoll des Ablaufs dieser kurzen Zeit, so wäre der Roman in der Regel nach wenigen Seiten zu Ende. Was diese Texte auch im Umfang zu Romanen macht, ist das Hereinholen großer Erinnerungsräume in die erzählte Vordergrundszeit durch die Erinnerungsperspektive der Personen, und zwar in einer sprachlichen Form, die unendlich viele Varianten des inneren Monologs umgreift.

›Zerfall‹ einer ehedem vorhandenen autoritären Erzählerinstanz in gleichgeordnete Einzelperspektiven, Erinnerungsmonologe, Zeitrelativität, Verkürzung der äußeren und Verlängerung der inneren Zeit sind in der Romantheorie genugsam beschriebene Einzelaspekte wohl eines großen Vorgangs, den wir literarhistorisch jedenfalls für Böll wohl abbreviatorisch greifen in den Namen Fontane, Proust, Schnitzler, Joyce, Virginia Woolf und Faulkner – die Reihe ist nicht patentiert auf Vollständigkeit.

Es hat sich in der erzählenden Literatur des 20. Jahrhunderts weithin herumgesprochen, daß ›man eigentlich‹ eine Geschichte nicht mehr plan von vorn nach hinten erzählen kann. Das, was nach dem Beispiel der *Ahnen* die Gustav-Freytag-Konstruktion zu nennen wäre, geht nicht mehr, weil der Glaube an ein Geschichtskontinuum, der nach Anfängen im 18. Jahrhundert im 19. Jahrhundert kulminierte und etwa im Rankeschen »Herrn« der Geschichte sein höchstes Kultobjekt fand, abhanden gekommen ist, weil überhaupt der Glaube an ein mehr oder weniger ›vernünftiges‹ Zeitkontinuum von Katastrophen und Umwälzungen gründlich zerhackt worden ist. Die von Einstein untersuchte Zeitrelativität steht im Zusammenhang mit diesen Entwicklungen. Auf ein Geschichtskontinuum bezogener kontinuierlicher Fortschritt auf ein Ziel hin ist ebenso obsolet geworden, wie etwa die marxistische Zeit- und Geschichtsauffassung heute merkwürdig antiquiert nach ›19. Jahrhundert‹ aussieht. In ihr steckt noch der Hegelsche und Kantsche Geschichts- und Zeitidealismus.

Nach diesen Veränderungen im Zeit- und Geschichtsbegriff kann selbstredend kein autarker Erzähler mehr für das Erzählkontinuum eines Romans aufkommen und geradestehen. Er hat seine Zeitautorität an die handelnden Personen abzugeben, die nun ihrerseits in Form von Erinnerungen im Monolog ihre perspektivische Geschichte, relativ zu sich selbst und ihrem eigenen Erlebnishorizont, auskramen – eine gegenüber dem Rankeschen Geschichtsbegriff fragmentarische, weil subjektive Geschichte.

Die erzählte Zeit, der ehemals ›objektive‹ Geschichts- oder Geschichtenablauf im Vordergrund zählt kaum noch; er ist sekundär geworden, kann auf ein Minimum verkürzt werden. Was zählt, sind die gleichgeordneten Innenperspektiven der Figuren. Sie holen Zeit und Geschichte in den Roman.

Das hat bei Böll von diesem Roman an seine Auswirkungen auf Zeit- und Gesellschaftskritik. Die großen Geschichts- und Zeitkonstruktionen, die ein historisches Kontinuum verbürgen sollen – Ehre, Ordnung, Familiensinn, Kirchentreue, Anstand, Saubergewaschenheit, die Normengesellschaft des ›Das tut man nicht‹ –, werden von den auf konkrete Erinnerungen gerichteten Innenperspektiven der Figuren als Lüge entlarvt, als Phrase und Fassade vor harten Herzen ohne Liebe in der konkreten Situation, wie im Fall der Frau Franke und des Bischofs. Die Parataxe persönlicher Perspektiven mit ihren bösen persönlichen Erinnerungen und Erlebnissen zersetzt die großen Geschichtsfiktionen, die sich bestenfalls bis zu einem ›Es war ja gar nicht alles ganz so schlimm‹ aufraffen und am liebsten um des Kontinuums willen beim Altbewährten wieder anknüpfen. Das heile Zeit- und Geschichtskontinuum ist konservativ bis reaktionär, weiter hilft nur die radikal konkrete Einzelerinnerung, die das persönliche Betroffensein von Terror und Unheil nicht unter den Teppich der Allgemeinbegriffe – Vaterland, Nation, Volk, Geschichte, Heldentum – kehrt. Das ist der tiefere Sinn der Relativierung der Zeit auf Perspektiven und handelnde Subjekte – eine Demokratisierung der Zeit nach Abdankung der Zeit- und Geschichtsautorität in Gestalt des Erzählers. Aus dieser radikalen Perspektivierung zieht noch der *Clown* seine aggressive Energie gegenüber den Zeit- und Geschichtslügen, die er als die Gesellschaftslügen seiner Gegenwart sich wieder etablieren sieht.

Noch eines schließt diesen Roman *Und sagte kein einziges Wort* mit den folgenden *Haus ohne Hüter* (1954), *Das Brot der frühen Jahre* bis hin zu *Billard um halbzehn* im Formalen zu einer chronologisch eingrenzbaren Gruppe zusammen: ein stabilisierendes System der Leitmotive und Zitatketten, die das, was im konventionellen Roman das zeitlich-historische Kontinuum ausmachte, nun auseinandernehmen und in ein räumliches Nebeneinander umsetzen. Die Perspektivierung leistet ja das, daß bestimmte Ereignisse der erzählten Zeit nun mehrfach dargestellt werden, aus verschiedenen Personenperspektiven. Das Nacheinander setzt sich in ein Nebeneinander um; in diese Umsetzung gehört das verspannende System der Leitmotive, das gleichsam zur Privat- oder Mikromythologie des einzelnen Romans oder gar der einzelnen Personen wird.

In *Und sagte kein einziges Wort* ist es dieses einem Negerspiritual entlehnte Titelzitat, das die stumme machtlose Passion Jesu hineinprojiziert in den Leidensweg der Familie Bogner. Daneben fungiert der zynische Slogan »Vertrau dich deinem Drogisten an« als perverse Heilsverheißung aus der Konsumhölle.

In *Haus ohne Hüter*, vornehmlich aus den Perspektiven zweier halbwüchsiger Jungen und ihrer durch den Krieg verwitweten Mutter her konzipiert, sind es Motivketten wie »Geld«, »Unmoralisch«, das »Gebrochenwerden« von Kindern im Erziehungsprozeß, »Bambergers Eiernudeln«, die ein in den Augen der Kinder unverständliches bis feindliches Normensystem der Gesellschaft, auf die sie zuwachsen, stabilisieren. Im *Brot der frühen Jahre* ist es der aus den Notjahren stammende Brot-Mythos des jungen Mechanikers, der sein Verhalten steuert, seine Aggressionen, seine Liebe, seine Gesellschaftsdiagnose. In *Billard um halbzehn* schließlich ist dieses System am höchsten hinaufgetrieben in jene durch die Diskussion sattsam beredete Lämmer- und Büffel-Mythologie, die den gesellschaftlichen Konfrontationen des Romans eine fast alttestamentarisch-archaische Attitüde gibt.

Jede dieser Leitmotivreihen signalisiert fixierte, geprägte gesellschaftliche Verhaltensweisen, gehört zu einem Normen- und Verhaltenssystem. Als Fixes, Geprägtes, ja Starres steht es der Veränderung im historischen Prozeß entgegen. Es hält die Zeit an, so wie Thomas Mann mit seinen Leitmotivsystemen ein ›Nunc stans‹ erreichen wollte, ein Stillstehen des zeitlichen Prozesses zugunsten einer im Leitmotivsystem angelegten Verräumlichung und großen Gleichzeitigkeit. Die strukturalen Leitmotivsysteme bei Böll sind etwas, was zu historischem Denken und geschichtlicher Analyse quersteht, so wie Mythos quersteht zu einer als Prozeß und Veränderung begriffenen Geschichte. Unter diesem Aspekt liegt nach *Billard um halbzehn* ein Einschnitt.

Die frühen Romane bis dorthin gehören in eine eingrenzbare Phase Bölls, nach der er auf eine kritische Analyse des Geschichtsprozesses direkt eingeht. In den frühen Romanen – und natürlich auch den Erzählungen und Hörspielen – ist Bölls Geschichtskonzeption anders als später, sie ist dort, um es mit einem Schlagwort zu kennzeichnen, vom Epochenphänomen des Existentialismus eingefärbt.

Die existentialistische Deutung bestimmter menschlicher ›Grundbefindlichkeiten‹ – Fremdheit, Trauer, Ausgesetztsein – macht halt vor den letzten Schritten ihrer historischen Analyse. Bestimmte Existentialphänomene werden ontologisiert, metaphysiert, nicht mehr reduziert auf ihre Genese. Hier liegt die Wurzel der Mythisierungsansätze in den Leitmotivketten. In die Büffel- oder Lämmer-Gruppierung z. B. wird man schicksalhaft hineingeboren, hineinprädestiniert, man gehört per Wesen oder ›Existenz‹ da- oder dorthin. Nach historischer Veränderbarkeit oder Machbarkeit solcher sozialen Fixierungen wird in diesen früheren Romanen kaum gefragt. ›Wir da unten – ihr da oben‹ sind Schicksalskategorien.

Textbeleg wäre etwa die Anfangspassage in *Wo warst du, Adam?*: »Zuerst ging ein großes, gelbes, tragisches Gesicht an ihnen vorbei, das war der General. Der General sah müde aus. Hastig trug er seinen Kopf mit den bläulichen Tränensäcken, den gelben Malariaaugen und dem schlaffen, dünnlippigen Mund eines Mannes, der Pech hat, an den tausend Männern vorbei. [...] Alle die dreihundertunddreiunddreißig mal drei Mann, denen er ins Gesicht blickte, fühlten etwas Seltsames: Trauer, Mitleid, Angst und eine geheime Wut.« *Und sagte kein einziges Wort* spricht immer wieder in Wendungen wie »tödliche Trostlosigkeit ihrer Gesichter«, die »Wirtin, die mir wie eine Verdammte erschien«, »Haß«, »Furcht«, »Angst«, »Schrecken«, »Verzweiflung« – Kategorien des Unabänderlichen, Verhängten.

Bezeichnend ist die Vokabel ›tragisch‹ als eine Existentialismusvokabel schlechthin. Sie ontologisiert einen Zustand als verhängt und unabänderlich, wo eine dialektisch-historische Theorie weiterfragt nach geschichtlichen Bedingungen einer tragischen Situation. Der Marxismus, wie er später in den sechziger Jahren seine Renaissance erleben wird, kennt folgerichtig die Kategorie des Tragischen nicht. Sie wäre ihm historisch auflösbar und veränderbar. Bis hin zu *Billard um halbzehn* tun Bölls Romane diesen Schritt nicht. Bei aller Kritik und Polemik gegen gesellschaftliche Zustände verbleiben sie in der Mythisierung und Ontologisierung, was sich bis in den schleppenden, fallenden, resignativen Sprachduktus hinein auswirkt. Die meist parataktischen Satzreihen machen weniger den Versuch zur Analyse, reihen eher Registrationen. Hier ist Müdigkeit und Verzweiflung im Ton-Fall, der wirklich ein Fallen ist. Das kann in der Tat bis an die Grenze der Larmoyanz gehen, was manches aus der frühen Prosa heute schwer lesbar erscheinen läßt. Die Satiren haben demgegenüber von je aus Gattungszwang einen mehr analytischen Gestus.

Noch bevor 1964 Adornos *Jargon der Eigentlichkeit* erscheint, der die Ablösung der existentialistischen Philosophie durch die Frankfurter kritische Theorie sozusagen populär macht, hat Böll 1963 mit den *Ansichten eines Clowns* die Phase der Eigentlichkeit und der Mythisierung gesellschaftlicher Situationen aufgegeben zugunsten kritischer Aggression und historischer Analyse, freilich nach wie vor streng perspektivisch und relativ zur Romanfigur hin. Der Schrecken, den dieser Roman um sich her verbreitete bis in die professionelle Kritik hinein, rührt wohl in der Hauptsache aus der Abkehr vom Ontologisieren und Mythisieren hin zum – sagen wir es schlagwortartig – historisch analysierenden Soziologisieren. Böll macht hier den weitreichenden Wandlungsprozeß im Theoriebewußtsein der Epoche mit, von Heidegger zu Adorno. Der Clown Hans Schnier insistiert auf historischen Erklärungen und Ableitungen des Schlimmen, er verzichtet auf Privatmythologeme wie das der Büffel und Lämmer. Konstellationen werden als historisch veränderbar begriffen. Zum erstenmal ändert eine Böllsche Romanfigur, Marie Derkum, grundsätzlich ihre Position und wechselt von einer Gruppe zur Gegenpartei über. Positionen sind nicht mehr existentielles Fatum, sondern revidierbar und manipulierbar. Der Tonfall ist weniger resignativ schleppend, sondern hat eine Tendenz zu frecher Respektlosigkeit. Der Roman hat bis dato zum letztenmal einen resignierenden, melancholischen Schluß, freilich schon spürbar verändert durch eine grimmige Clownsheiterkeit. Alle späteren Romane Bölls haben eine verstärkte Tendenz zum untragischen bis guten Ausgang – den man nicht als Happy-End madig machen sollte –, ein Hinweis darauf, daß gesellschaftliche Konstellationen stärker als veränderbar begriffen werden.

Mit dieser Einsicht hängt weiter ein formales Novum zusammen, das vom nächsten ›Erzählwerk‹ an, also von *Entfernung von der Truppe* (1964) bis hin zu den allerjüngsten Arbeiten gilt: Es wird die Rezeption durch den Leser mit reflektiert und ihre Art und Weise in bestimmten Grenzen freigegeben:

»Nicht nur was mich, auch was alle anderen in diesem Erzählwerk auftretenden Personen betrifft, möchte ich es nicht als fertige Niederschrift anlegen, sondern wie eins jener Malhefte, die uns allen noch aus unserer glücklichen Kinderzeit bekannt sind [. . .]. In diesen Heften waren teilweise die Linien, oft nur Punkte vorgezeichnet, die man zu Linien verbinden konnte. Schon bei der Verbindung der Linien herrschte künstlerische Freiheit, in *voller* künstlerischer Freiheit konnte man dann die verbundenen Linien mit Farbe ausfüllen. [. . .] Vorder- und Hintergrund gebe ich ganz frei: für erhobene Zeigefinger, empört oder verzweifelt gerungene Hände, für geschüttelte Köpfe, in großväterlicher Strenge und Allweisheit verzogene Lippen, gerunzelte Stirnen, für zugehaltene Nasen, geplatzte Kragen (mit oder ohne Krawatten, Beffchen etc.).«[8]

Der Leser soll also die Figur mit erschaffen, sein Verhältnis zum Text wird im Text mit beredet. Man braucht kaum eigens darauf hinzuweisen, wie hier die poetische Praxis in Korrespondenz steht zu etwa gleichzeitigen ›Entdeckungen‹ in der Literaturwissenschaft, zur Entwicklung von rezeptions- und wirkungsgeschichtlichen Anschauungsweisen, für die hier in Stellvertretung nur Arbeiten von Jauß, Iser und Weinrich erwähnt seien. Böll beginnt seine Erzählwerke zu hermeneutisieren. Textkonstitution und -rezeption und durch sie transportierte ›Wahrheit‹ sollen als Prozeß vorgeführt werden, als etwas, das eben nicht fix und fertig oder gar tragisch schicksalhaft verhängt, sondern durch Eingreifen veränderbar ist. Das gilt sogar für Personen, Charaktere, Figuren; sie liegen nicht fest, sind korrigierbar, fremd- oder unbestimmt. Wie Adorno schon seit längerem behauptet hatte, daß heile Person oder fixe Persönlichkeit in der Moderne – auch und gerade in der Kunst – ein idealistisches Predigtmärlein sei angesichts der totalen »Verwaltetheit« unserer Gesellschaft, so ist auch im Böllschen Roman seit *Entfernung von der Truppe* fertiggeprägte Persönlichkeit etwas Unmögliches. Personen werden nun konstituiert, recherchiert, mühsam zusammengesetzt und bleiben unsicher und unklar. Um es nochmals mit Adorno zu sagen – die schreckliche Phrase Menschenbild zergeht. Böll entwickelt seine eigene Technik der »Mutmaßungen«, um Unsicherheit, Ungewißheit, Relativität und Fremdbestimmung in allem, was früher eindeutige und unbezweifelte Wahrheit war, formal anschaubar zu machen.

In *Gruppenbild mit Dame* (1971) heißt es zur Hauptperson, eben jener »Dame« des Titels: »Der Verf. hat keineswegs Einblick in Lenis gesamtes Leibes-, Seelen- und Liebesleben, doch ist alles, aber auch alles getan worden, um über Leni das zu bekommen, was man sachliche Information nennt (die Auskunftspersonen werden an entsprechender Stelle sogar namhaft gemacht werden!), und was hier berichtet wird, kann mit an Sicherheit grenzender Wahrscheinlichkeit als zutreffend bezeichnet werden.«[9]

Deutlicher kann »der Verf.« gar nicht abdanken, denn selbstredend geht es hier im Stil von Reuters Nachrichtenbüro nicht um die frohgemute Feststellung, daß Zweifel zugunsten von Eindeutigkeit ausgeräumt werden konnten, sondern um den Hinweis auf jene Unsicherheiten und Schwierigkeiten.

In der Personenkonstituierung geht dieser Roman vielleicht am weitesten in diese Richtung. Leni, die Hauptperson, um die sich beinahe im Wortsinn alles dreht, steht unsichtbar als Negativbild, wie es der Schutzumschlag zeigt, in der Mitte. Sie tritt nirgends selbst in Erscheinung, sondern nur als Reflex in den Perspektiven jener ›Auskunftspersonen‹, die wie ein Kreis von Spiegeln um jene Mitte gestellt sind. Nichts ist ›Tatsache‹ in diesem Roman, alles perspektivische Meinung, alles Kommentar mit Unsicherheits- und Unschärferelation, zum Zeichen dessen, daß Wahrheit, ja daß Richtigkeit, daß eindeutige Fakten und Daten Fiktion sind, daß die immer relative Wahrheit in ihrer Konstituierung und in ihrer Rezeption Prozeßcharakter hat. Sie ist – modern gesprochen – ein Interaktionsmodell mit variablen, ständig zu korrigierenden Ergebnissen, wobei Ergebnis beinah schon etwas zu Fixes meint.

Relative Wahrheit als Prozeß – das weist auf das vielleicht Entscheidendste an den späteren Romanen Bölls hin, vor allem wenn man an *Ende einer Dienstfahrt* (1966) und an *Die verlorene Ehre der Katharina Blum* denkt. Dort geht es um Prozesse im gerichtlichen und kriminalen Sinne. Es geht um Ermittlungen zu dem, was die gesellschaftlichen Normen als ›Straftaten‹ etikettieren. Der Darstellung liegt das zugrunde, was man bei Kleist – man denke etwa an den *Zerbrochenen Krug* oder *Die Marquise von O.* – auch in formaler Hinsicht ›Kriminalschema‹ genannt hat, der Prozeß der Aufdeckung von etwas – nach herrschendem Normenkodex – ›Strafbarem‹ durch Ermittlungen.

In Parenthese sei angeführt, daß die Parallele zu Kleist – den Böll neben Johann Peter Hebel zu seinen entscheidenden Lektüreerfahrungen zählt – vor allem in *Ende einer Dienstfahrt* bis ins stilistische Detail reicht. Frappant ähnlich ist die absolute Dominanz des Konjunktivs, der Berichterstattung in indirekter Rede, in hypertrophen Satzkonjunktionen, in denen sich ›die Wahrheit‹ hinter Konjunktionen und Konjunktiven versteckt und langsam prozeßhaft viele perspektivische Wahrheiten sich hervorentwickeln, die sich nur unwesentlich über den Status von Vermutungen und Vorurteilen erheben. So, wie Kleist in seinem Aufsatz »Über die allmähliche Verfertigung der Gedanken beim Reden« wiederum bis in die Syntax hinein das Aussagen und Denken, Prädizieren und Urteilen als situations- und perspektiveabhängigen Prozeß vorgeführt hat, so geschieht es bei Böll, und so wenig wie bei Kleist stößt bei ihm solches sprachliches Urteilen bis zu *der* Wahrheit vor. Ein syntaktisches Anschaubarmachen von Unsicherheit wäre es bei Böll zu nennen.

Das gerichtliche Forum, das in der *Dienstfahrt* und in der *Katharina Blum* zu einem Urteil – also einer sich sprachlich artikulierenden logischen Zuordnung – kommen soll, hängt jeweils der Fiktion nach, es gebe das sakrosankte, geschichtsunabhängige gesellschaftliche Normensystem, mit dessen Kategorien man eindeutig Recht und Wahrheit sprechen könne. Der Verlauf des sprachlichen und des juristischen Prozesses straft in beiden Romanen diese gerichtliche Annahme Lügen, erweist sie als Vor-Urteil. Das heißt nichts anderes, als daß in diesen Romanen dem Gericht und dem, was es repräsentiert: dem angeblich intakten gesellschaftlichen Normensystem, der Prozeß gemacht wird. Der Spieß wird umgedreht. Der Gesellschaft wird in der Sprache der Prozeß gemacht, einer Gesellschaft, die sich in Vorurteilen zu wissen anmaßt, was Recht und Wahrheit, Ruhe und Ordnung von jeher war und immer zu sein hat. Human wäre hingegen, die Perspektivik von Wahrheiten zum Angelpunkt zu machen.

Es geht Böll in der *Katharina Blum* ganz sicher nicht darum, einen – und sei es aus politisch bester Überzeugung begangenen – Mord zu legitimieren oder gar zu ihm aufzurufen. Es geht ihm darum, einen solchen Mord – hier an einem bedenkenlos arbeitenden Hetzjournalisten der »Zeitung« – in seiner Motivierung und dem ganzen vorausgehenden ›Reifeprozeß‹ durchsichtig und erklärbar zu machen. Die bis dato unbescholtene Katharina Blum wird durch die infamen Lügen- und Hetzpraktiken der »Zeitung« und vornehmlich eines ihrer Reporter – besonders nachdem ihre kranke Mutter vor Aufregung über die Hetzmeldungen gestorben ist – in eine Situation jenseits der Verzweiflungsgrenze gebracht. Sie wird journalistisch gehetzt bis zu jenem Punkt, an dem sie glaubt, sich nur noch mit dem Revolver wehren zu können.

Es sind in den letzten Jahren viele Regalmeter soziologischer, psychologischer und kriminologischer Literatur dazu erschienen, in welcher Weise gesellschaftliche Bedingungen die Kriminalität fördern, stimulieren und auch erklärbar machen. Daß so viel darüber geschrieben wurde und solche Einsichten sich weiter verbreitet haben, ist noch kein Einwand gegen die Richtigkeit solcher Erkenntnisse, was auch konservative Positionen, die von einer heilen, autonomen Persönlichkeitsstruktur und von einem intakten Wertesystem ausgehen, dazu sagen mögen. In der deutschen Literatur gibt es für die Darstellung gesellschaftlicher Motiviertheit von Kriminalität schon seit einem halben Jahrhundert kaum bessere Beispiele als Döblins *Berlin Alexanderplatz* und *Die beiden Freundinnen*, als viele Glossen von Kurt Tucholsky und Karl Kraus. Dabei wird keiner dieser Texte, auch Bölls Roman nicht, bis zur Annahme einer mechanischen Zwangskausalität zwischen gesellschaftlichen Bedingungen und Verbrechen sich versteigen.

Worin Böll aber in *Ende einer Dienstfahrt* und in der *Katharina Blum* dem Gericht und der in ihm repräsentierten Gesellschaft den Prozeß macht, ist die Beobachtung, daß solche seit langem erhärteten sozialpsychologischen Erkenntnisse ignoriert werden zugunsten der Aufrechterhaltung der alten idealistischen Normen und Wertvorstellungen, die ihrer gesamten Genese nach bürgerlich sind. Und darin erweist sich die sogenannte Rechtsprechung als Teil einer Klassenjustiz, der gegenüber eindeutig diejenigen unterlegen sind, die nach intellektueller und sprachlicher Bildung, nach Besitz und gesellschaftlichem Ansehen den – geschichtlich gewordenen – Normen des Bürgerlichen nicht genügen.

Böll würde jene sozialpsychologischen Erkenntnisse von der gesellschaftlichen Mitschuld an Kriminalität nicht so herauskehren, wenn er in der Mißachtung jener Erkenntnisse nicht etwas anderes vehement verletzt sähe: Humanität, oder sagen wir es mit Böll altmodischer, archaischer: Liebe – jene Haltung, die den Jesus von Nazareth nicht mit den »Gerechten«, den gesellschaftlichen Spitzen, sondern mit den Unterprivilegierten, den Nicht-Bürgerlichen, den »Zöllnern« und »Ehebrechern« sich an einen Tisch setzen ließ. Von der Romanstruktur her wird der Prozeß gemacht einer Gesellschaft und ihren Institutionen – Rechtswesen, Presse usw. –, die lieblos vor- und aburteilen nach längst nicht mehr überprüften Normen, die dem einzelnen Menschen als inhumane Gewalt gegenüberstehen. Diese Gesellschaft braucht nach Böll »Liebe«, die die Augen öffnet, und zwar zur Erkenntnis des je einzelnen Menschen und seiner Motive. Es sind Romane gegen das lieblose bürgerliche Schema F. Daher muß auch die formale Struktur vom konventionellen ästhetischen Schema F bürgerlichen Erzählens abweichen.

Es braucht hier nur noch als beinahe überflüssig angemerkt zu werden, daß *Die verlorene Ehre der Katharina Blum* ganz offenkundig aus den Erfahrungen mit der Baader-Meinhof-Gruppe, mit Bölls Eingreifen gegen die Berichterstattung der *Bild-Zeitung* und der sich daraus ergebenden weiten publizistischen Polemik herausgewachsen ist. Wahrscheinlich wird man ihm sogar unterstellen, seine Katharina Blum sei ein – skandalös positives – Porträt Ulrike Meinhofs, was offenkundig unzutreffend ist. Freilich hat die relative Nähe zu jenen bitteren publizistischen Baader-Meinhof-Erfahrungen meines Erachtens dazu geführt, daß jener bislang letzte Roman Bölls im Formalen sich vergleichsweise weniger freigemacht hat vom Stofflichen, ein wenig zu sehr vom Stoffinteresse geprägt bleibt. Die Freiheit der artistischen Fiktion scheint sich nicht so zu entfalten wie in früheren Romanen, die allerdings auch höchste Maßstäbe setzten.

Ich sprach von dem altmodischen Wort ›Liebe‹. Versucht man es umzusetzen in einen Begriff, der im Hinblick auf formalästhetische Strukturen etwas mehr aussagt, so entspräche ihm der Terminus ›Phantasie‹ – ein für Bölls Werk kennzeichnender Begriff wie keiner sonst. Phantasie ist ihm ein Erkenntnismittel, das mit ›Liebe‹ zu tun hat. Phantasie etwa ließe die Gesellschaft und ihre Institutionen darauf verfallen, daß Kriminalität und Verbrechen in der Tat auch gravierende Sozialursachen haben. Phantasie ließe hier nach neuen Einsichten urteilen und Recht sprechen, ein neues Recht sprechen. Phantasie hat bei Böll immer auch diesen moralischen Aspekt, ist ein humanes Vermögen – etwa der Erinnerung, was ja erzählstrukturell sich so vielfach auswirkt. Man müßte bei Böll von moralischer Phantasie sprechen.

Phantasie ist ihm im weitesten Sinne Fähigkeit zum alternativen Denken. Sie entwickelt Alternativen zum Bestehenden, das nicht – wie es im bürgerlichen Blick sich ausnimmt – allein schon deshalb gut und unantastbar ist, weil es schon lange besteht. Phantasie ist in formal-struktureller Hinsicht auch die Fähigkeit zur Fiktion, die ja eine denkbare Alternative zum Bestehenden ist, ein Ziel, auf das hin Vorhandenes sich verändernd entwickeln könnte. Phantasie ist die Fähigkeit zur produktiven Utopie, die Regulativ unseres Handelns werden könnte, auch zur negativen Utopie, die in Bölls Satiren Kritik an Zeit und Gesellschaft zur Fiktion verdichtet. Phantasie ist die Fähigkeit zum Denken in Möglichkeiten, in produktiven Konjunktiven und Optativen.

Schließlich hieße Phantasie bei Böll auch das, was heute im Marketing des Nostalgischen schon wieder zur Handelsmarke verfestigt wird: (neue) Sensibilität.[10] Es geht Böll mit Liebe, humanem Verhalten, mit Phantasie exakt um jene recht verstandene Sensibilität, die dort nicht sein kann, wo alte Normen rigide und phantasielos durchgepaukt werden. Gegen all das und für eine so verstandene Sensibilität treten Bölls ästhetische Strukturen ein, vor allem in der konsequenten Perspektivierung und Relativierung des Geschehens auf das Bewußtsein der handelnden Figuren durch konkrete Erinnerung im inneren Monolog. Diese formale Perspektivierung ist moralische Humanisierung. Die organisierende Kraft ist Phantasie, Kantisch gesprochen ›Einbildungskraft‹. Wir haben hier den Punkt, an dem – weiterhin in Kantischer Terminologie – bei Böll die Terrains der reinen Vernunft und der Urteilskraft mit dem der praktischen Vernunft zusammentreffen.

Zum Schluß noch eines, was vor allem im Zusammenhang mit der *Katharina Blum* wieder diskutiert wird. Böll ist von ›rechts‹ her anhaltend als ›links‹, als ›Marxist‹ und ›Kommunist‹ verschrien worden, vor allem hinsichtlich seiner Stellungnahmen zum Baader-Meinhof-Komplex, der ja wirklich zum deutschen Komplex geworden ist. Die Begriffe ›links‹ und ›rechts‹ hat er wiederholt zu relativieren und zu differenzieren gesucht; zu den anderen Etikettierungen gibt es bei einer seiner sympathischsten Romanfiguren die lapidare Feststellung, jeder anständige Mensch sei einmal Kommunist gewesen, und dazu eine persönliche Ausdeutung Bölls in einem Interview mit Marcel Reich-Ranicki.[11]

Wir sind glücklicherweise aus den Zeiten heraus, hoffe ich, in denen jemand dafür entschuldigt werden müßte, daß er ›Marxist‹, ›Sozialist‹, ›Kommunist‹ ist. Deshalb kann man wohl befreit sagen, daß alle diese Apostrophierungen, sofern man an ihren Aussagewert glaubt, auf Böll ein Stückchen und vor allem mit dem berühmten Körnchen Salz zutreffen. Das relativierende Salzkörnchen steckt einmal dort, wo es z. B. auch im Denken eines so ›sensiblen‹ Marxisten wie Ernst Fischer zu suchen wäre, in der Kraft der Phantasie, Liebe und Humanität, die Freiheit und Distanz gegenüber allem Dogmatismus, eben dem konservativen Schema F verbürgt, das es ja auch in einem bürgerlich erstarrten Marxismus mindestens ebenso gravierend gibt wie in ›kapitalistischen‹ Verhaltenssystemen.

Und schließlich relativiert noch ein anderes jene Zuordnung Bölls: sein in aller

Kirchenpolemik bisher durchgehaltenes Engagement an die Sache des Christentums, der frühen Christen, der Bergpredigt, die auch auf atheistische Sozialisten ihre Faszination nicht verloren hat.

Irgendwo in diesen Beziehungsfeldern liegt der Angelpunkt des Böllschen kritischen Engagements, das sich immer zugleich als entscheidend formorientiert verstanden hat: »Eine Regel sollte gelten: je engagierter sich ein Autor glaubt, desto besser sollte er schreiben«,[12] »desto mehr sollte er nach Ausdruck suchen«[13].

Anmerkungen

1. Vgl. dazu Heinrich Böll: *Freies Geleit für Ulrike Meinhof. Ein Artikel und seine Folgen.* Zusammengestellt von Frank Grützbach. Köln 1972. (pocket. Nr. 36.) S. 117 f. und 187 f.
2. Heinrich Böll: *Frankfurter Vorlesungen.* Köln 1966. (Essay. Nr. 7.) S. 44 f.
3. Vgl. dazu Heinrich Böll: »Zur Verteidigung der Waschküchen«. In: H. B., *Erzählungen – Hörspiele – Aufsätze.* Köln u. Berlin 1961. S. 412–415.
4. Walter Jens: *Deutsche Literatur der Gegenwart. Themen, Stile, Tendenzen.* München 1961. S. 37 f.
5. Böll: *Frankfurter Vorlesungen* (= Anm. 2). S. 15.
6. Carl Amery: *Die Kapitulation oder Deutscher Katholizismus heute.* Nachwort von Heinrich Böll. Reinbek 1963. (rororo aktuell.)
7. Diese Allegorik erscheint schon 1899 bei Oskar Panizza in einem Gedicht auf die Deutschen und ihren Kaiser Wilhelm II.: »[. . .] Du Büffelherde, trotzig-ungelenke, / die durch die Wälder raset mit Gestank, / folgt heute einem einz'gen Stier zur Tränke, / Und dieser eine Stier ist geisteskrank.«
8. Heinrich Böll: *Entfernung von der Truppe.* Köln u. Berlin 1964. S. 20 und 24 f.
9. Heinrich Böll: *Gruppenbild mit Dame.* Köln 1971. S. 9.
10. Vgl. dazu Ferdinand Menne [Hrsg.]: *Neue Sensibilität. Alternative Lebensmöglichkeiten.* Darmstadt u. Neuwied 1974. (Sammlung Luchterhand. Nr. 159.)
11. Interview von Marcel Reich-Ranicki. In: Heinrich Böll, *Aufsätze – Kritiken – Reden.* Köln u. Berlin 1967. S. 503 f.
12. Böll: *Frankfurter Vorlesungen* (= Anm. 2). S. 99.
13. Interview von Reich-Ranicki (= Anm. 11). S. 502.

Literaturhinweise

Zitierte Werke

Wo warst du, Adam? Opladen 1951.
Und sagte kein einziges Wort. Köln u. Berlin 1953.
Haus ohne Hüter. Köln u. Berlin 1954.
Das Brot der frühen Jahre. Köln u. Berlin 1955.
Billard um halbzehn. Köln u. Berlin 1959.
Erzählungen – Hörspiele – Aufsätze. Köln u. Berlin 1961.
Ansichten eines Clowns. Köln 1963.
Entfernung von der Truppe. Köln u. Berlin 1964.
Ende einer Dienstfahrt. Köln u. Berlin 1966.
Frankfurter Vorlesungen. Köln u. Berlin 1966.
Aufsätze – Kritiken – Reden. Köln u. Berlin 1967.
Gruppenbild mit Dame. Köln 1971.
Die verlorene Ehre der Katharina Blum oder Wie Gewalt entsteht und wohin sie führen kann. Köln 1974.

Forschungsliteratur (Auswahl)

Arnold, Heinz Ludwig [Hrsg.]: *Heinrich Böll. Text + Kritik*, 33 (1972).

Beckel, Albert: *Mensch, Gesellschaft, Kirche bei Heinrich Böll.* Osnabrück 1966.

Bernhard, Hans Joachim: *Die Romane Heinrich Bölls. Gesellschaftskritik und Gemeinschaftsutopie.* Berlin 1970.

Hoffmann, Léopold: *Heinrich Böll. Einführung in Leben und Werk.* Luxemburg 1973.

Jeziorkowski, Klaus: *Rhythmus und Figur. Zur Technik der epischen Konstruktion in Heinrich Bölls »Der Wegwerfer« und »Billard um halbzehn«.* Bad Homburg, Berlin u. Zürich 1968.

Lengning, Werner [Hrsg.]: *Der Schriftsteller Heinrich Böll. Ein biographisch-bibliographischer Abriß.* Erw. Ausg. München 1968. (dtv. 530. – Enthält die mit Abstand umfangreichste Bibliographie.)

Moling, Heinrich: *Heinrich Böll – eine »christliche« Position?* Zürich 1974.

Reich-Ranicki, Marcel [Hrsg.]: *In Sachen Böll. Ansichten und Aussichten.* Köln 1968.

Schwarz, Wilhelm Johannes: *Der Erzähler Heinrich Böll. Seine Werke und Gestalten.* Bern 1967.

Stresau, Hermann: *Heinrich Böll.* Berlin 1964. (Köpfe des XX. Jahrhunderts. Bd. 35.)

Windfuhr, Manfred: *Die unzulängliche Gesellschaft. Rheinische Sozialkritik von Spee bis Böll.* Stuttgart 1971. (Texte Metzler. 19.)

Wirth, Günter: *Heinrich Böll. Essayistische Studie über religiöse und gesellschaftliche Motive im Prosawerk des Dichters.* Berlin 1967.

RAINER NÄGELE

Martin Walser. Die Gesellschaft im Spiegel des Subjekts

Die kritische Perspektive

In seiner Rede zum 200. Geburtstag Hölderlins stellte Martin Walser eine Art Typologie der Dichter auf: einerseits die Klassiker, die Angepaßten, die Vitalen, auf der andern Seite die Exzentrischen, unzufrieden mit sich selbst und deshalb oft Erfolglosen – »man müßte von ihnen astronomisch weit weg sein, um sie unter einen Sammelnamen zu zwingen«.[1] Ein passender Einfall zu einer Hölderlin-Festrede, könnte man annehmen und es dabei belassen. Wenn aber ein Schriftsteller Sympathien und Antipathien so eindringlich verteilt wie hier, horcht man auf. Hier spricht nicht der distanzierte Kritiker, der einerseits einem Goethe andererseits einem Hölderlin sein kritisches Verständnis anbietet, jeden nach seinen Verdiensten und Schwächen explizierend. Hier spricht ein Betroffener, einer, der sich identifiziert. Da stehen dann unversöhnt gegeneinander: Jean Paul gegen Goethe, Kafka und Robert Walser gegen Thomas Mann.[2] Martin Walsers eindringliche Sympathie für die Nichtangepaßten, die Nichtklassiker öffnet den Weg zum Ausgangspunkt seines eigenen Schreibens.

»Etwas ist nicht geheuer, damit fängt das an.«[3] Nicht nur für den Detektivroman gilt das, es gilt auch für jene Nichtklassiker, es gilt für Walser. Diese Ausgangsposition ist vage, ein allgemeines Unbehagen, ein Schmerz, der sich erst lokalisieren muß. Walser selbst hat auf diesen Ausgangspunkt seines Schreibens in einem Gespräch mit Thomas Beckermann hingewiesen: »Ich bin angewiesen auf einen, gut, ich sage es mit diesem Großmutterwort, auf Schmerz von mir aus, auf etwas Außersprachliches; auf einen körperlichen Zustand bin ich angewiesen, daß in meinem Kopf eine Unerträglichkeit bis zu einem Grad zunimmt, daß ich versuche, sie ablaufen zu lassen [...].«[4] In allen möglichen Modifikationen zieht sich dieser Schmerz durch Walsers Werk.[5] Ein solcher Ausgangspunkt gibt aber noch keine Richtung. Er kann im Allerweltsschmerz verharren. Noch Walsers letzter Kristlein-Roman Der Sturz (1973) veranlaßte einen Kritiker zur Vermutung, daß es hier nicht um spezifische Kritik geht, sondern um allgemeines Unbehagen an der Gesellschaft.[6] Das ist noch zu überprüfen. Denn eben die beschriebene Ausgangslage macht es auch möglich, daß einer besonders sensitiv wird für die konkreten Mängel seiner konkreten Gesellschaft, daß der Schmerz nicht ein unbestimmter Weltschmerz bleibt, sondern seinen Ursprung lokalisiert.

Martin Walsers erster Erzählband Ein Flugzeug über dem Haus und andere Geschichten (1955) bietet einen solchen Lokalisierungsversuch. Man hat bisher meistens einzelne Geschichten hervorgehoben. Aber der Band als Ganzes bildet einen Prozeß, der zu den Romanen hinführt. Es beginnt sehr allgemein auf einer Ebene, wo konkrete Gesellschaft noch kaum erscheint. Die Titelgeschichte führt mitten hinein in eine Atmosphäre, wo das nicht Geheure im scheinbar Idyllischen schon da ist: »Noch saß ihre Mutter an ihrer Seite«. »Immer noch saß die Dame des Hauses neben ihrer Tochter« (*Flugzeug*. S. 7). Das ›noch‹ verweist auf das Bedrohliche, das die momentane Sicherheit sprengen wird. Die Geburtstagsgesellschaft wird zum Kampf der Geschlechter. Atavistisches bricht ein. Indem Walser einwilligte, diese Geschichte zur Titelgeschichte zu machen, wird der Aspekt des Atavistischen noch besonders hervorgehoben.[7] Die Kritik hat sie auch immer wieder als besonders gelungen hervorgehoben. Es ist zu vermuten, daß gerade die Allgemeinheit des Unbehagens, das auf der untersten Ebene, an der ›Natur‹ selbst ansetzt, die positiven Urteile beeinflußt hat. Als die Geschichten 1955 erschienen, war solch ›existentielles‹ Unbehagen unter den jungen Nachkriegsautoren weit verbreitet. Kafka schien da den präzisen Erzählmodus anzubieten, in dem das allgemeine Unbehagen sich finden konnte. »Bei der nächsten Erwähnung Kafkas bekomme ich einen Schreikrampf«, soll schon 1951 einer beim Treffen der Gruppe 47 ausgerufen haben.[8] Der Name fiel aber noch oft, besonders oft in Rezensionen zu Walsers erstem Erzählband, der Kafka heraufbeschwor, auch wenn man nicht wußte, daß der Autor eine Dissertation über Kafka geschrieben hatte.[9] Kritisierten einige die allzugroße Abhängigkeit von Kafka, so äußerte Hans Egon Holthusen bereits Kritik in eine andere Richtung, daß nämlich Walser das Universum Kafkas auf »eine kleine, streng determinierte Angst-Welt mit politischer oder sozialer oder ›existentialistischer‹ Chiffrensprache« reduziert habe.[10] Damit ist die vorher angedeutete Entwicklungstendenz der Geschichten zum Konkreten hin – wenn auch negativ – formuliert. Die Lokalisierung ist allerdings noch vage, wie Holthusens ›oder-oder‹ nahelegt.

Vom atavistischen Einbruch der Titelgeschichte führt die Bewegung zunächst zum ganz allgemein leidenden Subjekt, das in seiner Bewegungslosigkeit aber ebenso wie die Titelgeschichte beinahe eine ›Ursituation‹ Walserscher Unhelden darstellt: die Regression in die Horizontale angesichts einer unheimlich bedrohlichen Welt. Mit Liegen beginnt und endet *Halbzeit* (1960), aus dem Liegen wird *Das Einhorn* (1966) geschrieben, liegend finden wir Anselm Kristlein am Anfang und Ende von *Der Sturz*. »Als ich sah, daß ich mich bewegte, erschrak ich«, heißt es in *Fiction* ([1970]. S. 67). Und wieder: »Ich bewegte mich. Ich erschrak. Ich bewegte mich nicht« (*Fiction*. S. 73). Gallistl versucht, so dem Schmerz zu entkommen: »Ich darf mich vorerst einfach nicht mehr bewegen« (*Die Gallistl'sche Krankheit* [1972]. S. 71). In *Gefahrenvoller Aufenthalt* bleibt die Bedrohung anonym; der Ich-Erzähler wie auch seine Umwelt verharren im Unbestimmten. Wahrnehmbar wird einzig eine Welt, wo jeder jedem zur Bedrohung wird. Selbst der Bewegungslose wird verderblich für andere, indem er sie überflüssig macht. Erst später hat Walser diese Situation gesellschaftlich konkretisiert. Kants Vorstellung der besten Verfassung als einer, die auch eine Gesellschaft von Teufeln zwänge, einander Gutes zu tun, stellt Walser die Realität der kapitalistischen Gesellschaft gegenüber, die auch eine Gesellschaft von Engeln zwänge, einander Ungutes zu tun.[11] Die marktwirtschaftlichen Spielregeln sind in den Geschichten noch unsichtbar. Nur in Umrissen werden nach und nach gesellschaftliche Strukturen und gesellschaftlich bedingtes Leiden wahrnehmbar. In *Der Umzug* wird eine in Walsers Romanen häufige gesellschaftliche Konstellation präfiguriert: die Gegenüberstellung der kleinbürgerlichen Welt mit derjenigen der Reichen. Die Welt der Reichen ist hier aber noch nicht die Partygesellschaft der späteren Romane, sondern eine verfremdete Totenwelt, die eine tödliche Lähmung auf alles ausübt. Dagegen ist die Kleinbürgerwelt hier noch nicht die von der Gesellschaft deformierte Welt, sondern Prinzip des Lebens. Konkreter wird die Deformation in der Erzählung *Die Klagen über meine Methoden häufen sich*. Der Erzähler ist ein Pförtner. Seine Perspektive zeigt schon sehr genau eine Welt des erbarmungslosen Wettbewerbes und den ungeheuren Mut, den es braucht, um in einer solchen Gesellschaft bestehen zu können, und wäre es nur als Pförtner. Überleben kann nur, wer den Mut hat, andere abzuweisen und anderen weh zu tun. Wer das nicht beherrscht, scheitert. Damit ist wiederum eine Grundsituation der Romane präfiguriert. Eine Welt totaler Abhängigkeit erscheint in der Erzählung *Was wären wir ohne Belmonte*. Hier kommen Menschen buchstäblich auf den Hund, werden zu Hunden – und sind noch dankbar dafür. Die Herr-Knecht-Verhältnisse der Gesellschaft fordern den totalen Abbau des Menschlichen: »Warum soll Belmonte nicht der Mann sein, der endlich erkannt hat, daß Menschen ihresgleichen nie recht bedienen werden. Was zweifüßig herumläuft, den Mund zum Widerspruch gebraucht, aussieht wie die Herrschaft selbst, das wird nie zum vollkommenen Dienst sich finden« (*Flugzeug.* S. 81).

Zugleich zeichnet sich hier eine weitere Schicht ab. Es sind Künstler, Pianisten, die, weil sie überflüssig sind, so auf den Hund kommen. Zwei Aspekte sind dabei von besonderem Belang. Einerseits der Künstler als der Überflüssige. Auf die Frage Bieneks, warum er einen Handelsvertreter als Helden seines Romans (*Halbzeit*) gewählt habe, antwortete Walser: »Es gibt also keinen Beruf, der einem Mensch das Gefühl seiner eigenen Überflüssigkeit so aufdringlich klarmachen könnte, wie der des Vertreters. Das hat mir diesen Beruf sympathisch gemacht, er erinnert mich eigentlich fast an den des Schriftstellers [...].«[12] Im Gegensatz etwa zu Thomas Mann ist die Künstlerproblematik bei Walser damit nicht das Eliteproblem einiger (Aus-)Gezeichneter, sie wird vielmehr zum paradigmatischen Fall einer Gesellschaft, in der die Allerwenigsten eine Position erreichen, die ihnen eine annähernde Selbstverwirklichung erlaubt. Die andere Seite der Künstlerproblematik ist nicht weniger paradigmatisch: In ihrer Überflüssigkeit sind diese Figuren gleichzeitig beliebig manipulierbar. Indem sie als manipulierbare Vertreter der Kultur auftreten, erscheint die Kultur als affirmative. Das wird zur grotesken Parabel in *Die letzte Matinee*, wo eine Gruppe von fanatischen Matineebesuchern ohne Verständnis für die ›platte‹ Realität der Außenwelt, ganz befangen in ihrer Kunstwelt sich ahnungs- und wehrlos in eine Art Arbeitslager abführen läßt, wo sie willig und glücklich ihre Arbeit verrichtet, solange nur ihre Diskussionsgruppen und der »Gute Film« am Sonntagvormittag nicht gestört werden. Gegen diese Haltung wendet sich Walser in dem Essay »Jener Intellektuelle« (1956).[13] Er kritisiert die Antibürgerlichkeit als elitäre Pose, als narzißtisches Spiel, das nur das eigene Versagen, in der Gesellschaft handeln zu können, verdecken möchte. Eben aus dieser verweigernden Pose aber resultiert die Anfälligkeit für Manipulation. Ähnlich wehrt sich Walser in seiner Rede zur Verleihung des Hermann-Hesse-Preises (1957) gegen die vornehme Isolierung des Schriftstellers.[14] Positiv stellt er dagegen Intellektuelle wie »Swift oder Heine oder Karl Kraus«, die nicht bloß Zuschauer waren, sondern »Handelnde, durch das Wort handelnde«.[15] Der 1969/70 geschriebene Essay »Über die neueste Stimmung im Westen« kritisiert auf eben dieser Basis Strömungen der Popkultur, die sich in eine leere Allgemeinheit und Subjektivität zurückziehe.[16]

Rückblickend läßt sich sagen, daß in dem ersten Erzählband bereits die wichtigsten Momente der Walserschen Romanwelt enthalten sind. Drei Schichten haben sich abgezeichnet: die atavistische Naturschicht, die gesellschaftlichen Strukturen in ihren konkreten Manifestationen und der kulturelle Überbau. Trennen lassen sie sich nur theoretisch. In der Welt der Romane sind sie dialektisch ineinander verwickelt. Ihre relative Abstraktheit in den Erzählungen entwickelt sich zu detaillierter Konkretheit in den Romanen.

Die Figuren nehmen nun gesellschaftliche Bestimmtheit an. Eben diese Bestimmtheit aber hat sie der Kritik ausgesetzt. Weil sie sozial und funktional bestimmt sind, vermissen manche Kritiker die abgerundete Persönlichkeit, die aus sich selbst bestimmt ist. Thomas Beckermann hat mit Recht auf die Widersprüchlichkeit solcher Kritik hingewiesen: »Diese Kritiker zitieren zwar häufig Joyce, Proust und Kafka, messen aber nach dem Maß von Goethe, Stifter und Th. Mann«.[17] Die meisten Figuren Walsers zeichnen sich durch ›Charakterlosigkeit‹ aus, d. h., sie sind nicht autonome, aus sich selbst bestimmte Persönlichkeiten. Walser hat sie so intendiert: »Dieser Anselm Kristlein hat nach allgemeinem Urteil eine gewisse Charakterlosigkeit. Ich würde vor jedes Seminar treten und behaupten, daß jeder Mensch in genau dem kristleinschen Maß charakterlos ist und daß das seine große Chance ist, weil der Mensch zum Glück noch so undifferenziert ist, daß er diese elastischen Möglichkeiten, diese Ausstattungsmöglichkeiten noch hat.«[18] Die positive Bewertung mag zunächst überraschen. Denn selbst, wenn die Figurengestaltung Walsers aus dem Kontext gerechtfertigt wird, sieht man darin meist eine Kritik eben dieses gesellschaftlichen Kontextes, der den Figuren nicht erlaubt, eine Persönlichkeit zu entwickeln. Der traditionelle Erwartungshorizont ist eben immer noch das Bild der entfalteten Persönlichkeit, an dem dann die Figuren gemessen werden. Es wäre aber voreilig, schon aus der ›Charakterlosigkeit‹ an sich Gesellschaftskritik abzulesen. Dennoch ist diese ›Charakterlosigkeit‹ durchaus ambivalent. Es ist genau die Ambivalenz, die schon Brechts Galy Gay (in *Mann ist Mann*) aufzuweisen hatte. Die doppelte Auslegungsmöglichkeit zeigte sich in den verschiedenen Fassungen des Stücks. Hatte Brecht ursprünglich noch den Galy Gay als positives Modell des neuen Menschen konzipiert, so kann er vom selben Ausgangspunkt her an seiner Figur die totale Manipulierbarkeit demonstrieren. Die Veränderbarkeit ist Voraussetzung für revolutionäre Hoffnung ebenso wie für die Dystopie totalitärer Herrschaft. Die Ambivalenz ist auch in Walsers Figuren nicht gelöst und spiegelt wohl zu einem gewissen Grad das Schwanken des Autors zwischen behavioristischem Determinismus und dialektischem Materialismus.[19]

Von dieser Voraussetzung her ist Vorsicht geboten, Figuren wie Hans Beumann und Anselm Kristlein in ihren Anpassungsprozessen von vornherein negativ zu sehen. Eindeutig negativ sind sie nur auf dem Hintergrund eines Erwartungshorizontes, der solches Verhalten als negativ verurteilt. Indem aber dieser Erwartungshorizont heraufbeschworen wird, gelingt Walser eine Gesellschaftskritik auf komplexerer Ebene. Unversöhnt nämlich wird der im Leser aktivierte Erwartungshorizont konfrontiert mit einer Gesellschaft, die ihn zwar im Überbau bestätigt, in der Praxis aber Anpassungsverhalten als Überlebensnotwendigkeit fordert. Der Widerspruch erscheint in der Gegenüberstellung von Hans Beumann und Klaff in *Ehen in Philippsburg* (1957). Klaffs Unfähigkeit, sich anzupassen, führt letztlich zu seinem Selbstmord. Ähnlich führt das Nachlassen der ›Mimikry‹-Fähigkeit in Anselm Kristlein zum »Sturz«. In diesem letzten Roman ist Anselm nicht mehr der Anpassungsfähige und geht seinem Untergang entgegen. Gegenübergestellt ist ihm der ›Gegentyp‹ Blomich, der Erfolgreiche, der in drei Reflexionsprozessen von Anselm analysiert wird (*Der Sturz*. S. 43 ff.; 250 ff.; 323 ff.).[20]

Die eigentliche Kritik geht jedoch nicht so sehr aus der Anpassungsfähigkeit einiger Figuren hervor, sondern aus ihrer Deformation und ihrem Leiden. Hier ist Walsers Erfindungsfähigkeit (vielleicht genauer: Findungsfähigkeit) schier unerschöpflich. Da ist die Kleinbürgerwelt, in die Hans Beumann zuerst hineinkommt, mit ihren redseligen, häßlichen und neiderfüllten Figuren »in den Tiefen der Zimmer im farblosen Dämmer« (*Ehen*. S. 12). Wehrlos gegen die Großen, wenden sie ihre Aggression gegen ihresgleichen oder noch tiefer Stehende. Es wäre aber falsch, daraus, wie Roland Wiegenstein,[21] einen allgemeinen Menschenekel des Autors abzulesen. Walsers Sympathie für seine Figuren ist im Gegenteil beinahe exzessiv. Schon in der Rede zur Verleihung des Hermann-Hesse-Preises hieß es: »Schließlich müssen einem beim Schreiben alle Figuren sympathisch sein, auch die, die der Leser dann zu den unsympathischen rechnet.«[22] Und auch später im Gespräch mit Beckermann wiederholt Walser diese grundsätzliche Sympathie für alle Figuren. Denn nicht gegen diese richtet sich der Ekel, sondern gegen Verhältnisse, die solche Deformationen möglich machen.

Es geht nicht um individuelle Fehlentwicklungen. Die Deformation findet sich in allen Bereichen. Die Hochgekommenen in der Gesellschaft tragen die Narben ihres Hochkommens an sich. Und schon in den Kindern äußert sich die Aggressivität, die ihnen später das Überleben ermöglichen wird. Es ist Klaff, der zuerst ein solches

Bild der Aggression mit Schrecken in seinem Tagebuch notiert: »Ein hübscher, schlankgewachsener Junge schlug einem kleineren dreckigen Kind mit der Faust ins Gesicht. Das Kind blutete« (*Ehen.* S. 199). Später registriert Gallistl Ähnliches: »Ich meine damit nicht die Lautstärke und den Schrecken, sondern den Haß, den diese Kinder gegen einander empfinden müssen. Sonst könnten sie die Schläge, die sie gegen einander führen, nicht so gründlich planen« (*Gallistl.* S. 74). Kaum in die Welt getreten, scheinen schon die Kinder gegen diese Welt sich zu wehren, wie z. B. Lissa mit ihrem Zähneknirschen: »Du aber hast Dich gewehrt von Anfang an, als hättest Du gewußt, daß Du gar nicht so erwünscht warst. Sobald Du Zähne hattest, hast Du nachts mit Deinen Zähnen geknirscht, daß Alissa aufwachte, daß wir beide eine Zeitlang zuhörten, bis wir bemerkten, daß wir beide wach waren und dann taten, als schliefen wir wieder, um Dein Zähneknirschen nicht gar so beunruhigend erscheinen zu lassen« (*Halbzeit.* S. 45 f.). Manche versuchen ihren Schmerz in Sprache zu fassen, aber sie haben nicht einmal diese Sprache. So heißt es von Flintrop: »Nichts von dem, was er sagte, stimmte, und trotzdem log er nicht ein einziges Mal, wenn er jammerte, wie schlecht es ihm gehe. Er hat wahrscheinlich nur die falschen Worte gewählt für sein Leid [...]« (*Halbzeit.* S. 590). Im *Einhorn* versammeln sich die Enttäuschten und Frustrierten der Gesellschaft im Bahnhof und beten ihr Gebet der totalen Unterwerfung: »Also, Kameraden, dann aber Helm ab zum Gebet, geben wir's auf, kapitulieren wir, kriechen wir weiter unter, beten wir« (*Das Einhorn.* S. 41). Frustration war schon in *Halbzeit* ein Schlüsselwort. Von den Fremdwörtern, die Edmund von Zeit zu Zeit in Mode bringt, ist *»frustration«* das einzige, das »sich über allem Wechsel behauptet« (20). In den späteren Romanen äußert sich die Deformation immer mehr durch totale Regression in die Leblosigkeit oder in eine zwanghafte Tätigkeit. In *Gallistl* wirft die Tochter ohne Unterlaß ihren Ball gegen die Wand. Im *Sturz* ist kaum noch eine Figur, die nicht auf irgendeine Zwangstätigkeit (oder Untätigkeit) reduziert ist, ausgenommen die Herrschenden. Alissa versinkt in völlige Versteinerung. Von den Kindern hat jedes seinen eigenen Tick. Guido sitzt mit starrem Lächeln vor dem Fernsehapparat und läßt das Bild durchfallen. Jede Störung beantwortet er mit heftiger Aggression. Drea wird wegen totaler Passivität aus der Schule geschickt. Lissa reduziert sich zur Saucenspezialistin. Philipp beißt sich die Fingernägel bis aufs Blut; kein Stinklack hilft dagegen. Rosa, Blomichs Exgeliebte, lebt mit einem ansehnlichen Einkommen trotzdem im beständigen Gefühl, »der schrecklichen Zukunft völlig ungesichert ausgesetzt zu sein [...]« (208).
Wir nähern uns hier der Welt Samuel Becketts und Thomas Bernhards, die solche Deformation zur äußersten Konsequenz getrieben haben. Die Konsequenz aber führt ins Verstummen und, wo sie wiederholt wird, zur nicht mehr ganz ernsten Manier, eine Gefahr, der Bernhard besonders ausgesetzt scheint. Wo die Deformation als Absolutes erscheint, kann letztlich auch nicht mehr von Gesellschaftskritik gesprochen werden. Die Gesellschaft erscheint dann höchstens noch als Sonderfall eines absurden Kosmos. Wenn man bei Walser von Gesellschaftskritik sprechen

kann, dann nur insofern als die aufgezeigten Deformationen als Momente einer konkreten Gesellschaft erscheinen.

Gesellschaft umfaßt bei Walser alle Stufen von den einfachsten menschlichen Beziehungen bis zu den regulierenden marktwirtschaftlichen Institutionen und ihrem Überbau. Erotik und Ehe spielen dabei eine besondere Rolle. Sie stehen am Übergangspunkt von Natur zur Gesellschaft, von Privatsphäre zur Gesellschaftssphäre. Von diesem Punkt aus wird bei Walser Gesellschaft entfaltet. Die eminente Rolle des Erotischen wurde des öftern von Kritikern, die vor allem Gesellschaftskritik von Walser erwarteten, mit Unbehagen vermerkt, so von Werner Liersch in einer Rezension von *Halbzeit*: »Solche und andere erotische Gags sind bei Walser nicht satirische Mittel, über die er frei verfügt und die er zur Charakterisierung einsetzt, sondern Ausdruck einer verkürzten Erzählerperspektive, aus der es ihm schwerfällt, den Blick über die Gürtellinie zu heben«.[23] Damit zusammen hängt auch Bekkermanns Kritik an Walsers Vorliebe für Bilder aus dem Naturbereich, die einen fatalistischen Determinismus suggerieren.[24] Ein atavistischer Naturbereich, der dann vor allem in der Erotik stark zutage tritt, spielt allerdings bei Walser eine eminente Rolle. Zu überprüfen ist hier, in welchem Zusammenhang sie mit den gesellschaftlichen Momenten steht.

Angesichts der eben zitierten Kritik ist es fast ein wenig ironisch, daß Walsers erster Roman, *Ehen in Philippsburg*, ihn manchen Kritikern als Ritter der Keuschheit erscheinen ließ.[25] Man warf ihm sogar »jansenistische Prüderie« vor.[26] Dabei fehlt es keineswegs an sexueller Aktivität und ehelichen Seitensprüngen. Aber eben daß diese durch den Romankontext in zweifelhaftem Licht erscheinen, ließ einige Kritiker vermuten, es ginge hier um die Verurteilung eines illegitimen Sexlebens. Davon ist aber nicht die Rede. Nicht um Prüderie oder Keuschheit geht es, sondern um sinnvolle, nicht entfremdete menschliche Beziehungen; diese, nicht die Keuschheit stehen als heimliches Ideal am Horizont des Romans. Was z. B. Dr. Alwins eheliche Seitensprünge so häßlich erscheinen läßt, ist nicht das Faktum an sich, sondern die Art und Weise, wie er seine ›Geliebten‹ als bloße Objekte ausbeutet und verachtet. Worum es hier schon geht, spricht später in *Halbzeit* Anselm Kristlein deutlich aus, wenn er von einer jener Frauen spricht, »die der von Männern verwaltete Sprachgeist Geliebte taufte – ein Euphemismus, der ihnen was vormachen soll [...]« (46). Das war zu einer Zeit geschrieben, als noch kaum eine Frauenrechtsbewegung das öffentliche Bewußtsein sensitiv gemacht hatte für solchen Sprachgebrauch.

In *Halbzeit* wird Erotik zum Erzählanlaß. Melitta, das erotische Traumbild aus der Kindheit, bringt Anselm zum Erzählen: »[...] ich muß aber gestehen, daß ich mich eigentlich nur wegen Melitta entschlossen habe, meine freie Zeit dazu zu benutzen, alles aufzuschreiben, was mir noch einfällt von früher« (345). Erotik ist also an der Basis zumindest dieser Romanwelt. Das Ewig-Weibliche als Prinzip der Welt?[27] Angesprochen wird das Motiv zwar in Melitta, aber zugleich historisch kritisiert: denn dieses Ewig-Weibliche, Erotische zieht nicht wie Beatrice oder Gretchen Anselm zu irgendwelchen Höhen. Das Motiv wird vielmehr umgekehrt, indem gerade da, wo die einzige wirkliche Begegnung stattfindet zwischen ihr und Anselm, die Epiphanie nicht eine verklärte, erhabene Melitta (Beatrice-Gretchen) vorstellt, sondern eine karrierebewußte Kleinbürgerin, die nicht idealisierte Entelechie dieser konkreten Gesellschaft. Allerdings verweist die Erotik in einen Bereich vor der Gesellschaft, in den Bereich der Natur. Elmsfeuer sendet sie aus: »Eigentlich gab ich Susanne die Hand, machte aber ein Gesicht, als bemerkte ich die Elmsfeuer nicht, die ihr von der gewölbten Bluse sprangen« (*Halbzeit.* S. 265). Und als Orli in Sicht kommt: »Anselms Füße schlagen. Er kriegt das Hufgefühl. Natürlich, das Einhorn an Bord. Elmsfeuer zündeln am Horn« (*Das Einhorn.* S. 226). Jedoch die Elmsfeuer der Erotik sind wie alle Natur in den Gesellschaftsprozeß hineingezogen. Am deutlichsten wird das in der Werbung, die längst entdeckt hat, daß Erotik sich wie andere Naturkräfte verwerten läßt, ganz unmetaphorisch. Der erotische Appell evoziert Wunschenergie; diese wird auf das angebotene Produkt verschoben. So verschmelzen vor allem in *Halbzeit* und im *Einhorn* Erotik und Werbung immer wieder. »Arme Gespenster, die den Gram über jede Schwelle tragen und den Käufer wahrhaftig nicht in jene sinnliche Erregung versetzen, ohne die kein Mensch etwas kauft« (*Halbzeit.* S. 73). In seiner Strategie zur Eroberung der elmsfeuersprühenden Susanne folgt Anselm Punkt für Punkt den 39 Geboten erfolgreicher Werbung: »How to sell myself to Susan« (*Halbzeit.* S. 483). Angebot und Nachfrage, die Grundpfeiler der ›freien‹ Marktwirtschaft, werden als zwei »Erotikriesen« vorgestellt (*Das Einhorn.* S. 57). Schließlich erscheint Anselms ganze Jagd nach erotischen Erlebnissen als Folge seiner beständigen Frustrationen. Seine Überflüssigkeit in der Gesellschaft treibt ihn zu Frauen, die ihm das Gefühl geben, gebraucht zu werden. Mit dem gesellschaftlichen Zusammenbruch im *Sturz* nimmt auch die Erotik immer mehr verfremdete Formen an. Auf der einen Seite die ins Legendenhafte entrückte Erscheinung der Genoveva, die eben in dieser Entrückung für Anselm unerreichbar wird, auf der andern Seite die animalische Vergewaltigung im Abenteuer mit dem sechsfingrigen Finchen. Der Zusammenhang dieser verfremdeten Formen mit der Gesellschaft wird angedeutet in einem sadistisch-erotischen Text, der Fließbandarbeiter zu ihrer Arbeit animiert (*Der Sturz.* S. 57 f.).

In der Ehe ist Erotik von vornherein schon gesellschaftlich institutionalisiert. Und Eheprobleme spielen in Walsers Romanen eine eminente Rolle. Sein erster Roman führt das schon im Titel vor: *Ehen in Philippsburg.* Der Klappentext der Rowohlt-Ausgabe möchte eben deshalb die gesellschaftskritischen Aspekte in den Hintergrund drängen: »Mit mikroskopischer Schärfe verweilt der Blick des Autors auf den Ehen in Philippsburg; denn sie, mag von wirtschaftlichen und gesellschaftlichen Machinationen auch noch soviel die Rede sein, sind der kritische Punkt [...].« Eine solche Trennung zerschneidet aber willkürlich die schon im ersten Roman enthaltene Vermittlung zwischen Ehe und Gesellschaft. Die Ehe selbst ist der Mikrokosmos der Gesellschaft, ihre Krise reflektiert eine gesellschaftliche Krise. Die Ehekrise als Seismograph einer gesellschaftlichen Krisensituation begann bereits bei Ibsen.

Seine Kritik setzte am bürgerlichen Selbstbewußtsein von Ehe und Familie als Grundpfeiler der Gesellschaft an. Seither sind diese ›Grundpfeiler‹ bis hin zu Albees *Wer hat Angst vor Virginia Woolf* und Walsers *Zimmerschlacht* immer wieder in ihren Antinomien dramatisiert worden.

Die *Ehen in Philippsburg* stehen in ihrer Thematik Ibsen noch besonders nahe. Denn auch hier geht es darum, die Lügen der Gesellschaft bloßzulegen in den Lügen, von denen die Ehen der Philippsburger Gesellschaft getragen sind. Die Art, wie Hans Beumann in eine von ihm kaum gewollte Ehe hineingleitet, ist parallelisiert von und unzertrennbar verbunden mit seinem gesellschaftlichen Aufstieg. Die Ehe Dr. Alwins ist ein reiner Zweckverband zum Hochkommen. Wo dieser Zweck die Ehe nicht kittet, bricht der Haß durch. In *Halbzeit* und im *Einhorn* ist die Ehe einerseits Spiegel der Gesellschaft, andererseits steht sie in einem Antinomieverhältnis zu ihr und wird dadurch wiederum zum Darstellungsmoment des unversöhnten Antagonismus von Privatsphäre und Öffentlichkeit. Zum Spiegel wird sie in den immer wieder ausbrechenden Psychokriegen zwischen den Ehepartnern, die die Party- und Wirtschaftskämpfe der großen Gesellschaft im Kleinen vorführen. Alissas Wunsch dagegen, die Familie als Privatsphäre gegen alle Gesellschaft abzuschließen, steht im Widerspruch »zur Wirtschaftsstruktur der Gesellschaft nicht nur, weil sie Werte tradiert, die den sozialen Erfordernissen nicht mehr entsprechen, sondern vor allem, weil sie auf einem ökonomischen Zustand beharrt, der von der gegenwärtigen Warenproduktion längst überholt worden ist«.[28] Als die total vereinseitigte Privatsphäre wird die Familie für Anselm zum »Familienkäfig« (*Halbzeit*. S. 165), aus dem er vergeblich auszubrechen versucht. Denn der Ausbruch ist immer nur in eine andere Rolle möglich. Nicht daß Anselms Ich eine Summe von Rollen ist, scheint das Unglück, sondern daß sie sich unversöhnlich gespalten haben. Ihre Unversöhntheit ist aber die Unversöhntheit der hier dargestellten gesellschaftlichen Widersprüche. Im *Sturz* ist auch die Ehe zum endgültig toten Verhältnis geworden. Anselm kann nur noch Monologe an eine erstarrte Alissa richten. Erst im imaginären Tod, losgelöst von der paralysierenden Gesellschaft, befreit sich die unterdrückte Liebe in einem ins Rätoromanische auch sprachlich verfremdeten Satz: »Sta bein, Alissa, car cumpogn da tant plascher e passiung« (*Der Sturz*. S. 356). In einer beinahe aussterbenden Sprache wird das stärkste Liebesbekenntnis der Kristlein-Trilogie ausgesprochen. Daß so etwas nur in dieser Abseitigkeit entstehen kann, legt dem Leser nahe, was Anselm etwas früher in bezug auf die Tochter Lissa sagte: »Wir müssen einander endlich eingestehen [...], daß etwas falsch gelaufen ist in der Entwicklung [...]« (*Der Sturz*. S. 312).

Die Erstarrung menschlicher Beziehungen ist nicht auf die Ehe beschränkt; in alle Verhältnisse ist sie eingedrungen. »In einem überfüllten Aufzug schauen alle Leute aneinander vorbei«, das ist der erste Satz von *Ehen in Philippsburg*. Vergeblich hofft Beumann, daß angesichts der allgemeinen Hitze Distanzen abgebaut würden. »Die Abstände wurden nicht kleiner. Wen hätte er auch erreichen sollen?« (*Ehen*. S. 10). Birga, die Frau Dr. Benraths, ist eine leicht existentialistisch getönte Vorläuferin der Alissa-Birga-Anna in den Kristlein-Romanen. Ihre Forderung nach dem absoluten Gefühl in der Beziehung zu ihrem Mann scheitert nicht nur an dessen Freude am Geselligen. Ihre Ansprüche stehen genauso wie Alissas Versuche, die Familie nach außen abzuschließen, im Widerspruch zu den Forderungen der Gesellschaft. Der Anspruch selbst ist pathologischer Ausdruck einer Situation, wo Privatsphäre und Gesellschaftlichkeit unversöhnlich auseinandertreten. Und schon in *Ehen* ist die Entfremdung der menschlichen Beziehungen als Funktion gesellschaftlicher Zustände dargestellt. Hauptmoment ist hier der fanatische Wille hochzukommen, der jeden anderen Menschen zum Instrument macht. Das ist das Prinzip, das vom Kleinbürger bis in die oberen Schichten die Verhältnisse regiert. Nur die Methoden verfeinern sich, je höher man steigt. Das Prinzip ist am stärksten ausgeprägt in Dr. Alwin und seiner Frau. Jede Person wird von ihnen sogleich nach Nutzen oder möglichem Schaden abgeschätzt. Freundschaften gibt es nur an der Oberfläche, insofern man jemandem Nutzen abnötigen kann. Im Grund macht das Hochkommensprinzip alle zu Gegnern: »[...] alle sind deine Gegner, das zu wissen genügt, sie geben dir nur, was du ihnen abzwingst [...]« (143). Die Verdinglichung der Beziehungen innerhalb der Klassen potenziert sich zwischen den Klassen. Wo die Unterdrückten von oben überhaupt beachtet werden, erscheinen sie beinahe als zoologische Objekte wie z. B. die Mutter Dr. Alwins, die durch ihr phänomenales Gedächtnis als Garderobenfrau auffiel. Man schrieb über sie, aber hauptsächlich schrieb man über den leutseligen Minister. Erst später realisiert Dr. Alwin die Wahrheit: »Die Herren hatten aus seiner Mutter eine zoologische Sensation gemacht [...]« (148). Der Erfrierungstod einer Tagblattverkäuferin wird zum Gag, der den finanziellen Erfolg der Zeitung garantiert. Klaffs Tagebuch eröffnet Einsichten in die Abhängigkeitsverhältnisse der Untergebenen, die sich auf alle Bereiche ihres Lebens erstrecken. Abhängigkeitsverhältnisse, die Herr-Knecht-Relation, bilden das deformierende Zentrum von Walsers Romanwelt. Von daher wird auch seine theoretische Gesellschaftskritik zunehmend radikaler, das heißt, sie richtet sich immer mehr gegen die Wurzeln des bestehenden westlichen Gesellschaftssystems. Im öffentlichen Sprachgebrauch heißt das dann antidemokratisch. Aber gerade gegen die Gleichsetzung des bestehenden Systems mit Demokratie wehrt sich Walser. Seit 1965 sieht Walser auch in der SPD keine Alternative mehr, weil auch die SPD das antidemokratische Wirtschaftssystem politisch nicht unterlaufen kann.[29] Die Annäherung an die DKP war damit vorbereitet. Seine Rede bei der Konstanzer Jungbürgerfeier im November 1970 ist eine konzentrierte Zusammenfassung seiner gesellschaftspolitischen Perspektive.[30] Schon der Titel »Kapitalismus *oder* Demokratie« zeigt die Basis von Walsers Kritik: Es gibt kein verbindendes ›und‹ zwischen dem bestehenden Wirtschaftssystem und dem Ideal einer Demokratie. Der Aufsatz »Wahlgedanken«,[31] der die politische Reflexion von dieser Basis her weiterführt, wurde vom *Spiegel* kommentarlos abgelehnt, von der *Zeit* mit einem warnenden Vorwort der Herausgeberin publiziert. Da Ideologie immer die Ideologie der andern ist, verfällt auch Walser dem diskreditierenden Verdikt von denen, die das absolute Festhalten an der Doktrin der ›freien‹ Marktwirtschaft für antiideologisch halten. Jedoch entwickelte sich Walsers politische Perspektive gerade aus einer Haltung des Zweifels gegen ideologische Festlegung dessen, was als Realität zu gelten hat. Sein ›Realismus X‹, ein Realismus des Zweifels, wird noch zu besprechen sein.

Die kurz skizzierte politische Evolution Walsers läßt sich auch in seinen Romanen zum Teil erkennen, wenn auch dort die Kritik selten in der klaren Eindeutigkeit der Essays zur Sprache kommt. Ansätze zu einer grundsätzlichen Gesellschaftskritik als Kritik an ihrem Wirtschaftssystem gibt es allerdings schon in *Ehen in Philippsburg*. Pathetisch wird das Interesse der Öffentlichkeit beschworen. Beumanns kritische Reflexionen aber zersetzen das Pathos: »Die Öffentlichkeit? Wer ist das bloß, dachte Hans, spricht er von ihr nicht wie von einer teuren Toten [...]« (*Ehen.* S. 77). Auch in Dr. Alwins Familie existiert Demokratie nur als eine in der Praxis nicht ernstgenommene Leerformel (*Ehen.* S. 144). Der Alteisenhandel wird zum konzisen Modell der Wirtschaftsordnung: »Zuletzt werde aus dem alten Eisen, an dem die kleinen Leute wenig und die großen Leute viel verdient hätten, eben doch wieder Kriegsmaterial« (*Ehen.* S. 196). In *Halbzeit* kommen die Vertreter des Großkapitals deutlicher ins Bild. Von Steuerhinterziehung der großen Firmen ist die Rede (33), die Verflechtung von Industrie und Macht wird sichtbar (364), und schließlich wird das Zukunftsbild einer totalen Monopolisierung entworfen, die eine neue Art der Werbung brauchen wird: nicht mehr Werbung für dies oder jenes Produkt, sondern Verschrottungswerbung, die Animierung zu immer schnellerem Konsum (515 f.). Ironischerweise sind es die Vertreter der obersten Klassen, die das Wort ›Wirtschaftswunder‹ verächtlich im Munde haben. Indirekt wird so die abstrakte Wirtschaftswunderkritik kritisiert. Über den Materialismus des Wirtschaftswunders schimpfen jene am meisten, die keine materiellen Sorgen haben, weil sie vom Wirtschaftswunder profitieren (*Halbzeit.* S. 398). In *Gallistl* nimmt die Gesellschaftskritik ihre konkreteste Form an, indem sie hier zur Reflexion erhoben wird. Grundlage der Gallistl'schen Krankheit ist ein Leistungsprinzip, das psychisch so integriert ist, daß es von innen heraus wie ein Krebsgeschwür alles überwuchert. Man kann sich selber nie gerecht werden, und daraus resultiert die Verkümmerung der Person und aller ihrer Beziehungen. Soziologische und psychologische Aspekte wirken hier vereint. Aus dieser Perspektive wird auch das ›häßliche‹ Kleinbürgertum zwar nicht gerade aufgewertet, aber mit sympathischem Verständnis gezeichnet. Wie der Arbeiter gehört zwar auch der Kleinbürger zu den Ausgebeuteten, im Gegensatz aber zur Arbeiterklasse erhält er kaum Sympathie. Nun mag zwar der Kleinbürger das am häßlichsten deformierte Opfer der Gesellschaft sein, aber Opfer ist er nichtsdestoweniger. Gallistl, selbst dem Kleinbürgertum nahe, gibt seinem neuen Freund Pankraz eine sozialpsychologische Familiengeschichte des Kleinbürgers (102 ff.). Was in *Gallistl* dank der neuen Freunde in einen möglichen Heilungsprozeß umschlägt, führt im *Sturz* ins Ausweglose. Bezeichnend für die Entwicklung Walsers ist die einzige ironische Erwähnung der SPD im *Sturz*, wo sie einmal kurz als Bund Sozialdemokratischer Millionäre (27) auftaucht. Allerdings spielt Politik im engeren Sinne in Walsers Romanen ohnehin eine geringe Rolle. In *Halbzeit* kommt einmal eine ironische Anspielung auf Adenauer hinein (»Gott sei Dank hört man in den Städten mehr auf die Alten als auf dem Land«, S. 295). Der westdeutsche Antikommunismus und der Berlin-Kult werden leicht satirisch eingeführt. Im *Einhorn* vermehren sich Anspielungen auf politische Ereignisse, bleiben aber, wie schon Beckermann bemerkt hat,[32] beziehungslos zum Romangeschehen. Ähnliches gilt auch noch für den *Sturz*, wo einmal der Vietnamkrieg am Rande erwähnt wird (32). Eine köstliche Satire auf die westliche Ausschlachtung russischer Dissidenten ist Edmunds Plan, zu Geld zu kommen (174 ff.). Im Gegensatz auch zu vielen Nachkriegsautoren spielt die nationalsozialistische Vergangenheit bei Walser eine geringe Rolle.[33] Diese Unterordnung der Politik im engeren Sinne hängt einerseits mit ästhetischen Prämissen Walsers zusammen, die noch zu behandeln sind, aber auch mit seiner gesellschaftspolitischen Perspektive, die die eigentlich politisch relevante Macht im Wirtschaftssystem sieht, nicht in den politischen Parteien.

Ein wesentliches Moment von Walsers Gesellschaftskritik ist aber jene dritte Ebene, die wir schon im ersten Erzählband vorfanden: der kulturelle Überbau als affirmative Kultur. Als Schriftsteller ist Walser mit diesem Aspekt besonders vertraut, und so tritt er denn auch schon im ersten Roman stark in den Vordergrund. Hans Beumann muß bald die Realität der privatwirtschaftlichen Zensur erfahren und unterwirft sich auch bald willig bis zu dem Punkt, wo offene Zensur nicht mehr nötig ist. Der Rundfunk unterliegt nicht weniger der Kontrolle der Mächtigen und leistet auf seine Weise affirmative Arbeit im Gewande abstrakter, nebulöser Gesellschaftskritik: »Denn der Rundfunk sei die Sonne des Familienlebens in der heutigen Zeit. In den Ameisenwohnungen der Großstadt, in dieser Zeit, in der alles der Zerstreuung oder der Spezialisierung diene, da die Familie den zersetzenden Kräften geschäftstüchtiger Libertinisten ausgesetzt sei, da müsse der Rundfunk Erbauung und Belehrung so verbinden, daß die Familie einen neuen Schwerpunkt erhalte [...]« (*Ehen.* S. 82). Das euphemistische sentimentale Vokabular muß die gesellschaftliche Realität verdecken. Der mittellosen Mutter Hans Beumanns preisen die Ärzte die »Würde der Mutterschaft« (*Ehen.* S. 81). Im *Einhorn* ist das Verhältnis von Kultur und Gesellschaft ein Hauptthema und wird detaillierter Kritik ausgesetzt.[34] Gallistl sieht Kunstgenuß den oberen Klassen vorbehalten: »Ich lasse praktisch nur noch den Krimi gelten. Wenn ich fest angestellt wäre, wäre ich wahrscheinlich auch für Kunst« (*Gallistl.* S. 13). Damit aber stellt sich für den gesellschaftskritischen Roman ein immanentes Problem: wie kann er als Kunst, als Literatur, aus dem affirmativen Zirkel ausbrechen?

Gesellschaftskritik als Literatur

Walser selbst reagiert eher negativ auf den Begriff ›Gesellschaftskritik‹. Im Gespräch mit Bienek protestierte er dagegen, daß eine Absicht unterschoben werde, »um dann feststellen zu können, ob der Autor dieser Absicht gerecht geworden ist, ob er sie erreicht hat oder nicht«.[35] Ebenso distanzierte Walser sich im Gespräch mit Beckermann von einer Festlegung auf Gesellschaftskritik: »Ich habe mich übrigens nicht identifiziert mit der Zumutung, daß ich einen gesellschaftskritischen Roman geschrieben hätte«.[36] Engagierter klingt eine Feststellung aus der Rede »Wie und wovon handelt Literatur«, die Walser 1972 vor dem ›Werkkreis Literatur der Arbeitswelt‹ hielt: »Die Entwicklung und die Behauptung des Menschenrechts war immer Anlaß und wichtigste Tendenz der Literatur.«[37] Aber auch hier sind die gesellschaftskritischen Ziele bewußt bescheiden formuliert: »Der realistische Autor antwortet schreibend immer auf das aktuelle Stadium der realistischen Ausdruckspraxis. Aber der realistische Autor gibt keine Antwort zweimal.« – »[...] die Schreiber antworten auf einen Mangel, den sie erleben.«[38] Damit ist der anfangs postulierte Ausgangspunkt des Schriftstellers Walser von ihm selbst in die Reflexion gehoben. Indem die zunächst individuell erfahrene Mangelsituation sprachlich realisiert wird, kann sie auf Grund ihrer gesellschaftlichen Bedingtheit zum paradigmatischen kritischen Fall werden. Allerdings geschieht die Vermittlung nicht automatisch, sie ist abhängig von der Schreibmethode.

Wo von gesellschaftskritischer Literatur die Rede ist, lautet meistens die Gretchenfrage, wie hält sie es mit dem Realismus. Damit ist aber ein Begriff eingeführt, der zu den komplexesten in der Literaturtheorie gehört. Die Uneinheitlichkeit im Gebrauch erschwert die Verständigung. In der gängigen Literaturkritik bilden die großen Romane des 19. Jahrhunderts immer noch explizit oder implizit das Vorbild für den Realismusbegriff. Darin treffen sich Vertreter eines konservativen ›sozialistischen Realismus‹ mit einem bürgerlichen Kritiker wie Marcel Reich-Ranicki. Diese Art von Realismus ist typologisch gekennzeichnet durch sein Perzeptionsmodell, das die vertrauten Perzeptionsweisen reproduziert. Zu seinen wesentlichen Elementen gehören: mehr oder weniger lineare Sukzession in der Zeit, oder, wo sie gebrochen wird, klare Kennzeichnung der Zeitverhältnisse im Drei-Zeiten-Kontext; erkennbare räumliche Ordnung, kausale Verknüpfung und Substanzmodell, das vor allem wichtig ist in der Figurendarstellung, deren einzelne Momente zu einer substantiellen Charaktereinheit, der ›runden‹ Figur zusammengefaßt sind. Wichtig ist auch die klare Trennung von Bewußtseinsvorgängen und Realitätsvorgängen. Es bedarf keiner allzulangen Lektüre, um feststellen zu können, daß Walsers Romane gegen mehrere der genannten Momente verstoßen, am stärksten gegen die letzten zwei: Die Figuren sind entsubstantialisiert, in Reaktionselemente aufgelöst, was denn auch die meisten Kritiker negativ vermerkt haben; ebenso ist die Trennung von Bewußtseinsvorgängen und ›realen‹ Vorgängen der Außenwelt öfters verwischt. Aber auch das Fehlen räumlicher Perzeption wird manchmal kritisch vermerkt. Ganz im negativen Sinne schrieb Friedrich Sieburg anläßlich von *Halbzeit*: »Aus *Ehen in Philippsburg* wissen wir, daß es nicht Walsers Sache ist, etwas sichtbar zu machen. Kein Gesicht kommt zum Vorschein, kein Körper, keine Stufe, kein Haus, kein Baum und keine Stadt [. . .].«[39] Als deskriptive Feststellung stimmt das im großen und ganzen. Die Frage ist, ob damit ein ästhetisches Urteil gefällt ist. Tatsächlich gehört die Durchbrechung der traditionellen Perzeptionsschemata zum schon klassisch gewordenen Grundbestand der modernen Ästhetik. Sinnvoll kann nur geurteilt werden, wo nach der Funktion der Darstellungsweise gefragt wird. In unserem Zusammenhang muß die Frage noch konkreter lauten: Können auch solche Perzeptionsmodelle gesellschaftskritisch fungieren?

Wesentlichstes Moment für Walsers Schreibmethode ist die individuelle Erfahrung als Ausgangspunkt. Von Joseph-Hermann Sauter auf seinen Realismus hin befragt, antwortete Walser, man müsse »den Gegenstand oder die Realität zuerst und am genauesten betrachten und beobachten, die man am besten kennt [. . .], das ist man selber«.[40] Da aber nach Walser der einzelne nie außerhalb der Gesellschaft steht, kommt diese selbst in der genauen Darstellung der individuellen Erfahrung mit zur Sprache. Die Wirkung solcher Literatur kann allerdings nicht vorweg berechnet werden: »Man kann nicht denken, ich möchte das und das damit bewirken. Das würde, glaube ich, das Schreiben verderben.«[41] Zwei Jahre später (1967), in einem Interview mit Hellmuth Karasek über das Stück *Zimmerschlacht*, unterstreicht Walser diesen Standpunkt noch emphatischer: »Für mich ist es nicht richtig, wenn ich mich dem politischen Thema direkt nähere. Ich sollte das Stück, egal was passiert, näher an meinen eigenen Erfahrungen lassen, in einem sozusagen hautnäheren Bereich. Es ist richtig für mich, wenn ich es hauptsächlich mit meinen eigenen Bewußtseinsinhalten speise [. . .].«[42] Das Bewußtsein wird für Walser zum Kernpunkt seines Realismus; Realität ist immer die durch das Bewußtsein vermittelte Realität. Gleichzeitig aber ist das Bewußtsein geformt von der Realität außer ihm. Diese dialektische Beziehung läßt den subjektiven Ausgangspunkt Objektives zur Sprache bringen. Von daher wendet sich Walser gegen den traditionellen Realismusbegriff als ein Perzeptionsmodell, das die vielfältigen Realitätserfahrungen verhindert, das gerade durch seine Vertrautheit Erfahrungsrealitäten verdeckt. Deshalb die Entgegensetzung von »Imitation *oder* Realismus« in einem Essay, der gleichzeitig für einen neuen »Realismus X« plädiert.[43] Dieser Realismus X ist vorläufig nur negativ bestimmt als »Überwindung ideenhafter, idealistischer, ideologischer Betrachtungsweisen«. Vor allem in der Sprache als Jargon wirkt sich das Ideologische paralysierend auf die Wirklichkeitserfahrung aus. Der Schriftsteller muß also den Jargon aufbrechen und im sprachlichen Experiment neue Perzeptions- und Erfahrungsmodelle finden. In diesem Sinne hat für Walser »Die realistische Fabel [. . .] eine utopische Tendenz«.[44]

Diese Voraussetzungen bestimmen Walsers Erzähltechnik. Daß auktoriale Erzählformen innerhalb eines solchen Realismusbegriffs fehl am Platz wären, versteht sich. Angefangen von den ersten Erzählungen bis zum bisher letzten Roman ist denn auch die Erzählperspektive jeweils von einem bestimmten Bewußtsein her angelegt. Bewußtseinsvorgänge erhalten gleichwertige Bedeutung neben Vorgängen in der Außenwelt, an manchen Stellen ist die Trennung verwischt. Am weitesten in dieser Hinsicht geht der Prosatext *Fiction*, der deshalb auch allgemeine Ratlosigkeit unter den Kritikern hervorgerufen hat. Am stärksten hat bisher Thomas Beckermann diesen zu Unrecht unterschätzten Text aufgewertet.[45] Die subjektive Erzählperspektive bringt allerdings eine gewisse Schwierigkeit für den Interpreten mit sich. Die Frage ist nämlich, inwiefern berechtigterweise von Gesellschaftskritik gesprochen werden kann, wo keine objektive Perspektive die subjektive relativiert. Die Antwort darauf kann hier nur angedeutet werden. Zunächst schreibt ja kein Schriftsteller in einem Wertvakuum. Jeder kann mit einem, wenn auch noch so vagen, Erwartungshorizont rechnen. So ist wohl anzunehmen, daß die menschlichen Deformationserscheinungen in Walsers Romanen im Leser Unbehagen auslösen. Indem nun durch textimmanente Signale diese Deformationserscheinungen mit gesellschaftlichen Zuständen in Zusammenhang gebracht werden, kann auch der Leser sein Unbehagen mit diesen Zuständen verbinden. Walser selbst deutet eine solche implizite Kritik an: »[...] es könnte dem Leser klar werden lassen, daß auch er in dieser Gesellschaftsform überflüssig ist, daß er sich überflüssig fühlen muß, das heißt, hier stimmt etwas mit der Gesellschaft nicht.«[46] Darüber hinaus sind Walsers Erzählsubjekte selbst multiperspektivisch. Die einzelnen Bewußtseinsmomente treten um so mehr in kritische Relation zueinander, als sie nicht zu einer künstlichen substantiellen Einheit zusammengefaßt sind. Indem der Leser den Bewußtseinsprozeß in seinen widersprüchlichen Momenten verfolgen kann, ist er ebenfalls in der Lage, ideologische Komplexe des Erzählsubjektes kritisch anzuzweifeln. Wenn etwa Anselm Kristlein aus seinen Erfahrungen eine Weltperspektive fatalistischer Art entwirft, kann der Leser diese Perspektive von ihren Entstehungsbedingungen her verstehen. Die Ideologie des Erzählsubjektes ist somit nicht die Ideologie des Romans, sondern eines seiner relativierten Momente.

Zwei Qualitäten werden Walser kaum je abgesprochen: der genaue Blick fürs Detail und sprachliche Brillanz. Beide sind hier auf ihre Funktion hin zu überprüfen. Walsers Detailfreudigkeit hängt mit seinem schriftstellerischen Ethos zusammen, das ist Genauigkeit. Das Partikuläre läßt sich jedoch in sehr verschiedener Weise einsetzen, und keineswegs garantiert es Realismus, vor allem nicht Realismus im traditionellen Sinne. Denn dieser qualifiziert sich ja nicht so sehr durch das Detail als durch die substantiierende Verknüpfungsweise ausgewählter Einzelheiten. Gerade dem aber mißtraut Walser und wendet sich deshalb auch ausdrücklich gegen Lukács. »Wie kann ein Roman heute noch Totalität liefern oder darf man es von ihm überhaupt noch verlangen. Wie kann er das erreichen. Und da sage ich, der Roman reicht soweit, wie die Sprache reicht.«[47] Das ist allerdings weder die Totalität des bürgerlichen Realismus noch die Totalität des sozialistischen Realismus, die Lukács postuliert hatte. Die Methode kann auf verschiedene Weise funktionieren.

Der unmittelbarste Effekt ist eine Verfremdung des Vertrauten, denn das Vertraute ist bestimmt durch die gewohnten Perzeptionsmodelle. Die Verfremdung wiederum kann in zwei Richtungen gehen: auf die Welt als schlechthin fremde, dem Subjekt verschlossene Welt, oder es werden nur gewohnte Perzeptionen durchbrochen, um neuen, möglicherweise besseren, Raum zu geben. Die Richtung in Walsers Romanen ist schwankend. In den frühen Erzählungen erscheint die Welt eher als schlechthin fremde denn als eine neu zu durchschauende. Mehr und mehr aber werden die isolierten Details auch zu Signalen für die isolierten, fragmentarischen Subjekte. Vor allem erscheinen Körperteile oft in verfremdeter Isolation. Das Detail fungiert so nach zwei Richtungen: Es widersetzt sich einerseits der vorschnellen Ideologisierung, die es für sich in Anspruch nehmen möchte, es protestiert gegen den Ordnungsanspruch einer Gesellschaft, die nicht in Ordnung ist, und es wird andererseits gerade zum Ausdruck dieser Unordnung, zum Signal für deformiertes Bewußtsein. Schließlich hat Beckermann auf ein weiteres Moment aufmerksam gemacht: das Detail als Erzählanlaß, indem in jeder Begegnung mit einem neuen Detail das perzipierende Subjekt präzisiert wird.[48]

»Der Roman reicht soweit, wie die Sprache reicht.« Damit hat Walser selbst auf den Zusammenhang zwischen seiner Detailfreudigkeit und der ihm oft bescheinigten Sprachbrillanz hingewiesen. In der Sprache findet die Begegnung zwischen Bewußtsein und Welt statt. Da aber weder das Subjekt noch seine Welt festgefügt sind in irgendeiner Ordnung, wird nicht das Objekt in einem ›treffenden‹ Wort in die Sprache gebannt; die Sprache umspielt vielmehr das Objekt in immer neuen Anläufen, läßt immer neue Ansichten und Aspekte erscheinen, ein Analogon zur Multiperspektivität mancher moderner Bilder, die die verschiedenen Seiten eines Objektes nicht mehr in die gewohnte Perspektive bringen. Die Sprache kämpft aber – wenn überhaupt eine solche Metapher für dieses verletzliche Instrument Walsers angebracht ist – nicht nur um ihr Objekt, sondern beständig auch gegen die ihr immanenten Fallen. Sie entspringt ja nie rein dem je sprechenden Subjekt, sondern ist immer schon da, schwer belastet von früherem Gebrauch und gefährlichen Implikationen. Gegen solche ist Walser vor allem sensitiv.[49] Im *Einhorn* wird auch die Sprachproblematik thematisiert. Ihre Ambiguität zeigt sich im Verhältnis zu Anselm Kristlein, der als zum Schriftsteller avancierter Handelsvertreter ebenso über die Sprache verfügt wie sie über ihn. Der von Walser angezielte ›Realismus X‹ hängt großenteils davon ab, wie weit die Sprache jeweils dem Jargon entkommen kann, wie weit sie neue Bewußtseinshorizonte eröffnen kann. Der Jargoncharakter der gängigen Sprache wird besonders im *Einhorn* bloßgelegt, indem die öffentliche Diskussionssprache in ihre beliebig verfügbaren Elemente zerlegt wird. Wie Günter Eich sucht auch Walser in der Negation des Jargons »Die andere Sprache [...], die wie die Schöpfung selber einen Teil von Nichts mit sich führt, in einem unerforschten Gebiet die erste Topographie versucht«.[50]

Walsers Sprache bleibt aber nicht beim Detail stehen. Sie konsolidiert sich zu Bildern, Fabeln und Parabeln. Die Parabel – Walser spricht meistens von ›Fabel‹ – hat im 20. Jahrhundert eine erstaunliche Wiederbelebung erhalten; vor allem auf dem Theater ist sie fast beherrschend geworden, aber auch in erzählenden Texten spielt sie eine große Rolle. Walser gibt einen Grund dafür: »Die freischwebende Fabel, dieser absurde Vogel, ist entstanden aus der Einsicht in die Unbrauchbarkeit überlieferter Abbildungsverhältnisse [...].«[51] Unbrauchbar ist die bloße Mimesis, weil sie immer nur das schon verfestigte Wirklichkeitsbild, die Oberfläche der Wirklichkeit wiedergibt. Parabeln im eigentlichen Sinne braucht Walser hauptsächlich für seine Theaterstücke und Erzählungen. In den Romanen erscheinen sie eher am Rande; jedoch sind die Romane voll von transformierenden Bildsituationen, die einerseits verfremden, andererseits deutenden Charakter haben. Legenden, Mythologisches, Archaisches, geschichtliche Analogien spielen hinein. In manchen Fällen ist die kritische Funktion besonders deutlich, so, wenn kapitalistische Verhältnisse verfremdend in feudalistischen Kategorien beschrieben werden (z.B. *Halbzeit*. S. 366). Oft wird die Transformation in einen sekundären Bildbereich durch die Bewußtseinssituation des Erzählsubjektes begründet. Das ist vor allem deutlich der Fall in *Gallistl*, aber auch im *Sturz* finden sich manche Beispiele. Im dritten Teil von *Gallistl* verselbständigt sich unter dem Druck der Außenwelt das Bewußtsein immer mehr, nur noch fragmentarisch dringen Außenwelterfahrungen ein. Eine exotische Welt tut sich auf (59 f.).

Allerdings ist Walser gerade auf Grund seiner Bilder, und zwar seiner Vorliebe für Naturbilder, der Vorwurf des Fatalismus gemacht worden. Das Problem wurde schon im Zusammenhang mit der Erotik kurz diskutiert. Tatsächlich macht Walser immer wieder durch seine Bilder atavistisches Verhalten in gesellschaftlichen Verhältnissen sichtbar. Bliebe es dabei, könnte man allerdings nicht mehr von Gesellschaftskritik im eigentlichen Sinne sprechen. Doch gibt es zumindest Andeutungen, daß Natur auch in Form der Atavismen nicht unmittelbar, sondern gesellschaftlich vermittelt in Erscheinung tritt. Reflektiert wird das in *Gallistl*: »Der Kapitalismus kommt der Unentwickeltheit des Menschen entgegen, er will ihn atavistisch, streitsüchtig, kannibalisch, egoistisch. Das macht den Kapitalismus erfolgreich, er wendet sich an die Instinkte von früher« (108). Mit einem rousseauistischen Naturkonzept läßt sich im 20. Jahrhundert keine Gesellschaftskritik mehr betreiben.[52] Die menschliche ›Natur‹, d.h. ihre biologischen und psychologischen Bedingtheiten, ist nicht von vornherein ›gut‹. Wie aber konkret menschliche Natur sich realisiert, ist gesellschaftlich bedingt. Und die gegenwärtigen sozialen Bedingungen sind nach Walser dazu angetan, die schlimmsten Möglichkeiten zu fördern.

Die utopische Perspektive

Gibt es Hoffnung in dieser Welt? Kritik, die es ernst meint, hält die Zustände für veränderbar, sie würde sonst zum sinnlosen Akt, zum rituellen Spiel, eine Gefahr, der Gesellschaftskritik in der Literatur ohnehin leicht verfällt. Walser warnt davor in seinem Essay »Engagement als Pflichtfach für Schriftsteller«: »Die Presse freut sich über jeden aggressiven Jux des engagierten Schriftstellers, weil sie den als Vehikel benutzen kann für ein Tändeln mit Tabus, das in den sachlicheren Spalten des Blatts nicht statthaft wäre.«[53] Ernstgemeinte Kritik kritisiert auf ein Ziel hin. In dem Maße, wie Walsers Kritik konkreter wird, formuliert er auch sein Ziel konkreter, allerdings immer in der relativierenden Sprache des Zweifels, der für Walser zum Grundprinzip jeder menschlichen Fortbewegung gehört, ja ein Teil des Prinzips Hoffnung ist. Das nächste konkrete politische Ziel hat Walser in seinem Aufsatz »Kapitalismus oder Demokratie« in einem Satz zusammengefaßt: »Es *muß* einen demokratischen Sozialismus geben«.[54]

Für uns stellt sich die Frage, wie und ob die utopische Perspektive im literarischen Werk Walsers erscheint. Ausgangspunkt der kritischen Perspektive waren der Schmerz, die Mangelsituation. Genau das aber wird nun auch zum utopischen Impetus: »Es wäre für die Literaturtheorie ein Vorteil, wenn die Biochemie uns schon bestätigen und regelmäßig formulieren könnte, daß unser Gedächtnis sich eher durch negative Eindrücke bildet, also eher durch Verletzung oder Verlust als durch Wohlsein und Besitz. [...] Und es leuchtet auch noch ein, daß das Gedächtnis als Natur jene Situationen bevorzugt speichert, die einmal Gefahr oder Verletzung bedeuteten. Das merkt man sich. So entsteht dann Geschichte. Aber auch das Bedürfnis nach Gefahrlosigkeit, Sicherheit usw.«[55] Erinnerung und Utopie stehen in engstem Zusammenhang. Das war schon bei Hölderlin so, den Walser besonders schätzt. Und so findet sich auch der utopische Impetus am stärksten bei jenen Nichtklassikern und Unzufriedenen, die Walser denen gegenüberstellt, die sich in Einklang finden mit dem Status quo.

Dennoch ist die utopische Perspektive in den erzählerischen Werken Walsers eher zaghaft angedeutet, oft scheint sie ganz zu verschwinden. Wo sie in den drei Kristlein-Romanen erscheint, ist es nicht als konkret ausgeführte Utopie, sondern nur als Evokation im Bild. Ein solches Bild erscheint in *Halbzeit*: eine Familie in einer Waldschneise. »Nicht einer hatte herübergeschaut, so waren sie bei ihrem Ball, den einer dem anderen zuwarf, ohne jede Hast, so zuwarf, daß der nächste den Ball spielend leicht fing und ihn weiterwarf, träg im Kreise, träg ohne Ende im Kreise träg herum. Könnten Götter gewesen sein« (477).[56] Diese Verschlossenheit in sich sondert das Bild aus der übrigen Romanwelt aus, es ist ein Fremdkörper in ihr und als solcher gemeint, eine provokative Evokation. Denselben evokativen Charakter haben auch die utopischen Bilder der Orli-Episode im *Einhorn*, auch dort tritt die utopische Perspektive ins Bild, nicht aber in die Realisation, denn diese kann nicht im Bewußtsein geleistet werden.

Literatur kann aber durch das Bewußtsein das Prinzip Hoffnung anregen. Diese Aufgabe hat ihr Walser schon relativ früh in seinem Proust-Aufsatz 1958 zuerkannt: »Er erfüllt die Aufgabe des Schriftstellers vollkommen. Wer Tag für Tag einer Sache zugewandt ist, am Schalter steht und sechzehntausend Gesichter sieht, wer ein paar hundert Schrauben zu drehen hat [...], der kommt nicht dazu, die Möglichkeiten seines Bewußtseins zu erschöpfen [...].«[57] Das kommt noch erstaunlich nah an Schiller heran, der ebenfalls in der Kunst die Möglichkeit sah, das Bewußtsein aus seiner ihm aufgezwungenen Spezialisierung und Vereinseitigung zu seiner Ganzheit zurückzuführen. Das Problem ist wahrscheinlich nur, daß jene, die der Arbeitsteilung in schlimmster Weise ausgesetzt sind, die Fließbandarbeiter z. B., weder Proust noch Walser lesen. In den sozialistischen Ländern scheint es zwar, daß solches nicht mehr unmöglich ist, aber das setzt immerhin schon eine gewaltige Änderung in der Sozialstruktur voraus. Spätere Äußerungen Walsers sind in dieser Hinsicht eher bescheiden formuliert. Seine stärkste Hoffnung setzt er in seine Sprache des Zweifels, die, indem sie in Frage stellt, Alternativen offenhält. Literatur schafft die Gegensprache zur verwalteten Sprache.

Ein Roman Walsers darf bisher als Sonderfall gelten: *Die Gallistl'sche Krankheit.* Hier dürfte man beinahe von einem utopischen Roman im engeren Sinne sprechen. Zwar wird darin keine zukünftige Gesellschaftsform entworfen, immerhin aber der Prozeß einer Hoffnung mit Andeutungen besserer menschlicher Verhältnisse. Auch hier geht Walser von einem Einzelbewußtsein aus. Der Roman vollzieht eine Art Nekyia, einen Abstieg in die Totenwelt, der zu neuem Leben führt. Dieses Bewußtsein wird erst zum Tiefpunkt seiner Depression geführt, ehe sein zaghafter Aufstieg beginnt. Der Umschlag ist kein metaphysischer, sondern ein materieller in mehrfachem Sinne: Daß der Zustand zur Sprache kommen kann, ist Voraussetzung; daß die neuen – sozialistischen – Freunde Gallistl helfen, ist die Bedingung der Möglichkeit seiner Genesung. Der Umschwung selbst ist im Sinnlichen signalisiert: »[...] ich bin übrig geblieben, finde wieder Geschmack am Kaffee, auch gewisse Rotweine trink ich abends aufmerksam [...]« (89). Das deutet auf eine freundliche Utopie. Die Zeichen sind eher zaghaft, klein. Das Händereichen wird wieder zu einem bedeutungsvollen Akt (95). Die zaghaften Zeichen gewinnen ihre ganze Wirkung aus dem Kontrast gegen den Zustand, den es zu verändern gilt. Rückfälle und Hindernisse werden nicht unterschlagen. Auch die DKP, der die neuen Freunde Gallistls angehören, wird nicht von ihren Problemen und Widersprüchen befreit. Vor allem plädiert Walser durch Gallistl für eine Sprache, die nicht wieder in den verwalteten Jargon verfällt und so wiederum in die Paralyse des Bewußtseins führen würde: »Zum Beispiel sollten die Genossen ermutigt werden, eigene Wörter für ihre Erfahrungen zu gebrauchen, weil die Gefahr besteht, daß sie mit den von der Partei vorgegebenen Wörtern schon etwas anderes als ihre eigene Erfahrung zum Ausdruck bringen [...]« (118 f.). Der Roman endet im Offenen: »Pankraz lacht. Das sieht ihm gleich« (128). Das Lachen enthält aber eine Perspektive der Hoffnung.

Gallistl erschien 1972. Ein Jahr später erschien der dritte und letzte Kristlein-Roman *Der Sturz.* Von der Hoffnungs-Perspektive scheint nichts mehr geblieben zu sein. Finsterer denn je ist es geworden. Bedeutet das, daß Walser die utopische Perspektive aufgegeben hat? Der pikareske erste Teil mit seiner abenteuerlichen Reise durch das Allgäu enthält zwar evokative Bilder der Hoffnung, vor allem in der Natur. Aber wie schon in *Halbzeit* und im *Einhorn* stehen sie auch hier in unversöhntem Gegensatz zur konkreten gesellschaftlichen Welt und erscheinen fremder denn je ins Legendäre transformiert. Ursprünglich sollte der Titel des Romans *Die Cousine* lauten. Im vollendeten Roman kommt die Cousine nur noch am Rande vor. Anfangs und gegen Ende. In ihrem zweiten Auftreten gehört sie einer Gruppe an, die an die sozialistischen Freunde in *Gallistl* erinnert. Und sie versucht auch Anselm zu bewegen, nach München zu kommen und der Partei beizutreten. Anselm aber weicht aus, will zumindest zuerst seine Fahrt nach Italien unternehmen. München bleibt eine eher unwahrscheinliche Zukunft. Wenn aber Walser ursprünglich die Cousine zum Titelmotiv machen wollte, deutet das an, daß er dem letzten Kristlein-Roman im Sinne des *Gallistl* eine utopische Wendung zu geben plante. Daß das nicht geschah, könnte mehrere Gründe haben. Die politische Atmosphäre der späten sechziger Jahre ist stark zurückgegangen. In der Bundesrepublik deutet sich schon längere Zeit ein Trend nach rechts an. Das mag Walsers Maß an Hoffnung beeinflußt haben. Zudem dürfte auch die zum Teil recht negative Reaktion auf den *Gallistl* ihn etwas abgeschreckt haben. Schließlich hatte auch die ganze Welt der Kristlein-Romane durch zwei vorangegangene Bände eine gewisse Eigenintention entwickelt, die eine utopische Wendung schwieriger gemacht hätte als vom Ansatz Gallistls her.

Eine wesentliche Rolle in Walsers utopischer Perspektive spielt der Begriff ›Heimat‹, ein Wort, das angesichts seiner Vergangenheit und dubiosen Assoziationen nicht leicht über die Lippen geht. Wilhelm J. Schwarz reagiert denn auch ziemlich verständnislos darauf, als wäre es eine Art komischer Marotte Walsers.[58] Der Begriff ›Heimat‹ hat aber durchaus seine doppelseitige Geschichte. Mit sich trägt er nicht nur dumpfe Blut- und Bodenmystik. Seine andere Seite erhielt er von Ernst Blochs *Prinzip Hoffnung*, wo er als letztes Wort den ins Offene weisenden Schluß ausmacht: »Hat er [der Mensch] sich erfaßt und das Seine ohne Entäußerung und Entfremdung in realer Demokratie begründet, so entsteht in der Welt etwas, das allen in die Kindheit scheint und worin noch niemand war: Heimat.«[59] Auch wenn Walser keinen begeisterten Essay über Blochs *Prinzip Hoffnung* geschrieben hätte,[60] ließe sich die Nähe seines Heimatbegriffs zu Bloch leicht aus seinen eigenen Äußerungen darüber erkennen. Zwar verliert der Begriff nicht seine emotionale Bindung an die Kindheitsumwelt, für Walser hauptsächlich die Gegend um den Bodensee, aber den wesentlichen Kern bildet ein utopischer, noch nicht erfüllter Inhalt. Und dieser Inhalt ist ein sehr konkreter, wie der Aufsatz »Heimatbedingungen«[61] deutlich macht: »Eine entwickelte Gesellschaft muß den Staat zur Heimat für alle ausbilden. Dazu müssen alle an diesem Staat beteiligt sein.« Heimat ist also ein gesellschaftlicher Begriff ohne alle metaphysisch-mystische Beiklänge. Das geht auch aus dem Essayband *Heimatkunde* hervor, der nicht zufällig fast ausschließlich politische Aufsätze enthält, angefangen von »Unser Auschwitz« bis zu »Engagement als Pflichtfach für Schriftsteller«. Die Heimat nämlich, die Walser meint, ist eben die Gesellschaft, in der er lebt und die für die meisten noch keine Heimat ist. Deshalb möchte Walser die Gesellschaft verändern.

Anmerkungen

Zitate aus Walsers erzählerischen Werken werden im Text durch Kurztitel und Seite identifiziert. Bei Eindeutigkeit wird nur mit Seitenangabe zitiert. Benutzte Kurztitel:

Ehen = Ehen in Philippsburg
Flugzeug = Ein Flugzeug über dem Haus und andere Geschichten
Gallistl = Die Gallistl'sche Krankheit

1. »Hölderlin zu entsprechen«. In: M. W., *Wie und wovon handelt Literatur. Aufsätze und Reden.* Frankfurt a. M. 1973. S. 42–66.
2. Die Gegenüberstellung trat deutlich hervor in den Plänen für einen Kurs, den Martin Walser im Sommer und Herbst 1973 zuerst in Middlebury, dann in Austin, Texas unterrichtete unter dem Titel »Ironie – ein Verhältnis zur Geschichte«. Walser stellte Jean Paul gegen Goethe, Kafka und Robert Walser gegen Thomas Mann.
3. Ernst Bloch: »Philosophische Ansicht des Detektivromans«. In: E. B., *Verfremdungen I.* Frankfurt a. M. 1962. (Bibliothek Suhrkamp. 85.) S. 37.
4. *Erzählprobleme in Martin Walsers Romanen.* Ein Gespräch zwischen Martin Walser und Thomas Beckermann. Biberach a. d. Riß 1968. S. 17.
5. Dagegen Ingrid Kreuzer: »Trotzdem gibt es in dieser Welt keine Katastrophen, kein erkanntes Leid, keine sichtbare Not; Zusammenstöße werden abgefangen durch Mimikry und Anpassung [...]« (I. K.: »Martin Walser«. In: Dietrich Weber [Hrsg.], *Deutsche Literatur seit 1945 in Einzeldarstellungen.* Stuttgart ²1970. S. 497). Die Feststellung scheint mir nur verständlich, wenn man von vornherein den Erfahrungen eines Anselm Kristlein, der Alissa-Birga und all der anderen ›Kleinen‹ die Qualität des Leidens abspricht. Die Mimikry fängt den Schmerz nicht ab, sondern ist Teil davon, als die Unmöglichkeit, sich selbst zu verwirklichen.
6. Christian Schultz-Gerstein: »Das Ende vom Anfang«. In: *Die Zeit,* Nr. 21 vom 18. Mai 1973.
7. Ursprünglich war die zweite Geschichte *Gefahrenvoller Aufenthalt* als Titelgeschichte geplant (unter dem Titel »Beschreibung meiner Lage«). Peter Suhrkamp riet wegen der allzu starken Kafka-Assoziation davon ab. (Vgl. dazu: Klaus Pezold: »Martin Walsers frühe Prosa«. In: Thomas Beckermann [Hrsg.], *Über Martin Walser.* Frankfurt a. M. 1970. S. 153 f. (Im folgenden zitiert als: ÜMW.)
8. Reinhard Lettau [Hrsg.]: *Die Gruppe 47. Bericht, Kritik, Polemik.* Neuwied 1967. S. 58.
9. Die Dissertation wurde 1952 abgeschlossen. Sie erschien als Buch unter dem Titel: *Beschreibung einer Form. Versuch über Franz Kafka.* München 1961; ²1963.
10. in: ÜMW. S. 9.
11. »Die Parolen und die Wirklichkeit«. In: M. W., *Heimatkunde. Aufsätze und Reden.* Frankfurt a. M. 1968; ²1972. (edition suhrkamp. 269.) S. 65.
12. Horst Bienek: *Werkstattgespräche mit Schriftstellern.* München ²1962. S. 195.
13. in: *Akzente,* 3 (1956). S. 134–137.
14. »Der Schriftsteller und die kritische Distanz«. In: *Frankfurter Allgemeine* (4. Juli 1957).
15. »Jener Intellektuelle« (= Anm. 13). S. 136.
16. *Wie und wovon handelt Literatur* (= Anm. 1). S. 7–41.
17. Thomas Beckermann: *Martin Walser oder Die Zerstörung eines Musters. Literatursoziologischer Versuch über »Halbzeit«.* Bonn 1972. S. 128, Anm. 39.
18. Beckermann: *Erzählprobleme . . .* (= Anm. 4). S. 21.
19. Walser kommt ähnlich wie Brecht von einem behavioristisch-deterministischen Konzept zu seiner Gesellschaftskritik. Vehement weist er im Gespräch mit Beckermann Willensfreiheit ab: »Willensfreiheit ist für mich einer der entsetzlichsten psychologischen Irrtümer einer idealistischen Gesellschaft, die dem einzelnen Freiheit zuschiebt, daß ein paar sie ausnützen können [...]« (9). Erst relativ spät treten marxistisch-soziologische Kategorien zu den medizinisch-naturwissenschaftlichen hinzu. Wie und ob diese beiden Denkansätze bei Walser vermittelt werden, ist zur Zeit noch nicht eindeutig bestimmbar.
20. Daß im *Sturz* auch der ›Gegentyp‹ sein böses Ende findet, ist zufällig und ohne Zusammenhang mit seiner gesellschaftlichen Funktion. Es scheint, er verdankt sein Ende eher dem Willen des Autors, aufzuräumen mit den Figuren der Kristlein-Trilogie, oder es ließe sich annehmen, dieser Tod sei ein Produkt von Anselms Wunschdenken.
21. in: ÜMW. S. 23.

22. »Der Schriftsteller und die Kritische Distanz« (= Anm. 14).
23. in: ÜMW. S. 52.
24. Beckermann: *Martin Walser* . . . (= Anm. 17). S. 133–155.
25. Adriaan Morriën. In: ÜMW. S. 18.
26. R. H. Wiegenstein. In: ÜMW. S. 28.
27. Vgl. M. Scheers: *Martin Walsers »Halbzeit«. Versuch einer Formanalyse*. Diss. Gent 1963/64. S. 22. – Scheers' Interpretation von Melitta als dem Ewig-Weiblichen wird von Beckermann in seinem Walser-Buch kritisiert (S. 98, Anm. 119).
28. Beckermann: *Martin Walser* . . . (= Anm. 17). S. 55.
29. Das Jahr 1965 als Wendepunkt entnehme ich Walsers Aussage im *Spiegel* vom 13. Mai 1974 (»Treten Sie zurück, Erich Honecker!«), wo er schreibt: »Ich selber bin übrigens seit 1965 nicht mehr das, was man einen Brandt-Anhänger nennen könnte.« Genauer umschrieb Walser sein Verhältnis zur SPD in einem Gespräch mit Ekkehart Rudolph: »Allerdings wird die SPD, wenn sie erst volle Regierungsgewalt hat, die Entwicklung zur sozialistischen Demokratie genauso hart zu verhindern suchen wie die CDU; aber schon das Mehr an Demokratie, das die SPD gegenüber der CDU darstellt, wird, trotz aller praktischen Hintergrundsversuche, die vorauseilende Tendenz stärken [. . .]. Sicher ist doch eins: Es gibt für uns keinen Weg in eine demokratische Zukunft, der an der SPD vorbeiführt, und es gibt keine demokratische Zukunft, wenn dieser Weg nicht über die SPD hinausführt« (Ekkehart Rudolph: *Protokoll zur Person. Autoren über sich und ihr Werk*. München 1971. S. 143 f.).
30. »Kapitalismus *oder* Demokratie«. In: M. W., *Wie und wovon handelt Literatur* (= Anm. 1). S. 76–88.
31. ebd., S. 100–118.
32. Beckermann: *Martin Walser* . . . (= Anm. 17). S. 187.
33. Gründe dafür gibt Walser in seinem Gespräch mit Beckermann: »Ich habe dafür einfach noch keine Sprache. Instinktiv habe ich mich davor gedrückt, diese Zeit im Roman mehr als irgendeine Seitenstrangfunktion einnehmen zu lassen. Mich hat einfach die Diskussion über die Zeit von 33 bis 45, das Vokabular, in dem diese Diskussion geführt wurde, irritiert« (13). Allerdings spricht Walser hier auch von einem Plan, eines Tages dieses Thema in einen Roman aufzunehmen. Dabei möchte er von seinen eigenen Jugenderfahrungen ausgehen.
34. ausführlich dazu Rainer Nägele: »Zwischen Erinnerung und Erwartung. Gesellschaftskritik und Utopie in Martin Walsers *Einhorn*«. In: *Basis*, 3 (1972). S. 198–213.
35. *Werkstattgespräche* (= Anm. 12). S. 198.
36. Beckermann: *Erzählprobleme* . . . (= Anm. 4). S. 6.
37. in: M. W., *Wie und wovon handelt Literatur* (= Anm. 1). S. 119.
38. ebd., S. 122 und 123.
39. in: ÜMW. S. 34.
40. in: *Neue Deutsche Literatur*, 13 (1965). H. 7. S. 97.
41. ebd., S. 101.
42. »Abschied von der Politik? Interview von Hellmuth Karasek mit Martin Walser«. In: *Theater heute* (September 1967). S .7.
43. »Imitation oder Realismus«. In: M. W., *Erfahrungen und Leseerfahrungen*. Frankfurt a. M. 1969. (edition suhrkamp. 109.) S. 66–93.
44. ebd., S. 92.
45. Thomas Beckermann: »Die neuen Freunde. Walsers Realismus der Hoffnung«. In: *Text + Kritik*, 41/42 (1974). »Martin Walser«. S. 48 f.
46. Beckermann: *Erzählprobleme* . . . (= Anm. 4). S. 5.
47. ebd., S. 13.
48. Th. Beckermann: *Martin Walser* . . . (= Anm. 17). S. 135 f.
49. Vgl. dazu den Aufsatz »Einheimische Kentauren«. In: M. W., *Erfahrungen und Leseerfahrungen* (= Anm. 43). S. 33–50.
50. Günter Eich: *Gesammelte Werke IV*. Frankfurt a. M. 1973. S. 447.
51. »Vom erwarteten Theater«. In: M. W., *Erfahrungen und Leseerfahrungen* (= Anm. 43). S. 62. Auch die Parabel ist letztlich für Walser nicht die adäquate Form: »Ich habe dann bemerkt, daß die Parabelform nicht mehr ausreicht, eben jene verfeinerten Formen gesellschaftlicher Brutalität, mit denen wir es seit 1950 zu tun haben, zum Ausdruck zu bringen. Da müssen neue Formen gesucht werden, und die sind noch nicht gefunden« (in: *Protokoll zur Person* [= Anm. 29]. S. 138).
52. Es ist deshalb nicht recht verständlich, wie Christian Schultz-Gerstein in der *Zeit* in bezug auf

den *Sturz* von dem »Bekenntnis eines enttäuschten Rousseauisten« sprechen kann. Dem Rousseauismus steht Walser denkbar fern. (*Die Zeit* [25. Mai 1973].)
53. in: *Heimatkunde* (= Anm. 11). S. 103 f.
54. in: *Wie und wovon handelt Literatur* (= Anm. 1). S. 87.
55. ebd., S. 119.
56. Auf den utopischen Charakter dieses Bildes hat Walser selbst hingewiesen in seinem Gespräch mit Beckermann (= Anm. 4). S. 24.
57. in: *Erfahrungen und Leseerfahrungen* (= Anm. 43). S. 134.
58. Wilhelm Johannes Schwarz: *Der Erzähler Martin Walser.* Bern u. München 1971. S. 16 f.
59. Ernst Bloch: *Das Prinzip Hoffnung.* Frankfurt a. M. 1959. S. 1628.
60. »Prophet mit Marx- und Engelszungen«. In: *Süddeutsche Zeitung* (26./27. September 1958).
61. in: *Wie und wovon handelt Literatur* (= Anm. 1). S. 89–99.

Literaturhinweise

Zitierte Werke

Ein Flugzeug über dem Haus und andere Geschichten. Frankfurt a. M. 1955. (Zitiert als *Flugzeug* nach der 4. Aufl. 1970 [edition suhrkamp. 30].)
Ehen in Philippsburg. Frankfurt a. M. 1957. (Zitiert als *Ehen* nach der Ausgabe: Hamburg 1963 [rororo. 557].)
Halbzeit. Frankfurt a. M. 1960. (Zitiert nach der Ausgabe: München u. Zürich 1963 [Knaur. 34].)
Das Einhorn. Frankfurt a. M. 1966. (Zitiert nach der Ausgabe von 1970 [fi. 1106].)
Fiction. Frankfurt a. M. 1970.
Die Gallistl'sche Krankheit. Frankfurt a. M. 1972. (Zitiert als *Gallistl.*)
Der Sturz. Frankfurt a. M. 1973.

Forschungsliteratur (Auswahl)

Andrews, R. C.: »Comedy and Satire in Martin Walser's ›Halbzeit‹«. In: *Modern Languages,* 50 (1969). S. 6–10.
Beckermann, Thomas: *Erzählprobleme in Martin Walsers Romanen.* Ein Gespräch zwischen Martin Walser und Thomas Beckermann. Biberach a. d. Riß 1968.
– [Hrsg.]: *Über Martin Walser.* Frankfurt a. M. 1970. (edition suhrkamp. 407.)
– *Martin Walser oder Die Zerstörung eines Musters. Literatursoziologischer Versuch über »Halbzeit«.* Bonn 1972.
Bienek, Horst: *Werkstattgespräche mit Schriftstellern.* München ²1962. (Gespräch mit Walser S. 192 bis 207.)
Blöcker, Günter: »Der Realismus X«. In: *Merkur,* 19 (1965). S. 389–392.
– »Die endgültig verlorene Zeit«. In: *Merkur,* 20 (1966). S. 987–991.
Chotjewitz, Peter O.: »Martin Walser: ›Das Einhorn‹«. In: *Literatur und Kritik,* 9/10 (1966). S. 109 bis 113.
Hartung, Rudolf: »Martin Walser: ›Das Einhorn‹«. In: *Neue Rundschau,* 77 (1966). S. 668–672.
Kreuzer, Ingrid: »Martin Walser«. In: Dietrich Weber [Hrsg.], *Deutsche Literatur seit 1945 in Einzeldarstellungen.* Stuttgart 1968. S. 435–454. (²1970.)
Nägele, Rainer: »Zwischen Erinnerung und Erwartung. Gesellschaftskritik und Utopie in Martin Walsers ›Einhorn‹«. In: *Basis,* 3 (1972). S. 198–213.
Pezold, Klaus: *Das literarische Schaffen Martin Walsers 1952–1964.* Diss. Leipzig 1965. Jetzt in Buchform: K. P., *Martin Walser. Seine schriftstellerische Entwicklung.* Berlin [Ost] 1971.
Pickar, Gertrud B.: »Martin Walser: The Hero of Accomodation«. In: *Monatshefte,* 62 (1970). S. 357 bis 366.
– »Narrative Perspective in the Novels of Martin Walser«. In: *German Quarterly,* 44 (1971). S. 48 bis 57.
Preuß, Joachim Werner: *Martin Walser.* Berlin 1972. (Köpfe des XX. Jahrhunderts. 69.)
Reich-Ranicki, Marcel: »Der wackere Provokateur«. In: M. R.-R., *Deutsche Literatur in West und Ost.* München 1963. S. 200–215.

Rudolph, Ekkehart: *Protokoll zur Person. Autoren über sich und ihr Werk.* München 1971.

Sauter, Josef-Hermann: »Interview mit Martin Walser«. In: *Neue Deutsche Literatur,* 13 (1965). S. 97–103.

Schwarz, Wilhelm Johannes: *Der Erzähler Martin Walser.* Mit einem Beitrag: »Der Dramatiker Martin Walser« von Hellmuth Karasek. Bern u. München 1971.

Text + Kritik, 41/42 (1974). »Martin Walser«.

Thomas, R. Hinton u. Wilfried van der Will: *Der deutsche Roman und die Wohlstandsgesellschaft.* Stuttgart 1969. (Kap. V über Martin Walser.)

Vormweg, Heinrich: »Vier exemplarische Sackgassen: Max Frisch, Enzensberger, Martin Walser, Uwe Johnson«. In: H. V., *Die Wörter und die Welt. Über neue Literatur.* Neuwied 1968. S. 80–101.

FRANZ SCHONAUER

Günter Grass. Ein literarischer Bürgerschreck von gestern?

Günter Grass, am 16. Oktober 1927 in Danzig geboren, gehört einer Generation an, die Nationalsozialismus und Krieg aus der Perspektive des Kindes bzw. des Halbwüchsigen erlebte. Das ist im Hinblick auf unser Thema nicht gleichgültig. Die ›Ideologiefeindlichkeit‹, die ihn als Schriftsteller charakterisiert, hat mit diesem Datum sehr wahrscheinlich eine Menge zu tun. Anders gesagt: Ob jemand dreißig Jahre alt war, als das ›Dritte Reich‹ zusammenbrach, oder erst siebzehn, ist ein gravierender, an der Differenz der Jahre allein nicht abzulesender Unterschied. Unmittelbar nach dem Krieg, dessen Endphase er noch als Soldat erlebte, war Grass Landarbeiter und Bergmann, erlernte das Steinmetzhandwerk und studierte im Anschluß daran an der Kunstakademie in Düsseldorf und Berlin.

Seit 1953 arbeitet er als Bildhauer, Graphiker und Schriftsteller. 1956 erschien unter dem Titel *Die Vorzüge der Windhühner* ein erster schmaler Band Gedichte von Grass. Ein Jahr zuvor hatte er im Lyrikwettbewerb des Süddeutschen Rundfunks den zweiten Preis gewonnen. – Über *Die Vorzüge der Windhühner* schrieb Johannes Bobrowski für das literaturinteressierte DDR-Publikum: »Zweifellos sind diese Gedichte, eine erste Veröffentlichung, interessant, weil hier auf eine gewisse, in den letzten Jahren in der Lyrik Westdeutschlands erfolgreich gewordene, ein wenig parfümierte, unverbindliche Melodik verzichtet wird. Grass setzt seine Bilder recht hart ein. Freilich scheint mir das einstweilen doch weniger auf Konzentration zu deuten, als auf eine vorhandene ›kunstgewerbliche‹ Neigung, – ein Spiel, dem sich die Sprache nicht sehr gefügig zeigt. Auf jeden Fall ist Grass aber eine Begabung, auf die man achten sollte.«[1]

Sonst hatten die Gedichte kaum Beachtung gefunden.

Bobrowskis vorsichtiges, mit Einschränkungen versehenes Lob, sofern es in der Bundesrepublik überhaupt bekannt wurde, sollte knapp zwei Jahre später, als der Roman *Die Blechtrommel* (1959) vorlag und öffentliches Interesse weckte, von niemandem mehr zur Kenntnis genommen werden. Wohlmeinende kritische Einwände waren jetzt kaum noch zu hören in einer Auseinandersetzung, die fast ausschließlich zwischen der Partei der Grass-Anhänger und der seiner Gegner – Tugendwächter zumeist – stattfand. Und mit Sicherheit läßt sich sagen, daß der ganz unwahrscheinliche Ruhm, der diesen Schriftsteller plötzlich überfiel und der, sich verselbständigend, bis zu dem Roman *Hundejahre* (1963) ständig zunahm, den Prozeß einer nüchtern einschätzenden Rezeption verhinderte. Gerade im Fall Grass wäre das aber dringend notwendig gewesen. Hans Mayer z. B., am westdeutschen Literaturbetrieb maßgeblich beteiligt, kam Mitte der sechziger Jahre zu folgendem Resümee: Seit dem Erscheinen der *Blechtrommel* sei »Günter Grass vorerst zu einer

Mittelpunktsfigur des deutschen literarischen Lebens geworden«. Und Mayer fährt dann fort: »Was er schreibt, treibt und sagt, beschäftigt die Leute: weit über den Bereich des eigentlichen Literarischen hinaus. Widerspruch hin, Zustimmung her: durch die Person des Schriftstellers Günter Grass ist eine neue Relation geschaffen worden zwischen den neu entstandenen deutschen Realitäten und ihrer Spiegelung in der Literatur. ›Was halten Sie von Günter Grass?‹ wurde seitdem zur beliebten Anknüpfung von Gesprächen, die nicht immer das Ziel haben sollten, bei der literarischen Plauderei stehenzubleiben.«[2]

Bekanntlich soll sogar Heinrich Lübke, Bundespräsident bis 1969 und literarischen Interessen gänzlich abhold, von dieser Frage bewegt worden sein. Freilich unter dem Aspekt: dieser Grass stelle »so unanständige Sachen dar, über die nicht einmal Eheleute miteinander reden würden«.[3] Ein Votum, das damals herzlich belacht wurde, das aber, von heute aus gesehen, durchaus den Stimmen zugerechnet werden muß, die sich in Sachen Grass – *pro* oder *contra* – äußerten. Zu jenem Chor, in den auch Enzensberger einfiel, als er 1959, den ersten Roman einen auf Blech getrommelten *Wilhelm Meister* nennend, meinte: »Dieser Mann ist ein Störenfried, ein Hai im Sardinentümpel, ein wilder Einzelgänger in unserer domestizierten Literatur, und sein Buch ist ein Brocken wie Döblins *Berlin Alexanderplatz*, wie Brechts *Baal*, ein Brocken, an dem Rezensenten und Philologen ein Jahrzehnt lang zu würgen haben, bis es reif zur Kanonisation oder zur Aufbewahrung im Schauhaus der Literaturgeschichte ist.«[4] Enzensberger wird heute nicht mehr dazu stehen, aber 1959 stand er dazu, wie viele andere Mitglieder der *Gruppe 47* auch.

Von der *Blechtrommel* bis zu dem Bühnenstück *Die Plebejer proben den Aufstand* (1966) brachte alles, was Grass schrieb, Schlagzeilen; kein anderer deutscher Schriftsteller, nicht einmal Böll, kam im Ausland zu solchem Ansehen wie er.

Erste Anzeichen einer beginnenden Grass-Verdrossenheit machten sich beim Erscheinen des Romans *Hundejahre* bemerkbar. Mit dem Anti-Brecht-Stück *Die Plebejer proben den Aufstand*, einer auch dramatisch nicht überzeugenden Denkmalsschändung, setzte jedoch ein radikaler Umschlag ein. *Örtlich betäubt* (1969) und *Aus dem Tagebuch einer Schnecke* (1972) fanden längst nicht mehr den emphatischen Beifall der früheren Bücher. Das hatte in erster Linie politische Ursachen. Das heißt: Einerseits exponierte sich Grass auf seinen Wahlreisen, die er für Willy Brandt und die SPD unternahm, mehr, als ihm als Schriftsteller zuträglich war. Andererseits kam durch die Studentenbewegung und die ›Neue Linke‹ ein ›operationaler‹, praxisbezogener Literaturbegriff in Mode.

Literatur hat ihren Markt, ist geschmacksabhängig. Schriftsteller, die daraus Nutzen ziehen, haben zwangsläufig auch den Schaden, wenn der Geschmack wechselt. Das scheint vor allem für Grass zuzutreffen, der es meisterhaft verstanden hatte, Werk und Person auf den Nimbus eines Markenzeichens, eines Gütesiegels zu bringen. Sein betont auffälliges Äußeres diente dem ebenso wie die saloppen Auftritte in der Öffentlichkeit, bei denen er sowohl aus der Rolle des polemischen Einzelkämpfers (Ostberliner Schriftstellerkongreß, 1961) als auch aus der des Clowns

(Lesung im New Yorker Goethe-Haus, 1964) Nutzen zu ziehen wußte. Solche Solonummern verbrauchen sich rasch; auch kann ein Autor, wenn er die Vierzig überschritten und mit politischer Prominenz vertrauten Umgang hat, nicht mehr glaubhaft das Enfant terrible spielen. Ruhm ist ein menschliches Problem, besonders innerhalb der engverfilzten Literaturcliquen Westberlins[5]. Nach dem *Tagebuch einer Schnecke* zu urteilen, ist sich Grass dessen bewußt geworden.

Doch so zutreffend das alles sein mag, die tieferen Ursachen für den Umschlag sind vermutlich im Werk dieses Schriftstellers zu suchen – in einem Werk, von dem kürzlich gesagt wurde, es habe »sozusagen den Schlußstrich unter eine bestimmte Form des Romans«[6] gezogen. Eine Feststellung, die dahin zu ergänzen wäre, daß dieses Urteil, wenn es dem Sachverhalt gerecht werden will, sich nicht nur auf die Form beziehen sollte, sondern zugleich auf den Inhalt und die ihm eigene Tendenz. Damit sind wir bei unserem Thema, das von der Gesellschaftskritik in den Romanen von Günter Grass handelt, angelangt.

Die Literatur der Bundesrepublik war in dem Jahrzehnt zwischen 1950 und 1960, um Kontinuität wie um Neubeginn bemüht, wenig präsentabel und weltläufig. Trotz Heinrich Böll, Arno Schmidt, Wolfgang Koeppen und Hans Erich Nossack galt sie als provinziell; und das Ausland nahm kaum Notiz von ihr. Überwiegend bot sie, oft in allzu bemühter Kahlschlagmanier, Auseinandersetzungen mit der Vergangenheit und der von ihr noch betroffenen Gegenwart an. Sie war weitgehend realistisch und auf ein ehrlich-nüchternes Abbild der Wirklichkeit aus, ließ aber künstlerische Originalität eben darum vermissen. Sie wirkte glanzlos und grau; kein Wunder, daß in den fünfziger Jahren überwiegend ausländische Übersetzungsliteratur Beachtung fand.

Mit dem Roman *Die Blechtrommel* von Günter Grass, der zur Herbstmesse 1959 erschien, änderte sich das rasch. Man wird darum dieses Buch, in Anbetracht der Reaktionen und Veränderungen, die es auf der Literaturszene auslöste, an erster Stelle nennen müssen. Auch wenn, wie sich inzwischen herausgestellt hat, Uwe Johnsons *Mutmaßungen über Jakob*, die im gleichen Jahr auf den Markt kamen, daran beteiligt waren – auf eine weniger spektakuläre, dafür aber nachhaltigere Weise.[7]

Die Erwartungen, die durch die beiden auf der Tagung der *Gruppe 47* (1958) von Grass gelesenen Romankapitel geweckt worden waren, löste das Buch prompt ein. Unmittelbar nach der Tagung hatte Joachim Kaiser in der *Süddeutschen Zeitung* geschrieben: »Der Preisträger las zwei Kapitel aus seinem fast vollendeten, etwa 700 Seiten starken Roman *Die Blechtrommel*, der im Neske-Verlag erscheinen soll. Die beiden Kapitel, das erste und das vierunddreißigste, vermitteln keinen zusammenhängenden Eindruck über Wesen und Verlauf des ganzen Romans. Aber sie verraten eine wilde Energie des Ausdrucks, eine unwiderstehliche Sicherheit der Gebärde und unheimliche Empfänglichkeit für die bizarr-groteske Verbindung. Oft ungleichartige Stilmittel tarnen eine wilde Attacke, vor deren Kraft die Gruppe 47 kapitulierte. Wie man dergleichen – die bilderreiche Geschichte eines buckligen

Trommlers, in der Irrenanstalt erzählt, – über lange Distanzen ertragen soll, ob Menschen, die kein oder ein verkorkstes Bewußtsein haben, einen Roman zu bilden vermögen, ob dies großartige, handgreifliche Ballett zwischen Polen und dem Ruhrgebiet ein Rechenschaftsbericht für uns und über uns sein kann: – das ist natürlich noch nicht zu entscheiden.«[8]

Kaisers Bericht gäbe einen falschen Eindruck wieder, so gelassen und besonnen, wie er formuliert ist, stünde in ihm nicht vermerkt: »[...] eine wilde Attacke, vor deren Kraft die Gruppe 47 kapitulierte«. – In der Tat, was Grass damals las, war eindrucksvoll neu und furios und durchaus dazu angetan, etwa aufkommende Bedenken erst gar nicht laut werden zu lassen. Detaillierte Kritik, sofern sie auf Grund eines einmaligen Vortrags überhaupt möglich ist, hätte sich den Vorwurf der Beckmesserei eingehandelt. Zudem: Skrupel kannte der Text, den Grass seinen Zuhörern offerierte, nicht – auch hinsichtlich der Möglichkeiten der Literatur nicht. Das vor allem beeindruckte! »Man kann«, so ließ er Oskar Matzerath, den Helden und Erzähler, gleich eingangs zu Wort kommen, »eine Geschichte in der Mitte beginnen und vorwärts kühn ausschreitend Verwirrung anstiften. Man kann sich modern geben, alle Zeiten, Entfernungen wegstreichen und hinterher verkünden oder verkünden lassen, man hätte endlich und in letzter Stunde das Raum-Zeit-Problem gelöst. Man kann auch ganz zu Anfang behaupten, es wäre heutzutage unmöglich, einen Roman zu schreiben, dann aber, sozusagen hinter dem eigenen Rücken, einen kräftigen Knüller hinlegen, um schließlich als letztmöglicher Romanschreiber dazustehn. Auch habe ich mir sagen lassen, daß es sich gut und bescheiden ausnimmt, wenn man anfangs beteuert: Es gibt keine Romanhelden mehr, weil es keine Individualisten mehr gibt, weil die Individualität verlorengegangen, weil der Mensch einsam, jeder Mensch gleich einsam, ohne Recht auf individuelle Einsamkeit ist und eine namen- und heldenlos einsame Masse bildet. Das mag alles so sein und seine Richtigkeit haben. Für mich, Oskar, und meinen Pfleger Bruno möchte ich jedoch feststellen: wir beide sind Helden, ganz verschiedene Helden, er hinter dem Guckloch, ich vor dem Guckloch; und wenn er die Tür aufmacht, sind wir beide, bei aller Freundschaft und Einsamkeit, noch immer keine namen- und heldenlose Masse.«[9]

Respektlos auftrumpfend wischte Grass die literarischen Theorien, von denen seine Kollegen geplagt wurden, beiseite und gab sie, samt ›unbehausten Menschen‹ und ›einsamer Masse‹[10], der Lächerlichkeit preis. Weder Alain Robbe-Grillet noch Lawrence Durrell, zu der Zeit oft zitierte Autoritäten, konnten ihn daran hindern. Erzählen oder nicht Erzählen, das war anläßlich dieser satt fabulierenden Prosa gar keine Frage mehr. Denn hier versprach jemand einen ›Knüller‹ zu liefern, einen rundum lesbaren Roman. Und das hatte man, wenn auch ganz heimlich, sich immer schon gewünscht. Grass erhielt nicht nur den Preis der *Gruppe 47*, Entreebillett zu den besten Futterplätzen des westdeutschen Literaturbetriebs, sondern auch erstklassige Verlagsangebote die Menge. Daß er dann doch bei Luchterhand blieb, der den Band *Die Vorzüge der Windhühner* herausgebracht hatte, sonst aber für den jungen Lyriker wenig Interesse zeigte, lag am Honorar.[11] Der Verlag sah einen Erfolg auf sich zukommen und war kulant.

Nomen est omen! Das Erscheinen der *Blechtrommel* löste, auch ohne exakt geplante und praktizierte Werbestrategie, Reaktionen in der Öffentlichkeit aus, wie man sie hierzulande anläßlich eines Romans noch nicht erlebt hatte. Der folgende Text, eine Rezension, liest sich wie ein Situationsbericht:

»[...] auf der diesjährigen Buchmesse machte der 736 Seiten starke Band Sensation, nicht weniger als zehn Länder bemühen sich angeblich um die Übersetzungsrechte. Die Kritiker schreiben Hymnen. Alle diese Anteilnahme gilt einem Buch, das nichts weniger ist und sein will als sympathisch, das sogar mit Raubtiersicherheit die Zone des Ekelhaften, Entsetzlichen, Kraß-Schamlosen, Verwegenen und Mörderischen durchmißt. Verglichen damit verkümmern fast alle übrigen Bekundungen jugendlichen Zorns oder angelsächsischen Ärgers zur Literatur des Kabinetts, zum unverbindlichen Protest aufbegehrender Universitätszeitungen, deren Redakteure vor den Examina schon zurückhaltender werden und spätestens als Referendare ihren Frieden mit der Welt machen. Den schrecklichen Mitteilungen des blechtrommelnden Oskar kann man keineswegs mit einem Achselzucken ausweichen. In der deutschen Literatur ist seit langer Zeit nicht mehr so atemberaubend, aus solcher Fülle der Gesichter und Geschichten, der Figuren und Begebenheiten, der Realitäten und Sur-Realitäten, erzählt worden. Oskar hat mehr vorzubringen, als den meisten zeitgenössischen Romanciers für ein Lebenswerk zur Verfügung steht. Die Fülle der in 46 Kapiteln untergebrachten Geschehnisse läßt sich hier nicht einmal andeuten. Ihnen allen ist eine Amoralität (nicht Unmoral) eigentümlich, eine Mitleidlosigkeit, eine gläserne, mitunter belustigte, belustigende Ferne von jeglicher humanistischer Attitüde.«[12]

Bis in den Wortlaut ähnlich ist der Tenor anderer Rezensionen aus dieser Zeit. Von ›genialer Verruchtheit‹ war allenthalben die Rede. Lediglich Günter Blöcker und Karl August Horst, soweit mir erinnerlich ist, meldeten seitens der zünftigen Literaturkritik gravierende Bedenken an. Blöcker z. B. machte in der *Frankfurter Allgemeinen Zeitung* geltend: »Es scheint, er braucht das Ekelhafte, um produktiv zu werden, ebenso wie er das fragwürdige Überlegenheitsgefühl des intellektuellen Zuchtmeisters braucht und genießt.«[13]

Und weiter: »Der Autor schlägt zu, und er trifft die richtigen Objekte, aber die Wollust des Peitschens und Treffens ist so offensichtlich, daß sie die Rechtmäßigkeit der Bestrafung in Frage stellt. Hier dominiert nicht der tragische Sinn, nicht jenes Grauen, aus dem die Erlösung kommt, sondern das unverhohlene Vergnügen daran, der Menschheit am Zeuge zu flicken.«[14]

Blöckers Einwände, über die zu diskutieren sich gelohnt hätte, sowohl im Hinblick auf die Amoralität, durch die sich der Roman auszeichnet, als auch im Hinblick auf die Sensation, die er auslöste – letzteres ist ein gesellschaftliches Phänomen ersten Ranges –, gingen in der Grass-Euphorie unter. Im übrigen hießen die Fronten, die sich gebildet hatten, bereits fortschrittlich und konservativ; Blöcker, wozu er und sein Förderer Friedrich Sieburg das ihre beitrugen, galt als konservativ. *Die Blechtrommel*, als Erziehungs- und Bildungsroman deklariert, ist vor allem eins: deren Karikatur. Der Held Oskar ist ein dreißigjähriger Gnom und zur Zeit Insasse einer Heil- und Pflegeanstalt, der sich für seine Lebensgeschichte auf Goethe und Rasputin als Leitbilder beruft. Doch damit nicht genug: aus der Perspektive des bösartigen Winzings wird die Welt, werden die Menschen buchstäblich »von unten gesehen«, gerät alles in die grotesk verzerrende Optik eines Voyeurs, der, mit Vorliebe unter Tischen, Betten und Tribünen oder in Kleiderschränken hokkend, das Treiben der Erwachsenen belauert. Was diese Figur konstituiert, ist das völlig Absurde und Widersinnige an ihr, die totale Krüppelhaftigkeit des Leibes und der Seele bei stark entwickelter sexueller Triebstruktur und durchaus intakten, leistungsfähigen Verstandeskräften. Natur, gesehen durch ein Temperament, diese Definition Emile Zolas müßte, auf die *Blechtrommel* und ihren Helden bezogen, lauten: Natur, gesehen mit den Augen eines Monstrums.

Grass' Amoralismus oder der seines Stellvertreters Oskar Matzerath, der von Menschen wie einer zoologischen Spezies zu berichten weiß, setzt sich am eindrucksvollsten im Bereich des Sexuellen und des Politischen in Szene. So wird Liebe stets nur als körperlicher Kontakt dargestellt, als eine Serie von Handgreiflichkeiten und mehr oder weniger ausgefallenen Kopulationspraktiken. Es handelt sich um schiere Zoologie, verzerrt ins Lächerliche und Unwahrscheinliche, die Grass nicht müde wird, variantenreich zu beschreiben – seien es nun Brausepulverorgien oder ein Notzuchtversuch an einer Holzfigur mit tödlichem Ausgang. Gleich im ersten Kapitel des Romans kommt es zu folgender Szene: Unter die Röcke Anna Bronskis, die an einem späten Oktobernachmittag des Jahres 1899 auf einem kaschubischen Kartoffelacker sitzt, rettet sich der von zwei Feldgendarmen verfolgte Brandstifter Joseph Koljaiczek und macht ihr, während sie den Polizisten Auskunft geben muß, ob sie diesen Koljaiczek nicht gesehen habe, ein Kind. »Erst als die Uniformen nur noch wippende, langsam im Abend zwischen Telegraphenstangen versaufende Punkte waren, erhob sich meine Großmutter so mühsam, als hätte sie Wurzeln geschlagen und unterbräche nun, Fäden und Erdreich mitziehend, das gerade begonnene Wachstum.

Dem Koljaiczek wurde es kalt, als er auf einmal so ohne Haube klein und breit unter dem Regen lag. Schnell knöpfte er sich jene Hose zu, welche unter den Röcken offen zu tragen, ihm Angst und ein grenzenloses Bedürfnis nach Unterschlupf geboten hatte. Er fingerte eilig, eine allzu rasche Abkühlung seines Kolbens befürchtend, mit den Knöpfen, denn das Wetter war voller herbstlicher Erkältungsgefahren« (*Die Blechtrommel*. S. 20).

Ebenso aufschlußreich dürfte dieses Bild sein: Oskar, unter dem Wohnzimmertisch versteckt, an dem die Erwachsenen sitzen und Skat spielen, beobachtet aus seiner Perspektive, wie Jan Bronski seinen Fuß unter das Kleid seiner Mutter schiebt: »Kaum berührt, rückte Mama näher an den Tisch heran, so daß Jan, der gerade von Matzerath gereizt wurde und bei dreiunddreißig paßte, den Saum ihres Kleides lüpfend erst mit der Fußspitze, dann mit dem ganzen gefüllten Socken, der allerdings vom selben Tag und beinahe frisch war, zwischen ihren Schenkeln wandern konnte. Alle Bewunderung für meine Mama, die trotz dieser wollenen Belästigung unter der Tischplatte, oben auf strammem Tischtuch die gewagtesten Spiele, darunter einen Kreuz ohne Viern, sicher und von humorigster Rede begleitet, gewann, während Jan mehrere Spiele, die selbst Oskar mit schlafwandlerischer Sicherheit nach Hause gebracht hätte, unten immer forscher werdend, oben verlor.

Später kroch noch das müde Stefanchen unter den Tisch, schlief dort bald ein und begriff vorm Einschlafen nicht, was seines Vaters Hosenbein unterm Kleid meiner Mutter suchte« (78).

Die Sprache, auf Bildliches, Sachbezogenes fixiert, scheint bei solchen Beschreibungen auf der Stelle zu treten.[15] Je degoutanter die Fakten, je heikler die Details, desto selbstverständlicher ist von ihnen die Rede. Eine wertneutrale Kompetenz, wie sie unter Fachleuten üblich sein mag, dominiert. Kindlich perverser Phantasie, die Hinterhofgören dazu treibt, aus Ziegelstaub, Kaulquappen und Urin ein Süppchen zu kochen, wird die gleiche Aufmerksamkeit zuteil wie dem Geruch verschwitzter Achselhaare, wie einem Pferdekopf, der als Aalköder dient, oder jenen Frühstücksresten, die Oskars Mutter beim Anblick dieses so wirksamen Köders erbricht. Diese versessene Genauigkeit, dieses Interesse für alle physiologischen Vorgänge, die sich unterhalb der Gürtellinie abspielen, hat es in der deutschen Literatur vor Grass nicht gegeben. Desgleichen nicht die eindeutige Tendenz, mit Hilfe solcher detaillierter Beschreibungen komische Effekte zu erzeugen. Ein Vergleich zur Struktur des Fäkal- und Sexualwitzes bietet sich an; denn was die Wirkung betrifft, so ist es in beiden Fällen der Schock, der das Gelächter provoziert. Hinzu kommt: »Grass, der von der bildenden Kunst, insbesondere der Plastik, herkommt, statuiert eine Objektivität nur für die Körperwelt, einschließlich des menschlichen und des eigenen Körpers. Motivierungen läßt er nur in zwei Formen gelten: sofern sie entweder figural, d. h. geometrisch erfaßbar sind – oder magisch, d. h. bei G[rass] triebgelenkt. [...] der schattenwerfende allenfalls der gespiegelte Körper und die Dinge bilden zusammen eine Welt für sich. Motive, Theorien, Philosopheme usw. sorgen lediglich für Beleuchtungseffekte.«[16]

Die Blechtrommel brachte Grass, neben literarischem Ruhm, vor allem Popularität ein. Das lag, wie schon erwähnt, nicht zuletzt an der Person des Autors, an seiner Brauchbarkeit für die Massenmedien. Das lag vor allem aber an dem betont kleinbürgerlichen Habitus, den er sich gab. Ein Mann, der zweifellos seinesgleichen zu bedienen wußte. Grass wurde für Bevölkerungsschichten in der Bundesrepublik interessant, die bisher mit Literatur wenig oder nichts im Sinn hatten; die den Roman nun lasen, weil er ins Gerede gekommen war und schließlich weil er, der Fama nach, massiv ›Unanständiges‹ versprach.

Es bietet sich an, Bucherfolge einem literarischen Manko in die Schuhe zu schieben und Mißerfolge damit zu erklären, daß Qualität eben unverkäuflich sei. Zur Klassifizierung der *Blechtrommel* sind solche Argumente ungeeignet, Grass ist nicht Johannes Mario Simmel. Andererseits dürfte die Frage »Was halten Sie von Grass?«, auf die Hans Mayer sich bezog, wörtlich oder dem Sinne nach, oft genug so beantwortet worden sein: Er schreibt, was wir zwar denken, uns aber nicht zu sagen getraun. Ein Indiz dafür, daß Tabuverletzungen dann akzeptiert werden, wenn sie einem bestimmten sozialen Gusto entgegenkommen. Ähnlich, wenn auch als Skandalon weniger ins Gewicht fallend, wirken sich Bildlichkeit und Sachbezogenheit des Grassschen Beschreibungsfetischismus bei der Darstellung politischer Ereignisse aus.

Schwierigkeiten, der nationalsozialistischen Vergangenheit literarisch Herr zu werden, Schwierigkeiten, wie sie den Versuchen anderer zeitgenössischer Autoren nur allzudeutlich anzumerken sind, gibt es bei ihm nachweisbar nicht. Sein stupendes Desinteresse an Ideologien wie an moralischen Unterscheidungen steht dem entgegen. Überspitzt gesagt: Grass negiert diese Schwierigkeiten erst gar nicht, weil er sie nicht sieht – weil im Rahmen des Beschreibbaren, beschreibbar im Sinne des literarischen Handwerks verstanden, für ihn alles den gleichen Materialwert hat, mit anderen Worten: wertneutraler Rohstoff ist. Als noch in Büchern, Vorträgen, Reden und Theaterstücken, in Funkfeatures und bei Podiumsdiskussionen die ›unbewältigte Vergangenheit‹ zu den bevorzugten Themen gehörte, hatte eine so ausgeprägte Indifferenz, wie sie Grass an den Tag legte, etwas Befreiendes. Hier schrieb endlich jemand über das ›Dritte Reich‹, ohne dem Antifaschismus die obligate Reverenz zu erweisen; hier schrieb jemand über das Leben unter dem Hakenkreuz mit derselben peniblen Sachbezogenheit, die er den Röcken der Anna Bronski, dem Vorstadtmief von Danzig-Langfuhr oder einem Topf Linsen, einem Gericht Hammelnieren zukommen ließ. Daß die modische und linksengagierte Literaturkritik diesen Umstand lobend hervorhob, wundert bei näherer Betrachtung nicht.

»Ich kenne keine epische Darstellung des Hitlerregimes«, schreibt beispielsweise Hans Magnus Enzensberger, »die sich an Prägnanz und Triftigkeit mit der vergleichen ließe, welche Grass, gleichsam nebenbei und ohne das mindeste antifaschistische Aufsehen zu machen, in der *Blechtrommel* liefert. Fast unparteiisch schlitzt er die ›welthistorischen‹ Jahre zwischen 1933 und 1945 auf und zeigt ihr Unterfutter in seiner ganzen Schäbigkeit.«[17]

Bemerkenswert, daß der Kommentar dann auf folgende Weise fortfährt: »Seine Blindheit gegen alles Ideologische feit ihn vor einer Versuchung, der so viele Schriftsteller erliegen, der nämlich, die Nazis zu dämonisieren. Grass stellt sie in ihrer wahren Aura dar, die nichts Luziferisches hat: in der Aura des Miefs. Nichts bleibt hier von dem fatalen Glanz übrig, den gewisse Filme, angeblich geschaffen, um unserer Vergangenheit ›mutig zu Leibe zu rücken‹, über die SS-Uniformen warfen. WHW, BdM, KdF, aller höllischen Größe bar, erscheinen als das, was sie waren: Inkarnationen des Muffigen, des Mickrigen und des Schofeln.«[18]

Ideologiefrei, auf dieses Schlagwort tat man sich Ende der fünfziger Jahre einiges zugute;[19] daß gerade Kritiker sich seiner bedienten, die der gleichen Generation wie Grass angehören, ist kaum Zufall.[20] Nun, wie immer auch! Grass vermag Zeitgeschichte, zumal braune, nur als Mummenschanz darzustellen. Und ›das Reich der niederen Dämonen‹ gerät ihm zwangsläufig zur Spießerposse, eben weil er, kein Moralist, gegen alles Ideologische gefeit zu sein scheint. Auch dem Politischen und Gesellschaftlichen gegenüber bleibt der Eindruck von Situationskomik vorherrschend. Sei es, daß ein homosexueller Gemüsehändler sich in seiner Freizeit als Pfadfinderführer betätigt und der Gauschulungsleiter einen Buckel hat; sei es, daß Alfred Matzerath, einer der mutmaßlichen Väter Oskars, statt des Beethovenbildes ein Hitlerbild übers Piano hängt – Beethoven kommt übers Buffet – und sich nach und nach die Parteiuniform zusammenkauft. Beispiele für Situationskomik gibt es die Menge, das folgende, Oskars Bericht über die Uniform seines Vaters, mag hier genügen: »Wenn ich mich recht erinnere, begann er mit der Parteimütze, die er, auch bei sonnigem Wetter mit unterm Kinn scheuerndem Sturmriemen trug. Eine Zeitlang zog er weiße Oberhemden mit schwarzer Krawatte zu dieser Mütze an oder eine Windjacke mit Armbinde. Als er das erste braune Hemd kaufte, wollte er eine Woche später auch die kackbraunen Reithosen und Stiefel erstehen. Mama war dagegen, und es dauerte abermals Wochen, bis Matzerath endgültig in Kluft war. Es ergab sich mehrmals in der Woche Gelegenheit, diese Uniform zu tragen, aber Matzerath ließ es mit der Teilnahme an sonntäglichen Kundgebungen auf der Maiwiese neben der Sporthalle genug sein. Hier erwies er sich jedoch selbst dem schlechtesten Wetter gegenüber unerbittlich, lehnte auch ab, einen Regenschirm zur Uniform zu tragen, und wir hörten oft genug eine Redewendung, die bald zur stehenden Redensart wurde. ›Dienst ist Dienst‹, sagte Matzerath, ›und Schnaps ist Schnaps!‹, verließ, nachdem er den Mittagsbraten vorbereitet hatte, jeden Sonntagmorgen Mama und brachte mich in eine peinliche Situation, weil Jan Bronski, der ja den Sinn für die neue sonntägliche politische Lage besaß, auf seine zivil eindeutige Art meine verlassene Mama besuchte, während Matzerath in Reih und Glied stand« (*Die Blechtrommel*. S. 136 f.).

Der Kleinbürger in der Rolle des politischen Spießers, des Mitläufers und gehörnten Tölpels, das kommt durch Oskars Kindermund unübertrefflich zum Ausdruck. Gewiß, so war es; und Hunderttausende kleiner ehemaliger PGs könnten sich, sofern Bertelsmann sie zu *Blechtrommel*-Lesern machte, in diesem Alfred Matzerath wiederfinden. Aber es war auch anders und sehr viel weniger gemütlich. Und wenn man schon, beiläufig gesagt, aus dieser Perspektive der braunen Vergangenheit auf die Spur kommen will, dann steckt in Qualtingers *Der Herr Karl* sehr viel mehr Wahrheit als in Alfred Matzerath.

Problematisch auch, wie Grass seinen Helden Oskar dessen eigene Erlebnisse mit dem Nationalsozialismus berichten läßt. Das heißt: Da es zu Oskars Rolle gehört – nicht beiläufig sondern essentiell –, daß er den Erwachsenen auf eine heimtückische Weise überlegen ist, geraten solche Retrospektiven, teils mehr – teils weniger, zu kabarettreifen Nummern, deren Pointe darin besteht, die braunen Machthaber lächerlich zu machen. Exemplarisch für dieses Verfahren ist jene breitausgeführte Szene, in der Oskar eine Parteikundgebung auf der Maiwiese ›umfunktioniert‹. Trommelnd unter der Tribüne sitzend, zwingt er der Versammlung seine Rhythmen auf: Walzer und Charleston.

»Die Trommel lag mir schon maßgerecht. Himmlisch locker ließ ich die Knüppel in meinen Händen spielen und legte mit Zärtlichkeit in den Handgelenken einen kunstreichen, heiteren Walzertakt auf mein Blech, den ich immer eindringlicher, Wien und die Donau beschwörend, laut werden ließ, bis oben die erste und zweite Landsknechtstrommel an meinem Walzer Gefallen fand, auch Flachtrommeln der älteren Burschen mehr oder weniger geschickt mein Vorspiel aufnahmen« (142). Dann, als über ihm alles Walzer tanzt und auch die Bonzen nach den Klängen der Straußschen *Schönen blauen Donau* sich drehen, wechselt Oskars Trommel den Rhythmus und traktiert Partei- und Volksgenossen mit einem ›artfremden‹ Charleston:

»[...] ich wechselte in einen Charleston, ›Jimmy the Tiger‹, über [...]; doch die Jungs vor der Tribüne kapierten den Charleston nicht. Das war eben eine andere Generation. Die hatte natürlich keine Ahnung von Charleston und ›Jimmy the Tiger‹. Die schlugen [...] nicht Jimmy und Tiger, die hämmerten Kraut und Rüben, die bliesen mit Fanfaren Sodom und Gomorrha. Da dachten die Querpfeifen sich, gehupft wie gesprungen. Da schimpfte der Fanfarenzugführer auf Krethi und Plethi. Aber dennoch trommelten, pfiffen, trompeteten die Jungs vom Spielmannszug auf Teufel komm raus, daß es Jimmy eine Wonne war, mitten im heißen Tigeraugust, daß es die Volksgenossen, die da zu Tausenden und Abertausenden vor der Tribüne drängelten, endlich begriffen: es ist Jimmy the Tiger, der das Volk zum Charleston aufruft!

Und wer auf der Maiwiese noch nicht tanzte, der griff sich, bevor es zu spät war, die letzten noch zu habenden Damen« (143).

Schlußpointe: nur Löbsack, der Gauschulungsleiter, geht leer aus und muß allein mit seinem Buckel tanzen.

Diese Szene ist typisch für den Autor Grass, für seinen Umgang mit der Zeitgeschichte, die er vor allem als Spielmaterial behandelt, als Vorlage für ein kunstvolles Wortballett. Und sie ist ebenso typisch für seine Methode, das Beschriebene sich derart verselbständigen zu lassen, daß die Artistik ihm den Inhalt austreibt. Virtuosität zu Lasten der Kritik – das scheint hier eindeutig der Fall zu sein. Auch Bücher altern; aber erstaunlich ist doch, warum beim Wiederlesen der *Blechtrommel*, statt des Vergnügens an Parodie und Satire, Langeweile aufkommt. Man registriert jetzt, von der Neuheit der Einfälle nicht mehr abgelenkt, den Leerlauf und die Kulissenhaftigkeit einer Sprache, die über Seiten mit nichts anderem beschäftigt ist, als Sätze mit sich selbst zu bilden.

Und schließlich, um noch einmal auf die nationalsozialistische Vergangenheit und ihre Darstellung in dem Roman zurückzukommen: Selbst die vielgerühmte Keller-

Szene, in der Alfred Matzerath an seinem Parteiabzeichen, in der Umgangssprache auch »Bonbon« genannt, erstickt, bezieht ihre Wirkung aus der Perfidie eines Gags und seiner genüßlich-umständlichen Beschreibung.

Hier, im Zusammenhang mit den Abenteuern Oskars, deren lustbetonte Bosheit sofort ins Auge springt, stellt sich die Frage, ob eine solche Figur überhaupt Widerpart ihrer menschlichen Umgebung sein kann; mit anderen Worten: ob ihre Rolle eine gesellschaftskritische ist. Desgleichen scheint fraglich, inwieweit man der Existenz dieses Krüppels einen tieferen Sinn abgewinnt, wenn man Grass' Verhältnis zur Körperwelt ein gnostisches nennt.[21] Der Phantasie des bildenden Künstlers wird dabei zu wenig oder gar nicht Rechnung getragen.

Eindeutig hingegen ist, daß die Retrospektiven, die *Die Blechtrommel* liefert, die Vergangenheit gewissermaßen kulinarisch machen. Ihr gegenüber darf gelacht werden. Für Grass ist die Historie eine Art Steinbruch oder so etwas wie ein Panoptikum, ein Raritätenkabinett; je nachdem; eine Fundgrube für ausgefallene Geschichten, die – und darauf kommt es ihm ausschließlich an – zu erzählen sind. Zu erzählen nicht in erster Linie des Inhaltes, sondern des Arrangements, der kompositorischen Anordnung wegen, der sie zu dem Zweck unterworfen werden. Auch die beiden folgenden zur sogenannten Danziger Trilogie zählenden Bücher, die Novelle *Katz und Maus* und der Roman *Hundejahre*, bestätigen das.

Katz und Maus, 1961 erschienen, formal die geschlossenste Arbeit dieses Schriftstellers, hat zwar keinen Oskar zum Mittelpunkt, aber immerhin eine anatomische Kuriosität, von der die Erzählung ihren Ausgang nimmt. Es handelt sich dabei um den gewaltigen Halsknorpel des Gymnasiasten Joachim Mahlke. Dieser Adamsapfel ist nicht der Held, aber er ist das Motiv, das den Jungen zum ›Helden‹ werden läßt. Denn aus dem unscheinbaren Mahlke wird »der große Mahlke«, der beste Schwimmer und Taucher unter seinesgleichen, der Kriegsheld und Ritterkreuzträger, weil der »Apparat« an seinem Hals ihn ständig dazu treibt, nach irgendwelchen Gegenständen zu suchen, hinter denen er ihn dekorativ verbergen kann: Wollpuscheln, Schraubenzieher, Büchsenöffner, ein geweihtes Amulett mit dem Bildnis der Jungfrau Maria und schließlich das Ritterkreuz oder wie es der Erzähler mit gespielter Schamhaftigkeit umschreibt: »das Ding«, »das Dinglamding«, der »ich spreche deinen Namen nicht aus«. Den Untaten Oskars entsprechen proportional die Taten dieses Jungen. Denn auch Mahlke ist, wenn kein Krüppel, so doch eine Karikatur, deren Signalement folgende besondere Kennzeichen aufweist: Strähniges, dünnes und mit Zuckerwasser an den Kopf gekämmtes Haar, Mittelscheitel, Adamsapfel, Kleidung, aus der Garderobe des verstorbenen Vaters stammend und von der Hausschneiderin geändert, hohe schwarze Schnürschuhe. Zu dieser Karikatur gehört ebenfalls, daß Mahlke, den Dimensionen seines Halsknorpels entsprechend, einen ungewöhnlich großen Penis hat, von dessen Leistungsfähigkeit dann in einer grotesken Wettkampfszene berichtet wird.

»Schön war er nicht. Er hätte sich seinen Adamsapfel reparieren lassen sollen. Womöglich lag alles nur an dem Knorpel.

Aber das Ding hatte seine Entsprechungen. Auch kann man nicht alles mit Proportionen beweisen wollen. Und seine Seele wurde mir nie vorgestellt. Nie hörte ich, was er dachte. Am Ende bleiben sein Hals und dessen viele Gegengewichte. Auch daß er getürmte Stullenpakete in die Schule, in die Badeanstalt schleppte und während des Unterrichts, kurz vor dem Baden Margarinestullen tilgte, kann nur ein Hinweis mehr auf die Maus sein, denn die Maus kaute mit und war unersättlich« (*Katz und Maus*. S. 25).
Soweit der Erzähler Pilenz über seinen Mitschüler Mahlke.
Die Novelle *Katz und Maus* spielt in Danzig während der Nazizeit, genauer gesagt, während des Krieges. Für einen Autor wie Grass ergibt sich daraus beinahe zwangsläufig, auf diesen historischen Hintergrund in einer Erzählmanier Bezug zu nehmen, die an der parodistischen Absicht solcher Kriegsberichterstattung keinen Zweifel läßt. Sei es, daß er die umständlichen Frage-und-Antwort-Spiele rekapituliert, in denen die Halbwüchsigen sich damals ihr militärisches Wissen bewiesen; sei es, daß er die nationalen Reden der Lehrer noch einmal, und wie von einer ramponierten Grammophonplatte stammend, zu Gehör bringt; sei es, daß er einem ehemaligen Schüler, einem U-Boot-Kommandanten und Ritterkreuzträger, zu einer rhetorischen Solonummer in der Aula seines alten Gymnasiums verhilft. Minuziös mit Einzelheiten aufwartend, strebt die Methode stets den gleichen Effekt an, den der Übertreibung nämlich, demzufolge das Geschilderte ins Unwahrscheinliche und Lächerliche umschlägt.
So wird der Auftritt des U-Boot-Kommandanten z. B. mit der Beschreibung folgender Szenerie eingeleitet:
»Das Händeklatschen des Studienrates Moeller bewirkte nach und nach Ruhe für Oberstudienrat Klohse. Hinter den Doppelzöpfen und Mozartzöpfen der Oberschülerinnen saßen Quartaner mit Taschenmessern: mehrere Mädchen nahmen die Zöpfe nach vorne. Nur die Mozartzöpfe blieben den Quartanern. Diesmal gab es eine Einführung. Klohse sprach von allen, die draußen stehn, von allen zu Lande, zu Wasser und in der Luft, sprach lange und mit wenig Gefälle von sich und den Studenten bei Langemarck, und auf der Insel Ösel fiel Walter Flex, Zitat: Reifwerdenreinbleiben: Mannestugend. Sogleich Fichte und Arndt, Zitat: Vondirundeinemtunallein. Erinnerung an einen vorbildlichen Schulaufsatz, den der Kapitänleutnant als Obersekundaner über Arndt und Fichte geschrieben hatte? ›Einer von uns, aus unserer Mitte, aus dem Geist unseres Gymnasiums hervorgegangen, und in diesem Sinne wollen wir . . .‹« (51 f.).
Dann folgt die Rede des Kapitänleutnants, von der der Erzähler, wiederum in der für Grass typischen Manier, teils kommentierend, teils direkt zitierend, Bericht gibt:
»Recht farblos gab der Kapitänleutnant zuerst eine Übersicht, wie sie jeder Flottenkalender bot: Aufgabe der U-Boote. Deutsche U-Boote während des Ersten Weltkrieges: Weddigen, U 9, Unterseeboot entscheidet Dardanellenfeldzug, insgesamt dreizehn Millionen Bruttoregistertonnen, danach unsere ersten Zweihundertfünf-

zigtonnenboote, unter Wasser Elektromotoren, über Wasser Diesel, der Name Prien, dann kam Prien mit U 47, und Kapitänleutnant Prien bohrte die ›Royal Oak‹ in den Grund – wußten wir alles, wußten wir alles – auch die ›Repulse‹, und der Schuhart hat die ›Courageous‹ und so weiter und so weiter. Er aber verkündet den alten Stiefel: ›... Mannschaft ist eine eingeschworene Gemeinschaft, denn fern der Heimat, Belastung der Nerven enorm, müßt Euch mal vorstellen, mitten im Atlantik oder im Eismeer unser Boot, eine Sardinenbüchse, eng feucht heiß, Leute müssen auf Reserveaalen schlafen, tagelang kommt nichts auf, leer die Kimm, dann endlich ein Geleitzug, stark gesichert [...]‹« (53).

Doch damit nicht genug, schlägt die Parodie in blanken Hohn um, wenn der U-Boot-Held seinen Zuhörern poetisch kommt und in gehobenem Schulaufsatzstil Naturschilderungen liefert:

»[...] auch bemühte er kühne Vergleiche, sagte: ›... blendend weiß schäumt auf die Hecksee, folgt, eine kostbar wallende Spitzenschleppe, dem Boot, das gleich einer festlich geschmückten Braut, übersprüht von Gischtschleiern, der todbringen-den Hochzeit entgegenzieht‹« (53).

Oder: »Und bevor die atlantische Nacht wie ein aus Raben gezaubertes Tuch über uns kommt, stufen sich Farben, wie wir sie nie zu Hause, ein Orange geht auf, fleischig und widernatürlich, dann duftig schwerelos, an den Rändern kostbar, wie auf den Bildern Alter Meister, dazwischen zartgefiedertes Gewölk; welch ein fremdartiges Geleucht über der blutvoll rollenden See!« (54).

Das ist in seiner Art eine meisterhafte Kopie der verkitschten Kriegsliteratur, deren Originale vor gut dreißig Jahren nicht nur begeisterten Oberschülern den Kopf verdrehten.

Auch der weitere Verlauf der Novelle versteht sich aus der parodierenden und karikierenden Tendenz, aus der klar erkennbaren Absicht, die braune und feld-graue Vergangenheit dem ätzenden Spott der Satire auszusetzen, ihren Heroismus als Dummheit zu denunzieren. Doch Grass' Satire bleibt Artistik, sie weist nicht über sich hinaus, sie hat keine Moral, im Gegensatz etwa zu der von Karl Kraus oder Heinrich Böll.[22] Im übrigen: Nach der Predigt, so sagt ein Sprichwort, ist man klüger. Das heißt, auf die Bundesrepublik der sechziger Jahre bezogen, geht eine Novelle wie *Katz und Maus* kein ernsthaftes Risiko ein, weil sie, bizarr, inhuman und witzig zugleich, einer Gesellschaft nicht ins Gewissen, sondern eher schon nach dem Munde redet, die sich dieser Vergangenheit längst entledigt hat. Nicht zuletzt aber dürfte das geistig-politische Klima der Adenauer-Ära daran schuld sein, daß man nur allzu gerne bereit war, als Posse zu belachen, was als grauenhafte Wirk-lichkeit vergessen oder zu einem bedauerlichen Betriebsunfall bagatellisiert worden war. Grass' Retrospektive auf den Krieg ist, trotz der politischen und gesellschafts-kritischen Intention, die ihr nachgesagt wird, verbales Brillantfeuerwerk, ein Amüsement für Zyniker und vor allem: ungefährlich. Dafür spricht auch, u. a., daß die Resonanz, die die Novelle in der Öffentlichkeit fand, auf das Konto einer Szene von angeblich jugendgefährdender Unmoral geht. Denn einige onanierende

Jugendliche machten das Buch zum »Ärgernis« und nicht die Geschichte, wie der »große Mahlke« zu seinem Ritterkreuz kommt.[23] (Daß diverse Rechts- und Soldatenblätter Grass dennoch letzteres zum Vorwurf machten, ändert daran grundsätzlich nichts; ebensowenig wie die Ausfälle einiger CDU-Politiker, die in dem Schriftsteller vor allem den literarischen Exponenten der *Gruppe 47* treffen wollten, der Vereinigung, die Josef Hermann Dufhues, geschäftsführender Vorsitzender der CDU, 1963 eine »geheime Reichsschrifttumskammer« nannte. Das Engagement einiger Gruppenmitglieder, darunter auch Grass, für die SPD im Bundestagswahlkampf von 1961 war dieser Diffamierung vorangegangen, hatte sie mit verursacht.)[24]

Alles in allem läßt sich die Wirkung der beiden Bücher von Grass – *Blechtrommel* und *Katz und Maus* – in der Öffentlichkeit der Bundesrepublik und der des Auslandes am Erfolg ablesen. Ende 1959 war dem Autor für seinen Roman der Bremer Literaturpreis verliehen, Anfang 1960, auf Einspruch einer Senatorin der Hansestadt, wieder entzogen worden. Die Jury, darunter Rudolf Alexander Schröder, protestierte mit Rücktritt. Einige Monate später erhielt Grass den Berliner Kritikerpreis, 1962 die begehrte französische Auszeichnung ›Le meilleur livre étranger‹ und wurde ein Jahr danach Mitglied der Westberliner Akademie der Künste. 1965, ein amerikanisches College hatte ihm den Ehrendoktor verliehen, erhielt Grass für sein schriftstellerisches Gesamtwerk den Georg-Büchner-Preis zuerkannt. Sehr rasch nach Erscheinen der deutschen Originalausgabe kam die *Blechtrommel* in französischer, englischer, italienischer, spanischer, portugiesischer, holländischer, dänischer, schwedischer, norwegischer, finnischer und jugoslawischer Sprache heraus. Ähnlich erfolgreich waren die Auslandsabschlüsse für die Novelle *Katz und Maus* (Frankreich, Italien, England, Mexiko, USA, Holland, Dänemark, Schweden, Norwegen, Finnland und Polen). – Um für die Bundesrepublik einige Zahlen zu nennen: 1962 annoncierte der Verlag von der Originalausgabe der *Blechtrommel* die neunte Auflage, von *Katz und Maus* die fünfte. Im gleichen Jahr brachte es die Taschenbuchausgabe der *Blechtrommel* in zwei Auflagen auf insgesamt 75 000 Exemplare.

In einem kleinen Aufsatz mit dem Titel *Der Inhalt als Widerstand*, den die Zeitschrift *Akzente* bereits 1957 veröffentlichte, schrieb Grass: »Der Inhalt ist der unvermeidliche Widerstand, der Vorwand für die Form. Form oder Formgefühl hat man, trägt es wie eine Bombe im Köfferchen, und es bedarf nur des Zünders – nennen wir ihn Story, Fabel, roten Faden, Sujet oder auch Inhalt – um die Vorbereitungen für ein lange geplantes Attentat abzuschließen und ein Feuerwerk zu zeigen, das sich in rechter Höhe, bei günstiger Witterung entfaltet; mit dem dazugehörigen Knall, einige Sekunden nachdem das Auge etwas zu sehen bekam. Denn alle Attentäter, auch jene literarischer Herkunft, mögen mir hier zustimmen – bleibt der Zünder oder der Inhalt zu lange im Köfferchen, wird voreilig, vorzeitig entschärft, ist das Verhältnis zwischen Bombe und Zündung unverhältnismäßig, kurz, wird mit Kanonen auf Spatzen oder mit Spritzpistolen auf Pottwale geschossen, lacht das noch zu benennende Surrogat der vormals so leicht zu belustigenden Götter.«[25]

Dieser Text charakterisiert nicht nur Grass' Literaturverständnis als ein von der bildenden Kunst abgeleitetes, er gibt auch über seine eigenen Arbeiten Aufschluß. Das gilt für die *Blechtrommel* ebenso wie für die Novelle *Katz und Maus* – worauf hier mehrfach hingewiesen wurde –, das gilt aber nicht weniger für die später erschienenen Bücher, die Romane *Hundejahre* und *Örtlich betäubt* oder die Aufzeichnungen *Aus dem Tagebuch einer Schnecke.*

Da Grass Inhaltliches offenbar handwerklich, d. h. als Material versteht, als Anlaß, ihm formale Originalität abzugewinnen, scheint die Problematik seines literarischen Verfahrens, einschließlich der von ihm vertretenen Meinung über die Relation von Form und Inhalt, dort sich vor allem bemerkbar zu machen, wo er sich der unmittelbaren Gegenwart als erzählbarem Stoff zuwendet.

Bereits für die *Blechtrommel* hatte die Kritik ein deutliches Qualitätsgefälle zwischen den Danziger und den Düsseldorfer Kapiteln bemängelt. Wesentlich müheloser dürften die Grenzen der Methode an dem Roman *Hundejahre* abzulesen sein, der, 1963 erschienen, nach Umfang und Anspruch den großen epischen Wurf seines Vorgängers wiederholen sollte. Schwierigkeiten, die bei der Konzeption oder Gliederung des Stoffes auftauchten und den Autor möglicherweise veranlaßt haben könnten, vorerst mit dem Novellenthema (*Katz und Maus*) ins reine zu kommen, führten dazu, die Geschichte an drei Erzähler zu delegieren; eine ausgesprochen formale, um nicht zu sagen formalistische Lösung, die eben darum nicht ungeteilte Zustimmung fand; wie überhaupt im Zusammenhang mit diesem Buch auch die Grass wohlgesonnene Kritik sich erstmals zu grundsätzlichen und gravierenden Einwänden entschloß: »Trotz kühner Volten«, war da u. a. zu hören, »barocker Wortkaskaden, faszinierender Einfälle und einer Fülle vorzüglicher Bilder ist der Roman mißlungen, sein Autor an dem Verstoß gegen ästhetische Grundgesetze (deren Gültigkeit er ex negatione beweist) und an sich selbst gescheitert. Senta, Harras, Prinz und Pluto stellen keine Einheit her: Es bleibt beim Zettelkasten, der Reprise, der Privatkartei.«[26]

Keine Frage: Grass hatte mit dem Roman seine Mühe; aber das spricht weder gegen ihn noch gegen das Buch. Komplikationen solcher Art sind noch lange kein Grund für einen literarischen Offenbarungseid. Nicht dort also ist anzusetzen. Sondern, so scheint mir, bei dem sich aufdrängenden Verdacht, daß die Opulenz des Materials kalkuliert ist und die Quantität der Einfälle das wettmachen soll, was ihnen an Glaubwürdigkeit fehlt. Grass hat es hier mit der Pyrotechnik, mit der Rolle des Attentäters, zu wörtlich genommen. Ganz abgesehen davon, daß es sich um eine Rolle handelt und Literatur als Anschlag – als Anschlag auf die Gesellschaft – von ihm nicht einmal beabsichtigt war. Es ist Grass nicht zum Vorwurf zu machen, daß seine Phantasie Gags in beliebiger Anzahl produziert, wohl aber, daß diese Gags mehr und mehr zum Selbstzweck werden. Daran krankt der Roman *Hundejahre* – zumal dort, wo er sich gesellschaftskritisch äußert und diese

Äußerungen sich u. a. auf die nationalsozialistische Vergangenheit und deren Einfluß auf die Bundesrepublik beziehen. Sieht man davon ab, daß Grass, vor dem ganz und gar Unwahrscheinlichen nicht haltmachend, sein Fabuliertalent Kobolz schießen läßt und Geschichten von milchtrinkenden Aalen, weissagenden Mehlwürmern oder von einem Tripper erzählt, der mit Stromstößen aus der Steckdose kuriert wird – groteske, witzige und degoutante Geschichten, die dem Publikum lieferten, was es von dem Autor erwartete –, läßt man also die ›Appetitmacher‹ beiseite, dann bleibt der Eindruck, den der Roman als Ganzes, seiner Anlage, Ausführung und Intention nach, macht, noch zwiespältig genug.

Das Arrangement, die kompositorische Anordnung des Stoffes, der pantomimische Bezug, dem er unterworfen ist, stehen im Vordergrund. Kunst wird auch hier vor allem als Technik verstanden, als die Fertigkeit – der antiquierte Begriff drängt sich auf – bildnerischen Gestaltens. Exemplarisch dafür die Vogelscheuchenproduktion Edi Amsels: Amsel ist die Verkörperung des Künstlers, der alles, was er erlebt, was ihm widerfährt, Privates wie Politisches, in seinen Puppen zum Ausdruck bringt. SA-Männer, die marschieren und gleichzeitig die Hände zum deutschen Gruß heben – dank einer sinnreichen Mechanik in ihrem Innern –, gehören zu seinen frühen, aber bereits folgenreichen Meisterwerken. (Amsel wird von leibhaftigen SA-Männern brutal zusammengeschlagen.) Das Bild weckt Assoziationen, erinnert an Thomas Manns treffendes Wort vom Faschismus als dem beine- und armewerfenden Wahnsinn. Die Entlarvung des Nazis als Vogelscheuche, Zeitgeschichte, die nur karikierender Mummenschanz zu enthüllen vermag – dies wäre durchaus eine Möglichkeit, Menschen und menschliche Verhältnisse in ein richtiges, d. h. kritisches Licht zu rücken, Realität durch ihre scheuchenhafte Entstellung kenntlich zu machen. Grass nutzt diese Chance aber nicht, sondern verspielt sie vielmehr, indem er sich seinen Einfällen, seinen Beschreibungs- und Aufzählungszwängen überläßt und damit dem Vogelscheuchenmotiv den Sinn nimmt. Eine Parallele dazu bilden die Ballettszenen, denen der Autor sich mit einer Ausführlichkeit widmet, als gelte es, ein Fachbuch über den klassischen Tanz zu schreiben. Exzellent, was Grass da zuwege bringt; und doch sind diese kenntnisreichen und phantastischen Abschweifungen ermüdend – denn so genau will man es ja eigentlich gar nicht wissen –, ermüdend im besonderen, weil solche Extratouren in ihrer prinzipiellen Mechanik sich gleichbleiben. Egal, ob Zeitlupe oder Zeitraffer – die Techniken, über die Grass verfügt, kommen, was immer der Anlaß sein mag, virtuos zur Anwendung, sie schnurren gewissermaßen ab.

Auch auf die Geschichte vom Lieblingshund des Führers, einem Schäferhund aus Danziger Zucht namens »Prinz« – wahrscheinlich die wichtigste, weil die Kontinuität der Handlung wahrende Story des Romans –, trifft dieser Einwand zu. Ja, gerade auf sie; denn was eine großartige politische Satire hätte sein können, wird lediglich zum Anlaß für verbale Fertigkeiten, für Sprachwitz:

»Es war einmal ein Hund,

der gehörte dem Führer und Reichskanzler und war dessen Lieblingshund. Eines Tages lief der Hund dem Führer davon. Warum wohl?

Im allgemeinen konnte der Hund nicht reden, aber hier, nach dem großen Warum befragt, spricht er und sagt warum: ›Weil genug hin und her. Weil kein festes Hunde-Hier Hunde-Da Hunde-Jetzt. Weil überall Knochen vergraben und nie mehr wiedergefunden. Weil kein Entspringenlassen. Weil immer Im-Sperr-Raum-sein. Weil seit Hundejahren unterwegs, von Fall zu Fall, und für jeden Fall Deck-namen: Fall Weiß dauert achtzehn Tage. Als Weserübung im Norden läuft, muß gleichzeitig Operation Hartmut anlaufen zum Schutz von Weserübung. Aus dem Fall Gelb gegen neutrale Kleinstaaten entpuppt sich Operation Rot bis zur spani-schen Grenze. Und schon soll Herbstreise Seelöwe ermöglichen, der perfides Albion niederzwingen will; wird abgeblasen. Dafür rollt Marita den Balkan auf. Oh, welchen Dichter bezahlt er? Wer dichtet für ihn? Tannenbaum gegen Eidgenossen; da wird nichts draus. Barbarossa und Silberfuchs gegen Untermenschen; da wird was draus. Das führt mit Siegfried von Charkow nach Stalingrad. Da helfen der sechsten Armee nicht Donnerschlag und Wintergewitter. Nun sollen es Frideri-cus I und Fridericus II noch einmal versuchen. Rasch verblüht Herbstzeitlose. Land-brücke nach Demjansk stürzt ein. Wirbelwind muß Fronten begradigen. Büffelbe-wegungen mit Stallgeruch. Nach Hause! Nach Hause! Da hat selbst ein Hund ge-nug, [...]« usw. (*Hundejahre*. S. 423 f.) usw.

Die Erzählung vom Führerhund »Prinz« und seinem bis nach Litauen reichenden Stammbaum, der in den letzten Kriegstagen sich von Berlin nach Westen absetzt und dort in Walter Matern einen neuen Herren findet, vom Chef der Nationalsozialis-ten also zu einem seiner kleinen Mitläufer desertiert, diese Erzählung ist ihrerseits nun wiederum verbunden mit einer Persiflage auf die Person und die Philosophie Martin Heideggers. (Später in dem *Tagebuch einer Schnecke* kriegt Hegel sein Fett ab!) Denn nicht allein »der Hund steht zentral«, um diese stereotype Wendung aus dem Roman hier einmal zu zitieren, Heidegger tut es ebenso. Grass hat dabei aber wohl ausschließlich auf die Sprache gezielt – die Philosophie ist ihm gleich-gültig – und auf die Tatsache, daß der Begründer der Existenzphilosophie 1933 eine Weile mit den neuen Machthabern sympathisierte. Er tritt mithin als Parodist auf, und zwar in politischer Absicht, was sein gutes Recht ist im Hinblick auf die Instinktlosigkeit, der sich Heidegger damals schuldig machte. So weit, so gut! Was Grass aber in dem Fall demonstriert, richtet sich gegen ihn selbst; denn seine Attacke hat, wo sie sich nicht in groben Beschimpfungen ergeht, allenfalls das Niveau eines gehobenen Bierulks und stünde einer Kommerszeitung weit mehr an als einem Roman. Will sagen: Wenn er den Luftwaffenfeldwebel Walter Matern, der im übrigen Benn-Gedichte zitiert, zu einem Heideggerianer macht, der seinen Flakhelfern *Sein und Zeit* nahebringt, so ist das allenfalls ein Witz mit einer zu dick aufgetragenen Pointe, aber noch lange keine Parodie oder gar eine Satire. Das gleiche trifft auf die Berichte über den Führerhund »Prinz« zu, Berichte, die mit einem Code verschlüsselt sind, der seine Tarnwörter aus der philosophischen Fach-

sprache Heideggers bezieht. Beispiel: »Wovon ist die Offenbarkeit des Deckrüden Prinz durchstimmt?« – »Die ursprüngliche Offenbarkeit des Führerhundes ist vom Fernsinn durchstimmt.« – »Als was wird der vom Fernsinn durchstimmte Führerhund zugegeben?« – »Der vom Fernsinn durchstimmte Führerhund wird zugegeben als das Nichts.« – »Als was ist das vom Fernsinn durchstimmte Nichts zugegeben?« – »Das vom Fernsinn durchstimmte Nichts ist im Raum Gruppe Steiner zugegeben als das Nichts.« – »Ist das vom Fernsinn durchstimmte Nichts ein Gegenstand und überhaupt ein Seiendes?« – »Das vom Fernsinn durchstimmte Nichts ist ein Loch. Das Nichts ist ein Loch in der zwölften Armee.« – »Das vom Fernsinn durchstimmte Nichts läuft. Das Nichts ist ein vom Fernsinn durchstimmtes Loch. Es ist zugegeben und kann befragt werden. Ein schwarzes laufendes vom Fernsinn durchstimmtes Loch offenbart das Nichts in seiner ursprünglichen Offenbarkeit« (417 f.). Vier Jahre nach Erscheinen des Romans *Hundejahre*, das Bühnenstück *Die Plebejer proben den Aufstand* war inzwischen zur Aufführung gekommen, erste deutliche Schatten einer sich ankündigenden Grass-Dämmerung verbreitend, schrieb Marcel Reich-Ranicki über diesen Roman: »Gewiß, kein deutscher Schriftsteller unserer Zeit kann mit so originellen Einfällen aufwarten. Nur will es mitunter scheinen, daß nicht der Autor die Einfälle regiert, sondern die Einfälle den Autor beherrschen. Und wenn sie auch von bemerkenswerter Phantasie zeugen, so reichen sie doch nicht aus, um der Welt beizukommen, die hier gezeigt werden soll. Mehr noch: sie tragen zu unbeabsichtigten und riskanten Verzerrungen bei.
Nichts liegt dem Autor der *Hundejahre* ferner, als die Epoche des ›Dritten Reiches‹ zu verharmlosen. Da aber sein Zeitpanorama weniger einem Pandämonium und eher – obwohl es diesmal nicht von einem trommelnden Zwerg präsentiert wird – einem Panoptikum gleicht, scheinen manche Szenen, in denen Grass die Unmenschlichkeit jener Jahre vergegenwärtigt, bloß die Funktion von Schreckenskammern zu erfüllen. Die unaufhörliche Jagd nach Pointen, Gags und kabarettistischen Effekten entschärft und verflacht auch die im letzten Teil enthaltene und dort besonders reichlich enthaltene Gesellschaftskritik: In vielen Kapiteln werden die bundesdeutschen Verhältnisse nicht angeklagt, sondern – ich bitte, mir dieses Verbum zu genehmigen – skurrilisiert.«[27]
Mag auch fraglich sein, ob literarische Gesellschaftskritik sich stets als Anklage artikulieren muß und der Naturalismus noch ein taugliches Modell für den zeitgenössischen Roman abgibt, so ist diesen Einwänden, da sie ein grundsätzliches Dilemma des Schriftstellers, im besonderen des Erzählers Grass, beim Namen nennen, doch zuzustimmen.
»Pro captu lectoris habent sua fata libelli«, zu deutsch: »Wie der Leser sie auffaßt, so haben ihr Schicksal die Büchlein.« Für Literatursoziologen wäre es eine dankbare Aufgabe, die Gültigkeit dieses Sprichwortes am Beispiel der Romane von Günter Grass zu untersuchen. Das hätte konkret zu bedeuten: Es müßte außer dem ersten, unerhört raschen Erfolg auch die danach sich abzeichnende regressive Ent-

wicklung auf die gesellschaftliche Situation in der Bundesrepublik bezogen werden. Denn zweifellos hängt die weitgehend negative Resonanz auf die beiden letzten belletristischen Titel des Autors, *Örtlich betäubt* und *Aus dem Tagebuch einer Schnecke*, mit der Politisierung der Öffentlichkeit zusammen, die Ende der sechziger Jahre begann. Doch wurde an diesen Büchern vor allem eines klar: Ohne Absicherung durch das Danziger Ambiente treten nun außer den literarischen Schwächen auch die der gesellschaftskritischen Position ganz offen zutage. Weil, so wäre des besseren Verständnisses wegen zu ergänzen, die politische Tätigkeit, die Grass anläßlich der Wahlkämpfe ausübte, ihn für Theorien inzwischen noch unzugänglicher gemacht hatte, als er es vorher schon war. Und weil er, verärgert über den Radikalismus der Neuen Linken, sich nicht nur bei Repliken auf einen starren und fragwürdigen sozialreformerischen Pragmatismus zurückzog, sondern ihm in seinen jüngsten literarischen Arbeiten auch unverhohlen Ausdruck gab. Die Banalität der politischen Sentenzen in *Örtlich betäubt* und im *Tagebuch* ist dafür exemplarisch. Daß freilich diese Insuffizienz bereits in den ersten Büchern des Autors Grass angelegt war, versuchte der vorstehende Aufsatz u. a. zu zeigen.

Anmerkungen

1. *Das Buch von drüben*. Berlin 1957. Zitiert nach: Gert Loschütz, *Von Buch zu Buch – Günter Grass in der Kritik. Eine Dokumentation.* Neuwied u. Berlin 1968. S. 165.
2. Hans Mayer: *Zur deutschen Literatur der Zeit.* Reinbek 1967. S. 333.
3. zitiert nach: Harry Pross, *Söhne der Kassandra.* Stuttgart 1971. S. 135.
4. Hans Magnus Enzensberger: *Einzelheiten.* Frankfurt a. M. 1962. S. 221.
5. Siehe Franz Schonauer: »Literatur in Berlin«. In: *du/atlantis. Kulturelle Monatsschrift*, Zürich, (November 1966). S. 903 f.
6. Heinrich Vormweg: »Prosa in der Bundesrepublik seit 1945«. In: *Kindlers Literaturgeschichte der Gegenwart. Die Literatur der Bundesrepublik.* München u. Zürich 1973. S. 261.
7. ebd. S. 261 f.
8. zitiert nach: Reinhard Lettau [Hrsg.], *Die Gruppe 47. Bericht Kritik Polemik. Ein Handbuch.* Neuwied u. Berlin 1967.
9. zitiert nach: *Almanach der Gruppe 47.* Hrsg. von Hans Werner Richter in Zusammenarbeit mit Walter Mannzen. Einmalige Sonderausgabe. Neuwied u. Berlin 1962. S. 348.
10. Siehe Hans Egon Holthusen: *Der unbehauste Mensch. Motive und Probleme der modernen Literatur.* München 1951. Und: David Riesman, *Die einsame Masse.* Darmstadt, Berlin u. Neuwied 1956.
11. Günter Grass: »Über meinen Verleger«. In: *ER. Für Eduard Reifferscheid zum 16. Mai 1969.* Berlin u. Neuwied 1969. S. 35–37.
12. Joachim Kaiser: »Oskars getrommelte Bekenntnisse«. In: *Süddeutsche Zeitung* vom 31. Oktober/ 1. November 1959. Zitiert nach: Loschütz (= Anm. 1). S. 13.
13. ebd., S. 23. In Blöckers Kritik findet sich auch der wichtige Hinweis: »Damit kommt dieser Roman einem verstärkten Bedürfnis der Zeit entgegen: das Unverarbeitete der Epoche, das Übermaß an Schuld, an dem sie trägt, und die Anmaßung, mit der sie sich darüber hinwegzusetzen versucht, lassen den Menschen insgeheim nach Erniedrigung verlangen. In diesem Buch wird sie uns in überreichem Maß gegeben – aber so, daß den Gebeutelten doch nicht ganz das Lachen vergeht.«
14. ebd.

15. Siehe Klaus Wagenbachs Porträt von Günter Grass. In: Klaus Nonnenmann [Hrsg.], *Schriftsteller der Gegenwart. Deutsche Literatur.* 53. Porträts. Olten u. Freiburg i. Br. 1963. S. 118–126.
16. Karl August Horst in: *Handbuch der deutschen Gegenwartsliteratur.* Unter Mitwirkung von Hans Hennecke hrsg. von Hermann Kunisch. München 1965. S. 216.
17. Enzensberger (= Anm. 4). S. 224.
18. ebd.
19. Dem trug auch die SPD in ihrem *Godesberger Programm* von 1959 Rechnung. Seitdem versteht sich die SPD nicht mehr als Arbeiter-, sondern als Volkspartei.
20. Joachim Kaiser, Hans Magnus Enzensberger und Klaus Wagenbach z. B.
21. Siehe Karl August Horst (= Anm. 16).
22. z. B. Bölls Satire: *Doktor Murkes gesammeltes Schweigen.*
23. Loschütz (= Anm. 1). S. 51–69.
24. Lettau (= Anm. 8). S. 503–514.
25. zitiert nach: Günter Grass, *Über meinen Lehrer Döblin und andere Vorträge.* Berlin 1968. S. 56 f.
26. Walter Jens: *Das Pandämonium des Günter Grass.* Zitiert nach: *Kindlers Literaturgeschichte der Gegenwart. Die Literatur der Bundesrepublik Deutschland.* S. 293–295.
27. Marcel Reich-Ranicki: *Literatur der kleinen Schritte. Deutsche Schriftsteller heute.* München 1967. S. 30 f.

Literaturhinweise

Zitierte Werke

Die Vorzüge der Windhühner. Gedichte und Graphiken. Berlin 1956.
Die Blechtrommel. Neuwied 1959.
Katz und Maus. Neuwied 1961. (Zitiert nach der Sonderausgabe in der Sammlung Luchterhand. Neuwied u. Darmstadt 1974.)
Hundejahre. Neuwied 1963.
Die Plebejer proben den Aufstand. Ein deutsches Trauerspiel. Neuwied 1966.
Über meinen Lehrer Döblin und andere Vorträge. Berlin 1968.
Örtlich betäubt. Neuwied 1969.
Aus dem Tagebuch einer Schnecke. Neuwied 1972.

Forschungsliteratur (Auswahl)

Ahl, Herbert: *Literarische Porträts.* München u. Wien 1962.
Arnold, Heinz Ludwig u. Franz Josef Görtz: *Günter Grass: Dokumente zur politischen Wirkung.* München 1971.
Cwojdrak, Günther: *Eine Prise Polemik. Sieben Essays zur westdeutschen Literatur.* Halle ²1965.
Emmel, Hildegard: *Das Gericht in der deutschen Literatur des 20. Jahrhunderts.* Berlin u. München 1963.
Emrich, Wilhelm: *Polemik. Streitschriften, Pressefehden und kritische Essays.* Frankfurt a. M. u. Bonn 1968.
Hartung, Günter: »Bobrowski und Grass«. In: *Weimarer Beiträge,* 16 (1970). H. 8. S. 203–224.
Holthusen, Hans Egon: »Günter Grass als politischer Autor«. In: *Der Monat,* 18 (1966). H. 216. S. 66–81.
Loschütz, Gert: *Von Buch zu Buch – Günter Grass in der Kritik. Eine Dokumentation.* Neuwied 1968.
Schwarz, Wilhelm Johannes: *Der Erzähler Günter Grass.* Bern u. München 1969.
Tank, Kurt Lothar: *Günter Grass.* Berlin 1965.
Text + Kritik, 1/1a (1971). »Günter Grass«.
Thomas, R. Hinton u. Wilfried van der Will: *Der deutsche Roman und die Wohlstandsgesellschaft.* Stuttgart u. Berlin 1969.
Zimmermann, Werner: »Von Ernst Wiechert zu Günter Grass. Probleme der Auswahl zeitgenössischer Literatur im Deutschunterricht des Gymnasiums«. In: *Wirkendes Wort,* 15 (1965). H. 5. S. 316–326.

Uwe Johnson. Bestandsaufnahmen vom Lauf der Welt

Noch immer gelten Schriftsteller als Leute, die über die besondere Fähigkeit verfügen, schwer durchschaubare individuelle und gesellschaftliche Zustände oder Entwicklungen komplex zu erfassen und so zu vermitteln, daß sie den Lesern, der Öffentlichkeit verständlicher werden und die Kritik an ihnen möglich wird. So heftig sie in den letzten Jahrzehnten auch attackiert worden ist: Die Widerspiegelungstheorie, die der Literatur die Aufgabe zuspricht, Einsicht ins Ganze zu geben und Bedeutung zu konstituieren, wirkt sich weiterhin aus. Und sie ist wohl in der Tat praktisch, das heißt hier geschichtlich noch nicht überholt. Mag auch kein Zweifel mehr sein, daß die inzwischen erarbeiteten wissenschaftlichen Erkenntnismethoden, denen mit allen Kommunikationsmedien auch Sprache zum Objekt geworden ist, ganz andere Weisen der Organisation von Daten zwecks Vermittlung von Erkenntnissen und auch von Erfahrung fordern – das individuelle wie das gesellschaftliche Bewußtsein sträuben sich dagegen. Und es gibt diese neuen Organisationsweisen noch nicht. Deshalb klafft zwischen der Masse von Wissensdaten, seien sie soziologischer, psychologischer oder naturwissenschaftlicher Art, und ihrer Artikulation im gesellschaftlichen Bewußtsein ein Leck, das allen bisherigen Anstrengungen zum Trotz sich vorerst immer noch weiter vergrößert. Literatur bleibt eine der Möglichkeiten, hier Widerstand zu leisten, unbeschadet ihrer Fähigkeit, Strategien zur Vorbereitung jener neuen Organisationsweisen zu entwickeln. Deshalb hat Literatur weiterhin Funktion als Medium einer optimalen Annäherung des Bewußtseins, auch des gesellschaftlichen Bewußtseins, an Wirklichkeit, als Medium, in dem sich menschliches Selbstverständnis und kritisches Verständnis der Umwelt exemplarisch ausbilden und verändern.

Selbst wenn es speziell um Fragen der Widerspiegelung geht, kann allerdings Literatur inzwischen nicht mehr direkt auf ihre Auskünfte hin abgefragt werden, so, als stehe sie selbst gar nicht in Zweifel, als sei sie weiterhin unverändert das höchste und Weisung ermöglichende Medium gesellschaftlichen Selbstverständnisses, als das man sie in vergangenen geschichtlichen Perioden apostrophiert hat. Die Romane Uwe Johnsons, deren Ansichten gesellschaftlicher Verhältnisse, deren zeitkritische Aussagen hier verdeutlicht werden sollen, geben selbst ein Beispiel dafür, wie rasch der Wirklichkeitsbezug verfällt, wenn er auf allzu konventionelle Art als gegeben vorausgesetzt wird.

In seinem dritten, 1965 erschienenen Roman *Zwei Ansichten* hat Johnson versucht, auf dem kurzen, einem vermeintlich direkten Weg zu faßlicher Darstellung gesellschaftlicher Zustände in Deutschland zu kommen. Die Methode, die er dabei vorausgesetzt hat, verrät sich schon in der Namensgebung. Helden des Romans sind ein Herr B., junger Fotograf mit Geschäftssinn und Sportwagen aus einer kleinen holsteinischen Stadt, und das Mädchen D., Krankenschwester in Ost-Berlin und zum Schluß Republikflüchtling in West-Berlin. Sehr bald wird deutlich: Das Initial B. ist bewußt als Verweis auf die Tatsache gesetzt, daß der junge Mann Bundesrepublikaner ist, und entsprechend das Initial D. als ein Verweis darauf, daß das Mädchen in der DDR lebt und für die DDR steht. Beide Figuren sind weniger Individuen als Typen. Sie sind personifizierte Ansichten gesellschaftlicher Zustände und der Art und Weise, wie sie sich in Menschen verwirklichen. Der junge Herr B. ist ein betont gerecht dargestellter junger Bundesbürger Anfang der sechziger Jahre, mit amorpher Gefühlswelt, abhängig vom Statussymbol Auto und von materiellen Erfolgen, die ihm zugleich unbehaglich sind, mit einer neurotischen Liebe zu West-Berlin, dessen Lebenswirklichkeit ihm verschlossen bleibt, mit einer fragwürdigen Neigung für die D., die im Grunde abhängt einfach davon, daß sie DDR-Bürgerin ist, und die nach D.s Flucht aus der DDR auf der Stelle versiegt. Das Klischee von der Korrumpierung durchs Wirtschaftswunder ist ebenso mit Händen zu greifen wie die Klischees von der Verteidigung West-Berlins und von den Brüdern und Schwestern in der DDR. Der Herr B. ist eine unwirkliche, absichtsvoll repräsentative Figur mit Zügen wie zusammengestellt aus den Ergebnissen einer quasisoziologischen Querschnitterhebung. Entsprechend ausgedacht das Mädchen D., allerdings mit konkreteren, faßlicheren, sozusagen echteren Zügen, schon da ihr sichtlich die Sympathie des Erzählers gehört. Unverkennbar in beiden Fällen, daß man es mit einer ›westlichen‹ und einer ›östlichen‹ Durchschnittsansicht junger Leute zu tun hat, ganz im Doppelsinn des Wortes Ansicht, denn ebenso wie mit ihren Verhaltensweisen bringen B. und die D. mit ihren unbestimmten Ansichten das zur Ansicht, was Johnson zeigen will.

Was allzu konstruiert, aus zweiter Hand und deshalb fragwürdig erscheint an diesem Roman, hat ihm gerade auch Beifall eingetragen. Es bestätigte vermutlich Erwartungen, die Literatur allerdings in solcher Direktheit nur noch dem Schein nach befriedigen kann, die aber weiterhin an sie herangetragen werden, und zwar ganz zu Recht. Wäre es möglich, bei der Frage nach gesellschaftlichen Verhältnissen und ihrer Kritik, wie sie sich in der Literatur ganz allgemein, speziell in den Arbeiten des Erzählers Uwe Johnson darstellen, von der Art und Weise der Darstellung abzusehen, müßte die Untersuchung Johnsons *Zwei Ansichten* ganz in den Vordergrund stellen, jedenfalls was Johnsons Romane vor dem Zyklus der *Jahrestage* angeht. Hier bieten sich die Ansichten sozusagen im Klartext an, durch die Bedingungen des Mediums Roman so geringfügig chiffriert, daß sie ohne besondere Vorkehrungen ablesbar erscheinen. Der Leser kommt etwa zu folgenden Schlüssen: Das Leben in der Bundesrepublik mit seinen sozialen Lügen, seinen fragwürdigen Erfolgsversprechen, seinen materiellen Anreizen frustriert die Menschen, lenkt sie enervierend ab von sich selbst und dem, was sie konkret betrifft; das Leben in der DDR ermöglicht die Selbstfindung, ist aber irritiert und beengt durch unnötige Zwänge; in West-Berlin fallen Mängel und Zwänge weg, ohne daß die bundesrepublikanischen Fehlorientierungen deshalb Übermacht gewännen – hier sind die Verhältnisse so, daß es sich erträglich leben läßt. *Zwei Ansichten* war damit übrigens, freilich anders motiviert als die entsprechenden Forderungen der DDR, ein Plädoyer für West-Berlin als besondere Einheit, als dritter Staat.

Das ist vereinfacht, aber bei weitem nicht so sehr, wie Johnson selbst erzählend vereinfacht hat. Indem er die angedeutete Struktur ohne konsequente Prüfung ihrer Erzählbarkeit in einen Roman übersetzt hat, blieb Johnson weit zurück hinter seinen vorausgegangenen Romanen, in denen Erzählen gerade nicht ein leicht verschlüsseltes Nacherzählen von etwas allzu Bekanntem und nur scheinbar Durchschautem war, sondern ein Mittel, etwas zu erkunden, von dem der Erzähler einerseits sicherlich wußte, das er aber erzählend doch erst noch freilegen und erfassen mußte. In einem Interview hat Johnson Anfang 1962 die Haltung, aus der heraus er seinen ersten Roman, *Mutmaßungen über Jakob,* konzipiert hat, folgendermaßen geschildert, und was sich damit andeutet, weist unverkennbar auf eine ganz andere Form der Erkenntnissuche im Erzählen hin: »Man weiß die Geschichte, wenn man anfängt, sie zu erzählen. Und ich versuchte mir klarzumachen, daß der Held, Jakob, tot ist, wenn der Erzähler anfängt. Das bringt natürlich die Frage herauf: was bleibt von einem toten Menschen übrig im Gedächtnis seiner Freunde oder seiner Feinde oder seiner Geliebten? Und da wurde mir klar: natürlich, die erinnern sich an ihn. Widersprüchlich, einer weiß was anderes als der andere, sie streiten sich mitunter, wenn nicht immer, sie erinnern sich. Das wäre der Monolog. Sie reden über ihn und versuchen ihre Meinung gegen andere durchzusetzen: das wäre der Dialog. Und dann ist der Erzähler berechtigt, das hinzuzutun, was er auch noch weiß. Und das ist wirklich der Anfang dieser Geschichte. Ich holte ihn aus dem ersten Satz: Jakob sei immer über die Gleise gegangen, und ich begriff, das war der Anfang eines Gesprächs, ein protestierender Anfang, der die Geschichte nicht glauben wollte.«[1]

Wer den 1959 erschienenen Roman *Mutmaßungen über Jakob* kennt, dürfte schon jetzt der Feststellung zustimmen, daß dieser »Anfang, der die Geschichte nicht glauben wollte«, konstitutiv ist für den gesamten Roman und daß er den Erzähler in eine Position bringt, die ihm Glaubwürdigkeit bis ins einzelne Wort vermittelt. Diese war auch Ende der fünfziger Jahre schon nicht mehr ganz einfach dank allgemeiner Wahrscheinlichkeit zu haben, war nicht mehr ein Kredit, den die Leser dem Erzähler ohne weiteres einräumten, sie mußte erwiesen sein in der Art und Weise des Erzählens. Wobei anzumerken ist, daß Johnsons Feststellung, man wisse die Geschichte schon, ehe man anfange zu erzählen, sich auf eine im selben Interview enthaltene Beschreibung seines persönlichen Verfahrens bezieht, wonach er über jede Geschichte so lange nachdenkt, bis sie ihm ganz gegenwärtig ist, und sie erst dann aufschreibt. In *Zwei Ansichten* ist Johnson dieses sozusagen stumme Vorerzählen offenbar durcheinandergeraten mit einem allgemeinen und geläufigen Vorwissen von etwas, und das mindert die erwähnte Glaubwürdigkeit.

Festzuhalten ist zunächst, daß Ansichten gesellschaftlicher Verhältnisse sich inzwischen auch an Romanen aus einer Zeit, da die Widerspiegelungstheorie noch als völlig intakt erschien, nicht mehr ohne weiteres ablesen lassen. Die Art und Weise der Darstellung gehört zum Inhalt der Ansichten selbst, sie ist ein Element ihrer Realistik. Und das nicht allein. Es erweist sich schon bald und kann hier zunächst als Behauptung vorausgeschickt werden, daß die Beschäftigung mit literarischen Ansichten gesellschaftlicher Verhältnisse, mit Zeitkritik in literarischen Werken darüber hinaus nur dann einen Sinn hat, wenn sie geschichtlich genau lokalisiert, wenn sie nicht nur hinsichtlich der Art und Weise ihrer Darstellung, sondern auch hinsichtlich ihres historischen Kontextes kritisch verifiziert werden. Für die bis Mitte der sechziger Jahre erschienenen Erzählungen und Romane von Uwe Johnson bedeutet dies, grob gesagt, daß sie zu interpretieren sind als Produkte der zu Ende gehenden Ära Adenauer. Obwohl *Mutmaßungen über Jakob* noch in der DDR geschrieben war und Johnson vom obligaten Antikommunismus ganz gewiß nichts hielt, obwohl er zu dieser Zeit in den Augen vieler ein Gegner der bundesrepublikanischen Lebensweise war, dessen Einstellung vor allem zur DDR äußerst fragwürdig erschien – eine weithin beachtete Kontroverse mit Hermann Kesten im Jahre 1961 machte das drastisch klar –, obwohl also Johnson aus dem um 1960 vorherrschenden Konsensus in vieler Hinsicht herausfiel, schrieb er doch in dessen Zusammenhang. Dies verdeutlicht sich rasch, wenn man ausgeht von der Rezeption seiner ersten Romane.

Damals 25 Jahre alt, war Uwe Johnson mit der Veröffentlichung der *Mutmaßungen über Jakob* als Schriftsteller in der Bundesrepublik – so läßt es sich in damaligen Zeitungen und Zeitschriften nachlesen – »mit einem Schlage bekannt« und sogleich »ganz da«. Die Literaturkritik beeilte sich, dies festzustellen, und die Leser bestätigten es durch die außerordentliche Aufmerksamkeit, die sie dem Roman eines noch sehr jungen Autors entgegenbrachten. Der Grund dafür war zweifellos, daß in der zu Ende gehenden Ära Adenauer das gesellschaftliche Bewußtsein die von der Restauration gesetzten Sicherheiten zunehmend als scheinhaft erkannte, zugleich aber noch keine Alternative sah. Eine Realität drängte sich vor, die jene Sicherheiten nicht mehr abdeckten und die deshalb undurchschaubar erschien. Einer ihrer Aspekte war die Teilung Deutschlands. Sie forderte besonders dringlich heraus, es bei den eingeübten indirekten Ausklammerungen nicht mehr zu belassen. Uwe Johnson wurde schon beim Erscheinen der *Mutmaßungen*, eindeutiger noch beim Erscheinen des Romans *Das dritte Buch über Achim* (1961) begrüßt als der erste und exemplarische Autor des zweigeteilten Deutschland, ja als der »Dichter der beiden Deutschland«,[2] dessen Wort glaubwürdig erschien, weil er politisch nicht eindeutig Partei ergriff, das Richtige und Falsche hier wie dort vorzeigte und den Anspruch des einzelnen Menschen einklagte gegen die politischen Allgemeinheiten und Prioritäten.

Zugleich bestätigte er – so jedenfalls die Wirkung seines Erzählens – die Undurchschaubarkeit einer Realität, für die die Teilung Deutschlands eine zentrale Chiffre war, und dies ist von besonderem Gewicht. Nur Mutmaßungen gibt er über das Geschick des toten Jakob Abs, der zwischen Ost und West seiner Identität offensichtlich nicht mehr gewiß gewesen war. Und *Das dritte Buch über Achim* beschreibt den Versuch eines westdeutschen Journalisten, für einen ostdeutschen Verlag ein Buch über einen populären ostdeutschen Radrennfahrer zu schreiben, was wegen Unvereinbarkeit der Vorstellungs- und Denkweisen mißlingt. Dieser Roman ist, wie es der ursprünglich vorgesehene Titel nennt, buchstäblich die »Beschreibung einer Beschreibung«. Solche Doppelung entspricht in ihrer Wirkung der Mutmaßung. Günter Blöcker traf zwar nicht die Intention von Johnsons Erzählen, doch eine der Bedingungen für den Erfolg des Buches, als er bei Erscheinen der *Mutmaßungen über Jakob* konstatierte: »Das Menschliche bleibt eingekapselt, wer es erreichen will, tappt im dunkeln, sieht sich auf ›Mutmaßungen‹ angewiesen. Der Nebel, das Geheimnis, das schlechthin Undurchdringliche der Existenz wird bei Uwe Johnson zum Formprinzip. Daraus ergibt sich eine vielsagende, wenn auch zuweilen irritierende und die Geduld des Lesers überfordernde Diskrepanz zwischen der Schärfe des einzelnen und der Undeutlichkeit des Ganzen. Je ungreifbarer die Welt in ihrer Gesamtheit ist, desto verzweifelter richtet sich unser Blick auf das Detail.«[3] Und zu dem Roman *Das dritte Buch über Achim* schrieb Walter Jens: »Fragen über Fragen, und alles bleibt offen. Doch gerade dies ist der eigentliche Kunstgriff des Buchs: je diffuser Achims, von den Händen des reiselustigen Karsch betastetes, Leben sich ausmacht, je mehr es, einmal ans Licht gekommen, verschwimmt und hinterher in kontroversen Deutungen jegliche Kontur verliert: desto deutlicher wird die Lage von Millionen, die in eben dieser Unsicherheit aller Verhältnisse, dieser Austauschbarkeit, Vieldeutigkeit und Anonymität, diesem Vagen und Labilen, diesem ›ich war's und war's doch wieder nicht‹ besteht. *Das dritte Buch über Achim* beschreibt eine Welt, in der das ›so und nicht anders‹ dem ›sowohl als auch‹ gewichen ist – eine Welt ohne Indikative, ein Konjunktiv-Reich.«[4]

Es gab sogleich Versuche, Uwe Johnson gegen eine Bewunderung in Schutz zu nehmen, die seine Romane wertete als Bestätigung für die Undurchschaubarkeit individueller und gesellschaftlicher Verhältnisse und für diffuse gesamtdeutsche Vorstellungen. Und gewiß gibt es hier Gegenargumente, es sind sogar die besseren. Von der öffentlichen Rezeption her angesehen, wiegt dennoch die Tatsache schwer, daß Johnson, um seine *Mutmaßungen über Jakob* drucken zu lassen, nach West-Berlin übersiedelte. Sie wiegt schwerer als die Feststellung, was Johnson schreibe, »wäre vermutlich die junge Literatur der DDR, wenn sie weniger bevormundet würde«.[5] Und schwerer wiegt, was Johnson in dem schon erwähnten Interview 1962 sagte, auf die Frage hin, wie er zu der Auffassung stehe, er, Johnson, habe seine Position nicht vor der Mauer und nicht hinter ihr, sondern auf ihr. Johnson sagte: »Wörtlich verstanden ist das natürlich nicht möglich. Wer heute auf der Mauer ist, *auf* der Mauer, der sitzt nicht, der steht nicht, der lacht nicht, der redet nicht – der hängt oder liegt, weil er erschossen wurde. Sollte mit dieser Formel ›auf der Mauer‹ aber die Mitte zwischen beiden deutschen Staaten gemeint sein, so würde ich zustimmen. Der Gedanke der Wiedervereinigung scheint mir zu verlangen, daß wir uns gründlich und geduldig, d. h. also durch den Versuch eines Verständnisses und der Kenntnisnahme, darauf vorbereiten. Insofern, glaube ich, ist es eine mögliche Position. Ich bin dem Lande Westberlin dankbar für das Gastrecht, das es mir gewährt, und ich habe mir diese Seite der Mauer ausgesucht, weil es einem hier garantiert und erlaubt ist, daß er seinen Beruf auf eine Weise ausübt, die er für richtig hält.«[6]

Die Entscheidung für die persönliche Freiheit also. Es wäre nötig, die Bedeutung von Wörtern wie »die Mauer« und »Wiedervereinigung« und ebenso die Bedeutung des Bildes »Mitte zwischen beiden deutschen Staaten« im Zusammenhang des gesellschaftlichen Bewußtseins Anfang der sechziger Jahre mit allen Anklängen präzis zu reproduzieren, um die Stellungnahme unmißverständlich zu deuten. Es würde zeigen, wie rasch in den letzten fünfzehn Jahren bei allem Gleichklang der Wörter die Bedeutungen sich verändert haben. Es würde zeigen, wie genau Johnsons Ansatz einer bestimmten Erwartung entsprach, die über die Scheinsicherheiten der Restauration in der Bundesrepublik hinausdrängte, doch zugleich in ihnen befangen blieb. Die beiden ersten Romane Johnsons haben dabei – anders als später *Zwei Ansichten* – einen erzählerischen Ansatzpunkt, der die undurchschaute Realität in der einzigen Weise anging, die tatsächlich an sie heranführen und sie durchschaubar machen konnte: Johnson untersuchte sie als etwas, das nicht direkt, sondern nur in seiner vielfachen Vermittlung erreichbar ist. Tatsächlich ist nicht das »schlechthin Undurchdringliche der Existenz« Johnsons Formprinzip, wie Blöcker meinte, sondern Formprinzip ist die Absicht, erzählerisch etwas zu durchdringen, das sich als äußerst widerständig erwies, dessen Widerständigkeit sich beim Vordringen fortwährend vervielfachte. Damit mußte es die erzählerische Strategie aufnehmen. Johnson konzentrierte sich auf das faßliche Einzelne, Einzelmenschliche, und erkundete es in allen seinen Relationen und Spannungen, zudem in seiner Vermitteltheit, also in der Form von Mutmaßung, von Beschreibung der Beschreibung. Intention dabei aber war nicht Verschleierung, sondern das genaue Gegenteil.

Die Mechanismen innerhalb der Wirkung von Literatur machen noch immer aus dem Erkundeten, so deutlich es auch im Erkundungsprozeß selbst allein faßlich ist, ein Bild. Das ist bis heute die – immer fragwürdiger gewordene – Bedingung des Erfolgs. *Mutmaßungen über Jakob* gab das Bild ab vom Mann, der sich weder diesseits noch jenseits der Grenze in Deutschland zurechtfindet und offenbar aus diesem Grunde stirbt. *Das dritte Buch über Achim* gab das Bild her vom mißlungenen Versuch der Wiedervereinigung von zwei Personen. Die Rezeption von Literatur unterlag Anfang der sechziger Jahre noch eindeutiger als heute damit zugleich dem Mechanismus, von Erscheinungen pauschal auf die Gründe zu schließen. Johnson hatte versucht, durch erzählbare Sachverhalte auf die Gründe zu kommen, welche die Sachverhalte bestimmten. Damit hatte er sich für ein bestimmtes Verfahren der erkennenden Auseinandersetzung mit erfahrener Wirklichkeit entschieden, das zweifellos unerläßlich bleibt. Allerdings behält es nur Sinn, wenn in der Rezeption die Prozesse nicht auf den Kopf gestellt werden, wenn die Ergebnisse des Verfahrens nicht pauschal zu konsumierbaren Bildern mißdeutet, sondern sorgfältig erfaßt und registriert werden.

Was das besagt, dafür gab bald nach Erscheinen des Romans *Das dritte Buch über Achim* Helmut Heißenbüttel einige Hinweise, Hinweise, die – das Verständnis Johnsons als des »Dichters beider Deutschland« bewußt kontrastierend – speziell auf seine Ansichten gesellschaftlicher Verhältnisse zielen. Heißenbüttel schrieb: »Es geht nicht darum, daß das Menschliche Grenzen überwindet, wie es etwa Schnurre auf seine lapidare Art schildert, es geht aber auch nicht um das Modell, an dem man die Situation durchspielen könnte. Die entscheidende Frage, die hier gestellt werden muß, lautet, wieweit die betonte Unentschiedenheit der Darstellung und das Stehenlassen unverbundener Widersprüche und Vieldeutigkeiten symptomatisch sein können für Tatbestände, die mit dieser Methode erfaßt werden sollen. Das ist, wie die Geschichte des modernen Romans seit Dostojewski und Conrad beweist, überall dort der Fall, wo es um die vieldeutige Motivierung menschlicher Taten und Verhaltensweisen geht. Das konventionelle Schema, unter das die unregelmäßigen Regungen der menschlichen Natur und Seele gepreßt waren, unterliegt seit längerem einem sinnvollen, kritischen und darstellerischen Auflösungsvorgang. Etwas davon wird bei Johnson deutlich in dem Teil, in dem Karsch mit der Verlagslektorin über bestimmte Ereignisse aus Achims Vergangenheit diskutiert. Hier werden zwei Perspektiven einander gegenübergestellt und in diesem Kontrast durchexerziert. Die Wahrheit liegt in der unaufgelösten Reproduktion des Kontrastes. Hier gelingt es auch, die besondere ideologische Komponente einzubeziehen, da die ideologischen Abkürzungsverfahren das Material für eine der Perspektiven abgeben. Dies alles läßt sich aber hier wie sonst nur dort darstellen, wo es um die Frage menschlicher, psychologischer Motivationen geht. Die Methode versagt, wo es sich um allgemeine gesellschaftliche und politische Zustände handelt. Das, was vorher ein Zeichen darstellerischer Genauigkeit war, schlägt nun um in pure Ratlosigkeit.« Die Konsequenz ist dann diese: »Überall da, wo man die strategisch-gesellschaftliche Aufschlüsselung (die immer klipp und klar gesagt werden kann) erwarten sollte (oder wenigstens die Darstellung von möglichen Relationen), überall da findet sich eine Häufung von faktischen Details.«[7]

Heißenbüttel sieht hierin ein Ausweichen der Erzählung »in den Fetisch der Dinghaftigkeit«, und fasse man dieses Ergebnis der Erzählung als es selbst ins Auge, verändere sich die Szenerie des Buches: sichtbar werde eine mumifizierte Welt. Der Bezug auf Gesinnung und politische Meinung, auf das zweigeteilte Deutschland verleite zu verfälschender Rezeption. Er gebe dem Buch nur seine aktuelle Färbung. Sein wirkliches Thema jedoch, und Heißenbüttel sieht darin den stärksten Impuls des Romans, sei die von Dingen verstellte, gleichsam ausgetrocknete Wirklichkeit, die ratlos zurücklasse. Wieviel für diese Erläuterung spricht, ließe sich durch eine Fülle von Zitaten belegen. Durch das folgende zum Beispiel:

»Das Schaufenster des staatseigenen Geschäftes für Sportartikel in den Passagen zeigte keine Waren sondern auf allen achtundzwanzig Quadratmetern eine Ausstellung, die an das bevorstehende Rennen in die benachbarten Länder erinnerte. Den Hintergrund umbog die sehr vergrößerte Wiedergabe einer Fotografie, die von oben gesehen eine staubige Landstraße zeigte überfahren von dichten Rudeln Rennfahrer in fleckigen Trikots. Kleiner werdend zogen sie gebückt voran unter quergespannten Schriftstücken mit dem Wort Frieden in den Sprachen der Gastländer, zwischen den Baumkronen hing ein Hubschrauber erhobenen Schwanzes. Unter den Bäumen neben dem Pflaster war ein dicht gedrängtes Spalier in heftiger Bewegung von Winken und Springen und Schreien erstarrt, ganz vorn waren die Münder größer als natürlich. Einzeln davorgestellt kam ein Umriß Achims knotig lächelnd blumenschwenkend in rasender Fahrt auf den Beschauer zu. Seitlich vor diesem Hintergrund war die Fahrmaschine aufgebockt, mit der Achim den Titel des einzigen Meisters gewonnen hatte, daneben zwischen Glasplatten gepreßt stand aufrecht das regenbogenfarbene Trikot und streckte die leeren Ärmel, ein Bild von Achim inmitten der Mannschaft in gemeinsamem Freudensprung und enger Umarmung, dazu Urkunden Schleifen Lorbeerkränze Pokale aus den Jahren seines bisherigen Aufstiegs lenkten in gestaffelter Folge den Blick der Kinder, die das Schaufenster umringten, auf das hier vergrößerte Porträtfoto Achims aus künstlerischer Werkstatt. Hier war es eingerahmt vom Werbeplakat für die vorjährigen Wahlen zur Volksvertretung, sauber und über bürgerlichem Hemdkragen blickte Achim dich an wie erklärt durch den darunter angeführten Text. Ich möchte nicht nur als Sportler ein Vorbild sein.«[8]

Das Moment der Verdinglichung, der Mumifizierung ist hier fast drastisch hervorgekehrt. Und auch für die *Mutmaßungen über Jakob* läßt sich jedenfalls festhalten, daß Johnsons Verfahren auf die psychologischen und individuellen Motivationen zielt und von hier aus zu Ergebnissen kommt, daß eine das Ganze fassende gesellschaftliche Aufschlüsselung und verallgemeinernde Deutung nicht erreicht wird. Ein vorläufiger Befund: Anders als die durchschnittliche Rezeption es wahrhaben wollte, ist Johnsons Thema, daß und wie einzelne mit den Verhältnissen nicht zurechtkommen, daß und wie ihnen in der Herausforderung, sich über die Verhältnisse Klarheit zu verschaffen, das Leben im Extremfall unerträglich wird oder – im anderen Extremfall – die Verhältnisse ihnen in eine abstruse, undurchsichtige Dinglichkeit zerfallen. Jakob kommt um und Karsch gibt auf. Und der Roman *Zwei Ansichten* demonstriert die Fragwürdigkeit des Versuchs, psychische Zustände gleichsam so aufzublasen, daß sie zu Abbildern gesellschaftlicher und politischer Zustände werden.

Was Uwe Johnson auszeichnet, ist eine Gewissenhaftigkeit im Erzählen, die ihn immer wieder auf das stoßen läßt, was er mit seinem Erzählen tatsächlich erreichen kann, auch wenn er etwas anderes erreichen wollte. Johnson hat ein im Grunde traditionell realistisches Konzept, das von der inzwischen historischen Prämisse ausgeht, in individuellen Zuständen müßten sich die allgemeinen, die gesellschaftlichen und politischen Zustände nicht nur zeigen lassen, hier müßten sie sich sozusagen ausweisen und rechtfertigen. Die Geschichte, nicht zuletzt der Literatur, zeigt jedoch, daß die Dinge längst anders laufen. Es gibt solche Übereinstimmung um so weniger, je weniger die einzelne Existenz noch in einer unmittelbaren Beziehung steht zur Gesamtheit der Wissensdaten und Bedeutungen, je weniger sie diese noch zusammenzufassen und zu spiegeln fähig ist. Hier hat vom Produktionsmittel Wissenschaft her und dem von ihm durch Technologien und Industrialisierung veranlaßten Umbau aller ökonomischen und damit gesellschaftlichen Verhältnisse eine Entfremdung stattgefunden, die irreversibel ist, die sich jedenfalls nicht mehr im Sinn der alten, gleichsam ursprünglichen Einheit wieder aufheben läßt. Vorstellungen, die von dieser abgeleitet sind, lassen sich schon seit längerem nur noch durch Zwang erhalten. Und diese grundsätzliche, die Zivilisation seit einem Jahrhundert elementar bestimmende und sprunghaft gewachsene Diskrepanz, soviel drastischer sie sich auf längere Sicht unter kapitalistischen Bedingungen auswirkt, gilt auch im Sozialismus. Der einzelne ist mit dem Ganzen grundsätzlich nicht mehr in Einklang zu bringen. Hoffnung liegt einzig darin, daß in Zukunft die ökonomisch-gesellschaftlichen Formationen mit dem Ziel gleichmäßigen Nutzens für jeden einzelnen Menschen rigoros vom wissenschaftlichen Denken her strukturiert werden und individuelle Identität weitgehend aus dem Sinnbezug auf sie gelöst und freigesetzt wird.

Gleichsam blind, durch sorgfältiges Erzählen, durch seine gewissenhafte Arbeit erzählender Vergegenwärtigung ist Uwe Johnson mit seinen ersten Romanen auf diese Diskrepanz in einer konkreten, für die individuelle Erfahrung ausweglosen Situation gestoßen, und sie ist es, die seine Figuren wie hilflos zurückwirft. Der Versuch, Wirklichkeit vorurteilslos im sprachlichen Prozeß zu greifen, hat dabei Johnsons Sprache und erzählerische Technik kompliziert und gegenüber der Konvention verändert. Der Erzähler reagiert auf die Diskrepanz – sie zu durchschauen, ist nicht seine Sache –, und er läßt sie spürbar werden. Sie wird spürbar in den Konflikten, die entstehen in einer bestimmten Phase der Auseinandersetzung um die sozialistische Veränderung einer Gesellschaft. Von hier aus gesehen, ist das Fesselnde der *Mutmaßungen über Jakob*, daß eine Entfremdung beschrieben ist, die durch eine die Aufhebung von Entfremdung intendierende Auseinandersetzung gerade ausgelöst wird. Auf der gesellschaftlich-politischen Ebene führt die Gerechtigkeit, die Jakob meint, die er gleichsam anfassen kann in Arbeit und einer durch sie bestimmten Haltung, die gleichsam Natur ist, in Ausweglosigkeit. Auf dieser Ebene gibt es nichts Eindeutiges, offensichtlich deshalb, weil in ihr die Grenze gezogen ist zwischen zwei verschiedenen Ordnungen in Deutschland. Doch auch etwas anderes noch wird spürbar: die Unmöglichkeit, eigene Identität überhaupt in einem gesellschaftlichen Ganzen wiederzufinden. Auch deshalb wird für Jakob sein Leben sinnlos.

In diesem Sinne laufen die *Mutmaßungen über Jakob* hinaus auf eine Kritik des Zustands, in dem sich zu einer bestimmten Zeit der Sozialismus des Staats darstellt, in dem Jakob lebt. Es ist eine andere als die mehr beiläufige Kritik an den Lebens-

verhältnissen in der kapitalistischen Bundesrepublik – es ist eine Kritik aus der
Nähe, es ist eine fordernde, zupackende Kritik, folgend aus grundsätzlicher Bejahung, was Sozialismus betrifft. Das Motiv der Bejahung deutet sich an etwa in
dem folgenden Gespräch, das Herr Rohlfs vom Staatssicherheitsdienst mit Gesine
Cresspahl offenbar in West-Berlin führt:

»– Wenn ich es mir jetzt überlege, so habe ich ihn nicht fahren lassen zu irgend
einem Zweck, sondern weil er es wünschte. Darüber reden wir wohl noch.
– Ja. Was haben Sie für Zigaretten? Sie können bitte auch von meinen versuchen.
Es sind nicht Philipp Morris. Und weil sie ganz unbesorgt waren. Nicht nur wegen
der Gerechtigkeit, die einer sich bei Ihnen erwerben kann
– Sondern auch wegen einer gewissen gründlichen Art, Sie würden es anders nennen, ich will mich erklären: es gibt bei Ihnen
– im Kapitalismus
– gewisse täuschende Annehmlichkeiten des äußeren Lebens, ich meine also bestimmte Auswirkungen der ungehinderten Privatinitiative, der freien Konkurrenz.
Der Konsument kommt sicherlich in manchem besser weg. Sehen Sie, bei uns, ich
sage ja schon: im Sozialismus ist es zur Zeit und vorläufig nicht denkbar daß einer
sich hinstellt an den Ausgängen eines Vorortviertels und die Leute zählt, die hier
täglich tagsüber in die Stadt gehen. Er zählt die Wege zur Arbeit, zum Dienst, zur
Schule, zum Einkaufen, die Rückkehr zum Mittagessen, die Gänger zum Kino, zur
abendlichen Unterhaltung; am Abend hat er eine bestimmte Anzahl Striche auf
seiner Zigarettenschachtel und zählt sie zusammen. Wenn er findet es lohnt sich,
dann kauft er zehn Omnibusse auf Raten und richtet da einen Linienverkehr ein
und hat seine Auslagen nach drei Wochen zurück mit der Aussicht sie siebenfach
wiederzukriegen: es ist sehr angenehm mit dem Bus in die Stadt zu fahren anstatt
zwanzig Minuten zu gehen. Aber es kam ja gar nicht an auf den Fahrgast. Das
sieht aus wie Kundendienst und ist für einen Besucher aus dem Osten etwas so Er-
staunliches, daß er darauf hereinfällt und vergessen kann daß das Prinzip der
freien Konkurrenz auch weniger angenehme Auswirkungen hat wie Produktions-
krisen Massenentlassungen Aufrüstung Krieg. Auch wenn Jakob diese wissenschaftlichen Rückhalte nicht gehabt hätte, er wäre doch verlegen gewesen vor der nervö-
sen Angst des Angestellten: der Kunde werde weggehen ohne etwas zu kaufen.
Und gewiß hat diese ›gründliche‹ Art auch Sie peinlich auf gewisse Einzelheiten
verwiesen; was genügend ist, man braucht sie nicht gleich Beweise für die Unmenschlichkeit des kapitalistischen Systems zu nennen. Also: ihm haben die technischen Einrichtungen der Bundesbahn und der sogenannte Fahrkomfort gefallen,
aber er hat sie mit Neid verglichen
– und ›Sie fahren die Schnellzüge auf einen Mann‹ sagte er betroffen, wieder mit
dem Mangel an Verständnis, der Mißbilligung war. Natürlich verstand ich es erst,
nachdem er mir erklärt hatte daß die Fertigstellung eines Zuges und die Wagen-
verzettelung und die Bremskontrolle und der Dienst von Schaffner und Zugführer
zugleich auf einer Strecke von vierhundert bis sechshundert Kilometern für acht bis

zehn Wagen ein bißchen viel ist für einen einzelnen Mann, und außerdem ist er zu billig für solche Leistung. Aber er hat mir nicht die Benutzung von Bus und Eisenbahn verleiden wollen. Und überdies.«[9]
Hier spricht auch der Autor Uwe Johnson mit. Diese Argumentation überzeugt ihn selbst. Aber sie hebt die Wechselfälle nicht auf, das Mißtrauen nicht, die Kleinlichkeiten, die Widersprüchlichkeit der Entwicklungen, das Mißverstehen, die Zumutungen des Sicherheitsdienstes, die Unterdrückung der persönlichen Entscheidungsfreiheit. In dem folgenden Gespräch über Republikflucht sind die Partner Gesine und Jonas Blach, der Gesine liebt:
»Nur: er hat ja doch nicht einen Augenblick gedacht daß er eigentlich auch wegfahren könnte und es geht ihn nichts mehr an was wir hier für den Fortschritt ausgeben. Überall in der Welt konnten sie ihn brauchen, hier war er doch nicht unersetzlich.
– Hat damit nichts zu tun. Er hat es mir ja erzählt. Gewundert hat er sich. ›Wie einer so fragen kann‹, lustig fand er das. Sagt er: ›Wenn ich nicht kündige und einfach wegbleibe von einem Tag auf den anderen, steht Peter Zahn da und weiß nicht wo er in anderthalb Minuten einen Ersatz hernimmt; hat er nicht um mich verdient, wär unfreundlich von mir. Und in fünf Minuten passiert viel auf einer Strecke von hundert Kilometern. Kündigen konnt ich ja schlecht‹, denn dann hätt er noch drei Wochen lang Dienst tun müssen, damit war ihm nicht geholfen. Erstlich eins: er macht eine angefangene Arbeit fertig und läßt den Platz ordentlich aufgeräumt zurück. Und dann war er was gefragt worden. Nun war er mit der Antwort gekommen.
– Nein.
– Doch. Höflich entgegenkommend verläßlich und was nicht alles. ›All diese Menschen‹, ich hör ihn, dieser war auch einer. Mit dem hat er einen Abend verbracht. Und wenn der auch eine andere Meinung hatte, so handelte es sich doch um die gleiche Sache.
– Ja. Er wollte dir garantieren daß du dich frei entscheiden kannst und ungehindert wieder ausreisen. Denn solltest ja öffentlich auf Besuch kommen dürfen nach Jerichow, nur einmal quer über die Straße gehen w wojennuju kommandanturu.
– Wie du redest. Ja! Als ob ich bei Jakob in schlechten Händen gewesen wäre. Und gar nicht mal meinetwegen (aus Rücksicht auf das zarte Kind) hat er gesagt ›Ich lade sie nicht zu Besuch‹.
– Die Garantie wäre nur gültig gewesen, solange sie in der Notwendigkeit war. Die Wechselfälle wird Jakob deinem Vater nicht haben zumuten wollen.
– Ja Jonas, dein Mißtrauen. Mein Mißtrauen: ja. Aber wir sind doch nicht Jakob. Ich weiß nur noch wie er ausgesehen hat fünf-acht-elf Jahre lang, und wie mir war wenn er sagte ›Liebes-kind‹ –
– Gesine.
– und es ist alles. Ich würd eher sagen: er für seine Person hatte sich eingelassen nach dem Krieg mit dem, was wir also nennen wollen Hoffnung des Neuanfangs,

er für sich wollt es verantworten und auch die Entscheidung, die darin bedeutet
sein sollte. Aber wie er diese ganze Nacht unterwegs war und dann am Morgen am
liebsten noch zurückgefahren wäre: damit Martienssen (das ist einer von den Dis-
patchern) ordentlich ins Bett kam nach seinem Dienst und zu dem was er vorhatte
und nicht belästigt wurde – so hat er niemand eine Entscheidung über diese Dinge
aufnötigen wollen, sobald sie konkret werden konnte: ja. Sie hätten mich gleich
dabehalten können als Republikflüchtling und wegen Unterstützung des amerikanischen Imperialismus: das ist auch eine Entscheidung und an sich recht proper; nur
daran hätte ich unglücklich werden können, dachte Jakob vielleicht: ja. Aber erst
hier das Mißtrauen.
– Und was sagte Rohlfs dazu?«[10]
Die Zeit der Handlung ist zu erinnern: 1956, das Jahr des Ungarnaufstandes und
seiner Niederschlagung sowie der Bombardierung Ägyptens. Die Erfahrung der
Diskrepanz zwischen der als Ganzes längst undurchschaubaren Realität und dem
fortbestehenden Anspruch, daß die individuelle Identität nur in der Beziehung zum
Sinn des Ganzen erreichbar sei, bezieht sich auf diese historische Situation. Jakob
kann ohne das Bewußtsein, mit sich und der Welt im klaren zu sein, nicht leben. Im
Verhältnis zum System seiner Arbeit, notwendiger und nützlicher Arbeit, und in
der Solidarität mit den anderen Arbeitenden ist Jakob seiner sicher. Doch er wird
gezwungen, über diese Verhältnisse hinauszufragen, die Erkenntnis wird ihm auf-
gezwungen, daß dieses Verhältnis keineswegs die politisch-gesellschaftliche Realität
spiegelt. Hier herrschen Gewalt, Eigennutz, Unfreiheit. Auch der Kampf für den
Sozialismus ist undurchschaubar und zweifelhaft. Es ist nicht gewiß, was er erbringen, ob und wie er mißbraucht wird. Dennoch, und obwohl Jakob schließlich auf
so mysteriöse Weise ums Leben kommt, ist in dieser Erzählung fast Satz um Satz
ein sehr starkes, intensives Moment der Hoffnung. Der Erzähler, könnte man sagen,
setzt Hoffnung in Menschen wie Jakob und sogar in die Erinnerung an Menschen
wie Jakob.
Gesine Cresspahl, Republikflüchtling und NATO-Sekretärin in Westdeutschland,
die der Staatssicherheitsdienst der DDR über Jakob für die militärische Spionage-
abwehr der Roten Armee gewinnen möchte, sagt an einer Stelle, ihre Seele liebe
Jakob. Gesine hat gehandelt, wie Jakob nicht handeln konnte: Sie hat sich der
Freiheit als Einsicht in die Notwendigkeit entzogen und eine andere, die private
Freiheit gewählt. Sie ist trotz ihrer Liebe, die offensichtlich eine gewisse symbolische Bedeutung hat, in den Westen gegangen, dorthin, wo Jakob es nicht aushielt.
Als ihr nach Jakobs Tod vorgehalten wird: »– Das Wertgesetz war schon als Schul-
aufgabe und als pflichtmäßige Vorlesung von Marxismus und Leninismus fremd,
blieb gewiß so willkürlich: aber Sie verließen es ohne es überwunden widerlegt zu
haben; da war es die Erinnerung von Gerechtigkeit geworden –« – als ihr dies vorgehalten wird, antwortet Gesine: »– Sie haben Jakob für einen Menschen von Gerechtigkeit gehalten; das war aber nicht die Ihre [. . .].«[11]
Auch dieser Widerspruch ist in den *Mutmaßungen* nicht aufgelöst. Er bleibt be-

stehen als psychologische Motivation, mit der Gesine weiterlebt. Die abstrakte Gerechtigkeit oder die konkrete, nämlich gelebte Gerechtigkeit? Eine Gerechtigkeit, deren Zweck alle Mittel heiligt, oder die Gerechtigkeit von Arbeit und Solidarität, in jeder einzelnen Situation und jeder einzelnen alltäglichen Handlung? Mit dem Widerspruch lebte auch der Autor weiter, schon seinetwegen vielleicht immer wieder erinnert an Gesine, die schließlich Hauptfigur eines der umfangreichsten je in Deutschland verfaßten Romane werden sollte.

Es sei an den Interpretationsansatz erinnert, der besagt, daß Johnson mit seiner auf die psychologischen Motivationen fixierten Methode die allgemeinen politischen und gesellschaftlichen Zustände nicht fassen könne. Sein Thema sei vielmehr, daß und wie einzelne Menschen mit den gesellschaftlichen Verhältnissen nicht zurechtkommen. In *Mutmaßungen über Jakob*, dem vor anderthalb Jahrzehnten entstandenen Roman, auch in *Das dritte Buch über Achim* war jedoch der Impuls stark, dennoch die Realität dieser Verhältnisse – der Verhältnisse in der DDR – herausfordernd zu erreichen, mit einer gewissen Intention, sie zu verändern. Jakob ist ganz gewiß trotz aller Fragen, die offenbleiben, uneingeschränkt ein positiver Held, und seine Gerechtigkeit ist gemeint als eine gesellschaftliche Provokation. Achim ist ein Held im Zwielicht – hier zielt die Frage darauf, was an Greifbarem bleibt, wenn einer in der DDR-Gesellschaft nicht mehr für sich allein steht, sondern eine Rolle übernimmt. Beide Male soll das Gesellschaftliche sich vermitteln in dem Fragen nach einem einzelnen und dem Erzählen davon. Beide Male wird in Brüchen, Verschiebungen, Verkantungen eine gesellschaftliche Realität angeleuchtet, die sich der Art des erzählenden Fragens entzieht, sich durch dessen Dringlichkeit jedoch paradox in bezeichnenden Andeutungen auch vermittelt. Der Kontakt mit dem, was alle betrifft, wird hergestellt, wenn er auch unbestimmt bleibt. Der Sozialismus, erkannt als der Wünschens-Wert, erscheint dabei als etwas im östlichen deutschen Staat noch keineswegs Verwirklichtes, noch immer als Sache einer Zukunft, die unbestimmt bleibt.

Beim Rück- und Überblick bietet sich hier die Überlegung an, welche Erzählungen von Uwe Johnson seither zu lesen gewesen wären, wenn er die riskanten Hochseilakte eines solcherart herausfordernden Erzählens fortgesetzt hätte. Er wäre zu noch weit schwierigeren Versuchsanordnungen, zur Erfindung weiterer experimenteller Verfahren im Bereich der Vermittlung, literarisch wie im Blick auf die Gesellschaft zu erhöhter theoretischer und spekulativer Anstrengung gezwungen gewesen. Johnson hat sich anders entschieden. Er hat sein Brennglas in der Folge sozusagen als Vergrößerungsglas verwendet. Der Roman *Zwei Ansichten* war ein erster Schritt, sich dem ganz zweifellos produktiven Dilemma zu entziehen, daß die psychologischen Zustände einzelner und der Ablauf von Geschichten, die einzelne Menschen erlebt haben, nicht ohne weiteres an politisch-gesellschaftliche Realität heranführen oder Prospekte von ihr ermöglichen. Johnson wollte es genau wissen und eine Lösung finden, die mit seiner Methode zu verläßlichen, soliden, einwandfreien Resultaten auch für den politisch-gesellschaftlichen Bereich führt. Und was in *Zwei An-*

sichten ganz gewiß nicht geglückt ist, das leisteten dann die *Jahrestage* (1970 ff.) perfekt: jene Realität bildet sich tatsächlich in erstaunlicher Facettierung und imponierend ab in der Psyche einiger weniger Figuren. Die Spannung der ersten Entwürfe freilich, nicht zuletzt die Konsequenz eines Erzählens, dem der sprachliche Prozeß ein Medium erkennbarer Aktion, ein Mittel war, Prozesse in der Wirklichkeit freizulegen, die sind darüber verlorengegangen.

Um sein Ziel zu erreichen, hat Johnson das probateste aller Mittel eingesetzt: Ausführlichkeit. Diese Ausführlichkeit ist das Produkt von äußerst gewissenhafter Darstellung im einzelnen und unverdrossener Summation. In uneingeschränkter, auf nahezu zweitausend Druckseiten berechneter Ausführlichkeit ist dargestellt, wie sich die Erinnerung an in der Vergangenheit erlebte Umwelt, die durch die Medien vermittelte weltpolitische Realität und unmittelbar erfahrene Umwelt im Bewußtsein einiger Personen zu einer bestimmten Zeit abbilden und ihr Leben bestimmen.

Die Anordnung ist von herausfordernder Simplizität. Als die zu erzählende Gegenwart ist gesetzt der Ablauf eines Jahres, beginnend am 21. August 1967, endend am 20. August 1968. Die Erzählung folgt dem Ablauf der Tage – Jahrestage ist gleich: Tage eines Jahres. Die Tagesläufe der inzwischen fünfunddreißigjährigen Gesine Cresspahl, jetzt Mitarbeiterin eines Bankhauses in New York, und ihrer elfjährigen Tochter Marie, der Tochter Jakobs, werden für die Zeit eines Jahres nacherzählt. Tag um Tag dabei die Wahrnehmung des Welthorizonts, wie ihn vor allem die »alte Tante New York Times« vermittelt. Innerhalb dieser Resümees finden sich hier und da auch ausführliche Zitate, und die Art und Weise der Notierung ändert sich ständig. Die Texte sind den Beschreibungen der Tagesläufe Gesines und Maries wie den Rekapitulationen aus der Geschichte Jerichows und Mecklenburgs, aus der Familiengeschichte der Cresspahls und den Kindheits- und Jugenderinnerungen Gesines, die mehr oder weniger chronologisch von den zwanziger Jahren her ansetzen, gleichberechtigt und ohne besondere Trennung eingefügt. Tatsachenresümee und Fiktion sind derart verknüpft, daß der Eindruck entsteht, als sei von Gesine, Marie und gelegentlich auftretenden anderen, aus den früheren Erzählungen Johnsons bekannten Figuren die Rede als von realen Menschen.

Vor allem Gesine und Marie agieren, erleben, denken völlig glaubhaft innerhalb einer dem Leser zumindest indirekt geläufigen Realität und erscheinen deshalb als so wirklich wie diese. Sie haben von ihrer Geschichte als erzählte Figuren her erstaunlich viel faßliche Individualität angesetzt, die Johnson sorgfältig beachtet und verstärkt. Er geht mit den erzählten Figuren um in der Haltung eines sehr engen, völlig vertrauten Freundes, und zugleich kühl und auf Rechtlichkeit, genaues Urteil bedacht, also ohne ihren besonderen Status auszubauen. Das liest sich, als seien die täglichen Aufzeichnungen über die Erlebnisse, Gedanken und Gefühle Gesines und Maries tatsächlich Nachschriften. Die Notizen an Hand der *New York Times* wirken sich speziell hier ungemein bestätigend aus. Wenn die Marie manchmal allzu altklug klingt, allzu hintersinnig à la Johnson, so irritiert das doch nur selten. Es erinnert eher daran, daß Kinder ja tatsächlich die Regeln, Schwierigkeiten, Widersprüche und vorformulierten Fragen ihrer nächsten Umwelt meist sehr komplex in sich aufnehmen und mitleben. Warum nicht auf ihre Weise auch Marie, die von Gesine, da sie ohne Vater aufwächst, besonders vielseitig instruiert und auch mit Fragen und Zweifeln ausgiebig versehen wird. Sie vermittelt sich also ungemein direkt, ungemein dicht, diese erzählte Realität des Uwe Johnson. Wenn es überhaupt möglich ist, die realistische Tradition sinnvoll in die Gegenwart fortzuschreiben, dann ist das in den *Jahrestagen* geglückt.

Als Qualitäten des Erzählers Johnson, die den *Jahrestagen* zugute kommen, hat Hans Mayer »Sprachkraft«, »Sorgfalt der Konstruktion«, »Kenntnis von Dingen und Menschen, literarische Bildung, Humor und Empfindungskraft« genannt.[12] Diese Qualitäten sind in der Tat unverkennbar. Sie haben es Johnson ermöglicht, den Bogen zu schlagen von Jerichow bis New York, vom gar nicht repräsentativen, eher privaten Lebenslauf einzelner zum Lauf der Welt. Aus minuziöser Detailkenntnis, die eine erstaunliche, immer wieder überraschende Variabilität des stets konkret bezogenen Erzählens ermöglicht, ist ein Netz geknüpft, das die Widersprüche, die paradoxen Abläufe, die mörderischen Auseinandersetzungen dort und die relativ zufriedene private Existenz hier unmerklich in eine unauflösliche Beziehung bringt.

Um die Position des Erzählers, deren Charakteristik unerläßlich ist, sollen seine Ansichten gesellschaftlicher Verhältnisse in ganzem Umfang deutlich werden, um diese Position zu verdeutlichen, sind allerdings noch zwei andere für die Rezeption der *Jahrestage* bezeichnende Reaktionen zu erwähnen. Wiederholt war in bewundernden Kritiken die Rede vom Behagen, das die Lektüre der *Jahrestage* vermittle. Und es war auch die Rede davon, daß man die ausschweifende Erzählung wie eine erstaunliche exotische Landschaft genießen könne. Auch das läßt sich ohne besondere Schwierigkeiten nachvollziehen. Vor allem Behagen. Das Wort hat Tradition. Es meint einen sehr kultivierten Zustand, der nicht mit Gemütlichkeit zu verwechseln ist, in dem man sich vielmehr seiner selbst sehr bewußt ist, sich in jeder Hinsicht spürt, aber auf eine angenehme, bestätigende Weise. Behagen an einem Text kann sich nur einstellen, wenn die Widersprüche nicht verdeckt, sondern erkannt und genau bezeichnet sind, doch so kenntnisreich und überlegen, daß es sozusagen Überlegenheit auch vermittelt. Die Selbstbestätigung in diesem Behagen wiederum bestätigt das, wodurch es sich vermittelt. Das Erstaunen, daß Bücher, Romane in dieser Gegenwart noch eine solche Reaktion auslösen können, führt zu dem Eindruck, ein exotisches Vergnügen zu genießen.

Hier zeigen sich Merkmale, die nur schwer miteinander vereinbar sind. Eine heikle Frage: Was denn ermöglicht es, eine durchaus zutreffende und kritische Ansicht der gesellschaftlich-politischen Zustände eines Jahres dieser so offensichtlich zerrissenen, von Konflikten geschüttelten, orientierungslos gewordenen Welt mit ihren täglichen Listen gewaltsam ums Leben gebrachter Menschen – immer wieder zählt Johnson die Vietnamtoten auf – ohne Lüge, ohne Verschleierung im einzelnen, ja mit extremer Detailgenauigkeit doch so zu entwerfen, daß sie im Leser Behagen auslöst? Die Antwort sei der Erläuterung vorausgesetzt: Die kunstvoll realistische Darstellung ermöglicht es, und zwar weil sie die Welt jüngster, noch direkt betreffender Vergangenheit fast so vorführt, als habe etwa Pieter Breughel d. Ä. sie gemalt.

Johnsons Erzählen ist in den *Jahrestagen* Referat der Tagesereignisse, Wiederholung von Erfahrung und Beobachtung sowie Mitteilung von Erinnertem. Dies alles ist organisiert in einem fiktiven Rahmen, dessen Eigenspannung stark gemindert ist – Gesine und Marie sind eher Medien als handelnde, leidende Protagonisten. Zugleich wirken sie eindeutig genug als ganz wirkliche Personen, um den gesellschaftlichen, politischen, historischen Fakten, die locker auf sie projiziert sind, die Dimension von individueller Erfahrung, von erlebter Geschichte zu geben. Für Johnson ist dieses verständige Erleben, der psychische Zustand des aufmerksamen Rezipierens und Reflektierens das Reale, das er beschreibt, indem er alle allgemeinen Fakten in seinem Zusammenhang anordnet. Und er hat damit so etwas wie seine persönliche Quadratur des Kreises vollbracht: indem er die psychologischen Motivationen aus dem Bereich von Handlung, Konflikt, Entscheidung abdrängt, in großer Bandbreite Information, Wahrnehmung, Erinnerung und Reflexion zur Sache seiner Helden macht, schafft er sich die Möglichkeit, sie zu dem Medium werden zu lassen, in dem sich die gesellschaftlichen und politischen Verhältnisse des Jahres, aus dem er erzählt, darstellen. Auf diesem Wege vermag der psychologisch orientierte traditionelle Realismus Zustände, die sich ihm nach begründeter Meinung längst entzogen haben, allem Anschein nach noch einmal zu erreichen. Und plötzlich erhalten die Zustände etwas Vertrautes, Durchschaubares, Übersichtliches. Grund dafür ist, daß ihr Bild den bewährten, eingeübten überlieferten realistischen Sichtweisen entspricht, und das, ohne an Glaubwürdigkeit zu verlieren, wie doch sonst heute meist bei entsprechenden Romanen und Erzählungen. Und dies ist es, was bestätigend eine Sicherheit vermittelt, die sonst in der Erzählung ebensowenig noch überzeugend zu haben ist wie in der Wirklichkeit selbst.

Das Erzählen ist in den *Jahrestagen* damit noch einmal auf einen Stand gebracht, der das Vorhandensein einer überzeugenden Mitte suggeriert. Doch die Zeitnähe, die Johnson dieser Mitte so aufmerksam erschrieben hat – hat sie nicht zugleich etwas fatal Zeitloses? Gewiß, die Quadratur des Kreises scheint – zwar nicht in den *Zwei Ansichten*, doch in den *Jahrestagen* – vollbracht. Johnson vermittelt glaubhaft eine Ansicht der Wirklichkeit, damit nicht zuletzt der gesellschaftlich-politischen Weltverhältnisse, die diese im zeitlichen Ausschnitt exemplarisch derart vor Augen bringt, wie sie die solide »Kenntnis von Dingen und Menschen«, wie sie Bildung, Distanz und Objektivität eines kritischen und verantwortungsbewußten Beobachters überzeugender nicht in all ihren vielfältigen Widersprüchen abbilden können. Das ist vorbildlich, man kann sich ein Beispiel daran nehmen, kann davon lernen. Vietnam, die Spannungen in der ČSSR, die Abläufe der Weltpolitik, die Protestbewegung in den USA, zahllose scheinbar periphere, dennoch symptomatische Ereignisse – dies alles und mehr ist für das Jahr 1967/68 in der Beziehung zu mecklenburgischen Erinnerungen und Erfahrungen und dem täglichen Leben in einer der Metropolen der Welt beispielhaft so beschrieben, daß es sachlicher, genauer kaum denkbar ist. Optimale, in jedem Detail höchst kritische Zeitgenossenschaft, die übrigens alle grundsätzliche Zeitkritik vermeidet. Kommt es aber in der Literatur nicht auf andere Erfolge an? Auf Bewegung, statt auf Bestätigung – auf Umdenken, statt auf Konservierung in der Mimesis – auf Irritation, statt auf Behagen?

Sie wurden schon einmal zitiert, die folgenden Sätze Uwe Johnsons über die *Mutmaßungen über Jakob*: »Und das ist wirklich der Anfang dieser Geschichte. Ich holte ihn aus dem ersten Satz: Jakob sei immer über die Gleise gegangen, und ich begriff, das war der Anfang eines Gesprächs, ein protestierender Anfang, der die Geschichte nicht glauben wollte.« Seit den *Zwei Ansichten* ist Johnson bereit, die Geschichte zu glauben, und dieser Glaube hat sein Verhältnis zu seinen Geschichten grundsätzlich verändert. Der Erzähler Uwe Johnson hat seine Methode und seine Intention in eine Richtung fortentwickelt, die in seinem primären Erzählansatz zweifellos auch enthalten war: in jene verläßlicher Abbildung von umfassendem Ausmaß, die aber zunächst grundsätzlich in Frage gestellt blieb. Daß er den Glauben an die Geschichte wiederfand, hat ihm die Objektivität des traditionellen Realismus beschert, doch dieser Glaube hat aus seinem Erzählen das Element des Protestes eliminiert. Es stellt – als Erzählen – keine Forderung mehr, weist als Erzählen nicht mehr über die Wirklichkeit hinaus. Keine Provokation, nicht die konzeptionell dem Erzählen integrierte Herausforderung, über die Verhältnisse hinauszudenken, sie zu verändern. Auch keine Erkenntnisabsicht mehr, die über die souveräne Bestandsaufnahme hinauswiese auf die Möglichkeiten, die Verhältnisse anders zu orientieren. Entsprechend die Umstrukturierung von Johnsons weiterhin unbezweifelbarer Sprachkraft. Einst sozusagen ein Produktionsinstrument zur Infragestellung der eingeübten Wahrnehmungs- und Sprechweisen, das sich der gewohnten Sicht der Wirklichkeit in den Weg stellte, bestätigt sie nunmehr wohltrainiert und funktionstüchtig eine Sicht der Dinge, von der sich etwa sagen läßt, daß sie unter den Fortgeschrittenen, Aufgeklärten und Wohlinformierten inzwischen etabliert ist. Johnson hat sein Medium, das Erzählen, von all den Zweifeln freigestellt, die seinen frühen Romanen gerade ihre Faszination gaben: nicht mehr Mutmaßung, nicht mehr Beschreibung der Beschreibung als Ausdruck elementarer Ungesichertheit auch des Erzählens, sondern der Anspruch auf eine Souveränität des Realismus, die diesem ganz gewiß nicht mehr zukommt.

Ebenso detailgenaue wie fragwürdige Ansichten also. So deutlich sie in jeder Bewegung Wirklichkeit nachzeichnen, so sehr verschleiern sie diese doch auch. Denn die Position des realistischen Erzählers hat seit den *Mutmaßungen über Jakob* nur immer noch mehr von den Sicherheiten eingebüßt, die Johnson in jenem Roman so beispielhaft in Frage gestellt hat. Die Ansicht gesellschaftlicher Verhältnisse, die Johnson in den *Jahrestagen* ausmalt, simuliert eine Totalität der Einsicht, die nur noch Fiktion ist. Sie läßt sich, mag man es auch bedauern, in der Wirklichkeit nicht wiederherstellen. Ihre Wiederherstellung in der Kunst ist selbst in der äußersten Verläßlichkeit des Erzählens, die Uwe Johnson bietet, längst weniger Widerspiegelung als Vorspiegelung nach einem historischen Muster, das nicht mehr weiterhilft.

Anmerkungen

1. Horst Bienek: *Werkstattgespräche mit Schriftstellern.* München 1962. S. 95.
2. Günter Blöcker in seiner Rezension des Romans *Das dritte Buch über Achim.* In: Reinhard Baumgart [Hrsg.], *Über Uwe Johnson.* Frankfurt a. M. 1970. S. 107.
3. in: Baumgart (= Anm. 2). S. 107.
4. ebd., S. 111.
5. so Gerd Semner August 1960 in *Konkret.* Ebd., S. 27.
6. in: Bienek, *Werkstattgespräche* . . . (= Anm. 1). S. 98.
7. *Über Uwe Johnson* (= Anm. 2). S. 104 f.
8. Uwe Johnson: *Das dritte Buch über Achim.* Frankfurt a. M. 1961. S. 111 f.
9. Uwe Johnson: *Mutmaßungen über Jakob.* Frankfurt a. M. 1959. S. 277–279.
10. ebd., S. 153–155.
11. ebd., S. 262.
12. Hans Mayer in seiner Rezension des Romans *Jahrestage I.* In: *Die Weltwoche*, Nr. 49 (4. Dezember 1970).

Literaturhinweise

Zitierte Werke

Mutmaßungen über Jakob. Frankfurt a. M. 1959.
Das dritte Buch über Achim. Frankfurt a. M. 1961.
Zwei Ansichten. Frankfurt a. M. 1965.
Jahrestage. Aus dem Leben von Gesine Cresspahl. Frankfurt a. M. Bd. I: 1970, Bd. II: 1971, Bd. III: 1973.

Forschungsliteratur (Auswahl)

Reinhard Baumgart: »Deutsche Gesellschaft in deutschen Romanen«. In: R. B., *Literatur für Zeitgenossen.* Frankfurt a. M. 1966.
– [Hrsg.]: *Über Uwe Johnson.* Frankfurt a. M. 1970.
Deschner, Karlheinz: »Uwe Johnson«. In: K. D., *Talente, Dichter, Dilettanten.* Wiesbaden 1964. S. 187–230.
Enzensberger, Hans Magnus: »Die große Ausnahme« [zu *Mutmaßungen über Jakob*]. In: H. M. E., *Einzelheiten.* Frankfurt a. M. 1962. S. 234–239.
Geisthardt, Hans-Jürgen: »Das Thema der Nation und zwei Literaturen. Nachweis an: Christa Wolf – Uwe Johnson«. In: *Neue Deutsche Literatur.* Berlin [Ost] (1966). H. 6. S. 48–69.
Kaiser, Joachim: »Faktenfülle, Ironie, Starrheit (zu Uwe Johnsons Roman ›Jahrestage‹ I)«. In: Heinz Ludwig Arnold [Hrsg.], *Geschichte der deutschen Literatur aus Methoden. Westdeutsche Literatur von 1945–1971.* Bd. 2. Frankfurt a. M. 1972. S. 240–245.
Kolb, Herbert: »Rückfall in die Parataxe. Anläßlich einiger Satzbauformen in Uwe Johnsons erstveröffentlichtem Roman«. In: *Neue deutsche Hefte* (November/Dezember 1963). S. 42–74.
Lasky, Melvin: »Out of Germany, a New Creative Voice«. In: *The New York Times Book Review* vom 14. April 1963.
Migner, Karl: »Uwe Johnson«. In: Dietrich Weber [Hrsg.], *Deutsche Literatur seit 1945.* Stuttgart 1968. S. 484–504.

Reich-Ranicki, Marcel: »Registrator Johnson«. In: M. R.-R., *Deutsche Literatur in West und Ost.* München 1963. S. 231–246.

Riedel, Ingrid: *Wahrheitsfindung als epische Technik. Analytische Studien zu Uwe Johnsons Texten.* Diss. Erlangen 1970.

Schonauer, Franz: »Uwe Johnson«. In: Klaus Nonnenmann [Hrsg.], *Schriftsteller der Gegenwart.* Olten 1963. S. 182–188.

Steger, Hugo: »Rebellion und Tradition in der Sprache von Uwe Johnsons ›Mutmaßungen über Jakob‹«. In: H. S., *Zwischen Sprache und Literatur.* Göttingen 1967. S. 43–69.

Thomas, R. Hinton u. Wilfried van der Will: »Uwe Johnson«. In: R. H. T. u. W. v. d. W., *Der deutsche Roman und die Wohlstandsgesellschaft.* Stuttgart 1969. S. 129–151.

Wagner, Elisabeth: *Form und Romantechnik in Uwe Johnsons Werken »Mutmaßungen über Jakob« und »Das dritte Buch über Achim«.* Grenoble 1969.

Die Autoren der Beiträge

Reinhold Grimm

Geboren 1931. Studium der Germanistik, Philosophie und Theaterwissenschaft. Dr. phil. Alexander-Hohlfeld-Professor of German an der University of Wisconsin, Madison.

Publikationen u. a.:
Gottfried Benn. Die farbliche Chiffre in der Dichtung. Nürnberg 1958. – Bertolt Brecht. Die Struktur seines Werkes. Nürnberg 1959. – Bertolt Brecht. Stuttgart 1961. – Strukturen. Essays zur deutschen Literatur. Göttingen 1963. – Hrsg. von Sammelbänden zum Epischen Theater, zur Lyrikdiskussion und zu deutschen Dramen- und Romantheorien. – Mithrsg. der Jahrbücher *Brecht heute* und *Basis*. – Veröffentlichungen in Zeitschriften, Sammelbänden und Jahrbüchern sowie Rundfunkbeiträge.

Klaus Haberkamm

Geboren 1938. Studium der Germanistik, Anglistik, Philosophie und Pädagogik in Münster und Sheffield. Dr. phil. Akademischer Oberrat am Germanistischen Institut der Universität Münster.

Publikationen:
Des Abenteurlichen Simplicissimi Ewig-währender Calender, Faksimile-Druck mit Beiheft. Konstanz 1967. – »Sensus astrologicus«. Zum Verhältnis von Literatur und Astrologie in Renaissance und Barock. Bonn 1972. – Mitautor literaturwissenschaftlicher Einführungsschriften. – Aufsätze, Editionen, Lexikonartikel. Mithrsg. der Festschrift für Günther Weydt.

Klaus Jeziorkowski

Geboren 1935. Studium der Germanistik und Geographie in Marburg, München, Freiburg i. Br., Saarbrücken und Frankfurt a. M. Professor für Deutsche Literatur an der Universität Frankfurt a. M.

Publikationen u. a.:
Rhythmus und Figur. Zur Technik der epischen Konstruktion in Heinrich Bölls »Der Wegwerfer« und »Billard um halbzehn«. Bad Homburg, Berlin u. Zürich 1968. – Gottfried Keller (Hrsg.). München 1969 (Reihe: Dichter über ihre Dichtungen). – Gottfried Keller. Aufsätze zur Literatur (Hrsg.). München 1971. – Veröffentlichungen in Sammelbänden, Zeitschriften und Zeitungen. Rundfunkbeiträge.

Thomas Koebner

Geboren 1941. Studium der Germanistik, Kunstgeschichte und Philosophie. Dr. phil. Professor für Germanistik und Allgemeine Literaturwissenschaft an der Universität Wuppertal.

Publikationen u. a.:
Hermann Broch. Bern und München 1965. – Tendenzen der deutschen Literatur seit 1945 (Hrsg.). Stuttgart 1971. – Literaturwissenschaftliche und literaturkritische, theater-, medienwissenschaftliche und musikkritische Aufsätze und Rezensionen.

Rainer Nägele

Geboren 1943. Studium der Germanistik, Philosophie und Geschichte in Innsbruck, Göttingen und an der University of California, Santa Barbara. Ph. D. 1971–74 Assistant Professor an der University of Iowa. 1974/75 Gastdozent an der Johns Hopkins University in Baltimore. Ab Herbst 1975 Associate Professor an der Ohio State University in Columbus.

Publikationen:
Forschungsbericht über Heinrich Böll. Frankfurt a. M. 1975. – Literatur und Utopie. Versuche zu Hölderlin. (In Vorb.) – Aufsätze über Brecht, Hofmannsthal, Heinrich Mann, Kafka und moderne Lyrik.

Cornelius Schnauber

Geboren 1939. Studium der Germanistik, Phonetik und Politischen Wissenschaften. Dr. phil. Associate Professor an der University of Southern California in Los Angeles.

Publikationen:
Wie Hitler sprach und schrieb. Zur Psychologie der faschistischen Rhetorik. Frankfurt a. M. 1972. – Aufsätze und Rezensionen über die NS-Literaturtheorie, Feuchtwanger, Probleme der Rhetorik sowie über soziologische Aspekte in Deutschland. – Mensch und Zeit. Anthropologie. (In Vorb.)

Franz Schonauer

Geboren 1920. Studium der Germanistik, Geschichte und Philosophie in Bonn und Marburg. Dr. phil. Literaturkritiker. Wissenschaftlicher Mitarbeiter am Institut für Publizistik der Freien Universität Berlin. Mitglied des PEN-Clubs.

Publikationen:
Stefan George. Hamburg 1960. – Deutsche Literatur im Dritten Reich. Olten u. Freiburg 1961. – Veröffentlichungen in Sammelwerken, in Zeitungen und Zeitschriften. Rundfunkessays.

Egon Schwarz

Geboren 1922. 1938 aus Wien ausgewandert. 11 Jahre als Wanderarbeiter in Südamerika. Seit 1949 in den USA. Studium der Germanistik und Romanistik. Professor of German an der Washington University in St. Louis, Missouri.

Publikationen:
Hofmannsthal und Calderon. Cambridge, Mass. 1962. – Nation im Widerspruch. Hamburg 1963. – Verbannung. Aufzeichnungen deutscher Schriftsteller im Exil (Mithrsg.). Hamburg 1964. – Joseph von Eichendorff. New York 1972. – Das verschluckte Schluchzen. Poesie und Politik bei Rainer Maria Rilke. Frankfurt a. M. 1972. – Veröffentlichungen in Zeitschriften, Sammlungen und Zeitungen.

Hartmut Steinecke

Geboren 1940. Studium der Germanistik, Geschichte und Philosophie in Saarbrücken und Bonn. Dr. phil. Professor für Neuere deutsche Literatur und Literaturtheorie an der Gesamthochschule Paderborn.

Publikationen u. a.:
Hermann Broch und der polyhistorische Roman. Bonn 1968. – Theorie und Technik des Romans im 19. Jahrhundert (Hrsg.). Tübingen 1970. – Theorie und Technik des Romans im 20. Jahrhundert (Hrsg.). Tübingen 1972. – E. T. A. Hoffmann: Kater Murr (Hrsg.). Stuttgart 1972. – Romantheorie und Romankritik in Deutschland. Die Entwicklung des Gattungsverständnisses von der Scott-Rezeption bis zum programmatischen Realismus. 2 Bde. Stuttgart 1975/76. – Aufsätze und Rezensionen.

Alexander Stephan

Geboren 1946. Studium der Germanistik, Amerikanistik und Anglistik in Berlin, Ann Arbor, Michigan, und Princeton. Ph. D. Assistant Professor an der University of California, Los Angeles.

Publikationen:
Christa Wolf. München. (In Vorb.) – Einführung in die deutsche Exilliteratur 1933–1945. München. (In Vorb.) – Aufsätze und Rezensionen zur zeitgenössischen deutschen Literatur.

Joseph Strelka

Geboren 1927. Studium der Germanistik und Philosophie in Wien. Professor für deutsche und vergleichende Literaturwissenschaft an der State University of New York in Albany, New York. Mitglied des PEN-Clubs.

Publikationen u. a.:
Der burgundische Renaissancehof Margarethes von Österreich und seine literarhistorische Bedeutung. Wien 1957. – Kafka, Musil, Broch und die Entwicklung des modernen Romans. Wien 1959. – Rilke, Benn, Schönwiese und die Entwicklung der modernen Lyrik. Wien 1961. – Brecht, Horváth, Dürrenmatt. Wege und Abwege des modernen Dramas. Wien 1963. – Brücke zu vielen Ufern. Wesen und Eigenart der österreichischen Literatur. Wien 1966. – Vergleichende Literaturkritik. Zur Methodologie der Literaturwissenschaft. Bern 1970. – Die gelenkten Musen. Dichtung und Gesellschaft. Wien 1971. – Editionen, Aufsätze und Rezensionen.

Jürgen C. Thöming

Studium der deutschen und französischen Literaturgeschichte, Philosophie in Tübingen, Hamburg, Straßburg und Berlin. Dr. phil. Sprach- und Literaturdozent in Bielefeld.

Publikationen:
Robert-Musil-Bibliographie. Homburg 1968. – Bibliographie Deutschunterricht (Mitverf.) Paderborn 1973. – Zur Rezeption von Musil- und Goethetexten. Historizität der ästhetischen Vermittlung von sinnlicher Erkenntnis und Gefühlserlebnissen. Bonn 1975. – Aufsätze über Brecht, Musil, zum Aktivismus, zur Metaphorik, zum sozialen Roman.

Heinrich Vormweg

Geboren 1928. Studium der Germanistik, Philosophie und Psychologie in Bonn. Dr. phil. Freier Publizist, Literatur- und Theaterkritiker. O. Mitglied der Mainzer Akademie der Wissenschaften und Literatur. Mitglied des PEN-Clubs.

Publikationen u. a.:
Die Wörter und die Welt. Über neue Literatur. Essays. Neuwied 1968. – Briefwechsel über Literatur, mit Helmut Heißenbüttel. Neuwied 1969. – Eine andere Lesart. Über neue Literatur. Essays. Neuwied 1972. – Prosa in der Bundesrepublik Deutschland. In: Dieter Lattmann (Hrsg.), Die Literatur der Bundesrepublik Deutschland – Kindlers Literaturgeschichte der Gegenwart. München 1973. – Essays, Editionen, literaturkritische Arbeiten.

Hans Wagener

Geboren 1940. Studium der Germanistik und Geschichte in Münster (Westf.), Freiburg i. Br. und Los Angeles, Kalifornien (UCLA). Ph. D. Professor of German an der University of California, Los Angeles.

Publikationen:
Die Komposition der Romane C. F. Hunolds. Berkeley und Los Angeles 1969. – Die Anredeformen in den Dramen des Andreas Gryphius (mit Theo Vennemann). München 1970. – Andreas Gryphius: Carolus Stuardus (Hrsg.). Stuttgart 1972. – Erich Kästner. Berlin 1973. – Christian Friedrich Hunold: Satyrischer Roman (Hrsg.). Bern und Frankfurt a. M. 1973. – The German Baroque Novel. New York 1973. – Erläuterungen und Dokumente. Johann Wolfgang Goethe: Egmont (Hrsg.). Stuttgart 1974. – Stefan Andres. Berlin 1974. – Siegfried Lenz. (In Vorb.) – Aufsätze und Rezensionen.

Klaus Weissenberger

Geboren 1939. Studium der Germanistik, Geschichte und Philosophie in Hamburg. Staatsexamen. Ph. D. Associate Professor an der Rice University, Houston, Texas.

Publikationen:
Formen der Elegie von Goethe bis Celan. Bern 1969. – Die Elegie bei Paul Celan. Bern

1969. – Zwischen Stein und Stern. Mystische Formgebung in der Dichtung von Else Lasker-Schüler, Nelly Sachs und Paul Celan. Bern 1975. – Aufsätze zur Literatur des 20. Jahrhunderts und zur Methodologie der Literaturkritik.

Ulrich Weisstein

Geboren 1925. Studium der Anglistik, Germanistik und Kunstgeschichte in Frankfurt a. M., an der University of Iowa und an der Indiana University. Dr. phil. Professor der Germanistik und Vergleichenden Literaturwissenschaft an der Indiana University, Bloomington.

Publikationen u. a.:
Heinrich Mann. Eine historisch-kritische Einführung in sein dichterisches Werk. Tübingen 1962. – The Essence of Opera. New York 1964. – Max Frisch. New York 1967. – Einführung in die Vergleichende Literaturwissenschaft. Stuttgart 1968. – Expressionism as an International Literary Phenomenon (Hrsg.). Budapest und Paris 1973. – Literaturkritische Arbeiten über Heinrich Mann, Bertolt Brecht, Übersetzungen von Stücken Georg Kaisers und Reinhard Goerings sowie von Wolfgang Kaysers Das Groteske in Malerei und Dichtung.

Carolyn Ann Wellauer

Geboren 1940. Studium der Germanistik und Anglistik an der University of Wisconsin. MA. Arbeitet an einer Dissertation über den deutschen Gegenwartsroman.

Namenregister

Abusch, Alexander 218
Adenauer, Konrad 91, 193, 264, 329, 354, 365
Adorno, Theodor W(iesengrund) 264, 310 f.
Ahl, Herbert 361
Albee, Edward Franklin 326
Albert-Lassard, Lou 34
Albrecht, Friedrich 190
Amado, Jorge 188
Amery, Carl 305, 316
Anders, Günther (eig. Stern) 268
André, Clément 239 f.
Andres, Stefan Paul 220–240
Andrews, R. C. 340
Andrießen, Carl 123
Anger, Sigrid 30, 36
Arendt, Hannah 95
Arndt, Ernst Moritz 353
Arnold, Heinz Ludwig 270, 275, 317, 361, 379
Assisi, Franz von 68
Aust, Hildegard 122

Baader, Andreas 314 f.
Bächler, Wolfgang 123
Bahr, Hermann 9, 30
Baioni, G. 298
Ball, Hugo 295, 299
Balzac, Honoré de 11, 26, 35, 113, 189
Banuls, André 32, 36
Bänziger, Hans 299
Barlach, Ernst 26
Batt, Kurt 190
Baudelaire, Charles 10
Bauer, Heidrun 122
Baum, Vicki 97
Baumgart, Reinhart 272 f., 379
Becher, Johannes Robert 98, 115, 120–122, 172, 174, 187
Becher, Ulrich 217–219
Beckel, Albert 317
Beckermann, Thomas 299, 318, 321 f., 324, 329 f., 332 f., 338–340
Becket, Thomas 232
Beckett, Samuel 323
Beethoven, Ludwig van 350
Benjamin, Walter 145 f., 165 f., 252 f.
Benn, Gottfried 24, 34, 284, 298, 358
Berger, Christel 120 f.
Bergholz, Harry 120, 122
Berglund, Gisela 218 f.
Bernardi, Eugenio 298
Bernhard, Hans Joachim 317
Bernhard, Thomas 323
Bertaux, Felix 35

Bertram, Ernst 255
Best, Otto F. 74 f.
Bethmann Hollweg, Theobald von 105
Bevilacqua, G. 298
Bienek, Horst 161, 165 f., 256, 269–274, 298 f., 320, 330, 338, 340, 379
Biha, Otto 173, 189
Bilke, Jörg Bernhard 190
Birmele, Jutta 299
Bismarck-Schönhausen, Otto Fürst von 265
Bloch, Ernst 169 f., 337 f., 340
Blöcker, Günter 340, 346 f., 360, 366 f., 379
Bobrowski, Johannes 342, 361
Bode, Ingrid 52 f.
Bohnenblust, Gottfried 298
Böll, Heinrich 272, 274, 301–317, 343 f., 354, 361
Bourget, Paul 18
Brandt, Willy 339, 343
Braun, Karlheinz 299
Brecht, Bertolt 28 f., 35, 53, 97, 103, 165 f., 169 bis 172, 176, 187, 189, 281, 285, 293, 298, 322, 338, 343
Bredel, Willi 97, 170
Brenner, Hildegard 217
Brentano, Bernard von 122
Breschnew, Leonid Iljitsch 160
Breughel, Pieter, d. Ä. 377
Broch, Hermann 38, 76–96, 246, 269
Brody, Daniel 93, 95
Brude-Firnau, Gisela 94 f.
Brutus, Marcus Iunius 296
Büchner, Georg 138, 144, 241, 244, 252, 263, 267, 274, 295, 355
Buhl, Wolfgang 73, 75
Bülow, Bernhard, Fürst von 22
Bungter, Georg 262, 272, 274
Burckhardt, Jacob 265

Cahill, Robert Joseph 240
Canetti, Elias 85, 94
Caprivi, Leo, Graf von 113
Cases, C. 298
Casey, Timothy Joseph 53, 94
Caspar, Günter 72 f., 75, 98, 122 f.
Catilina, Lucius Sergius 216
Cervantes Saavedra, Miguel de 125
Chamberlain, Arthur Neville 258
Champfleury, Jules 10 f., 31
Chotjewitz, Peter O. 340
Cohn, Dorrit C. 94
Conrad, Joseph (eig. Theodor Josef Konrad Korzeniowski) 368
Coster, Charles Théodore Henri de 40

Courths-Mahler, Hedwig 97, 302
Cwojdrak, Günter 187, 190, 274, 361

Daguerre, Louis Jacques Mandé 31
Dante Alighieri 254, 324 f.
Daumier, Honoré 143
Del Vayo, Julio Alvarez 62
Demetz, Peter 274
Denkler, Horst 74
Deppe, Wilfried 119
Deschner, Karlheinz 379
Diersen, Inge 184, 189 f.
Dietzel, Ulrich 36
Dinamow, S. 120, 123
Dirnböck-Schulz, Jenny 33
Dittberner, Hugo 32, 36
Ditzen, Adelaide 104
Döblin, Alfred 24, 37–53, 161, 256, 271, 313, 343, 361
Döhl, Reinhard 274
Dollfuß, Engelbert 176, 178
Dos Passos, John Roderigo 176
Dostojewski, Fjodor Michailowitsch 189 f., 268, 368
Dreyfus, Alfred 296
Dufhues, Josef Hermann 355
Duranty, Edmond 10 f., 31
Durrell, Lawrence 345
Dürrenmatt, Friedrich 298 f.
Durzak, Manfred 94 f., 165 f., 190
Duytschaever, Joris 51

Ehrenburg, Ilja Grigorjewitsch 185
Ehrenstein, Albert 98, 122
Ehrhardt, Hermann 115
Eich, Günter 333, 339
Einstein, Albert 307
Eisenhower, Dwight David 264
Eisler, Gerhard 170
Eisner, Kurt 20
Eliot, Thomas Stearns 252
Emigholz, Erich 123
Emmel, Hildegard 361
Emrich, Wilhelm 361
Enderle, Luiselotte 145
Engels, Friedrich 297, 299, 340
Enzensberger, Hans Magnus 161, 278, 291, 297 bis 299, 301, 341, 343, 349, 360 f., 379
Erlach, Dietrich 262, 271–274
Ewers, Ludwig 34

Fabius Cunctator (eig. Quintus Fabius Maximus Verrucosus) 139
Fallada, Hans (eig. Rudolf Ditzen) 72, 97–123
Faulkner, William 307
Ferdinand II. (röm.-dt. Kaiser) 40 f.
Feuchtwanger, Lion 8, 21, 24, 34, 88, 232
Fichte, Johann Gottlieb 353

Fischer, Ernst 315
Fischer, H. 122
Fischer, Samuel 41
Flaubert, Gustave 10, 14, 31, 34, 298
Fleißer, Marieluise 218
Flex, Walter 353
Fontane, Theodor 72, 283, 288, 307
Forest, H. U. 31
France, Anatole (eig. Jacques Anatole Thibault) 34
François-Poncet, André 46
Frank, Charlotte 75
Frank, Leonhard 54–75, 121
Freisler, Roland 231
Freud, Sigmund 58, 60, 73
Freytag, Gustav 17, 307
Friedmann, Hermann 53, 240
Friedrich I. (preuß. König) 358
Friedrich II. (d. Große; preuß. König) 36, 358
Frisch, Max 7, 276–300, 341
Frost, Lucia Dora 26, 35
Früh, Eugen 219
Fügen, Hans Norbert 145
Full, Jean 119, 122

Gallas, Helga 188
Garibaldi, Giuseppe 26, 32
Gay, Peter 247, 269
Geerdts, Hans Jürgen 121, 191
Geisthardt, Hans-Jürgen 379
George, Stefan 220
Gessler, Alfred 97, 102, 112, 115, 117–121
Geulen, Hans 299
Giraudoux, Jean 48
Glaeser, Ernst 192–219
Glaubrecht, Martin 71, 73–75
Goebbels, Joseph Paul 48, 228
Goeres, Heinrich 118, 123
Goethe, Johann Wolfgang 35, 120, 305, 318, 321, 324 f., 338, 343 f., 347
Göring, Hermann 21, 48, 228
Görtz, Franz Josef 361
Goverts, Henry 266
Graber, Heinz 51, 53
Graf(-Berg), Oskar Maria 51
Grass, Günter 148, 301, 342–361
El Greco (eig. Dominikos Theotokópulos) 167 f., 223 f., 231, 233, 238 f.
Grenzmann, Wilhelm 240
Grimm, Reinhold 17, 53, 55, 72–75, 144 f., 269, 276–300
Grimme, Adolf 42
Gross, David L. 32
Groß, Otto 58, 73
Grützbach, Frank 316
Gulitz 121
Gustav II. Adolf (schwed. König) 41

Haberkamm, Klaus 241–275
Hack, Bertold 95
Hahn, Karl Josef 240
Hahn, Manfred 33
Hamkens, Wilhelm 114, 120
Handke, Peter 301
Hartung, Rudolf 95, 340, 361
Hatvani, Paul 9
Hauff, Wilhelm 153
Hauptmann, Gerhart 22, 24, 47, 222
Hebbel, Christian Friedrich 222, 304
Hebel, Johann Peter 312
Hecht, Werner 166
Hegel, Georg Wilhelm Friedrich 264, 307, 358
Heidegger, Martin 310, 358 f.
Heilborn, Ernst 122
Heim, Claus 114
Heine, Heinrich 321
Heinrich IV. (frz. König) 10, 14, 16, 18–21, 24, 29, 33–36
Heinrichs, Charlotte 121
Heißenbüttel, Helmut 274, 368
Heitner, Robert R. 299
Hemingway, Ernest 120 f.
Hennecke, Hans 238, 240, 361
Herd, Eric W. 95
Hermand, Jost 144 f., 269
Hesse, Hermann 24, 34, 84 f., 94, 142, 321 f.
Heydrich, Reinhard 278
Heyse, Paul 288
Hindenburg, Paul von Beneckendorff und von 113, 305
Hitler, Adolf 48, 70, 80, 84, 87, 89 f., 121, 174, 180, 205, 209, 214, 216, 219, 228, 251 f., 258, 260 f., 270, 349 f.
Hochhuth, Rolf 136
Hoelz, Max 265
Hofe, Harold von 74
Hoffmann, Charles W. 299
Hoffmann, Léopold 317
Hofmannsthal, Hugo von 196, 247, 269, 303
Hohoff, Curt 303
Hölderlin, Friedrich 37, 318, 335, 338
Höllerer, Walter 289
Holstein, Friedrich von 22
Holthusen, Hans Egon 319, 360 f.
Holz, Arno 14, 31, 33
Honecker, Erich 339
Horaz (eig. Quintus Horatius Flaccus) 124
Horst, Karl August 145, 346, 361
Horváth, Ödön von 218
Hryńczuk, Jan 113, 120, 122
Huguet, Louis 53
Hühnerfeld, Paul 123

Ibsen, Henrik 325 f.
Iser, Wolfgang 311

Jahnn, Hans Henny 173, 217
Jarmatz, Klaus 120 f., 190
Jaspers, Karl 238 f.
Jauß, Hans Robert 311
Jean Paul (eig. Johann Paul Friedrich Richter) 318, 338
Jens, Inge 33
Jens, Walter 262 f., 273 f., 303 f., 307, 316, 361, 366
Jesus Christus 61, 70–72, 74 f., 216, 224, 234, 265, 308, 314
Jeziorkowski, Klaus 301–317
Jhering, Herbert 22, 31, 33
Jobst, Hans 75
Johnson, Uwe 237, 272, 289, 301, 341, 344, 362 bis 380
Joho, Wolfgang 98, 123
Jonas, Klaus W. 95
Joyce, James Augustine Aloysius 307, 321
Jünger, Ernst 209, 283
Jurgensen, Manfred 299

Kafka, Franz 8, 158, 182, 304, 318 f., 321, 338
Kaiser, Gerhard 298 f.
Kaiser, Joachim 344 f., 360 f., 379
Kamnitzer, Heinz 36
Kant, Hermann 187
Kant, Immanuel 154, 307, 315, 319
Kantorowicz, Alfred 36
Kapp, Wolfgang 113
Karasek, Hellmuth 331, 339, 341
Karnick, M. 298
Karsten, Joachim 239 f.
Kasack, Hermann 8
Kästner, Erich 8, 124–145, 161, 192
Kayser, Rudolf 269
Keller, Will 239 f.
Kerényi, Karl 270
Kersten, Kurt 118, 122 f.
Keßler, Peter 189 f.
Kesten, Hermann 8, 146–166, 217, 365
Kirsch, Edgar 34
Klages, Ludwig 271
Kleiß, Marietta 95
Kleist, Ewald Christian von 231
Kleist, Heinrich von 26, 37, 67, 136, 172 f., 217 f., 312
Kleopatra (ägypt. Königin) 296
Koch, Manfred 269, 273 f.
Koebner, Thomas 192–219
Koeppen, Wolfgang 241–275, 344
Koestler, Arthur 48
Kolb, Herbert 379
Kollwitz, Käthe 9, 33
Kolumbus, Christoph 296
König, Hanno 32, 36
Korn, Karl 123
Kort, Wolfgang 53

Krämer-Badoni, Rudolf 302
Krapoth, Hermann 95
Kraus, Karl 77, 313, 321, 354
Kress, Frank 95
Kreutzer, Leo 52 f., 93–95
Kreuzer, Ingrid 338, 340
Kuckhoff, Greta 189
Kuczynski, Jürgen 115, 122
Kunisch, Hermann 361
Kurella, Alfred 218 f.
Kurz, Paul Konrad 94

Labroisse, Gerd 51
Laemmle, Peter 246, 268, 275
Lagarde, Paul Anton de (eig. Bötticher) 211
Landsberg, Paul 48
Langbehn, Julius 211
Lange, I. M. (eig. Hans Friedrich Lange) 72, 121
Langen, Albert 9 f., 30
Las Casas, (Fray) Bartolomé de 46 f.
Lask, Berta 218
Lasky, Melvin 379
Lassalle, Ferdinand 42
Le Dantec, Yves Gérard 31
Lefèvre, Frédéric 15, 17
Le Fort, Gertrud Freiin von 220
Lemke, Karl 13, 31, 33, 36
Lemmer, Theodor 112, 117, 120, 122 f.
Lengning, Werner 317
Lenin, Wladimir Iljitsch (eig. Uljanow) 294, 373
Lennartz, Franz 217
Lenz, Siegfried 301
Lessing, Gotthold Ephraim 50
Lethen, Helmut 115, 122
Lettau, Reinhard 338, 360 f.
Liebknecht, Karl 62, 115
Liersch, Werner 122, 324
Lindau, Paul 288
Linder, Christian 245, 267–269, 271, 273–275
Linn, Rolf N. 32
List, Guido 21
Loerke, Oskar 51
Loos, Beate 94
Lorenzen, Käte 240
Loschütz, Gert 360 f.
Lübke, Heinrich 343
Ludwig XIV. (frz. König) 225
Lukács, Georg (eig. György Szegedi von Lukács)
    24, 29, 34, 113, 118, 169–172, 174, 183, 185,
    187–190, 295, 299, 332
Lüth, Paul E. H. 52
Lützeler, Paul Michael 93–96
Luxemburg, Rosa 48 f., 115

Magris, Claudio 298
Maier, Hans Albert 95
Mandelkow, Karl Robert 94

Mann, Heinrich 8–36, 42, 88, 94, 161, 192, 203,
    211, 218
Mann, Julia, geb. da Silva-Bruhns 33
Mann, Otto 53, 240
Mann, Thomas 8, 12 f., 19, 22–24, 31, 33 f., 36,
    69 f., 73, 75, 88, 97, 150, 161, 211, 218, 256,
    269–271, 309, 318, 320 f., 338, 357
Mann, Viktor 12 f., 31, 36
Mannzen, Walter 360
Manthey, Jürgen 97, 106 f., 115, 117 f., 120–122
Marchand, Wolf R. 299
Marcuse, Ludwig 51, 217–219
Martin, Werner 189
Martini, Fritz 53, 227, 238
Marx, Karl 42, 45, 154, 168 f., 171, 173 f., 264,
    294, 297, 299, 307, 310, 338, 340, 373
Masereel, Frans 48
Matheika, Jan 218
Matthias, Klaus 32, 36
Maupassant, Guy de 10, 17, 30
May, Karl 59 f., 73
Mayer, Hans 298 f., 342 f., 349, 360, 379
Meinhof, Ulrike 160, 314–316
Melnik, Josef 122
Menges, Karl 96
Menne, Ferdinand 316
Mennemeier, Franz Norbert 95
Merrifield, Doris Fulda 300
Migner, Karl 379
Minder, Robert 37, 48, 50–53
Mittenzwei, Johannes 275
Moling, Heinrich 317
Morriën, Adriaan 339
Motylewa, Tamara 122
Mühlmann, Wilhelm E. 72, 75
Muir, Willa 95
Müller, Joachim 300
Müller-Salget, Klaus 53
Münzer, Thomas 265
Muschg, Walter 51–53
Musgrave, Marian E. 298
Musil, Robert 8 f., 44, 52, 97
Muthmann, Walter 115

Nabel, Marga 120
Nägele, Rainer 318–341
Napoleon I. Bonaparte (frz. Kaiser) 26, 120, 296
Neugebauer, Heinz 72, 121, 190
Neumann, Gerhard 298
Neumann, Robert 144, 161
Niclas, Yolla 43
Nicolson, Harold 265
Nietzsche, Friedrich 34, 246, 255, 261, 278
Nixon, Richard Milhous 160
Noll, Dieter 118, 123
Nonnenmann, Klaus 361, 380
Nordstrand, Karl O. 238, 240
Nossack, Hans Erich 51, 274, 344

Osterland, Martin 119
Osterle, Heinz D. 96
Otten, Ellen 94
Ottwald, Ernst 187, 189

Panizza, Oskar 316
Pavese, Cesare 304
Petersen, Julius 42
Petersen, Klaus-Dietrich 299
Peterson, Carol 300
Pezold, Klaus 338, 340
Philipp II. (span. König) 224, 296
Pichois, Claude 31
Pick, Robert 95
Pickar, Gertrud B. 340
Piedmont, Ferdinand 240
Pilatus, Pontius 296
Pilsudski, Josef 174
Pinkus, Klaus 19, 31, 33, 36
Piper, Klaus 238 f.
Piscator, Erwin 28, 218, 245
Platon 221
Prangel, Matthias 53
Preuß, Joachim Werner 340
Prien, Günther 354
Pross, Harry 360
Proust, Marcel 307, 321, 335 f.
Puccini, Giacomo 9

Qualtinger, Helmut 350

Raddatz, Fritz J. 189–191
Radek, Karl Bernhardowitsch (eig. Sobelsohn) 34
Ranke, Leopold von 307 f.
Rasch, Wolfdietrich 32, 243 f., 267, 269, 273
Rasputin, Grigori Jefimowitsch 347
Reavis, Edward 121
Reich-Ranicki, Marcel 165 f., 191, 218 f., 242, 262, 265, 267–269, 272 f., 275, 300, 315–317, 330, 340, 359, 361, 380
Reifferscheid, Eduard 360
Rein, Heinz 98, 122 f.
Reinhardt, Stephan 261, 272 f., 275
Reiß, Erna 43
Rembrandt (eig. Rembrandt Harmensz van Rijn) 174
Renn, Ludwig (eig. Arnold Friedrich Vieth von Golßenau) 218
Ribbat, Ernst 51, 53
Richrath, Sabine 120
Richter, Eugen 22
Richter, Hans Werner 360
Richter, Trude 120, 123
Richter, Werner 85, 94
Riedel, Ingrid 380
Riesman, David 360
Rilke, Rainer Maria 24, 34, 106, 139 f., 142, 144, 220

Robbe-Grillet, Alain 345
Roberts, David 18, 32, 36
Röhm, Ernst 209
Roisch, Ursula 300
Rolland, Romain 97, 104 f., 119, 122
Römer, Ruth 98, 106, 115, 122
Rosenberg, Alfred 251, 261
Roth, Joseph 8, 217
Rothe, Wolfgang 53, 74, 95
Rousseau, Jean-Jacques 334, 340
Rowohlt, Ernst 100, 104
Rudolph, Ekkehart 339, 341
Rühle, Jürgen 189, 191

Sachs, Hans 136
Sahl, Hans 217, 219
Sand, George (eig. Amandine-Aurore-Lucie Dupin) 14
Sauer, Klaus 191
Sauter, Joseph-Hermann 331, 341
Schau, Albrecht 298, 300
Scheers, Marcel 339
Schickele, René 9, 26, 28, 62
Schiller, Friedrich 160, 165, 305, 336
Schirokauer, Arno 122
Schmidt, Arno 344
Schmidt, Hildegard 34
Schmidt-Henkel, Gerhard 53
Schmitt, Hans-Jürgen 188
Schnauber, Cornelius 146–166
Schneider, Helmut J. 191
Schneider, Reinhold 220
Schnitzler, Arthur 307
Schnurre, Wolfdietrich 368
Scholochow, Michail Alexandrowitsch 189
Schonauer, Franz 123, 342–361, 380
Schöne, Albrecht 53
Schönwiese, Ernst 95
Schramm, Egon 239 f.
Schröder, Gustav 72–75
Schröder, Hans Eggert 53
Schröder, Jürgen 298
Schröder, Rudolf Alexander 355
Schroeder, Max 98, 123
Schröter, Klaus 23 f., 32–34, 36
Schubbe, Elimar 189
Schueler, Heinz Jürgen 121
Schultz, Uwe 268, 274
Schultz-Gerstein, Christian 338 f.
Schulz, Eberhard 238
Schuster, Ingrid 52 f.
Schwachhofer, René 123
Schwarz, Egon 124–145
Schwarz, Wilhelm Johannes 317, 337, 340 f., 361
Seghers, Anna (eig. Netty Radvanyi) 167–191, 217
Seifert, Walter 161, 165 f.
Semner, Gerd 379

Serebrow, Nikolai 32
Shakespeare, William 136, 146
Sieburg, Friedrich 331, 347
Siefken, Hinrich 94
Simmel, Johannes Mario 349
Slánský, Rudolf 187
Sokel, Walter H. 75
Spalek, John M. 74 f.
Spartakus 265
Spee von Langenfeld, Friedrich 317
Spengler, Oswald 246
Sperber, Manès 48
Spielhagen, Friedrich 17
Staiger, Emil 304
Stalin, Josef Wissarionowitsch (eig. Dschugasch-
    wili) 187
Stanzel, Franz K. 307
Stäuble, Eduard 300
Steger, Hugo 380
Stein, Gertrude 251 f.
Steinecke, Hartmut 76–96
Steinmetz, Horst 298–300
Stendhal (eig. Marie-Henri Beyle) 29, 35, 258
Stephan, Alexander 167–191
Sternberg, Fritz 28
Sternheim, Carl 17, 32, 203
Stifter, Adalbert 304, 321
Stöcker, Karl 22
Strelka, Joseph 37–53, 74 f.
Stresau, Hermann 317
Strich, Fritz 27
Strindberg, August 192
Suhrkamp, Peter 123, 338
Sussbach, Herbert H. 32
Swift, Jonathan 125, 321
Synesios von Kyrene 231 f., 238, 240
Synge, John Millington 29

Tank, Kurt Lothar 361
Tauler, Johannes 48 f.
Ter-Nedden, Eberhard 98, 119, 123
Terz, Abram (eig. Andrej Sinjawski) 31
Thomas, R. Hinton 272, 275, 341, 361, 380
Thöming, Jürgen C. 74, 97–123
Thöny, Eduard 48
Thulié, Henri 11
Tirpitz, Alfred von 22
Toller, Ernst 172
Tolstoi, Lew Nikolajewitsch, Graf 168 f., 185,
    189 f.
Torberg, Friedrich (eig. Friedrich Kantor-Berg)
    161
Trakl, Georg 53
Traven, Bruno (eig. Ret Marut) 8
Travis, Don Carlos 240
Tretjakow, Sergej Michailowitsch 170
Trommler, Frank 227, 238

Tucholsky, Kurt 9, 14, 23 f., 33, 98, 115, 120,
    122, 192, 217, 219, 313

Unger, Erich 246
Urbanowicz, Mieczyslaw 32
Utermöhlen, Gerda 94

Vater, Hilde 53
Velásquez, Diego Rodríguez de Silva 167 f.
Verga, Giovanni 9
Verlaine, Paul 170
Villon, François (eig. Montcorbier) 170
Vin, Daniel de 300
Voltaire (eig. François Marie Arouet) 35
Vormweg, Heinrich 19, 33, 341, 360, 362–380

Wagenbach, Klaus 360
Wagener, Hans 7 f., 145, 220–240
Wagner, Elisabeth 380
Wagner, Frank 191
Wagner, Richard 16, 246 f., 251, 255
Walden, Herwarth (eig. Georg Lewin) 38, 218
Wallenstein, Albrecht Eusebius Wenzel von, Her-
    zog von Friedland 40 f., 43, 52
Walser, Martin 286, 301, 318–341
Walser, Robert 318, 338
Warder, Henry H. 32
Weber, Albrecht 240
Weber, Dietrich 274, 338, 340, 379
Wedekind, Frank 16 f., 32, 203
Wegner, Matthias 191
Weigand, Hermann J. 95
Weinert, Erich 218
Weinrich, Harald 311
Weiskopf, Franz Carl 13, 202, 217–219
Weiss, Peter 268, 298, 301
Weissenberger, Klaus 54–75
Weisstein, Ulrich 9–36, 300
Wellauer, Carolyn Ann 276–300
Wellek, René 30
Wellershoff, Dieter 34, 298
Werber, Karl Günter 240
Weyembergh-Boussart, Monique 53
Weyrauch, Wolfgang 161
White, Andrew 299 f.
Whitman, Walt 42
Wiechert, Ernst 361
Wieckenberg, Ernst-Peter 252 f., 262 f., 270–273,
    275
Wiegenstein, Roland H. 322, 339
Wienold, Götz 94
Wiese, Benno von 53, 96, 191, 240, 269
Wilde, Oscar 108
Wilhelm II. (dt. Kaiser) 12 f., 22–24, 27, 73,
    80 f., 90, 94, 196, 316
Will, Wilfried van der 272, 275, 341, 361, 380
Wilson, Thomas Woodrow 49
Windfuhr, Manfred 317

Winkelmann, John 145
Winkler, W. 120, 123
Winter, Lorenz 16, 19, 32 f., 36
Wirth, Günter 317
Wittfogel, Karl August 122
Wolf, Christa 175, 185, 187–191, 218, 379
Wolf, Friedrich 172
Wolff, Kurt 34, 48, 94
Woolf, Virginia 307
Wysling, Hans 33
Wyß, Hans A. 120, 122

Zeller, Bernhard 94
Zetkin, Clara 218
Zimmermann, Werner 361
Ziolkowski, Theodore 53, 96, 251, 255 f., 262 f., 269–271, 300
Žmegač, Viktor 53
Zola, Emile 9, 45, 79, 96, 296, 347
Zollinger, Albin 288, 298
Zuckmayer, Carl 98, 122
Zweig, Arnold 24, 34
Zweig, Stefan 161, 165